金融学

主　编　张　文
副主编　周德才　杨　伊
　　　　卢有红　张爱武

科学出版社
北　京

内 容 简 介

本书为高等学校经济管理类专业学科基础课“金融学”（或“货币银行学”）的配套教材，也是南昌大学经济学、金融学专业进行“金融学”精品课程建设的教学研究成果。

本书借鉴国外金融理论和经验，结合我国金融改革与发展实践，系统地介绍和阐述了货币金融方面的主要概念、基本原理和发展规律，主要内容分为概论、金融市场、金融机构、金融宏观调控四大部分，涉及货币与货币制度、信用、金融市场、金融机构、利率、外汇与汇率、金融市场风险与管理、商业银行、中央银行、货币需求、货币供给、通货膨胀与通货紧缩、货币政策、金融与经济发展等方面。本书的特色是：内容完整、结构合理、逻辑性强；数据资料新，体现前沿性和现实性；理论与实践并重，广度与深度兼顾；附有综合测试题及参考答案，适合教学。

本书适合经济学、金融学、会计学、工商管理等经济管理类专业的本科或专科生作为教材使用，也可以作为报考金融学专业硕士研究生的参考书，以及供金融、经济管理从业人员参阅。

图书在版编目（CIP）数据

金融学 / 张文主编. —北京：科学出版社，2021.3

ISBN 978-7-03-065338-3

Ⅰ. ①金… Ⅱ. ①张… Ⅲ. ①金融学-高等学校-教材 Ⅳ. ①F830

中国版本图书馆 CIP 数据核字（2020）第 091536 号

责任编辑：郝 静 陈会迎 / 责任校对：严 娜

责任印制：张 伟 / 封面设计：蓝正设计

科学出版社 出版

北京东黄城根北街 16 号

邮政编码：100717

http://www.sciencep.com

北京中科印刷有限公司 印刷

科学出版社发行 各地新华书店经销

*

2021 年 3 月第 一 版 开本：787 × 1092 1/16

2022 年 10 月第二次印刷 印张：27 1/4

字数：628 000

定价：88.00 元

（如有印装质量问题，我社负责调换）

本书编写人员

主　编： 张　文（南昌大学经济管理学院教授、博士、硕士生导师）

副主编： 周德才（南昌大学经济管理学院教授、博士、博士生导师）

杨　伊（南昌大学经济管理学院副教授、博士、硕士生导师）

卢有红（南昌大学经济管理学院副教授、博士）

张爱武（上海戏剧学院创意学院副教授，原南昌大学经济管理学院副教授、硕士）

参　编： 万弋芳（南昌大学经济管理学院副教授、硕士、硕士生导师）

漆文萍（南昌大学经济管理学院讲师、博士生）

前　言

本书是南昌大学经济管理学院金融学系在多年经管类专业学科基础课“金融学”教学实践基础上进行精品课程建设的成果，也是对原自编教材《货币银行学》（江西科学技术出版社 2003 年 8 月第 1 版）一半以上的内容进行了大幅度修改、更新和扩展而形成的全新版本教材。原版教材《货币银行学》由朱为英、彭迪云主编，张文、何筠、张爱武、徐健、袁婧参编。

本书作为高等学校经济学、管理学类专业的学科基础课程“金融学”（或“货币银行学”）配套教材，以习近平新时代中国特色社会主义思想为指导，以金融全球化和经济新常态为背景，借鉴国外货币金融理论和经验惯例，结合我国金融改革与发展的具体实践，系统地介绍和阐述了货币金融各方面的主要概念、基本原理和发展规律。全书共分四篇，分别为概论、金融市场、金融机构、金融宏观调控四大部分。主要内容涉及货币与货币制度、信用、金融市场、金融机构、利率、外汇与汇率、金融市场风险与管理、商业银行、中央银行、货币需求、货币供给、通货膨胀与通货紧缩、货币政策、金融与经济发展等方面。本教材的编者参考了国内外几十本相关教材，根据 20 多年的教学经验，吸取各参考书目的精华，更新资料数据，与时俱进，以便读者更能理解当前国内外金融发展的实践，也更适合在一个学期有限学时内的师生教学。通过本书的阅读使用，学生或读者可以较系统地掌握货币、信用、利率、汇率、金融机构、金融市场等基本范畴、内在关系及其运动规律，理解政府金融宏观调控尤其是货币政策调控的原理，熟悉金融学的原理体系、分析框架及思维方式，掌握观察和分析金融问题的正确方法。

本书由张文主编，负责全书的大纲编写、初稿修改、总纂和终稿审定，撰写第四章、第五章、第六章、第八章第一节及第二节；周德才（负责撰写第十章、第十一章）、杨伊（负责撰写第十三章、第十四章）、卢有红（负责撰写第七章、第十二章）、张爱武（负责撰写第二章、第三章）为副主编；万弋芳负责撰写第八章第三节及第四节、第九章；漆文萍负责撰写第一章。

由于编者的水平与时间有限，本书难免存在疏漏与不足，恳请各位读者批评指正。

目 录

第一篇 概 论

第二篇　金融市场

第三篇　金融机构

第四篇　金融宏观调控

第一篇

概　　论

第一章

货币与货币制度

所谓金融（finance），即货币资金的融通，其本源性要素就是货币（money）。货币在经济生活中几乎无处不在，是金融学研究的基础。

第一节 货币研究的意义

著名国际问题专家亨利·艾尔弗雷德·基辛格（Henry Alfred Kissinger）曾说："谁控制了石油，谁就控制了所有国家；谁控制了粮食，谁就控制了人类；谁掌握了货币发行权，谁就掌握了世界。"人们的一切经济活动都与货币有着千丝万缕的联系，它影响人们的经济行为，也与许多经济指标的变化密切相关。

一、货币与通货膨胀

玉米的批发价格 1985 年为 0.33 元/斤（1 斤=500 克），1997 年为 1.10 元/斤，2008 年为 1.60 元/斤，2015 年为 2.10 元/斤。黄金的价格 1985 年为 25.6 元/克，1997 年为 89.25 元/克，2008 年为 200 元/克，2018 年为 260 元/克。这些现象都说明物价上涨了。如果一个社会的物价水平普遍持续上涨，则意味着通货膨胀的发生。它会影响政府、企业和个人等经济单位的开支，也会对经济发展造成影响。

那么有哪些原因可能引发通货膨胀呢？1976 年诺贝尔经济学奖获得者米尔顿·弗里德曼（Milton Friedman）在研究了世界上若干国家通货膨胀率与货币供应增长率之间的关系后，认为"通货膨胀无论何时何地都是一个货币现象"（Friedman，1968）。这一表述为我们研究货币问题提供了一个很好的理由，因为货币供应增长率很可能是通货膨胀的原动力之一（表 1-1）。

表 1-1　货币供应量、货币供应量增长率与物价指数的关系

年份	货币和准货币（M2）供应量/亿元	货币和准货币（M2）供应量增长率	物价指数	
			商品零售价格指数	居民消费价格指数
1998	104 498.5	14.8%	97.4	99.2
1999	119 897.9	14.7%	97.0	98.6
2000	134 610.3	12.3%	98.5	100.4
2001	158 301.9	17.6%	99.2	100.7
2002	185 007.0	16.9%	98.7	99.2
2003	221 222.8	19.6%	99.9	101.2
2004	254 107.0	14.9%	102.8	103.9
2005	298 755.7	17.6%	100.8	101.8
2006	345 577.9	15.7%	101.0	101.5
2007	403 442.2	16.7%	103.8	104.8
2008	475 166.6	17.8%	105.9	105.9
2009	610 224.5	28.4%	98.8	99.3
2010	725 851.8	18.9%	103.1	103.3
2011	851 590.9	17.3%	104.9	105.4
2012	974 148.8	14.4%	102.0	102.6
2013	1 106 525.0	13.6%	101.4	102.6
2014	1 228 374.8	11.0%	101.0	102.0
2015	1 392 278.1	13.3%	100.1	101.4
2016	1 550 066.7	11.3%	100.7	102.0
2017	1 690 235.3	9.0%	101.1	101.6
2018	1 826 744.2	8.1%	101.9	102.1

资料来源：国家统计局

注：①货币供应量数据为《中国人民银行货币供应量统计和公布暂行办法》规定的统计口径，并于 2001 年、2002 年、2011 年、2018 年四次修订。②物价指数以上年为 100

二、货币与利率

利率是资金的价格，通常用百分比来表示，在人们的经济生活中以多种表现形式表现，如商业银行公布的活期存款利率和定期存款利率、贷款利率、政府债券利率等。利率变动会引起经济体多方面的变化，它可以影响投资、生产、就业和消费等。如果存款利率提高，导致存款收益增加，人们可能会增加储蓄，减少当前消费。如果贷款利率提高，可能导致企业筹资成本提高，企业推迟投资，使原来可以提供的就业职位无法到位，甚至可能迫使企业缩小生产经营规模，裁减员工，从而影响生产和就业。政府债券利率提高，将可能吸引投资者增持债券，同时减少对其他金融产品的需求，进而影响其他金融产品的价格，等等。

那么，有哪些原因可能引起利率的变动呢？法国古典经济学家西斯蒙第（Sismondi）提出，利息永远取决于人们所说的市场上金钱的数量，因为金钱虽然绝不是资本本身，却永远是资本的标志。这表明，货币可能在利率波动中发挥重要作用。图 1-1 可以间接反映货币增长率与利率的关系。

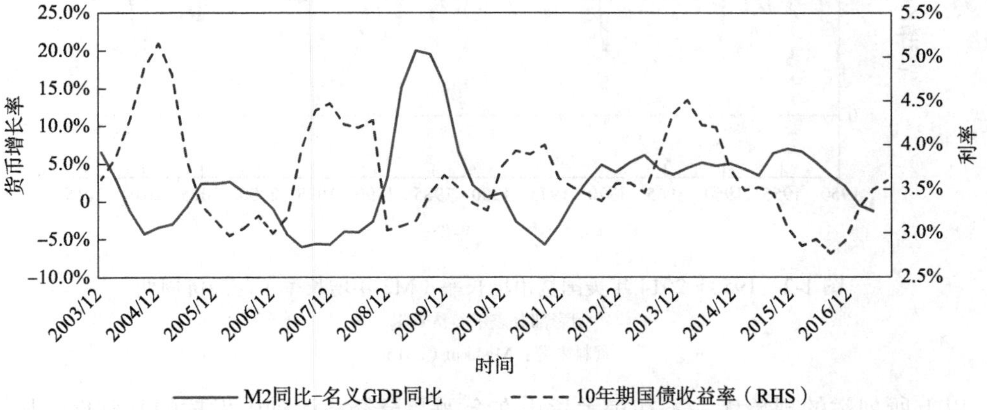

图 1-1　10 年期国债收益率与 M2 同比-名义 GDP①

RHS 为 right hand side，意为右侧值

资料来源：鲁政委，李苗献. 深度：探寻央行货币政策操作的“隐性锚”[EB/OL]. http://finance.sina.com.cn/money/bond/research/2017-09-29/doc-ifymkwwk7015926.shtml，2017-09-29

三、货币与经济周期

自 2000 年以来，我国经济经历了三次较大的调整：2000～2007 年，在需求拉动下，以纺织业为首的国有企业兼并破产、债转股基本完成，去产能化效果显著。供给的收缩直接影响价格，提升企业盈利，企业现金流显著改善，国内经济呈现强力扩张。2008～2013 年，为应对全球金融危机对经济带来的负面影响，国内货币政策自 2008 年 9 月转向宽松，但外需疲弱和内需的不足相互叠加，使得工业企业自 2012 年开始面临着严重的供过于求，不得不持续减产、降价、去库存，内生增长动能逐渐衰减。2014 年后，随着房地产周期的调整，固定资产投资增速开始回落，企业生产进一步放缓。经济下行压力增加，在产能和债务压力下经济增长全面放缓。

那么，这种经济周期性的变化与货币有没有关系呢？实际上，货币既可能成为经济危机的诱发因素，也可能成为危机后刺激经济体复苏和经济稳定发展的积极力量。借用 1950～2014 年美国货币供给增长（M2 年增长率）与经济周期的数据（图 1-2）可以看出，当经济发生衰退时，相应的货币增长率通常会下降，但不是绝对的，这表明货币数量的变化可能是经济周期波动的原动力之一。

---

① GDP 即 gross domestic product，意为国内生产总值。

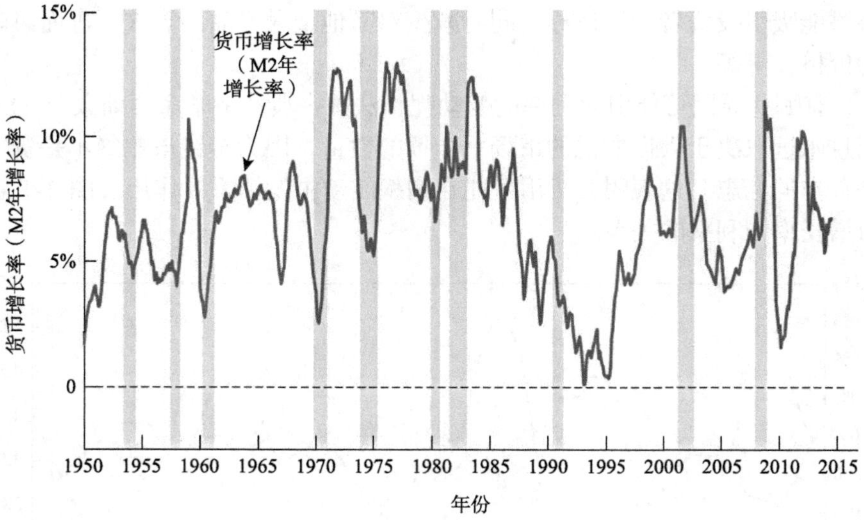

图 1-2　1950～2014 年美国货币增长率（M2 年增长率）与经济周期

阴影部分表示经济衰退

资料来源：Mishkin（2015）

以上所列举的现象无一不在揭示货币在金融乃至经济活动中发挥的基础性作用，正因为如此，世界各国政府都非常重视对货币和货币政策的研究与运用。我们对金融的认识，也应当从研究货币开始。

第二节　货币的含义

一、货币的定义

尽管货币与人们的经济生活息息相关，但应该如何给货币下一个准确的定义，仍是一个难题。《管子》一书中有“黄金刀币，民之通施也”“黄金刀布者，民之通货也”“刀币者，沟渎也”①等说法，“货币是流通的大轮，是商业的大工具”（斯密，1972）。此外，有的学者认为货币是充当交换媒介、价值贮藏、价格标准和延期支付标准的物品；有的学者认为货币是无须支付利息，作为公众净财富的流动资产；还有学者认为货币是与国民收入相关最大的流动性资产；等等。这些观点主要是从货币的功能角度来下定义，美国学者弗雷德里克·S. 米什金（Frederic S. Mishkin）提出的表述得到了较多学者的认同，他认为：货币是在购买商品和劳务或者清偿债务的过程中能够被普遍接受的物品。

从这个角度来看，我们日常使用的通货，包括纸币和硬币，都属于货币的范畴。事实上，现实生活中的货币形态各异，林林总总，那么隐藏在其背后的货币的本质是什么？

① 《管子》中的《国蓄》《轻重乙》《揆度》等篇。

经济学家们有不同的看法。

（一）货币是一般等价物

马克思在《资本论》中指出，货币是从其他一般商品中分离出来，固定充当一般等价物的特殊商品。马克思从劳动价值论出发指出了货币的本质，即货币是一般等价物。这是马克思在分析了货币的起源和本质之后，对货币本质的一个深刻理解。其理论前提为以下两点。

（1）货币始终是一种商品，它不仅具有价值，而且有使用价值。只有当货币本身是一种商品时，它才能发挥各项职能。

（2）货币具有以自身价值形态表现其他商品价值的能力，即可充当一般等价物，这就使得货币成为一种特殊商品。交换领域之所以能够普遍接受货币，是因为货币本身是一种商品，也因为货币所代表的是一般购买力，持有货币可以换取相应价值的商品。

马克思认为，货币并非伴随人类社会而产生，而是商品经济逐渐发展的产物。在人类社会的初期，不存在商品交换，故而没有货币。只有在商品交换产生以后，货币才逐渐从商品世界分离出来，固定充当商品交换的媒介。因此，货币是商品生产和商品交换发展的产物。

在商品交换的发展过程中，商品的价值表现经历了四个阶段，对应有四种价值形式。

所谓价值形式，是指一种商品的价值必须由其他具有相同价值的商品来表现，即以一种商品的价值来表现另一种商品价值的方式，具体体现为以下四种。

（1）简单的或偶然的价值形式。在人类社会最初的商品交换过程中，由于生产力低下，人们只拥有少量的剩余产品，所以交换活动只是偶然发生。一种商品的价值也只能偶然地通过另一种商品表现出来。

（2）总和的或扩大的价值形式。随着社会生产力的提高和社会分工的发展，交换活动越来越频繁，一种商品的价值可能为多种商品所表现。

（3）一般价值形式。随着交换活动的进一步发展，多种商品的价值都可以通过某一种商品来表现。与总和的或扩大的价值形式相比，看似只是进行了一个简单的换位，但实际上，这个“某一种商品”已经是服务于商品交换的特殊商品了。

（4）货币价值形式。在这个阶段，一切商品的价值固定地由一种特殊商品来表现，它是价值形式的最高阶段。

（二）货币是持有者对发行者的债权

提出货币债务论的经济学家认为，货币本质上是持有人对发行人的一种债权。他们认为货币并不是一种商品，而是一种债务，且债务具有等级结构。国家法定货币由于可以纳税而处于债务金字塔等级结构的顶端，意味着社会的最终支付手段。货币是发行人（国家）对持有者（公众）的债务，货币的价值源自国家权力。只要国家外生地确定货币的名义价值，并且接受其作为国家的主要支付方式，货币材质并不重要，它可能是黄金、一般的金属、纸甚至是存储在电脑中的数字符号。

（三）货币是所有者与市场关于交换权的契约

现代货币契约论认为，货币是一种契约，是人类在长期的物物交换过程中为解决供给与需求不匹配问题而进行的一种约定，即约定以某一种特定的物品作为共同的交换媒介。

二、货币的形式

（一）货币材料

回顾历史，许多物品都充当过货币。一般而言，适合充当货币的物品应具有如下特性。

（1）价值稳定。货币的主要作用之一就是表现其他商品的价值，如果充当货币的物品本身价值容易波动，就会直接影响对其他商品价值的表达，进而给日常经济生活带来很大不便。所以适合充当货币的物品一般都具有稳定的价值。

（2）能够被普遍接受。货币本身是为了方便交换而产生的，如果作为交换媒介的某种物品不能被普遍接受，人们的交换活动就会受到重重阻碍；相反，如果能被普遍接受，那么不管其具体形式如何，都可以推动交换的进行。在第二次世界大战时期的战俘集中营中，香烟就凭借其普遍接受性，成了当时当地的货币。

（3）易于保存和携带。作为货币经常需要在不同经济主体间流转，如果该物品不便保存、容易变质，或者体积、重量太大，不便携带，显然都将影响其功能的发挥。

（4）易于分割。人们在使用货币时常常需要进行零星或者小额的支付，如果作为货币的物品本身难以分割，就会直接影响人们日常交易活动的展开。

（二）货币形式的演变

正因为作为货币需要满足多个条件，所以能够作为货币的物品非常有限，从古至今，货币的形态大致经历了实物货币—金属货币—代用货币—信用货币的演变。

1. 实物货币

实物货币又称商品货币，它是货币形态发展的最初形式。当简单的物物交换不能适应交换的发展时，人们开始寻找一种特殊商品，试图将其作为交换媒介。最初人们找到了粮食、贝壳、家畜、农具、食盐等实物，它们既可以作为货币流通，又可以作为一般商品被消费。但由于许多作为货币的实物体积笨重，或者不易携带和运输，又或者不易被分割，都无法充当理想的交易媒介。有些实物更是容易磨损腐烂，也不适宜作为衡量价值的标准和价值贮藏。所以，随着交换活动的迅速发展，实物货币逐渐为金属货币所取代。

2. 金属货币

金属货币是指以金属，尤其是贵金属作为货币材料的形式。从某种意义上说，它也属于实物货币。但贵金属货币具有价值较高且稳定、易于分割、便于携带和保存等不同于其他实物的特点，使之与一般的实物货币区别开来。鉴于贵金属的这些特性，它们非常适合充当货币。马克思曾经非常生动地描述到：金银天然不是货币，但货币天然是金银。

在早期，人们在使用中往往保持了贵金属的自然形态，仅凭鉴定成色和重量确定其价值，所以也称之为“称量货币”，如我国古代使用的金银锭和金银锞等。随着使用时间的延长，人们发现贵金属也会有自然磨损和人为磨损，但不影响其作为交易媒介，故在此基础上创造出“铸币”来。铸币是指由国家法定铸造，具有一定形状并标明成色、重量和面值的金属货币。最初的铸币都具有十足的价值，但由于金属铸币在流通中的磨损导致重量减轻，出现了实际价值低于名义价值但仍能按名义价值使用的情况。为了维持铸币的信誉，国家都规定了铸币公差。后来，国家出于解决财政困难、国库空虚等方面的需要，开始铸造不足值的铸币。这种不足值的铸币依然能够按照原来的面值进行流通，这样，铸币就或多或少地成为其法定金属含量的象征。铸币的发展变化隐含了用纯粹货币符号代替金属货币来执行流通手段的可能性。

在18～20世纪，世界主要工业化国家的币材中都出现了黄金。但由于贵金属货币的储量有限，开采困难，而且随着社会商品流通日益扩大，经济体所要求的货币数量在不断增加，矛盾无法调和之下，各国政府纷纷开始发行纸币。

3. 代用货币

因其一般形态是纸制的凭证，代用货币也称纸币。在中国北宋年间，已有大量的纸币（称“交子”）流通。这种纸制的货币的价值低于其所代表的货币价值。但因为它们都有十足的金、银等贵金属作为发行保证，并且可以自由地向发行机构兑换实物货币，如金、银等，所以能被人们普遍接受。正如马克思所说，商品转化为流通手段的货币，“只是转瞬即逝的要素。它马上又会被别的商品代替。因此，在货币不断转手的过程中，单有货币的象征存在就够了”（马克思，1975）。在中央银行产生以前，由私人银行发行的纸币被称为“银行券”。银行券首先出现于欧洲，发行银行券的银行保证随时按面额兑付金币，俗称“纸黄金”。代用货币的制造成本低，不易磨损，运送的成本和风险也很低，所以在近代货币史上存在了很长时间。但同样由于黄金等贵金属作为保证和准备，其开采量不能满足急剧扩大的商品生产和交换的要求，所以人们一度对代用货币进行了改良和变革，由最初的十足金属准备变为部分准备，直至1973年，国际货币基金组织（International Monetary Fund，IMF）正式宣布黄金非货币化，货币最终与黄金脱钩。

4. 信用货币

信用货币是以信用为保证，通过信用程序发行和创造的货币。它本身无价值，其发行量视经济发展或其他某些特殊需要而定，与代用货币不同，它不再代表任何贵金属，所以其本身价值远远低于其货币价值。信用货币是货币形式进一步发展的产物，20 世纪 30 年代，全球经济危机引发了经济恐慌和金融混乱，主要资本主义国家纷纷宣布其所发行的纸币不再兑换金属货币，信用货币从此应运而生。当今世界各国几乎都采用这一货币形态。

信用货币通常由一国政府或金融管理当局发行，其形态一般包括以下几种。

（1）辅币。辅币是人们在日常生活中进行小额或零星交易时所使用的媒介手段，多以贱金属制造。目前世界各国几乎都由政府垄断辅币的发行，由专门的铸币厂铸造。

（2）现钞。现钞也称为现金，主要作为人们日常生活用品的购买手段，多数由国家的中央银行印制发行。

（3）银行存款。银行存款是存款人储存在银行的款项，对于银行来说，这种货币是一种债务货币。随着经济和科技的发展，银行存款在整个货币体系中所占的比重越来越大，其中的巨额交易多由支票完成，支票是一种票据，起着存款人向银行发出支付指示的作用，它本身并不是货币。银行存款主要是活期存款，它才是真正作为交易的支付手段。

（4）电子货币。电子货币是以计算机及其网络为基础，以信息技术为手段，用户用一定金额的现金或存款从发行者处兑换并获得代表相同金额的数据，或者借助银行及第三方机构推出的快捷支付服务，通过某些电子化途径将银行中的余额转移，从而进行交易。目前常见的形式是消费者向电子货币的发行者使用银行的网络银行服务进行储值和快捷支付，通过媒介（二维码或硬件设备），以电子形式实现交易。

电子货币是信用货币的延伸，是信用货币发展到信息时代的产物。电子货币具有安全性高、使用便捷、运用广泛等优点，它的使用不仅增加了银行的服务功能，而且提高了金融业的服务效率，有力地促进了现代经济的发展。

信用货币具有以下特征。

第一，信用货币完全割断了货币与贵金属的联系，其发行不是以黄金作准备，国家也不予承诺兑现黄金或法偿货币。

第二，信用货币的发行基本保证是政府的信誉和银行的信誉。因为一般人所关心的不再是货币作为商品用途的可使用性，而是货币的可接受性，信用货币有政府和银行的信誉作担保，人们对货币的支付能力抱有信心，故而能为人们所普遍接受而广泛流通。

总之，随着商品交易和信用的关系的不断拓展，货币的形式不断演变，并逐步脱离具体物质形态的束缚，渐渐抽象化和虚拟化。

三、货币的计量

货币供应量是指在某一时点上，一个经济体流通中的货币存量。货币供应量是各国中央银行编制和公布的主要经济统计指标之一。在对货币供应量进行统计时，我们需要对货币进行不同层次的划定，这就是货币的计量。随着经济的发展，越来越多的金融创新工具开始发挥着货币的职能，货币的形式也更加多种多样，如何科学地设定不同的统计口径，就成为一个非常重要的问题。

（一）货币层次的划分依据

关于货币层次指标体系的划分依据，学术界有不同的看法。有的学者认为应该按照货币周转速度来进行划分，有的学者认为应该按照货币变现率高低进行划分，目前比较主流的观点认为，以货币的流动性作为主要划分依据较为科学。所谓流动性，是指一种资产能够迅速变现而又不致遭受损失的能力，流动性越高，代表该资产能够越迅速地变现，并且在此过程中造成的损失越小。比如，定期存款提前支取手续较为烦琐，耗时较长，并且常常伴有利息损失，故其流动性不及活期存款。

流动性程度不同的货币在流通中周转的次数不同，形成的购买力不同，对商品流通和其他经济活动的影响程度也不同。所以，按流动性来划分货币的层次，可以准确地把握流通中各种货币的具体形态在运动特性或活跃程度上的区别，可以为中央银行制定宏观金融政策提供一个清晰的货币流通结构图，也有利于中央银行掌握不同货币构成和大体相对应的商品构成之间的对应关系。

（二）货币层次划分的应用

19 世纪上半叶，西方大多数国家处于金银复本位制时期，当时发行的银行券并未被视为货币。19 世纪下半叶至 20 世纪初，以英国为首的一些国家先后成立中央银行，客观上要求中央银行对整个金融动态有一个正确的了解，这时才将银行券和活期存款看成货币。到了 20 世纪 50 年代，世界各国普遍流行关于可转账的货币存款也是货币，甚至其他存款也构成不同层次货币的主张。货币量的内涵也随着中央银行宏观调控的要求不断明确。据此，世界各国中央银行均依据各自的国情，公布了其“货币供应量层次指标系列”，并根据相关理论进展和实践操作做出适当的调整。

20 世纪 80 年代以后，国际货币基金组织提议各国将货币供应量分为狭义货币 M1 和广义货币 M2 两个层次，并按照不同层次提供统计资料。后来，西方经济学家进一步将货币分为以下四个层次：M1=现金+活期存款；M2=M1+储蓄存款+定期存款；M3=M2+非银行金融机构的存款；M4=M3+金融机构外的短期金融工具。发展到今天，有些金融工具发达的国家甚至将货币层次增加至 M7，进一步扩大了货币的外延。1994 年，我国颁布《中国人民银行货币供应量统计和公布暂行办法》，正式确定并按季公布货币供应量指标，并且对货币进行分层。

国际货币基金组织在 2000 年的《货币与金融统计手册》中取消了对货币和货币分层的定义，从属于广义货币的金融资产、货币持有部门和货币发行部门来定义货币。

M0=现金，包括流通于居民手中的现金和企业单位的备用金。

狭义货币 M1=M0+活期存款+邮政汇划资金+国库接受的私人活期存款。

广义货币 M2=M1+准货币，准货币包括储蓄存款、定期存款、外币存款、各种通知放款及各种短期信用工具，如政府短期债券、银行承兑汇票。

在美国，美国联邦储备系统（简称美联储）从 1960 年开始公布货币统计数据。早期只有 M1，1971 年开始公布 M2、M3，后来还给出了总流动性（L）的统计方法。1993 年美联储放弃货币供应量，以利率为宏观调控的手段；美联储认为 M3 不能提供更多的经济信息，并且在货币政策操作中 M3 不发挥作用，2006 年 3 月开始不公布 M3，具体如下。

M1=国库、美联储和存款机构以外的现金+商业银行的活期存款（不包括存款机构、美国政府、外国银行和官方机构在商业银行的存款）+非银行发行的旅行支票+其他与商业银行活期存款性质相近的存款（如可转让支付命令账户、自动转账服务等）。

M2=M1+储蓄存款+存款机构发行的隔夜回购协议+美国银行向美国居民发行的隔夜欧洲美元+货币市场存款账户+小额定期存款+零售市场货币市场互助基金+合并调整。

M3=M2+大额定期存款+机构持有的货币市场互助基金+存款机构发行的定期回购协议+定期欧洲美元+合并调整。

L=M3+储蓄债券+商业票据+银行承兑汇票+短期政府债券等短期流动资产。

1994 年 10 月，中国人民银行印发《中国人民银行货币供应量统计和公布暂行办法》，正式编制并向社会公布“货币供应量统计表”。《中国人民银行货币供应量统计和公布暂行办法》根据国际通用原则，以货币流动性差别为标准，将货币供应量划分为以下四个层次。

M0=流通中的现金。

M1=M0+企业活期存款+机关团体部队存款+农村存款+个人持有的信用卡类存款。

M2=M1+城乡居民储蓄存款+企业存款中具有定期性质的存款+外币存款+信托类存款。

M3=M2+金融债券+商业票据+大额可转让存单等。

其中，M1 即通常所说的狭义货币供应量，流动性较强，M2 是广义货币供应量，M2 与 M1 的差额称为准货币。值得注意的是，因为 20 世纪 90 年代我国银行外币存款规模较小，外币存款并未纳入统计，而 M3 系基于金融创新不断发展的状况而设置，当时并未进行测算。

随着金融创新的发展、金融机构体系的规模增长、外资金融机构在境内日趋活跃，中国人民银行分别在 2001 年、2002 年、2011 年、2018 年对于货币供应量的统计范围进行了四次修改。

（1）2001 年 6 月，因货币供应量产生结构性变化，将证券公司客户保证金纳入 M2。1999 年到 2000 年，因股票价格上涨，大量资金流入股市，货币供给严重低估。1999 年上海证券综合指数从 5 月 18 日的 1060 点上涨到 6 月 30 日的 1756 点，增长 65.66%；2000 年增长 55.56%。再加上 1996 年至 1999 年的 7 次降息，1999 年 6 月 1 年期存款利率已降至 2.25%。存款收益率下降，股市迅猛发展，大量存款流入保证金账户。2001 年 6 月，中国人民银行将保证金纳入 M2。调整后，2000 年 10 月 M2 同比增速从 12.3%增长至 14%，11 月从 12.4%增长至 15%。

（2）2002 年 3 月，为适应市场环境变化，增加我国外资、合资金融机构的人民币存款。

2001 年底，我国加入世界贸易组织（World Trade Organization，WTO）。2002 年 2 月 1 日，《中华人民共和国外资金融机构管理条例》施行以后，外资银行的业务范围大大扩展，可以吸收存款，发放贷款，办理贴现、外汇买卖等业务。因此，2002 年 3 月中国人民银行将在中国的外资、合资金融机构的人民币存款业务，分别计入不同层次的货币供应量中。当月，我国外资商业银行总资产规模 2796.9 亿元，占当年商业银行资产规模大致 2%的水平。2003 年 12 月，中国人民银行发布《关于修订中国货币供应量统计方案的研究报告》，提出我国货币供应量统计的六项原则，即相关性增强原则、可测性原则和成本效益比较原则、连续性原则、流动性原则、价值储藏手段原则及与国际接轨原则。

（3）2011 年，鉴于非存款金融机构的快速发展，将其存款和住房公积金纳入 M2。我国非存款金融机构主要包括信托公司、租赁公司、证券机构、保险机构。随着其存款和住房公积金规模的扩大，对货币供应量的影响日益增长。纳入口径之后，2011 年 10 月国内 M2 同比增长 12.9%。但商业银行理财产品等焦点指标目前仍未纳入货币供应量统计。

（4）2018 年 1 月，用非存款机构部门持有的货币市场基金取代货币市场基金存款（含存单）。2018 年，中国人民银行完善了货币供应量中货币市场基金部分的统计方法，调入非存款类机构持有的货币市场基金份额，调出货币市场基金存款（含存单）。截至 2018 年 1 月末，货币市场基金规模 7.38 万亿元，占 M2 比重为 4.29%，调出货币市场基金存款后，轧差后新增 1.15 万亿元。

第三节　货币的职能

货币的职能是货币本质的具体表现。早在古希腊时代，伟大的思想家亚里士多德就已经为货币总结了三项职能：价值尺度、流通手段和贮藏手段。马克思的货币理论认为，货币具有价值尺度、流通手段、货币贮藏、支付手段和世界货币五大职能，其中价值尺度和流通手段是货币最基本的职能。西方资产阶级经济学家对货币职能的认识也基本在这个框架内。例如，马歇尔在他的《货币、信用与商业》中这样论述道："货币的主要职能分为两类，货币首先是当场买卖的交换媒介。……货币的第二种职能是充当价值标准或延期支付标准，也就是用来表明一般购买力的数量。"金德尔伯格认为货币具有支付手段、记账单位、交换媒介和价值贮存等四种职能。米什金认为货币具有交易媒介、计算单位和价值贮藏等三种职能。考夫曼认为货币具有交换媒介、价值标准、价值贮藏等三种职能。斯蒂格利茨认为货币的职能是交换媒介、价值贮藏和计算单位。我们可以简单地把上述提到的价值标准、计算单位、记账单位等均视同价值尺度，也可以把交易媒介、交换媒介、流通手段视为同一内容，那么各种学说对货币职能的论述只是有所取舍、有所侧重而无本质的对立。

一、价值尺度

货币是一种尺度，是一种单位。所有商品和劳务的价值都可以用它来表示和衡量，从而可以方便地进行比较，这就是货币的价值尺度职能，是货币的首要和最基本、最重要的职能。

马克思对于价值尺度职能的解释基于劳动价值学说。“货币作为价值尺度，是商品内在的价值尺度即劳动时间的必然表现形式。”（马克思，1975）货币和商品都是劳动产品，它们在质上是相同的，在量上是可以比较的，商品价值的大小，是由凝结在该商品中的社会必要劳动时间来决定的。社会必要劳动时间是商品的价值尺度，它借助货币表现出来。

货币在执行价值尺度职能时，具有如下特点：第一，可以是观念上的货币，并不需要现实的货币。因为货币在执行价值尺度即商品生产者在给商品定价时，只要想象中的或者观念上的货币就行了。第二，货币在执行价值尺度职能时要通过价格标准这个中间环节来完成，因为不同的商品有不同的价值量，所以要求借助价格标准来表现数量不等的单位货币。所谓价格标准，是指人为规定的货币单位名称及其所包含的（或代表的）价值量。商品价值的货币表现称为价格，即价格是商品内在价值的外在表现。

历史上，最初的价格标准和货币单位曾是一致的。例如，中国秦代曾铸造半两铜钱，汉代铸造过五铢铜钱，上面分别铸有半两和五铢字样。据史书记载，这些铜钱“重如其文”，即含铜量与钱面上的文字相符。随着商品经济的发展，货币单位名称和货币本身的重量名称逐渐分离。现代社会的货币单位主要有两种表示方法：一种是货币单位名称完全与自然名称脱离，采用了另外的名称。比如，以“元”代表货币单位，在其前面加上国名即得到该国货币的名称，如“美元”“新加坡元”“加拿大元”等。另一种是货币单位名称仍然采用重量名称，但由于种种原因，其实际含有的重量已与名称完全脱节。例如，英国在 1816 年正式采用金本位制时规定，每盎司（1 盎司=31.103 476 8 克）黄金合金币 3.893 75 磅，但从重量上来看，1 磅（1 磅=453.592 37 克）重量的黄金相当于金币 46.725 磅。现在英国的货币单位“磅”仍然保留了重量单位的痕迹。

货币价值尺度职能的发挥，减少了商品交换过程中的价格数目，提高了交换的效率。在物物交换条件下，商品交换涉及的价格数目为 $\frac{n(n-1)}{2}$，这里的 n 为商品种类，如果有 10 种商品，为了使它们能彼此交换，我们必须知道 45 个价格；如果有 1000 种商品，则必须知道 499 500 个价格。然而引入货币作为价值尺度之后，上面的价格数目就变成 n 了。由此大大降低了交易成本，提高了交换效率，进而促进了金融活动的迅速发展。

不过，货币的价值尺度职能，不可能像度量、衡量、计量标准那样一成不变。因为货币本身的价值在发生变化。按照马克思主义经济学的观点，货币（金属货币）价值的变化是因为它所包含的无差别的人类劳动的量发生了变化。从现代经济运行的实践来看，货币的价值即货币所能交换的商品和劳务的数量，也就是货币购买力，它是许多商品和劳务价格的平均数或一般物价水平的倒数，物价水平是用一系列指标来衡量的。货币购买力与物价水平密切相关。

二、流通手段

货币在充当商品流通的中介或者媒介时，发挥的是流通手段的职能。这也是货币的基本职能之一。货币产生以后，商品交换转化为以货币为媒介的交换，这一交换把物物交换时的一个统一的过程分解为卖和买两个过程。首先是出卖过程，即商品所有者先卖出商品，换回货币；其次是购买过程，即用货币购买所需的商品。买卖所构成的连续不断的过程就是商品流通。货币执行流通手段时，其特征表现为商品在同时、同地与货币相向运动，即 G↔W（G 为货币，W 为商品）。

货币在执行流通手段职能时具有以下特点：第一，必须是现实的货币，但不一定需要足值的货币，即它可用货币符号来代替。商品生产者的目的是交换，即换回他所需要的别的商品，为了把自己手中的商品换成货币，使自己的劳动得到社会的承认，商品生产者出卖商品所获得的货币必须是现实的货币。但货币在商品交换过程中处于不断流动的状态，对一个商品生产者来说，货币在他手中只是一个转瞬即逝的要素，它马上又会被别的商品替代。因此，流通中的货币可以由没有内在价值的价值符号所代替，而不一定要足值的货币。第二，包含危机的可能性。在货币发挥流通手段职能的条件下，交换过程被分割为两个内部相互联系、外部又相互独立的行为——买和卖。这两个过程在时间和空间上分离了，买了之后可能无法及时卖出，或者卖出之后不能及时买入，从而蕴含了“危机的可能性”。

当然，货币必须保持相对稳定的价值，才能正常发挥其流通手段的职能。如果币值不稳定，必然造成流通秩序混乱。为此，马克思提出了著名的货币流通规律和纸币流通规律，指出凡是有商品货币流通的情况下这一规律必然存在并产生作用。

三、支付手段

在被用于清偿债务、缴纳赋税、支付租金或工资时，货币就作为独立的价值形态进行单方面转移，执行支付手段职能。货币的支付手段职能产生于赊买赊卖的商品交换中，当一些商品在生产过程中出现时间和地域上的差别，在客观上要求商品的出售与商品价值的实现在时间上分离时，延期付款或者预付货款等商业信用现象就随之产生了。

货币在发挥支付手段职能时，具有以下特征：第一，作为支付手段的货币，其已经不是流通过程的媒介，只是补足交换的一个独立的环节。第二，支付手段除了服务于商品流通之外，还大量服务于其他经济行为，如地租、赋税、信用、劳动报酬等支付领域。第三，货币支付手段实现的是商品和劳务的跨期购买。第四，货币的支付手段职能是在债权债务关系下发挥作用。第五，商品赊销的发展，使商品生产者之间形成了一个很长的支付链条，一旦某个商品生产者不能按期还债，就会引起连锁反应，严重时可能引起大量企业破产，造成货币危机。所以，支付手段职能的出现与扩展为经济危机由可能性变为现实性创造了客观条件。

货币的支付手段职能促进了信用制度和借贷关系的发展，而信用制度和借贷关系的发展，又推动了现代社会经济的发展。在发达的商品经济中，大宗交易是支付手段发挥作用的主要场所，由于现金交易具有费用高、不安全等缺陷，很多大宗商品交易往往采取由银行委托收款或付款的形式进行。

财政和银行信用领域是货币发挥支付手段职能的另一重要场所。税款的征收，国债的发行，财政拨款的支付，银行存款的吸收，贷款的发放等都是货币的独立单向运动。此外，货币还在劳动报酬支付中发挥支付手段职能，所以货币作为支付手段，使商品交换的时空范围扩大。

四、贮藏手段

当买卖的链条中断，卖出之后没有随之购买时，货币就退出流通；被人们保存、收藏起来时，货币暂时退出流通领域处于相对静止状态，被作为财富或购买力储藏的工具，发挥货币贮藏的职能。正是根据这样的逻辑顺序，马克思把货币贮藏职能排在流通手段之后。他以金属货币流通为背景，论证了货币贮藏对货币流通的自发的调节作用："为了使实际流通的货币量总是同流通领域的饱和程度相适应，一个国家的现有的金银量必须大于执行铸币职能的金银量。这个条件是靠货币的贮藏形式来实现的。货币贮藏的蓄水池，对于流通中的货币来说，既是排水渠，又是引水渠；因此，货币永远不会溢出它的流通的渠道。"（马克思，1975）由此可以看出，在足值的金属货币流通条件下，一般不会出现货币过多的情况。

货币在执行贮藏手段职能时，具有以下特征：第一，必须是现实的货币，又是足值的货币。贮藏的形式有两种，一是充当购买手段和支付手段的准备金，这种形式的贮藏货币不断地进入流通并不断地从流通中退出；二是以货币形式闲置的暂时不用的资本，包括新积累的尚未投入的货币资本，这类贮藏货币则是较长时间地停留在流通领域之外，等待时机再加入流通，参加资本的循环和周转。第二，作为贮藏手段的货币，必须退出流通领域，处在静止状态。

货币具有价值贮藏职能。可以推迟它与实际商品和劳务交换的时间，而将它贮藏起来。因此，它是一种超越时间的购买力的贮藏。货币的价值贮藏职能将取得收入的时间和花费收入的时间分离开来。多数人都不想在取得收入的那刻便将它花光，而宁愿等到时间充裕或确实需要时才去商店买东西。

货币能否作为价值的贮藏，取决于两个因素：一是货币的流动性，即在需要购买商品时能顺利地买到商品，货币本身就是交易媒介，流动性极高。不像其他金融资产或财富，其他金融资产如债券、股票在转换为货币时有交易成本，而财富如房屋、汽车在转换为货币时要支付佣金。二是保值性，即在贮藏期内不损失其价值。换句话说，货币作为价值贮藏的优劣取决于物价水平的高低。如果所有的物价都翻了一番，意味着货币的价值打了对折，反之，所有物价都打了对折，则意味着货币的价值翻了一番。因此，在通货膨胀时，货币贬值，货币的贮藏职能削弱，在严重通货膨胀时，货币的贮藏职能丧失。

五、世界货币

随着国际金融和贸易的发展，当货币超越国界，在世界市场上发挥一般等价物作用时，就开始执行世界货币的职能。

马克思指出："货币一越出国内流通领域，便失去了在这一领域内获得的价格标准、铸币、辅币和价值符号等地方形式，又恢复原来的贵金属块的形式。"其意即当货币充当世界货币时，就必须脱掉自己原有的"民族服装"，还原成金、银的本来面目。

在现代西方社会，由于新的国际货币体系的建立，有一些国家的货币（纸币）可以在一定条件下代替贵金属跨越国界发挥世界货币的职能，如美元、英镑、欧元等。我国人民币具有一定的稳定性，在一定范畴内已被用作对外支付结算的工具，并在 1996 年底实现了在经常项目下的可兑换，现正努力为实现人民币国际化创造条件。同时，黄金仍然没有完全退出历史舞台，它仍然是国际最后的支付手段、购买手段和贮藏手段。

第四节 货币制度

货币制度简称币制（monetary system），是一个国家以法律形式确定的该国货币流通的结构、体系及组织形式。货币制度是货币运动的规范和准则，关系到货币价值的稳定和货币当局控制货币供给的能力。从有文字记载的历史以来，各个国家的货币法律或法令无不反映了国家从不同角度，在不同程度上对货币所进行的控制。其意图在于建立符合该国货币政策，能由货币当局直接操纵的货币制度。

一、货币制度的形成

在前资本主义社会，世界各国先后出现了铸币流通。最初的金属货币是以条块形状流通的，每次交换都必须鉴定成色和重量，然后按照交易额大小进行分割，十分不便。因此，一些在商界有影响的富商大贾开始在金属货币上加盖自己的私人印戳并标明重量和成色，于是这些金属货币就成为以该富商大贾信誉为保证的铸币。这种铸币在流通中往往受到地域限制，所以逐渐改为由国家统一铸造。

这一时期的铸币流通有以下几个特点。

（1）铸币材料价值较低。这与前资本主义社会商品经济不够发达有关。当时黄金还不是主要的货币材料，银、铜和合金材质较为常见。

（2）铸币的铸造分散，流通具有地方性。当时很多国家并未统一，如欧洲国家由各封建主统治各自的城堡，有各自独立的行政、司法、财政等权力，并因此分别铸造货币，在各自独立的城邦流通。

(3)铸币不断变质。由于当时货币铸造权分属各个封建统治者，他们往往通过降低铸币成色、减轻铸币重量来实现铸币变质，以解决财政上遇到的困难。

二、货币制度的构成要素

货币制度的主要内容是货币本位。在任何一种货币制度中，一般都有多种货币同时流通。但在进行商品、劳务的交换和债权、债务处理时，则以其中一种货币作为计算单位或基本单位，这种由国家法律规定的用以计算经济价值的标准货币，是一国的基本通货，称为本位货币。货币制度一般由以下四个要素构成。

(一)规定本位货币材料

货币制度最基本的构成要素之一就是规定该国的本位货币用什么材料支撑，不同的本位货币材料形成了不同的货币制度。例如，以黄金为币材的货币制度称为金本位制，以黄金和白银同时作为币材的货币制度称为金银复本位制。

(二)规定货币单位

货币单位是货币本身的计量单位，是货币执行价值尺度职能的技术规定。规定货币单位需要同时规定货币单位的名称和值。在金属货币时代，需要规定单位货币的含金量和成色。1816 年 5 月英国金本位法案曾规定：1 英镑含成色 11：12 的黄金 123.7447 格令(1 格令=0.064 798 91 克)，纯金 113.0016 格令。1900 年美国金本位法案则规定 1 美元含成色 9：10 的黄金 25.8 格令，纯金 23.22 格令。

在纸币制度下，各国流通信用货币，货币单位的值由本国货币的购买力来决定。中国的货币单位是元，英国的货币单位是镑(pound sterling)，美国的货币单位是元(dollar)。

(三)规定各种通货的铸造、发行和流通程序

在金属货币制度下，本位币(主币)可以自由铸造。所谓自由铸造，即公民有权请求政府免费或低价代铸铸币，也有权将铸币熔化，铸币数量不受限制，但严禁公民私自铸造。自由铸造的意义是使铸币的价值与其所包含的金属价值保持一致，自发地调节流通中的货币量。因为当铸币的市场价值偏高时，人们会把铸币金属运往造币厂，增加铸币数量，使铸币的价值趋于平值；反之，当铸币的市场价值偏低时，人们会把铸币熔成金属条块贮藏起来，铸币的市场价值就会趋高，逐渐接近平值。货币流通中的主币自动进入或退出流通领域，使货币流通量与客观需要量基本上保持一致。

本位币都是具有无限法偿能力的货币。所谓无限法偿，是法律规定的无限制偿付能力，即法律规定取得这种能力的货币不论每次支付的数额如何大，不论属于何种性质的支付，支付的对方均不得拒绝接受。例如，美国的“美元”、英国的“英镑”、法国的

“法郎”、德国的“马克”、欧盟的“欧元”和中国的“人民币”都是该国或该地区的本位货币。

辅币是本位币货币单位以下的小额货币。它专供日常零星交易或找零支付使用，具有支付金额小、流通频率高、容易磨损的特点，辅币的面值多为本位币的1/10或者1/100，一般使用贱金属铸造。

辅币是不足值的铸币，其实际价值低于货币价值，铸造辅币就可以获得一部分铸币收入，这部分收入属于国家，所以辅币只能由国家铸造，即限制铸造。辅币与本位币可以自由兑换，其兑换率是通过法律形式固定下来的，是有限法偿的货币。所谓有限法偿，是指在一次支付行为中，超过一定金额，收款人有权拒收，这个限额由国家法律规定，但向国家纳税或向银行兑换时可以不受此限制。

（四）规定货币发行准备制度

发行准备是为了约束货币发行规模，维护货币信用，要求货币发行者在发行货币时必须以某种金属或者资产作为发行准备的制度规定。货币发行准备一般包括现金准备和保证准备两大类。

现金准备是指集中于中央银行或国库的贵金属，它是一国货币稳定的坚实基础。作为现金准备的黄金必须集中于中央银行或国库。这些处于准备中的黄金的用途是：第一，作为国际支付的准备金；第二，作为调节国内金属货币流通的准备金；第三，作为支付存款和兑换银行券的准备金。20世纪70年代以后，黄金的货币作用和地位削弱了，目前只剩下作为国际支付的准备金这一个用途。

保证准备又称信用准备或者证券准备，即以政府债券、财政短期票据、短期商业票据及其他高品质的资产作为发行担保。

现代纸币本位制的货币发行主要以保证准备和外汇储备作为货币的发行保证。1976年黄金非货币化后，世界各国货币发行制度的趋势是：由现金准备向保证准备、由保证准备向货币供应量的管理与控制逐渐过渡。

三、货币制度的演变

世界各国货币制度的演变过程大体上经历了银本位制、金银复本位制、金本位制和不兑现的信用货币制度等阶段。

（一）银本位制

银本位制是以白银作为本位货币的一种金属货币制度，它有银两本位和银币本位两种类型。银两本位是以白银重量“两”（1两=31.25克）为价格标准，实行银块流通。银币本位则是国家规定白银为货币金属，并要求铸成一定形状、重量和成色的银币。在银币本位制度下，银币可以自由铸造和自由熔化；银行券可以自由兑换银币或白银；银币和白银可自由输出或输入，以保证外汇市场的稳定。

银本位是最早实行的货币制度之一，在公元前及公元初期，欧洲许多国家，如英国、法国、意大利等都有银币流通。16 世纪到 19 世纪，世界其他国家都纷纷实行银本位制。但到了 19 世纪后期，白银产量猛增，使其市场价格发生剧烈波动，呈长期下跌趋势。这大大影响了白银在许多国家的流通，破坏了国际收支平衡，也阻碍了经济的发展，各个国家先后放弃了这种货币制度。

（二）金银复本位制

金银复本位制是以金币和银币同时作为本位货币的货币制度。货币单位同时以这两种金属规定。这两种铸币都实行自由铸造，都有无限法偿能力，可以自由输出、输入。这种本位制是资本主义发展初期的典型货币制度，随着时间的演变先后经历了三种不同的形式。

1. 平行本位制

平行本位制下，金银两种货币均按其所含金属的实际价值流通。国家对两种货币的交换比率不加规定，根据市场上生金银的比价自由确定金币和银币的比价。由于金币和银币的市场比价经常变动，不同货币表示的商品价格也就随之经常发生变化。这与货币作为价值尺度要求本身价值稳定相矛盾，造成了交易的混乱，最终导致了平行本位制的解体。

2. 双本位制

双本位制是金银两种货币按法定比价流通。国家根据市场上金银比价为金本位币与银本位币规定固定的兑换比率，不受市场上金银价格波动的影响。比如，美国 1792 年货币条例规定，金币、银币的法定比价为 1∶15，1834 年改为 1∶16。

双本位制是金银复本位制的主要形式，这一制度虽然克服了平行本位制下金银比价变动频繁的缺陷，但又带来了新的矛盾。16 世纪英国政治学家与理财家汤姆斯·格雷欣在向英国女王提出铸币改革的建议时，提出了“劣币驱逐良币”的现象。后来英国经济学家麦克劳德在其著作《经济学纲要》中加以引用，并命名为“格雷欣法则”。它是指在两种实际价值不同而法定价值相同的通货同时流通的情况下，实际价值较高的通货（良币）必然会被人们熔化、输出而退出流通领域；而实际价值较低的通货（劣币）反而会充斥市场的现象。

比如，在双本位制下，金、银的法定比价是 1∶15，如果由于采银技术进步或者其他因素，白银的市场价值降低，从而使市场上金、银的比价变为 1∶16，按照法定比价，金币价值被低估，银币价值被高估，实际价值较高的金币变为良币，实际价值较低的银币变为劣币。在这种情况下，人们会不断地从流通中取走金币，融化成金块，再按 1∶16 的比率换成银块，铸造成银币，然后在流通界按 1∶15 的比率换成金币。如此循环一次，就可以得到 1 份白银的利润，如此不断循环，最终将导致金币从流通界绝迹，银币充斥市场。反之，如果法定比价 1∶15 不变，金、银实际比价为 1∶14，那么金币就成为劣币，银币成为良币，最终金币充斥市场，银币则逐渐绝迹。

所以，在双本位制下，虽然国家规定金银同时充当货币材料，金币和银币同时都是本位币，但在流通过程中，实际上只有一种货币发挥本位币的作用，而另一种货币则变成了普通商品。因此，双本位制也是一种不稳定的货币制度。

3. 跛行本位制

跛行本位制是将金铸币和银铸币都规定为本位货币，均具有无限法偿能力，并且有法定兑换比率。但是金币可以自由铸造，而银币不能自由铸造。

跛行本位制的出现，主要是因为 19 世纪 70 年代世界银价暴跌，为了维持银本位货币的地位和金银之间的法定比价，法国和美国决定停止银币的自由铸造，由双本位制改为跛行本位制。此时，银币实际已降为金币的附属，起着辅币的作用。所以，跛行本位制已不是典型的金银复本位制，而是由复本位制向金本位制过渡的一种特殊的货币制度。

金银复本位制的优点是：金银并用使造币材料充足，货币储备扩大，可分别用于大宗交易和小额交易；币值稳定，物价稳定，便利商品流通和国际贸易的发展等。但是这种本位制度自身是矛盾的，因为这种货币制度与货币的排他性、独立性的要求相矛盾。所以，这种本位制度只在英、美、法等国实行了很短的一段时间，就被金本位制代替了。

（三）金本位制

金本位制是以黄金为本位货币的一种货币制度。典型的金本位制的特点是：第一，一国的基本货币单位由一定重量成色的黄金表示；第二，按每单位货币的含金量，货币可自由地在国内外兑换为一定数量的黄金；第三，准许黄金在国内外自由转移，即实行金本位制的国家之间黄金可以自由买卖，可以自由输出与输入。

根据基本货币单位兑现黄金的情况，金本位制可以分为金币本位制、金块本位制和金汇兑本位制三种。

1. 金币本位制

金币本位制是典型的金本位制。它除了具备上述三个特点之外，最大的特点是公民可以自由申请铸造金币，金币是无限法偿的，流通中的辅币和银行券都可以无限制兑换金币。

金币本位制具有以下优点：①在金币本位制下，金币价值与黄金市价有直接联系，只要黄金市价不变，金币价值就可以保持稳定。②由于货币的价值是由足值的金币保证的，纸币发行数量受黄金准备的限制。③政府可以按照一定价格无限制地收购市场上的黄金，而金币又可以自由铸造和熔化，这就使金币的面值与商品价格能保持均等的关系，从而使国内物价相对稳定。④由于黄金可以自由输出输入，外汇的价格维持在黄金输送点范围内，因而货币的对外价值也较为稳定，有利于国际贸易的发展。⑤这一制度是自发地运行的，不需要当局的特别管制或控制。其缺点是：黄金的供给是有限的，黄金数量的增加不能满足货币供给增加的需要，黄金存量较少的国家很难为经济发展提供足够的货币供给。此外，国际金价的波动会影响货币价值的波动，从而影响一般物价水平。

金币本位制是一种相对稳定的货币制度，但随着资本主义经济的发展，资本主义各国发展不平衡性加剧，引起世界黄金存量分配的不平衡。到1913年末，美国、英国、法国、德国、俄国五个国家占有世界货币黄金存量的2/3，削弱了其他国家金铸币流通的基础。所以，在第一次世界大战以后，金币本位制遭到破坏，导致许多国家放弃了金本位制。1924～1928年，资本主义发展出现了一段相对稳定的时期，各国又相继恢复了金本位制。但由于原来的基础已经被破坏，不可能再恢复典型的金本位制。最后，除了美国凭借其持有的大量黄金恢复了金币本位制，其他国家只能实施没有金币流通的金块本位制和金汇兑本位制。

2. 金块本位制

1922年欧洲主要国家在意大利热那亚召开了国际经济会议，会议决定采用“节约黄金”的原则，依然拥有一定黄金储备的国家实施金块本位制，而缺乏黄金储备的国家则可以采用金汇兑本位制。

金块本位制又称生金本位制，其特点是黄金只是名义上的价值标准，国内没有金币的铸造和流通，仅由中央银行发行以金块为准备的银行券（或纸币）来流通。它以银行券或纸币代替金币流通，规定其含金量。居民可以在本位币的含金量达到一定数额之后有限度地兑换金块。例如，英国在1925年规定，银行券每次兑换金块的最低数量为1700英镑；法国1928年规定至少需21.5万法郎才能兑换黄金。黄金被集中存储于政府，政府保持一定数量的黄金储备，以维持黄金与货币之间的联系。同时，政府控制了黄金的输出和输入，禁止私人输出黄金。

金块本位制的优点是可以节省黄金使用，大大减少黄金在铸造和流通中的损耗，使国内绝大部分黄金成为准备，便于国家管理全国金融，稳定汇率。缺点是这种制度对购买金块有个最低数量限制，使得任一货币单位不能自由兑换黄金，削弱了黄金的货币职能。

3. 金汇兑本位制

金汇兑本位制又称虚金本位制，在这种制度下，国家并不铸造金币，也没有金币的流通。中央银行用黄金和外汇建立起外汇基金，并存储在某个实行金币本位制或金块本位制的国家，作为本国货币发行的准备，并规定本国货币与该国货币的法定兑换比率。居民可按这一比率用本国银行券兑换外国货币，再向该国兑换黄金。实行金汇兑本位制的国家要维持本国货币与该国货币的法定比价。

金汇兑本位制实际上是一种附庸的货币制度，一般由殖民地和附属国采用。第一次世界大战之前，殖民地国家，如印度、菲律宾等都实行过这种制度。

金汇兑本位制的优点是可以进一步节约黄金的使用；国际间可互相存入外汇或黄金，可扩大信用创造的能力，使货币供给量进一步摆脱黄金数量的束缚。但由于没有黄金储备，纸币也不能兑换黄金，使人们对本国货币失去信心。实行金汇兑本位制的国家，其经济和货币的币值常受与之有联系的国家的经济和货币价值波动的影响。他国有限的黄金储备要负担所有金汇兑国的货币，也必然带来一些严重的问题。

在金本位制的几种不同形式中，只有金币本位制是典型的金本位制，金块本位制和金汇兑本位制是金本位制的稳定性受到破坏以后出现的两种不健全的金本位制。金本位制的主要优点是，黄金量的增减对货币供应有自动调节作用，汇率及国际收支可以保持稳定和均衡。其主要缺点是，国内经济政策往往成为国际收支的牺牲品，本国不能施行独立的稳定物价及充分就业的经济政策。

（四）不兑现的信用货币制度

不兑现的信用货币制度是指由国家垄断发行作为本位币的纸币或银行券，并且通过法律赋予其无限法偿能力，不再与货币黄金联系的一种货币制度。一个国家的本位货币（纸币）不再兑换黄金，纸币的价值独立于黄金的价值。这时的纸币实际上是信用货币，它的价值不但低于其货币价值，而且与代用货币（即可兑现的信用货币）不同，不再代表任何贵金属。货币通过信用程序投入流通领域，货币流通通过银行的信用活动进行调节。不兑现的信用货币制度又叫有管理的通货制度。因为，纸币发行的数量由货币当局根据经济发展的需要来决定。在这种制度下，纸币发行虽仍有相当准备，但这一准备率是由政府决定的，并不一定有十足的准备。

不兑现的信用货币制度，其货币供给数量不再受贵金属的束缚，可视经济发展的需要，予以适当调整。同时增加了各国政府对货币的管理责任，为了满足经济正常发展的需要，各国政府必须将货币政策与其他政策相配合，采用各种政策工具和管理方式，来调控货币供给数量，以稳定币值，维持国内经济发展和国际贸易的正常进行。然而，货币当局也可能因平衡财政收支的需要而过度发行纸币，引起通货膨胀和经济混乱。

四、中国的货币制度

（一）中华人民共和国成立后的货币制度

1948 年 12 月 1 日中国人民银行成立之时，就发行了人民币。此后，随着全国解放，中国人民银行迅速收兑了中华人民共和国成立之前的法币、金圆券和银元券等货币，统一了货币，形成了新中国的货币制度，其基本内容包括以下几点。

（1）人民币是法定货币。人民币是由中国人民银行发行的信用货币，没有法定含金量，也不能自由兑换黄金。人民币的单位为“元”，元是本位币即主币。辅币的名称为“角”“分”。人民币的票券、铸币种类由国务院决定。

（2）人民币是唯一的合法通货，国家规定了人民币限额出入境的制度，金银和外汇不得在国内商品市场计价结算和流通。人民币的汇率，实行以市场供求为基础、参考一篮子货币进行调节、有管理的浮动汇率制度。人民币在经常项目下可兑换外汇，在国家统一规定下的国内外汇市场中可买卖外汇。

（3）人民币的发行权集中于中央。人民币发行权掌握在国家手里，国家授权中国人民银行具体掌管货币发行工作。中国人民银行是货币发行的唯一机关，并集中管理货币发行基金。中国人民银行根据经济发展的需要，在由国务院批准的额度内，组织年度的货币发行和货币回笼。

（4）人民币的发行保证。人民币的发行是根据商品生产的发展和流通的扩大对货币的需要而发行的，这种发行有商品物资作基础；人民币的发行还有大量的信用保证，包括政府债券、商业票据等；国家的黄金、外汇储备也是人民币发行的一种保证。

（5）人民币是有管理的货币制度。有管理的货币制度是在总结历史经验和逐步认识客观经济规律的基础上，对内是国家宏观调节和管理下的体制，包括货币发行、货币流通、外汇价格等；对外则采取有管理的浮动汇率制度。

（6）人民币是经常项目下的可兑换货币。货币的可兑换性是货币制度的内容之一，是指一国货币兑换为其他国家货币的可能性。

（二）香港的货币制度

1997年7月1日，中国政府恢复对香港行使主权，香港特别行政区成立。人民币和港币分别作为内地和香港的法定货币在两地流通。在内地仍然实行人民币制度，在香港实行独立的港币制度。由于香港仍然实行资本主义制度，按照中国目前的外汇管理规定，港币仍然属于外汇，港币在内地以外币对待，同样，人民币在香港也以外币对待。

根据《中华人民共和国香港特别行政区基本法》的规定，港元为香港特别行政区法定货币。港币的发行须有百分之百的准备金。港币的发行制度和准备金制度，由法律规定。

1897年，渣打银行开始根据1853年的英廷大宪章发行纸币，次年汇丰银行依据《1866年香港上海汇丰银行条例》参与港元纸币的发行。之后有利银行根据1911年的《纸币发行条例》参与货币的发行。后来有利银行被汇丰收购，其纸币发行权被取消。自此汇丰银行和渣打银行成为香港的发钞行。1994年5月中国银行香港分行首次发行港钞，因此，中国银行香港分行、汇丰银行、渣打银行成为当前港币发行的指定银行。

香港的货币单位为“元”，简称港元，用符号“HK$”表示。发行纸币面额有10元、20元、50元、100元、500元和1000元六种；硬币有1毫、2毫、5毫、1元、2元、5元、10元七种。

香港实行与美元挂钩的联系汇率制度，这是一种货币发行局制度。根据货币发行局制度的规定，货币基础的流量和存量都必须得到外汇储备的十足支持。联系汇率制度是香港金融管理局的首要货币政策目标，在联系汇率制度的架构内，通过稳健的外汇基金管理、货币操作及其他适当的措施，维持汇率稳定。联系汇率制度的重要支柱包括香港庞大的官方储备、稳健可靠的银行体系、审慎的理财哲学，以及灵活的经济结构。

香港不实行外汇管制，港币可以自由兑换，外汇、黄金、证券、期货市场完全放开。

（三）澳门的货币制度

1999 年 12 月 20 日，中国政府恢复对澳门行使主权，澳门特别行政区成立。根据中国目前的外汇管理规定，澳门货币属于外汇，澳门货币在内地以外币对待，同样，人民币在澳门以外币对待。

根据《中华人民共和国澳门特别行政区基本法》的规定，澳门元为澳门的法定货币。1905 年，澳门当局将发行澳门元钞票的专有权赋予大西洋银行。1910 年 1 月 27 日，首批澳门元钞票即告面世。1980 年，澳门当局成立了澳门发行机构，并赋予其发行澳门元钞票的专有权。从此，大西洋银行尽管继续发行钞票，但只是作为澳门发行机构的代理。1989 年 7 月 1 日，澳门货币暨汇兑监理署（1999 年 12 月更名为澳门金融管理局）成立，政府收回了澳门元的发钞权，但大西洋银行仍为澳门的发钞银行。1995 年 10 月 16 日，澳门当局在和大西洋银行续约的同时，委任中国银行澳门分行作为第二家发钞行。目前，大西洋银行和中国银行澳门分行仍然是澳门特别行政区政府指定的发行银行。将来，澳门特别行政区政府可以继续指定大西洋银行和中国银行澳门分行发行澳门元，也可以指定其他银行参与发行。

澳门的货币单位为“澳门元”，用符号“MOP$”表示。其纸币面值有 10 元、20 元、50 元、100 元、500 元和 1000 元共六种；硬币分为 1 毫、2 毫、5 毫、1 元、2 元、5 元、10 元共七种。

澳门货币的发行有百分之百的外汇储备支持。发钞银行必须按以 1 港元兑 1.03 元澳门元的固定汇率，向货币当局即澳门金融管理局交付等值的港元换取无息负债证明书，作为发钞的法定储备。在百分之百的储备支持下，澳门金融管理局保证澳门元对储备货币（港元）的完全兑换，澳门元与港元的联系汇率也因此而确立。由于港元与美元实行联系汇率，所以澳门元也间接与美元挂钩。

澳门对澳门货币与外币的进出境都没有管制，游客可以在澳门的酒店、银行、兑换店等地自由兑换货币。

（四）台湾的货币制度

台湾银行于 1946 年 5 月 20 日由株式会社台湾银行改组而成后，于同年 5 月 22 日开始发行旧台币，而依照当时的相关章程，其正式名称为台币兑换券。在旧台币发行之前，1945 年 8 月 15 日日本投降之后原本中华民国政府公告停止流通台湾银行券，并规定中国大陆流通的法币也不能在台湾流通，计划由“中央银行”在台湾开设分行发行台湾流通券作为过渡时期货币，然而台湾省行政长官公署在 9 月 1 日成立后，建议暂时继续让台湾银行券流通，发行台湾流通券的计划便作罢。刚开始仅发行 1 元、5 元、10 元三种面额，以 1∶1 的比率与台湾银行券进行兑换，但在 1946 年 9 月 1 日发行 50 元与 100 元面额后，收换工作才顺利进行。

1949 年 6 月 15 日台湾省政府公布“台湾省币制改革方案”“新台币发行办法”，正式发行新台币，规定 40 000 元旧台币兑换 1 元新台币。1961 年 7 月 1 日依照台湾地区“中央银行在台湾地区委托台湾银行发行新台币办法”，台湾银行受委托发行新台币，新台币成为法定货币。1992 年，原“银元及银元兑换券发行办法”公告废止。2000 年 7 月 1 日订颁“中央银行发行新台币办法”，停止委托台湾银行发行。2002 年 6 月 30 日废止“中央银行在台湾地区委托台湾银行发行新台币办法”，2002 年 7 月 1 日起原委托台湾银行发行的新台币停止流通。

目前新台币的纸钞面额为 100 圆、200 圆、500 圆、1000 圆、2000 圆，硬币面额包括 5 角、1 圆、5 圆、10 圆、20 圆、50 圆。

五、国际货币制度

国际货币制度是指世界各国为了解决国际贸易和国际结算中对于国际支付手段和国际储备资产的需要，对货币在国际范围内发挥世界货币职能所确定的规则、措施和组织形式。

国际货币制度的主要内容包括：①汇率制度的确定，包括汇率确定的原则、波动的界限、调整的幅度等；②国际储备资产的确定及储备资产的供应方式；③国际收支的调节方法，包括逆差国和顺差国承担的责任；④各国货币的兑换性与对国际收支所采取的措施，如本国货币能否对外兑换及是否限制对外支付等；⑤国际金融事务的协调、磋商和有关的管理工作。

（一）国际货币制度的演变

1. 国际金本位制

世界上首次出现的国际货币制度是国际金本位制，大约形成于 1880 年末，到 1914 年第一次世界大战爆发时结束。这一时期的国际金本位制是建立在各主要资本主义国家国内实行金铸币本位制的基础之上的。

在这种制度下，黄金充当国际货币，并且作为主要的国际储备资产。但需要注意的是，虽然国际金本位制的基础是黄金，但实际基于当时依靠英国的大国地位，以及在贸易、海运保险、金融服务等方面的优势，英镑代替黄金执行国际货币的各种职能，故西方经济学者常称其为英镑本位制。

各国货币之间的汇率由它们各自的含金量比例决定，黄金可以在各国间自由输出输入，在黄金输送点的作用下，汇率相对平稳。

国际金本位制下的国际收支具有自动调节的机制。当一国国际收支出现赤字，就意味着本国黄金的净输出，由于黄金外流，国内黄金存量下降，货币供给就会减少，从而引起国内物价水平下跌。物价水平下跌后，本国商品在国外市场上的竞争能力就会提高，外国商品在本国市场的竞争能力就会下降，于是出口增加，进口减少，使国际收支赤字减少或消除。同样，国际收支盈余也是不能持久的，因为它造成的黄金内流会扩大国内的货币供给，造成物价水平上涨。物价上涨不利于出口、有利于进口，从而使盈余趋于消失。1752 年英国经济学家大卫·休谟在《论贸易平衡》中提出“价格—铸币流动机制”，对这种自动调节机制进行了描述。

国际金本位制是一种较为稳定的货币制度，表现为该体系下各国货币之间的比价、黄金及其他代表黄金流通的铸币和银行券之间的比价，以及各国物价水平相对稳定。因而对汇率稳定、国际贸易、国际资本流动和各国经济发展起了积极作用。

但该货币制度过于依赖黄金，而现实中黄金产量的增长远远无法满足世界经济贸易增长对黄金的需求。再加上各国经济实力的巨大差距造成黄金储备分布的极端不平衡，于是银行券的发行日益增多，黄金的兑换日益困难。第一次世界大战爆发后，各国纷纷中止黄金输出，停止银行券和黄金的自由兑换，国际金本位制度宣告解体。

2. 金汇兑本位制

第一次世界大战结束后，世界各国的经济实力对比发生了改变。英国的海外资产损失严重，英国由债权国变为债务国；而美国则大发战争财，变成了债权国。第一次世界大战期间，各国为了筹措军费，实行通货膨胀政策，导致战后各国物价与工资上涨的程度大不相同，因而真正的均衡汇率难以确定，黄金生产数量下降。在这种情形下，原来的金币本位制度难以恢复，各国只得允许汇率浮动。因此，世界货币制度的重建问题受到各国普遍的重视。

1922 年，欧洲主要国家在意大利的热那亚召开国际经济会议，会上讨论了重建国际货币制度问题。会议建议采取金汇兑本位制以节约黄金的使用。其主要内容包括：货币单位仍规定含金量；国内不流通金币，以国家发行的银行券当作本位币流通；银行券只能购买外汇，这些外汇可在国外兑换黄金；本国货币同另一实行金本位制的国家的货币保持固定的比价，并且在该国存放大量外汇或黄金作为平准基金，以便随时干预外汇市场来稳定汇率。这是一种间接使货币与黄金联系的本位制度；主要金融中心仍旧维持其货币同黄金外汇（即可兑换黄金的货币）的可兑换性。

热那亚会议之后，除美国仍实行金币本位制，英国和法国实行金块本位制这两种与黄金直接挂钩的货币制度外，其他欧洲国家的货币均通过间接挂钩的形式实行了金汇兑本位制。1925 年，国际金汇兑本位制正式建立起来。

但是，没有金币流通，银行券兑换受到限制，以及本国货币对其他国家货币的高度依赖性，这些特征决定了金汇兑本位制本身是极不稳定的国际货币制度。

3. 布雷顿森林体系

第二次世界大战爆发后，各资本主义国家都出现了剧烈的通货膨胀。战后，欧洲各国经济实力大大削弱，美国成为世界第一大国，黄金储备迅速增长，约占当时资本主义国家黄金储备的 3/4。西欧各国为弥补巨额贸易逆差需要大量美元，出现了“美元荒”。国际收支大量逆差和黄金外汇储备不足，导致多数国家加强了外汇管制，对美国的对外扩张形成严重阻碍，美国力图使西欧各国货币恢复自由兑换，并且为此寻求有效措施。

1944 年 7 月在美国新罕布什尔州的布雷顿森林召开由 44 国参加的联合国联盟国家

国际货币金融会议通过了以美国“怀特计划”为基础的《国际货币基金协定》和《国际复兴开发银行协定》，总称《布雷顿森林协议》。这个协议建立了以美元为中心的国际货币体系，即布雷顿森林体系（美元本位制）。

布雷顿森林体系的主要内容如下。

（1）以黄金作为基础，以美元作为最主要的国际储备货币，实行“双挂钩”的国际货币体系，即美元与黄金直接挂钩，其他国家的货币与美元挂钩。

（2）成立永久性国际金融机构——国际货币基金组织，以促进国际货币合作。

（3）实行可调整的固定汇率制。《国际货币基金协定》规定，各国货币对美元汇率，只能在法定汇率上下各1%的幅度内波动。若市场汇率超过法定汇率1%的波动幅度，各国政府有义务在外汇市场上进行干预，以维持汇率的稳定。若成员国法定汇率的变动超过10%，就必须得到国际货币基金组织的批准。1971年12月，这种即期汇率变动的幅度扩大为上下2.25%的范围，决定“货币平价”的标准由黄金改为特别提款权。布雷顿森林体系的这种汇率制度被称为“可调整的钉住汇率制度”。

（4）确定国际储备资产。《国际货币基金协定》中关于货币平价的规定，使美元处于等同黄金的地位，成为各国外汇储备中最主要的国际储备货币。国际货币基金组织通过预先安排的资金融通措施，保证向成员国提供辅助性储备供应。

（5）各国货币兑换性与国际支付结算原则。《国际货币基金协定》规定了各国货币自由兑换的原则及国际支付结算的原则：成员国未经国际货币基金组织同意，不得对国际收支经常项目的支付或清算加以限制。

（6）国际收支的调节。国际货币基金组织成员国份额的25%以黄金或可兑换成黄金的货币缴纳，其余则以本国货币缴纳。成员国发生国际收支逆差时，可用本国货币向国际货币基金组织按规定程序购买（即借贷）一定数额的外汇，并且在规定时间内以购回本国货币的方式偿还借款。成员国所认缴的份额越大，得到的贷款也越多。贷款只限于成员国用于弥补国际收支赤字，即用于经常项目的支付。

以美元为中心的布雷顿森林体系，对第二次世界大战后资本主义经济发展起过积极作用。但是随着时间的推移，布雷顿森林体系的种种缺陷也渐渐地暴露出来。1960年美国经济学家罗伯特·特里芬在《黄金与美元危机——自由兑换的未来》一书中指出：由于美元与黄金挂钩，而其他国家的货币与美元挂钩，美元虽然取得了国际核心货币的地位，但是各国为了发展国际贸易，必须用美元作为结算与储备货币，这样就会导致流出美国的货币在海外不断沉淀，对美国国际收支来说就会发生长期逆差；而美元作为国际货币核心的前提是必须保持美元币值稳定，这又要求美国必须是一个国际贸易收支长期顺差国。这两个要求互相矛盾，因此是一个悖论。这一内在矛盾被称为特里芬难题（Triffin dilemma）。

20世纪60年代以后，美国外汇收支逆差大量出现，黄金储备大量外流，导致美元危机不断发生。1971年8月15日美国公开放弃金本位，同年12月美国又宣布美元对黄金贬值，1972年6月到1973年初，美元又爆发两次危机，同年3月12日美国政府再次将美元贬值。1974年4月1日起，国际协定上正式排除货币与黄金的固定关系，以美元为中心的布雷顿森林体系彻底瓦解。

4. 牙买加体系

布雷顿森林体系崩溃以后，国际金融秩序又陷入混乱，国际社会及各方人士也纷纷探析能否建立一种新的国际金融体系，提出了许多改革主张，如恢复金本位、恢复美元本位制、实行综合货币本位制及设立最适货币区等，但均未能取得实质性进展。

国际货币基金组织于1972年7月成立一个专门委员会，具体研究国际货币制度的改革问题。委员会于1974年6月提出一份“国际货币体系改革纲要”，对黄金、汇率、储备资产、国际收支调节等问题提出了一些原则性的建议，为以后的货币改革奠定了基础。直至1976年1月，国际货币基金组织理事会国际货币制度临时委员会在牙买加首都金斯敦举行会议，讨论《国际货币基金协定》的条款，经过激烈的争论，最终签订达成了《牙买加协议》，同年4月，国际货币基金组织理事会通过了《国际货币基金组织协定第二修正案》，从而形成了新的国际货币制度——牙买加体系（多元化本位制）。

（1）实行浮动汇率制度的改革。《牙买加协议》正式确认了浮动汇率制的合法化，承认固定汇率制与浮动汇率制并存的局面，成员国可自由选择汇率制度。同时，国际货币基金组织继续对各国货币汇率政策实行严格监督，并协调成员国的经济政策，促进金融稳定，缩小汇率波动范围。

（2）推行黄金非货币化。协议做出了逐步使黄金退出国际货币的决定，并规定：废除黄金条款，取消黄金官价，成员国中央银行可按市价自由进行黄金交易；取消成员国相互之间及成员国与国际货币基金组织之间须用黄金清算债权债务的规定，国际货币基金组织逐步处理其持有的黄金。

（3）增强特别提款权（special drawing right，SDR）的作用。主要是提高特别提款权的国际储备地位，扩大其在国际货币基金组织一般业务中的使用范围，并适时修订特别提款权的有关条款。

（4）增加成员国基金份额。成员国的基金份额从原来的292亿特别提款权增加至390亿特别提款权，增幅达33.6%。

（5）扩大信贷额度，以增加对发展中国家的融资。

牙买加体系形成的多元化储备结构摆脱了布雷顿森林体系下各国货币间的僵硬关系，为国际经济提供了多种清偿货币，在较大程度上解决了储备货币供不应求的矛盾。多样化的汇率安排也更好地适应了多样化的、不同发展水平的各国经济，为各国维持经济发展与稳定提供了灵活性与独立性，有助于保持国内经济政策的连续性与稳定性。国际收支的调节也借由多种渠道而变得更为及时和有效。

但同时，在牙买加体系设计的多元化国际储备格局下，储备货币发行国仍享有铸币税等多种好处，同时，在多元化国际储备下，缺乏统一的稳定的货币标准，这本身就可能造成浮动汇率制又造成汇率大起大落，变动不定，增大了外汇风险，在一定程度上抑制了国际贸易与国际投资活动。对发展中国家而言，这种负面影响尤为突出。再加上国际收支调节机制并不健全，各种现有的渠道都有各自的局限，牙买加体系并没有真正消除全球性的国际收支失衡问题。

在牙买加体系下，国际金融危机时有发生。1973年浮动汇率普遍实行后，西方外汇市场货币汇价的波动、金价的起伏经常发生。1978 年 10 月，美元对其他主要西方货币汇价跌至历史最低点，引起整个西方货币金融市场的动荡。这就是著名的 1977～1978 年西方货币危机。所以，现有的国际货币体系被人们普遍认为是一种过渡性的不健全的体系，还需要进行进一步的改革和完善。

本章小结

1. 货币是在购买商品和劳务或者清偿债务的过程中能够被普遍接受的物品。货币与通货膨胀、利率和经济周期等众多金融和经济现象密切相关。

2. 货币经过实物货币、金属货币、代用货币和信用货币的漫长演变才发展为今天我们所使用的形式。依据流动性的不同，我们可以对货币进行不同层次的划分，以便进行不同口径的统计，为制定适宜的货币政策服务。

3. 货币具有价值尺度、流通手段、支付手段、贮藏手段和世界货币等五种职能，其中价值尺度和流通手段是其最基本的职能。

4. 货币制度是一个国家以法律形式确定的该国货币流通的结构、体系及组织形式。其主要内容（构成要素）包括：规定本位货币材料；规定货币单位；规定各种通货的铸造、发行和流通程序；规定货币发行准备制度。

5. 货币制度从其产生以来，经历了银本位制、金银复本位制、金本位制和不兑现的信用货币制度等类型的演变。货币制度的演变是与商品经济的发展密切相关的。

6. 国际货币制度是指世界各国为了解决国际贸易和国际结算中对于国际支付手段和国际储备资产的需要，对货币在国际范围内发挥世界货币职能所确定的规则、措施和组织形式。国际货币制度的演变大体经历了典型的金本位制、金汇兑本位制、布雷顿森林体系和牙买加体系几个阶段。

本章参考文献

白俊男. 1979. 货币银行学[M]. 3 版. 台北：三民书局.
曹龙骐. 2016. 金融学[M]. 5 版. 北京：高等教育出版社.
何盛明. 1990. 财经大辞典[M]. 北京：中国财政经济出版社.
黄达. 2012. 金融学[M]. 3 版. 北京：中国人民大学出版社.
蒋先玲. 2017. 货币金融学[M]. 2 版. 北京：机械工业出版社.
李伟民. 2002. 金融大辞典[M]. 哈尔滨：黑龙江人民出版社.
马克思. 1975. 资本论（第一卷）[M]. 中共中央马克思恩格斯列宁斯大林著作编译局，译. 北京：人民出版社.
斯密 A. 1972. 国民财富的性质和原因的研究（上卷）[M]. 郭大力，王亚南，译. 北京：商务印书馆.
夏德仁，李念斋. 1997. 货币银行学[M]. 北京：中国金融出版社.
朱为英，彭迪云. 2003. 货币银行学[M]. 南昌：江西科学技术出版社.
Firedman M. 1968. Dollars and Deficits：Inflation，Monetary Policy and the Balance of Payments[M]. Upper

Saddle River：Prentice Hall.
Melicher R W，Norton E A. 1996. Finance-Introduction to Institutions，Investments，and Management[M]. 9th ed. Cincinnati：South-Western College Publishing.
Mishkin F S. 2015. The Economics of Money，Banking and Financial Markets[M]. 11th ed. New York：Pearson Education Ltd.

本章综合测试题

一、填空题

1. 价值形式的发展依次经历了__________、__________、__________和__________四个过程。

2. 货币最基本职能是__________和__________。

3. 划分狭义货币与广义货币的一般性标准是__________。

4. 货币制度通常以币材进行分类，历史上先后出现过__________、__________、__________三种金属货币制度，最后过渡到现代的信用货币制度。

5. 本位币在流通中具有__________能力，即法律赋予它具有无限的支付能力。

二、单项选择题

1. 在商品赊销、预付工资等活动中，货币执行的是（　　）职能。

A. 价值尺度　　B. 流通手段　　C. 支付手段　　D. 贮藏手段

2. 历史上最早出现的货币形态是（　　）。

A. 实物货币　　B. 代用货币　　C. 信用货币　　D. 电子货币

3. 如果金银的法定比价是1∶10，而市场比价是1∶12，那么充斥市场的将是（　　）。

A. 金币　　B. 银币

C. 金币、银币共同流通，没有区别　　D. 金币、银币都无人使用

4. 在布雷顿森林会议之后，以（　　）为中心的布雷顿森林体系建立。

A. 英镑　　B. 法国法郎　　C. 美元　　D. 德国马克

5. 对布雷顿森林体系内在矛盾的理论总结称为（　　）。

A. 特里芬难题　　B. 米德冲突　　C. 马歇尔-勒纳条件　　D. 一体化三难

三、多项选择题

1. 货币的职能包括（　　）。

A. 价值尺度职能　　B. 流通手段职能　　C. 贮藏手段职能

D. 支付手段职能　　E. 世界货币职能

2. 货币制度的内容有（　　）。

A. 货币材料　　B. 货币单位　　C. 货币职能

D. 货币铸造、发行与流通　E. 发行准备制度

3. 金本位制具体包括（　　）。

A. 金币本位制　　B. 金块本位制　　C. 金条本位制
D. 金锭本位制　　E. 金汇兑本位制

4. 以下哪些是货币发挥支付手段职能的表现（　　）。
A. 缴纳税款　　B. 发放工资　　C. 购买商品
D. 捐赠善款　　E. 偿还欠款

5. 以下可以自由铸造银币的货币制度有（　　）。
A. 银币本位制　　B. 跛行本位制　　C. 双本位制
D. 金汇兑本位制　　E. 平行本位制

四、判断题

1. 流通中的辅币是我国使用的信用货币之一。（　　）
2. 执行价值尺度职能的货币必须是现实的货币。（　　）
3. 国际金本位体系下由黄金充当国际货币，各国货币之间的汇率稳定，波动很小。（　　）
4. 准货币一般包括流通中的现金、活期存款、定期存款、储蓄存款及各种短期信用工具等。（　　）
5. 金块本位制下，金币可以自由铸造、自由熔化、自由兑换。（　　）

五、名词解释

1. 货币制度　　2. 价格标准　　3. 信用货币　　4. 格雷欣法则　　5. 特里芬难题

六、简答题

1. 货币执行流通手段有哪些特点？
2. 简述货币形式的演变过程。
3. 简述布雷顿森林体系的主要内容。

第二章 信用

信用产生于原始社会末期，是商品经济发展到一定阶段的产物。随着市场经济的发展，出现了各种信用形式和信用工具，促使信用资金从一个部门向另一个部门的有效流动，这种资金的有效调节又进一步促进了市场经济的飞速发展。信用构成了现代市场经济的基础，现代经济可以称为信用经济，它渗透于经济社会的各个方面。因此，了解信用形式、信用的本质及其功能、信用工具的类型及其特征，对在市场经济条件下金融发展中如何遵循信用原则促进经济发展并获得成效及防范和化解金融风险尤为重要。

第一节 信用概述

一、信用的含义与特征

（一）信用的含义

信用（credit）一词源于拉丁文（credo），原意是相信、信任、声誉、遵守诺言或实践成约等。

信用活动双方所形成的是债权债务关系，这种关系的建立以债权人对债务人的信任为基础。经济学范畴中的信用是指借贷行为的集合。借者行为是以归还为义务的取得；贷者行为是以收回为条件的付出。贷者之所以贷出，是因为可以取得利息；借者之所以可能借入，是因为承担了支付利息的义务。

现代经济中信用是指以还本和付息为基本特征的借贷行为，是不发生所有权变化的价值单方面的暂时让渡或转移，体现着特定的经济关系。具体说就是商品和货币的所有者（即贷者），把商品和货币让渡给需要者（即借者），并约定一定时间内借者还本付息的行为。

可见，信用的本质是财产使用权的暂时让渡，是以还本和付息为条件的有偿让渡。

信用活动中的债权人（creditor）将商品或货币借出，称为授信；债务人（debtor）接受债权人的商品或货币，称为受信。债务人遵守承诺，按期偿还本息，称为守信。因此，信用又是一种关于债权与债务关系的约定，体现一种契约关系，是以借贷为基础的并受法律保护和制约的产权契约关系。

有时人们会以信用通指信贷，但两者之间是有区别的。信用全面体现借贷双方的权利与义务；而信贷更强调债权人贷出款项并收回预期本息的权利。所以，信用关系的外延比信贷要宽泛得多，信贷小于信用，信贷只是普遍而典型的信用形式。

（二）信用的特征

无论信用的形式如何，它们都具有以下共同的特征。

（1）信用是以偿还本金和支付利息为条件的借贷行为。在经济社会，信用资金的借贷不是无偿的，借贷行为也受等价交换原则的约束，即借贷必须偿还本金和支付利息，所以还本和付息是信用最基本的特征，并且利息的多寡与本金金额大小及信用期限的长短紧密相关。一般来讲，本金越大，信用期限越长，需要支付的利息就越多。

（2）信用是价值运动的特殊形式。价值运动的一般形式是通过商品的买卖关系来实现的，在商品买卖过程中，让渡的是商品的所有权和使用权。信用关系所引起的价值运动是通过一系列借贷、偿还、支付过程来实现的。信贷资金是以产业资金运动和商业资金运动为基础而运动的，它有两重流出和两重回流，G—G—W…P…W′—G′—G′（货币贷出—购买原材料—加工生产…获得增值…出售商品—获得货币收入—偿还借款本息）。货币或实物被贷出，贷出者只是暂时让渡商品或货币的使用权，而所有权并没有发生变化。在信用关系中，等价交换的对象是商品或货币的使用权，所以，信用的标的是一种所有权与使用权相分离的资金，是价值单方面的转移，是价值运动的特殊形式。

（3）信用伴生着风险，风险伴随着信用。信用是不发生所有权变化的价值单方面的让渡，贷者现时出让了商品或货币的使用权给借者，双方约定在未来某一时间贷者向借者收回本金和利息，或借者偿还贷者本金和利息。信用活动虽然以借贷双方的相互信任为基础，以收益最大化为目标，但是可能会因为种种因素，到期时借者可能没有按约定偿还贷者本金和利息，贷者因此发生本金或利息的损失。虽然信用关系中的借贷行为遵循等价交换的原则，但是这种等价交换不是现时的等价交换，贷者现在暂时出借财产的使用权等价交换的是未来必须要收回的本金和利息或者索要本息的权利，这种贷者在没有取得等值品的情况下就将出借品给了借者，双方构成的是债权债务关系而非现时的等价交换关系。贷者现在的借出是为了未来能够收回本金并获得利息收益，而未来充满了不确定性，充满了风险性。所以信用伴生着风险，风险伴随着信用。

二、信用存在的客观依据

信用的产生与存在同市场经济的产生、发展密切相关。信用与产权之间有着共生的关系，但从交易的角度来看，交易的前提首先是产权，然后在交易中才有相应的信用问题。因此，产权关系的确立是信用产生的前提。

信用构成了现代市场经济的基础，信用存在的客观依据主要有以下几个方面。

（一）社会再生产过程中资金运动的特征决定了信用关系存在的必然性

在社会再生产运行过程中，在商品货币关系下，经济行为主体的经济活动都时时伴随着货币的收收支支，在一定时期内并非每一个经济单位都能做到收支平衡，当收大于支则出现盈余，收不抵支则出现赤字。任何货币盈余或货币赤字，都同时意味着相应金额的债权、债务关系的存在。当一个经济单位出现资金盈余，而另一个经济单位出现收不抵支时，便形成了双方借贷关系的基础。通过信用，将这些资金在社会范围内抽余补缺，以一方面的闲置抵补另一方面的短缺，提高全社会的资金使用效益，增大了社会的产出规模。

（二）市场经济社会里经济利益的不一致性决定了调剂资金余缺必须运用信用手段

把具有相同经济活动性质的经济行为主体进行归类，可以划为个人部门、企业部门、政府部门、国外部门和金融部门 5 个部门，每个部门都有各自的经济利益，或者拥有自己的权益与职责，各部门之间在相互的经济活动中都有可能出现时而盈余、时而赤字的状况，必须经常进行资金余缺的调剂。在市场经济条件下，由于资金剩余者与资金短缺者有着各自不同的经济利益，任何的资金的让渡或使用都必须是有收益或代价的，付出者要获得报酬，使用者要付出成本，这就决定了资金余缺的调节不是无偿的，而必须是有偿的，即资金剩余者暂时让渡资金是以在约定时期收回资金并索取报酬为前提的，资金短缺者也是以暂时使用所借资金并按期偿还此资金和支付一定的使用成本为条件的，这就产生了信用关系。

（三）国家对宏观经济进行价值管理和间接控制必须依靠信用杠杆

在市场经济条件下，国家对客观经济的管理主要不能靠实物管理和直接控制，而必须利用货币形式进行价值管理，运用经济手段进行间接控制。在各种经济手段中，信用是一个有力的杠杆，它对聚集社会化大生产所需要的资金，对促进资金使用者合理节约使用资金，对全社会经济效益的提高、产出规模的扩大和人民福利的增加都具有重要作用。

三、信用的经济职能

（一）积累和集聚社会资金，促进规模经济的发展

信用活动可以把社会经济运行中各经济主体的闲置资金集聚起来，通过信用的聚少

成多、续短为长的作用把这种暂时闲置的资金转化为现时的投资资金和生产资金，借助信用关系，实现资金的集中和积聚，扩大积累规模，扩大社会再生产。信用成为推动资金积累的有力杠杆，从而能迅速地扩大企业投资规模，促进了企业规模经济的发展，从而促进了国家经济的发展。

（二）有效分配社会资源，实现资源的合理运用

信用活动可以通过信用工具分配社会资源，通过信用形式将盈余单位手中的盈余转移给赤字单位使用。这种转移，从形式上看是对资金余缺的调剂，实质上则是对资源的重新分配。信用分配资源是在不改变所有权条件下实现的。信用通过改变对资源的实际占有权和使用权，即利用所有权和使用权相分离的特点，改变对资源的分配布局，以实现社会资源的重新组合，更有效地达到资源充分合理运用的目的。

（三）提供和创造信用流通工具，促进信用工具的发展

信用是一种契约关系。这种信用关系的证明，需要通过信用工具来反映。因此，信用关系发生时，也就创造了信用工具。信用活动的发展促进了信用工具的发展，信用越发达，信用工具也越发达。

（四）调节宏观经济运行与微观经济运行，促进国民经济的良性发展

在现代市场经济条件下，信用成为调节国民经济的杠杆。通过信用活动能够对国民经济的运行进行积极的干预，对宏观经济和微观经济进行适时、适度的调节。信用的调节功能既表现在结构上，又表现在总量上。以银行信用为例，由于银行信贷规模的大小直接关系着货币量的多少，通过银行信贷规模的变动，可以调节货币供给量，使货币供给量与货币需求量一致，以保证社会总供求的平衡；通过利率变动和信贷投向的变动，可以调节需求结构，以实现产品结构、产业结构、经济结构的调整；通过汇率的调整和国际信贷的变动，可以达到对外经济协调发展，合理调节国际贸易和国际收支的目的。通过信用的调节经济的功能，促进了国民经济的良性发展。

（五）综合反映国民经济运行状况，为政府采取政策措施调节经济提供依据

在现代市场经济条件下，信用活动贯穿国民经济的方方面面，能够准确、全面、及时地反映国民经济的运行状况。信用活动，特别是银行信用活动，同国民经济各部门、各单位有着非常密切的联系。通过银行信用，能够准确、及时地反映一个企业的生产经营活动、一个部门的经济状况、一个家庭及个人的财务收支状况等，根据银行综合反映出来的这些经济运行状况及变化，推测出整个国民经济的动态及变化，国家依此可以采

取相应有效的措施，调整不合理的经济结构。

现代经济中，经济信用化程度越来越高。经济信用化主要指信用活动日益增加，经济交易中可以用信用来衡量的部分的比重越来越大。经济信用化程度提高主要表现在：信用总规模迅速增长，超过经济增长速度，信用在经济活动中迅速普及；经济主体都更普遍地采用信用方式与手段进行融资和支付结算；信用对经济的作用与影响不断扩大。经济信用化可以用经济信用化率表示。经济信用化率即信用总规模与GDP之比，该比率反映一国信用发展与经济发展的匹配程度和信用发展水平，标志其经济信用化程度与信用化进程。

改革开放以后，我国的信用活动得以恢复，1978年至1996年平稳低速地发展，1996年以后，信用活动增长速度开始加快；进入21世纪，伴随着我国经济的快速增长，我国的信用活动也相应地快速发展。经济主体的信用活动与信用行为成为经济活动的焦点。

四、信用风险及其防范

（一）信用风险与特征

1. 信用风险及其产生的原因

信用风险（credit risk）又称违约风险，指债务人不能履行还本付息的责任而使债权人的预期收益与实际收益发生偏离的可能性。它是金融风险的主要类型，是经济风险的集中体现。

现代经济是一种信用经济的运行机制，市场经济已经达到高度货币化、信用化和金融化，因此现代经济中的经济风险经常通过以货币和信用作为媒介的金融风险表现出来。纵观大多数国家的经济发展历史，由于信用风险的长期累积，金融危机成为一种经常发生的普遍经济现象。

信用风险产生的主要原因是信息不对称性带来的逆向选择和道德风险。在信用活动的资金运动过程中，债权人和债务人之间的信息不对称，会引发信用过程中的逆向选择和道德风险。所谓信息不对称（asymmetric information），是指交易活动中的各交易主体拥有的信息不同。在社会政治、经济等活动中，一些成员拥有其他成员无法拥有的信息，由此造成信息的不对称。在市场经济活动中，各类人员对有关信息的了解是有差异的。掌握信息比较充分的人员，往往处于比较有利的地位；而信息贫乏的人员，则处于比较不利的地位。信用活动中的信息不对称性体现在债权人和债务人所掌握的信息量不同，一般债务人比债权人更了解自己的经营状况、资产状况、盈利状况、偿债能力和信誉程度等，即债务人拥有私人信息或隐藏信息。不对称信息可能导致逆向选择（adverse selection）。所谓逆向选择，是指选择对自己有利而对接受方不利的决策的一种行为。它是基于决策双方的信息不对称而产生的一种行为，在这种行为中选择方会因为自己的选择使得自身的福利增加而对方福利减少。一般而言，商品交易中卖家比买家拥有更多关于交易物品的信息，但反例也可能存在。信用活动中的逆向选择体现在因债务人的私人信息的存在，债权人无法准确地全面地甄别债务人的真实状况，从而使债权人做出不利于自己的行为。信息不对称还可能导致道德风险（moral hazard）。所谓道德风险，是指在经济活动中一方不诚实的恶意行为所造成的另一方经济利益的损失的一种风险。信用活动中的道德风险体现在债务人的不诚信的恶意行为造成的债权人的经济利益损失。随着逆向选择和道德风险行为的加剧，信用关系出现紊乱，信用主体丧失信心，导致信用链条中断，引发信用危机。

2. 信用风险的特征

正确认识信用风险的特征，对于完善信用制度、防范和规避信用风险、维护国家的金融稳定，有着重要的现实意义。信用风险具有以下特征。

（1）客观性。信用风险是客观存在的，它不以人的意志为转移。人们在信用活动过程中只能尽量使信用风险降到最小，但不可能完全消除它。

（2）可控性。信用风险虽然具有客观性，但在风险面前人们并不是无能为力、束手无策的。通过利用信用主体的主观能动性，在信用活动过程中采取一系列的相应措施，可以防范和控制信用风险，把信用风险降到最低。

（3）传染性。现代经济是信用经济，信用主体之间密切而繁杂的债权债务关系链条和各种经济往来关系使得信用风险具有很强的传染性，某一个或少数信用主体的经营困难或破产就会导致信用链条的中断和整个信用秩序的紊乱，发生多米诺骨牌效应，引发信用危机和金融动荡，甚至演变成全球性的金融危机。

（4）周期性。信用周期是经济周期的一种反映，信用扩张与收缩交替出现。在经济繁荣时期，信用扩张，投资和信贷活动趋旺，企业盈利水平上升，偿债能力增强，信用风险降低；在经济衰退时期，信用收缩，投资和信贷活动趋弱或停滞，企业盈利水平下降，偿债能力不足，社会不确定性因素增加，信用各环节的矛盾加剧，信用风险扩大。因此，信用风险呈现明显的周期性。

（二）信用风险的防范

信用风险是无处不在、无时不在的客观存在，是不可能完全消除的，但是人们可以采取相关措施把信用风险降到最低。信用风险的防范和控制是一项繁杂的系统工程。

1. 防范信用风险的一般措施

（1）建立和完善金融信用法律体系，以便防范信用风险做到有法可依。

（2）政府金融监管机构须加强对信用活动的监管。

（3）建立信用资金的风险与收益对称的产权制度安排和风险约束机制，完善信用制度，规范信用行为。

（4）健全信息披露制度，改善信用过程的信息条件，减少信用活动过程中的不确定性，尽量避免逆向选择和道德风险行为的发生。

（5）通过先进的管理方法和计算机系统等高新技术，建立和完善风险预警体系，提高预测精度和决策水平，完善信用风险防控机制。

（6）强化中央银行的宏观调控监管机制，规范信用安全网的运作机制，防止信用危机的扩张和蔓延。

2. 防范信用风险的根本在于必须遵行信贷资金运动规律的客观要求

（1）要注意信贷资金运动各个阶段的密切联系。

（2）要重视对信贷资金运动进行全局的、长期的、战略性方向的研究。

总之，应从信用风险产生的根源入手，建立和完善信用制度与信用风险约束机制，实现内部控制与外部监管的有机结合，通过多种措施的综合运用产生联动效应，来防范和控制信用风险，把信用风险降到最低，实现经济的稳健发展。

从 2005 年 7 月 1 日起，中国人民银行推行全国个人征信系统（消费者信用信息系统），主要为消费信贷机构提供个人信用分析产品。率先在北京、浙江、广东、重庆、陕西、广西、四川和湖南 8 个省区市实现联网。目前，我国所有商业银行实现个人信用信息的共享。随着全国个人征信系统的不断铺开和成熟，社会信用环境和信用管理体系将更加良好、有序。

第二节　信 用 形 式

一、内生信用和外生信用

信用可以分为内生信用和外生信用。

内生信用的实质是契约的自我实施，即不依靠第三方力量的约束而使契约得到实施。内生信用是一种互利与互制的机制。威尔肯逊发现，一种生活在非洲的蝙蝠以吸食其他动物的血液为生，如果两个昼夜不进食就会饿死。因此，饱餐后的蝙蝠会把刚刚吸食的血液吐出一些来喂食那些濒临死亡的同伴，尽管彼此没有亲属关系。动物学家发现，以上行为遵循一个严格的游戏规则：蝙蝠们不会继续向那些知恩不报的个体馈赠血液。人类社会也可以演化出类似的机制：在他人遇到困难时给予帮助，并且对接受过自己帮助但却不帮助自己渡过难关的人以后再也不提供帮助。

但是仅仅依靠契约双方自己的行为，是难以维持复杂的社会信用关系的，因此需要引入第三方的约束。这种第三方制约即为外生信用，也就产生了信用制度。信用制度即为约束信用主体行为的一系列规范与准则及其产权结构的合约性安排。信用制度安排可以是正式的，也可以是非正式的。非正式的信用制度即非正式的第三方约束，是在熟人社会中实现的，以诚实守信为准则的一种道德规范、价值观念、意识形态或风俗习惯，其惩罚机制为谴责或者将违约者排斥在整个群体之外使其丧失长期利益。正式的信用制度即正式的第三方约束，是依靠国家强制力实施的约束，一般建立在法制的基础上。

二、信用形式

信用就是借贷行为。早期的信用形式是实物和货币的借贷。借贷行为发生在原始社会末期，它的产生有两个条件：一是有了私有财产；二是社会出现贫富两极分化，贫穷的氏族因某种需要，向富裕的氏族借贷，信用就发生了。可见信用早在货币产生以前就存在，它的产生并不以货币存在为前提，其历史早于货币。

最初的借贷是实物借贷，如粮食、农具等生活和生产必需品。实物借贷有很多局限，要受贷出对象、实物种类、时间、地点等因素的制约。货币产生以后，货币借贷突破了实物借贷的局限，对借方来说，他可以用货币购买所需要的实物；对于贷方来说，货币既可作为财富储藏，又可用于购买另外的物品，还可以贷放出去获得利息。所以，货币产生以后，借贷扩大了，货币借贷成为早期信用的另一种形式。

市场经济的发展促进了信用的产生与发展，信用活动又进一步促进了市场经济的发展与繁荣，从而催生出繁多的信用形式。现代信用形式以信用主体为标准，可以分为商业信用、银行信用、消费信用、国家信用和国际信用等。其中商业信用与银行信用是现代市场经济中与企业经营活动直接联系的最主要的两种形式。

（一）商业信用

商业信用（commercial credit）是指工商企业之间相互提供的、与商品交易直接相联系的信用形式。

商业信用是工商企业之间在买卖商品时提供的信用，赊销和预付货款是商业信用的两种基本形式，商业信用的工具是商业票据。商业信用必须与商品交易直接联系，可以直接以商品形式提供，也可以以货币形式提供。典型的商业信用包括两个同时发生的经济行为——买卖行为和借贷行为，即一方面是信用双方的商品交易行为，另一方面是信用双方由于赊销或预付款而形成的债权债务关系。当发生商品买卖行为时，如果是通过赊销、分期付款或预付货款等形式完成了此交易行为，则发生并完成了商业信用；而在此之后，他们之间只存在一定货币金额的债权债务关系，这种关系不会因为债权人或债务人经营状况而发生改变。

商业信用的特点有：①以商品买卖为基础，所贷出的是商品资本；②双方都是商品的生产者或经营者，是企业间提供的直接信用；③商业信用的基本规模与经济周期密切相关，直接受实际商品供求状况的影响。在经济繁荣时期，商业信用规模也会增大；反之，在经济衰退时，商业信用的规模也会缩小。

商业信用直接与商品生产和流通相联系，运用范围广泛，因而它构成了整个信用制度的基础。商业信用链条是以商业票据这个载明了债权债务关系并受法律保护的信用工具为纽带。在现代市场经济条件下，商业票据形式多样、运用规范、流通广泛，在现代信息技术高速发展条件下得到快速发展，这为商业信用的发展提供了极其便利的条件和基础。现代市场经济中，几乎所有的工商企业都处于商业信用的链条中，商业信用已经成为普遍的、广泛的社会经济现象。

商业信用具有调节企业之间的资金余缺、提高资金使用效益、节约交易费用、促进企业生产、快速实现商品流通、加速商品价值的实现过程和资本周转的巨大作用。但是商业信用也存在其自身的局限性，这些局限性会影响商业信用作用的更好发挥。商业信用存在以下几个方面的局限性。

（1）授信方向上的局限性。商业信用是工商企业之间在买卖商品时提供的信用，商业信用的需求者是商品的购买者，严格受商品流向的限制。商业信用通常是赊销、分期付款的信用形式，从这个意义上说，一般是上游企业为下游企业提供信用，即由商品的生产者提供给商品的需要者。例如，在纺织业内只能按下列顺序逐级提供商业信用：棉花商—纺纱厂—织布厂—印染厂—服装加工厂。如果是预付货款的商业信用，则是下游企业为上游企业提供信用，商业信用的逐级顺序则相反。

（2）授信期限上的局限性。企业在向对方提供商业信用时，授信期限一般受企业生产经营状况、资金周转时间的限制，一般期限较短，所以商业信用只能解决短期资金融通的需要。

（3）授信规模上的局限性。商业信用所能提供的债务或资金是以产业资本的规模为基础的。一般来说，产业资本的规模越大，商业信用的规模也就越大；反之，就越小。商业信用的规模受商品买卖数量和借贷资金多寡的限制，授信主体不可能超出自己所拥有的商品数量和资金数量向对方提供商业信用，所以大额的信用需要不可能通过商业信用来满足。商业信用的最大作用在于对产业资本的充分利用，其最终无法摆脱产业资本的规模限制。商业信用受到自身规模的限制。

（4）授信在管理和调节上的局限性。商业信用是工商企业之间相互提供的，一个经济社会有多少个工商企业就可能有多少个信用关系环节。如果某一环节因债务人经营不善而中断，就可能会发生多米诺骨牌效应，导致整个信用链条的断裂，引发债务危机，往往会冲击银行信用，甚至引发金融危机。商业信用链条的这种不稳定性，增加了商业信用在管理和调节上的难度。

鉴于上述局限性，商业信用难以广泛满足经济资源的有效市场配置和合理利用的需求，不可能从根本上改变社会资金和资源的高效配置和合理布局。因此它虽然是商品经济社会的信用基础，但它终究不能成为现代市场经济信用的中心和主导。

（二）银行信用

银行信用（bank credit）是指以银行或其他金融机构为媒介、以货币为对象向其他单位或个人提供的信用形式。

银行信用是以货币形态提供的信用，是在商业信用基础上发展起来的一种更高层次的信用，它和商业信用一起构成经济社会信用体系的主体。银行信用具有以下三个特点。

（1）银行信用的广泛性。银行借贷的对象主要是货币，而货币是流通和支付手段。银行信用克服了商业信用受制于产业规模的局限，通过银行信用活动可以将分散的社会闲置资金集中起来进行统一借贷，其资金借贷的规模与整个宏观经济相关，而不受与银行进行信贷业务的某个具体产业、企业资金数量和规模的限制。银行信用所提供的借贷资金是从产业循环中独立出来的货币，它可以“聚小额贷大额”“借短期贷长期”，即聚集小额的可贷资金满足大额资金借贷的需求，同时可以把短期的借贷资本转换为长期的借贷资本，从而满足借款人较长时期的资金需求，也可以由银行自身决定贷款的数量、范围和方向，不再受资金流向的约束。因此银行信用在规模、范围、期限和资金使用的方向上都大大优越于商业信用。

（2）银行信用的间接性。在银行信用中，银行和其他金融机构是信用活动的中间环节，是媒介。以银行作为信用中介，是一种间接信用。从筹资的角度，银行是货币资金供给者的债务人；从贷放资金的角度，银行又是货币资金需求者的债权人。至于货币资金的所有者与需求者，两者之间并不发生直接的债权债务关系。所以这种资金筹集方式称为间接融资。直接融资是由投资部门直接发行有价证券以借取储蓄部门手中暂时不用的货币资金，如图 2-1 所示。间接融资是以银行、信托、保险等金融机构为中介，通过金融中介机构提供一定的金融工具，吸收储蓄部门的货币资金，然后通过出售债券等方式将货币资金融通给投资部门，如图 2-2 所示。银行信用的间接性，降低了资金供给者的风险，也使得资金的利用效率得到提高，保证银行信用不断扩大。银行信用的风险一般低于商业信用。相比商业信用，银行信用具有规模优势和信息优势，这降低了信用活动过程中的信息成本和交易费用，有效地改善了信用过程的信用条件，减少了由于借贷双方的信息不对称产生的逆向选择和道德风险问题，从而降低了信用风险，增加了信用过程的稳定性。

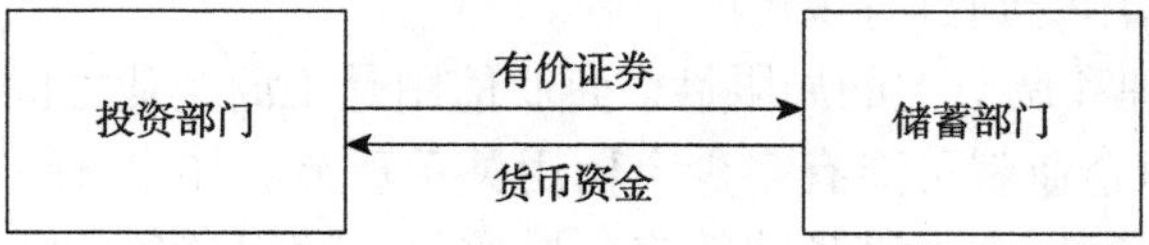

图 2-1　直接融资

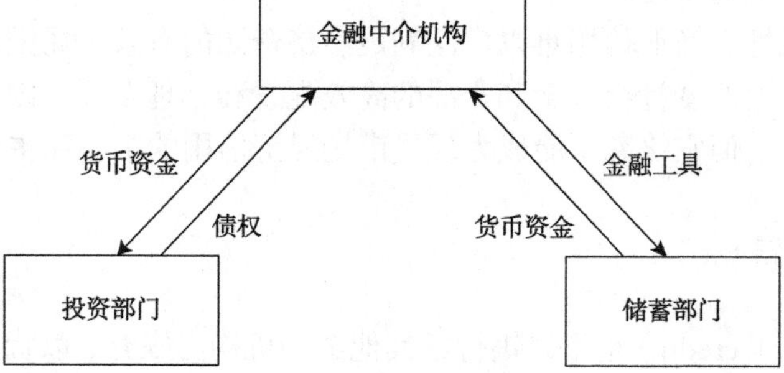

图 2-2　间接融资

（3）银行信用的综合性。银行特别是商业银行是国民经济的中枢。通过银行业务，可以综合反映国民经济的运行状况及变化，灵活调度和调剂资金，促进资金的高效合理流动，实现经济资源的合理利用和有效配置，促进国民经济的良性和稳定发展。银行信用的综合性使得银行对国民经济既具有反映和监督的作用，又具有调节和管理作用（这里的管理作用是中央银行所具有的）。

正是由于银行信用具有以上特征，在市场经济条件下，商业信用的发展越来越依赖银行信用，使得银行信用在整个经济社会信用体系中占据核心地位，发挥主导作用，成为现代经济中的主要信用形式。在我国，银行信用作为主要信用形式表现得尤为突出。

银行信用是在商业信用广泛发展的基础上产生和发展起来的，银行信用的出现使商业信用得到进一步的发展，银行信用与商业信用是并存而非取代关系。它们成为现代市场经济中与企业经营活动直接联系的最主要的两种形式。

（三）消费信用

消费信用（consumer credit）是指企业、银行和其他金融机构为消费者提供的，用于满足其消费需求的信用形式。提供的对象可以是商品、货币，也可以是劳务。

消费信用为消费者超前消费提供了条件，可以刺激人们的消费，提高消费倾向，扩大即期消费需求，增加消费者总效用，有利于促进商品的销售，扩大社会再生产，推动技术进步和经济增长。这种信用形式在西方国家非常普遍，如美国的商品销售额中有一半以上都是通过消费信用方式来完成的。

现代市场经济的消费信用方式多样，主要有赊销、分期付款和消费贷款等方式。

（1）赊销即零售商对消费者提供的信用，以延期付款的方式销售商品。在许多国家，赊销多采用信用卡透支方式提供，一般来说，它是一种短期消费信用形式。

（2）分期付款是消费者在购买商品或取得劳务时，第一次支付一定比例的货币（首期付款），其余价款按合同规定分期加息支付。这种付款方式在购买耐用消费品中广泛使用，是一种中期消费信用形式。

（3）消费贷款是银行和其他金融机构采用信用放款或抵押放款方式，直接或间接对消费者提供的信用。消费贷款方式通常在购买耐用消费品特别是住房时采用。消费信贷又可分为买方信贷和卖方信贷。前者是对消费品的购买者直接发放贷款；后者则是以分期付款单作抵押，对销售消费品的商业企业发放贷款，或由银行与以信用方式销售商品的商业企业签订合同，用现金的形式把货款付给商业企业。消费贷款属于中长期信用形式。

消费信用的发展受到一些因素的影响和制约，如社会总供给能力与经济发展水平、居民的实际收入与生活水平、资金供求关系、人们的消费观念与文化传统等。

随着我国市场经济的发展和繁荣，人们的生活水平大幅度提高，消费需求日益多样化、繁杂化，人们的信用消费观念得以不断地释放与超前，消费信用方式也得到快速发展，同时借助高新电子技术的发展、计算机技术的运用，出现了一些新型的消费信用方式，如京东白条、芝麻信用等。芝麻信用是蚂蚁金服旗下独立的第三方征信机构，通过云计算、机器学习等技术客观呈现个人的信用状况，已经在信用卡、消费金融、融资租赁、出行、酒店、租房、婚恋、分类信息、学生服务、公共事业服务等上百个场景为用户、商户提供信用服务。芝麻信用包括 5 种贷款形式：花呗、借呗、趣分期、招联好期贷、广发好借钱。2018 年 8 月 28 日，天猫联手芝麻信用推出“先享后付”功能，用户的芝麻信用分数超过 700 可体验，海尔、美的等近 50 个一线品牌接入。2019 年 1 月 9 日，芝麻信用荣获 2019 胡润新金融最佳风控奖。

（四）国家信用

国家信用（national credit）又称公共信用制度，是指国家及其附属机构作为债务人或债权人，依据信用原则向社会公众和国外政府举债或向债务国放债的一种信用形式。

国家信用是一种古老的信用形式，伴随着政府财政赤字的发生而产生。随着国家经济的发展，政府发生财政赤字已经成为普遍现象，政府通过向社会公众发行债券或向国外政府举债的方式来弥补财政赤字和资金不足也成为必然选择。国家信用中，债务人多为各国政府；债权人多为银行、其他金融机构、企业与居民。

目前，世界各国几乎都采用了发行政府债券的形式来筹措资金，形成国家信用的内债，其典型形式是发行国库券和中长期公债券。国家信用的外债一般是通过国与国之间的政府借贷来实现的，是国际化了的政府间的债权债务关系。随着全球经济金融一体化，各国政府间的债权债务关系也更加普遍。

作为国家信用的典型形式，国库券与公债券的区别表现在以下几个方面：①发行目的不同。国库券是因为财政季节性、临时性的收支不一致而发行的，是为了弥补财政赤字，满足政府短期资金的需要。国库券还是中央银行公开市场操作的重要交易对象。公债券是为了弥补财政长期赤字或刺激经济增长而发行的。政府发行公债券，通常是为了满足国家经济建设的需要，为了进行大型重点项目投资或较大规模的建设，但在发行时并不注明具体用途和投资项目。②期限不同。国库券通常是一年以内的短期债券，公债券一般是一年以上、十年或十年以上的中长期债券。③还本付息的来源不同。国库券原则上以国库收入作为还本付息的来源，但各国有不同的做法。我国政府的做法是：利息支付由经常性收入（主要是税收收入）支付，本金的偿还依靠借债，即借新债还旧债，这也是国际通行的办法。公债券一般以国债资金投资的建设项目收益为还本付息的资金来源。在实际操作中，通常将国库券和公债券统称为国债，其中以短期的国库券为主。国库券是货币市场中最重要的信用工具。

政府债券由于具有较高的流动性和安全性，以及收益比较稳定的特点，成为各阶层和经济实体等投资者普遍喜爱的投资工具。同时国家信用具有调节国库年度收支的临时失衡、调节财政收支、弥补财政赤字、调节经济总量与结构、配合其他经济政策的实施等作用。因此，买卖政府债券也成为经济发达国家中央银行进行公开市场操作、调节货币供给和实施货币政策的主要工具。

国家从国内以借入方式筹资是内债，从国外以借入方式筹资是外债。在现代经济中，要求一个国家“既无内债，又无外债”是不符合现代经济实际的。但是一个国家国债的规模允许有多大，如何做到规模适度、高效运用，是一个复杂而艰难的需要专门研究的问题。

在国家信用中，中国的统治者对百姓（特别是农民）放贷，是持续几千年的国家理财政策，极具特点。追溯我国古代信用的发展，最早的国家信用出现在周朝，泉府是周朝时的国家财政金融机关，泉府的赊贷是中国最早的政府信用。汉朝政府也曾提供过国家信用，但似乎规模不大。汉武帝曾派人出访各地，对无力谋生的人发放贷款，用于购买种子、农具等，无息或低息，国家要收回。唐朝的信用业发展中的放款有私人放款和政府放款，大致分为信用放款和抵押放款。宋朝的国家信用主要体现在王安石的信用政策上，反映在王安石制定的市易法和青苗法中。市易法规定的是政府向民间提供的抵押信用。青苗法规定的是政府向农民提供的农业贷款。

（五）国际信用

随着国际经济关系的发展，国际贸易与国际经济交往的日益频繁，各类信用形式逐步扩展到世界范围，国家间相互提供信用即形成了国际信用。国际信用（international credit）是指国与国之间的企业、经济单位、金融机构及国际经济组织相互提供的与国际贸易密切联系的信用形式。国际信用是国际经济发展过程中资本运动的主要形式，是进行国际结算、扩大进出口贸易和国际投资的主要手段之一。

与国内信用一样，国际信用也存在不同的形式，主要有政府贷款、国际金融机构贷款、国际商业银行贷款、国际租赁、补偿贸易、出口信贷等多种形式。

（1）政府贷款（loans from foreign governments）。政府贷款是以政府名义进行的政府双边贷款，是一国政府向另一国政府提供的长期优惠性贷款。它具有政府间经济援助的性质，贷款条件优惠，贷款期限较长，利率较低。政府贷款的资金来源一般分为两部分，一部分是政府财政预算资金，另一部分是商业银行的商业性资金。政府贷款条件与商业性贷款相比，具有一定的优惠性。

（2）国际金融机构贷款（loans from international financial organizations）。国际金融机构贷款主要是指包括国际货币基金组织、世界银行（World Bank，WB）在内的全球性或区域性、国际性金融机构向其成员方提供的贷款。贷款利率较低，偿还期较长，贷款条件比较优惠，但贷款控制比较严格，手续烦琐，程序复杂。贷款对象主要限于成员方，其主要目的是帮助成员方调节国际收支不平衡、保持汇率稳定，促进成员方的经济发展等。

（3）国际商业银行贷款（international commercial bank loans）。国际商业银行贷款是指一国独家商业银行或多家银行组成的银团，在国际金融市场上向另一国借款人提供的贷款。它一般包括两种形式，一种是由一家国外商业银行向借款人提供贷款；另一种是由一家银行牵头，不同国家的数家银行联合组成银团，按照贷款协议所规定的条件，统一向借款人提供巨额中长期贷款的国际贷款模式，通常称为国际银团贷款（international consortium loans），亦称为国际辛迪加贷款（international Syndicated loans）。国际银团贷款现在已经成为国际上筹集巨额中长期资金的主要形式。

国际商业银行贷款方式灵活多样，手续简便，使用方向基本不受限制；贷款附加条件较少，贷款不限定用途，借款人可以自由使用贷款，自由采购；一般采用货币贷款方式，贷款金额较大；贷款利率较高。

（4）国际租赁（international leasing）。国际租赁是国家之间以实物租赁方式提供信用的融资形式，具体是指出租人通过签订租赁合同将设备等物品较长期地租给承租人，承租人将其用于生产经营活动的一种租赁方式。根据租赁的目的和投资回收方式，可将其分为经营租赁和金融租赁两种形式。

经营租赁（operating leasing）是出租人将自己的设备或物品反复多次出租给承租人的租赁方式。其出租人多为工商企业，一般要多次出租才能收回全部设备投资。

金融租赁（financial leasing）是由出租人根据承租人的要求，向承租人选定的第三方（供货人）购买承租人选定的设备，并将该设备的使用权转让给承租人，并且在一个不间断的长期租赁合同期内，通过收取租金的方式，收回全部或大部分投资，又称为融资性租赁。租金一般高于同期银行利息。租赁期满，承租人可以继续租赁，或根据双方事先的商定，承租人按照残值作价购买所租设备。其出租人一般是商业银行或金融机构（如金融租赁公司），主要为承租人融通资金。金融租赁是一种采用“融物”形式进行的中长期融资活动，租金实际上是在租赁期内分摊出租人购买设备的成本和利润。金融租赁实际上是出租人给予承租人的长期信贷，是商品信贷和货币信贷相结合的一种融资方式。是以租金偿付全部投资额的不可撤销的一种租赁方式。

国际信用中的国际租赁主要指的是国际金融租赁，它是一种广泛采用的利用国际商业贷款的形式。它适宜办理长期、大型、巨额的设备租赁。

（5）补偿贸易（compensation trade）。补偿贸易是技术贸易、商品贸易和信贷相结合的一种国际信用形式，是指外国企业直接提供或在信贷基础上向进口企业提供机器设备、专利技术、员工培训等，进口企业以该项目的产品等方式来清偿债务的一种信用形式。它实质上是一种国际商业信用，在发展中国家广泛运用。补偿贸易的主要形式包括直接补偿、间接补偿、综合补偿和劳务补偿。直接补偿是用外国企业提供的设备、技术等直接生产出来的产品来偿还外国企业提供的设备、技术的价款和利息，这是补偿贸易最基本的形式。间接补偿是偿还的产品不是外国企业提供的设备、技术生产出来的，而是用本企业的其他产品来偿还。综合补偿是对外国企业提供的设备、技术等，一部分用这些设备、技术生产出来的产品直接偿还，另一部分用本企业的其他产品间接偿还。劳务补偿是指用于补偿的不是产品，而是承接外国企业来料加工和来件装配的劳务费用。

（6）出口信贷（export credit）。出口信贷是指出口国政府为支持和扩大本国产品的出口，提高产品的国际竞争能力，通过提供利息补贴和信贷担保的方式，鼓励本国银行向本国出口商或外国进口商提供中长期信贷的一种国际信用形式。出口信贷附有采购限制，只能用于购买贷款条约所指定的产品；贷款利率低于国际资本市场利率，利差由贷款国政府补贴；属于中长期信贷，最长不超过 10 年。

根据贷款的对象不同，出口信贷可以分为买方信贷和卖方信贷。

买方信贷（buyer’s credit）是由出口方银行或金融机构直接向外国进口商或进口方银行或金融机构提供的贷款，其附带条件是该贷款必须用于购买出口国的商品。

卖方信贷（seller’s credit）是出口方的银行或金融机构向本国出口商（即卖方）提供的信贷，也是出口商向国外进口商提供延期付款的一种信贷方式。出口商以此贷款为垫付资金，允许外国进口商赊购自己的产品和设备。这种贷款方式，从出口方的银行或金融机构提供贷款给出口商的角度来看，它属于银行信用；从出口商赊销商品给进口商的角度来看，它又属于商业信用。综合起来看，它实际上是一种以银行信用支持的国际商业信用。

第三节 信 用 工 具

一、信用工具的含义

随着信用的发展和多种信用形式的出现，为各种信用形式服务的信用工具逐渐被创造出来。信用工具成为信用活动的载体。信用工具（credit instrument）也称融资工具、金融工具（financial instrument），是以书面形式发行和流通，是资金供应者和需求者之间进行资金融通时所签发的，用来证明债权债务或所有权的各种具有法律效用的凭证。

信用工具是信用契约关系的法律证明，是信用存在的最规范的形式，是最重要的金融资产，是金融市场上重要的交易对象。从广义上看，信用工具可以称为融资工具，也可以称为金融资产、金融工具、金融商品、金融产品等，从广义上讲它们都是同一事物。例如，股票是资金供应者和需求者之间进行资金融通时所签发的证明所有权关系的合法凭证，故称信用工具；是在金融市场上可以买卖的产品，故称金融商品或金融产品；它具有融资、避险等功能，故称融资工具或金融工具；在资产的定性和分类中，它属于金融资产，故称金融资产。

二、信用工具的类型

随着信用在现代经济生活中的不断深化和扩展，信用工具种类越来越多，从不同的角度，信用工具可以进行不同的划分。

（一）按融资方式分类

按融资方式划分，可以分为直接融资信用工具和间接融资信用工具。前者主要有工商企业、政府及个人发行或签署的商业票据、股票、债券、抵押契约、借款合同及其他各种形式的借款等。这些金融工具是用来在金融市场上直接进行借贷和交易的。后者主要包括金融机构发行的银行本票、银行汇票、存单、保险单等。这些金融工具是由融资单位通过银行和其他金融机构融资而产生的。

（二）按信用形式分类

按信用形式划分，可以分为商业信用工具，如各种商业票据等；银行信用工具，如银行券和银行票据等；证券投资信用工具，如债券、股票等；国家信用工具，如国库券等各种政府债券。

（三）按偿还期限分类

按偿还期限划分，可以分为短期、长期和不定期信用工具。短期和长期的划分没有一个绝对的标准，一般以一年为界，一年以下为短期，一年以上为长期。短期信用工具是指借贷期限在一年以内的金融工具，如银行短期借贷工具（可转让大额定期存单）、各种票据（如商业票据、银行本票、银行汇票、支票等）、信用证、信用卡、国库券等。西方国家一般把短期信用工具称为准货币，因为其偿还期短，流动性强，随时可以变现，近似于货币。长期信用工具是指借贷期限在一年（不含）以上的金融工具，如银行中长期借贷工具、政府中长期公债券、公司债券、股票等；不定期信用工具主要是指银行券（货币）和不少民间借贷凭证。

（四）按信用工具的性质分类

按照信用工具的性质划分，可以分为传统金融工具（原生金融工具）与金融衍生工具（派生金融工具）。传统金融工具包括货币、外汇、存单、债券、股票等基础性金融工具。

金融衍生工具是由金融创新而产生的金融工具，是在货币、债券、股票等传统金融工具的交易基础上衍化和派生的，以杠杆或信用交易为特征的金融工具。它们本身不能独立存在，是依附于股票、债券及货币等资产衍生而来的交易工具。国际上活跃的金融创新活动不断地推出新的衍生金融产品，金融衍生工具种类繁多，主要有以下几种。

（1）根据产品形态，可以分为远期、期货、期权和掉期四大类。

（2）根据原生资产，大致可以分为四类，即股票衍生产品、利率衍生产品、汇率衍生产品和商品衍生产品。

（3）根据交易方法，可以分为场内交易和场外交易。

三、信用工具的构成

信用工具一般由以下五大要素构成。

（一）面值

面值即凭证的票面价格，包括面值币种和金额。

（二）期限

期限即债权债务关系持续的时间。

（三）到期日

到期日即债务人必须向债权人偿还本金的最后日期。

（四）利率

利率即债权人获得的收益水平。

（五）利息的支付方式

利息的支付方式即债务人向债权人支付利息的具体方法，如单利、复利、贴现等。

四、信用工具的基本特征

信用工具纷繁复杂，各不相同，每种信用工具有各自的特点，但也有一些共同的特征，概括起来主要有以下几点。

（一）收益性

收益性是信用工具能定期或不定期地给其持有者带来收益的能力，这也是信用的目的。信用工具的收益有三种。

（1）固定收益，也称名义收益，是信用工具票面收益与本金的比率，即票面规定的利息与票面金额的比率，是投资者按事先规定好的利息率获得的收益，在债券和存单到期时，投资者即可领取约定的利息。如某种债券票面金额为 100 元，10 年还本，年息为 7 元，则其名义收益率为 7%（7/100）。

（2）即期收益，也称当期收益，就是按市场价格出卖时所获得的收益，如股票买卖价格之差即为一种即期收益。即期收益率也可以表示为信用工具的票面收益（票面规定的利息）与其市场价格的比率。如上述债券某日的市价为 95 元，则即期收益率为 7.37%（7/95）；若市价为 105 元，则即期收益率为 6.67%（7/105）。

（3）实际收益，指名义收益或当期收益扣除由物价变动引起的货币购买力下降后的真实收益。实际收益也可以表示为把名义收益和本金损益计算在内的实际收益与市场价格（即买者的实际支出）的比率。仍照上例，若某人在第一年末以 95 元市价买进面值 100 元的 10 年期债券，则对买者而言，偿还期为 9 年，如果他能保存该债券至偿还期，则 9 年间除每年获得利息 7 元外，每年还获得本金盈利 0.56 元［即（100−95）/9］，故该买者的实际年收益率为 7.96%［即（7+0.56）/95］；反之，如在第一年末以 105 元价格买进，则 9 年间除每年获得利息 7 元外，每年本金损失 0.56 元［即（100−105）/9］，则其实际年收益率只有 6.13%［即（7−0.56）/105］。在现实生活中，实际收益并不真实存在，必须通过再计算。投资者所能接触到的是名义收益和当期收益。

（二）偿还性

偿还性是指信用工具的发行者或债务人按期归还全部本金和利息的特征，是信用工具按照其不同的偿还期偿还本息的要求。信用工具一般都注明期限，债务人到期必须偿还信用凭证上所记载的应偿付的债务。信用工具的偿还期是一个相对的概念，不同的人关注的偿还期不同。债权人关心的是他在获得信用工具时离偿还期还有多久，也就是他获得信用工具的日期到偿还的日期之间的时间；债务人关心的是信用工具从发行日到期满日的全部期限。虽然信用工具一般都有偿还期，大多数信用工具要求还本付息，但也存在特例，如股票和永久债券只付息不还本，因此是没有偿还期的。但实际上由于有价证券可以买卖转让，这样对持有者来说，就可以把无期化为有期，长期化为短期。

（三）流动性

流动性是指信用工具在不受或少受经济损失的条件下随时变现的能力。信用工具可以买卖和交易，可以换得货币，这即为具有变现能力或流动性。流动性是通过金融工具的买卖来实现的，买卖差价或交易成本及交易规模是衡量流动性的重要指标。不同信用工具的变现能力各不相同，衡量流动性的标准有两点：一是能否方便快捷地随时自由变现；二是变现过程中损失的程度与所耗费的交易成本的大小。凡能随时变现且不受损失的金融工具，其流动性大；凡不易随时变现，或在变现中蒙受价格波动的损失，或在交易中耗费的交易成本多的金融工具，其流动性小。通常信用工具的流动性与其偿还期呈负相关、与其收益率呈负相关、与其风险性呈负相关，同债务人的信誉呈正相关。

（四）风险性

风险性是指投入的本金和利息收入遭到损失的可能性。信用工具的持有者为了获得收益提供信用，同时必须承担风险。风险是相对于安全而言的，所以风险性从另一个角度讲就是安全性，即信用工具的持有者收回本金及其预期收益的保障程度。任何信用工具都有风险，只是程度不同。其风险主要有信用风险、市场风险、流动性风险及政治风险。信用风险一般称为违约风险，即债务人不履行合约，不能按约定期限还本付息的风险，或者债务人不履约的可能性增大给债权人带来损失的可能性。信用风险的大小取决于债务人的信誉和经营状况，如政府债券比企业债券的信用要高得多。市场风险是指由于市场各种经济因素发生变化，如市场利率变动、汇率变动、物价波动等，信用工具市场价格波动，而给投资者带来损失的可能性。流动性风险是指信用工具不能迅速变现或在变现过程中遭受损失的风险。政治风险是指政策变化、战争、社会环境变化等各种政治情况直接引起或间接引起的信用工具遭受损失的可能性。

五、信用工具的价格

信用工具的价格，也即其行市，是信用工具在金融市场上买卖的价格。不同的信用工具，其价格确定方式各不相同，其中差别最大的是股票和债券的价格。

（一）股票的理论价格

股票的价格由其预期收入和当时的市场利率两个因素决定，其公式为

股票的理论价格=预期股息收入 ÷ 市场利率

（二）债券的理论价格

债券的价格分发行价格和流通转让价格。

债券的发行价格根据是否按票面金额发行，可以分为平价发行、折价发行与溢价发行。

不同的经济环境决定债券在二级市场上的流通转让价格，但有一个基本的理论价格决定公式，它由债券的票面金额、票面利率和实际持有期限三个因素决定，其基本公式为

债券转让的理论价格=债券票面金额 ×（1+票面利率 × 实际持有期限）

由于流动性贴水的原因，在实际经济运行过程中，债券的实际转让价格都比其理论价格低。

长期债券转让价格是长期债券未来收益的现值，受持有期、计息方式等条件的影响。长期债券转让价格由三个主要变量决定：一是长期债券的期值；二是债券的待偿期限；三是市场收益率或称市场利率。长期债券的价格就是将其未来收益按一定条件折算成的现值。根据现值理论，我们可以得出不同计息方式的长期债券的交易价格计算公式。

（1）一次性还本付息长期债券的交易价格：

$$P=\frac{F\cdot(1+r\cdot n)}{(1+i)^{n}}$$

（2）按年分次付息长期债券的交易价格：

$$P=\sum_{t=1}^{n}\frac{F\cdot r}{(1+i)^{t}}+\frac{F}{(1+i)^{n}}$$

式中，P 为债券的现值，即交易价格；F 为债券的面值；n 为债券从发行日或交易日至到期日的年数；r 为债券的票面利率；i 为市场利率。

本章小结

信用产生于原始社会末期，是商品经济发展到一定阶段的产物。随着市场经济的发

展，出现了各种信用形式和信用工具，促使信用资金从一个部门向另一个部门有效流动，这种资金的有效调节又进一步促进了市场经济的飞速发展。信用构成了现代市场经济的基础，现代经济可以称为信用经济，信用渗透于经济社会的各个方面。因此，了解信用的形式、信用的本质及其功能、信用工具的类型及其特征，对在市场经济条件下金融发展如何遵循信用原则促进经济发展并获得成效及防范和化解金融风险尤为重要。

本章参考文献

曹龙骐. 2016. 金融学[M]. 5 版. 北京：高等教育出版社.
戴国强. 2017. 货币金融学[M]. 4 版. 上海：上海财经大学出版社.
黄达，张杰. 2017. 金融学[M]. 4 版. 北京：中国人民大学出版社.
蒋先玲. 2017. 货币金融学[M]. 2 版. 北京：机械工业出版社.
米什金 F S. 2015. 货币金融学[M]. 2 版. 刘新智，史雷，译. 北京：清华大学出版社.
米什金 F S. 2016. 货币金融学（美国商学院版，原书第 4 版）[M]. 蒋先玲，等，译. 北京：机械工业出版社.
夏德仁，李念斋. 2007. 货币银行学[M]. 2 版. 北京：中国金融出版社.
姚长辉，吕随启. 2012. 货币银行学[M]. 4 版. 北京：北京大学出版社.
易纲，吴有昌. 1999. 货币银行学[M]. 上海：格致出版社，上海人民出版社.
张尚学. 2014. 货币银行学[M]. 3 版. 天津：南开大学出版社.

本章综合测试题

一、填空题

1. 信用是以________和________为基本特征的______行为，是价值________的转移。

2. 信用的基本形式有______信用、_______信用、_______信用、_______信用、_______信用等。

3. _______信用和______信用是现代市场经济中与企业经营活动直接联系的最重要的两种形式。

4. 商业信用具有_________的局限性、__________的局限性、__________的局限性、__________的局限性。

5. 银行信用具有_________、_________、_________三个特点。

6. ________和________是商业信用的两种基本形式。

7. 国际租赁是国家之间以________方式提供信用的融资形式。根据租赁的目的和投资回收方式，可将其分为__________和__________两种形式。

8. 信用风险产生的主要原因是信息不对称性带来的_________和_________。

9. 现代市场经济的消费信用方式多样，主要有________、_________、_________等方式。

10. 信用工具具有__________、__________、__________、__________的特征。

11. 国家信用的内债，其典型形式是发行________和_________。

12. 金融工具的风险主要有________风险、________风险、________风险和________风险。

13. 由出口方银行或金融机构直接向外国进口商或进口方银行或金融机构提供贷款的方式是_______。

由出口方的银行或金融机构向本国出口商（即卖方）提供的信贷属于______。

14. 按照信用工具的性质划分，可以分为________和________。

15. 补偿贸易是_______、________和________相结合的一种国际信用形式。

二、单项选择题

1. 现代经济中最基本的、占主导地位的信用形式是（　　）。

A. 国家信用　　B. 商业信用　　C. 银行信用　　D. 国际信用

2. 信用最基本的特征是（　　）。

A. 平等的价值变换　　B. 无条件的价值单方面让渡

C. 以偿还为条件的价值单方面转移　　D. 无偿的赠与或援助

3. 为消费者提供的、用于满足其消费需求的信用形式是（　　）。

A. 商业信用　　B. 银行信用　　C. 国家信用　　D. 消费信用

4. 利用信用卡透支属于（　　）。

A. 商业信用　　B. 银行信用　　C. 国家信用　　D. 消费信用

5. 国家信用的主要形式是（　　）。

A. 发行政府债券　　B. 短期借款　　C. 长期借款　　D. 自愿捐助

6. （　　）是指金融市场主体不能履约所导致的风险。

A. 信用风险　　B. 流动性风险　　C. 利率风险　　D. 汇率风险

7. 个人获得住房贷款属于（　　）。

A. 商业信用　　B. 消费信用　　C. 国家信用　　D. 补偿贸易

8. 下列不属于国库券特点的是（　　）。

A. 高流动性　　B. 高安全性　　C. 收益性　　D. 面额较大

9. 能在金融市场上简便快捷地转让变现而不致遭受损失是金融工具的（　　）特性。

A. 期限性　　B. 收益性　　C. 流动性　　D. 风险性

10. 下面证券中流动性风险最小的是（　　）。

A. 商业票据　　B. 企业债券　　C. 公债券　　D. 股票

11. 作为整个信用制度的基础且与商品生产和交换紧密联系的信用是（　　）。

A. 商业信用　　B. 银行信用　　C. 国家信用　　D. 消费信用

12. 金融工具的流动性与偿还期限（　　）。

A. 呈正相关关系　　B. 呈负相关关系　　C. 呈倒数关系　　D. 不相关

13. 信用的最古老的形式是（　　）。

A. 高利贷信用　　B. 银行信用　　C. 国家信用　　D. 国际信用

14. 一张半年到期的面额为 1000 元的票据，拿到银行得到了 950 元的贴现金额，则年贴现率为（　　）。

A. 13%　　B. 8%　　C. 10%　　D. 10.3%

15. 信用的发展与货币的（　　）职能的发展相关。

A. 价值尺度　　B. 流通手段　　C. 支付手段　　D. 贮藏手段

三、多项选择题

1. 信用的特征有（　　）。

A. 信用的标的是一种所有权与使用权相分离的资金　B. 以还本付息为条件

C. 以相互信任为基础　D. 以收益最大化为目标

E. 具有特殊的运动形式

2. 按照授受信用的主体不同，可将信用分为（　　）。

A. 商业信用　B. 银行信用　C. 国家信用

D. 消费信用　E. 国际信用

3. 商业信用的局限性主要有（　　）。

A. 严格的方向性　B. 稳定性强　C. 产业规模的约束性

D. 信用链条不稳定　E. 债权债务人可以是银行

4. 商业信用的主要形式有（　　）。

A. 赊销　B. 按揭　C. 透支

D. 分期付款　E. 预付款

5. 政府债券按照期限的长短可分为（　　）。

A. 国库券　B. 公债券　C. 市政债券

D. 金融债券　E. 公司债券

6. 消费信用的主要方式有（　　）。

A. 赊销　B. 消费贷款　C. 发行债券

D. 分期付款　E. 预付款

7. 信用风险的特征有（　　）。

A. 客观性　B. 传染性　C. 可控性

D. 周期性　E. 可测性

8. 债券按照发行者不同可以分为（　　）。

A. 政府债券　B. 国库券　C. 公债券

D. 公司债券　E. 金融债券

9. 信用工具具有的特征有（　　）。

A. 偿还性　B. 收益性　C. 流动性

D. 风险性　E. 公平性

10. 根据产品的形态，可将衍生金融工具分为（　　）。

A. 远期　B. 期货　C. 期权

D. 掉期　E. 股票

11. 资金融通按有无金融机构作为中介可分为（　　）。

A. 直接融通方式　B. 间接融通方式　C. 供求双方直接协议

D. 借贷双方不见面　E. 现货市场与期货市场

12. 金融工具以期限为分类标准可分为（　　）。

A. 直接金融工具　B. 间接金融工具　C. 货币市场金融工具

D. 资本市场金融工具　　E. 国内金融市场工具与国际金融市场工具

13. 现代市场经济中与企业经营活动直接联系的主要信用形式有（　　）。

A. 商业信用　　B. 银行信用　　C. 国家信用

D. 消费信用　　E. 国际信用

14. 衡量金融工具流动性大小的标准有（　　）。

A. 能否方便地随时自由变现　　B. 变现过程中损失的大小

C. 变现过程中所耗费的交易成本的大小　　D. 变现过程中风险的大小

E. 变现过程中金融中介的多少

15. 属借贷范围的基本信用形式有（　　）。

A. 信托信用　　B. 银行信用　　C. 商业信用

D. 国家信用　　E. 国际信用

四、判断题

1. 由于银行信用克服了商业信用的局限性，它将最终取代商业信用。（　　）

2. 商业信用只能由商品的需要者提供给商品的生产者。（　　）

3. 商品生产与流通的发展是信用存在与发展的基础。（　　）

4. 金融工具的流动性与其偿还期成反比，与其收益性成反比。（　　）

5. 商业信用是当代各国采用的最主要的信用形式。（　　）

6. “不把鸡蛋放在同一个篮子里”的含义是分散风险。（　　）

7. 现代经济是一种信用经济。（　　）

8. 金融风险是客观存在的现象，人们可以消灭风险，也可以利用金融市场分散风险、回避风险。（　　）

9. 国库券是一种长期的信用工具，一般在资本市场上发行。（　　）

10. 直接融资和间接融资的区别在于是否涉及银行存贷款业务。（　　）

11. 银行信用是银行或其他金融机构以货币形态提供的信用。（　　）

12. 在间接融资中，资金供求双方并不形成直接的债权和债务关系，而是分别与金融机构形成债权债务关系。（　　）

13. 一国政府利用财政资金向另一国政府提供优惠性贷款属于国家信用。（　　）

14. 一国借款人在国际金融市场向外国银行借入货币资金的信用是出口信贷。（　　）

15. 资产的变现能力越强，则其流动性就一定高。（　　）

五、名词解释

1. 信用　　2. 商业信用　　3. 银行信用　　4. 国家信用　　5. 消费信用

6. 国际信用　　7. 出口信贷　　8. 卖方信贷　　9. 买方信贷　　10. 国际租赁

11. 补偿贸易　　12. 信用风险　　13. 信用工具　　14. 直接融资　　15. 间接融资

六、问答题

1. 什么是信用？它有哪些主要形式？

2. 试述信用的特征。

3. 试述信用存在的客观经济基础。
4. 试述信用的经济职能。
5. 试述商业信用的作用与局限性。
6. 试述银行信用的特点。
7. 试述信用风险及其特征。
8. 试述国际信用的形式有哪些。
9. 试述信用工具构成要素。
10. 试述信用工具的特征及它们之间的关系。

七、论述题

1. 述试信用风险的防范措施。
2. 试述不同信用形式的特点。

第三章

金融市场

当代经济是货币经济和信用经济，金融市场是商品经济和金融活动发展的产物，随着金融体系、金融机构的发展和完善，为金融市场创设出越来越多的金融产品或金融工具。金融市场已经成为市场经济诸要素市场的核心和枢纽，发达的市场经济，需要建立发达的金融市场，提供金融服务供给，从而形成有序的金融竞争。因此，有必要研究金融市场在社会经济体系中的地位和作用，了解金融市场类型和基本特征，深入理解金融市场功能及金融市场结构和运行方式。

第一节　金融市场概述

一、金融市场在市场经济中的地位

金融市场是商品经济和金融活动发展的产物，越来越多的金融产品与金融工具在金融市场中不断涌现，金融市场与人们生活的联系也越来越紧密。人们把闲置资金投放于金融市场以获取收益，积累财富，同时多种金融工具甚至金融衍生工具的产生也为人们把资金进行多种投资组合分散风险提供了条件；而当人们收入或储蓄不足时，也要从金融市场通过金融交易行为获得资金实现自己的消费行为或生产行为。金融市场已成为商品经济运转的血液和心脏，成为人们生活不可缺少的一部分。

当代经济作为货币经济和信用经济，其中的资金不仅在向产业部门输送中体现其商品的属性，而且在交易媒介——金融工具的带动下，进行金融商品的买卖。金融商品（货币资金）的购买者或需求者，取得资金用于投资、发展生产和流通，但是，出于种种目的，不同的金融商品之间也会相互交易，这样纵横交错的金融商品流通，构成了一个相对独立的市场——金融市场，同样成为一个不可缺少的生产要素市场，成为市场经济下沟通诸要素市场必不可少的一环。它不仅和人们的生活发生着日益紧密的联系，而且处于现代市场体系的核心地位。

二、金融市场的含义

金融市场（financial market）是指以金融资产为交易对象而形成的供求关系及其机制的总和。在金融市场中，实现资金的融通与配置。在金融市场上，资金就是所谓的商品，资金借贷的利息率就是资金这种特殊商品的价格，金融工具就是资金的书面载体。

金融市场有狭义和广义之分。狭义的金融市场是指通过金融工具的买卖而实现资金的集中与配置的场所，它不包括银行信用。广义的金融市场是指能够从事资金集中与分配的一切场所，其中包括银行对资金的集中和贷放，它包含了资金借贷、证券、外汇、保险和黄金买卖等一切金融业务，是各类金融机构、金融活动所推动的资金交易的总和。

金融市场是买卖金融工具以融通资金的场所或机制。金融市场上的融资活动既可以在固定场所进行，也可以不在固定场所进行。如果在固定场所进行，可以把金融市场视作一种与一般含义的市场相吻合的场所；不在固定场所进行的融资活动就可以理解为一种融资机制。

金融市场上货币资金的运动具有一定规律性，它总是从货币资金的盈余方流向货币资金的短缺方，其运动轨迹如图 3-1 所示。

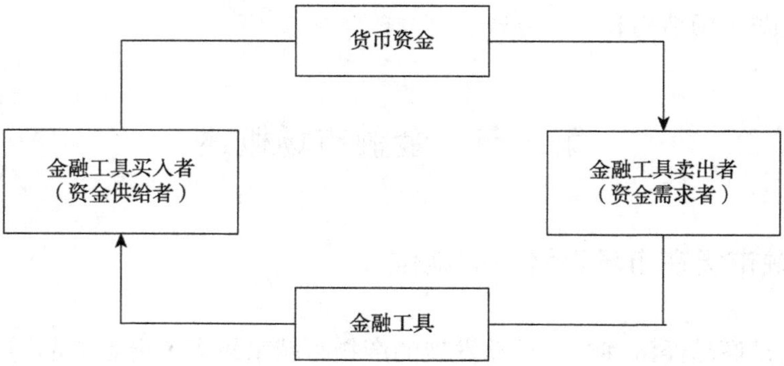

图 3-1　金融市场货币资金运动示意图

三、金融市场的特性

随着现代市场经济的发展，金融市场也在不断地发展。与普通商品市场相比，金融市场有其自身的特性。

（一）交易对象为金融资产

普通商品市场上的交易对象是具有各种使用价值的普通商品，而金融市场上的交易对象则是各种金融资产或者金融工具。金融资产也称金融工具，通常，金融工具是从筹资者角度讲，即通过发行金融工具筹集资金；金融资产则是从投资者的角度讲的，即通过买卖金融资产赚取投资收益。

（二）交易目的表现为让渡或获得资金的使用权

普通商品市场的交易目的是获得商品的使用权和所有权，获得不同商品带来的不同的使用价值，而金融市场的交易目的主要体现为获得使用权而不是所有权，交易对象的使用价值则往往是相同的，资金盈余方以各种方式让渡一定时期、一定数量资金的使用权，目的是获得相应的利息或收益；资金短缺方则通过各种渠道获得一定时期、一定数量资金的使用权，其代价是需要支付资金使用的成本，如利息或股息。当然，金融市场上融资双方的地位是可变的，此时可能因资金不足而成为资金需求者，彼时又可能因为资金盈余而成为资金供应者。

（三）交易活动既可以直接也可以间接

普通商品市场上的买卖双方往往是直接见面，一般不需要借助中介机构，而金融市场上的融资活动既可以是直接的也可以是间接的。金融交易通过金融中介，如银行来进行，运用银行信用实现资金的融通则为间接融通资金；金融交易以证券交易的方式来进行，以资金需求者与资金投资者直接发生关系为特征，通过各种金融工具的发行和买卖来实现资金的融通则为直接融通资金。

（四）交易场所表现为有形或无形

普通商品市场往往是一个有固定场所的有形市场，而金融市场不一定都有固定的场所。金融市场大致分为两种情况：一是有形市场，或称交易所方式，即交易者集中在有固定地点和交易设施的场所内进行金融产品交易，它是有组织、制度化了的市场，如银行、证券交易所就是典型的有形市场；二是无形市场，或称柜台方式，它是没有固定交易场所、交易者分散在不同地点（机构）或采用电信手段进行交易的市场，如场外交易市场和全球外汇市场就属于无形市场。现代金融市场的主体非常广泛，再加上现代通信设施的日益完善，交易双方可以在相距千里之外的两地参与金融交易，因此，交易市场的无形化是现代金融市场的一个明显特征。互联网技术的发展，拓展了金融交易的时间和空间，网上交易已越来越普及，金融市场无形化特征也越来越强。

四、金融市场的类型

金融市场是一个庞大的系统，包括许多具体的、相互独立又相互关联的市场。按照不同的划分标准，可以划分出不同类型的金融市场。

（一）按照资金的融资方式，金融市场可以分为直接金融市场和间接金融市场

直接金融市场（direct financial market）是不需要借助金融中介而进行融资的市场，资金供求双方借助于金融工具直接实现资金转移与融通，如股票市场、公司债券市场。

间接金融市场（indirect financial market）是需要借助金融中介进行融资的市场，资金供求双方通过作为金融媒介的银行等金融机构进行资金转移与融通，通常指银行存贷款市场、人寿保险单市场。

（二）按照金融工具交易的层次，金融市场可以分为一级市场和二级市场

一级市场（primary market）也称发行市场或初级市场，是证券和票据等金融工具最初发行的场所，是金融工具发行者与原始购买者之间的交易市场。一级市场的主要功能是筹集资金，需要筹资的企业或政府在这个市场上发行证券，筹集资金。投资银行（证券公司）是一级市场上协助证券发行的重要金融机构。

二级市场（secondary market）也称流通市场、交易市场或次级市场，是已经发行的金融工具流通与转让的市场。二级市场最重要的功能在于实现金融工具的流动性。投资者通过在二级市场买卖现有的或已经发行的金融工具可以实现其流动性，获取货币收入。但是，发行该证券的公司却并没有得到新的资金。公司只有在其证券在一级市场上首次发行时，才能获取资金。但是二级市场使投资者可以更容易和快捷地出售金融工具，提高了金融工具的流动性，也增强了金融工具在金融市场上的接受程度，从而使发行公司在一级市场上的销售变得更加容易。二级市场的另一个功能是价格发现功能。投资者在一级市场上购买证券的价格不会高于其对二级市场上该证券价格的预期，因此，二级市场决定了发行公司在一级市场销售证券的价格。二级市场上证券的价格越高，发行公司在一级市场上销售证券的价格就越高，他们所筹集到的资金规模也就越大。

（三）按照金融交易的交割时间，金融市场可以分为现货市场和期货市场

现货市场（spot market）一般是在成交后即日或两三日内立即付款交割的市场。一般是当天成交，当天交割，原则上最多不能超过三个营业日。

期货市场（futures market）的交割期则是按成交时所规定的特定日期，如几周、几月之后来交割。金融工具采用期货交易的种类越来越多，如债券期货、股票期货、股价指数期货、期权期货、外汇期货和黄金期货等。20 世纪 70 年代以来，金融期货交易的形式越来越多样，其交易量已大大超过现货交易的数量。

（四）按照金融交易的具体内容，金融市场可以分为资金市场、证券市场、保险市场、黄金市场、外汇市场等

资金市场也称货币借贷市场，是指以货币表示的资金作为买卖对象的市场，通常专指银行存贷款市场。证券市场是指以股票、债券等有价证券作为交易对象的市场。保险市场是指进行各种保险和再保险业务的市场。黄金市场是指以黄金作为交易对象的市场。外汇市场是指以外国货币、外币有价证券、外币支付凭证等作为交易对象的市场。

（五）按照资金融通的区域，金融市场可以分为国内金融市场和国际金融市场

国内金融市场的范围限于本国领土之内，双方当事人都为本国的自然人和法人。

国际金融市场的活动范围超越了国界，其范围可以是某一区域性的，如东南亚、欧洲等，也可以是世界性的。国际金融市场的交易主体可以是不同国家和地区的自然人与法人。

（六）按照资金融通的场所，金融市场可以分为有形市场和无形市场

前面已经阐述，此处不再赘述。

（七）按照资金融通的期限，金融市场可以分为货币市场和资本市场

货币市场（money market）是交易期限在一年及一年以内的短期资金融通市场，有时也称短期市场，其作用是满足交易者对资金的流动性需要，包括短期借贷市场、银行同业拆借市场、短期债券市场、票据市场、回购市场、大额定期存单市场等子市场。这一市场的金融工具期限一般很短，流动性高，类似于货币，因此被称为货币市场。货币市场是金融机构调节流动性的重要场所，是中央银行货币政策操作的基础。

资本市场（capital market）是交易期限在一年以上的长期资金融通市场，有时也称长期市场，其作用是满足工商企业的中长期投资需求和政府弥补财政长期赤字的资金需要，包括银行中长期借贷市场和证券市场，如股票市场、债券市场等。由于交易期限较长，流动性较低，资金主要用于实际资本的形成，所以被称为资本市场。

本章后面将对货币市场和资本市场进行详细介绍。

第二节　金融市场结构

同任何市场一样，金融市场具备市场四要素，即交易主体、交易对象、交易工具和

交易价格。

一、金融市场交易主体

金融市场交易主体就是金融市场的参与者，它可以分为资金的供应者、需求者、中介者和管理者。具体地，他们又可以分为金融机构、企业、政府、个人及海外投资者。

（一）金融机构

金融机构是金融市场上最重要的交易主体。它既是资金的供应者，也是资金的需求者。作为资金供应者，它通过发放贷款、拆借、贴现等方式，向市场输出资金；作为资金的需求者，它通过吸收存款、拆借、再贴现等方式，将资金最大限度地集中到自己手里；金融机构还向金融市场提供如支票、汇票、存单、保单等信用工具。在提供这些资金交易工具的同时就为自身筹集了资金。金融机构还充当资金交易的媒介，办理金融批发业务，既有对信贷资金的批发，也有对股票和债券的承销。

中央银行作为资金的供给者，以向商业银行等金融机构通过再贴现、再贷款、购回证券与票据、收购黄金外汇的方式投放基础货币，以货币发行者的身份向社会发行货币，向金融市场提供流通手段和支付手段。其作为资金的需求者，主要是吸纳商业银行的存款准备金，通过公开市场业务抛售证券、票据，回收金融市场上过多的资金。作为中介者，中央银行为商业银行之间的资金往来提供清算服务。中央银行除了以资金的供给者、需求者、中介者三位一体的身份活动在金融市场上，更重要的是充当金融市场的管理者。

（二）企业

企业单位是金融市场运行的基础。金融市场为其提供了筹集和运用资金的场所，使其可以保持适度的资金量，因而，企业和银行之间总保持着存、贷款关系，也与其他企业或金融机构保持着筹资或投资关系。

（三）政府

政府部门作为金融市场资金的需求者，通过在国内外市场上发行国家债券，筹集资金以弥补财政赤字或扩大建设规模；作为资金的供给者，它以自己所拥有的财政性存款和外汇储备汇集到金融市场上，成为金融机构的重要资金来源。

（四）个人

个人（家庭和居民）是金融市场上资金的供应者，以储蓄存款的方式参与金融市场的活动。我国的储蓄率居世界领先地位，居民储蓄额占到居民可支配收入总额的10%以上（占GDP的80%左右），这些存款汇成金融市场的一股巨流；此外，个人通过购买证券也向金融市场输送资金。个人也是资金的需求者，除以消费信贷的形式借用贷款外，当抛出证券时，也会从金融市场抽回资金。

（五）海外投资者

海外投资者随着金融市场的对外开放越来越多地来国内投资和筹资，进行存贷款活动、投资活动。

二、金融市场交易对象

金融市场的交易对象是货币资金。在信贷市场上，货币资金作为交易对象表现为借贷资金的交易和转让，转让的是货币资金的使用权，货币的所有权没有发生变化。在证券市场上，似乎直接交易的是股票或债券等金融工具，通过股票或债券的买卖，其使用权发生转移，所有权也发生了转移。但从根本上讲，证券市场交易的仍然是货币资金，因为有价证券是虚拟资本，它是资金交易的载体，本身不具有价值和使用价值，人们取得这些金融工具不具备实质性意义；而只有货币才具有价值和一般的使用价值，人们通过交易取得货币才能投入再生产。所以，通过有价证券的交易，从另一方面反映了货币资金的交易。货币资金的运动除了在发行市场会投向再生产外，在流通市场体现它本身在金融市场的周转流动。

三、金融市场交易工具

金融市场的交易工具是金融工具或信用工具，如票据、债券、股票、基金及各种衍生金融工具等。它是以书面形式发行和流通的，借以保证债权债务双方权利和责任的信用凭证，它对债权债务双方的权利和义务具有法律约束意义，以其为载体，才能推动资金安全运转。

金融工具也就是金融资产，它在本质上是一种虚拟资本，但在现代社会中拥有金融资产的多寡意味着拥有财富的多少，它不但标志着一定的收益权，而且在某种条件下，标志着一定的控制权。

四、金融市场交易价格

在金融市场上，交易对象的价格就是货币资金的价格。在借贷市场，借贷资金的价格就是借贷利率。在证券市场上，资金的价格较为隐蔽，直接表现出来的是有价证券的价格，从这种价格反映出货币资金的价格（收益率）。在外汇市场上，汇率反映了货币的价格，直接标价法反映了外币的价格，间接标价法反映了本币的价格。在黄金市场上，一般表现的是黄金的货币价格。

第三节 金融市场功能

金融市场的功能是指金融市场所特有的促进经济发展和协调经济运行的作用和机能。金融市场主要有以下功能。

一、资本积累功能

社会资金的供给者与需求者在资金供求的时间之间、资金数量之间和供求方式之间，往往难以取得一致，资金供需的巧合只在偶然情况下才会出现。要实现货币资金由盈余单位融通到赤字单位，实现由社会总储蓄向总投资的转化，必须借助一定的中介才能顺利进行，金融市场就充当了这种转化的中介。金融市场创造了多样的金融工具并赋予金融资产以流动性，法规齐全、功能完善的金融市场可以使资金的需求者方便经济地获得资金，可以使资金的供应者获得满意的投融资渠道，因而金融市场既是投资的场所，又是融资的场所，借助金融市场，可达到社会储蓄向社会投资转化以实现资本积累的目的。

二、资源配置功能

在金融市场上，随着金融工具的流动，相应地发生了价值和财富的再分配。金融资产的流动，带动了社会物质资源的流动和再分配，将社会资源由低效部门向高效部门转移，使资源得到优化配置。市场信息的变化，金融工具价格的起落，都给人以启示，引导人们放弃一些金融资产而追求另一些金融资产，使资源通过金融市场不断进行新的配置。

各种金融商品都是收入和财富的特殊持有方式，金融商品的流动就代表着财富的流动，金融商品价值的变化就意味着持有者手中收入和财富数量的变化，因此金融市场交易活动所引起的金融商品流动及其价格变化，就表明人们持有的收入和财富在不断地进行着调整和配置。

随着资源的配置，金融市场上的风险也在发生新的变化，风险和收益并存，有的人在转让风险追求安全的同时就转让了收益；而另一些人在承受风险的同时就获得了收益。

三、调节经济功能

在经济结构方面，人们对金融工具的选择，实际是对投融资方向的选择。通过价格机制将资金引导到高效益的行业和企业发生优胜劣汰的效应，从而达到调节经济结构的目的。

在宏观调控方面，政府实施货币政策和财政政策也离不开金融市场。存款准备金、利率的调节要通过金融市场来进行，公开市场业务更是离不开金融市场。以增减国债方式实施的财政政策，同样要通过金融市场来实现。

四、反映经济功能

金融市场是国民经济的信号系统。首先，在证券市场，个股价格的升降变化反映了该公司经营管理和经济效益的状况；一个企业的贷款运行变化反映了该企业资金周转状况及质量。可见，金融市场反映了微观经济运行状况。其次，金融市场也反映着宏观经济运行状况。国家的经济政策，尤其是货币政策的实施情况、银根的松紧、通货膨胀的程度及货币供应量的变化，均会反映在金融市场之中。最后，由于金融机构有着广泛而及时的信息收集、传播网络，国内金融市场同国际金融市场连接为一体，通过它可以及时了解世界经济发展的动向。

第四节 货 币 市 场

货币市场，如前所述，是融资期限在一年及一年以内的短期资金交易市场，其交易的目的主要是满足短期资金周转的供求需要，一般的去向是弥补流动资金的临时不足。其交易主体和交易对象十分广泛，既有直接融资，如短期国库券交易、票据交易等交易活动，又有间接融资，如银行短期信贷、短期回购等交易；既有银行内的交易，也有银行外的交易。由于早期商业银行的业务主要局限于短期商业性贷款业务，货币市场是最早和最基本的金融市场分市场，它的特点是风险性低而流动性高。

货币市场按交易的内容和方式可分为短期信贷市场、票据市场、同业拆借市场、短期债券市场、回购协议市场、可转让大额定期存单市场等。

一、短期信贷市场

短期信贷市场是指一年以内的资金借贷市场，主要是通过银行进行借贷，也有银行之外的借贷市场，它们是货币市场的主体。短期放款种类主要有以下两种。

（一）信用放款

短期信用放款一般都是发放给企业作为营运资金之用，通常也称营运资金贷款。这种短期信用放款都是提供给企业用来购买短期内可以变成现款的流动资产的。贷款发放考核的主要依据是借款企业的财务报表，如果这些报表表明企业具有足够的资本和净值，具有稳定的收益，同时企业有精明强干、齐心协力的集体，具有良好的信誉和发展前途，则借款企业和银行签订贷款合同就可以获得贷款。

（二）抵押放款

抵押放款是银行要求借款人提供一定的抵押品作为保证的贷款。比较常见的有存货贷款、客账贷款、证券贷款等。

另外，通知贷款和透支也属于银行短期放款。

二、票据市场

票据市场是短期资金融通的主要场所，是直接联系产业资本和金融资本的枢纽。作为货币市场的一个子市场，在整个货币市场体系中票据市场是最基础、交易主体最广泛的组成部分。

票据是具有法定格式、表明债权债务关系的一种有价凭证，它是一种商业证券。票据主要有两种——本票和汇票，它们产生于商业信用活动，是建立在赊销基础上的债权债务凭证，以后随着票据市场的发展，票据将成为筹集资金的一种证券。由于商业票据和银行承兑汇票是投资者进行短期投资和金融机构进行流动性管理的重要工具，商业票据市场和银行承兑汇票市场及由其产生的贴现市场成为票据市场最主要的子市场。在西方发达国家商业票据市场远比银行承兑汇票市场发达。

（一）商业票据市场

商业票据市场起源于商业本票（promissory note），是最古老的货币市场工具之一。在商业信用中，本票是由出票人签发的，承诺自己在见票时无条件支付确定的金额给收款人或者持票人的付款承诺书。根据签发人的不同，本票可以分为银行本票和商业本票。银行本票是指银行或其他金融机构作为出票人签发的本票；商业本票是指以银行或其他金融机构以外的法人或自然人作为出票人签发的本票。

本票是由出票人本人对持票人承担付款责任，见票即付，无须委托他人付款的自付票据，所以本票无须承兑就能保证付款。根据中国现行票据法规定，本票特指银行本票，国内目前尚没有商业本票。

本票市场的参与者主要为工商企业和金融机构。发行人主要是信誉高、规模巨大的国内金融机构和非金融公司、外国公司。发行的目的是筹集资金，扩大信贷业务，扩大消费信用等，如美国福特汽车信贷公司，为了扩大汽车销售量而发行本票，提供大量消费信贷。本票投资者主要有投资公司、银行、保险公司、养老基金等。发行本票一般也需经过债券评级机构评级。级别不同，本票利率也不相同。

（二）银行承兑汇票市场

在商业信用中，汇票是由出票人签发的，委托汇票付款人在见票时或者在指定日期无条件支付确定的金额给收款人或者持票人的支付命令书。汇票是一种无条件的书面支付命令。汇票是委付（委托他人付款）证券。汇票必须承兑。

按汇票出票人的不同，分为银行汇票和商业汇票。银行汇票是汇款人将款项存入当地出票银行，由出票银行签发的，由其在见票时，按照实际结算金额无条件支付给持票人或收款人的票据。银行汇票见票即付，属于即期汇票。商业汇票是出票人签发的，委托付款人在指定日期无条件支付确定的金额给收款人或者持票人的票据。商业汇票可以看作一种远期汇票。远期汇票需要承兑。商业汇票又分为商业承兑汇票和银行承兑汇票。票据承兑是指汇票到期前，汇票付款人或指定银行确认票据证明事项，在票据上做出承诺付款的文字记载、签章的一种手续。承兑后的汇票才是市场上的合法的金融票据。在国外，票据承兑一般由商业银行办理，也有专门办理承兑的金融机构，如英国的票据承兑所。

汇票需要承兑，而承兑人多数都是银行，由此就形成了银行承兑汇票市场，即专门交易银行承兑汇票的市场。与商业本票、商业承兑汇票不同，票据经银行承兑，信用风险就大大降低了。

（三）银行承兑汇票贴现市场

与商业票据市场不同，银行承兑汇票市场有大量的二级市场交易，即银行承兑汇票持有人通常通过二级市场提前获取资金，由此形成银行承兑汇票贴现市场。

银行承兑汇票可以通过贴现、转贴现和再贴现三种方式将汇票提前变现。

贴现（discount）是指票据持有人（企业）将未到期的承兑汇票转卖给商业银行，从而融通资金的交易行为。它是在票据到期前，票据持有人为获取现款向金融机构贴付一定的利息所做的票据转让。银行在买进承兑汇票时，会扣除自贴现日至汇票到期日的利息（即贴现利息），将净款支付给持票人。票据贴现机构有两类：一类是商业银行；另一类是专营贴现业务的金融机构，如英国的汇票票据贴现所、日本的融资公司、美国的票据经纪商等。

票据的贴现率是票据贴现市场运作机制的一个重要环节，贴现率是指商业银行办理贴现时预扣的利息与票面金额的比率，票据贴现天数是指办理票据贴现日起至票据到期日止的时间，票据价格是票据贴现时银行付给贴现人的实付贴现金额。计算公式如下

$$票据贴现价格=票据面额\times\left(1-\frac{年贴现率\times贴现天数}{360}\right)$$

$$票据贴现价格 = 票据面额-贴现利息$$

其中，$贴现利息=\dfrac{票据面额\times年贴现率\times贴现天数}{360}$。

例如，某企业持有一张半年后到期的一年期汇票，面额为 5000 元，到银行请求贴现，贴现率为 10%，则贴现付款额为 5000 ×（1−10% × 180/360）=4750 元，即扣去 250 元贴现利息，银行实付给企业 4750 元。

转贴现指贴现银行将已贴现但仍未到期的承兑汇票再转卖给其他银行办理贴现的票据转让行为。转贴现银行也可以在汇票到期时收回本金并获取利息。它是银行之间的资金融通，涉及的双方当事人都是银行。

再贴现指贴现银行或转贴现银行将已贴现的但仍未到期的承兑汇票再卖给中央银行办理贴现的票据转让行为。

三、同业拆借市场

（一）同业拆借市场的含义与形成

同业拆借是指金融机构之间进行短期临时性资金头寸调剂的资金借贷业务。同业拆借市场又称同业拆放市场或银行同业拆借市场（inter-bank market），是指银行与银行之间、银行与其他金融机构之间及其他金融机构之间进行短期资金融通的市场。资金多余者向资金不足者贷出款项，称为资金拆出；资金不足者向资金多余者借入款项，称为资金拆入。一个金融机构的资金拆入大于资金拆出称为净拆入；反之，叫净拆出。在这个市场中，相互拆借的资金主要是各银行和其他金融机构经营过程中暂时闲置的资金和支付准备金。拆借的目的是弥补头寸的暂时不足和灵活调度资金。

同业拆借市场的形成与中央银行实行的存款准备金制度有关。同业拆借市场最早产生于银行之间为调剂准备金余缺而买卖超额准备金所形成的市场。各国在相继确立中央银行制度后，都通过立法或其他形式要求各金融机构将一定比例的存款（称为法定存款准备金）存入中央银行，各金融机构为了方便清算，也愿意将一部分资金存入中央银行，形成超额存款准备金。各金融机构特别是商业银行都在中央银行保持一部分超额存款准备金，以随时弥补法定存款准备金的不足。由于银行的负债结构及余额每日都在发生变化，在同业资金清算过程中，会经常出现资金头寸的盈余或者资金头寸的不足，表现在银行在中央银行的存款，有时不足以弥补法定存款准备金的不足，形成缺口；有时则大大超过法定存款准备金的要求，形成过多的超额储备存款。因此，各商业银行都非常需要有一个能够进行短期临时性资金融通的市场。这样，银行之间短期拆借超额准备金的同业拆借市场也就应运而生了。

（二）同业拆借市场的特点

（1）交易的同业性。进入同业拆借市场的主体的准入条件严格，一般只在信誉好、实力强和业务往来较多的金融机构之间进行，非金融机构（包括工商企业、政府部门及个人）或非指定的金融机构，均不能进入拆借市场。

（2）融资期限的短期性。同业拆借期限一般都很短，大多在 1 天到 7 天之间，最短也有半天的，这种极短的拆借称为日拆。也有的期限较长，有 1 个月至 12 个月不等，最多不超过 1 年。

（3）交易手段先进的无形市场。参与同业拆借的金融机构基本上都在中央银行开立存款账户，当需要进行资金拆借时，或者通过电话协商等方式达成拆借协议，之后通过各自在中央银行的存款账户自动划拨清算；或者利用全国统一的电子交易网络系统，向资金交易中心提出供求和进行报价，由资金交易中心进行撮合成交，并进行资金划账。因而，同业拆借市场交易手续比较简便，交易成交的时间较短。

（4）交易金额较大且无须担保。同业拆借市场上进行资金借贷或融通没有交易额限制，交易金额较大，以英国伦敦银行同业拆借为例，交易数量最少为 25 万英镑，最高可达几百万英镑。同业拆借市场一般也不需要以担保和抵押品作为借贷条件，完全是一种协议和信用交易关系，双方都以自己的信用作为担保，都严格遵守交易协议。

（5）拆借利率由供求双方议定。同业拆借市场的利率可由供求双方协商议价成交。因此，可以说同业拆借市场上的利率是一种市场利率。由于拆借利率由交易双方协定，通常低于中央银行的再贴现利率或再贷款利率而高于存款成本，否则资金需求者会选择向中央银行申请贷款。当然，当中央银行采取从紧的货币政策，金融机构向中央银行申请贷款较为困难时，资金需求方只能从同业拆借资金以应急需，会出现同业拆借利率高于再贴现利率或再贷款利率的情况。

（三）同业拆借市场利率

同业拆借市场的利率是一种市场化程度很高的利率，能够及时、充分、灵敏地反映货币市场甚至整个金融体系中的资金供求状况及变化。因此同业拆借利率成为整个金融体系中最具代表性的利率，是货币市场的核心利率。同时，由于同业拆借市场交易量大，能够灵敏地反映资金供求关系和货币政策意图，影响货币市场利率，因此中央银行也将同业拆借利率的变动作为确定和调整货币政策工具的重要依据，同业拆借利率也成为货币政策调控的主要对象。

在国际货币市场上，比较典型的、有代表性的同业拆借利率有三种：伦敦银行同业拆借利率（London inter bank offered rate，LIBOR）、新加坡银行同业拆借利率（Singapore inter bank offered rate，SIBOR）和香港银行同业拆借利率（Hong Kong inter bank offered rate，HIBOR）。其中 LIBOR 是伦敦金融市场上银行之间相互拆借英镑、欧洲美元及其他欧洲货币时的利率，伦敦金融市场上的各种借贷活动，包括国际银团贷款、票据贴现等都以 LIBOR 为计算利率的基本依据。LIBOR 是国际金融市场上的关键利率。目前，世界上一些重要的金融市场及许多国家和地区，把 LIBOR 作为重要的参照利率，以该利率为基础，确定自己的资金借贷利率。但是 2008 年金融危机后暴露出的问题，使得 LIBOR 改革势在必行。2017 年 7 月，英国金融行为监督局（Financial Conduct Authority，FCA）宣布，2021 年之后不再强制要求 LIBOR 报价，LIBOR 将逐渐过渡到其他基准利率。SIBOR 和 HIBOR 则是在新加坡和中国香港两个国际金融市场起重要作用的同业拆借利率。

四、短期债券市场

短期债券市场主要包括国库券市场、中央银行票据市场、企业短期融资券市场。

（一）国库券市场

1. 国库券市场的含义与特点

国库券（treasure bill）即短期国债，是指政府为解决财政先支后收的矛盾而发行的短期债券。国库券具有低风险、高流动性及税收优惠的特点，被称为“金边债券”“有利息的钞票”，拥有非常发达的二级市场。

国库券市场是指发行和交易由财政部发行、政府提供信用担保、期限在一年以内的短期债券市场。财政部发售国库券主要是为政府筹措短期资金以弥补季节性、临时性财政赤字，或应付其他短期资金需求，如偿还到期国库券。国库券是货币市场中最重要的信用工具。

2. 国库券市场的功能

作为重要的货币市场，国库券市场的作用体现在：第一，它是弥补国家财政赤字的重要场所；第二，它为中央银行宏观调控提供了平台，是中央银行进行公开市场活动的主要工具，中央银行通过国库券的公开市场操作可以灵活地调控货币供应量；第三，它为商业银行的二级准备提供了优良的资产，因为它比现金资产等一级准备具有更高的收益；第四，增加了社会投资渠道，国库券信用好、风险低、流动性强、收益免税，是居民个人和机构投资者短期投资的理想工具。

3. 国库券的发行与流通市场

国库券市场包括国库券的发行、流通转让和偿还市场。国库券的发行多采用贴现发行方式，即通常按面值折扣出售，到期按面额兑现。发行价格的确定一般采用招投标方式。在国库券的流通市场上，市场参与者有商业银行、中央银行、证券交易商、企业和个人投资者。在流通市场购买国库券主要有两种途径，一是通过银行购买国库券，某些大银行往往既是国库券的投资者，也是国库券的承销商；二是通过证券交易商购买国库券，不同交易商的收费不同，银行和证券交易商主要是从买进和卖出的微小价差中获利。国库券流通的方式有到期前贴现转让、二级市场转售及到期兑现。

（二）中央银行票据市场

中央银行票据也称中央银行债券，是中央银行为调节信贷规模和货币供应量而向商业银行发行的短期债务凭证。中央银行票据以 3 个月期、6 个月期、1 年期为主，也有 2 年期和 3 年期票据，既有即期中央银行票据，也有远期中央银行票据。中央银行发行中央银行票据的目的不是筹集资金，而是调节基础货币，减少商业银行可贷资金量。对发行对象有十分严格的限制。我国中央银行票据的发行对象限定为公开市场业务一级交易商，个人不能直接投资。

国外公开市场业务主要以信用等级高的债券（如国库券）为操作对象，很少出现发行中央银行票据的现象。我国引入中央银行票据市场的意义在于：第一，利用设置票据期限完善市场利率结构，形成市场基准利率；第二，利用票据或回购及其组合，增加公开市场操作的针对性和灵活性；第三，改变货币市场基本没有短期工具的情况，为机构投资者灵活调剂手中头寸、减轻短期资金压力提供重要工具。

中央银行票据市场与公开市场操作紧密相关。发行中央银行票据是一种向市场出售证券、回笼基础货币的行为；中央银行票据到期，则体现为基础货币的投放。中央银行票据发行后可以在银行间债券市场上流通交易。

（三）企业短期融资券市场

1. 短期融资券的含义

短期融资券（short-term financing bill），简称短融券，指企业在银行间债券市场发行（即由国内各金融机构购买，不向社会公众发行）和交易并约定在一年期限内还本付息的有价证券。它是企业筹措短期（一年以内）资金的直接融资方式，类似于融通票据。

2. 短期融资券的利弊

短期融资券筹资的优点主要有：①短期融资券的筹资成本较低。企业短期融资券利率往往低于同期银行短期贷款利率。②短期融资券筹资数额比较大，并且可以提高企业信誉和知名度。企业发行短期融资券是企业信誉高的标志，实际上能起到免费宣传、提升形象和信誉度的作用。③筹集资金的灵活性较强。发行者可以在约定的某段时期内，不限次数、不定期地发行企业短期融资券。④对利率变动反应灵敏。企业短期融资券利率可以随资金供求情况变化而随时变动。

短期融资券筹资的缺点主要有：①发行短期融资券的风险比较大。发行短期融资券主要存在道德风险、违约风险等信用风险，少数企业违约的信用风险有可能通过市场传导为系统风险，甚至影响到整个金融体系的稳定。②发行短期融资券的弹性比较小。短期融资券具有严格的发行程序。③短期融资券的发行条件比较严格。只有资力雄厚、信誉卓著、信用评级高的企业才能经常大量地发行短期融资券筹集资金。

在近几十年的发展中，商业银行已成为企业短期融资券发行市场上的重要角色。企业短期融资券的主要投资者是大商业银行、非金融公司、保险公司、养老基金、地方政府和投资公司等。近年来，企业短期融资券的最小面值逐渐降低，使得个人投资者也有能力购买，个人投资已开始活跃。

五、回购协议市场

（一）回购协议的含义、期限与分类

回购协议（repurchase agreement，REPO）是美国20世纪70年代以来逐步发展起来的一种新的货币市场上的信用工具。回购协议也称回购交易，是指在货币市场上，证券的卖方在出售证券以取得资金的同时，向证券的买方承诺在指定日期按约定的价格再如数买回该种证券的一种交易协议。回购通常也称正回购。从买方角度看，又叫逆回购协议。逆回购是从正回购的对方来说的，指资金供给者在买入证券的同时，承诺到约定日期再按约定的价格将该证券出售给对方的交易协议。简单地说，回购协议是将同一份内容的金融资产卖出去再买进来的合约；逆回购协议是将同一份内容的金融资产买进来再卖出去的合约。

回购交易通过将现货交易与期货交易相结合，以达到融通短期资金的目的。因此，从本质上看，回购实质上是一种以证券作为质押品的短期融资形式，回购协议是一种短期质押贷款协议。回购协议的借款方（融资方、证券卖方）到期须支付一定的利息给贷款方（融券方、证券买方）。融资方以持有的证券作为质押，获得一定期限内资金的使用权，到期以按约定的条件购回该证券的方式还本付息；融券方则以获得证券质押权为条件，暂时放弃资金的使用权，到期日归还对方质押的证券，收回融出的资金，并且取得一定的利息收入。回购协议的金融资产一般都是流通量较大、质量最好的金融工具，无论国内外，国债都是主要的回购对象。回购协议的参与者包括中央银行、商业银行、非金融机构（主要是企业）和政府。回购协议目前是银行短期资金的重要来源，这一市场最重要的贷款人是大型企业。

回购协议的期限很短，一般有隔夜、定期、连续三种，其中使用最多的是隔夜。隔夜相当于日拆，卖出和买回证券相隔1天。定期是卖出和买回的时间规定为若干天，一般不超过30天。连续性合约是每天按不同利率连续几天的交易。回购交易的期限很短，又有证券作为质押，所以风险低，回购协议的利率一般按回购协议议定的市场利率支付，一般低于同业拆借利率，当然收益率也较低。

回购协议市场（repurchase agreement market）简称回购市场，是指通过回购协议进行短期资金融通交易的场所。从交易主体性出发，回购协议分为正回购和逆回购。按交易场所的不同，可以分为场内回购和场外回购。场内回购是指在证券交易所、期货交易所、证券交易中心、证券交易报价系统内等进行的标准化回购业务，如我国上海证券交易所开展的证券回购业务。场外回购是指在交易所和交易中心之外的证券公司、国债服务中心、信托投资公司证券部、商业银行证券部及银行同业之间进行的证券回购交易。我国的场外回购交易主要是指在银行间市场进行的回购交易。

（二）回购协议市场运行层次

（1）银行同业之间的回购协议。这种回购交易一般通过同业拆借市场进行，买卖双方通过直接联系报价，或通过市场中介询价方式进行协商成交。与同业拆借相比，它更安全、更灵活。

（2）中央银行公开市场业务中的回购交易。中央银行开展公开市场业务时，会根据不同情况选择不同的操作方式。如果中央银行要紧缩银根，会采取正回购方式，中央银行以自身持有的债券向银行质押回收资金；如果要放松银根，则采取逆回购方式。例如，在我国银行间债券市场上，中国人民银行公开市场业务债券交易就通常采用回购交易方式进行，以调节流通领域短期因素对货币市场的影响。其中，正回购是中国人民银行向债券一级交易商卖出有价证券，并且约定在未来特定日期买回有价证券的交易行为。正回购是中央银行从市场收回流动性的操作，是中央银行紧缩银根的表现，正回购到期则体现中央银行向市场投放流动性的操作。逆回购是中国人民银行向一级交易商买进有价证券，并且约定在未来特定日期将有价证券卖给一级交易商的交易行为。逆回购是中央银行向市场投放流动性的操作，是中央银行放松银根的表现，逆回购到期则体现中央银行从市场收回流动性的操作。

（三）回购协议市场的特点

（1）具有较强的流动性。回购协议以短期为主，流动性强。

（2）具有较高的安全性。回购协议一般期限较短，又有100%的债券作抵押，所以投资者可以根据资金市场行情的变化，及时抽回资金，避免长期投资的风险。

（3）融资成本较低。银行通过回购交易融入资金，无须缴纳存款准备金和存款保险费，融资成本较低。

（4）收益稳定并较银行存款收益高。回购利率是市场公开竞价的结果，一般可以获得高于银行同期存款利率的平均收益。

六、可转让大额定期存单市场

可转让大额定期存单（negotiable certificates of deposit，NCD；行业中常用CDs）是指商业银行发行的、不记名的、金额固定且较大的存款单。它是商业银行改善负债结构的融资工具，是金融创新的产物，其流动性为其发行和流通提供了有力的保证。1961年由美国花旗银行首先发行，并且迅速被其他银行所效仿。

与普通定期存款相比，CDs有其显著特点：第一，不记名、不挂失，不能提前支取，但可以转让流通；第二，其按固定单位发行，金额固定，面额较大，在美国最低面额是10万美元，在市场交易的最低单位为100万美元；第三，期限短，一般在一年之内；第四，利率多样性，有固定利率，也有浮动利率，并且其利率一般比同档定期存款利率高。

CDs 出现，为商业银行资产负债管理注入了新的内容。从传统的资产管理向负债管理转变，银行在资金来源中变被动为主动，银行主动发行存单，让客户购买，可以通过负债结构的重新组合增强其流动性，提高资金周转速度。从以上特点可以看出，由于 CDs 金额一般较大，并且银行不必担心提前兑取，交易成本低，通过发行 CDs，银行可以获得稳定的资金来源，增加了一种负债工具；而又由于 CDs 的利率高于同期银行定期存款利率，对投资者来讲，也多了一种短期投资工具。CDs 的流通市场包括转让未到期的 CDs 及兑现到期的 CDs 本息的行为。

第五节 资 本 市 场

资本市场又称长期资金市场，是融资期限在一年以上的长期资金交易市场。交易的目的主要是解决长期投资性资金需求，交易对象主要是政府中长期债券、公司债券和股票及银行中长期贷款。广义的资本市场包括银行中长期信贷市场和证券市场，狭义的资本市场仅指证券市场。由于证券市场在资本市场中占据的地位越来越重要，本节主要介绍狭义的资本市场，即股票和债券的发行与流通市场，对银行中长期信贷市场只做简单介绍。

与货币市场相比，资本市场的特征主要是：第一，资本市场的主要功能是满足长期投资性资金需求及其盈利增值的需要。第二，融资期限长，都在一年以上，但是股票和永久性债券无偿还期。第三，交易的金融工具收益高、流动性差、风险大。

一、银行中长期信贷市场

银行中长期信贷市场可以满足工商企业扩充设备所需要的中长期资金及消费者较长时期的资金需求，按贷款对象和方式，可划分为工商业贷款、不动产贷款、消费者贷款等。后面第八章商业银行部分还会有介绍。

二、证券市场

证券市场即狭义的资本市场，是进行中长期债券（主要是国家公债券、金融债券和公司债券）、股票等有价证券交易的场所，由证券的发行市场和流通市场组成，主要是股票和债券的发行与流通市场。

（一）资本市场工具

1. 股票

股票（stock）是股份公司发行的，用以证明投资者的股东身份，并且据以获得股息收入的一种所有权凭证，是金融市场上重要的长期投资工具。股票是一种资本所有权证券，是现代企业制度和信用制度发展的产物。股票依据不同的标准有多种不同的分类方法，如有记名股票与不记名股票，有有票面金额股票和无票面金额股票等。但主要有两种类型，即普通股票和优先股票。

1）普通股票

普通股票（common stock）是股份公司资本构成中最普通、最基本的股票形式，是指其投资收益（股利）随企业利润变动而变动的一种股份。公司的经营业绩好，普通股票的收益就高；反之，则收益就低。因此，普通股票是风险最大的一种股份。

普通股票是股份公司的通常股份，它有如下的特点：第一，股利不稳定。它没有固定的股息率和红利率，其股息和红利的有无与多少取决于公司的经营状况。并且普通股票的股利必须是在公司支付了债券利息和优先股票的股息之后才能分得，一般视公司的净利润的多少而定。第二，普通股票股东享有表决权、选举权、股份转让权、对董事的诉讼权等权利。普通股票股东有权参加股东大会，就公司的重大问题进行发言和投票表决，但要遵循“一股一票”的原则。第三，对公司的剩余财产拥有分配权。当公司因破产或结业而进行清算时，普通股票股东有权分得公司剩余资产，但必须在公司债权人及优先股票股东之后，才能分得剩余财产。第四，拥有优先认股权。当公司增发新股票时，现有普通股票股东有权优先购买新发行的股票，保持其对企业所有权的原百分比不变，从而维持其在公司中的权益。

2）优先股票

优先股票（preferred stock）是指公司在筹集资本时，给予认购人某种优惠条件的股票。优先股票一般是公司成立后为筹集新的追加资本而发行的证券，它是优先于普通股票分红且领取固定股息的一种股票形式。因此，优先股票比普通股票的风险小。

与普通股票相比，优先股票有如下特点：第一，股息固定。其股息一般在发行股票时即已固定，兼有普通股票与债券的特点。优先股票的股息相对固定，不受企业经营业绩的影响，但是当公司经营状况良好时，优先股票股东也不会因此获得高额收益。第二，无表决权和发言权。通常情况下，优先股票股东的表决权在很大程度上被限制甚至取消，从而不能参与公司的经营管理。优先股票股东没有选举权。第三，优先的盈余分配权及优先的剩余财产分配权。优先股票股东在分配公司的盈余和公司清算、分配财产两方面享有特别优先权，即优先于普通股票股东获得股息，公司解散时有相对于普通股票股东拥有优先分得剩余财产的权利。当对公司盈余进行分配时，优先股票股东要先于普通股票股东获得固定数目的股息。同样，在公司破产后，优先股票股东也要优先于普通股票股东分得剩余资产，但是必须排在债权人之后。第四，优先股票股东不享有优先认股权。

2. 债券

债券（bond）是债务人发行的向债权人承诺在指定日期偿还本金并按约定利率支付利息的有价证券。它反映了筹资者与投资者之间的债权债务关系，和股票一样是有价证券的重要组成部分。按发行主体的不同，债券可分为政府债券或国家债券、金融债券和公司债券。

1）政府债券

政府债券是指由政府及其附属机构发行的债券，包括中央政府债券、地方政府债券。

中央政府债券是指一国中央政府发行的债券（即国债），是国家信用的载体，是政府以国家信用筹措资金的一种方式。中央政府债券主要包括国库券和公债券，因其信用风险通常相对最低而又被称为“金边债券”“无风险债券”。国库券作为货币市场工具，前面已经阐述，这里不再赘述。公债券作为中长期国债，主要是用于弥补政府的长期财政赤字，并成为资本市场的主要交易工具之一。

地方政府债券又称市政债券（municipal bonds），是指有财政收入的地方政府及地方公共机构发行的债券。地方政府债券筹措的资金一般用于交通、教育、通信、医院和污水处理系统等地方性公共设施的建设。市政债券起源于19世纪20年代的美国。由于当时城市建设需要大量资金，地方政府部门开始通过发行市政债券筹集中长期资金。20世纪70年代以后，市政债券在世界部分国家逐步兴起。

2）金融债券

金融债券是指银行及非银行金融机构为筹集中长期资金，依照法定程序向社会发行的并约定在一定期限内还本付息的债务凭证。其信用度较高、发行量大、交易活跃、利率较高，一般为中长期债券。具体种类有固定利率债券、浮动利率债券、贴水债券、累进利息债券等。

3）公司债券

公司债券在我国又称企业债券，是指公司在经营过程中为了筹集长期资金，依照法定程序向社会发行的约定在一定期限内还本付息的债务凭证。筹措的资金主要用于长期投资和扩大生产规模。公司债券的发行者大多是信誉好的一流大公司，但公司债券的信用度仍不可与上述债券相比，由于风险较大，利率也一般高于其他债券。但是公司债券与股票相比又有不同：一是风险比股票小；二是持有人无权参与公司的经营管理，也不承担公司亏损的责任。

按照交易程序或交易顺序，无论是股票市场还是债券市场，都存在发行市场（一级市场）和流通市场（二级市场）的划分。

（二）证券发行市场（一级市场）

1. 发行市场的含义、功能与特征

发行市场也称一级市场或初级市场，是指筹集资金的公司或政府机构将其新发行的股票和债券等证券销售给最初购买者的金融市场。

凡政府及工商企业发行债券，新公司成立发行股票，老公司增资补充发行股票等，均构成发行市场交易的内容。因此，发行市场又可以细分为初次发行市场和再发行市场。初次发行也称首次公开发行（initial public offering，IPO），是指公司第一次公开发行新证券的行为。再发行主要是指老公司增资补充发行证券的行为，如配股和转增股本。

由于将证券销售给最初购买者的过程通常并不是长时间面向社会公众公开进行的，发行市场并不为公众所熟知。投资银行（investment bank）是发行市场上协助证券首次售出的重要金融机构。投资银行的做法是承销（underwriting）证券，即它们确保公司证券能够按照某一价格销售出去，之后再向公众推销这些证券。

发行市场的主要功能体现在以下几个方面。

（1）为资金需求者提供筹措资金的渠道。证券发行市场拥有大量的运行成熟的证券商品供发行人选择，发行人可以根据自己的需要选择拟发行证券的种类，并根据当时市场的供求关系和价格水平确定证券发行的数量和价格（收益率）。发行市场上还有众多的为发行者服务的中介机构，有助于发行人及时筹措到所需资金。大的发行市场还可以突破地区限制，在境内或境外面向各类投资者发行证券，为发行人扩大了筹资范围和对象，并且通过市场竞争逐步使筹资成本合理化。

（2）为资金供应者提供投资的机会，实现储蓄向投资转化。证券发行市场为资金盈余者提供了多种多样的投资机会，资金需求者通过发行股票、债券等证券筹集到了公司所需资金，有助于促进闲散资金转化为长期建设资金，实现了储蓄向资本的转化。储蓄转化为投资是社会再生产顺利进行的重要条件。

（3）形成资金流动的收益导向机制，促进资源优化配置。证券发行市场通过市场机制选择发行证券的主体，产业前景好、经营业绩优良和具有发展潜力的企业更容易从证券市场筹集资金，从而使资金流入最能产生效益的行业和企业，达到资源优化配置的目的。

发行市场主要有以下特点。

（1）发行市场主要是一个抽象市场或无形市场，其买卖活动并非局限在一个固定的场所。

（2）发行市场的发行是一次性的行为，其价格由发行公司决定，并且经过有关部门核准。投资人以同一价格购买证券。

（3）发行市场是证券经纪人市场。在证券发行过程中，发行人一般不直接同证券购买者进行交易，需要由中介机构即证券经纪人办理。它们是发行市场上协助证券首次发行的重要金融机构，帮助承销证券，所以发行市场是证券经纪人市场。承担承销业务的主要是投资银行，在我国主要是证券公司。

2. 发行制度

证券发行制度主要有注册制和核准制两种模式。

1）注册制

注册制是指证券监管机构公布发行上市的必要条件，公司只要符合所公布的条件即可以发行上市的证券发行制度。注册制强调发行人在申请发行证券时，必须依法向证券监管机构提供关于证券发行本身及和证券发行有关的所有信息。发行人不仅要完全公开有关信息，不得有重大遗漏，并且要对所提供信息的真实性、完整性和可靠性承担法律责任。证券监管机构的职责是对申报文件的全面性、准确性、真实性做形式审查，不对发行人的资质进行实质性审核，不对证券发行行为及证券本身作出价值判断，而是将发行人证券的良莠交于市场去判断。注册制的基础是强调信息公开披露原则，遵循“买者自行小心”的理念。注册制要求市场的发行方、投资方和中介机构有高度的自律性和业务操作的规范性。一般来说，在成熟的市场经济国家（如美国）的证券市场，注册制比较普遍。

2）核准制

核准制是指发行人在申请发行证券时，不仅要求充分公开披露与发行证券有关的信息，而且必须符合有关法律和证券监管机构规定的必要条件，同时要求发行人将发行申请报请证券监管机构决定，证券监管机构有权否决不符合规定条件的证券发行申请的审核制度。证券发行核准制实行实质管理原则，即证券发行人不仅要以真实状况的充分公开为条件，而且必须符合证券监管机构指定的若干适合于发行的实质条件。只有符合条件的发行人经证券监管机构的批准方可在证券市场上发行证券。核准制要求强制性信息公开披露与合规性管理相结合，其理念是“买者自行小心”“卖者自行小心”并行。实行核准制的目的在于证券监管机构能尽法律赋予的职能，使发行的证券符合公众利益和证券市场稳定发展的需要。

3）债券的信用评级

相对于股票而言，债券的发行一般还要经过信用评级。债券的信用评级始于 20 世纪的美国，是指专门从事信用评级的机构根据科学的指标体系，通过一定的程序，对发行债券的资信状况及其偿还能力进行客观公正的评级，以供投资者参考。债券信用评级主要的作用是方便投资者了解债券的信用等级信息，降低投资者获取信息的成本，引导投资者规避信用风险，理性投资，也起到降低证券市场风险的作用。

按国际惯例，债券信用等级的设置一般是三等九级、两大类。两大类是指投资类和投机类，其中投资类包括一等的 AAA、AA、A 级和二等的 BBB 级，投机类包括二等的 BB、B 级和三等的 CCC、CC、C 级。美国著名的标准普尔公司和穆迪公司的债券评级标准如表 3-1 所示。

表 3-1　标准普尔公司和穆迪公司的债券评级标准

标准普尔公司		穆迪公司	
债券级别	级别含义	债券级别	级别含义
AAA	最高评级。偿债能力极强	Aaa	信用质量最高，信用风险最低。利息支付有充足的保证，本金安全。为还本付息提供保证的因素即使变化，也是可以预见的。发行地位稳固
AA	偿还债务能力很强，与最高评级差别很小	Aa	信用质量很高，有较低的信用风险。本金利息安全。但利润保证不如 Aaa 级债券充足，为还本付息提供保证的因素波动比 Aaa 级债券大
A	偿还能力较强，但相对于较高评级的债券，其偿债能力较易受外在环境及经济状况变动的不利因素的影响	A	投资品质优良。本金利息安全，但有可能在未来某个时候还本付息的能力下降
BBB	目前有足够的偿还能力，但若在恶劣经济条件或外在环境下其偿债能力可能比较脆弱	Baa	保证程度一般。利息支付和本金安全现在有保证，但在相当长远的一段时间内具有不可靠性，缺乏优良的投资品质

续表

标准普尔公司		穆迪公司	
债券级别	级别含义	债券级别	级别含义
BB	相对于其他投机级评级，违约的可能性最低。但持续的重大不稳定情况或恶劣的经济环境可能令发债人无足够能力偿还债务	Ba	不能保证将来的良好状况。还本付息的保证有限，一旦经济情况发生变化，还本付息的能力将被削弱。具有不稳定的特性
B	发债人目前仍然有能力偿还债务，但恶劣的经济情况可能削弱发债人偿还债务的能力和意愿	B	还本付息或长期内履行合同中其他条款的保证极小
CCC	目前有可能违约，发债人须依赖良好的经济条件才有能力偿还债务。否则发债人可能会违约	Caa	有可能违约或现在就存在危及本息安全的因素
CC	目前违约的可能性较高。对内、外部环境的变化极为敏感，具有较大的不确定性	Ca	经常违约或有其他明显的缺点
C	濒临破产，债务清偿能力极低	C	前途无望，不能用来做真正的投资
D	发行人破产倒闭		

注：在标准普尔公司评级中，AA 级至 CCC 级可加上“+”或“−”，表示评级在各主要评级分类中的相对强度；在穆迪公司评级中，Aa 级至 Caa 级每级可分为三等

3. 发行方式

证券的发行方式可以从不同的角度进行分类。

1）直接发行和间接发行

根据证券发行是否通过金融中介作为媒介，证券发行可以分为直接发行和间接发行。

直接发行即发行人不通过证券承销机构，而是直接向投资者推销、出售证券的一种证券发行方式，如公司内部发行债券和股息再投资。采用直接发行方式可以使发行公司直接控制发行过程，程序比较简单，同时可以节省向发行中介机构缴纳的手续费，降低发行成本。但是直接发行的社会影响小，不利于提高公司的知名度；如果发行额较大时，由于缺乏专业人才和发行网点，发行者自身要担负较大的发行风险。这种发行方式只适用于有既定发行对象或发行人知名度高、发行数量少、风险低的证券。直接发行在证券市场上并不多见，市场上绝大部分证券的发行都采取间接发行的方式。

间接发行是指证券发行人不直接参与证券的发行过程，而是委托证券承销机构代理出售证券的发行。通常情况下，证券承销机构主要由投资银行、证券公司、信托投资公司等金融机构来承担。对发行人来说，采用间接发行可在较短时期内筹集到数量较大的资金，所需的时间较短，发行风险较小；但需支付一定的手续费，发行成本较高。一般情况下，间接发行是基本的、常见的方式，特别是公募发行，大多采用间接发行；而私募发行则以直接发行为主。间接发行可以进一步分为包销、代销和助销。

2）公募和私募

按照发行的对象是公众投资者还是特定的少数投资者，证券发行可以分为公募和私募。

公募（public offering）又称为公开发行，是指发行人在市场上面向公众投资者（非特定的投资者）公开发行证券的方式。在公募发行的情况下，发行人必须遵守有关事实全部公开的原则，向有关管理部门和市场公布其各种财务报表及资料，经主管部门批准

后方可发行。公募需要得到投资银行或其他金融机构的协助。在公募发行方式下，任何合法的投资者都可以认购拟发行的证券。采用公募发行的好处在于以下几个方面：第一，公募以众多的投资者为发行对象，证券发行的数量多，可以在短时间内迅速地筹集到大额资金，筹集资金的潜力大。第二，投资者范围大，可以避免发行的证券过于集中或被少数人操纵。第三，公募发行的证券可以申请在交易所上市，有利于增强证券的流动性，提高发行人的社会信誉。公募发行的不足之处在于：公募发行的条件比较严格，发行程序比较复杂，登记核准所需的时间较长，发行费用较高。公募发行是证券发行中最常见、最基本的发行方式，适合于证券发行数量多、筹资额大、准备申请证券上市的发行人。

私募（private offering）又称为非公开发行或私下发行、内部发行，是指发行人直接向特定的投资者推销证券的发行方式。私募发行主要在以下几种情况下采用：第一，以发起方式设立公司。采用发起方式设立公司时，由发起人全额出资，无须发行证券。第二，内部配股。内部配股即股份公司按照股票面值向原有普通股票股东分配该公司增发的新股。第三，私人配股（又称第三者分摊）。私人配股即股份公司将新股票分售给除股东以外的本公司职工、往来客户等与公司有特殊关系的第三者。私募发行的对象有两类，一类是公司的老股东（内部配股）或发行人的员工（私人配股），另一类是投资基金、社会保险基金、保险公司、商业银行等金融机构及与发行人有密切往来关系的企业等机构投资者。私募发行的好处是：有确定的投资者，发行手续简单，可以节省发行时间和发行费用，降低发行成本。私募发行的缺点是：私募发行的投资者数量有限，不利于提高发行人的社会信誉，证券流通性较差，在一定时间内不能在市场上公开出售转让。

（三）证券流通市场（二级市场）

1. 流通市场的含义、功能

流通市场也称二级市场或次级市场，是指已经发行的证券进行买卖、转让和流通的市场，它为已经发行的证券提供了流通的场所。在流通市场上销售证券的收入属于出售证券的投资者，而不属于发行该证券的公司。股票流通市场的主要场所是证券交易所，但也存在场外交易市场；债券流通市场则以场外市场为主。

流通市场的功能主要有以下几个方面。

（1）二级市场为证券提供了流动性。证券在二级市场可以买卖、转让，使证券持有者随时可以卖掉手中的证券，得以变现，为证券提供了流动性。也正是因为二级市场为证券的变现提供了途径，所以二级市场同时可以为证券定价，来向证券持有者表明证券的市场价格。

（2）二级市场的股价变动能反映出整个社会的经济运行情况，有助于资金的合理流动，高效运用，优胜劣汰。

（3）二级市场能维持股票的合理价格，具有价格发现功能。二级市场交易自由、信息灵通、管理缜密，保证买卖双方的利益都受到严密的保护。

一级市场和二级市场有着相互依存的关系。一级市场是二级市场存在的前提，没有证券发行，谈不上证券的再买卖；二级市场为一级市场提供了流动性，从而促进了一级市场的发展，假如没有二级市场，新发行的证券就会因缺乏流动性而难以推销，从而导致一级市场萎缩，以致无法存在。

2. 流通市场的构成

流通市场主要可以划分为场内交易市场（证券交易所）和场外交易市场（也称柜台交易市场或店头交易市场），即流通市场的交易组织形式主要有证券交易所和场外交易市场。

1）证券交易所

证券交易所又称场内交易市场或交易所市场，是依据国家有关法律设立的，为证券的集中竞价和有组织的交易提供场所、设施和规则的特殊法人。它是专门的、有组织的、有固定地点的证券买卖集中交易的场所。从世界各国的情况看，证券交易所分为公司制的营利性法人和会员制的非营利性法人，我国的证券交易所属于后一种。证券交易所是股票流通市场的重要组成部分，也是交易所会员、证券自营商或证券经纪人在证券市场内集中买卖上市股票和债券的场所，是流通市场的主体。证券交易所既不直接买卖证券，也不决定证券价格，而只为买卖证券的当事人提供场所和各种必要的条件及服务。

证券交易所的功能有：提供证券公开交易的场所；可以集中各类社会资金参与投资；引导投资的合理流向；形成并公告价格，即证券交易所通过采用双边竞价的方式达成交易，形成近似公平合理的价格并及时向社会公告，并且被作为各种相关经济活动的重要依据；制定交易规则；提供交易信息；维护交易秩序；降低交易成本。

证券交易所及其交易具有以下特征。

第一，证券交易所是特殊法人。证券交易所在法律上具有独立的地位，它依据法定条件设立。但它自身不参与交易，除了提供服务充当交易组织者的角色，还需执行法律法规赋予它的一些监管职能。它履行或者设定严格的证券上市、交易规则，在法定权限内对证券上市人、会员等进行监督。

第二，证券交易所是证券交易的组织者。证券交易所为证券交易各方提供场地设施和各种服务。例如，通信系统，电脑设备，办理证券的结算、过户等，使证券交易各方能迅速、便捷地完成各项证券交易活动。

第三，证券交易所是集中竞价交易的场所。所谓集中竞价，是若干个买方和若干个卖方通过集合竞价或连续竞价，按照时间优先和价格优先的原则，确定每项买卖的成交价格。通过这种公开和竞争的方式产生交易价格，是较为公平合理的交易价格。

第四，证券交易所的交易是通过封闭的市场完成的。投资者必须委托证券经纪公司完成交易，投资者不能直接进入证券交易所大厅，更无法与交易对方当面协商交易。

2）场外交易市场

场外交易市场又称柜台交易市场或店头交易市场（over the counter，OTC），是指在证券交易所大厅以外的各种证券交易机构进行证券交易活动所形成的无形市场。场外交易市场比证券交易所管制少，灵活方便，因而为中小型及具有潜质的公司提供交易的场所，如 Microsoft、Intel 等公司均在此交易。美国于 1939 年建立了全国证券交易商协会这一自我规范组织，1971 年该组织启动全国证券交易商协会自动报价系统（National Association of Securities Dealers Automated Quotations，NASDAQ，纳斯达克），NASDAQ 市场是典型的场外交易市场，它利用电脑网络进行交易，取代了以往的电话、电报报价方式。该系统迅速发展，其成交量已超过纽约证券交易所，成为第一大市场。

与证券交易所相比，场外交易市场的特点有以下几点。

第一，场外交易市场是一个没有固定的集中交易场所的市场，是开放型的、分散的无形市场，主要依靠电话、电报、传真和计算机网络联系成交。

第二，场外交易市场组织方式采取做市商制度。所谓做市商制度，是指做市商持有某些证券存货和资金，并且以此承诺维持这些证券的双向买卖交易的一种制度安排。这些维持双向买卖交易的证券公司被称为做市商（market-maker）。在做市商制度下，证券的买卖双方无须等待对方的出现，只要有做市商出面承担另一方的责任，交易便可完成。做市商制度以 NASDAQ 市场最为著名和完善。

第三，场外交易市场交易对象以未能在证券交易所批准上市的股票和债券为主，但也包括一部分上市证券。

第四，场外交易市场以不通过证券经纪人的直接交易为主，不采取经纪制，投资者直接与证券交易商进行交易。

第五，场外交易市场是一个以协商定价方式进行证券交易的市场，交易价格由双方协商确定，不存在公开的竞价机制。

第六，场外交易市场管理比证券交易所宽松，交易活动所受的管制少，灵活方便，交易程序简单，交易成本低。

场外交易市场为政府债券、金融债券，以及按照有关法规公开发行，而又不能或暂时不能在证券交易所上市交易的股票提供了流通转让的场所，为这些证券提供了流动性，为投资者提供了投资及兑现的机会。因此，场外交易市场是证券交易所的必要补充。

3. 流通市场的交易机制

既然证券交易所是流通市场的核心组成部分，那么有必要了解证券交易所的交易机制。

1）证券交易所的组织形式

证券交易所的组织形式主要有公司制和会员制。

公司制的证券交易所是以股份公司形式成立并以营利为目的的法人实体，是提供交易场所和服务人员，以便利证券商的交易与交割的证券交易所。一般由银行、证券公司、信托公司及各类民营公司共同出资建立。从股票交易实践可以看出，这种证券交易所要收取发行公司的上市费与证券成交的佣金，其主要收入来自买卖成交额的一定比例。公司制的证券交易所自身不能在交易所内参与证券买卖，从而在一定程度上保证了交易的公平和公正。

会员制的证券交易所是由会员自愿组成并不以营利为目的的社会法人实体，是由会员自治自律、互相约束，且参与证券经营的会员可以参加股票买卖与交割。一般由证券公司、投资银行等证券交易商组成。会员制的证券交易所只限于本交易所会员入场交易，以便于管理。这种交易所的佣金和上市费用较低，从而在一定程度上可以防止上市股票的场外交易。但是，由于经营交易所的会员本身就是股票交易的参加者，并且参与交易的买卖方只限于证券交易所的会员，因而在股票交易中难免会出现交易的不公正性，也会形成一种事实上的垄断，不利于提高服务质量和降低收费标准。

2）证券交易所的参与者

证券交易所的参与者有以下几种。

第一，股票经纪人。股票经纪人主要是指佣金经纪人（commission broker），即专门替客户买卖股票并收取佣金的经纪人。交易所规定只有会员才能进入大厅进行股票交易。因此，非会员投资者若想在交易所买卖股票，就必须通过经纪人。股票经纪人在证券交易所内专门负责接收和执行由本公司场外传来的客户委托，代理客户进行证券买卖，充当交易双方的中介，并从中收取佣金。

第二，场内经纪人（floor broker）。其专门负责帮助手中委托单过多而忙不过来的佣金经纪人执行委托，并从中获取佣金。

第三，股票自营商也称场内交易商（floor trader），是指在交易所内以自己的名义买卖证券，赚取价差的证券交易商。

第四，专业经纪人（specialist）也称专家经纪人、专业证券商、特种交易商，是证券交易所指定的特种会员，其主要职责是维持一个公平而有秩序的市场，即为其专营的股票交易提供市场流通性并维持价格的连续和稳定。他们既接受佣金经纪人或交易商的再委托买卖证券，也为自己买卖证券，因而具有经纪人和交易商的双重身份。因其在交易所内固定地点专门从事特定种类的证券交易而命名。其作用主要体现在以下两点：一是作为经纪人，协助其他佣金经纪人执行客户的委托，成为经纪人的经纪人，并收取佣金。二是作为交易商，固定地从事特定种类证券的交易，通过低价买进和高价卖出为自己盈利。在整个交易过程中，专业经纪人的功能是组织市场交易和维持市场均衡，通过专业经纪人维持证券交易价格平稳、供求平衡，使得证券交易市场的整体交易更为顺畅、平稳。

3）证券交易所的交易过程

投资者如果要进行证券买卖，则需要在证券经纪人处开设账户，取得委托买卖证券的资格。投资者在进行证券买卖时，须向证券经纪人发出买进或卖出的指令，称为委托。证券经纪人接到投资者的委托指令后，先要对投资者身份的真实性和合法性进行审查。审查合格后，经纪人要将投资者委托的指令传递给在交易所的场内交易员，场内交易员则按指令进行撮合。这一过程称为委托的执行，也称为申报或报盘。

4. 流通市场的交易方式

流通市场上最普遍和传统的证券交易方式主要有现货交易和信用交易。

1）现货交易

现货交易（spot transaction）是指证券买卖双方在成交后的1～3个营业日内进行交割的证券交易方式。买入者付出资金并得到证券，卖出者交付证券并得到资金。所以，现货交易的特征是“一手交钱，一手交货”，即以现款买现货方式进行交易。现货交易是证券交易中最古老的交易方式，最初的证券交易都是采用这种方式进行的。

现货交易的特点有：①成交和交割基本上同时进行，即“一手交钱，一手交货”。②交易技术简单，易于操作。③实物交易，即卖方必须实实在在地向买方转移证券，没有对冲。④在交割时，购买者必须支付现款。由于在早期的证券交易中大量使用现金，所以现货交易又被称为现金现货交易。

在实际操作中，现货交易机制表现在“$T+N$”制，这里的 T 表示交易日，N 表示交割日。例如，“$T+0$”“$T+1$”“$T+2$”“$T+3$”。$T+0$ 是指交易日当天交割，也就是即时清算交割；$T+1$ 是指交易日后第一个营业日交割，即隔日交割；$T+2$ 是指交易日后第二个营业日交割；$T+3$ 是指交易日后第三个营业日交割。目前，普遍认为 $T+3$ 是较为理想而适中的交割模式，受到各国证券交易所的欢迎并广泛流行。

2）信用交易

信用交易又称保证金交易（margin trading），是指投资者通过交付保证金取得经纪商信用而进行的交易方式。投资者向证券公司交付一定比例的保证金，由证券公司提供融资或者融券进行交易，又被称为垫头交易，我国也称之为融资融券交易。这一交易的主要特征在于经纪商向投资者提供了信用，即投资者买卖证券的资金或证券有一部分是从经纪商借入的。信用交易可分为融资交易和融券交易两种类型。

第六节　金融衍生工具市场

一、金融衍生工具的含义和分类

（一）金融衍生工具的含义

金融衍生工具（financial derivative）又称金融衍生产品、衍生金融资产、派生金融工具，是相对于原生金融工具而言的，是在货币、债券、股票等传统金融工具的基础上衍化和派生的，以杠杆和信用交易为特征的金融工具。它是一种根据事先约定的事项进行支付的金融合约，其合约价值取决于或派生于原生金融工具的价格及其变化。

金融衍生工具早就存在，但其迅速发展是自 20 世纪 70 年代之后，金融衍生工具形成一个种类繁多、结构复杂的金融产品大系统。金融衍生工具产生和迅速发展的原因主要有：转移风险的需要；金融管制的放松及技术进步的推动；金融业的竞争给金融机构带来压力；金融衍生工具自身的特性决定。进入 21 世纪以来，金融衍生工具的发展呈现出新的趋势，主要表现在：金融衍生工具的品种日益复杂化和多样化；利率衍生工具发展最快；银行已经成为衍生金融工具的主要使用者；金融衍生工具交易地区日益集中，主要集中在美国、欧洲（主要是英国）和日本等。

（二）金融衍生工具的分类

金融衍生工具通常使用两种方法进行分类。

（1）按照产品类型，可以将金融衍生工具分为远期、期货、期权和掉期四大类型。这种分类方式是最基本和最普遍的分类方式。本章将以此种分类方式进行详细介绍。

（2）按照衍生工具的原生资产性质，可以将金融衍生工具分为股票类、利率类、汇率类和商品类。

二、金融衍生工具的特征

（一）跨期交易

金融衍生工具是交易双方通过对利率、汇率、股价等因素变动趋势的预测，约定在未来某一时间按照一定条件进行交易或选择是否交易的合约，涉及金融资产的跨期转移。

（二）联动性

金融衍生工具的价值与基础产品或基础变量紧密联系、规则变动。

（三）杠杆效应

金融衍生工具一般只需要支付少量的保证金或权利金就可签订远期大额合约或互换不同的金融工具，实现以小搏大的效果。在收益可能成倍放大的同时，交易者所承担的风险与损失会成倍放大，基础工具价格的轻微变动也许就会带来交易者的大盈大亏。金融衍生工具的杠杆效应在一定程度上决定了它的高投机性和高风险性。

（四）不确定性和高风险性

金融衍生工具的交易后果取决于交易者对基础工具（变量）未来价格（数值）的预测和判断的准确程度。基础工具价格的变幻莫测决定了金融衍生工具交易盈亏的不稳定性，这是金融衍生工具高风险性的重要成因。

（五）套期保值和投机套利共存

套期保值是指风险资产持有者为消除风险而利用一种或多种金融工具进行反向对冲交易。套期保值是金融衍生工具最基本的作用，当经济活动的范围越来越广、规模越来越大时，利率市场化和汇率波动等各种不确定因素所导致的价格波动就会加大经济活动的风险，而套期保值的目的就在于减少或回避已经面临的风险，以保证经营活动的正常进行。由于金融衍生工具本身所具有的特征和金融衍生工具市场的交易机制十分适合投机活动，金融衍生工具的投机作用得以充分发挥。利用市场向预期方向变化进行投机也产生了本不存在的风险，有时会产生重大的金融衍生工具交易风险事故，形成重大损失。

下面主要介绍远期、期货、期权和互换等主要金融衍生工具的内涵及特点。

三、金融远期市场

金融远期合约（financial forwards contracts）简称远期，是指合同双方约定在未来某一日期（远期）按约定价格，买卖约定数量的相关资产的合约。远期是最早出现的一种金融衍生工具。作为最简单的金融衍生工具，远期的特征有场外交易、非标准化合约、不需要保证金、合约交易以实物交割为主等。

四、金融期货市场

（一）金融期货合约的含义

金融期货合约（financial futures contracts）简称期货（futures），是在远期合约的基础上发展起来的一种标准化买卖合约，它是指由期货交易所统一制定，协议双方同意在约定的将来某个日期按约定的条件（包括价格、交割地点、交割方式）买入或卖出一定标准数量的某种金融工具的标准化远期合约。金融期货合约是以金融工具为标的物的远期合约，合约中规定的价格就是期货价格（futures price）。

与远期合约相同，期货交易也是交易双方按约定价格在未来某一日期（远期）完成特定资产交易行为的一种方式。两者的区别在于：远期合约的交易双方可以按各自的愿望对合约条件进行磋商，而期货合约的交易多在有组织的交易所内进行；期货合约的内容，如相关资产的种类、数量、价格、交割时间和地点等，都有标准化的特点。无论是远期合约还是期货合约，都为交易人提供了一种工具，可用于避免一段时期内价格波动带来的风险；同时为投机人利用价格波动取得投机收入提供了手段。

（二）金融期货市场的特征与功能

1. 金融期货市场的特征

（1）金融期货交易场所限于交易所；交易双方不直接接触，而是各自跟交易所的清算部或专设的清算公司结算。

（2）金融期货交易大多以对冲方式结束交易，很少以实物交割。期货合约的买者或卖者可在交割日之前采取对冲交易以结束其期货头寸（即平仓），而无须进行最后的实物交割。大多数期货交易者的目的不是期货合约的标的资产，而是通过期货合约价格的波动来套期保值或投机。从这个角度讲，期货无“货”。

（3）金融期货合约是标准化远期合约。期货合约的合约规模、交割日期、交割地点等都是标准化的。

（4）金融期货交易实现保证金制度和每日结算制度。期货交易是每天进行结算的，而不是到期一次性进行的。买卖双方在交易之前都必须在经纪公司开立专门的保证金账户。金融期货交易采用保证金制度，即客户在买卖金融期货合约时，只需按照合约价值的一定比例缴纳资金，而无须全额支付，盈亏是按照合约金额来确定的，从而使金融期货交易产生了杠杆效应。金融期货保证金分结算保证金和客户保证金两个层次。结算保证金又分原始保证金（original margin）和变动保证金（variation margin）两种。保证金数额的确定因素有：第一，每份合约的价格；第二，不同金融证券期货合约价格变动幅度；第三，期货合约的类型；第四，是套期保值还是投机；第五，客户对象。

2. 金融期货市场的功能

一是转移价格风险的功能。期货市场上有大量的投机者参与，他们根据市场供求变化的种种信息，对价格走势作出预测，靠低买高卖赚取利润。他们通过购买相关的金融期货合约，在金融期货市场上建立与现货头寸数量相当、方向相反的期货合约，以期在将来某一时间通过卖出或买进期货合约来补偿因现货市场价格变动所带来的价格风险。正是这些投机者承担了市场风险，制造了市场流动性，使期货市场风险转移的功能得以顺利实现。

二是价格发现功能。所谓价格发现，也称价格形成，是指在交易所内对多种金融期货商品合约进行交易的结果能够产生这种金融商品的期货价格体系。由于金融期货市场具有杠杆交易的好处和交易费用低的环境，吸引着众多的拥有某种信息的信息交易者。他们在交易所内通过类似于拍卖的方式来确定交易价格，这种情况接近于完全竞争市场。虽然并不是每个人的价格预期都是无偏的，但因人数众多，达成的均衡价格即是实际的均衡价格。因此，某一金融期货合约的成交价格，可以综合地反映金融市场各种因素对合约标的商品的影响程度，有公开、透明的特征。通过期货交易形成的期货价格，具有真实性、预期性、连续性和权威性的特点，能够比较真实地反映出未来商品价格变动的趋势。

期货市场之所以具有价格发现功能，主要是因为期货价格的形成有以下特点。

（1）公正性。由于期货交易是集中在交易所进行的，而交易所作为一种有组织、规范化的统一市场，集中了大量的买者和卖者，通过公开、公平、公正的竞争形成价格。它基本上反映了真实的供求关系和变化趋势。

（2）预期性。与现货市场相比，期货市场价格对未来市场供求关系变动有预测作用，它可以把国内市场价格与国际市场价格有机地结合在一起。期货市场大大改进了价格信息质量，因而期货市场信息是企业经营决策和国家宏观调控的重要依据。

（3）连续性。期货价格是不断地反映供求关系及其变化趋势的一种价格信号。期货合约买卖转手相当频繁，这样连续形成的价格能够连续不断地反映市场的供求情况及其变化。

五、金融期权市场

（一）金融期权合约的含义与种类

1. 金融期权合约的含义

期权（option）又称为选择权，其一般含义是选择、选择权，是指一种能在未来某一特定时间，以特定价格买进或卖出一定数量的某种特定商品的权利。金融期权（financial option）是指合约的买方有权在约定的时间或约定的时期内，按照双方约定的价格（简称协议价格[①]或执行价格、行权价格[②]）买进或卖出一定数量的某种金融资产（基础金融资产[③]或标的资产）权利的合约，也可以放弃行使这一权利。

在金融期权交易中，期权买方向期权卖方支付一定费用（期权费）后，就获得了能在未来某一特定时间，以某一特定价格向期权卖方买进或卖出一定数量的某种金融基础资产或金融期货的权利。为了取得这样一种权利，期权合约的买方必须向卖方支付一定数额的费用，即期权费。期权费（premium）又称权利金，是期权买方为获取期权合约所赋予的权利而向期权卖方支付的费用。它是买卖期权的交易价格，因此也称为期权价格或期权价值。

金融期权的构成要素包括：基础资产（标的资产）、期权的买方、期权的卖方、执行价格、到期日、期权费和权利类型。所谓权利类型，是指属于买权还是卖权。如果是买权，则期权买方所购买的就是未来按协议价格从期权卖方手中买进标的资产的权利；如果是卖权，则期权买方所购买的就是未来按协议价格向期权卖方出售标的资产的权利。

期权费、执行价格、交易佣金是几个容易混淆的概念。简单来说，期权费是期权合约的市场价格，即期权价值，是变化的。执行价格是期权合约中规定的标的资产的买卖价格，是协议价格，也就是固定不变的。交易佣金是指期权的买方在购买期权时向交易所或期货公司等支付的一定比例的手续费。

2. 金融期权的种类

金融期权可以按照不同的标准进行划分，但主要的划分标准如下。

（1）按照期权的权利内容，金融期权可以分为看涨期权（call option）和看跌期权（put option）。

看涨期权又称买入期权，指期权的买方具有在约定时间按协议价格从期权卖方手中买入一定数量标的金融资产的权利。

看跌期权又称卖出期权，指期权的买方具有在约定时间按协议价格向期权卖方出售

---

① 协议价格即 striking price。

② 行权价格即 exercise price。

③ 基础金融资产即 underlying financial assets。

一定数量标的金融资产的权利。

简单来说，看涨期权的买方有权在某一确定的时间或确定的时间之内，以确定的价格买进相关资产。看跌期权的买方则有权在某一确定时间或确定的时间之内，以确定的价格出售相关资产。当期权买方预期标的资产价格超出执行价格时，他就会买进看涨期权，相反就会买进看跌期权。

（2）按照期权行权的时间，金融期权可以分为欧式期权（European option）和美式期权（American option）。

欧式期权是指期权买方只能在期权到期日当天行使其权利的期权。目前我国的外汇期权交易大多都采用欧式期权合同方式。

美式期权是指期权买方可以在期权到期日之前的任何一个营业日行使其权利的期权。在交易所中交易的大多数期权为美式期权。但是，欧式期权通常比美式期权更容易分析，并且美式期权的一些性质总是可由欧式期权的性质推导出来。

另一种修正的美式期权也称百慕大期权（Bermuda option）或大西洋期权，是一种可以在期权到期日之前的一系列规定日期执行权利的期权。百慕大期权、美式期权和欧式期权的主要区别在于行权时间的不同，百慕大期权可以被视为美式期权与欧式期权的混合体，如同百慕大群岛混合了美国文化和英国文化一样。

（3）按照期权合约的标的资产，金融期权可以分为利率期权、货币期权（或称外汇期权）、股价指数期权、股票期权及期货期权等，期货期权又可分为利率期货期权、外汇期货期权和股价指数期货期权三种。

（4）按照交易地点的不同，金融期权可以分为交易所期权和柜台期权。

（二）金融期权合约的特征

金融期权合约的基本特征主要有以下几种。

（1）金融期权交易本质上是一种权利的买卖。这种权利可以是按协议价格买进某种金融资产的权利，也可以是按协议价格卖出某种金融资产的权利。也就是说，期权的购买方可能是合约标的资产的买方，也可能是合约标的资产的卖方。即卖方确立了一种权利供买方交易，所以将卖方称为立权人。

（2）在金融期权交易中将涨和跌分开进行交易。例如，如果投资者担心某种资产价格将上涨，可以买进该资产的看涨期权；如果投资者担心某种资产价格将下跌，可以买进该资产的看跌期权。

（3）金融期权交易买卖双方的权利和义务具有不对称性。对于期权的买方来说，期权合约所赋予他的只有权利没有任何义务；对期权的卖方来说，他只有履行合约的义务，而没有任何权利。在这种看似不对称的条件下为什么还会有期权的卖方呢？这是因为：第一，买进看涨期权，价格有可能不涨或反跌；卖出看跌期权，则有可能不跌或反涨。而且更一般的可能是，价格虽涨，但涨不到执行价格；价格虽跌，但跌不破执行价格。第二，可以通过对冲操作规避风险。如果将卖出期权与买入期权，以及与买入现货资产结合起来，风险就不会那么集中。

（4）金融期权交易买卖双方的盈亏具有不对称性。期权买方的最大损失是期权费，期权的卖方最大的收益也是期权费。对于看涨期权的买方来说，当市场价格高于执行价格时，他会行使买的权利，取得收益；当市场价格低于执行价格时，他会放弃行使权利，所亏损的是期权费。对于看跌期权的买方来说，当市场价格低于执行价格，他会行使卖的权利，取得收益；反之，则放弃行使权利，所亏损的也是期权费。因此，期权对于买方来说，可以实现“有限”的损失和“无限”的收益。与之相对应，对于卖方来说则恰好相反，即“无限”的损失和“有限”的收益。对于看涨期权的交易双方来说，其盈亏平衡点出现在“市场价格=执行价格+期权费”这一点上。对于看跌期权的交易双方来说，其盈亏平衡点出现在“市场价格=执行价格-期权费”这一点上。期权合约买卖双方的损益之和等于零，即期权本身是一个零和博弈。期权市场作为一个整体，没有净收益或净损失。

（三）金融期权的交易

与期货交易不同的是，期权交易不仅有正规的交易所，还有一个规模庞大的场外交易市场。交易所交易的是标准化的期权合约，场外交易的则是非标准化的期权合约。对于场内交易的期权来说，其合约有效期一般不超过 9 个月，以 3 个月和 6 个月最为常见。为了保证期权交易的高效、有序，交易所对期权合约的规模、期权价格的最小变动单位、期权价格的每日最高波动幅度、最后交易日、交割方式、标的资产的品质等作出明确规定。

六、金融互换市场

（一）金融互换合约的含义

金融互换合约（financial swap contracts）也称互换交易（swap transaction），或称掉期、调期，是指交易者利用各自筹资成本的相对优势，以商定的条件在不同货币或相同货币的不同利率的资产或债务之间进行交换，以避免将来由汇率或利率变动而引起的风险的一种金融衍生交易。它具有双重含义：在外汇市场上它是指掉期，即交易双方同时进行两笔金额相等、期限不同、方向相反的外汇交易；在资金市场上它是指互换，即交易双方按事先预定的条件进行一定时期的债务交换。互换交易涉及利息支付，这是它与掉期的基本区别。

（二）互换交易的种类

从交换利息支付的角度分类，它包括同种货币浮动利率对固定利率的互换、同种货币浮动利率对浮动利率的互换、不同货币固定利率对固定利率的互换、不同货币固定利率对浮动利率的互换、不同货币浮动利率对浮动利率的互换五种形式。从是否发生货币交换的角度分类，包括利率互换和货币互换两种形式。

（三）金融互换市场结构

1. 利率互换市场

利率互换（interest rate swap）是互换交易中发展最早又最为普遍的互换。其是指交易双方同意在未来的一定期限内根据同种货币的同样的名义本金交换现金流，其中一方的现金流根据浮动利率来计算，而另一方的现金流根据固定利率计算。双方进行利率互换的主要原因是双方在固定利率和浮动利率市场上分别具有比较优势。最基本和最常用的利率交换形式是固定利率对浮动利率互换。由于利率互换只交换利息差额，因此信用风险很小。利率互换具有降低筹资成本和对利率风险保值的功能。

2. 货币互换市场

货币互换（currency swap）是指一种货币的本金和利息与另一种货币的等价本金和利息进行交换。或者简单地说，货币互换是指交易双方在一定期限内用一定数量的货币与另一种一定数量的货币进行的交换。货币交换也是由不同信用级别的机构在不同市场的比较优势而产生的。货币互换涉及本金互换，因此当汇率变动很大时，双方将面临一定的信用风险。当然这种风险仍比单纯的贷款风险要小得多。货币互换具有套利、对货币风险保值和规避外汇管制的功能。

七、金融衍生工具的双刃作用

金融衍生工具是一把双刃剑。一方面，金融衍生工具的出现和发展，促进了金融市场的稳定和发展，有利于加速经济信息的传递，其价格形成有利于资源的合理配置和资金的有效流动，还可以增强国家金融宏观调控的能力。人们最初是要利用金融衍生工具规避由基础金融工具的价格变化所带来的风险，即金融衍生工具起到分散转移风险、提高金融市场经济效率的作用。

但是，另一方面，衍生工具交易因为其杠杆性而具有高风险性和信用风险的相对集中性，金融衍生工具的虚拟性和定价复杂性使得其交易策略远复杂于现货交易。随着金融衍生产品的发展和演变，金融衍生工具的发展促成了巨大的世界性投机活动，它在规避风险的同时带来了新的风险，而且是难以控制的高风险。如果运用不恰当或风险管理不当则可能导致巨大的风险，严重时还可能诱发金融市场动荡和金融危机。

第七节　国际金融市场

国际金融市场是在国际范围内进行货币资金交易活动的场所。根据不同的标准可以划分为不同的类型和结构。例如，根据交易的金融工具不同，可以划分为国际外汇市场、国际黄金市场、国际信贷市场、国际债券市场、国际股票市场和国际衍生金融工具市场；根据资金融通的期限不同，可以划分为国际货币市场和国际资本市场；根据市场所在的地理位置不同，可以划分为纽约市场、伦敦市场、东京市场、法兰克福市场、香港市场等；根据市场主体的国别关系不同，可以划分为在岸金融市场和离岸金融市场；根据交易的场所是否固定，可以划分为有形市场和无形市场。

一、国际外汇市场

国际外汇市场是指国际外汇交易的组织系统。它是一个全球一体化的交易市场，是一个电子网络化的无形市场，交易规模巨大，交易币种相对集中，外汇价格波动频繁。

国际外汇市场参与者主要包括外汇指定银行及其客户、外汇经纪人和各国中央银行。外汇指定银行简称外汇银行，是指由各国金融当局批准的可以经营外汇买卖业务的商业银行。外汇经纪人是专门为外汇买卖双方介绍交易以获取佣金的中间商。各国中央银行不仅是外汇市场的监管者和管理者，而且直接参与外汇市场的交易，目的是为国家的外汇储备保值和干预市场汇率。

国际外汇市场包括：有形外汇市场和无形外汇市场；即期外汇市场和远期外汇市场；外汇零售市场和外汇批发市场；清算交易市场和投资交易市场；官方外汇市场和自由外汇市场。

国际外汇市场的汇率包括：固定汇率与浮动汇率；基本汇率与套算汇率；买入汇率与卖出汇率；即期汇率与远期汇率；电汇汇率、信汇汇率与票汇汇率；市场汇率与官方汇率；名义汇率、实际汇率与有效汇率。

国际外汇市场基本交易包括现汇交易（即期外汇交易）和期汇交易（远期外汇交易）。现汇交易（即期外汇交易）指外汇买卖双方成交后，必须在两个营业日内办理货币收付交割手续的一种外汇交易。期汇交易（远期外汇交易）指外汇买卖双方成交后，根据合约规定，在未来某个日期按约定的远期汇率办理交割的一种外汇交易。

二、国际货币市场

国际货币市场是指资金借贷期限在一年以内的国际短期资金交易的市场。国际货币市场一般可分为银行短期信贷市场、短期证券市场和票据贴现市场三类。银行短期信贷市场又可以分为国际银行同业拆放市场、国际银行短期借贷市场。短期证券市场交易的证券主要有国库券、商业票据、银行承兑票据、可转让大额定期存单等。贴现市场是对未到期票据按贴现方式予以融资的市场。英国的贴现市场比较发达，伦敦是目前世界上最大的贴现市场。

相对于其他金融市场，国际货币市场具有以下基本特征：①借款期限短、金额大、成本低且风险小。②在众多市场中，银行同业间的拆放市场占主导地位，而且该拆放一般为纯信用拆放，不需要签订协议及提供担保。③市场资金周转量大，周转速度快。④市场对参加者的资信要求较高，短期信贷提供资金时不限定用途，可由借款者自行安排。

国际货币市场主要功能有：为暂时闲置的国际短期借贷资金提供出路，使其找到存放及生息的场所；便利短期资金在国家之间的调拨转移和顺利结算；提供短期融通资金，资助各种国际经济交易。

三、国际资本市场

国际资本市场是指借贷或投资期限在一年以上的国际中长期资金市场，主要满足各国对中长期建设资金的需求。它由国际中长期信贷市场、国际债券市场和国际股权市场组成。交易品种主要包括银行中长期贷款、中长期国债、公司债券、股票和欧洲债券等。

（一）国际中长期信贷市场

国际中长期信贷市场是各国政府、国际金融机构和国际银行业在国际金融市场上向客户提供中长期信贷的场所，包括政府贷款、国际金融机构贷款和国际商业贷款，其贷款利率分为固定利率和浮动利率。

按照贷款银行的组成，国际银行贷款可以分为独家银行贷款和银团贷款。目前银团贷款已成为国际中长期信贷市场最主要的贷款方式。银团贷款具有以下特点：一是资金使用自由，由借款人自主决定资金使用用途，不受贷款银行的限制；二是资金供给充足，每笔贷款金额较大；三是借款手续较为简单，借取方便；四是利率随行就市，波动较大，利率水平较高，贷款期限相对较短。

（二）国际债券市场

国际债券是一国政府或居民为筹措外币资金而向非居民发行的债券。由国际债券的发行和交易形成的市场则被称为国际债券市场。主要包括外国债券市场和欧洲债券市场。

1. 外国债券市场

外国债券是指发行人在外国证券市场发行的以市场所在国货币为面值的债券。

外国债券市场的特点是：发行人为市场所在国的非居民，债券的发行由市场所在国的承销团承销；投资者为市场所在国的居民；债券的偿还期较长，筹集到的资金可以自由运用；债券的发行和交易往往受到市场所在国外汇管制法律的约束和货币当局的严格管理，受发行地政府管制较严。

2. 欧洲债券市场

欧洲债券又称境外债券，是指发行人在境外发行的以市场所在国以外的第三国货币作为面值的债券。

欧洲债券市场的特点是：发行人、发行地和债券的面值货币分属三个不同的国家；债券发行除了必须经借款人所在国政府批准外，不受其他国际法律的约束，发行自由灵活；债券发行一般采用无记名方式且免交税款，吸引力大；债券发行具有广泛的国际性，筹集资金的币种具有多样性，资金来源充沛；发行货币多样化，发行市场范围广，市场容量大，货币可选择性强；债券发行人信誉卓著，安全性高；债券期限较长，二级市场有活力，流动性强。

（三）国际股权市场

国际股权市场是在国际金融市场上发行和交易股票的市场。国际股权市场主要包括发达国家的股权市场和新兴市场经济国家的股权市场。发达国家的股权市场比较成熟，其中美国的股权市场最为发达，它拥有世界上最大的主板市场（纽约证券交易所）和创业板市场（NASDAQ）。新兴市场经济国家的股权市场进入一个加速发展的阶段，在市场规模和市场结构上都有新的突破，新的国际股权市场格局正在逐步形成。

国际股权市场的发展具有以下几个特点：一是多元化和集中化并存；二是投资者机构化；三是股票存托凭证市场方兴未艾；四是全球化的国际股权市场正在形成。

四、离岸金融市场

所谓离岸金融市场（offshore financial market），亦称为境外金融市场、欧洲货币市场（Eurocurrency market），特指经营非居民之间的融资业务的市场，即外国投资者与外国筹资者之间的资金借贷业务所形成的金融市场。它是非本地居民之间，以银行为中介，在某种货币发行国国境之外，从事该种货币交易的市场。世界主要的离岸金融市场有英国伦敦、美国纽约、日本东京、瑞士、中国香港、新加坡、卢森堡，以及南美洲、欧洲、中东及亚太地区的岛屿国家或地区，如开曼群岛、英属维尔京群岛、百慕大群岛等。在国际上，目前已形成了以伦敦为代表的伦敦型离岸金融中心、以纽约为代表的纽约型离岸金融中心和避税型离岸金融中心（一般设在风景优美的海岛和港口，如英属维尔京群岛、开曼群岛、巴哈马群岛、百慕大群岛、萨摩亚、安圭拉岛等）。就业务范围来看，离岸金融市场有混合型、分离型、避税或避税港型及渗漏型等离岸金融市场。

离岸金融市场主要是为非居民提供境外货币借贷服务的国际金融市场，所以也称境外金融市场。之所以也称为欧洲货币市场，是因为它是由欧洲美元市场发展而来的。所谓欧洲美元，是在美国境外（最初在欧洲）的银行吸存和贷放的美元资金。后来这一市场又扩展出欧洲英镑、欧洲马克、欧洲日元等，于是这些资金便被统称为欧洲货币（Eurocurrency），经营这些资金借贷业务的银行被统称为欧洲银行（Euro bank），这一新型的市场也被称为欧洲货币市场。后来这一市场又扩展到欧洲以外的金融中心，如新加坡、日本东京等，采用“离岸”这一术语比“欧洲”能更好地描述其地理位置。因此，这些货币资金、银行和市场便被统称为离岸货币（offshore currency）、离岸银行（offshore bank）和离岸金融市场。它实际上包括三个方面的内容：首先是进行境外货币的借贷业务，其次是发行各种以境外货币表示的债券，最后是各种境外货币之间的兑换。

离岸金融市场具有以下特点。

（1）离岸金融市场由经营境外货币业务的全球性国际银行网络构成，这些银行被称为境外银行。故该市场的范围广阔、规模巨大、资金实力雄厚。

（2）离岸金融市场上借贷货币是境外货币，借款人可以自由挑选货币种类。该市场上的借贷关系是非居民借贷双方之间的关系，是外国放款人与外国借款人的关系，这种借贷关系几乎涉及世界上所有国家。

（3）市场基本上不受所在国政府当局金融法规的管辖和外汇管制的约束，手续简便，并且可享受税收方面的优惠待遇，低税或免税，资金出入境自由，效率较高。

（4）市场有相对独立的利率体系。离岸金融市场利率以 LIBOR 为标准。一般来说，其存款利率略高于国内金融市场，而放款利率又略低于国内金融市场，利差很小，更富有吸引力和竞争性。

（5）离岸金融市场是一种无形市场，从广义来看，它只存在于某一城市或地区，并不存在于某个固定的交易场所，由所在地的金融机构与金融资产的国际性交易而形成。

离岸金融市场的产生和发展，对推动国际贸易和世界经济的发展起着极其重要的作用，具体体现为以下几点。

（1）引导国际资本流动，促使国际融资渠道畅通，为世界各国提供了充分利用闲置资本和顺利筹集境外资金的重要场所和机会。

（2）推动经济全球化发展，缩小各国金融市场的时空距离，为全球性降低资金成本创造了条件，为经济发展提供了资金。

（3）促进金融业的国际化，为国际贸易融资提供了便利，推动了生产国际化、贸易国际化和资本国际化的发展。

（4）为各国调节国际收支提供了资金来源和外汇储备投放场所，缓解了国际收支失调，稳定了国际经济秩序。

离岸金融市场对市场所在国的有利影响主要体现在：通过所得税、利润税和其他费用收入，每年可获得数量可观的外汇收入；有利于增加本国国际收支中资本项目的盈余；可以增加居民的就业机会；有利于提高本国金融业的技术水平；有利于提高本国在国际金融市场的地位和影响。

离岸金融市场对市场所在国的不利影响主要体现在：增大了有关金融机构的风险；助长投机活动，加剧国际金融市场的动荡；削弱了有关国家货币政策实施的效果；加快了各种不确定因素的影响在国家之间的传递和通货膨胀、经济衰退的国际传播。

20 世纪 90 年代以来，由于国际形势的动荡和市场经营方式的变化，国际金融市场出现了一些新的发展趋势，主要表现在：国际金融创新的全球普及化，国际金融市场的自由化发展，国际金融市场融资方式证券化及资产证券化、国际金融市场网络的全球化和国际金融市场风险不断增大等。

本章小结

当代经济是货币经济和信用经济，资金不仅在向产业部门输送中体现其商品的属性，而且在交易媒介——金融工具的带动下，进行金融商品的买卖。金融商品（即货币资金）的购买者或需求者，取得资金用于投资、发展生产和流通，但是，出于种种目的，不同的金融商品之间也会进行交易，这样纵横交错的金融商品流通，构成了一个相对独立的市场——金融市场，同样成为一个不可缺少的生产要素市场，从而成为市场经济下沟通诸要素市场必不可少的一环。它不仅和人们的生活发生着日益紧密的联系，而且处于现代市场体系的核心地位。

金融市场是商品经济和金融活动发展的产物，随着金融体系、金融机构的发展和完善，为金融市场创设出越来越多的金融产品或金融工具，金融市场已经成为市场经济诸要素市场的核心和枢纽。发达的市场经济，需要建立发达的金融市场，提供金融服务供给，从而形成有序的金融竞争。因此，有必要研究金融市场在社会经济体系中的地位和作用，了解金融市场的类型和基本特征，深入理解金融市场功能及金融市场结构和运行方式。

本章参考文献

曹龙骐. 2016. 金融学[M]. 5 版. 北京：高等教育出版社.
戴国强. 2017. 货币金融学[M]. 4 版. 上海：上海财经大学出版社.
黄达，张杰. 2017. 金融学[M]. 4 版. 北京：中国人民大学出版社.
蒋先玲. 2017. 货币金融学[M]. 2 版. 北京：机械工业出版社.
米什金 F S. 2015. 货币金融学[M]. 2 版. 刘新智，史雷，译. 北京：清华大学出版社.
米什金 F S. 2016. 货币金融学（美国商学院版. 原书第 4 版）[M]. 蒋先玲，等，译. 北京：机械工业出版社.
夏德仁，李念斋. 2007. 货币银行学[M]. 2 版. 北京：中国金融出版社.
姚长辉，吕随启. 2012. 货币银行学[M]. 4 版. 北京：北京大学出版社.
易纲，吴有昌. 1999. 货币银行学[M]. 上海：格致出版社，上海人民出版社.
张尚学. 2014. 货币银行学[M]. 3 版. 天津：南开大学出版社.
张亦春，郑振龙，林海. 2017. 金融市场学[M]. 5 版. 北京：高等教育出版社.

本章综合测试题

一、填空题

1. 证券发行制度主要有__________和__________两种模式。
2. 按发行主体的不同，债券可分为__________、__________、__________。
3. 流通市场的交易组织形式主要有__________和__________。

4. 广义的资本市场包括__________和__________，狭义的资本市场仅指__________。

5. 在国际货币市场上，比较典型的、有代表性的同业拆借利率有三种：__________、__________、__________。其中__________是国际金融市场上的关键利率。

6. __________是证券发行人在市场上面向公众投资者（非特定的投资者）公开发行证券的方式。__________是证券发行人直接向特定的投资者推销证券的发行方式。

7. 金融市场的分类多种多样，按照资金融通方式可分为__________市场和__________市场；按照资金融通期限可分为__________市场和__________市场；按照资金的具体交易内容可分为__________市场、__________市场、__________市场、__________市场等；按照金融工具交易的层次可以分为__________市场和__________市场；按照金融交割的时间可分为__________市场和__________市场；按照资金融通区域可分为__________市场和__________市场。

8. 金融机构同业拆借利率由__________协定，通常低于__________而高于__________。

9. 证券的发行方式根据证券发行是否通过金融中介作为媒介，可以分为__________发行和__________发行；按照发行的对象是公众投资者还是特定的少数投资者，可以分为__________发行和__________发行。

10. 商业票据市场起源于__________，是最古老的货币市场工具之一。

11. 根据股东所具有的权益不同，可将股票分为__________和__________两大类。

12. 按照产品类型，可以将金融衍生工具分为__________、__________、__________、__________四大类型。

13. 金融市场的四要素是指__________、__________、__________、__________。

14. 流通市场上最普遍和传统的证券交易方式主要有__________和__________。

15. 债券是__________向__________承诺在指定日期__________的__________。

二、单项选择题

1. 股票是代表股份的资本所有权证券，它是一种（　　）。

A. 固定资本　　B. 可变资本　　C. 实际资本　　D. 虚拟资本

2. 金融市场上的交易对象是（　　）。

A. 有形商品　　B. 无形商品　　C. 金融商品　　D. 实物商品

3. “金边债券”指的是（　　）。

A. 公司债券　　B. 国家债券　　C. 金融债券　　D. 市政债券

4. 投资风险最大的市场是（　　）。

A. 借贷市场　　B. 贴现市场　　C. 债券市场　　D. 股票市场

5. 金融机构之间发生的短期临时性的借贷活动叫（　　）。

A. 贷款业务　　B. 票据业务　　C. 同业拆借　　D. 再贴现业务

6. 优先股票股东享有的权利有（　　）。

A. 选举权　　B. 表决权

C. 股份转让权　　D. 公司解散时剩余财产优先分配权

7. CDs 的特点是（　　）。

A. 记名　　B. 不可流通转让

C. 期限长，一般在一年以上　　　　D. 利率有固定也有浮动

8. 某人在第一年末以 110 元市价买进面值 100 元的 10 年期债券，年息为 8 元，如他能保存该债券至偿还期为止，则该买者实际年收益率为（　　）。

A. 9.01%　　B. 6.26%　　C. 7.27%　　D. 10.12%

9. 某人在第一年末以 90 元市价买进面值 100 元的 10 年期债券，年息为 8 元，如他能保存该债券至偿还期为止，则该买者实际年收益率为（　　）。

A. 6.26%　　B. 10.12%　　C. 8.89%　　D. 7.09%

10. 金融市场上最重要的交易主体是（　　）。

A. 金融机构　　B. 企业　　C. 政府　　D. 居民个人

11. 下列属于资本市场的是（　　）。

A. 商业票据市场　　B. 回购协议市场

C. 可转让大额定期存单市场　　D. 股票市场

12. 下列属于货币市场的是（　　）。

A. 同业拆借市场　　B. 金融债券市场

C. 股票市场　　D. 银行中长期信贷市场

13. 同业拆借市场利率是（　　）。

A. 基准利率　　B. 优惠利率　　C. 市场利率　　D. 法定利率

14. 以下不是股票的基本特征的是（　　）。

A. 收益性　　B. 风险性　　C. 流通性　　D. 期限性

15. 在金融市场上资金使用权的价格表现形式是（　　）。

A. 利息　　B. 利率　　C. 收益　　D. 收益率

三、多项选择题

1. 公债券与国库券的区别主要在于（　　）。

A. 发行机构不同　　B. 发行目的不同　　C. 发行期限不同

D. 发行程序不同　　E. 标明面值的货币不同

2. 按照盈利的不同分配方式，可将股票分（　　）。

A. 记名股票　　B. 不记名股票　　C. 优先股票

D. 普通股票　　E. 有面额和无面额的股票

3. 股票与债券的主要区别是（　　）。

A. 收益率不同　　B. 债券是一种债权凭证，股票是一种所有权凭证

C. 债券无红利，股票有红利　　D. 债券到期还本付息，股票无偿还期

E. 股票有风险，债券无风险

4. 关于金融市场的描述正确的是（　　）。

A. 金融市场是资金融通的市场

B. 金融市场是买卖金融工具的市场

C. 金融市场是金融产品交易的场所或机制

D. 金融市场是资金盈余者和资金赤字者交易的机制

E. 金融市场可以是有形的市场也可以是无形的市场

5. 股票发行价格确定方式有（ ）。

A. 平价发行 B. 溢价发行 C. 折价发行

D. 竞价发行 E. 投标定价

6. 长期金融工具主要有（ ）。

A. 公司债券 B. 政府公债券 C. 股票

D. 商业汇票 E. 回购协议

7. 货币市场是指交易期限在 1 年以内的短期金融交易，它包括（ ）。

A. 银行同业拆借市场 B. 长期存款市场 C. 贴现市场

D. 股票市场 E. 中长期债券市场

8. 中央银行作为金融市场交易主体以（ ）的身份活动在金融市场上。

A. 资金的供给者 B. 资金的需求者 C. 资金的中介者

D. 货币的发行者 E. 金融市场的管理者

9. 金融产品交易价格的表现形式有（ ）。

A. 利息 B. 股息 C. 汇率

D. 股票与债券价格 E. 黄金价格

10. 金融市场的交易主体有（ ）。

A. 金融机构 B. 企业 C. 政府

D. 居民个人 E. 海外投资者

11. 普通股股东享有的权利有（ ）。

A. 对董事会的诉讼权 B. 优先认股权 C. 选举权

D. 任命总经理 E. 盈余分配权

12. 股票场内交易的方式有（ ）。

A. 现货交易 B. 期货交易 C. 股指期货交易

D. 期权交易 E. 信用交易

13. 下列金融工具中，没有偿还期的有（ ）。

A. 永性债券 B. 银行定期存款 C. 股票

D. CDs E. 商业票据

14. 金融衍生工具的主要功能有（ ）。

A. 转移价格风险 B. 形成权威价格 C. 提高资产质量

D. 投机 E. 媒介资金融通

15. 货币市场特点是（ ）。

A. 期限短 B. 收益高 C. 风险大

D. 收益低 E. 风险小

四、判断题

1. 银行同业拆借是各家银行之间相互提供的长期贷款。（ ）

2. 期货交易是证券交易中最原始、最简单的交易方式。（ ）

3. 发行市场是证券及票据等金融工具最初发行的场所，主要在证券交易所内进行。(　　)
4. 有价证券的市价与预期收益成反比，与市场利率成正比。(　　)
5. 股票无偿还期，债券必须到期还本付息。(　　)
6. 间接融通是以金融机构为中介进行的资金融通。(　　)
7. 资本市场中交易的全部是债权证券，而货币市场中权益证券与债权证券的交易都有。(　　)
8. 政府拥有财政作后盾，因此在金融市场上主要是资金的供给者。(　　)
9. 优先股票股东享有经营管理权、股票转让权、红利分配权、优先认股权。(　　)
10. 一级市场是现有证券的交易市场，二级证券市场是新证券的发行市场。(　　)
11. 与货币市场相比，资本市场具有收益高、流动性强、风险大的特点。(　　)
12. “无风险证券”是指银行债券。(　　)
13. 股票是一种资本所有权凭证，债券是一种债权凭证。(　　)
14. 优先股票兼有普通股票与债券的特点。(　　)
15. 直接融通与间接融通这两种资金的融通方式在不同的时期起过不同的作用。随着商品经济的日益发展，以金融机构为中介的间接融通将占主导地位，而直接融通的作用将越来越小。(　　)

五、名词解释

1. 金融市场	2. 货币市场	3. 资本市场	4. 直接金融市场
5. 间接金融市场	6. 一级市场	7. 二级市场	8. 现货市场
9. 期货市场	10. 贴现	11. 同业拆借市场	12. 回购
13. 逆回购	14. 中央银行票据	15. 短期融资券	16. 可转让大额定期存单（CDs）
17. 股票	18. 债券	19. 政府债券	20. 金融债券
21. 公司债券	22. 公募	23. 私募	24. 证券交易所
25. 场外交易市场	26. 股票价格指数	27. 金融衍生工具	28. 金融期货
29. 金融期权	30. 看涨期权	31. 看跌期权	32. 美式期权
33. 欧式期权	34. 利率互换	35. 货币互换	36. 外国债券
37. 欧洲债券	38. 欧洲美元	39. 欧洲货币	40. 离岸金融市场

六、问答题

1. 什么是金融市场？它有哪些主要类型？
2. 试述金融市场的特征。
3. 试述金融市场的构成要素。
4. 试述金融市场的功能。
5. 试述货币市场有哪些子市场。
6. 试述同业拆借市场的特点与参与者。
7. 试述国库券市场的功能。
8. 试述短期融资券筹资利弊。
9. 试述回购市场的运行层次。
10. 试述可转让大额定期存单的特点。
11. 试述普通股票的特点。

12. 试述优先股票的特点。
13. 试述发行市场的主要功能。
14. 试述流通市场的主要功能。
15. 试述证券交易所及其交易具有的特征。
16. 试述金融衍生工具的特征。
17. 试述金融期货市场的功能。
18. 试述金融期权合约的基本特征。
19. 试述金融衍生工具的双刃作用。
20. 试述离岸金融市场的含义及其特点。

七、论述题

1. 联系实际谈谈我国金融市场的现状、问题、改革及完善思路。

第四章

金融机构

货币、信用和资金融通活动，在很大程度上都要经由银行等各种金融机构办理。金融机构（financial institution）又叫金融中介或金融中介机构（financial intermediary），是专门经营货币信用业务，从事各种金融活动的组织，也是资金供求双方实现资金融通的信用中介。它是金融市场的主要参与者，在国民经济中处于重要地位。

第一节　金融机构概述

一、金融机构存在的必要性

金融机构包括在间接融资领域中作为资金余缺双方进行金融交易的媒介体，如各类银行和保险公司等非银行金融中介机构，以及在直接融资领域中为筹资者和投资者双方牵线搭桥的证券公司、证券交易所等金融机构，广义上还包括金融监管机构和国际金融机构。金融机构是商品货币经济发展的产物，它们的存在对借贷双方都有益处，可以加速储蓄—投资的转化过程，提高经济效率和社会福利，促进国民经济的发展，从而具有极其重要的价值。

（一）调节借贷数额

直接融资的成交需要贷者可贷出的资金数量与借者要借入的资金数量一致，否则便不能达成借贷协议，从而不太容易实现资金融通。但是，有了金融中介机构，这个问题就可以解决。金融机构可以通过各种负债业务（如吸收存款、发售理财产品和保险单等）把各方面不同数额的闲置资金集中起来，然后再通过各种资产业务（如贷款、证券投资等）把资金转贷给需要资金的单位和个人。这样，金融机构承担了资金借贷数额的调节工作，消除了借贷数额不一致的融资障碍。

（二）调节借贷期限

资金借贷双方要想实现投融资，还需要双方对借贷期限的要求一致，否则也不能达成借贷协议或金融交易。但是，通过金融机构可以很好地满足借贷双方对借贷期限的要求，促进资金融通的实现。在这个过程中，金融机构起了调节资金借贷期限的作用。

（三）减少交易成本

要达成一项直接金融交易，借贷双方必须对交易数额的多少、借贷时间的长短、交易价格的高低等要素都具有一致的需求，而要找到完全符合这些要求的借贷对手，并不是很容易。因为信息不完全，双方在寻找交易对手的过程中，都可能花费相当多的人力、物力、财力和时间，从而造成融资的交易成本（包括鉴别成本、谈判成本、监管成本、诉讼成本等）较高，经济资源没有得到最优配置。金融机构具有规模经济优势和信息优势，它可以为借贷双方牵线搭桥，提供金融服务，降低交易成本，对借贷双方和整个经济社会都有利。

（四）降低融资风险

在直接融资方式下，借款人或债务人对贷款人或债权人的任何违约行为都将使贷款人或债权人蒙受损失。如果没有金融机构，贷款人由于与借款人之间普遍存在信息不对称现象，会面临逆向选择和道德风险问题，遭受损失的可能性很大。金融中介机构拥有较强的处理信息不对称的能力，擅长评估借款人的信贷风险，容易监控借款人的行为，在做出合理的投融资决策方面处于有利地位。因此，通过以金融机构作为中介，资金所有者就可以达到分散投资，构建多元化资产组合，分散、转移和降低直接融资的风险的目的。

二、金融机构的性质与职能

（一）金融机构的性质

现代金融机构是商品货币经济发展的产物，基本上是以追求利润为目标，以经营货币资金为对象的特殊企业组织。从本质上看，商业银行及其他金融机构与一般工商企业一样，具有共同的特征，即基本上也是企业法人，具有一定的自有资本，依法经营，照章纳税，独立核算，自负盈亏，以追求利润为主要目标，这是它们经营管理和持续发展的前提条件。

但是，金融机构又是一种不同于一般工商企业的特殊企业，其特殊性主要在于：第一，金融机构经营的对象不是普通的商品，而是特殊的、能充当一般等价物的货币商品或其他金融资产；第二，金融机构经营活动的领域不是一般的商品生产流通领域，而是货币收支、资本借贷、证券交易、投资理财等货币信用领域，从而对经济社会的影响相对较大，受到的政府监管也更为严格；第三，金融机构的经营方式不同于一般的工商企业，它主要是通过货币资金的借贷和金融资产交易等其他方式进行的融通活动，取得利差收入和费用收入，形成其利润。因此，金融机构必须遵循货币资金运动的特点和规律从事经营活动，为一般工商企业经营创造相应的资金供求条件，从而成为一种特殊的企业——金融企业。

（二）金融机构的职能

金融机构的性质决定了其职能和作用，它通常能够提供一种或多种金融服务，如吸收和提供资金（存贷款）、承销证券、代理或自营交易金融资产、信托投资、保险等。这里以商业银行职能为重点，介绍金融机构的基本职能，具体分为以下几点。

（1）信用中介职能。这一职能是银行等金融机构最基本的职能，它是指通过金融机构的负债业务（存款），把社会上的各种闲置货币资金集中起来，再通过其资产业务（贷款或投资）把它投向各个部门，从而使金融机构成为货币资金贷出者与借入者的中介，实现资金的融通，促进货币资金的充分利用和社会资本总额的扩大。

（2）支付中介职能。这一职能是指金融机构为工商企业、单位、个人等办理与货币运动有关的技术性业务活动，如银行接受客户委托，利用活期存款账户，办理货币的保管、收付、兑换和转账结算等业务。借助这一职能，银行充当了社会各部门、单位的货币保管者、出纳人和支付代理人，货币结算和货币收付的中间人，成为社会的公共簿记和社会信用链的枢纽，从而形成了以银行为中心的经济社会支付链和债权债务关系网。

（3）信用创造职能。这一职能是商业银行的特殊职能，是指它通过贷款和投资活动，创造出存款货币，扩大信用规模的功能。它是在信用中介和支付中介职能的基础上派生出来的职能。金融机构利用其吸收的存款来发放贷款或从事投资，在支票流通和转账结算的基础上，贷款又转化为新的存款，在这种存款不被提现的条件下，就增加了银行的资金来源，银行据此又可以进行贷款和投资，如此循环，最后在整个银行体系会形成数倍于基础货币的派生存款货币，它是一种账面上的流通工具和支付手段。

信用创造职能的发挥，可以节约大量的现金使用，减少货币流通费用，而且又能满足社会经济发展对流通工具和支付手段的需要，具有重要的经济社会效应。在现代信用货币制度下，存款货币构成了社会货币供应量的大部分。

（4）金融服务职能。这一职能是指金融机构利用其在国民经济中的特殊地位及在办理业务过程中能获得大量信息的优势，运用电子信息技术等先进手段和工具，为客户提供财务咨询、代理融通、信托、租赁、现金管理等多种金融服务。通过提供这些金融服务，金融机构一方面能够满足客户需求，提高市场竞争力，扩大了社会联系面和市场份额，另一方面也取得了不少费用收入，同时加快了信息传播速度，提高了电子信息技术的利用价值，促进了互联网信息技术的发展，并且使整个金融业发生着革命性的变化，向服务效率更高的“电子银行”“网上银行”“手机银行”“互联网金融”等方向发展。

三、银行在国民经济中的地位

现代社会的资金，很大部分是通过金融中介机构进行融通的，而商业银行等银行金融机构是整个金融机构体系中最重要的环节，占有支配性地位，使得它对整个社会经济活动的影响显著，在国民经济中居于重要地位。

（一）银行成为整个国民经济活动的中枢

商业银行是从事工商企业、个人和政府存贷款业务的金融机构，它与社会各部门有着密切的资金借贷关系，并且通过办理各种形式的结算业务，实现绝大部分的货币周转。它的存贷业务直接影响并在很大程度上制约着工商企业、个人的经济活动和经营范围，影响着经济结构的变化。它的结算业务又能加速社会资金周转；提高资金使用效益，并为企业和居民的经济生活带来了极大的便利。在提供这些业务的过程中，商业银行也就自然成为整个国民经济活动的中枢。

（二）银行对全社会的货币供给具有重要影响

商业银行一般是各种金融机构中唯一能接受活期存款的机构，于是银行利用工商企业、个人和政府开设的活期存款结算账户，一方面大量吸收活期存款，并且提供转账结算服务；另一方面利用贷款、投资业务和支票转账结算服务引来派生存款，并且通过这种派生存款的创造和缩减来影响社会货币供给，从而影响社会货币供应量的总规模。

（三）银行成为社会经济活动的信息中心

银行通过其日常业务活动，详细地掌握各行业、部门、企业及家庭个人等全面而准确的经济信息，并且在此基础上为各部门、企业和个人提供投资咨询和财务咨询服务，从而成为社会经济活动的信息中心，为社会经济的发展提供积极的引导作用，为调整产业结构、产品结构及国民经济中其他各项重要的比例关系，实现经济持续稳定的发展，作出了重要贡献。

（四）银行成为社会资本运动的中心

银行与借贷资本运行、工商企业资本运动及其他社会资本运动都有着密切的联系。工商企业在经营过程中除了要有一部分自有资本外，还有很大一部分流动资金甚至固定资金缺口需要向银行借贷，银行借贷资本已成为工商企业经营活动不可缺少的资金来源。当个人投资者在投资有价证券或不动产时，也会因资金短缺而向银行借贷。这样，银行借贷资本便来自企业再生产过程中暂时闲置的货币资本和社会各阶层的货币储蓄，然后通过贷款又转化为企业和个人的借入资本，加入社会资本的循环与周转。商业银行利用这一层关系，通过贷款的变动，直接影响社会资本运动的速度与规模，进而影响整个社会再生产进程，对社会经济发展的规模起着扩大或收缩的制约作用，对产业结构的调整起着引导作用。银行也因此成为社会资本运动的中心和社会资本的集散地。

（五）银行成为政府实施宏观经济政策的重要途径和基础

由于市场经济还存在信息不对称、外部性、未来不确定等市场失灵的缺陷，政府有必要根据不同时期经济发展的需要，制定并实施财政政策、货币政策等宏观经济政策，对社会总需求和总供给进行宏观调控。这些宏观经济政策的实施都和商业银行有着密切的关系。当政府要利用财政信用调节经济时，它所发行的政府债券，有很大一部分销售给商业银行等金融机构，如在美国政府发行的各种国债中，有 40% 以上是由商业银行认购的。当政府要实施产业政策、调整经济结构时，银行也要配合政府的产业政策，调整其贷款投向，以支持政府的政策调控。当中央银行代表国家制定和执行货币政策，调节基础货币和信贷规模，调控社会货币供给量时，也主要是通过商业银行的业务经营活动来进行的，从而使商业银行成为中央银行实施货币政策、实现金融调控目标的微观基础。

第二节　金融机构体系的一般构成

一、金融机构体系的基本框架

现代金融机构种类繁多，它们相互联系、相互影响，构成一个规模庞大、职能齐全的金融机构体系，可以从不同角度分成不同类型，其中银行居于支配地位。例如，按管理地位不同，可分为管理性金融机构（金融监管机构）和经营性金融机构（接受监管的金融企业）；按是否能够接受公众存款，可分为存款性金融机构和非存款性金融机构；按是否承担国家政策性融资任务，可分为政策性金融机构和非政策性（商业性）金融机构；按是否属于银行系统，可分为银行金融机构和非银行金融机构。世界各国金融机构体系的形成不同，其组成环节和划分方法也各有特色，但概括起来，各国金融机构体系基本上由银行机构体系和非银行金融机构体系构成，具体包括中央银行、商业银行、专业银行、非银行金融机构、外资（合资）金融机构等。除此之外，还存在政府间国际金融机构，如国际货币基金组织、世界银行、国际清算银行（Bank of International Settlements，BIS）及亚洲开发银行（Asian Development Bank，ADB）、非洲开发银行（African Development Bank，AFDB）、美洲开发银行（Inter-American Development Bank，IDB）、亚洲基础设施投资银行（Asian Infrastructure Investment Bank，AIIB）等区域性金融机构。

二、银行机构体系

银行类金融机构通常是指以存款、放款、结算为核心业务的金融机构。银行机构体系的设置形式和具体内容在市场经济发达国家中不尽相同，但从整个银行机构体系的组成来看，主要可分为中央银行、商业银行和专业银行三类。

（一）中央银行

中央银行习惯称之为货币当局，是一个国家的金融管理机构。它是在商业银行的基础上发展而成的，是现代大多数国家金融体系的中心和主导环节，具有特殊的地位和功能，是一国货币金融管理的最高机构和货币主权的象征，如英格兰银行、法兰西银行、美联储等。它代表国家对金融机构进行监管，管理金融市场，维护金融体系的安全运行，并且制定和执行国家的金融政策，实行宏观金融调控。少数国家和地区的金融体系中没有中央银行，但会单独设立金融管理机构（货币当局），如新加坡货币管理局、中国香港的香港金融管理局等。中央银行虽叫银行，但其作为国家机关并不以营利为目的，不直接面向企业、单位和个人开办信用业务，而是通过向政府、商业银行及其他金融机构提供各种信用服务来实现其管理金融的目标和任务，具有发行的银行、银行的银行和国家的银行三大职能。关于中央银行的详细内容将在第九章专门阐述。

（二）商业银行

商业银行在世界各国以其机构数量多、业务渗透面广和资产总额比重大而成为金融机构体系中的主体和骨干，始终居于其他金融机构所不能代替的重要地位，它也是最早出现的现代金融机构。商业银行是以营利为目的，直接面向企业单位和个人，以经营存款、贷款和汇兑为主要业务，并且为顾客提供多种金融服务的信用机构。它作为典型的间接融资中介和存款性金融机构，通过吸收活期存款、办理转账结算业务，实现着国民经济中绝大部分的货币周转，同时起着创造存款货币的作用，故也称之为存款货币银行（国际货币基金组织将商业银行、信用合作社及财务公司等能够创造存款货币的金融中介机构统称为存款货币银行或存款性公司）。当前，大多数国家的商业银行正在成为从事多种综合性金融服务的全能银行，被称为万能银行、金融超市或金融百货公司。有关商业银行的具体内容将在第八章详细介绍。

（三）专业银行

专业银行是指专门经营某种特定范围的金融业务和提供专门性金融服务的银行。它是在商业银行的基础上逐渐形成的专业化金融机构。它的出现是社会分工发展在金融业的表现。随着社会生产力的发展，社会分工越来越细，要求银行必须具有某一方面的专门知识和专门职能，从而推动着各式各样的专业银行不断出现。西方国家的专业银行种类很多，名称各异，下面只介绍其中主要的几种。

（1）投资银行。它是投资性金融机构，指专门为工商企业办理证券投融资等各项投资服务和长期信贷业务的银行。投资银行的名称通用于欧洲大陆和美国等工业化国家及地区，在英国称为商人银行，在法国称为实业银行，在日本则称为证券公司。此外，与该银行性质相同的还有其他各种形式和名称，如长期信贷银行、金融公司、持股公司、投资公司等。

投资银行作为直接融资中介，其资金主要依靠发行自己的股票和债券来筹集；有些国家的投资银行被允许接受定期存款或从其他银行获取贷款，但并不构成其主要资金来源。现代投资银行经营证券承销、证券交易、投资管理、财务顾问、项目融资等几乎所有的资本市场业务，主要业务有：对工商企业的股票和债券进行直接投资；发放中长期贷款；为工商企业代办发行或包销股票与债券；参与企业的创建、重组和并购活动；包销本国政府和外国政府的公债券；提供投资和财务咨询服务等。有些投资银行也兼营黄金、外汇买卖及资本设备或耐用商品的融资性租赁业务。

（2）开发银行。它是指专门为满足社会经济发展建设开发性投资需要而提供中长期贷款的银行。它以资源开发项目和公共基础设施基本建设项目为主要投资对象，如发电站、公用事业等新产业或新经济区的大中型开发建设项目。这类项目投资量大、投资周期长、见效慢、风险较大，一般商业银行等商业性金融机构不愿或无力承担，所以多由国家或政府创办组建的经济开发政策性金融机构来承担。这类开发银行不以营利为目的，以贯彻国家产业发展政策、促进区域经济建设发展为宗旨，财务上自负盈亏，不与商业银行竞争；资金来源主要依靠政府提供，以及通过发行债券、借入资金和吸收存款等方式筹资；资金主要运用于开发项目贷款、参与直接投资或提供债务担保。

开发银行可分为以下三种：①国际性开发银行，如世界银行，作为全球性国际金融机构，它主要为成员国提供长期开发性贷款，解决成员国经济的复兴和开发对资金的需求。②区域性开发银行，如亚洲开发银行、非洲开发银行、美洲开发银行、亚洲基础设施投资银行等区域性国际金融机构，其服务对象仅限于某一区域的会员方，也以提供长期开发性贷款为主要业务。③本国性开发银行，如德国复兴信贷银行、日本开发银行、巴西东北银行、中国的国家开发银行等，一般由本国政府组建，为本国经济建设提供长期开发性贷款。

（3）储蓄银行。它是指专门以吸收居民储蓄存款为资金来源，并且为居民个人提供金融服务的专业银行。储蓄银行的具体名称，各国有所差异，有的甚至不以银行相称，但功能基本相同，如有互助储蓄银行、储蓄贷款协会、国民储蓄银行、信托储蓄银行、信贷协会等名称。西方国家的储蓄银行既有私营的，也有公营的。最早的储蓄银行起源于 18 世纪的意大利。

储蓄银行的服务对象主要是居民，资金来源主要是居民储蓄存款，这种资金余额较为稳定，所以主要用于长期贷款和证券投资，如发放不动产抵押贷款（主要为住房贷款）和消费贷款，投资于政府公债、公司债券及股票，对市政机构发放贷款，或者转存于商业银行以赚取利差收益等。过去为保护众多小额储蓄者的利益，许多国家的储蓄银行业务受到相关政策法规的限制，如不得经营支票存款和一般工商业贷款等，但近些年来已有所突破，其业务范围有不断扩大、向商业银行靠近的趋势。

（4）抵押银行。抵押银行也称不动产抵押银行、住房信贷银行，是指专门从事以土地、房屋及其他不动产为抵押物的长期贷款的专业银行。它一般不办理存款业务，资金来源主要靠发行不动产抵押证券及短期票据贴现来筹集。其贷款业务主要包括两类：一类是以土地为抵押的长期贷款，贷款对象主要是土地所有者或农场主；另一类是以城市不动产为抵押的长期贷款，贷款对象主要是房屋所有者或建筑商。此外，这类银行也经营以股票、债券和黄金为抵押品的贷款及一般信贷业务。英国的住房信贷协会，法国的房地产信贷银行，德国的私人抵押银行和公营抵押银行，美国的联邦住房贷款银行、联邦住宅抵押贷款公司和联邦国民抵押贷款协会等机构，均属此类。它们的贷款业务均占据了抵押贷款市场的较大份额。

（5）农业银行。它是指专门为农业发展提供低息贷款及其他金融服务的银行。农业受自然因素影响大，对资金的需求有强烈的季节性；单个农户资金需求数额小、期限长，利息负担能力低；抵押品集中与保管困难，有不少贷款只能凭个人信誉去办理。这些都决定了农业信贷具有期限长、风险大、收益低等特点。商业银行和其他金融机构一般也不愿意从事这方面的信贷业务。因此，许多国家在政府支持和资助下专设了以支持农业发展为主要职责的官方或半官方政策性农业银行，如美国的联邦土地银行、联邦中期信贷银行、合作社银行，法国的农业信贷银行、土地信贷银行，德国的农业中央银行、土地信用银行、地租银行，我国的中国农业发展银行等。

农业银行的资金来源主要是政府拨款，有的还包括发行债券或股票、吸收特定存款等。农业银行的贷款业务范围几乎涵盖农业生产方面的一切资金需要，从土地购买、建造房屋到农业机器设备、化肥、种子、农药的购买等，主要提供低息贷款以支持农业发展。有些国家对农业银行的某些贷款还给予利息补贴、税收优惠等。

（6）进出口银行。它是指专门提供对外贸易及非贸易结算、出口信贷等国际金融服务的银行。这类银行一般是政府支持组建的非营利性官方或半官方政策性金融机构，如英国出口信贷担保署、美国进出口银行、法国外贸银行、瑞典出口信贷公司、中国进出口银行等。

进出口银行的设立主要是为了支持本国对外贸易的发展，促进本国大型机电设备等产品的出口，加强国际金融合作，广泛吸引国际资本和搜集国际市场信息，以及改善国际收支状况。其业务重点是为本国企业提供优惠出口信贷以增强本国产品的出口竞争能力，同时执行本国政府对外经济援助及资本输出的任务；其业务的具体形式主要有国内业务的出口信贷、对外直接借款和提供国内外投资贷款的担保等。

三、非银行金融机构体系

非银行金融机构也称为其他金融机构，它是以某种特殊的方式吸收资金或资财，再以某种特殊的方式运用其资金或资财，从而达到融通资金的目的。非银行金融机构体系的构成比较庞杂，主要包括保险公司、信用合作社、信托投资公司、金融公司、养老基金、投资基金、邮政储蓄机构等。

（一）保险公司

保险公司是指专门经营保险业务，提供保险产品，通过吸纳保险费，建立保险基金，分散和转移他人风险，为保障社会经济生活的安全和连续，对那些因发生自然灾害或意外事故而造成经济损失的被保险人承担经济损失补偿和保险给付义务的一种契约性金融机构。它是各国最重要的非银行金融机构，尤其是西方国家，其保险业十分发达（英国为保险公司发源地，1668 年就出现海上保险业务）。保险公司的形式按保险种类不同可以分为人寿保险公司、财产保险公司、火灾和意外伤害保险公司、老年和伤残保险公司、信贷保险公司、存款保险公司、再保险公司等。其中，人寿保险公司的规模通常为最大。人寿保险公司兼有储蓄银行的性质，是一种特殊形式的契约性储蓄机构。

保险公司主要是以吸纳投保人的保险费及发行人寿保险单的方式筹集资金。保险公司获得的保费收入经常会超过它的保险金理赔支付，因而聚集起大量的货币资金，这些资金往往比银行存款还要稳定，是西方国家金融体系长期资本的重要来源。保险公司的资金运用业务主要是长期证券投资，如购买政府债券、公司债券和股票，以及发放不动产抵押贷款、保单贷款等。

（二）信用合作社

信用合作社也称信用联合社，简称信用社，是指在特定行业或特定范围内发展起来的一种由某些具有共同利益的个人集资合股的互助合作性金融组织。它在发达国家普遍存在，通常按地域划分农村信用合作社和城市信用合作社。1849 年德国出现最早的农村信用合作社。这类存款性金融机构一般规模不大，其资金来源主要是合作社成员缴纳的股金和吸收的存款，其资金主要用于解决其成员的资金需要，发放短期生产性贷款和消费贷款，并且手续简便、利率较低。在资金充裕时，信用合作社也从事以不动产或有价证券为抵押的中长期贷款。目前不少信用合作社已开始改革转变为商业银行。

（三）信托投资公司

信托投资公司也叫金融信托公司，它主要是以受托人的身份，通过广泛开办信托业务来实现资金的筹集和融通。信托投资公司的主要职责是受人之托，代人理财，因此，其融资职能是在代人理财的过程中体现的。其主要经营内容有资金信托、动产和不动产信托、有价证券信托、其他财产信托，如信托存款、信托贷款与投资、委托存款、委托贷款与投资，基金投资、企业并购、财务顾问、代理、租赁及咨询等业务。其中，委托贷款与投资是以委托存款为来源，按照委托人指定的贷款和投资对象进行的贷款和投资活动，信托机构在办理此类业务时不承担贷款和投资风险。信托贷款与投资是指信托投资公司以其自有资金和组织的信托存款、发行债券筹集的资金，直接向企业或项目投资和贷款，信托投资公司自担投资和贷款风险。

（四）金融公司

金融公司又称为财务公司，它作为投资性金融机构，主要通过在货币市场上发行商业票据和在资本市场上发行股票、债券及向银行借款来筹资，并且用这些资金发放金额较小的消费信贷和企业贷款。金融公司履行金融中介职能的过程可以称为“借大放小”，这与吸收小额存款、发放大额贷款的银行恰恰相反。金融公司可以分为销售金融公司、消费者金融公司和工商企业金融公司三类。

（五）养老或退休基金

养老或退休基金类似于人寿保险公司，是一种以契约形式组织预缴储蓄金，再以年金形式向参加养老金计划者提供退休收入的契约性金融机构。其资金主要来自劳资双方的积聚，即雇主的缴款和从雇员工资中扣除或雇员的自愿缴纳，以及运用积聚资金的收益；其资金运用以长期投资为主，包括公司债券、股票、政府债券的投资及不动产抵押贷款等。

这类基金是在第二次世界大战后迅速发展起来的，目前普遍存在于西方各国。西方国家政府关于要求建立养老金计划的立法及税收优惠政策，对养老或退休基金的建立和快速发展起了推动作用。目前养老或退休基金和投资基金一起成为股票市场与债券市场的主导力量。

（六）投资基金

投资基金是一种以证券为主体的金融投资信托，是一种间接的投资性金融机构或金融工具。投资基金通过向投资者发行股份或受益凭证即基金券，把社会上众多分散的闲散资金集中起来，再以适度分散的组合方式投资于各种证券和其他金融商品，从而为投资者谋取最高收益。投资基金具有投资组合、分散风险、专家理财、规模经济的特点和优势，主要由广大居民投资持有，由专门的基金管理公司进行投资运作，基金托管人（银行）保管基金资产。它在不同的国家也有不同的称谓，如在美国称为共同基金或互助基金，在英国称为单位信托基金或单位投资信托，在日本、韩国则称为证券投资信托。世界上最早的投资基金是英国于 1868 年成立的海外及殖民地政府信托基金（简称海外殖民信托基金），美国 1924 年在波士顿成立了第一支公司型开放式共同基金。

投资基金根据成立的法律基础（组织形式）不同，可分为契约型和公司型投资基金两种；根据交易方式不同又可分为开放型和封闭型投资基金两种。投资基金具有多种投资功能，可以用来积累个人财富，作为价值储藏的工具，同时是一种追求高收益的手段。参加基金投资的最低金额一般都不高，所以很受中小投资者的欢迎，从而使其在经济发达国家发展十分迅速。

（七）邮政储蓄机构

邮政储蓄机构是利用邮政部门广泛的分支机构网点设立的非银行金融机构，主要经营小额存款和汇款，一般不用缴纳存款准备金，资金运用通常是存入中央银行或购买政府债券。邮政储蓄机构于1861年在英国首创，之后在各国得到普遍发展。近年来，邮政储蓄机构也在向储蓄银行和商业银行的方向发展。

四、外资或合资金融机构

随着全球经济一体化的发展，国际经济交往日益深入，特别是跨国公司的迅速发展，使金融业的国际化步伐加快，一个国家出现了越来越多的外资或合资金融机构。所谓外资金融机构，就是指在一国境内由外国独资开设的银行或其他金融机构；合资金融机构则是指由外国资本与本国资本联合投资开设的银行或其他金融机构。各国一般都将这类金融机构列入本国金融机构体系内，受本国金融当局的监督和管理；并且各国根据自己经济发展的情况和需要采取不同的管理和限制措施，以便在稳定本国金融市场的同时，更多地吸引外资，加强国际金融交往，促进本国经济的对外开放。

第三节　中国金融机构体系

经过40多年的改革开放，目前中国已基本形成了以中国人民银行、中国银行保险监督管理委员会、中国证券监督管理委员会为领导，大型国有商业银行为主体，非银行金融机构为补充，多种金融机构并存、相互协作，分业经营、分业监管的金融机构体系格局。其具体构成包括中央银行、金融监管机构、国有商业银行、其他商业银行、政策性银行、农村信用合作社、保险公司、证券公司、其他非银行金融机构、外资金融机构。

一、中国人民银行

中国人民银行（The People’s Bank of China，POC）简称人行，是我国的中央银行，是在国务院领导下制定和实施货币政策，防范和化解金融风险，维护金融稳定的国家机关。它作为国务院组成部门，主要履行金融宏观调控职责，并代管国家外汇管理局。它具有世界各国中央银行的一般特征：货币发行的银行、银行的银行和国家的银行。它是1948年12月1日在华北银行、北海银行和西北农民银行的基础上合并建立的，并发行了人民币，标志着新中国金融机构体系的诞生（曹龙骐，2019）。1984年以前，中国人民银行既办理商业银行业务，又办理中央银行业务，同时是国务院管理全国金融业的主管机关。1983年9月17日，国务院决定，中国人民银行专门行使中央银行职能，不再对企业和个人办理信贷和储蓄业务，集中力量研究和做好全国的金融宏观决策，加强信贷资金管理，保持货币稳定，管理全国的金融业，履行对银行业、证券业、保险业、信托业的综合监管；另设中国工商银行办理中国人民银行原来办理的全部工商信贷业务和城镇储蓄业务。1995 年 3 月 18 日全国人民代表大会通过的《中华人民共和国中国人民银行法》进一步明确了中国人民银行作为中央银行的法律地位与具体职责。

中国人民银行的总行设在北京，其分支机构根据履行职责的需要而设立，作为派出机构，它们根据总行的授权，负责其辖区内的金融管理，承办有关业务。中国人民银行的机构在 1998 年以前按行政区划设置，分为总行、省（自治区、直辖市）一级分行、地区（市）二级分行和县支行四级。中国人民银行总行对其分支机构在银行业务和干部管理上实行垂直领导、统一管理。

1998 年 11 月国务院决定，撤销 31 家中国人民银行省一级分行，在全国设立 9 家跨省区分行，2 个营业管理部（北京、重庆），并且于 1998 年 12 月 31 日前全部完成组建工作，1999 年 1 月 1 日起履行中央银行职责，按新的机制运作；在不设分行的省会城市设立金融监管办事处，撤销在同一城市重复设置的分支机构，并明确了总行、大区分行、中心支行和县市支行在金融监管方面的权力和责任。建立跨行政区划金融管理体系，是我国金融体制的一项标志性的重大改革，它有利于增强中央银行执行金融监管的独立性和公正性，摆脱地方政府等各方面的不正当干预，在跨省级行政区划范围内统一调度和使用监管力量，提高监管效率，也有利于促进区域性经济的合作与发展。

2003 年 3 月，第十届全国人民代表大会第一次会议通过了《关于国务院机构改革方案的决定》，决定将银行监管职能从中国人民银行中分离出来，单独设立中国银行业监督管理委员会对银行业金融机构实施监督管理。中国人民银行在分离监管职能后，将主要履行宏观调控职能，可以更超脱地制定实施货币政策，避免宏观调控目标与微观监管需要之间的冲突，同时在实践中加强与中国银行业监督管理委员会的合作联系。

二、金融监管机构

2003～2018 年中国金融业实行"一行三会"的分业监管格局，除中国人民银行保留必要的金融监管职能外，主要由中国银行业监督管理委员会、中国证券监督管理委员会和中国保险监督管理委员会分别监管银行业、证券业和保险业；2018 年起改革为"一行两会"（中国人民银行、中国银行保险监督管理委员会和中国证券监督管理委员会）。

（一）中国银行保险监督管理委员会

2018 年 3 月，根据第十三届全国人民代表大会第一次会议批准的国务院机构改革方案，将中国银行业监督管理委员会和中国保险监督管理委员会的职责整合，组建新的国务院直属部门中国银行保险监督管理委员会（China Banking and Insurance Regulatory Commission，CBIRC，简称中国银保监会）；将中国银行业监督管理委员会拟订银行业、保险业重要法律法规草案的职责和中国保险监督管理委员会审慎监管基本制度的职责划入中国人民银行，不再保留中国银行业监督管理委员会和中国保险监督管理委员会。2018 年 4 月 8 日，中国银保监会正式揭牌。2018 年 11 月 13 日《中国银行保险监督管理委员会职能配置、内设机构和人员编制规定》（“三定” 方案，自 2018 年 8 月 14 日起施行）正式公布，明确中国银保监会内设 26 个职能部门，主要职责有：①依法依规对全国银行业和保险业实行统一监督管理，维护银行业和保险业合法、稳健运行，对派出机构实行垂直领导。②对银行业和保险业改革开放和监管有效性开展系统性研究。参与拟订金融业改革发展战略规划，参与起草银行业和保险业重要法律法规草案及审慎监管和金融消费者保护基本制度。起草银行业和保险业其他法律法规草案，提出制定和修改建议。③依据审慎监管和金融消费者保护基本制度，制定银行业和保险业审慎监管与行为监管规则。制定小额贷款公司、融资性担保公司、典当行、融资租赁公司、商业保理公司、地方资产管理公司等其他类型机构的经营规则和监管规则。制定网络借贷信息中介机构业务活动的监管制度。④围绕国家金融工作的指导方针和任务，进一步明确职能定位，强化监管职责，加强微观审慎监管、行为监管与金融消费者保护，守住不发生系统性金融风险的底线。按照简政放权要求，逐步减少并依法规范事前审批，加强事中事后监管，优化金融服务，向派出机构适当转移监管和服务职能，推动银行业和保险业机构业务和服务下沉，更好地发挥金融服务实体经济功能。

中国银行业监督管理委员会（China Banking Regulatory Commission，CBRC，简称银监会），成立于 2003 年 4 月 25 日，是国务院直属正部级事业单位，作为国务院银行业监督管理机构，根据《中华人民共和国银行业监督管理法》（2003 年 12 月通过，2006 年 10 月修正），其负责对全国银行业金融机构及其业务活动监督管理的工作，统一监督管理银行、金融资产管理公司、信托投资公司及其他存款类金融机构，维护银行业的合法、稳健运行。银监会系统在全国有四级组织机构，其中银监会机关在北京市，内设 27 个职能部门；在 31 个省（自治区、直辖市）的省会城市，以及大连、宁波、厦门、青岛、深圳等 5 个计划单列市设有 36 家银监局，在全国 306 个地区（地级市、自治州、盟）设有银监分局，在全国 1730 个县（县级市、自治县、旗、自治旗）设有监管办事处，基本覆盖了全国各层级行政区域，全系统参照《中华人民共和国公务员法》管理。

中国保险监督管理委员会（China Insurance Regulatory Commission，CIRC，简称保监会），成立于 1998 年 11 月 18 日，是国务院直属事业单位，作为国务院保险监督管理机构，依照《中华人民共和国保险法》（1995 年 6 月通过，2015 年第三次修正），根据国务院授权履行行政管理职能，统一监督管理全国保险市场，维护保险业的合法、稳健运行。2003 年，国务院决定将保监会由国务院直属副部级事业单位改为国务院直属正部级事业单位，并相应增加职能部门、派出机构和人员编制。保监会内设 16 个职能部门和 2 个事业单位，并在全国各省、自治区、直辖市、计划单列市设有 36 个保监局，在苏州、烟台、汕头、温州、唐山市设有 5 个保监分局。

（二）中国证券监督管理委员会

中国证券监督管理委员会（China Securities Regulatory Commission，CSRC，简称中

国证监会），成立于 1992 年 10 月，是国务院直属正部级事业单位，作为国务院证券监督管理机构，依照法律、法规和国务院授权，统一监督管理全国证券期货市场，维护证券期货市场秩序，保障其合法运行。中国证监会总部设在北京，会机关内设 20 个职能部门，1 个稽查总队，3 个中心；根据《中华人民共和国证券法》（1998 年 12 月通过，2014 年第三次修正）第 22 条规定，国务院证券监督管理机构设立发行审核委员会，依法审核股票发行申请。发行审核委员会由国务院证券监督管理机构的专业人员和所聘请的该机构外的有关专家组成。2019 年 12 月第二次修订的《中华人民共和国证券法》（2020 年 3 月 1 日起施行）第 21 条规定国务院证券监督管理机构或者国务院授权的部门依照法定条件负责证券发行申请的注册。中国证监会在省、自治区、直辖市和计划单列市设立 36 个证券监管局，以及上海、深圳证券监管专员办事处。

三、商业银行

商业银行是我国金融机构体系的主体。1995 年 5 月 10 日全国人民代表大会通过的《中华人民共和国商业银行法》（2003 年 12 月、2015 年 8 月修正）明确了我国商业银行的性质、经营原则及业务范围。该法指出，我国商业银行的性质为吸收公众存款、发放贷款、办理结算等业务的企业法人。商业银行以安全性、流动性、效益性为经营原则，实行自主经营，自担风险，自负盈亏，自我约束。商业银行的业务经营范围包括：吸收公众存款；发放短期、中期和长期贷款；办理国内外结算；办理票据承兑与贴现；发行金融债券；代理发行、代理兑付、承销政府债券；买卖政府债券、金融债券；从事同业拆借；买卖、代理买卖外汇；从事银行卡业务；等等。

《中华人民共和国商业银行法》还规定，未经国务院银行业监督管理机构批准，任何单位和个人不得从事吸收公众存款等商业银行业务，任何单位不得在名称中使用“银行”字样。设立全国性商业银行的注册资本最低限额为 10 亿元人民币，设立城市商业银行的注册资本最低限额为 1 亿元人民币，设立农村商业银行的注册资本最低限额为 5000 万元人民币。“商业银行在中华人民共和国境内不得从事信托投资和证券经营业务，不得向非自用不动产投资或者向非银行金融机构和企业投资，但国家另有规定的除外。”这明确了我国现阶段银行业与信托业、证券业，商业银行业务与投资银行业务仍然实行分业经营的原则。据中国银保监会统计，2018 年底我国商业银行合计总资产达 2 099 638 亿元（2019 年 9 月底为 2 350 722 亿元），占银行业金融机构总资产 2 682 401 亿元（2019 年 9 月底为 2 846 673 亿元）的 78.27%（2019 年 9 月底为 82.58%）。目前，我国商业银行主要包括以下五类。

（一）国有大型商业银行

国有大型商业银行主要包括由 1994 年政策性银行组建前的四大国家专业银行（“工农中建”，总行在北京）经过商业化改革和股份制改造后演变而来的中国工商银行、中国农业银行、中国银行、中国建设银行和 1987 年重新组建的首家全国性国有股份制商业银行——交通银行（2007 年纳入国有大行系列）及 2019 年 2 月纳入国有大行序列的中国邮政储蓄银行。国有大型商业银行无论在人员、机构网点数量上，还是在资产规模、市场占有份额上，从过去占绝对多数至今仍均处于我国整个银行业金融领域举足轻重的主导地位，在世界大银行排序中也处于较前列的位置。据统计，2018 年底我国大型商业银行(不含邮储银行)总资产达 983 534 亿元(2019 年 9 月底六大行总资产合计达 1 159 661 亿元)，占商业银行总资产的 46.84%（2019 年 9 月底为 49.33%），占银行业金融机构总资产的 36.67%（2019 年 9 月底为 40.74%）。

中国工商银行（Industrial and Commercial Bank of China，ICBC）成立于 1984 年 1 月 1 日，2005 年 10 月 28 日整体改制为股份有限公司，2006 年 10 月 27 日在上海、香港两地同步发行上市。它是我国规模最大的商业银行，其存贷业务和结算业务在国有商业银行中所占份额均为最大。2018 年，中国工商银行多项核心指标继续保持全球第一，2013～2018 年位居英国《银行家》全球银行 1000 强、美国《福布斯》(*Forbes*）全球企业 2000 强、《财富》500 强商业银行子榜单榜首，2016～2018 年位居英国 Brand Finance 全球银行品牌价值 500 强榜首；2018 年《财富》世界 500 强排名第 26 位，中国企业 500 强排行榜第 4 位、中国 500 最具价值品牌第 4 位（3345.61 亿元）；2018 年荣获《欧洲货币》"中国最佳银行"、《银行家》"中国最佳私人银行"、美国《环球金融》"中国最佳公司银行"。截至 2018 年末，中国工商银行总资产达 27.70 万亿元(2019 年 9 月底达 30.43 万亿元)，各项存款余额为 21.41 万亿元，各项贷款余额为 15.05 万亿元，股东权益为 2.34 万亿元(2019 年 9 月底达 2.67 万亿元)，当年实现营业收入 7737.89 亿元，净利润 2987.23 亿元；共有机构总数 16 820 家，其中境内机构 16 394 家，境外机构 426 家；共有员工 449 296 人（其中境外机构员工 15 687 人）；面向全球 703.3 万公司客户和 6.07 亿个人客户提供金融产品和服务。

中国农业银行（Agricultural Bank of China，ABC）成立于 1955 年 3 月 25 日，1979 年 2 月 23 日恢复成立（其前身为 1951 年成立的农业合作银行），2009 年 1 月整体改制为股份有限公司，2010 年 7 月分别在上海和香港挂牌上市，原是以经营农业信贷业务为主的专业银行，现已向多领域开展综合性金融服务，成为国内网点第二（仅次于中国邮政储蓄银行）、业务辐射范围最广的商业银行。2018 年，中国农业银行在美国《财富》杂志世界 500 强排名中位列第 40 位；在英国《银行家》杂志全球银行 1000 强排名中，以一级资本计，位列第 4 位。截至 2018 年末，中国农业银行总资产 22.61 万亿元（2019 年 9 月底达 24.87 万亿元），吸收存款 17.35 万亿元，发放贷款及垫款 11.46 万亿元，股东权益为 1.67 万亿元(2019 年 9 月底达 1.92 万亿元)，全年实现营业收入 5985.88 亿元，净利润 2026.31 亿元；境内分支机构共计 23 381 个，境外分支机构包括 13 家境外分行和 4 家境外代表处；在职员工总数 473 691 人。

中国银行（Bank of China，BOC）成立于 1912 年 2 月 5 日（前身为 1905 年 8 月成立的户部银行，1908 年 2 月更名为大清银行），是我国历史最悠久、持续经营时间最长的银行；2004 年 8 月整体改制为股份有限公司，2006 年 6 月、7 月先后在香港和上海成功挂牌上市，成为国内首家"A+H"股票发行上市的中国商业银行，也是我国全球化和综合化程度最高、国际化机构网络分布最广、国际金融业务最具优势的银行，是全球和

“一带一路”沿线布局最广的中资银行，在中国内地及 61 个国家和地区设有机构，拥有比较完善的全球服务网络，为客户提供全面的金融服务。2018 年，中国银行排名英国《银行家》全球银行 1000 强第 3 位、全球银行品牌 500 强第 4 位（价值 417.5 亿美元）、全球最具价值品牌排名第 18 名、美国《福布斯》全球企业 2000 强第 9 位、《财富》世界 500 强第 46 位、世界品牌实验室中国 500 最具价值品牌第 11 位。2018 年末，中国银行的金融机构外币存款市场份额排名第一，B 股清算业务量排名第一，海外代理行结算来委业务量排名第一，资产总额达 21.27 万亿元（2019 年 9 月底达 22.61 万亿元），存款余额为 14.88 万亿元，贷款余额为 11.52 万亿元，股东权益为 1.73 万亿元（2019 年 9 月底达 1.99 万亿元），全年实现营业收入 5041.07 亿元，净利润 1924.35 亿元；境内外机构共有 11 741 家，其中中国内地机构 11 193 家，中国香港、中国澳门、中国台湾地区及其他国家机构 548 家；共有员工 310 119 人，其中中国内地机构员工 285 797 人。

中国建设银行（China Construction Bank，CCB）成立于 1954 年 10 月 1 日（原名中国人民建设银行，1996 年 3 月 26 日改为现名），2004 年 9 月改制为股份有限公司，2005 年 10 月、2007 年 9 月先后在香港和上海成功挂牌上市，是一家以中长期信贷业务为特色、住房金融领域有传统优势的国有商业银行。2018 年，中国建设银行获评英国《银行家》杂志“中国最佳银行”、全球银行 1000 强排名第 2、美国《环球金融》杂志“全球贸易金融最具创新力银行”。2018 年末，中国建设银行资产总额达 23.22 万亿元（2019 年 9 月底达 24.52 万亿元），客户存款总额 17.11 万亿元，客户贷款和垫款总额 13.37 万亿元，股东权益总额 1.99 万亿元（2019 年 9 月底达 2.15 万亿元），全年实现营业收入 6588.91 亿元，净利润 2556.26 亿元；设有 14 977 个营业机构（其中境外机构 31 个），拥有 345 971 位员工。

交通银行（Bank of Communications，BCM）始建于 1908 年，是中国历史最悠久的银行之一，也是近代中国的发钞行之一；1986 年 7 月国务院决定重新组建交通银行，1987 年 3 月 30 日成立，4 月 1 日正式对外营业，2005 年 6 月、2007 年 5 月分别在香港和上海挂牌上市，成为中国第一家全国性的国有股份制商业银行（总行设在上海），第一家从事银行、保险、证券业务的综合性商业银行，第一家成功引进外资、第一家赴境外发行上市的中国大型商业银行。交通银行作为中国主要金融服务供应商之一，业务范围涵盖商业银行、证券、信托、金融租赁、基金管理、保险、离岸金融服务等。2018 年，交通银行已连续十年跻身《财富》世界 500 强，营业收入排名第 168 位；列《银行家》杂志全球 1000 家大银行一级资本排名第 11 位。2018 年末，交通银行资产总额 9.53 万亿元（2019 年 9 月底达 9.93 万亿元），客户存款余额 5.79 万亿元，客户贷款余额 4.74 万亿元，股东权益总额 7053.08 亿元（2019 年 9 月底达 7828.08 亿元），全年实现营业收入 2126.54 亿元，净利润 741.65 亿元；设有境内分行机构 238 家（营业网点 3241 个），境外银行机构 22 家（营业网点 66 个）；境内外行员工共计 89 542 人（其中境内员工 87 090 人）。

中国邮政储蓄银行（Postal Savings Bank of China，PSBC；简称邮储银行）是在改革原有邮政储蓄管理体制的基础上组建的商业银行。根据国务院金融体制改革的总体安排，2007 年 3 月 20 日中国邮政储蓄银行有限责任公司正式挂牌成立，承继原国家邮政局、中国邮政集团公司经营的邮政金融业务及因此而形成的资产和负债，并将继续从事原经营范围和业务许可文件批准、核准的业务。邮政储蓄是指邮政机构在办理各类邮件投递和汇兑等业务的同时，办理以个人为主要对象的储蓄存款业务。我国 1919 年成立了邮政储金局，1930 年又成立了邮政储金汇业局负责办理邮政储蓄业务，1953 年邮政储蓄业务停办。1986 年 1 月，经国务院批准，我国邮政部门恢复办理邮政储蓄业务，并设立邮政储汇局专门负责邮政储蓄管理工作。2012 年 1 月 21 日，经国务院同意并经银监会批准，中国邮政储蓄银行有限责任公司依法整体变更为中国邮政储蓄银行股份有限公司。2015 年 12 月开始，中国邮政储蓄银行由单一股东（中国邮政集团公司）向股权多元化迈进；2016 年 9 月 28 日 H 股在香港联合交易所成功上市；2019 年 12 月 10 日 A 股在上海证券交易所挂牌上市。中国邮政储蓄银行作为中国领先的大型零售商业银行，定位于服务社区、服务中小企业、服务“三农”，致力于为中国经济转型中最具活力的客户群体提供服务，现已成为全球网点数量规模最大、覆盖面最广、服务客户数量最多的商业银行。2018 年，中国邮政储蓄银行在英国《银行家》全球银行 1000 强中总资产排名第 21 位，在美国《福布斯》全球上市公司 2000 强中排名第 56 位，在美国《财富》中国 500 强中营业收入排名第 37 位，荣获美国《环球金融》“最佳中小企业服务银行”的称号。截至 2018 年末，中国邮政储蓄银行总资产达 9.52 万亿元（2019 年 9 月底达 10.11 万亿元，位居中国银行业第五位），吸收存款 8.63 万亿元，客户贷款总额 4.15 万亿元，股东权益为 4753.13 亿元（2019 年 9 月底达 5115.95 亿元），当年实现营业收入 2574.65 亿元，净利润 523.84 亿元；拥有近 4 万个营业网点，服务触角遍及广袤城乡（全国 99%县市），服务个人客户达 5.78 亿户。

（二）股份制商业银行

随着金融体制改革的不断深化，1986 年国家决定重新组建交通银行以来，陆续组建和成立了 12 家全国性中小股份制商业银行，包括以下几家。

招商银行于 1987 年 4 月 8 日成立于深圳，是中国境内第一家完全由企业法人——招商局集团持股的股份制商业银行，也是国家从体制外推动银行业改革的第一家试点银行，2002 年 4 月、2006 年 9 月分别在上海和香港挂牌上市。

中信银行原名中信实业银行，1987 年 4 月 10 日成立，中信集团控股，2005 年 11 月改为现名。

平安银行原名深圳发展银行，1987 年 12 月成立，1991 年 4 月上市，是中国第一家面向社会公众公开发行股票并上市的商业银行，2012 年 6 月吸收合并原深圳平安银行而改为现名，由中国平安保险集团控股。

兴业银行原名福建兴业银行，1988 年 8 月成立于福建省福州市，2003 年 3 月改为现名，2008 年成为中国首家采纳赤道原则（绿色金融行业标准）的“赤道银行”。

广发银行原名广东发展银行，1988 年 9 月成立于广东省广州市，2011 年 4 月改为现名。

中国光大银行是中国光大集团下属子公司，1992 年 8 月成立，1997 年 1 月完成股份制改造，成为中国国内第一家国有控股并有国际金融组织参股的全国性股份制商业银行。

华夏银行于 1992 年 10 月成立，2003 年 9 月公开发行股票并上市交易，成为全国第五家上市银行。

中国民生银行是中国第一家由民间资本设立的全国性商业银行，1996 年 1 月成立，2000 年 12 月、2009 年 11 月分别在上海和香港挂牌上市。

上海浦东发展银行于 1992 年 8 月成立，1999 年 9 月在上海发行股票并上市。

恒丰银行原名烟台住房储蓄银行，1987 年 10 月成立于山东省烟台市，是全国第一家办理房地产信贷结算业务的专业银行，2003 年 7 月股份制改造后改为现名。

浙商银行于 2004 年 8 月成立于浙江省杭州市。

渤海银行于 2005 年 12 月成立于天津，是第一家在发起设立阶段就引入境外战略投资者的中资商业银行。

此外，当时还存在中国投资银行，是 1981 年 12 月成立的我国向国外筹集建设资金办理投资信贷的专业银行，1994 年 7 月并入中国建设银行成为其全资附属的商业银行，1998 年 12 月并入国家开发银行，1999 年 3 月被中国光大银行整体收购；海南发展银行 1995 年 8 月成立于海南省海口市，1998 年 6 月破产关闭；蚌埠住房储蓄银行 1987 年 12 月成立，2000 年与当地城市信用社合并，后来成立了蚌埠市商业银行，现在重组成为徽商银行的一个分行。

这些银行按照现代商业银行机制运作，股份比较灵活，业务发展较快，虽然它们在资产规模、机构数量和人员总数等方面还远不能同大型国有商业银行相比，但其资本、资产及利润的增长速度已经高于大型国有商业银行，显现出较强的经营活力和良好的经营效益，在我国金融体系中的地位和作用日益突出。据统计，2018 年底我国股份制商业银行总资产达 470 202 亿元（2019 年 9 月底为 501 138 亿元），占商业银行总资产和银行业金融机构总资产的比例分别为 22.39%和 17.53%（2019 年 9 月底分别为 21.32%和 17.60%）。此外，除广发银行、恒丰银行和渤海银行外，其他 9 家股份制银行都先后在深圳证券交易所、上海证券交易所或香港联合交易所公开发行股票和挂牌上市交易。

（三）城市商业银行和农村商业银行

城市商业银行（简称城商行）是中国银行业的重要组成和特殊群体，主要功能是为本地区经济的发展融通资金，重点为城市中小企业的发展提供金融服务。20 世纪 90 年代中期，我国以城市信用社为基础，组建城市商业银行。它是在中国特殊历史条件下形成的，是中央金融主管部门整肃城市信用社、化解地方金融风险的产物。1998 年我国从北京开始陆续出现了以城市名称命名的商业银行，它们是由各城市原来的城市合作银行更名而成。从 1995 年开始出现的原城市合作银行（全国第一家城市商业银行——深圳市城市合作银行，2007 年更名为深圳平安银行，现为平安银行）则是在原城市信用合作社的基础上，由城市企业、居民和地方财政投资入股组成的中小型地方性股份制商业银行。城市信用合作社则是在城市市区内由城市居民、个体工商户和中小企业出资设立，主要为城市集体企业、个体工商户和城市居民服务，实行独立核算、自主经营、自负盈亏、民主管理的城市集体金融组织。它是在 20 世纪 70 年代末开始设立的，在 80 年代末和 90 年代初设立速度加快，其经营业务主要包括办理城市集体企业和个体工商户的存、贷、汇业务，办理城市个人储蓄存款业务及代办保险和其他代收代付等。1997 年底，全国共有城市信用合作社 3500 家；90 年代中期之后因其合作性质不明确、靠高息揽存支持证券及房地产投机问题较多而开始被整顿，全部改制为城市商业银行，到 2018 年底共有 134 家。据统计，2018 年末全国城市商业银行总资产达到 343 459 亿元（2019 年 9 月底为 360 714 亿元），占商业银行总资产和银行业金融机构的比例分别为 16.36%和 12.80%（2019 年 9 月底分别为 15.34%和 12.67%）。经过二十多年的发展，城市商业银行已经逐渐发展成熟，有相当多的城市商业银行已经完成了股份制改革，并通过各种途径逐步消化历史上的不良资产，转变经营模式，在当地占有了一定的市场份额。其中，北京银行、江苏银行、南京银行、上海银行、宁波银行、杭州银行、成都银行、长沙银行、郑州银行和贵阳银行等部分城市商业银行已公开发行股票并挂牌上市。城市商业银行在中国正逐步发展为一个具有相当数量和规模的银行阶层，成为中国银行业的第三梯队。

农村商业银行（简称农商行）是由辖内农民、农村工商户、企业法人和其他经济组织共同入股组成的股份制的地方性金融机构。它是我国在农村合作银行和符合条件的农村信用社基础上改制组建的，而农村合作银行也是在农村信用社基础上改制而成的。2003 年 3 月 25 日，宁波鄞州农村合作银行获批复同意开业，同年 4 月 8 日正式对外挂牌营业，它是我国第一家农村合作银行，其前身是诞生于 20 世纪 50 年代的鄞州全区 52 家农村信用社。2004 年 8 月 13 日，江苏吴江农村商业银行成立，这是深化农村信用社改革试点启动后成立的全国第一家农村商业银行。另外，农村地区还设有村镇银行这类新型农村金融机构，它是指经银监会批准，由境内外金融机构、境内非金融机构企业法人、境内自然人出资，在农村地区设立的主要为当地农民、农业和农村经济发展提供金融服务的银行业金融机构。2007 年 3 月 1 日，全国第一家村镇银行——四川仪陇惠民村镇银行在四川省仪陇县挂牌成立。截至 2018 年底，我国共有 1427 家农村商业银行、30 家农村合作银行、1616 家村镇银行。据统计，2018 年末全国农村金融机构（包括农村商业银行、农村合作银行、农村信用社及 2006 年 12 月后按银监会有关规定设立的村镇银行、贷款公司和资金互助社三类新型农村金融机构）总资产达到 345 788 亿元（2019 年 9 月底为 360 714 亿元），占银行业金融机构的比例为 12.89%（2019 年 9 月底为 13.02%）。

（四）民营银行

民营银行是指由民间资本控股，采用市场化运作，主要为民营企业提供资金支持和服务的银行。它是中国国有金融体制的重要补充，有助于打破中国银行业的国有垄断，实现金融机构多元化；民营金融机构的建立也能够促进金融市场的公平竞争，促进国有金融企业的改革，有助于金融业参与国际竞争，缓和加入世界贸易组织后外资对国内金融业的冲击。

我国首批试点的民营银行有五家。2014 年 7 月银监会正式批准三家民营银行的筹建申请。这三家民营银行分别是：以腾讯、百业源、立业为主发起人，在广东省深圳市设立的深圳前海微众银行，2014 年 12 月成立，是国内首家开业的互联网民营银行；以正泰、华峰为主发起人，在浙江省温州市设立的温州民商银行，2015 年 3 月成立，以及以华北、麦购为主发起人，在天津市设立的天津金城银行，2015 年 4 月成立。2014 年 9 月银监会正式批准筹建上海华瑞银行（2015 年 1 月成立，由上海均瑶集团、美特斯邦威等十家民企发起设立）、浙江网商银行（2015 年 5 月成立，是由浙江蚂蚁小微金融服务集团、上海复星、万向三农、宁波金润在浙江省杭州市共同发起设立的全网络化运营的互联网民营银行）。2016 年起第二批试点的民营银行陆续成立，包括重庆富民银行（2016 年 8 月成立，是民营银行常态化设立后全国第一家、也是中西部地区首家获准筹建的民营银行）、四川新网银行、湖南三湘银行、安徽新安银行、福建华通银行、武汉众邦银行、江苏苏宁银行、山东威海蓝海银行、吉林亿联银行、北京中关村银行、辽宁振兴银行、梅州客商银行等，截至 2018 年 9 月，全国已有 17 家民营银行开业运营。

（五）外资银行

外资银行也是中国商业银行体系的重要组成部分。截至 2017 年第一季度末，52 个国家和地区的银行在中国设立了 39 家外资法人银行、124 家外国银行分行和 165 家外国银行代表处，营业性机构总数为 1036 家，分布在 70 个城市。2018 年底，外资法人银行有 41 家，外国银行分行达 115 家。

四、政策性银行

政策性银行是由政府投资设立的，按照政府的决策和意向专门从事政策性金融业务的专业银行。它们不以营利为目的，而以贯彻国家产业政策和区域发展为目的，坚持不与商业性金融机构竞争、自主经营和保本微利的基本原则，并且根据具体分工的不同，服务于特定的领域，充当政府发展经济、促进社会进步、进行宏观经济管理的工具。政策性银行的重要作用在于弥补商业银行在资金配置上的缺陷，从而健全与优化一国金融体系的整体功能。其资金来源主要是财政拨款、借款和发行债券，而不是吸收公众存款。为了适应市场经济发展的需要，实现政策性金融与商业性金融分离，促进四大国有专业银行向商业银行转化，大力发展商业金融服务，1994 年我国相继建立了专门承担政策性信贷业务的国家开发银行、中国农业发展银行和中国进出口银行等三家政策性银行，总行均设在北京，直属国务院领导。随着经济形势的发展，三大政策性银行也在积极地进行改革和转型。

（一）国家开发银行

国家开发银行（China Development Bank，CDB；简称国开行），成立于 1994 年 3 月 17 日，注册资本金为 500 亿元人民币，是我国第一家和最大的政策性银行。其主要职能是向符合国家经济发展计划和产业政策的重点项目提供融资，以促进中国的经济发展；

其主要任务是按照国家法律法规和方针政策，筹集和引导境内外资金，向国家基础设施、基础产业和支柱产业的大中型基本建设和技术改造等政策项目及其配套工程发放贷款，从资金来源上对固定资产投资总量进行控制和调节，优化投资结构，提高投资效率。2007年12月31日，经国务院批准，中央汇金投资有限责任公司向国开行注资200亿美元；2008年12月16日，经改制的国家开发银行股份有限公司挂牌成立，注册资本4212.48亿元，由财政部和中央汇金投资有限责任公司控股，开始由政策性银行向商业银行转型，标志着我国政策性银行改革取得重大进展。2015年3月20日，国务院批复国开行深化改革方案，目标是把国开行建设成为资本充足、治理规范、内控严密、运营安全、服务优质、资产优良的开发性金融机构，进一步发挥开发性金融在重点领域、薄弱环节、关键时期的功能和作用，促进国民经济持续健康发展；并明确了国开行的开发性金融机构的功能定位及主要从事的开发性业务，从政策性银行序列中剥离。2017年4月19日，国开行名称变更为“国家开发银行”，组织形式变更为有限责任公司。

国开行主要通过开展中长期信贷与投资等金融业务，为国民经济重大中长期发展战略服务。截至2018年末，国开行资产总额16.2万亿元，贷款余额11.68万亿元；净利润1121亿元，资本充足率11.81%，可持续发展能力和抗风险能力进一步增强。穆迪公司、标准普尔公司等专业评级机构，连续多年对国开行评级与中国主权信用评级（A+或A1）保持一致。国开行是全球最大的开发性金融机构，中国最大的对外投融资合作银行、中长期信贷银行和债券银行。2015年，国开行在美国《财富》杂志世界企业500强中排名第87位；被美国《环球金融》杂志评为“全球50家最安全银行”。国开行目前在中国内地设有37家一级分行和4家二级分行，境外设有中国香港分行和开罗、莫斯科、里约热内卢、伦敦、悉尼等10家代表处；全行员工9000余人。

（二）中国进出口银行

中国进出口银行（The Export-Import Bank of China，CEXIM）成立于1994年4月26日，注册资本33亿元人民币（2015年7月增加至1500亿元），是由国家出资设立、支持中国对外经济贸易投资发展与国际经济合作、具有独立法人地位的国有政策性银行。其是中国外经贸支持体系的重要力量和金融体系的重要组成部分，是中国机电产品、成套设备和高新技术产品出口及对外承包工程和各类境外投资的政策性融资主渠道、外国政府贷款的主要转贷行和中国政府援外优惠贷款的承贷行。其主要职责是贯彻执行国家产业政策、对外经贸政策、金融政策和外交政策，为扩大中国机电产品、成套设备和高新技术产品出口，推动有比较优势的企业开展对外承包工程和境外投资，促进对外关系发展和国际经贸合作，提供政策性金融支持。其支持领域主要包括对外经贸发展和跨境投资，“一带一路”建设、国际产能和装备制造合作，科技、文化及中小企业“走出去”和开放型经济建设等。其贷款拨付等业务的具体经办，主要委托国有商业银行作为代理。

中国进出口银行依托国家信用支持，积极发挥在稳增长、调结构、支持外贸发展、实施“走出去”战略等方面的重要作用，加大对重点领域和薄弱环节的支持力度，促进经济社会持续健康发展。其国际信用评级也与中国主权评级（A+或A1）保持一致。截至2015年末，中国进出口银行在“一带一路”沿线国家贷款余额超过5200亿元人民币；有贷款余额的“一带一路”项目1000多个，分布于49个沿线国家，涵盖公路、铁路、港口、电力、通信等多个领域。截至2018年末，其资产总额4.19万亿元，贷款余额3.37万亿元，净利润46.22亿元；在境内设有32家分行，在境外设有巴黎分行、东南非代表处、圣彼得堡代表处、西北非代表处和中国香港代表处。

（三）中国农业发展银行

中国农业发展银行（Agricultural Development Bank of China，ADBC）是1994年4月19日获批组建，11月正式挂牌成立的我国唯一一家国有农业政策性银行，注册资本200亿元人民币（2015年增加至570亿元），其主要任务是按照国家的法律法规和方针政策等，以国家信用为基础，以市场为依托，筹集支农资金，承担国家规定的农业政策性金融业务，代理财政性支农资金的拨付，为农业和农村经济发展服务，支持“三农”事业发展，发挥国家战略支撑作用。截至2018年末，中国农业发展银行资产总额6.85万亿元，贷款余额5.14万亿元，所有者权益1536.67亿元，全年实现营业收入907.22亿元、净利润181.17亿元；全系统共有31个省级分行、338个二级分行和1828个县域营业机构，员工5万多人，服务网络遍布中国各地。

五、非银行金融机构

非银行金融机构是除商业银行和专业银行以外的其他所有金融机构，主要经办某种专门的金融业务和金融服务，以发行股票和债券、接受信用委托、提供保险等形式筹集资金，并且将所筹资金运用于长期性投资的金融机构，是我国金融体系的重要组成部分，主要包括农村信用合作社、保险公司、信托投资公司、证券公司、投资基金、企业集团财务公司、金融租赁公司、金融资产管理公司等。

（一）农村信用合作社

农村信用合作社是20世纪50年代初期开始我国在广大农村普遍组建起来的，由农民入股，实行民主管理，主要为社员服务的合作性农村集体金融组织，也是我国历史最长、规模最大、覆盖面最广且为目前主要的合作金融组织形式。其主要业务活动是经营农村个人储蓄及农户、个体经济户的存款、贷款和结算，同时贯彻自主经营、独立核算、自负盈亏、自担风险的原则。此外，建有由社员社入股而成的农村信用社联合社，承担对作为联社成员的信用合作社的行业管理任务及在资金清算与资金调剂等方面为社员社提供服务。农村信用合作社长期以来是作为国家银行的基层机构而缺乏合作性质，且经济发展落后地区的农村信用合作社更是面临经营困境，因此改革开放后我国对农村信用合作社进行了多次整顿和改革，从1996年国务院决定农村信用合作社与中国农业银行脱钩开始，农村信用合作社才开始真正走向合作办社的道路。2003年国务院明确要求把农村信用合作社逐步办成由农民、农村工商户和各类经济组织入股，为农民、农业和农村经济发展服务的社区性地方金融机构，充分发挥农村信用合作社农村金融主力军和联系农民的金融纽带作用；从 2003 年 3 月起开始对符合条件的农村信用合作社进行改制，组建为农村合作银行和农村商业银行。2000 年末，全国农村信用社系统有法人机构 40 141 个，其中农村信用社 37 624 家、县级联社 2447 家、市（地）级联社 66 家、省级联社 4 家；截至 2010 年末，我国农村信用合作社还有 20 438 家；而到 2018 年末则只剩下 812 家农村信用合作社。

（二）保险公司

我国的保险业从改革开放初的中国人民保险公司独家垄断，逐渐发展为 20 世纪 90 年代中国人民保险公司、中国人寿保险公司、中国平安保险公司、中国太平洋保险公司等大型保险公司相互竞争，股份制保险公司和外资保险公司并存的主要格局，到目前基本形成以国有保险公司为主体，多种保险形式并存，多家保险公司竞争和共同发展的保险机构体系，并且成为金融业中最具活力、发展最快的行业。我国的保险业务按范围可划分为财产保险、人身保险、责任保险和保证保险四大类，另外还有一种保险机构之间的保险业务，叫再保险或分保。据统计，2000 年全国保险业共实现保费收入 1595 9 亿元，其中财产险保费收入 598.4 亿元，寿险保费收入 997.5 亿元；截至 2000 年底，保险公司总资产达到 3373.9 亿元。到 2018 年，全国保险业原保险保费收入 38 016.62 亿元（其中产险公司原保险保费收入 11 755.69 亿元，寿险公司原保险保费收入 26 260.87 亿元）①，同比增长 3.92%；总资产 183 308.92 亿元（其中产险公司总资产 23 484.85 亿元，人身险公司总资产 146 087.48 亿元，再保险公司总资产 3649.79 亿元，资产管理公司总资产 557.34 亿元）②，净资产 20 154.41 亿元。2018 年底我国保险机构数量达 232 家，包括 12 家保险集团控股公司、96 家人寿保险公司、88 家财产保险公司、12 家再保险公司、24 家保险资产管理公司，另外还有 190 家外资保险公司代表处、5 家农村保险互助社和财产相互保险社等。

中国人民保险公司（The People’s Insurance Company（Group）of China Limited，PICC）成立于 1949 年 10 月 20 日，是国内历史最悠久的保险公司（属中央金融企业），历经数次重大变革。1979 年 10 月中国人民保险公司恢复国内保险业务；根据 1995 年 10 月 1 日开始实施的《中华人民共和国保险法》关于财产保险和人身保险分业经营的原则，1996 年 7 月中国人民保险公司改组为中国人民保险（集团）公司（简称中保集团），下设中保财产保险有限公司、中保人寿保险有限公司、中保再保险有限公司三个专业子公司，分别经营各类财产保险业务、人身保险业务和再保险业务。在此基础上，1998 年国务院又撤销了中保集团，将其三家子公司完全独立，并分别更名为中国人民保险公司、

① 根据中国银保监会《2018 年保险统计数据报告》，原保险保费收入数据加总不一致的原因是在寿险公司原保险保费收入 26 260.87 亿元中不包括中华联合控股寿险业务的收入数据。

② 总资产加总数据不一致的原因可能为官方只公布了主要类型保险业机构的数据，还有少数其他类型的保险业机构的数据并没有单独列出来。

中国人寿保险公司和中国再保险公司。其中，中国人民保险公司于 2003 年 7 月发起设立中国人民财产保险股份有限公司，并更名为中国人保控股公司；同年发起设立了国内第一家保险资产管理公司——中国人保资产管理股份有限公司，并于 2016 年更名为中国人保资产管理有限公司；2007 年 6 月，中国人保控股公司复名为中国人民保险集团公司；2009 年 9 月，成功改制为中国人民保险集团股份有限公司，实现了从传统国有企业向现代国有控股金融保险集团的重大转变；其旗下的中国人民财产保险股份有限公司 2003 年在香港联合交易所成功挂牌上市，成为中国内地大型国有金融企业海外上市“第一股”，是亚洲第一大非寿险公众公司。2012 年 12 月 7 日，中国人民保险集团股份有限公司在香港联合交易所完成了 H 股上市，开创了中央管理的保险集团海外整体上市的先河；2018 年 11 月 16 日，中国人民保险集团在上海证券交易所 A 股上市。目前，中国人民保险集团股份有限公司旗下拥有 10 多家专业子公司，2017 年末总资产为人民币 1.03 万亿元，股东权益 2063.01 亿元，营业收入为 5037.99 亿元（其中保费收入 4986.08 亿元），净利润 187.15 亿元，荣登《财富》2018 年世界 500 强第 117 位。

中国人寿保险公司 2003 年 6 月 30 日重组改制为中国人寿保险（集团）公司，并独家发起设立中国人寿保险股份有限公司，以及通过资本运作参股了多家银行、证券公司等其他金融和非金融机构；2003 年 12 月 17 日和 18 日，中国人寿保险股份有限公司分别在纽约和香港上市；2007 年 1 月 9 日，回归国内 A 股上市，自此公司成为国内首家“三地上市”的金融保险企业。目前，中国人寿保险（集团）公司及其子公司构成了我国最大的国有金融保险集团，2003～2019 年已连续 17 年入选《财富》世界 500 强，2019 年排名第 51 位（2018 年排第 42 位），世界品牌实验室 2019 年中国 500 最具价值品牌排行榜第 5 位（品牌价值 3539.87 亿元，保险行业蝉联第一）；截至 2018 年，集团公司合并营业收入 7684 亿元，合并保费收入 6463 亿元，合并总资产近 4 万亿元。截至 2018 年底，作为核心成员单位的中国人寿保险股份有限公司总资产达 3.25 万亿元（位居国内人寿保险行业榜首），股东权益 3183.71 亿元，全年公司营业收入为 6431.01 亿元，保费收入 5358.26 亿元，净利润 113.95 亿元，继续占据人寿保险市场主导地位；2017 年底公司总市值达 1208.34 亿美元，位居全球上市人寿保险公司首位，名列 2018 年《福布斯》全球上市公司 2000 强第 35 位。

中国平安保险（集团）股份有限公司的前身为平安保险公司，成立于 1988 年 3 月 15 日，总公司设在深圳，是我国第一家股份制保险公司，它的成立标志着中国保险市场开始进入多元竞争时代；1992 年 6 月更名为中国平安保险公司，经营区域扩大到全国；1994 年成为国内第一家引入外资（摩根士丹利、高盛）的金融保险企业；2003 年 2 月重组为中国平安保险（集团）股份有限公司，现已形成了以保险为主，融证券、信托、投资、银行和海外业务为一体的综合性金融保险集团架构；2004 年、2007 年分别在香港和上海两地挂牌上市。2018 年在《福布斯》全球上市公司 2000 强中名列第 10 位，居全球保险集团第一；在美国《财富》世界 500 强名列第 29 位、中国 500 强企业第 4 位，蝉联中国保险业第 1 位和中国内地混合所有制企业第 1 位。截至 2018 年底，集团总资产达 7.14 万亿元，股东权益为 6836.43 亿元，员工约 180 万人，集团营业收入 9768.32 亿元，净利润 1074.04 亿元；集团总市值突破 1.20 万亿元，在全球金融集团中排名第 6 位，全球保险集团市值、品牌第一。

中国太平洋保险（集团）股份有限公司（China Pacific Insurance（Group）Company Limited，CPIC）是在1991年5月13日成立的中国太平洋保险公司的基础上于2001年组建而成的保险集团公司，总部设在上海，是国内领先的“A+H”股上市综合性保险集团。其前身为交通银行保险部，1995年与交通银行脱钩；2007年、2009年分别在上海和香港两地挂牌上市。平安保险和太平洋保险两家保险公司成立后与中国人民保险逐步在全国许多地区的保险市场上形成三足鼎立的局面。太平洋保险2011～2019年连续9年入选《财富》世界500强，2019年位列第199位（2018年位列220位）。2018年底中国太平洋保险集团总资产达1.34万亿元，股东权益为1495.76亿元，员工107 741人；当年实现营业收入3543.63亿元（其中保险业务收入3218.95亿元），净利润180.19亿元。

（三）信托公司

信托公司或信托投资公司是一种以受托人的身份代人理财，经营信托投资业务的金融机构。它与银行、保险并称为现代金融业的三大支柱。我国的信托机构是在经济体制改革后开始创办起来的，如目前规模最大、成立最早的中国中信集团有限公司（China International Trust and Investment Corporation，CITIC；原名中国国际信托投资公司，简称中信公司），其是在改革开放总设计师邓小平倡导和支持下，在1979年10月4日由国家副主席荣毅仁创办的，作为中国对外开放的一个窗口。此后又陆续设立了一批全国性和地方性信托投资公司。中信公司2002年改制更名为中国中信集团公司，成为国家授权投资机构；2011年又整体改制为国有独资公司，更名为中国中信集团有限公司（简称中信集团），并发起设立了中国中信股份有限公司；2014年8月中信集团通过将中信股份100%股权注入香港上市公司中信泰富从而实现了境外整体上市。中信集团现已发展成为业务主要集中在金融、实业和其他服务业领域的国有大型综合性跨国企业集团；2019年连续第11年上榜美国《财富》杂志世界500强，排名第137位（2018年排名第149位），位居2018年中国企业500强第36位；截至2018年底，中信股份的总资产达港币76 607亿元，营业收入为港币5333亿元，归属于普通股股东的净利润为港币502亿元。

我国信托公司的主要业务主要包括：经营资金和财产委托、代理资产保管、金融租赁、经济咨询、证券发行及投资等。1995年以来，根据分业经营与规范管理的要求，我国陆续铺开对信托投资公司的调整改组、脱钩及重新登记工作以化解多年来积聚的金融风险。根据《国务院关于进一步清理整顿金融性公司的通知》，我国信托投资公司的业务范围主要限于信托、投资和其他代理业务，少数确属需要的经中国人民银行批准可以兼营租赁、证券业务和发行一年以内的专项信托受益债券，用于进行有特定对象的贷款和投资，但不准办理银行存款业务。信托业务一律采取与委托人和受托人签订信托契约的方式进行，信托投资公司受托管理和运用信托资金、财产，只能收取手续费，费率由中国人民银行（2003年后改为银监会）会同有关部门制定。2007年，银监会制定新的《信托公司管理办法》时，将原来的“信托投资公司”统一改称为“信托公司”。截至2000

年底，全国共有 177 家信托投资公司；到 2016 年底，总共还有 68 家信托公司。截至 2018 年末，全国 68 家信托公司受托资产为 22.70 万亿元，所有者权益为 5749.30 亿元。

（四）证券公司

证券公司是指依照《中华人民共和国公司法》和《中华人民共和国证券法》的规定设立并经国务院证券监督管理机构审查批准而成立的专门经营证券业务，具有独立法人地位的有限责任公司或者股份有限公司。它是专门从事有价证券买卖和发行的非银行金融机构，也称券商，包括综合类和经纪类两类证券公司。其主要业务有：证券经纪，证券投资咨询，与证券交易、证券投资活动有关的财务顾问，证券承销与保荐，证券自营，证券资产管理，其他证券业务等。我国成立的第一家专业证券公司——深圳经济特区证券公司成立于 1987 年 9 月 27 日，2001 年增资扩股至 6 亿元从而成为一家综合类券商，之后更名为巨田证券，但因背负着包括委托理财和占用保证金在内的历史包袱，而未能按期完成整改，从 2006 年 5 月 8 日起巨田证券被中国证监会采取了限制业务措施，先后暂停了保荐、承销业务和公司证券账户开户代理业务，到 2006 年 10 月 13 日收市后其经纪业务及所属证券营业部也被招商证券托管，至此退出市场。目前我国规模最大的证券公司是中信证券股份有限公司。它于 1995 年 10 月 25 日在北京成立，2003 年 1 月、2011 年 10 月分别在上海和香港挂牌上市交易，是中国第一家“A+H”股上市的证券公司；2018 年实现营业收入人民币 372.21 亿元，净利润人民币 93.90 亿元，收入和净利润连续十多年保持行业第一；截至 2018 年底，公司总资产 6531 亿元，净资产 1531 亿元，净资本 920 亿元。

据统计，截至 2018 年底，全国共有 131 家证券公司，总资产为 6.27 万亿元，净资产为 1.89 万亿元，净资本为 1.57 万亿元，客户交易结算资金余额（含信用交易资金）9378.91 亿元，托管证券市值 32.62 万亿元，受托管理资金本金总额 14.11 万亿元；2018 年实现营业收入 2662.87 亿元，实现净利润 666.20 亿元，106 家公司实现盈利。

（五）证券投资基金

证券投资基金是指通过公开或者非公开发售基金份额募集资金，由基金托管人托管，由基金管理人管理和运用资金，为基金份额持有人的利益，以资产组合方式进行证券投资的一种利益共享、风险共担的集合投资方式。它可以分为公募和私募两类：①公募证券投资基金是受政府主管部门监管的，向不特定投资者公开发行受益凭证的证券投资基金，这些基金在法律的严格监管下，有着信息披露、利润分配、运行限制等行业规范；②私募证券投资基金是指通过非公开方式向少数机构投资者和富有的个人投资者募集资金而设立的基金，它的销售和赎回都是基金管理人通过私下与投资者协商进行的。在这个意义上，私募基金也可以称为向特定对象募集的基金，它包括阳光私募、公司型基金和有限合伙制三种形式。

证券投资基金在我国发展的时间还比较短，但在证券监管机构的大力扶植下，在短短几年时间里获得了突飞猛进的发展。1997 年 11 月，国务院颁布《证券投资基金管理暂行办法》；1998 年 3 月，两只封闭式基金——基金金泰、基金开元设立，分别由国泰基金管理公司和南方基金管理公司管理；2004 年 6 月 1 日，《中华人民共和国证券投资基金法》正式实施，以法律形式确认了证券投资基金在资本市场及社会主义市场经济中的地位和作用，成为中国证券投资基金发展史上的一个重要里程碑。证券投资基金从此进入崭新的发展阶段，基金数量和规模迅速增长，市场地位日趋重要。2000 年 10 月 8 日，中国证监会发布了《开放式证券投资基金试点办法》；2001 年 9 月，我国第一只开放式基金诞生。此后，我国基金市场进入开放式基金的发展阶段，开放式基金成为基金设立的主要形式，而封闭式基金的发展则陷入停滞状态，陆续有到期封闭式基金转为开放式基金。

近年来，我国基金业发展迅速，基金管理公司数量不断增加，管理基金规模不断扩大。2007 年我国出现了第一家管理基金规模超过千亿元的基金公司；符合条件的基金管理公司也开展为特定客户管理资产的业务。此外，2006 年中国基金业开始了国际化航程，获得 QDII[①]资格的国内基金管理公司可以通过募集基金投资国际市场，即设立 QDII 基金。2008 年起，部分基金管理公司获准到香港设立分公司，从事资产管理业务。截至 2018 年末，全国共有基金管理公司 120 家，基金管理公司和 15 家取得公募资格的其他资产管理机构共管理公募基金 13.03 万亿元。到 2019 年 10 月底，我国境内共有基金管理公司 127 家，其中内资公司 83 家、中外合资公司 44 家，取得公募基金管理资格的证券公司或证券公司资产管理子公司共 13 家、保险资产管理公司 2 家；以上机构管理的公募证券投资基金产品 6270 只，资产合计 13.91 万亿元；另有证券投资基金托管人 45 家（商业银行或证券公司）。另外，中国证券投资基金业协会已登记私募基金管理人 2.44 万家，已备案私募基金 8.07 万只，管理基金规模 13.69 万亿元，私募基金管理人员工总人数 23.75 万人。私募基金已经成为多层次资本市场的重要参与者。

（六）企业集团财务公司

我国的企业集团财务公司是在改革开放以后，企业集团为适应其内部成员单位之间调剂资金的需要而组建的，是我国企业体制改革和金融体制改革的产物，其宗旨和任务是为本企业集团内部各成员企业筹资和融通资金，促进其技术改造和技术进步，如中国华能财务公司（现为中国华能财务有限责任公司）、中国化工进出口财务公司等。1987 年 5 月我国第一家企业集团财务公司即东风汽车工业财务公司成立，此后在能源电力、石油化工、钢铁冶金、装备制造等基础产业和重要领域的大型企业集团几乎都相继建立了自己的财务公司。企业集团财务公司的特点就是为集团内部成员提供金融服务，其业务主要有存款、贷款、结算、票据贴现、融资性租赁、投资、委托及代理发行有价证券等，但它不是商业银行，其资金来源和资金运用限定在企业集团内部，不得从企业集团之外吸收存款，也不得向非集团单位和个人发放贷款。企业集团财务公司的称谓也仅在

---

① QDII 即 qualified domestic institutional investor，意为合格境内机构投资者。

我国应用，它区别于普通意义上的财务公司或金融公司。我国 2006 年修订的《企业集团财务公司管理办法》中规定，企业集团财务公司是指以加强企业集团资金集中管理和提高企业集团资金使用效率为目的，为企业集团成员单位提供财务管理服务的非银行金融机构。财务公司在业务上接受银监会（现为中国银保监会）的领导和监管，在行政上则隶属于各企业集团。2000 年底，我国共有企业集团财务公司 71 家；截至 2018 年末，企业集团财务公司全行业法人机构数量 253 家，行业总资产 6.15 万亿元，贷款 2.84 万亿元，存款 4.91 万亿元，所有者权益 8885.37 亿元，当年实现营业净收入 1413 亿元，净利润 758.78 亿元。

（七）金融租赁公司

金融租赁公司又称融资租赁公司，是指主要办理融资性租赁业务的专业金融机构，它主要以融物的形式向企业提供融资。其主要业务有融资租赁业务、吸收特定项目下的信托资金、租赁项目下的流动资金贷款业务、外汇及其他业务等。金融租赁公司成为兼有融资、投资和促销多种功能，以金融租赁业务为主的非银行金融机构。金融租赁在发达国家已经成为设备投资中仅次于银行信贷的第二大融资方式。根据银监会 2014 年 3 月公布施行的《金融租赁公司管理办法》规定，“金融租赁公司，是指经银监会批准，以经营融资租赁业务为主的非银行金融机构”；“融资租赁，是指出租人根据承租人对租赁物和供货人的选择或认可，将其从供货人处取得的租赁物按合同约定出租给承租人占有、使用，向承租人收取租金的交易活动”；“银监会及其派出机构依法对金融租赁公司实施监督管理”。我国的金融租赁业起源于 1981 年 4 月，最早的租赁公司以中外合资企业的形式出现，其原始动机是引进外资。自 1981 年 7 月成立的首家由中资组成的中国租赁有限公司到 1997 年经中国人民银行批准的金融租赁公司共有 16 家。1997 年开始，海南国际租赁有限公司、广东国际租赁有限公司、武汉国际租赁公司和中国华阳金融租赁有限公司（2000 年关闭）先后退出市场。目前，经过增资扩股后正常经营的金融租赁公司主要从事公交、城建、医疗、航空、信息技术（information technology，IT）等产业。截至 2017 年底，全国共有金融租赁公司 69 家（其中银行系 47 家），累计注册资本 1974 亿元，行业总资产 2.46 万亿元。

（八）金融资产管理公司

1999 年我国先后建立了四家由国家投资的专门处理国有商业银行不良资产的政策性金融资产管理公司（Asset Management Corporation，AMC），即中国华融资产管理公司、中国长城资产管理公司、中国东方资产管理公司和中国信达资产管理公司（4 月首先成立），分别收购、管理和处置从中国工商银行、中国农业银行、中国银行、中国建设银行四家国有独资商业银行及国开行中剥离出来的 1996 年以前形成的不良贷款。这是中国金融体制改革的一项重要举措，对于依法处置国有商业银行的不良资产，防范和化解金融风险，推动国有银行轻装上阵，促进国有企业扭亏脱困和改制发展，以及实现国有经济的战略重组都具有重要意义。四家公司总部均设在北京，资本金均为100亿元人民币，由财政部全额拨入，并规定存续期为10年；作为国有独资非银行金融机构，以最大限度保全资产、减少损失为主要经营目标，依法独立承担民事责任。四家公司通过综合运用债务追偿、债务重组、资产置换、出售、拍卖、证券化等方式，积极处置从四大行收购的1.4万亿元不良资产，并按国务院统一部署对580户国有大中型企业实施债转股（对企业阶段性持股）。2004年初，国家明确了金融资产管理公司改革和发展的方向，即建立政策性收购不良资产处置目标责任制，允许资产管理公司开展商业化收购和接受委托代理处置不良资产业务，走市场化、商业化的路子。

2007年四家资产管理公司完成政策性不良资产收购任务，开始进行纯商业化资产运作，向商业化转型，之后中国信达资产管理公司（2010年6月）、中国华融资产管理公司（2012年9月）、中国东方资产管理公司（2016年8月）、中国长城资产管理公司（2016年12月）先后进行了股份制改革，增资扩股成立了国有控股的资产管理股份有限公司，中国信达资产管理股份有限公司、中国华融资产管理股份有限公司分别于2013年12月和2015年10月在香港联合交易所主板上市。其中规模最大的中国华融资产管理股份有限公司，2018年末总资产达人民币1.71万亿元，净资产达1686亿元，当年实现营业收入1072.5亿元，净利润15.1亿元（2019年上半年净利润28.12亿元）；其有31家分公司，旗下拥有华融证券、华融金融租赁、华融湘江银行、华融信托、华融期货、华融消费金融等多家营运子公司，服务网络遍及全国30个省、自治区、直辖市（不包括西藏自治区）和香港、澳门特别行政区；对外提供不良资产经营、资产经营管理、银行、证券、信托、金融租赁、投资、期货、消费金融等多牌照、多功能、一揽子综合金融服务；其在2018年中国企业500强排名第130位。

（九）其他

此外，还有代表国家运用外汇储备对国有金融重点企业进行股权投资的中央汇金投资有限责任公司（2003年12月成立，注册资本8282.09亿元人民币）和专事外汇投资运作、作为国家主权财富基金的中国投资有限责任公司（2007年9月成立，注册资本2000亿美元，中央汇金投资有限责任公司作为全资子公司整体并入中国投资有限责任公司）两家国有独资公司，以及货币经纪公司、汽车金融公司、消费金融公司、小额贷款公司、农村资金互助社、担保公司、期货公司、股权交易所、银行理财子公司等各类非银行金融机构。据统计，2018年底我国设有5家货币经纪公司、25家汽车金融公司、23家消费金融公司、13家贷款公司、45家农村资金互助社。截至2018年末，我国共有149家期货公司，下设79家风险管理子公司、10家资产管理子公司，行业总资产约5400亿元。

六、在华外资金融机构

改革开放以来，我国本着循序渐进、逐步放开的原则引进外资金融机构（包括外资独资、中外合资）。目前在我国境内设立的外资金融机构主要有两类：①外资金融机构在华代表处，其工作范围是进行有关工作洽谈、联络、咨询、服务等非营业活动，不得从事任何直接营利的业务活动。在华设立代表处，是外资金融机构进入我国必须走的一个步骤。1979 年，日本输出入银行在北京设立了我国第一家外资银行的代表处。②外资金融机构在华设立的营业性分支机构和法人机构，包括外资独资银行、外国银行分行、中外合资银行、外资独资财务公司、中外合资财务公司、外资保险公司等，一般设立在经济特区、大城市等经国务院确定的地区，可以从事经批准的有关营利性业务活动，受到中国有关外资金融机构管理办法的规范。此外，外资金融机构也通过参股的方式入股中资金融机构。到 1997 年底，各类在华外资金融机构代表处共有 544 家（其中包括银行 277 家、保险公司 181 家、投资银行 58 家）；在华外资营业性金融机构 173 家（其中包括外国银行分行 142 家、中外合资银行 7 家、外资独资银行 5 家、中外合资财务公司 4 家、外资保险公司 8 家）。截至 2001 年 6 月末，在华外资银行代表处为 221 家、营业性机构达 190 家，其中外国银行分行 158 家、下设支行 6 家，当地注册机构（独资、合资银行）19 家、下设分行 7 家；在华外资银行总资产为 410.44 亿美元，其中外国分行总资产为 387.81 亿美元，在华注册法人机构总资产 22.63 亿美元；已有 32 家外资银行获准从事人民币业务。

2001 年 12 月 11 日，我国正式加入世界贸易组织。按照与有关国家签署的协议，我国采取循序渐进的原则开放金融业，包括银行业、证券业和保险业，其目标是在协议中所承诺的 5 年过渡期满之后，中国全面开放金融业，从而实现外资金融机构在我国享有国民待遇。截至 2011 年底，有 47 个国家和地区的 185 家银行在华设立了 216 家代表处；25 个国家和地区的 74 家外国银行在华设立了 320 家分行；2016 年底，我国境内银行业金融机构中共有 39 家外资法人金融机构、1 家中德住房储蓄银行。到 2017 年底，我国共有外资银行业营业性机构 1013 家，外资银行总资产 3.24 万亿元（同比增长 10.76%），占银行业金融机构总资产比重 1.28%，当年实现净利润 146.46 亿元（同比增长 14.59%）；外资保险业营业性机构 71 家，外资保险公司总资产 1.03 万亿元（同比增长 13.33%），当年实现保费收入 2140.06 亿元（同比增长 35.7%），市场份额分别为 6.15%和 5.85%。此外，截至 2018 年 10 月底，经批准可参与我国境内证券市场投资的合格境外机构投资者（qualified foreign institutional investors，QFII）有 309 家，人民币合格境外机构投资者（RMB qualified foreign institutional investors，RQFII）有 231 家。

虽然目前在华外资金融机构的规模和市场份额还保持在较低水平，但其增长速度较快；随着中国金融市场进一步对外开放，外资金融机构的数量、种类和业务规模将不断扩大，在促进中国金融业改革与发展、支持中国经济建设方面也将发挥更重要的作用。2018 年以来，中国加快了金融业对外开放步伐，外资机构市场准入和在华展业取得明显进展。例如，美国运通公司发起设立银行卡清算机构——连通公司的筹备申请获批，迈出中国银行卡市场开放的重要一步；美国标准普尔公司在华设立的独资法人信用评级机构获准进入中国信用评级市场；德国安联保险集团筹建安联（中国）保险控股有限公司，成为首家外资控股保险公司；瑞银集团增持瑞银证券的股比至 51%，成为首家外资控股证券公司。

本章小结

1. 货币、信用和资金融通活动，在很大程度上都要经由银行等金融机构办理。金融机构的存在有其必要性：可以调节借贷数额、调节借贷期限、减少交易成本及降低融资风险。现代金融机构的性质主要是一种特殊的金融企业，其基本职能包括信用中介职能、支付中介职能、信用创造职能和金融服务职能。其中银行作为最重要的金融机构，在国民经济中占有重要地位。

2. 各国金融机构体系一般由银行机构体系和非银行金融机构体系构成。银行机构体系主要包括中央银行、商业银行和专业银行，其中中央银行是一国金融体系的中心，商业银行是一国金融体系的骨干，专业银行则有投资银行、开发银行、储蓄银行、抵押银行、农业银行、进出口银行等种类。非银行金融机构体系的构成比较庞杂，主要包括保险公司、信用合作社、信托投资公司、金融公司、金融租赁公司、养老基金、投资基金、邮政储蓄机构等。

3. 中国目前已基本形成了以中国人民银行、中国银保监会、中国证监会为领导，国有商业银行为主体，非银行金融机构为补充，多种金融机构并存、相互协作，分业经营、分业监管的金融机构体系格局。其具体构成包括中央银行、金融监管机构、国有商业银行、其他商业银行、政策性银行、农村信用合作社、保险公司、证券公司、其他非银行金融机构、外资金融机构。

本章参考文献

艾洪德，范立夫. 2017. 货币银行学[M]. 2 版. 大连：东北财经大学出版社.
曹龙骐. 2016. 金融学[M]. 5 版. 北京：高等教育出版社.
曹龙骐. 2019. 金融学[M]. 6 版. 北京：高等教育出版社.
戴国强. 1999. 商业银行经营学[M]. 北京：高等教育出版社.
黄达. 2000. 货币银行学[M]. 北京：中国人民大学出版社.
黄达. 2012. 金融学[M]. 3 版. 北京：中国人民大学出版社.
蒋先玲. 2017. 货币金融学[M]. 2 版. 北京：机械工业出版社.
米什金 F S. 2016. 货币金融学（美国商学院版，原书第 4 版）[M]. 蒋先玲，等，译. 北京：机械工业出版社.
秦艳梅. 1999. 货币银行学[M]. 北京：经济科学出版社.
托马斯 L B. 1999. 货币、银行与金融市场[M]. 马晓萍，等，译. 北京：机械工业出版社.
夏德仁，李念斋. 1997. 货币银行学[M]. 北京：中国金融出版社.
姚长辉. 1998. 货币银行学[M]. 北京：北京大学出版社.
朱为英，彭迪云. 2003. 货币银行学[M]. 南昌：江西科学技术出版社.

本章综合测试题

一、填空题

1. 专门从事各种金融活动的组织是________________。

2. 金融机构存在的必要性在于它能够__________、__________、__________和__________。

3. 现代金融机构一般是以__________为目标，以经营__________为对象的特殊_____组织。

4. 金融机构的职能包括__________、__________、________和__________，其中最基本的是_________职能。

5. 各国金融机构体系一般由_________和_________构成，具体包括：_________、_________、___________、___________及___________。

6. 银行体系主要可分为___________、___________和___________。

7. __________是一个国家的金融管理机构，是现代各国金融体系的中心和主导环节。

8. __________是一国金融机构体系中的骨干和主体。

9. __________是专门经营某种特定范围的金融业务和提供专门性金融服务的银行。

10. __________是在特定行业或特定范围内发展起来的一种互助合作性非银行金融机构。

11. __________主要是以受托人的身份，通过广泛开办信托业务来实现资金的筹集和融通。

12. __________是一种向参加养老金计划者以年金形式提供退休收入的金融机构。

13. __________是一种以证券为主体的投资信托，是一种间接的金融投资机构或工具。

14. 目前我国已基本形成了以______________、________________、______________为领导，______________为主体，____________为补充，多种金融机构并存，分工协作的金融机构体系格局。

15. 我国的中央银行是______________。

16. 我国的商业银行目前主要包括________________、________________、______________、__________________和______________五类。

17. 大型国有商业银行包括______________、______________、______________、和__________，其中规模最大的是______________，历史最悠久的且国际金融业务最具优势的是__________。

18. 我国第一家以公有制为主体的全国性股份制商业银行是______________。

19. __________是由政府投资设立，按照政府的决策和意向专门从事政策性金融业务的银行。

20. 1994年我国建立了三家政策性银行：____________、______________和______________，目前还有两家。

21. 我国规模最大、成立最早的信托投资公司是__________________。

22. 我国财务公司的资金来源和资金运用一般限定在______________内部。

23. 1999年我国建立了四家政策性金融资产管理公司：________________、________________、__________________和__________________。

24. 我国目前专门负责邮政储蓄业务的金融机构是__________________。

二、单项选择题

1. 金融机构最基本的职能是（　　）。

A. 信用中介职能　　B. 支付中介职能

C. 信用创造职能　　D. 金融服务职能

2. 在一国金融机构体系中居于领导核心地位的是（　　）。

A. 商业银行　　B. 专业银行

C. 中央银行　　D. 非银行金融机构

3. 在一国金融机构体系中居于主体、骨干地位的是（　　）。

A. 中央银行　　B. 商业银行

C. 专业银行　　D. 非银行金融机构

4. 专门对工商企业办理投资和长期信贷业务的银行是（　　）。

A. 开发银行　　B. 抵押银行　　C. 储蓄银行　　D. 投资银行

5. 主要以基本建设项目和资源开发项目为投资对象的银行是（　　）。

A. 投资银行　　B. 农业银行　　C. 开发银行　　D. 抵押银行

6. 兼有储蓄银行性质的保险公司是（　　）。

A. 财产保险公司　　B. 人寿保险公司

C. 火灾和事故保险公司　　D. 信贷保险公司

7. 我国的中央银行是（　　）。

A. 中国人民银行　　B. 中国银行　　C. 中国工商银行　　D. 华夏银行

8. 我国金融机构体系的主体是（　　）。

A. 中国人民银行　　B. 大型国有商业银行

C. 股份制商业银行　　D. 非银行金融机构

9. 我国目前规模最大的商业银行是（　　）。

A. 中国银行　　B. 中国建设银行

C. 中国农业银行　　D. 中国工商银行

10. 我国现有银行中历史最悠久的是（　　）。

A. 中国人民银行　　B. 中国民生银行　　C. 中国银行　　D. 交通银行

11. 我国第一家以公有制为主体的全国性股份制商业银行是（　　）。

A. 交通银行　　B. 招商银行

C. 华夏银行　　D. 中国光大银行

12. 我国第一家及规模最大的政策性银行是（　　）。

A. 中国进出口银行　　B. 国家开发银行

C. 中国农业发展银行　　D. 中国农业银行

13. 专门处理中国银行不良资产的金融资产管理公司是（　　）。

A. 中国华融资产管理公司　　B. 中国长城资产管理公司

C. 中国东方资产管理公司　　D. 中国信达资产管理公司

三、多项选择题

1. 金融机构的存在有利于（　　）。
A. 调节借贷数额　B. 调节借贷期限　C. 减少交易成本
D. 降低融资风险　E. 提高投资效率
2. 金融机构的主要职能包括（　　）。
A. 信用中介职能　B. 支付中介职能　C. 信用创造职能
D. 金融服务职能　E. 宏观调控职能
3. 专业银行主要包括（　　）。
A. 投资银行　B. 开发银行　C. 储蓄银行
D. 抵押银行　E. 农业银行
4. 我国大型国有商业银行包括（　　）。
A. 中国工商银行　B. 中国银行　C. 交通银行
D. 中国农业银行　E. 中国建设银行
5. 我国全国性中小股份制商业银行包括（　　）。
A. 招商银行　B. 华夏银行　C. 中国银行
D. 中国民生银行　E. 中信银行
6. 我国的政策性银行目前包括（　　）。
A. 中国人民银行　B. 中国银行　C. 国家开发银行
D. 中国农业发展银行　E. 中国进出口银行

四、判断题

1. 商业银行等现代金融机构本质上是一种特殊的企业。（　　）
2. 金融机构最基本的职能是支付中介职能。（　　）
3. 中央银行是一国金融机构体系中的主体和骨干。（　　）
4. 商业银行在一国金融机构体系中居于领导核心地位。（　　）
5. 开发银行一般由国家或政府所组建，不以营利为目的。（　　）
6. 人寿保险公司兼有储蓄银行的性质，是一种特殊形式的储蓄机构。（　　）
7. 我国的中央银行是中国银行。（　　）
8. 中国人民银行从 1984 年起专门行使中央银行职能。（　　）
9. 我国现阶段银行业与证券业、保险业、信托业实行分业经营的原则。（　　）
10. 中国工商银行是我国国际化机构网络分布最广、国际金融业务最具优势的银行。（　　）
11. 交通银行属于合作性质的商业银行。（　　）
12. 中国农业发展银行是我国第一家也是最大的政策性银行。（　　）
13. 我国规模最大、成立最早的信托公司是中国国际信托投资公司。（　　）
14. 我国的财务公司在业务上受中国银保监会的领导和监督，在行政上则隶属于各企业集团。（　　）

五、名词解释

1. 金融机构	2. 信用中介	3. 支付中介	4. 信用创造
5. 中央银行	6. 商业银行	7. 专业银行	8. 投资银行
9. 开发银行	10. 储蓄银行	11. 抵押银行	12. 农业银行
13. 进出口银行	14. 非银行金融机构	15. 保险公司	16. 信用合作社
17. 信托公司	18. 养老或退休基金会	19. 投资基金	20. 外资金融机构
21. 合资金融机构	22. 政策性银行	23. 农村信用合作社	24. 证券公司
25. 证券投资基金	26. 金融租赁公司		

六、简答题

1. 简述金融机构存在的必要性。
2. 简述金融机构的性质。
3. 简述金融机构的职能。
4. 简述银行在国民经济中的地位。
5. 简述中央银行的主要特征。
6. 简述专业银行与商业银行的主要区别。
7. 简述非银行金融机构与商业银行的主要区别。
8. 简述我国金融机构体系的主要构成。
9. 简述政策性银行的主要特征。

七、论述题

1. 试述金融机构的性质与职能。
2. 试述金融机构体系的一般构成。

第二篇

金 融 市 场

第五章 利率

利率是经济中最受关注的变量之一，它关系到储蓄与消费的权衡、金融投资理财规划和企业投资决策等国民经济重要方面，对经济运行具有极其重要的杠杆调节作用。

第一节 利息与利率概述

借贷取息是市场经济条件下，资金融通双方不可回避的事实，尽管在历史上有关利息来源及其性质的争论颇多，但只要有信用关系存在，利息就必然存在，对现代经济而言，更重要的是利息的多少，即利率的高低及其决定问题。

一、利息

（一）利息的产生

一般认为，利息（interest）是在信用关系中债务人（借款人）支付给债权人（贷款人）超出本金部分的报酬或债权人向债务人索取的报酬，也是在特定时期内使用借贷资本所付出的代价。从现代西方经济学观点看，利息是投资者让渡资本使用权而索取的对机会成本和违约风险的补偿。利息是从属于信用关系的一个经济范畴，它随着信用关系的产生而产生，并随着信用关系的发展而发展，是信用存在和发展的必要条件。在商品交换发展的初期，借贷活动多为实物形式，利息也是作为实物借贷的一种报酬而出现。随着商品交换的进一步发展，产生了货币借贷，利息遂以货币形式进行计量。

利息作为信用的伴随物而产生，最初只是作为一种商品调剂和货币借贷的条件，或者仅仅只是一种报酬；利息尚处于初级萌芽状态。随着商品交换规模的不断扩大，特别是生息资本的产生和发展，利息也发生了根本变化，它不但成为信用产生和发展的基本条件，而且也成为资本增值的特殊手段。

利息作为信用关系的附属物，是由信用决定的；没有信用也就无所谓利息，信用决定利息的性质、量的大小及其运动方向。但利息对信用又有影响，没有利息的信用不是真正的融资性信用，利息的存在促进了信用关系的发展。在商品经济中，推动人们进行借贷活动的动力是对物质利益的追求，如果借出资本或资金却得不到报酬，那么这项经济活动将不会有人去经营，作为融资性的借贷也将不复存在。因此，利息是伴随着信用关系的发展而产生的经济范畴，并构成信用的基础。

（二）利息的本质

利息的存在，使人们对货币产生这样一种神秘的感觉：似乎货币可以自行增值。如何解释利息的来源或者说利息的本质（即利息从何而来，体现何种生产关系），就成为理解利息的首要问题。不同经济学者从不同角度进行了研究，形成了不同的观点。

1. 西方经济学学者关于利息本质的理论观点

17 世纪以来古典政治经济学派的一些人认为，利息是与借贷资本相联系的一个经济范畴，并且从借贷资本的表面运动来分析利息的来源和性质。例如，配第的利息报酬论认为，利息是贷者暂时放弃货币的使用权而获得的报酬；洛克认为，利息源于货币分配不均，是一种货币租金；诺思的利息租金论认为，利息是由于资本的余缺而产生的，是资本的租金；等等。其他一些人则从另外一个角度进行研究，认为利息是与分配关系理论相联系的一个经济范畴，是社会总收入的一部分和资本所有者的报酬。例如，马西认为，利息是借者为获得货币资本的使用价值而付出的代价，它来源于货币资本使用后所产生的利润，并且是利润的一部分；斯密在此基础上进一步指出利息来源于利润，是剩余价值的转化形式。他们虽然提出了一些正确的看法，但却没有深入分析利息产生的真正原因，没有把利息和利润区别开来。

近现代西方经济学家主要从资本的范畴、人的主观意愿和心理活动等角度来研究利息的性质，提出了众多的学说。例如，萨伊认为，利息是资本自身生产力的产品；西尼尔的节欲说认为，利息是人们牺牲自己目前消费而应得的报酬（即借贷资本家节欲的报酬）；马歇尔的利息等待说认为，利息是贷者等待的报酬，是借者使用资本的代价；克拉克认为，利息来源于资本的边际生产力；费雪的人性不耐说认为，利息是人们宁愿现在获得财富而不愿将来获得财富的不耐心情或时间偏好的结果，它取决于储蓄（资本供给）与投资（资本需求）的对比关系；庞巴维克的时差利息说（或时间偏好论）认为，利息是由现在物品与未来物品之间在价值上的差别所产生的对价值时差的一种补偿（即未来财富对现在财富的时间贴水）；凯恩斯的流动性偏好说认为，利息是对人们放弃货币流动性偏好的报酬；希克斯则认为，利息是对证券的不完全“货币性”的衡量。这些理论大多脱离经济关系本身，故无法揭示资本主义利息的真正来源与性质。

2. 马克思关于利息本质的理论观点

马克思深入分析了利息的本质。他认为，利息的本质由利息的来源决定，利息的来源取决于信用关系的性质，最终取决于社会生产方式；利息从形式上看是资本的价格，但从本质上看是利润的一部分，是剩余价值的转化形式，体现出一种剥削关系。马克思从借贷资本的特殊运动形式中揭示了资本主义制度下利息的来源，分析了利息的本质。他认为，资本所有权和使用权相分离及借贷资本成为资本商品是利息产生的经济基础；利息来源于利润（劳动者创造的剩余价值），实质上是利润的一部分，是剩余价值的特殊转化形式，也是对剩余价值的分割，它体现了借贷资本家和职能资本家共同占有和瓜分剩余价值的关系。

马克思主义经济学家则认为，在社会主义经济中，利息来源于劳动者为社会所创造的一部分剩余产品价值，它是企业纯收入的一部分的转化形式，体现了国民收入在社会主义经济内部的分配关系，是国民收入再分配的一种补充形式。

综上所述，货币资本所有权和使用权的分离是利息产生的经济基础；利息是借用货币资本使用权所付出的代价，是剩余价值的转化形式，实质上是利润的一部分。利息概念的广泛应用产生了利息转化为收益的一般形态现象和收益的资本化现象（货币、土地、劳动力、有价证券等的定价），还可以用来衡量金融产品的信用水平和风险水平。

二、利息率的表示方法

利息率（interest rate）简称利率，是指借贷期内所形成的利息额与所贷资金额即本金的比率，即利率=利息/本金。它是决定利息数量的主要因素与衡量标准，在某种程度上看属于到期收益率或回报率的一种。

根据计算利息的期限不同，利率的表示方法有三种——年利率、月利率和日利率，也称年息、月息和日息。年利率是以年为单位计算利息，一般按本金的百分之几（百分数，单位为分，1 分为 1 个百分点）表示；月利率是以月为单位计算利息，一般按本金的千分之几（千分数，单位为厘，1 分=10 厘）表示；日利率是以日为单位计算利息，一般按本金的万分之几（万分数，单位为毫，1 分=100 毫）表示，习惯叫拆息或日拆。

中国的习惯是不论是年息、月息、日息，都用“厘”作单位，虽然都叫“厘”，但差别很大，如年息 6 厘是指年利率为 6%，月息 6 厘是指月利率为 6‰，日息 6 厘是指日利率为 6‱。民间也常用“分”作为利率的单位，如中华人民共和国成立之前习惯用作利率高低分界的“3 分息”就是指月息 3%。中国过去习惯以月利率为主，而西方发达国家则习惯以年利率为主。年利率、月利率与日利率可以相互换算，通常换算公式是：年利率 ÷ 12=月利率；月利率 ÷ 30=日利率；年利率 ÷ 360（或 365）=日利率。将当期收益率（日利率、周利率、月利率）换算成年收益率（年利率）的这种理论收益率通常称为年化收益率，它并不是真正已取得的年收益率。

三、利息的计量

（一）单利与复利

利息的计算方法有两种：单利计算法与复利计算法。

单利计算法是指不论期限长短，仅按本金计算利息，本金所生利息不加入本金重复计算利息，即对利息不再付息。其计算公式为 $I=P\cdot r\cdot n$；$S=P(1+r\cdot n)$。式中，I 为利息额；P 为本金；r 为利息率；n 为借贷期限；S 为本金与利息之和（简称本利和）。例如，一笔期限 3 年、年利率为 10%的 10 000 元贷款，利息总额为 $10\,000\times10\%\times3=3000$ 元，本利和为 $10\,000\times(1+10\%\times3)=13\,000$ 元。用单利计算法计算利息，计算简单、手续方便，有利于减轻借款人的利息负担，通常适用于短期借贷。

复利是在单利的基础上发展起来的。复利计算法是指将上期利息转为本金一并计息的方法，即在一定时期（如年、季或月）按本金计算利息，随后将利息并入本金作为下一期计算利息的基础，逐期滚算，俗称利滚利或息上加息。其计算公式为 $S=P\cdot(1+r)^n$；$I=S-P=P[(1+r)^n-1]$。式中，S 为本利和；P 为本金；r 为利息率；n 为借贷期限；I 为利息额。仍以上例按复利计算，则本利和 $S=10\,000\times(1+10\%)^3=13\,310$ 元，利息总额 $I=13\,310-10\,000=3310$ 元，即按复利计算法计算，可多得利息 310 元。用复利计算法计算利息，有利于强化资金的时间价值观念，加速资金周转，提高资金使用效率。

（二）复利反映利息的本质特征

过去多年来，我国存在一个奇怪的现象：承认利息的客观存在，却不承认复利；似乎单利与社会主义相容，而复利则是“驴打滚”，是剥削与罪恶。其实，利息就是利息，它只是信用关系赖以存在的条件，也是债权人的一项收入来源；利率也成为重要的经济杠杆。

无论是单利还是复利，都只是利息的计算方法。承认了利息存在的合理性，即承认了资金可以只依附其所有权取得一部分社会产品的分配权利，那就必须承认复利存在的合理性。因为按期结出的利息属于贷出者（债权人）所有，他可以尽量缩短贷放时期，在贷放期结束时，完全可以把当期的本利和一并贷放给其他债务人，而当下一个贷放期结束时又可以将该期的本利和再重新贷放。这时，他所获得的利息就是复利利息。简言之，否定复利，即否定利息本身；复利更符合商品经济条件下的资本特性，可以正确反映资金的时间价值，反映了利息的本质特征。长期借贷应以复利方法计算利息。

事实上，在我国过去长期执行单利政策的过程中，始终没有能够否定复利。按我国现行利率政策，活期存款每年结息一次，结息后，利息并入本金起息，因而活期存款计算带有一定的复利性质。其余各类存款虽均按单利计息，但其利率的制定却遵循了复利原则：对同样的金额而言，在一定期限内，按单利方法计算的定期存款利息必须大于按复利方法计算出来的活期存款利息；按单利方法计算的长期定期存款利息必须大于按复利方法计算出来的短期定期存款利息。否则，人们只会存活期或短期存款，而不会存定期或长期存款（黄达，2014）。

（三）零存整取与整存零取

在储蓄存款业务中，有两个特殊的存款种类——零存整取与整存零取。

零存整取是每月（每周或每年）按同一金额存入，到约定期限一次取出本利和。其按复利方法计算的公式为

$$S = P \cdot \frac{(1+r)^{n+1} - (1+r)}{r} \tag{5-1}$$

如按单利计算则为

$$S = P \cdot n + P \cdot r \cdot \frac{n(n+1)}{2} \tag{5-2}$$

在式（5-1）和式（5-2）中，S 为本利和；P 为每次存入的金额；r 为利率；n 为期限。假如预计 10 年后需要支用 2 万元，零存整取的月利率为 0.8%，那么按复利计算每月存入 100 元即可达到这个数额（确切数为 20 181.92 元）。

整存零取则是一次存入一定的金额，在以后的预定期限内每月（每周或每年）提取相等金额的货币，并在最后一次提取时，本利全部取清。其复利计算公式为

$$S = P \cdot \frac{(1+r)^n - 1}{r(1+r)^n} \tag{5-3}$$

在式（5-3）中，S 为一次性存入的金额；P 为每次提取的金额；r 为利率；n 为期限。假如希望在 10 年内每月提取 100 元作为生活费，整存零取的月利率为 0.8%，那么按复利计算现在只需存入 7700 元（确切数为 7695.52 元）即可。

零存整取和整存零取两个算式都是根据 $S=P(1+r)^n$ 这个复利公式推导而来，具有广泛的用途，如在设计折旧提存方案、退休养老基金方案等很多方面，或需利用其中某一算式，或需两个算式结合运用。

（四）现值与终值

货币经过一段时间的投资后所增加的价值就是货币的时间价值，它涉及终值、现值和贴现的概念。终值是指现在一定量的货币按利率计算出的在未来一定时间后的价值，即本利和或到期值。现值则是指未来某一时点的货币金额按相应利率计算出的能取得这样金额的本利和在现在所必须具有的本金。已知终值求现值，即通常所讲的贴现。现值与终值是相对而言的，现值相对于其前面的价值而言就是终值，而终值相对于其后面的价值而言又成为现值。贴现公式为

$$P = F \cdot \frac{1}{(1+r)^n} \tag{5-4}$$

在式（5-4）中，P 为现值；F 为终值；r 为利率；n 为期限，$\frac{1}{(1+r)^n}$ 又称为一次支付现值系数或贴现系数。

现值和终值可以相互换算。例如，一笔 10 000 元的货币存入银行 5 年，按年利率 10% 计算，则 10 000 元的现值相当于 5 年后的终值 16 105.1 元；反过来讲，5 年后的 16 105.1 元经换算只相当于现在时点的 10 000 元现值。

现值与终值有很广泛的运用领域。例如，银行的票据贴现业务，其收买票据的价格

就是根据票面金额和利率倒算出来的现值；只是在贴现业务中，贴现期小于 1 年，故没有复利问题。又如在各种投资方案的比较和选择上，现值计算法可以通过测算出投资时间分布不同的效果，从而确定正确的投资方案。假设某一项目计划投资 5000 万元，如果年利率为 10%，那么不同的投资时间分布就会产生不同的效果，见表 5-1。

表 5-1　不同投资时间分布方案的比较　　（单位：万元）

年份	*A* 方案		*B* 方案		*C* 方案	
	每年年初投资额	现值	每年年初投资额	现值	每年年初投资额	现值
1	500	500.00	1000	1000.00	1500	1500.00
2	500	454.55	1000	909.10	1500	1363.64
3	1000	826.45	1000	826.45	1000	826.45
4	1500	1126.97	1000	751.31	500	375.66
5	1500	1024.52	1000	683.01	500	341.51
合计	5000	3932.49	5000	4169.87	5000	4407.26

可见，上述三种方案尽管计划投资数均为 5000 万元，利率也均为 10%，但因为投资的时间分布不同，按现值计算实际投资是不同的。三种方案相比较，*A* 方案最节约，*B* 方案其次，*C* 方案最浪费。如果其他条件类似，该投资决策就有了明确的选择依据。

第二节　利 率 体 系

一、利率体系的一般构成

利率在现实生活中都是以某种具体形式存在的，如 6 个月期贷款利率、1 年期储蓄存款利率、10 年期国债利率、隔夜拆借利率、票据贴现利率等。随着金融活动的不断发展，融资方式的日益多样化，利率的种类也日益繁多。正是这繁多的利率构成了一个庞大的利率体系。

所谓利率体系，是指一个经济运行机体中存在的各种利率由各种内在因素联结而成的有机整体，主要包括利率结构和各种利率间的传导机制。各国经济体制和经济条件不同，因而利率体系也各有特色。就一般而论，利率体系主要由中央银行利率、商业银行利率和非银行市场利率构成。中央银行利率主要包括中央银行对商业银行等金融机构的再贴现利率、再贷款利率及商业银行等金融机构在中央银行的存款利率。商业银行利率主要包括商业银行各种存款利率、贷款利率、发行金融债券利率及银行间同业拆借利率。非银行市场利率则主要有民间借贷利率、政府和企业发行各种债券票据的利率等。

在整个利率体系中，中央银行利率，尤其是中央银行的再贴现利率（或再贷款利率）对商业银行利率和非银行市场利率具有调节作用，是中央银行重要的货币政策工具，在整个利率体系中起主导作用，因而称之为基准利率。此外，为了说明利率的作用及其趋势，同时避免众多利率给研究分析人员带来麻烦，分析者一般在理论分析中会用“市场平均利率”一词来代表市场利率的整体水平，而不是指有某种具体统计意义的数量指标。

二、利率的种类

在利率这个大系统中，按照不同的标准可以划分出各种不同的利率类别，其中主要有以下几种。

（一）名义利率与实际利率

按照性质不同，即是否考虑物价变动或通货膨胀因素的影响，利率可以分为名义利率与实际利率。

名义利率是指不考虑物价上涨的影响，直接以名义货币数量表示的市场通行使用的票面利率，即没有剔除通货膨胀因素的利率。在借贷过程中，债权人不仅要承担到期无法收回本金的信用风险，而且要承担货币贬值的通货膨胀风险或购买力风险。因此，实际利率就是指物价不变，从而货币购买力不变条件下的利率，即名义利率剔除通货膨胀因素以后的真实利率。

实际利率的近似计算公式（较为简单和粗略）可以写成 $i=r-p$，其中，i 为实际利率；r 为名义利率；p 为通货膨胀率即物价上涨率。在这一等式中，债权人并没有完全免除通货膨胀的风险，因为只是本金部分免除了通货膨胀的侵蚀，而其利息部分没有免除通货膨胀的影响。所以实际利率的精确计算公式应为

$$i=(1+r)/(1+p)-1=(r-p)/(1+p)$$

这也是目前国际上通用的计算实际利率的公式。例如，名义利率为 8%，通货膨胀率为 3%，那么实际利率的精确值应为 4.85%，而不是 5%。

判断利率水平高低，不能只看名义利率，还需考虑物价因素，故必须以实际利率为主要依据，因为真正起调节作用的不是名义利率而是实际利率。一般而言，只有正的实际利率才符合价值规律的要求。

（二）短期利率与长期利率

按照信用行为的期限长短，利率可以分为短期利率与长期利率。

短期利率是指融资时间在 1 年期以内的利息率。长期利率则是指融资时间在 1 年期以上的利息率。一般而言，长期利率高于短期利率，因为融资期限越长，市场变化越大，经营风险越大，融资风险也就越大；同时融资期限越长，使用借入资金进行经营获得的利润也越多，借者所应支付的利息也就越多。划分长、短期利率的意义主要在于：明确融资期限长短对利率水平的影响，掌握利率期限结构的管理要求，确保借贷资金的真实收益。

（三）固定利率与浮动利率

按照管理方式不同，即在借贷期内是否调整，利率可以分为固定利率与浮动利率。

固定利率是指在借贷期限内不作调整的利率，即利率在整个借贷期内保持固定不变。采用固定利率，对于借贷双方计算融资成本与投资收益比较简单方便，同时锁定了融资成本或风险，比较适宜于短期借款或市场利率变化不大的条件。但是，由于通货膨胀等，市场利率变化越来越频繁，变动幅度也比较大。实行固定利率，在市场利率趋于下降时，债权人不会因此而减少收益，债务人也不会因此而减少筹资成本；在市场利率趋于上升时，债权人不会因此而增加收益，债务人也不会因此而增加筹资成本。在借贷期限较长、利率变动幅度较大时，固定利率的弊端就逐步显现出来。为了减少长期放款债权人的利率风险，浮动利率就应运而生。

浮动利率又称可变利率、可调整利率，是指在借贷期限内不固定，而是随着市场利率的波动而定期调整变化的利率。浮动利率一般根据市场短期利率的变化，每 3 个月或 6 个月调整一次。在市场利率趋于上升时，实行浮动利率对债权人有利，对债务人不利；相反，当市场利率趋于下跌时，实行浮动利率有利于债务人而不利于债权人。尽管浮动利率可以使借贷双方共同承担利率变化的风险，利息负担与资金供求状况密切结合，能为债权人减少损失，但也因手续繁杂、计算依据多样而增加费用开支，因此，浮动利率多适用于 3 年以上的中长期借贷及国际金融市场。例如，欧洲货币市场实行的浮动利率调整期为 3～6 个月，调整依据为 LIBOR；中国银行发放的现汇贷款也通常采用浮动利率计算，因为其资金来源就是利率经常变化的国际金融市场；美国的房地产贷款也常用可调整利率。

我国人民币借贷一向实行固定利率。从 20 世纪 80 年代开始对某些贷款实行的浮动利率也仅仅是指银行可在中央银行统一规定的利率基准上下一定幅度内酌情浮动的利率，属于有限制的浮动利率。

（四）市场利率与官定利率

按照形成方式不同，即是否根据市场规律自由变动，利率可以分为市场利率与官定利率。

市场利率是指在金融市场上由借贷资金的供求关系直接决定并由借贷双方自由议定的利率，即能随市场规律自由变动（市场竞争形成）的利率。市场利率是借贷资金市场供求状况变动的指示器。当资金供给大于需求时，市场利率呈下降趋势；当资金供给小于需求时，市场利率呈上升趋势。市场利率的变化能够调节资金的供求，最终会使资金供求趋于均衡。影响资金供求状况的因素十分复杂，因而市场利率的变动非常频繁和灵敏。

银行同业拆借市场利率是比较典型的市场利率，其中，LIBOR 是国际金融市场上影响比较大的市场利率，它是伦敦金融市场上银行之间相互拆放英镑、欧洲美元及其他欧洲货币资金时计息用的一种利率，成为目前国际金融市场上借贷活动的基础利率。我国目前比较有代表性的市场利率是 1996 年产生的上海银行间同业拆借利率（Shanghai inter bank offered rate，SHIBOR），它由拆借双方根据市场资金供求状况自行商定，较好地反映了我国信贷资金的供求状况。

官定利率又称法定利率、官方利率，是指由政府金融管理部门或中央银行确定的利率。它是国家实现宏观经济调控的一个政策手段，对市场利率能起到宏观制约和导向作用，反映了非市场的强制力量对利率形成的干预。官定利率的升降通常会通过调节资金供求状况而使市场利率随着升降。一般情况下，官定利率相对比较稳定。官定利率主要包括两类：一类是中央银行对商业银行等金融机构的再融资利率，如再贴现利率和再贷款利率；另一类是中央银行对商业银行等金融机构的存贷款利率进行直接管制，以及对直接金融市场上债券利率的直接管制。

目前，美国、日本等发达国家已实现了利率自由化，金融市场上的利率完全由资金供求关系决定，中央银行再贴现利率的调整也总是以市场利率作为重要依据，故通常也反映了资金供求关系的变化。我国长期以官定利率为主，绝大多数利率是由中国人民银行制定，报国务院批准后执行，其他任何单位和个人均无权变动，市场利率范围受限，主要是在同业拆借、民间借贷等领域；1996 年 6 月开始进行利率市场化改革，近年来进程明显加速，到 2015 年 10 月以后则已基本放开了利率管制。

此外，还有一种介于市场利率与官定利率之间的利率，即公定利率（或行业利率），它是由非政府部门的民间金融行业自律性组织，如银行公会等，为了维护公平竞争所确定的利率。这种行业公定利率对其会员银行也有一定的约束力，在一定程度上反映了非市场的强制力量对利率形成的干预，如香港银行公会制定的港元存款利率就属公定利率。

（五）一般利率与优惠利率

按照是否带有优惠性质，利率可以分为一般利率与优惠利率。

一般利率是指金融机构按照一般标准对普通客户发放贷款和吸收存款时所执行的利率。

优惠利率是指略低于一般贷款利率的利率。它一般提供给信誉好、经营状况良好且有良好的发展前景的借款人。在我国，优惠利率的授予对象同国家的产业政策相联系，一般提供给国家认为有必要重点扶持或照顾的行业、部门及企业，本质上是一种政策性贴息利率，如 20 世纪 80 年代中期开始实行的贴息贷款，即接受贷款的单位支付低于一般利率水平的利息，发放该贷款而少收的利息差额由批准贴息的部门或地方支付（财政补贴或税收优惠）。我国在技术改造、重点基本建设项目、贫困山区经济建设、出口贸易、黄金生产等方面都执行着优惠利率政策。

在国际金融领域内，外汇贷款利率的优惠与否是以 LIBOR 为衡量标准，低于该利率的可称为优惠利率。我国外汇优惠利率贷款主要由中国银行发放。

在经济发展过程中，优惠利率对于促进落后部门、落后地区或重点产业的发展有一定积极的作用，因而优惠利率政策在发展中国家应用得很普遍。发达国家的商业银行为争取客户，也常提供优惠利率。但滥用优惠利率往往达不到预期的目标，反而会造成许多消极的后果。

（六）存款利率与贷款利率

按照业务对象的不同，利率可以分为存款利率与贷款利率。

存款利率是指客户在银行或其他金融机构存款取得的利息额与存款本金的比率。存款利率的高低直接决定了存款人的利息收入和金融机构的融资成本，对金融机构所能集中的资金数量有着重要影响。一般而言，存款利率越高，存款人的利息收入越多，金融机构的融资成本越高，同时金融机构集中的资金数量越多。

存款利率随着存款种类的不同而不同。通常存款期限越长，存款利率越高；存款期限越短，存款利率越低。有些国家甚至对活期存款不付利息，因为银行要为活期存款客户提供支票等服务，同时必须保持充分的支付准备金，随时保证客户提取存款或用于对外支付。

贷款利率是指银行或其他金融机构发放贷款所收取的利息额与贷款本金的比率。贷款利率的高低直接决定了金融机构的利息收入和借款人的筹资成本，影响着借贷双方的经济利益分配。贷款利率越高，金融机构的利息收入越多，借款人的筹资成本也越高。贷款利率也因贷款种类和期限的不同而不同，通常贷款期限越长，贷款利率越高。

贷款利率一般高于存款利率，贷款利率与存款利率的差额即为存贷利差。存贷利差是银行利润的主要来源，它直接决定着银行的经营效益，对信贷资金的供求状况和货币流通也有重要的影响。世界上大部分国家平均的存贷利差为 4% 左右，即贷款平均利率大约高出存款平均利率 4 个百分点。

此外，还有其他多种分类标准，如按信用形式不同，利率可分为拆借利率与国债利率；按所处地位不同，利率可分为基准利率（中心利率或无风险利率）与市场其他利率；按市场层次不同，利率可分为一级市场利率与二级市场利率；按利率期限结构不同，利率可分为即期利率与远期利率；等等。

第三节　利率决定理论

在利率理论中，利率的决定是最基本的研究内容。

一、马克思的利率决定理论

马克思分析了自由竞争时期资本主义条件下市场利率决定和变动的一般规律及利率变动的影响因素。马克思的利率决定理论是以剩余价值在货币资本家与职能资本家之间的分割作为起点的，认为利息率主要由平均利润率和借贷资本供求关系这两个因素决定。

马克思认为，利息是货币资本家从职能资本家那里分割来的一部分表现为利润的剩余价值，因此，利息量的多少取决于利润总额，利息率取决于平均利润率，平均利润率就成为利息率的最高界限，达到这个界限，职能资本家能获得的利润即为零。一般情况下，利息率与平均利润率成正比，即平均利润率越高，利息率就越高，反之越低。利息率的最低界限取决于职能资本家与借贷资本家之间的竞争，但无论怎样也不会等于零，因为利息不会等于零，否则借贷资本家就无利可图，将不会把资本贷出。因此，利率的变化范围是在零与平均利润率之间。当然并不排除利率超出平均利润率或实际成为负数的特殊情况。

马克思认为，平均利润率随着技术发展和资本有机构成的提高，有下降的趋势，因而平均利息率也有下降的趋势。平均利润率虽然有下降趋势，但却是一个非常缓慢的过程，就一个阶段而言，平均利润率还是相当稳定的，从而平均利息率也具有相对稳定性。

在平均利润率与零之间，利息率的高低又取决于借贷资本家与职能资本家之间的竞争即对利润的分割，或者说取决于借贷资本的供求关系，因而使利率的决定带有很大的偶然性。一般情况下，借贷资本供不应求，利率上升；借贷资本供过于求，利率下降，利率的波动受到借贷资本供求状况的影响。当借贷资本的供求大体平衡时，传统习惯、法律规定等因素对利率的决定也会发生作用。

二、古典学派的储蓄投资理论

西方经济学中关于利率决定的理论全都是着眼于利率变动取决于怎样的供求对比，只是研究的视角不同而已。19 世纪末，奥地利经济学家庞巴维克、英国经济学家马歇尔、瑞典经济学家维克塞尔和美国经济学家费雪等对支配和影响资本的供给与需求的因素进行了深入的探讨，提出了资本的供给来源于储蓄，资本的需求来自投资，从而建立了储蓄与投资决定利率的理论。它建立在萨伊法则和货币数量论的基础上，认为工资和价格的自由伸缩可自动地达到充分就业。该理论严格遵循着古典经济学实物因素（即非货币的实际因素）传统，属于“纯实物分析”的框架，主要从生产、消费等实际经济生活中去探求影响资本供求的因素，认为储蓄与投资都是实物性的，利率也是实际利率，不受任何货币数量变动的影响（忽略了货币等其他因素），因而被西方经济学学者称为古典利率决定理论或实际利率理论。该理论是一种采用流量分析方法的局部均衡理论，其隐含假定是：当实体经济部门的储蓄等于投资时，整个国民经济就达到充分就业的均衡状态。

古典利率决定理论认为，资本是一种生产要素，利息则是资本的价格；利息的多少即利率的高低是由资本的供求关系决定的，也就是由节约或等待所支配的资本供给与由投资收益所支配的资本需求的均衡关系决定的。从供给方面看，资本供给来自储蓄，它是延期享乐即节约或等待的结果。资本供给者为了将来的享乐而进行储蓄，因而牺牲了现在享乐，为此他们必须取得一定报酬或补偿，即取得利息。利息的多少或利率的高低就是资本供给的支配性因素。利率上升，储蓄会增加，故储蓄是利率的递增函数。从需求方面看，资本需求来自投资，支配资本需求或投资的因素是资本的收益性或边际生产力。只要借入资本能获得投资收益，或者说资本的边际生产力大于利率，厂商就会继续扩大对资本的需求，直到资本的边际收益率与借贷资本的利率相等为止。因此，资本的需求或投资是利率的递减函数，即利率越高，投资越少。

利率决定于储蓄与投资的相互作用，利率的变化取决于储蓄与投资的均衡。当储蓄大于投资（即 $S>I$）时，利率会下降；当储蓄小于投资（即 $S<I$）时，利率会上升；当储蓄等于投资（即 $S=I$）时，利率便达到均衡水平，此时的利率即为均衡利率（图 5-1）。

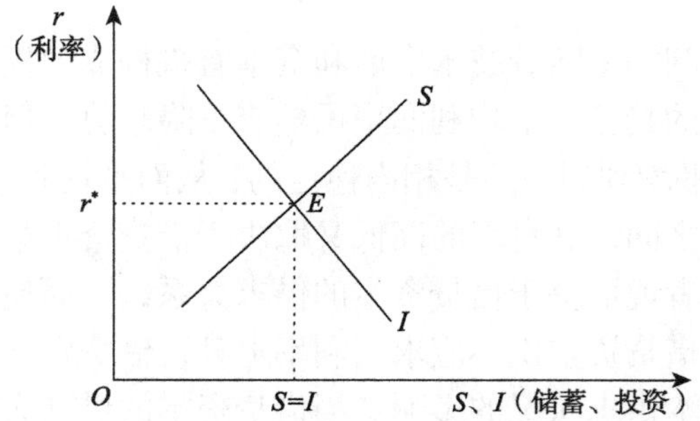

图 5-1 储蓄投资理论的利率决定

在图 5-1 中，横轴表示 S（储蓄量）或 I（投资量），纵轴 r 表示利率水平；S 曲线为储蓄曲线，I 曲线为投资曲线；S 曲线与 I 曲线的交点 E 为均衡点，与之对应的 r^* 即为均衡利率。当有其他非利率因素使储蓄或投资发生变化时，则 S 曲线或 I 曲线将会向左或向右平移，从而均衡利率也会发生改变。

三、凯恩斯的流动性偏好理论

与古典的储蓄投资理论强调储蓄、投资等实物因素决定利率的观点相反，英国经济学家凯恩斯从货币因素出发讨论利率的决定，从而创立了其利率理论（货币理论），即流动性偏好理论。

凯恩斯认为，货币作为一种特殊形式的资产，具有完全的流动性和最小的风险性，它是社会财富的代表，为全体社会所认可和接受，并能随时转化为其他商品。当人们考虑持有财富的形式时，大多倾向选择货币，即对货币具有流动性偏好。但是在一定时期内，货币生产的弹性很小，货币供给量有限，人们为取得货币就必须支付一定报酬使他人放弃一部分货币，利息就是为取得货币而支付的放弃流动性偏好的报酬。在现代经济中，货币的借贷和利息的支付都是以货币的形式进行的，都表现为一定量的现在货币与一定量的未来货币相交换。因此，利息完全是一种货币现象，其数量的多少即利率的高低与实物因素、节欲和生产率无关，而是由货币的供求关系决定的，利率的变动也是货币的供给与需求变动的结果。该理论的隐含假定是，当货币的供求达到均衡时，整个国民经济就处于均衡状态；它是属于纯货币分析框架和采用存量分析方法的短期利率决定理论（假设收入不变）。

凯恩斯认为，在一定时期内，一个国家的货币供给是一个外生变量，基本上由货币当局或中央银行掌握和控制，独立于利率的变动。货币需求则是一个内生变量，基本取决于人们的流动性偏好，如果人们对流动性的偏好变强，愿意持有的货币数量即货币需求就增加，反之则减少。他认为，货币需求主要起因于三种动机：交易动机、预防或谨慎动机和投机动机。其中，出于交易动机和预防动机的货币需求与收入成正比，与利率没有直接关系；出于投机动机的货币需求则为利率的递减函数，而与收入无关。如果以 L_1 表示为满足交易动机和预防动机而保有货币的货币需求，以 L_2 表示为满足投机动机而保有货币的货币需求，则 $L_1(Y)$ 为收入 Y 的递增函数，$L_2(r)$ 为利率 r 的递减函数。货币总需求 $L = L_1(Y) + L_2(r)$。再以 M_1 表示满足 L_1 的货币供应量，以 M_2 表示满足 L_2 的货币供应量，则货币供给量 $M= M_1 + M_2$。

凯恩斯是在收入水平既定的前提下分析货币供求决定利率的问题。他认为，均衡利率决定于货币需求与货币供给的相互作用，是人们保有货币的欲望与现有货币数量之间的均衡价格。当人们流动性偏好所决定的货币需求量与货币管理当局所决定的货币供给量相等（即 $M=L$）时，利率便达到了均衡水平，如图 5-2 所示。

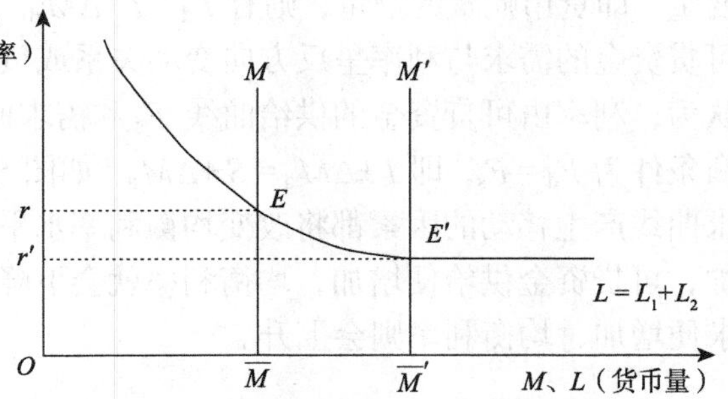

图 5-2　流动性偏好理论的利率决定

在图 5-2 中，横轴表示 M（货币供给量）和 L（货币需求量）；货币供给由货币当局（中央银行）直接控制，可视为常数，故货币供给曲线（$\overline{M}$）为一条垂直线；货币需求曲线（$L=L_1+L_2$）是一条向右下方倾斜的曲线，越向右，越与横轴平行。利率 r 决定于货币需求曲线与货币供给曲线的均衡点 E。在未充分就业的情况下，政府如果采取增加货币供应量的扩张性货币政策，可以降低利率，刺激经济增长。例如，货币供给从 $\overline{M}$ 增加至 $\overline{M}'$，利率便从 r 下降至 r'。但是，如果货币供给曲线与货币需求曲线的水平部分相交时，利率将不再变动，即无论增加多少货币供给，由于此时利率水平极低，货币需求无限大，再多的货币均会被人们收藏储存起来，利率也不会再降低，货币政策失效。这就是所谓的“流动性陷阱”或“凯恩斯陷阱”。该理论认为，货币供给只有通过利率才能影响经济运行。

四、新古典学派的可贷资金理论

可贷资金理论也称为借贷资金学说，它是 20 世纪 30 年代由新古典学派提出来的利率决定理论，其主要代表有英国剑桥学派的罗伯逊和瑞典学派的俄林。该理论认为，在利率决定问题上，古典利率理论肯定储蓄与投资的相互作用是对的，但完全忽视货币因素则是不当和片面的；而凯恩斯完全否定实物因素（节约与生产率）的存在有谬误，但他指出的货币因素对利率的影响则是可取的。因此，应该将货币因素与实物因素统一兼顾起来加以综合分析。因此，该理论既对古典学派储蓄投资理论进行了补充和发展，又对凯恩斯流动性偏好理论提出了批评和挑战，克服了二者的主要缺点。

可贷资金理论认为，利率是可贷资金的价格，它决定于金融市场上可贷资金的供给与需求，而可贷资金的供求既有实物市场的因素又有货币市场的因素，既有存量又包括流量。可贷资金的供给来自储蓄（含个人储蓄、企业储蓄和政府预算盈余）与货币供给量的变动，后者包括银行体系创造的新增货币量、国外对本国的贷款和货币反贮藏（即贮藏现金货币的减少）。如果以 F_s 表示可贷资金的供给，以 S 表示实物市场上的总储蓄，以 ΔM_s 表示货币市场上的新增货币量，则有 $F_s = S + \Delta M_s$ 。可贷资金的供给与利率呈同方向变动关系或正相关关系。

可贷资金的需求则来自投资和货币贮藏（即人们手持现金货币的增加，含家庭信贷购买、政府预算赤字）。若以 F_d 表示可贷资金的需求，以 I 表示总投资，以 ΔM_d 或 ΔH 表示货币需求的改变量，即货币贮藏的增量，则有 $F_d = I + \Delta M_d$。投资和货币贮藏均为利率的减函数，因而可贷资金的需求与利率呈反方向变动关系或负相关关系。

可贷资金理论认为，利率由可贷资金的供给曲线 F_s 和需求曲线 F_d 的均衡点决定，也就是说利率的均衡条件为 $F_d = F_s$，即 $I + \Delta M_d = S + \Delta M_s$，如图 5-3 所示。任何使可贷资金的供给曲线或需求曲线产生移动的因素都将改变均衡利率水平。在其他条件不变时，储蓄或货币供给增加，可贷资金供给便增加，均衡利率就会下降；投资或货币贮藏需求增加，可贷资金需求便增加，均衡利率则会上升。

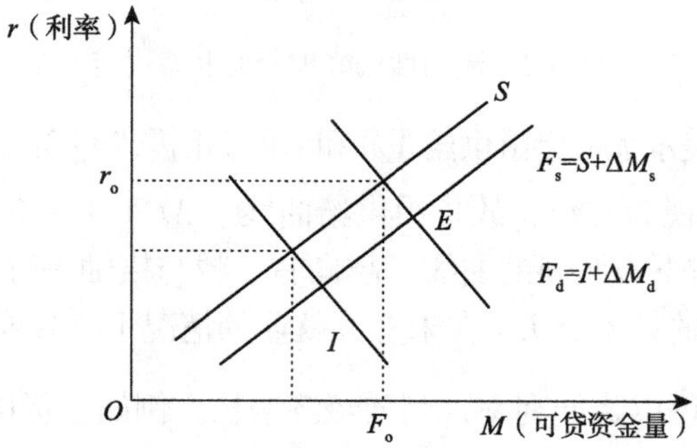

图 5-3 可贷资金利率决定论

可贷资金理论同时采用了存量分析和流量分析方法，但主要从流量的角度研究借贷资金的供求和利率的决定，可以直接用于金融市场的利率分析。特别是在资金流量分析方法和资金流量统计建立之后，用可贷资金理论对利率做实证研究和预测分析有其实用价值。其缺陷在于它忽略了商品市场和货币市场各自的均衡，仍然不能兼顾商品市场和货币市场。

五、IS-LM 模型的利率决定理论

储蓄投资理论、可贷资金理论和流动性偏好理论还有一个共同的缺点，即没有考虑收入因素。英国经济学家希克斯和美国经济学家汉森对此进行了综合、改进和完善，考虑了收入在利率决定中的重要作用并采用了一般分析方法，提出了 IS-LM 模型（希克斯–汉森模型）的一般均衡理论，从理论上分析了利率与国民收入的决定问题；IS-LM 模型也成为宏观经济学中一个极其重要的基本模型。

他们认为，当投资等于储蓄时，实体经济部门达到均衡状态，即均衡条件为 $I(r)=S(Y)$。以 IS 曲线代表投资等于储蓄时的收入（Y）与利率（r）的组合点轨迹，则在 IS 曲线上的任一点，实体经济部门均处于均衡状态。

货币部门均衡的条件是货币供求相等，即 $L=L_1(Y)+L_2(r)=M_s$ 。M_s 由外生的中央银行货币政策给定，故 $M_s=\overline{M}_s$。以 LM 曲线代表货币供求均衡时收入（Y）与利率（r）的组合点轨迹，则在 LM 曲线上的任一点，货币部门均处于均衡状态。由于低利率时“流动性陷阱”的存在，LM 曲线还是一条折线。

IS-LM 模型认为，只有当实体经济部门和货币部门同时达到均衡时，整个国民经济才能达到均衡状态。在 IS 曲线与 LM 曲线相交时，均衡的收入水平和均衡的利率水平才同时被决定（图 5-4）。

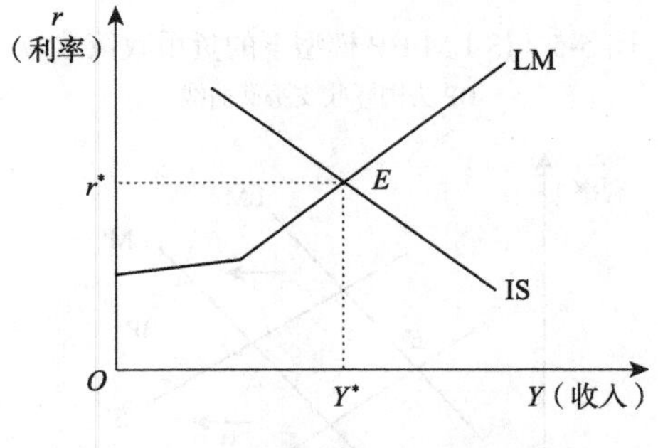

图 5-4 IS-LM 模型的利率决定

六、IS-LM-BP 模型的利率决定理论

经济全球化使各国经济与外部世界的联系更加紧密。在开放经济条件下，一国的国际收支状况也会对国内利率产生影响。IS-LM 模型只说明国内因素对均衡利率的影响，而并未考虑开放经济下国外因素的影响。因此，IS-LM 模型在加入了国际收支因素后就演变为 IS-LM-BP 模型，也称为蒙代尔–弗莱明模型。这是一个三部门均衡的框架，即只有在国内实体经济部门、国内货币部门和国外部门同时达到均衡时，包括利率、汇率和国民收入三个变量的国民经济才能达到均衡状态。该模型有以下基本假定：①总供给曲线是平缓的，这意味着物价水平而不是实际收入调节着总需求的波动；②经常项目的平衡不受资本账户的影响，经常项目盈余规模与实际汇率正相关，与实际收入负相关；③在

国际收支中，汇率预期是静态的，资本的流动性是不完全的，因此利率在 IS-LM-BP 模型中起中心作用，国际利差导致资本的流入和流出。

IS-LM-BP 模型是开放条件下分析货币政策和财政政策的重要工具。该模型论证了不同汇率制度下，一国货币政策和财政政策在长期对该国的利率和国民收入具有不同的效果，以及具有不同的比较优势。对于固定汇率制下国际资本不完全流动的情况（如我国），IS-LM-BP 模型可以论证扩张型货币政策只是在短期内会引起利率下降、收入上升、国际收支恶化、本币有贬值压力等结果；但在长期中，为维护固定汇率，中央银行将出售外汇储备而回笼本国货币，直至 LM 曲线恢复原来的水平，从而使利率、国民收入、国际收支均恢复期初水平，只有中央银行的资产结构（增加或减少国内信贷，减少或增加外汇储备）发生了变化，即货币政策在长期是无效的（图 5-5）。但是财政政策在长期是有效的，扩张型财政政策将使利率和国民收入水平都提高（图 5-6）。

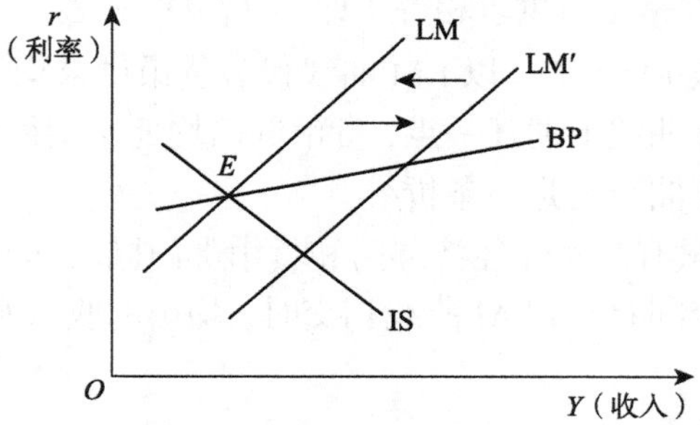

图 5-5　IS-LM-BP 模型下的货币政策效应

BP 为国际收支平衡曲线

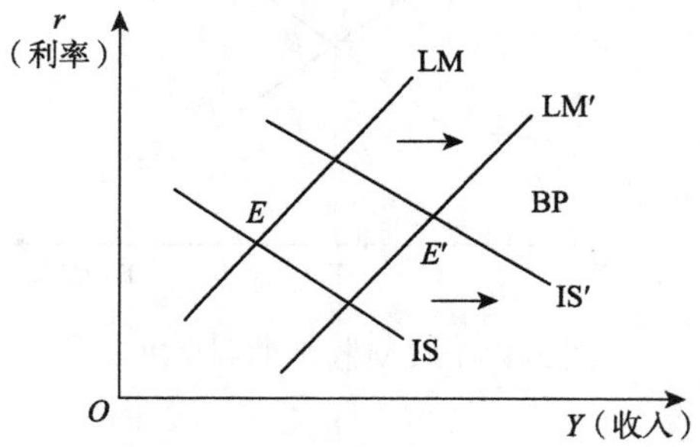

图 5-6　IS-LM-BP 模型下的财政政策效应

七、利率期限结构理论

前面的理论主要探讨的是利率水平的决定问题，而利率期限结构理论研究的则是利率与期限（或时间）之间的变化关系，用以解释不同期限利率的变动特征（经验事实）。多数情况下，利率是时间的增函数，即当时间延长时，利率升高；时间缩短时，利率下降。该理论具体又分为三种：预期理论、市场分割理论和期限偏好理论。

（一）预期理论

预期理论（也称纯预期理论）是利率期限结构理论中最主要的一种理论，其主要代表人物是 J. 希克斯。该理论认为，金融市场上实际存在的利率取决于贷款的期限结构。其出发点是，任何长期证券的利率都同短期证券的预期利率有关，长期利率是该期间内预期短期利率的几何加权平均数，或者说，长期证券的到期收益率等于当前短期证券收益率与未来预期短期证券收益率的几何平均数。它把当前对未来利率的预期作为决定当前利率期限结构的关键因素。

预期理论的分析基于以下几个假定：①持有债券和从事债券交易时没有税收和费用等交易成本的影响，因而从债券上获得的收入仅包含利息收入、资本收益和赎回债券时的面值偿还金额，投资者一旦觉察到收益率差异即变换期限；②没有违约风险，全部投资者都是风险中立者；③货币市场具有完全的伸缩性，资金的借贷双方对于短期利率的未来变化趋势能够做出合理而确定的预期，并依据这种预期指导投资行为；④投资者追求利润最大化，希望在持有期间收益最大，同时货币市场具有频繁的套利活动，资金的借贷双方对于不同期限的利率可以自由套利；⑤投资者对债券不存在期限偏好，认为各种期限都是可以完全替代的。

在以上假设条件下，长期证券的到期收益必然与短期证券的平均收益大致相等。具体而言，投资者购买长期债券并持有到期进行长期投资时，获得的收益与同样时间内购买短期债券并“滚动操作”（即每年在新的短期债券上再投资）获得的收益相同。由于市场自由竞争、借贷双方互相套利，在资金闲置期间，资本所有者大致可以获得相等的预期收益。

由于长期证券的收益率或利率是短期证券收益率或利率的几何平均数，则

$$(1+R_n)^n=(1+r_1)(1+r_2^e)\cdots(1+r_n^e) \tag{5-5}$$

$$r_n^e=\frac{(1+R_n)^n}{(1+R_{n-1})^{n-1}}-1 \tag{5-6}$$

在式（5-5）和式（5-6）中，R_n 为期限为 n 年的长期证券收益率；r_1 为当前短期利率（1 年期利率）；r_2^e 为第 2 年的 1 年期预期利率；r_n^e 为第 n 年的 1 年期预期利率。只要知道相邻两期证券的到期收益率，就可以计算出每期预期的短期利率，即投资者如果知道各种期限的收益率 R_n（$n=1, 2, \cdots, n$），他就可以知道未来短期利率的预期值 r_n^e。

此外，由于各种有价证券的流动性不同，货币的流动性大于证券，短期证券的流动性大于长期证券，期限长的证券既要承担收入风险（利率变动的风险），也要承担资本风险（机会成本损失风险）。如果各种证券利率相同，人们当然最愿意保存期限最短的证券。因此，长期证券的利率通常都要比短期证券的利率高，其高出部分即为流动性升水（又称流动性溢价、风险溢价或风险升水），流动性升水的高低与风险预期因素有关。

既然利率的期限结构取决于对利率的预期，那么，长期债券的利率将按短期利率的平均水平进行调整。因此，预期理论的基本结论是：债券的长期利率是短期利率的函数，在平均水平上更是如此。长期利率与现在的短期利率之间的关系依赖于现在的短期利率

与预期利率之间的关系。具体有如下几点（图 5-7）：①如果未来的短期利率预期不变，那么现期长期利率就等于现期短期利率，由各种不同期限证券的收益率所构成的曲线即到期收益率曲线表现为一条水平线；②如果未来的短期利率预期要上升，那么现期长期利率将高于现期短期利率，收益率曲线表现为一条向右上方倾斜的曲线；③如果未来的短期利率预期要下降，那么现期长期利率将低于现期短期利率，收益率曲线表现为向右下方倾斜的曲线。

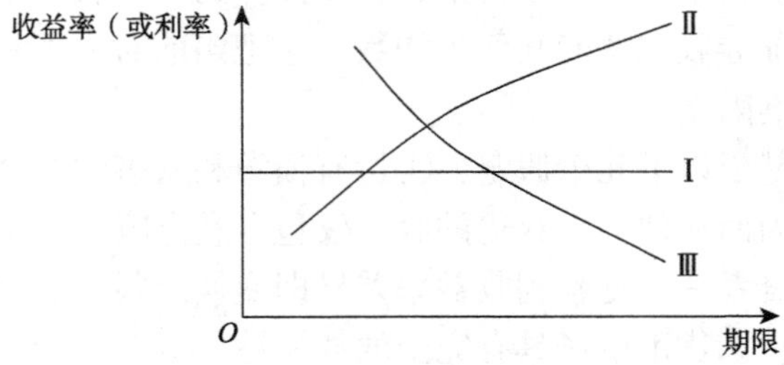

图 5-7　到期收益率曲线

预期理论的政策含义是：货币管理当局或中央银行除非影响预期，否则它不能影响利率的期限结构。如果中央银行想改变长期利率水平而不改变利率的期限结构，并且不影响短期利率水平，那么中央银行只需改变短期债券的供给，而无须改变长期债券的供给。

（二）市场分割理论

市场分割理论的最早倡导者是卡伯特森（1957 年提出），后由莫迪利安尼与萨奇于 1966 年进行了拓展，它认为，由于统一的金融市场中存在着许多分割的市场，不同的货币市场和资本市场决定不同的利率，不同期限的证券也很难相互替代，投资者对特定期限有很强的偏好。不同期限的利率，不论短期还是长期都只是由各自的供求状况决定，彼此之间并无交叉影响。因此，不能把长期利率简单地看作是短期利率的复加平均值，长期利率是否应当高于短期利率及相差多少，只决定于金融市场上对该长期借贷的供求状况。

该理论认为，产生市场分割的原因有：①法律上的限制；②缺少易于在国内市场上销售的统一的债务工具；③危机引起收益的巨大变动；④缺少足够的能提供给未来购买者和出售者的连续的现期价格自由市场；⑤风险的不确定性；⑥投资者不能掌握足够的知识。

第二次世界大战之后，金融市场日趋复杂，金融机构专业化趋势日益加强。资金的借贷双方，有的偏好短期证券，有的偏好长期证券，使得长短期资金市场各有其独立性，进而形成不同的利率水平。虽然长短期利率的差异会产生长短期资金出于套利而互相流动的现象，但其借贷活动并不完全，因为资金的借贷双方都会在其运用或需要资金的期限内借贷资金，并且跨市场转移资金的成本过高。因此，个别市场决定各自的利率水平。投资者如果更偏好长期收入稳定就必须放弃资本的流动性，而持有长期证券；债券发行人（筹资者）则根据自己不同的用途或偏好，决定发行长期债券还是短期债券。

根据市场分割理论，厂商或机构有较强的动机使其资产的期限与负债的期限相匹配。比如，人寿保险公司，它的负债显然是长期的，因而其资金主要运用于对债券和抵押贷款等长期资产的投资，以期在未来获得稳定的收入；而商业银行具有短期的负债结构，活期存款和许多储蓄存款基本上是随时可提取的，所以银行必须保持具有较高流动性的相当一部分资产，如短期政府债券和其他短期融资工具。

市场分割理论的政策含义是：中央银行或货币管理当局可以通过长期和短期债券的相对供给来改变利率的期限结构，但不能通过单方面改变短期债券的供给来影响长期利率，这与预期理论的政策含义大不相同。如果当前主要发行长期债券，那么长期收益率将上升，短期收益率将下降，收益率曲线变陡峭；如果当前主要发行短期债券，那么短期收益率将上升，而长期收益率将下降，收益率曲线变平缓（图 5-8）。

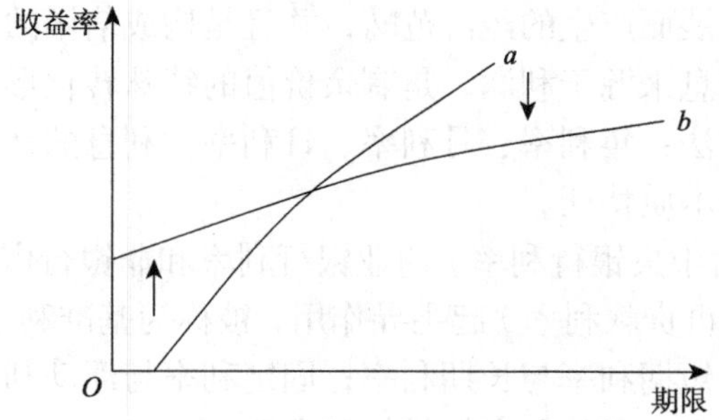

图 5-8　收益率曲线

（三）期限偏好理论

期限偏好理论又称流动性偏好理论、流动性溢价理论，它介于纯预期理论和市场分割理论之间，综合了二者的内容。该理论扩展了预期理论并考虑到了不确定性和回避因素，接受了预期理论中关于未来收益的预期对收益率曲线有很大影响的观点，但同时认为，不同期限的债券收益和相对风险程度也是影响收益率曲线形状的一个重要因素。

期限偏好理论认为，虽然市场可能更偏好某些期限证券，但是不同期限和不同性质的信贷在一定程度上提供了相互替代的可能性。由于风险回避原则的存在，一方面，投资者更偏好流动性强的短期证券；另一方面，证券发行者则更愿意发行长期证券以减少浮动成本的变动，并愿意为此付出一定的“保险费”（流动性风险溢价）。期限的选择还取决于资金的用途，如扩建工厂或购置房地产需要长期资金，而补充周转金或临时急用需要短期资金，不同的供给和需求促成了市场不同的信贷条件和利率水平。一般而言，长期利率受短期利率的影响，并且前者应高于后者，以作为流动性风险的补偿。因此，长期债券的利率会等于债券到期日前预期短期利率的平均值加上该债券随供求条件而变化的流动性溢价（流动性升水）。

期限偏好理论是以实际的观念为基础的，即经济主体愿为预期的额外收益而承担额外的风险。如果不符合投资者偏好的期限带来的预期额外收益变大时，实际上他们将修正原来偏好的期限，从而改变其投资组合和利率的期限结构。该理论在接受预期理论和市场分割理论部分主张的同时，剔除了二者的极端观点，因而能比较近似地解释现实生活中利率与期限之间的变化关系。

总之，基于各种理论分析和实践经验，可以发现，影响利率的主要因素有很多，包括平均利润率、通货膨胀预期、借贷资金供求状况、中央银行货币政策、政府预算赤字、经济周期、国际利率水平、违约风险、流动性风险等。

本章小结

1. 利息是在信用关系中债务人（借款人）支付给债权人（贷款人）超出本金部分的报酬或债权人向债务人索取的报酬，也是在特定时期内使用借贷资本所付出的代价。它是伴随着信用关系的发展而产生的经济范畴，并且是构成信用的基础。马克思深入分析了利息的本质，认为利息来源于利润，是剩余价值的特殊转化形式。衡量利息数量的标准即利率有三种表示方法：年利率、月利率、日利率。利息的计算方法有单利和复利两种，复利反映了利息的本质特征。

2. 利率体系主要由中央银行利率、商业银行利率和非银行市场利率构成，其中中央银行的再贴现利率（或再贷款利率）起主导作用，被称为基准利率。主要的利率种类有：名义利率与实际利率；短期利率与长期利率；固定利率与浮动利率；市场利率与官定利率；一般利率与优惠利率；存款利率与贷款利率。

3. 马克思的利率决定理论认为利息率主要由平均利润率和借贷资本供求关系决定。古典的储蓄投资理论认为，利率的高低是由资本的供求关系决定的，利率的变化取决于投资与储蓄的均衡。凯恩斯的流动性偏好理论认为，利率是由货币的供求关系决定的。新古典的可贷资金理论则将货币因素与实物因素统一起来加以综合分析，认为利率是可贷资金的价格，它决定于金融市场上可贷资金的供给与需求。IS-LM 模型认为，只有当实体经济部门和货币部门同时达到均衡（IS 曲线与 LM 曲线相交，即投资 I=储蓄 S，货币需求 L=货币供给 M）时，整个国民经济才能达到均衡状态，均衡的收入水平和均衡的利率水平才能同时被决定。IS-LM-BP 模型则认为，只有在国内实体经济部门、国内货币部门和国外部门同时达到均衡时，包括利率、汇率和国民收入三个变量的国民经济才能达到均衡状态。此外，利率期限结构理论研究了利率与期限（或时间）之间的变化关系，多数情况下利率与时间呈正方向变动关系；它具体又为三种理论：预期理论、市场分割理论和期限偏好理论。

本章参考文献

艾洪德，范立夫. 2017. 货币银行学[M]. 2 版. 大连：东北财经大学出版社.
曹龙骐. 2016. 金融学[M]. 5 版. 北京：高等教育出版社.

黄达. 2000. 货币银行学[M]. 北京：中国人民大学出版社.
黄达. 2014. 金融学（精编版，修订版）[M]. 3 版. 北京：中国人民大学出版社.
黄达，张杰. 2017. 金融学[M]. 4 版. 北京：中国人民大学出版社.
蒋先玲. 2017. 货币金融学[M]. 2 版. 北京：机械工业出版社.
米什金 F S. 2016. 货币金融学（美国商学院版，原书第 4 版）[M]. 蒋先玲，等，译. 北京：机械工业出版社.
秦艳梅. 1999. 货币银行学[M]. 北京：经济科学出版社.
托马斯 L B. 1999. 货币、银行与金融市场[M]. 马晓萍，等，译. 北京：机械工业出版社.
夏德仁，李念斋. 1997. 货币银行学[M]. 北京：中国金融出版社.
姚长辉. 1998. 货币银行学[M]. 北京：北京大学出版社.
朱为英，彭迪云. 2003. 货币银行学[M]. 南昌：江西科学技术出版社.

本章综合测试题

一、填空题

1. ________是在信用关系中债务人（借款人）支付给债权人（贷款人）超出本金部分的报酬或债权人向债务人索取的报酬。

2. 利息是伴随着________关系的发展而产生的________范畴。

3. 马克思认为，________________及________________是利息产生的经济基础，利息来源于________，实质上是__________的特殊转化形式。

4. 在社会主义经济中，利息是________________的一种补充形式。

5. 根据计算利息的期限不同，利率的表示方法有三种：________、________和________。

6. 利息的计算方法有两种：____________与____________。

7. 仅对本金计息，不对利息付息的计算法是____________，常用于__________。

8. 利滚利或息上加息就是指__________，它反映了________的本质特征，常用于__________。

9. 按复利计算，零存整取的公式为________________________，整存零取的公式为________________。

10. 一次支付现值系数的表达式为________________。

11. 利率体系主要由____________、____________和______________构成。

12. 中央银行利率在整个利率体系中起主导作用，因而称为____________。

13. 实际利率的精确计算公式为____________________。

14. 按照在借贷期内是否调整，利率可以分为____________与____________。

15. ________________是比较典型的市场利率。

16. 马克思认为，利率主要由____________和________________两个因素决定。

17. 古典利率理论认为，利息是______的价格，利率的高低是由____________决定的；资本供给来自________，资本需求来自________；当________等于________时，利率便达到均衡水平。

18. 凯恩斯的利率理论称为____________，认为利息完全是一种______现象，利率的高低由____________________决定。

19. 可贷资金理论认为，利率是__________的价格，它决定于金融市场上______________；可贷资金的供给与利率呈________变动关系，可贷资金的需求与利率呈________变动关系。

20. ______模型认为，只有当实体经济部门和货币部门同时达到均衡时，整个国民经济才能达到均衡状态，均衡的收入水平和均衡的利率水平才同时被决定。

21. ________模型认为，只有在国内实体经济部门、国内货币部门和国外部门同时达到均衡时，包括利率、汇率和国民收入三个变量的国民经济才能达到均衡状态。

22. 利率期限结构理论包括____________、____________和____________三种。

23. 预期理论认为，长期证券的收益率或利率是__________________的几何平均；如果未来短期利率预期上升，那么到期收益率曲线表现为一条________________的曲线。

二、单项选择题

1. 利息是从属于（　　）的一个经济范畴。

A. 信用关系　　B. 生产关系　　C. 消费关系　　D. 流通关系

2. 马克思认为，利息是（　　）的特殊转化形式。

A. 收入　　B. 利润　　C. 剩余价值　　D. 产品价值

3. 拆息是指（　　）。

A. 年利率　　B. 日利率　　C. 月利率　　D. 季利率

4. 可以正确反映资金的时间价值和利息的本质特征的是（　　）。

A. 年利率　　B. 月利率　　C. 单利　　D. 复利

5. 按年利率 10%计算，2 年后的 100 万元，相当于现在时点的（　　）万元现值。

A. 68.30　　B. 75.13　　C. 82.65　　D. 90.91

6. 基准利率一般是指（　　）。

A. 中央银行利率　　B. 商业银行利率　　C. 民间借贷利率　　D. 债券利率

7. 名义利率为 8%，通货膨胀率为 3%，那么实际利率约为（　　）。

A. 11%　　B. 5%　　C. 3%　　D. 8%

8. 银行同业拆借利率一般为（　　）。

A. 实际利率　　B. 长期利率　　C. 官定利率　　D. 市场利率

9. 认为利率取决于货币的供求关系的理论是（　　）。

A. 储蓄投资理论　　B. 流动性偏好理论

C. 可贷资金理论　　D. 利率期限结构理论

10. 古典利率决定论认为，利率决定于（　　）。

A. 资本的供求关系　　B. 货币的供求关系

C. 可贷资金的供求关系　　D. 平均利润率

11. 开放经济条件下的利率决定理论是（　　）。

A. 流动性偏好理论　　B. 可贷资金理论

C. IS-LM 模型　　D. IS-LM-BP 模型

12. 认为中央银行可以通过长期和短期债券的相对供给来改变利率的期限结构的理论是（　　）。

A. 预期理论　　B. 市场分割理论

C. 期限偏好理论　　D. 流动性偏好理论

三、多项选择题

1. 利息的计算方法有（　　）。
A. 年息　　B. 月息　　C. 日息
D. 单利　　E. 复利
2. 利率体系主要由（　）构成。
A. 中央银行利率　　B. 商业银行利率　　C. 非银行市场利率
D. 平均利率　　E. 一般利率
3. 按照是否考虑物价变动的影响，利率可以分为（　　）。
A. 名义利率　　B. 实际利率　　C. 短期利率
D. 长期利率　　E. 浮动利率
4. 马克思的利率决定理论认为，利息率的主要决定因素是（　　）。
A. 平均利润率　　B. 平均利息率　　C. 借贷资本供求关系
D. 传统习惯　　E. 法律规定
5. 可贷资金理论认为，利率的影响因素有（　　）。
A. 储蓄　　B. 投资　　C. 货币贮藏
D. 货币反贮藏　　E. 银行新增货币量
6. 利率期限结构理论包括（　　）。
A. 预期理论　　B. 市场分割理论　　C. 流动性偏好理论
D. 期限偏好理论　　E. 实际利率理论

四、判断题

1. 利息是从属于生产关系的一个经济范畴。（　　）
2. 斯密指出利息是剩余价值的转化形式。（　　）
3. 马克思认为，资本所有权和使用权相分离及借贷资本成为资本商品是利息产生的经济基础。（　　）
4. 月利率习惯上称为拆息。（　　）
5. 单利反映了利息的本质特征，常适用于长期借贷。（　　）
6. 一次支付现值系数可表示为$\frac{1}{(1+r)^n}$。（　　）
7. 银行同业拆借利率一般称为基准利率。（　　）
8. 实际利率与通货膨胀率呈反方向变动关系。（　　）
9. 当市场利率趋于上升时，实行浮动利率有利于债务人而不利于债权人。（　　）
10. 我国目前以官定利率为主，市场利率为辅。（　　）
11. 马克思认为，利息率的变化范围一般在零与平均利润率之间。（　　）
12. 古典利率理论认为，利率是由货币的供求关系决定的。（　　）
13. 可贷资金理论主要从流量的角度研究借贷资金的供求和利率的决定。（　　）
14. IS-LM-BP 模型是开放经济条件下利率决定的一般均衡理论。（　　）

15. 预期理论认为，长期利率是该期间内预期短期利率的几何加权平均数。(　　)
16. 流动性偏好理论扩展了预期理论并考虑到了不确定性和回避因素。(　　)

五、名词解释

1. 利息	2. 利率	3. 单利	4. 复利	5. 零存整取
6. 整存零取	7. 终值	8. 现值	9. 利率体系	10. 名义利率
11. 实际利率	12. 短期利率	13. 长期利率	14. 固定利率	15. 浮动利率
16. 市场利率	17. 官定利率	18. 公定利率	19. 优惠利率	20. 存款利率
21. 贷款利率				

六、简答题

1. 简述利息的实质。
2. 简述单利与复利的区别。
3. 简述利率体系的一般构成。
4. 简述名义利率与实际利率的区别。
5. 简述固定利率与浮动利率的区别。
6. 简述市场利率与官定利率的区别。
7. 简述存款利率与贷款利率的区别。
8. 简述马克思的利率决定理论。
9. 简述储蓄投资理论（即古典利率决定理论）。
10. 简述流动性偏好理论。
11. 简述可贷资金理论。
12. 简述 IS-LM 模型。
13. 简述 IS-LM-BP 模型。
14. 简述预期理论。
15. 简述市场分割理论。
16. 简述期限偏好理论。

七、论述题

1. 试述马克思的利息及利率理论。
2. 试述储蓄投资理论、流动性偏好理论和可贷资金理论。
3. 试述利率期限结构理论。

第六章

外汇与汇率

在开放经济条件下，每个国家或地区使用的货币通常不同，在国际从事经济交易活动就会形成需要清偿的国际债权债务关系，因而便涉及国际清算和本国货币与外国货币的兑换等国际货币金融问题，产生了外汇与汇率的概念。

第一节　外　　汇

一、外汇概述

（一）外汇的定义

外汇（foreign exchange）是国际汇兑或国外汇兑的简称，它有动态和静态之分，而静态外汇的概念又有广义和狭义之分。

动态意义上的外汇是指人们经过银行等金融机构把一国货币兑换成另一国货币，以清偿国际债权债务关系的活动和行为。这种动态的外汇含义，是外汇概念的渊源，它等同于国际结算。

静态意义上的外汇是指以外币表示的可用于对外结算的国际支付手段与资产。其中，狭义的外汇概念是指以外币表示的，可用于对国际债权债务进行结算与清算的支付手段或工具。它主要包括以外币表示的银行汇票、支票、银行存款等。这也是人们通常使用的外汇概念。

广义的外汇概念泛指一切外国货币表示的资产。在各国的有关法规中所沿用的便是这种概念。例如，我国2008年修订的《中华人民共和国外汇管理条例》规定，外汇是指以外币表示的可以用作国际清偿的支付手段和资产，具体包括：①外币现钞，包括纸币、铸币；②外币支付凭证或者支付工具，包括票据、银行存款凭证、银行卡等；③外币有价证券，包括债券、股票等；④特别提款权；⑤其他外汇资产。在这个意义上，外汇的概念等同于外币资产，即包括外国货币及以外币表示的其他各种国际金融资产。国际货币基金组织曾将外汇定义为“货币行政当局（中央银行、货币管理机构、外汇平准基金及财政部）以银行存款、财政部国库券、长短期政府债券等形式所保有的在国际收支逆差时可以使用的债权。其中包括由中央银行及政府间协议而发行的在市场上不流通的债券，而不问它是以债务国还是债权国货币表示的”。按照这一定义，外汇主要指一国官方所拥有的外币资产，即外汇储备，并不包括一国普通居民所持有的外国债权，因而是一种不完整的外汇概念。

（二）外汇的特征

从外汇的定义中，可以总结出外汇的性质和典型特征，具体为以下几种。

（1）外币性，即外汇是一种以外币表示的国外金融资产。因而用本国货币表示的信用工具和有价证券及黄金等本国金融资产对本国居民而言就不属于外汇。

（2）可兑换性，即作为外汇的货币必须是可兑换货币，即能够自由地兑换成其他形式的资产或支付手段，如美元、欧元、英镑、日元等。因此不具备兑换能力的部分外币不能视为外汇。

（3）普遍接受性，即外汇必须是得到国际承认和普遍接受，能够在国外获得补偿的债权。因此，仅有名义清偿能力而在国外不能起到支付手段作用的空头支票和拒付的汇票等都不能视为外汇。

（三）外汇的种类

外汇根据不同的标准可以分为许多不同种类。

（1）自由外汇和记账外汇。外汇按可兑换性不同可分为：①自由外汇，它是指不需要经过货币发行国的货币管理当局批准，可以自由兑换成其他国家货币或向第三国办理支付的外汇。作为自由外汇的货币，其根本特征就是可兑换货币，在国际交往中被广泛使用和流通，如美元、英镑、日元、瑞士法郎、欧元等。②记账外汇，它又称协定外汇、清算外汇或双边外汇，是指未经有关国家管理当局批准不能自由兑换成其他货币，也不能对第三国进行支付的外汇。记账外汇只能根据两国政府间的贸易支付（或清算）协定，在双方银行开立专门的清算账户记载使用，使用本国货币或对方货币或第三国货币计价结算，到一定时期，集中冲销双方账户之间的债权债务。它并非严格意义上的外汇，只是在双边的基础上才具有外汇意义。例如，我国过去与苏联、东欧国家及不少发展中国家之间的双边贸易采用过这一方式。

（2）贸易外汇和非贸易外汇。外汇按其来源和用途不同可分为：①贸易外汇，它是指经由进出口贸易而收入或支出的外汇。贸易外汇收入是一国最主要的外汇来源，贸易外汇支出则是一国外汇的主要用途，因此，贸易外汇收支是一国外汇收支的主体。②非贸易外汇，它是指非来源于出口贸易或非用于进口贸易的外汇。非贸易外汇主要由劳务外汇、旅游外汇、侨汇及属于资本流动性质的外汇等组成。

（3）即期外汇和远期外汇。外汇按交易的交割期限不同可分为：①即期外汇，它是指外汇买卖成交后在两个营业日内交割完毕的外汇。②远期外汇，它是指外汇买卖成交后，根据合同规定，在未来的约定日期（两个营业日以后）办理交割的外汇。

二、外汇市场

（一）外汇市场的含义

外汇市场（foreign exchange market）是指由从事外汇买卖的供求各方组成的交易系统。它是金融市场的重要组成部分，通过外汇买卖，为国际清算或转移债权债务提供了重要媒介，同时为外汇长期保值或进行外汇投机的金融活动提供了便利的条件。

外汇市场有广义和狭义之分。狭义的外汇市场又叫外汇批发市场，是指银行同业之间的外汇交易市场，包括同一市场上各银行之间的外汇交易、不同市场上各银行之间的外汇交易、中央银行同商业银行之间的外汇交易及各国中央银行之间的外汇交易。广义的外汇市场除了包括狭义的外汇市场外，还包括银行同一般客户之间的外汇交易市场，即外汇零售市场。

外汇市场的组织形式有两种：有形市场与无形市场。有形的外汇市场是指以外汇交易所或外汇交易中心为典型的、有具体的固定交易场所和统一的营业时间的外汇市场。参与外汇交易的各方按照规定的营业时间到固定的交易场所内进行外汇买卖活动。巴黎、法兰克福、布鲁塞尔等国际金融中心的外汇市场即属此类。无形的外汇市场则是指买卖双方通过电话、电报、传真、电子邮件等现代化通信手段进行接触和联系来实现外汇交易的网络，它没有具体的固定交易场所，交易迅捷且不受地域限制，属于柜台市场（OTC①市场）、场外交易市场。现代外汇市场的主体是无形市场，它的交易量占外汇市场总交易量的绝大部分，因而一般意义上的外汇市场是指无形市场。

（二）外汇市场的主体

外汇市场的主体是指外汇市场的参与者，它们主要包括以下几个层面。

（1）外汇银行。它又称外汇指定银行，是指经中央银行批准经营外汇业务的银行，包括专营外汇业务的专业银行和兼营外汇业务的商业银行。外汇银行是外汇供求中介机构，扮演着外汇市场的主要角色，具有市场创造者（做市商）的功能。

（2）外汇经纪人和外汇交易商。外汇经纪人或外汇经纪商是指专门为外汇买卖双方牵线搭桥、介绍成交而收取佣金的中介人，他们并不直接参与外汇买卖活动，而是利用灵敏的市场信息、先进的通信手段和广泛的社会联系，来帮助外汇买卖双方成交，从中赚取佣金等服务费，自身不承担风险。外汇交易商是专门从事外汇交易的投资者：他们通过买卖外汇，利用外汇市场价格的时间差和空间差来赚取差价，多为信托投资公司或

① OTC 即 over the counter。

银行等金融机构。

（3）一般客户。即外汇市场上外汇的实际供应者和需求者，主要包括交易性外汇买卖者，如进出口商、国际投资者、出国旅游者；保值性外汇买卖者，如套期保值者；投机性外汇买卖者，即外汇投机者。他们主要是为了完成某种经济活动而进行外汇买卖的，基本上是外汇的最初来源者和最终需求者，但其交易量在整个外汇市场中所占比例并不大。

（4）中央银行。中央银行作为一国行使金融监管职能的专门机构，负有管理外汇市场的责任。为了稳定外汇市场和本币汇率，中央银行经常通过买卖外汇来干预外汇市场，调节外汇供求，影响外汇汇率，以达到管理和调节外汇市场的目的。

外汇市场各交易主体的交易活动相互影响、相互制约，使外汇市场表现出明显的层次性，从而形成三个层次的交易市场：①第一层次市场，即顾客市场，主要是外汇银行与进出口商、个人、外汇交易商等顾客之间的外汇买卖市场。这是外汇市场的基础。②第二层次市场，即银行同业间市场，是外汇银行为了满足客户外汇需求或抛补外汇头寸以避免外汇变动风险，或出于投机获利的目的而相互之间进行外汇买卖的市场。这是外汇市场的主体，其交易量占外汇市场交易总量的90%以上。③第三层次市场，即中央银行与外汇银行之间的交易市场，是中央银行为维持本币稳定或外汇市场秩序而对银行间外汇市场进行干预而形成的市场。它是外汇市场的调控、平衡力量。外汇市场的正常运作有赖于三个层次市场的有机统一和协调运转。

三、外汇交易

外汇市场交易的基本形式主要有以下几类。

（一）即期外汇交易

即期外汇交易又称现汇交易，是指买卖双方成交后，在两个营业日内办理交割收付的外汇交易。即期外汇交易是早期外汇交易的基本形式。它根据资金方向和信用工具传递方向是否一致可分为顺汇买卖和逆汇买卖（托收）两种方式。

（二）远期外汇交易

远期外汇交易又称期汇交易，是指买卖双方成交后，在超过两个营业日的未来某一特定期间或特定日期进行交割的外汇交易。其交割期限通常为1～6个月。它包括固定交割日的远期交易和选择交割日的远期交易两种形式。远期外汇交易为进出口商和资金借贷者提供了一种有效的规避汇率风险和套期保值的手段，同时为套利者和投机者提供和创造了抵补套利的机会和外汇投机的工具。

（三）掉期交易

掉期交易又称调期交易、互换交易（货币互换），是指在买进（或卖出）某种外汇的同时，又卖出（或买进）交割期不同、金额相同的该种货币，也就是将货币相同、金额相同而方向相反、交割期限不同的两笔或两笔以上的外汇交易结合起来进行。进行掉期交易的目的是避免汇率变动的风险，它实质上也是一种套期保值的做法。银行同业间外汇市场常采用此交易方式以轧平银行外汇头寸，避免汇率风险。掉期交易具体又可分为即期对远期的掉期交易、即期对即期的掉期交易、远期对远期的掉期交易、明日对次日的掉期交易等形式。

（四）套汇交易

所谓套汇，是指利用同一时刻不同外汇市场上的汇率差异，通过低买高卖外汇而套取差价利润的行为。它包括时间套汇（掉期交易）和地点套汇，后者又可分为直接套汇和间接套汇两种。直接套汇又称双边或两角套汇，是最简单的套汇方式，指利用两个外汇市场上某种货币的汇率差异，同时在两个外汇市场上一边买进一边卖出这种货币。间接套汇也称三角套汇，是指利用三个不同地点的外汇市场上的汇率差异，同时在三地市场上贱买贵卖，从中赚取汇率差价的行为。套汇交易的存在是由于各个不同的外汇市场上各国货币的供求不一致，出现某种程度的汇率差异。套汇者的套汇活动会使各地外汇市场的汇率差异趋于消失。

（五）套利交易

套利交易又称为利息套汇交易，是指利用不同国家或地区的利率差异，将资金从低利率国家或地区调到高利率国家或地区以赚取利差收益的行为。假如美国货币市场的利率为 3%，英国货币市场的利率为 2.5%，那么英国投资者将会把英镑兑换成美元投资于美国，从而可以获得年率 0.5% 的利差收益。当然，套利交易的进行，必须建立在该利差收益大于其套利成本的基础上，因为套利者在投资期间要承担外汇汇率下跌的风险。因此，纯粹的套利行为具有外汇投机的性质，为现汇投机的主要形式。为了避免汇率风险，投资者可以将套利交易与掉期交易结合进行。这种在进行套利交易的同时进行外汇抛补以防汇率风险的行为，称为抛补套利。然而，不断进行这种抛补套利的结果是高利率货币的现汇汇率上升，期汇汇率下跌，即贴水额加大，套利成本也由此相应提高，套利收益逐渐减少。这种趋势持续到利差与贴水额接近平衡时，套利活动即会停止。

除了以上几种常见的外汇交易外，随着国际金融的不断发展，许多新的外汇交易种类产生并有了很大的发展，如外汇期货交易、外汇期权交易等外汇衍生产品交易品种。

第二节 汇 率 概 述

一、汇率

（一）汇率的定义

汇率（foreign exchange rate）又称汇价、外汇牌价或外汇行市，即货币在金融市场上买卖的价格，它是两种货币之间的比价或折算比率，或者说是以一种货币单位所表示的另一种货币单位的价格，也可以称为货币的对外价值。在国际政治、经济、文化往来中，由于各国货币的名称不同、币值不一，为了使本国货币与外国货币相交换的国际债权债务支付结算活动能够顺利进行，就必须规定或形成本币与外币相互兑换的比率，这便产生了汇率问题。同时，在外汇市场上，外汇作为一种特殊商品，它的买卖也要有价格，这种外汇买卖的价格就是外汇的汇率。

（二）汇率的标价法

由于货币本身具有价值尺度的功能，外汇买卖的两种货币都可以用来表示对方货币的价格，即外汇汇率具有双向特征。折算两种货币的比率，就先要确定以哪一种货币作为标准，这称为汇率的标价方法或汇价表示法。在外汇市场上，基准货币不同，从而产生两种相反的汇率标价法：直接标价法和间接标价法。

（1）直接标价法。它又称应付标价法、价格标价法或欧式标价法，是以一定单位（1或 100、10 000 个整数单位等）的外国货币作为标准，折算成若干单位的本国货币来表示汇率的标价法，也就是以本国货币来表示外国货币的价格，外币是基准货币（被当作商品来看待），本币是计价货币或标价货币（充当价值尺度）。其特点是外币数量固定不变，折合成本币的数额则随着外币币值和本币币值的变化而变化，外汇汇率的高低和涨跌与本币的数额成正比。如果本币的数额增大，表明外汇汇率上涨（或本币汇率下跌），本币贬值，外币升值；反之外汇汇率下跌，本币升值，外币贬值。因此，直接标价法是一种比较直观的外汇汇率表示法。目前，除英国、美国、澳大利亚、欧元区国家等少数国家外，大多数国家（包括中国）都采用直接标价法。例如，在中国，2019 年 12 月 31 日美元人民币汇率标价为 1 美元=6.6932 元人民币；在瑞士，2019 年 12 月 31 日美元瑞士法郎汇率标价为 1 美元=0.967 75 瑞士法郎，此即为直接标价。

（2）间接标价法。它又称应收标价法、数量标价法或美式标价法，是以一定数量单位的本国货币为标准，折算成若干单位的外国货币来表示汇率的标价法，也就是以外国货币来表示本国货币的价格，本币是基准货币（被当作商品来看待），外币是计价货币或标价货币（充当价值尺度）。其特点是本币数量固定不变，折合成外币的数额随两种货币币值的变化而变化，外汇汇率的高低和涨跌与外币数额成反比。如果外币数额增加，表明外汇汇率下跌（或本币汇率上升），本币升值，外币贬值；反之外汇汇率上涨，本币贬值，外币升值。在此标价法下，外汇汇率的涨落通过本币汇率的涨落间接地表现出来，故称间接标价法。例如，在英国，2019 年 12 月 31 日英镑美元汇率标价为 1 英镑=1.326 10 美元；在美国，2019 年 12 月 31 日美元日元汇率标价为 1 美元=108.660 日元；在德国，2019 年 12 月 31 日欧元美元汇率标价为 1 欧元=1.121 15 美元，此即为间接标价。

二、汇率的种类

汇率的种类有很多，从不同的角度、按不同的标准，可以划分不同的种类。

（一）基本汇率与套算汇率

这是从汇率制度的角度来考察的，按照汇率制定方法的不同，可将汇率划分为基本汇率与套算汇率。

基本汇率就是指本国货币与关键货币之间的汇率。世界上货币种类繁多，要制定出本国货币与每一种外国货币之间的汇率，就有许多不便。因此，一国一般选定一种在本国对外经济交往中最常使用、在外汇储备中所占比重最大的可自由兑换货币作为关键货币，依据本国货币与该关键货币的实际价值对比及国际收支状况，制定出基本汇率。目前世界各国一般都选择本币与美元之间的汇率作为基本汇率。在各国银行之间相互报出汇率时，一般也只报出基本汇率。至于本国货币与其他国家货币之间的汇率，则可以根据基本汇率套算出来。

套算汇率也称交叉汇率，是指根据已制定的基本汇率套算出来的本国货币与其他国家非关键货币的汇率。例如，某日德国的银行所报出的欧元基本汇率为 1 欧元=1.12 美元，日本的银行所报出的日元基本汇率为 1 美元=110.50 日元，这样日本的银行在买卖欧元时，很容易计算出欧元与日元之间的套算汇率，即 1 欧元=123.76 日元。

（二）买入汇率、卖出汇率与中间汇率

这是从银行买卖外汇的角度或从报价银行的立场来考察的，按照银行在外汇买卖过程中所使用汇率的不同，可将汇率分为买入汇率、卖出汇率和中间汇率。

买入汇率又称外汇买入价，是报价银行从客户手中买入外汇时所使用的汇率。由于这一汇率多用于出口商与银行间的外汇交易，也常称为出口汇率。

卖出汇率又称外汇卖出价，是报价银行向客户卖出外汇时所使用的汇率。由于这一汇率多用于进口商与银行间的外汇交易，也常称为进口汇率。

中间汇率又称外汇中间价，是买入汇率与卖出汇率的平均数。它不是外汇买卖的执行价格，通常只是用于新闻对外报道汇率水平和综合统计分析。外汇买入与卖出汇率之间有一个差额，作为银行买卖外汇的收益。在外汇市场上，银行报价通常都采用双向报价，即同时报出买入价和卖出价，卖出价高于买入价。

（三）电汇汇率、信汇汇率、票汇汇率与现钞汇率

这是从外汇交易中使用的支付工具的角度来划分的。

电汇汇率是指银行以电讯方式划拨外汇资金进行外汇买卖时所使用的汇率。由于其是以电报或电传等电讯方式传递付款委托书来划拨外汇资金的，速度快、在途时间短、银行占用客户资金时间短（一般为 1～2 天），加之电报费相对较贵，电汇汇率一般要高于信汇汇率与票汇汇率。目前，国际支付绝大多数用电讯传递方式，故电汇汇率是外汇市场的基准汇率，其他汇率都以其为制定依据。一般外汇市场上所公布的汇率，也多为电汇汇率。

信汇汇率是指银行以信函邮寄付款委托书方式划拨外汇资金进行外汇买卖时所使用的汇率。信汇汇率主要用于路途较近的国家或地区之间的交易。

票汇汇率是银行买卖外币汇票、支票和其他票据时所使用的汇率。票汇可分为即期票汇和远期票汇。

此外，银行还挂牌公布现钞价，即外币现钞买卖价或现钞汇率，这是银行买卖外币现钞时所使用的汇率，它是一种特殊的汇率。外币现钞在本国不能流通使用，需要将其运送到发行国才能流通使用。因此，银行买入并保存外币现钞的经营成本较高，故现钞买入价一般按电汇买入价扣除钞票的运送费、保险费和邮程利息来计算，并且外币现钞买卖差价一般都比较大。

（四）市场汇率与官方汇率

这是从各国对外汇管理的宽严程度来划分的，按照汇率形成的机制不同，可以将汇率分为市场汇率与官方汇率。

市场汇率是指在自由外汇市场上买卖外汇而自发形成的汇率。其水平基本上是由货币的购买力和供求关系来决定的，也是外汇管理较松国家进行外汇市场交易的现实汇率。

官方汇率也称官定汇率或法定汇率，是指由一国货币当局（如中央银行或外汇管理部门）所规定和公布的汇率。在外汇管理较严（外汇管制）的国家，通常禁止外汇的自由交易，因此没有外汇市场，也不存在市场汇率，官方汇率就是该国的现实汇率；而在外汇管理较松的国家，官方汇率只是作为外汇市场交易参考的中心汇率，起一定的指导作用。当然在非法的不公开外汇交易中也会产生黑市汇率。

（五）即期汇率与远期汇率

这是从外汇交易的交割期限标准来划分的。

即期汇率又称现汇汇率，是指即期外汇交易中行使的汇率。外汇买卖双方成交后，当日或两个营业日内按此汇率进行款项交割。

远期汇率又称期汇汇率，是指远期外汇交易中行使的汇率。外汇买卖双方签订合同，约定交割日期，届时不管汇率如何变动，协议双方都按预定的远期汇率、币种、金额进行结算。远期汇率与即期汇率之间的差额被称为升水或贴水。

（六）固定汇率与浮动汇率

这是从国际货币体系或者各国政府对汇率管制的角度，按照汇率波动程度的不同来划分的。

固定汇率是指一国货币与他国货币的兑换比率基本不变或者仅仅在规定的很小幅度内波动的汇率。

浮动汇率是指一国货币与他国货币的兑换比率没有上下限波动幅度的限制，政府货币当局也不对其运行进行行政干预，而由外汇市场供求关系自行决定的汇率。

此外，按照衡量货币价值的角度或者是否考虑物价变动的影响，还可以将汇率分为名义汇率（现实汇率）与实际汇率（真实汇率）。

三、汇率制度

汇率制度（exchange rate regime）又称汇率安排，是指一国货币当局对本国汇率的决定及其变动的基本方式所做的一系列安排或规定。传统上，按照汇率变动的幅度大小，汇率制度可分为两大基本类型：固定汇率制和浮动汇率制。

（一）固定汇率制

固定汇率制是指汇率受平价的制约，只能围绕平价在很小的范围内上下波动的汇率制度。也就是说，在固定汇率制下，两国货币间的汇率基本固定，汇率的波动幅度被限制在一个很小的范围内，其目的是通过稳定价格预期，避免汇率风险，促进国际贸易结算和资本正常流动。自 19 世纪中后期金本位制在西方主要国家确定以来，一直到 1973 年，世界各国的汇率制度基本上属于固定汇率制。固定汇率制包括金本位制下的固定汇率制和纸币流通条件下的固定汇率制两种形式。

在 1880～1914 年金本位制度下，固定汇率制是自发形成的。两国货币之间的中心汇率是按两国本位币的含金量之比即金平价来自行确定的，并且自由兑换、自由铸造和熔化、自由输出入的原则能够自动保证现实汇率的波动不会超过黄金输送点。金铸币的含金量一般不易变化，从而各国货币的金平价一般不会变动，这时的汇率虽然随供求关系的变化而波动，但其波动幅度被严格控制在一个极其窄小的范围内，因此各国货币之间的汇率能够保持真正的稳定，是固定汇率制的典型形式。

在纸币流通条件下，纸币所代表的实际价值量经常变动，两国货币间的对比关系很难固定，因此固定汇率制是通过国际的协议（即《布雷顿森林协议》）人为建立起来的，各国货币当局通过规定虚设的金平价来制定中心汇率，并且现实汇率也是通过外汇干预、外汇管制或国内经济政策等措施被维持在人为规定的狭小范围内波动。在纸币流通条件下，各国货币的金平价是可以调整的；当一国国际收支出现根本性失衡时，金平价可以经由国际货币基金组织的核准而予以变更。因此，纸币流通条件下的固定汇率制，严格来说只能称为可调整的钉住汇率制。1944 年 7 月国际货币金融会议通过的《布雷顿森林协议》(包括《国际货币基金协定》《国际复兴开发银行协定》) 规定，美元与黄金直接挂钩（1 盎司黄金等于 35 美元），其他国家货币与美元挂钩，从而间接与黄金挂钩；实行可调整的固定汇率制，各国货币按其官方所定含金量与美元定出比价，汇率只能在上下各 1%幅度内波动，如超出规定的上下限，各国政府有义务在外汇市场进行干预，以保持汇率的稳定。

（二）浮动汇率制

浮动汇率制是指汇率不受平价的限制，随外汇市场供求变化而波动的汇率制度。它可以发挥汇率杠杆对国际收支的自动调节作用，但汇率频繁剧烈的波动又会给国际经济秩序带来负面影响。1973 年 2 月以后，由于美元之前连续的两次贬值，西方各主要工业国先后都实行了浮动汇率制，使布雷顿森林体系的固定汇率制彻底瓦解，转为牙买加体系的浮动汇率制。

在浮动汇率制下，一国货币不再规定金平价，不再规定对外国货币的中心汇率和汇率的波动幅度，货币当局或中央银行也不再承担维持汇率波动界限的义务，即不限制汇率的波动，只是根据需要自由选择是否进行干预及把汇率维持在什么样的水平上。按照政府是否干预，浮动汇率制可分为自由浮动和管理浮动。自由浮动是指货币当局对外汇市场不加任何干预，完全听任汇率随市场供求状况的变动而自由涨落。管理浮动则是指货币当局在必要时对外汇市场进行干预以使市场汇率朝有利于己的方向浮动。在实际经济中，政府通常或多或少要加以适度调节。所以目前世界各主要国家所实行的都是管理浮动汇率制度。

按照浮动的形式，浮动汇率制又可分为单独浮动、联合浮动和钉住浮动三种形式。单独浮动是指本国货币不与其他任何国家货币保持固定联系，其汇率根据外汇市场的供求状况单独浮动（如美元、加拿大元、日元等）。联合浮动是指参加联合浮动的国家彼此间的汇率基本保持固定，而对非成员国货币的汇率则采取共同浮动（如欧盟各成员国在欧元诞生前即采用联合浮动汇率制）。钉住浮动则是指本国货币与某一主要贸易伙伴国货币或一组货币（即合成货币）保持固定比价，这一固定比价随着被钉住货币汇率的变动而变动。目前，大多数发展中国家都实行这种钉住浮动汇率制，如钉住美元或特别提款权浮动。

（三）我国的人民币汇率制度

我国人民币汇率的制定与安排，随着我国各个时期的方针、政策和经济体制的不同而不同，有一个渐进演变的过程。总的来说，人民币汇率制度或外汇管理制度经历了以下四个发展阶段。

（1）第一阶段：1949～1952 年国民经济恢复时期是人民币汇率确定阶段。1950 年 7 月 8 日国家统一了人民币汇率牌价。在这个阶段制定人民币汇率的方针是奖励出口、兼顾进口、照顾侨汇。

（2）第二阶段：1953～1972 年全面计划经济时期是人民币实行固定汇率阶段。1953 年后我国进入高度集中的计划管理体制时期，物价长期稳定；国际上也流行布雷顿森林体系的固定汇率制，因而这一期间人民币汇率基本没有变动，1 美元始终保持折合人民币 2.46 元。

（3）第三阶段：1973～1993 年改革开放初始时期是人民币实行浮动汇率阶段。随着 20 世纪 70 年代布雷顿森林体系的崩溃，人民币汇价也参照国外汇率浮动，并采用钉住一篮子货币的方式进行调整。我国设立专门的外汇管理机构——国家外汇管理局。人民币官方汇率到 1993 年底为 1 美元兑人民币 5.80 元,外汇调剂价为 1 美元兑人民币 8.70 元左右。

（4）第四阶段：1994 年至今社会主义市场经济时期是市场汇率阶段。从 1994 年 1 月 1 日起，人民币汇率实行并轨，官方牌价与调剂市场汇价合二为一，并轨后的汇价定为 1 美元兑人民币 8.70 元。建立了全国统一规范的银行间外汇市场，人民币汇率根据外汇市场供求状况浮动，中国人民银行视情况通过外汇市场买卖外汇干预汇率。我国外汇体制市场化改革后，人民币汇率形成机制也初步纳入“以市场供求为基础的、单一的、有管理的浮动汇率”的规范轨道，从而基本上实现了从官方（计划）汇率向市场汇率的过渡。人民币汇率并轨运行以来，基本上呈稳中有升之势，1997 年底之前明显升值（累计升值 4.9%），之后保持稳定不变（1 美元兑人民币 8.27 元，被国际上归类为固定钉住汇率）。2005 年 7 月 21 日人民币对美元汇率一次性升值 2%（1 美元兑人民币 8.11 元），汇率形成机制进一步改革，不再单一钉住美元，开始实行以市场供求为基础的、参考一篮子货币调节、有管理的浮动汇率制度，并进一步放松外汇管制，人民币汇率双向浮动，弹性增强，升值速度也加快（升值超过 30%，2014 年 1 月一度达到 1 美元兑人民币 6.04 元），基本上属于国际上所谓的爬行区间汇率制度。2015 年 8 月 11 日，中国人民银行宣布调整人民币对美元汇率中间价报价机制，做市商参考上一日银行间外汇市场收盘汇率，向中国外汇交易中心提供中间价报价，从而使人民币汇率水平受市场供求的影响显著增强，上下浮动的幅度也加大（1 美元兑人民币基本上在 6.2 元与 7 元之间波动）。

四、汇率的作用

汇率作为客观经济的重要变量和国民经济的重要杠杆，其变动对国内外经济有一定的影响作用。

（一）汇率变动对世界经济的影响

汇率变动对世界经济的影响主要表现在以下三个方面：第一，对国际贸易的影响。汇率稳定有利于国际贸易的发展，而汇率不稳定则会使进出口商无法准确折算进出口贸易的成本和收益，从而影响国际贸易总量的增长和扩大。第二，对资本流动的影响。汇率稳定能够确保国外投资者获得预期收益，降低投资的汇率风险，促进资本输出入的稳定发展，而汇率动荡往往会促使资本在国际频繁流动，增强国际游资的投机性，不利于世界经济与国际金融的稳定发展。第三，对国际关系的影响。汇率不稳容易加剧国际的矛盾，如20世纪80年代初、中期美元坚挺，一路攀升，加重了拉丁美洲等地区的发展中国家的外债还本付息负担，并引发了债务危机，从而加剧了债务国与债权国之间的矛盾。此外，汇率的升降直接影响相关国家的外贸与资本流向、流量，因此一些国家可能通过操纵市场汇率进行"外汇倾销"，这必然会招致有关国家的反对或报复，从而加剧这些国家之间的贸易摩擦和经济斗争。

（二）汇率变动对国内经济的影响

汇率变动对国内经济的影响是多方面的，其影响的广度和深度受一国的对外开放程度、经济结构、外汇与资本管制宽严等因素的制约。一般来说，汇率变动对国内经济的影响主要表现在如下几个方面。

（1）对进出口贸易收支的影响。汇率变动会引起进出口商品（或劳务）相对价格的涨跌，影响经常项目差额，从而影响外汇供求关系和国际收支。如果本币汇率下降，在本币对内购买力不变、进出口商品需求弹性较大（符合马歇尔-勒纳条件，即二者之和的绝对值大于 1）及存在闲置资源用于出口商品和进口替代品的生产（即出口供给弹性较大）的情况下，以外币表示的出口商品价格下降和以本币表示的进口商品价格上升，将使出口有效增加、进口有效减少，从而改善进出口贸易收支状况。这是本币贬值最重要的经济影响，也是一国货币当局进行贬值或促成货币汇率下浮时所考虑的主要因素。相反，如果本币汇率上升，通过进出口商品的相对价格效应将会抑制出口、刺激进口，扩大贸易收支逆差或缩小贸易收支顺差，恶化贸易差额，使外汇供不应求，不利于进出口贸易收支的改善。

（2）对资本流动的影响。汇率变动对长期资本流动影响较小，因为长期资本流动主要以长期投资利润和风险为转移，在利润有保证和风险小的情况下不会出现大的波动。但是以保值或追求短期收益为目的的短期资本流动经常受到汇率变动较大的影响，进而影响国际收支。如果本币贬值，外汇汇率上升，则短期投资者为了避免因持有本币资产的价值相对下降而带来的损失，会将其兑换成外汇，并流向其他货币坚挺或汇率稳定的国家，即发生资本外逃现象；同时会加剧外汇供求紧张，促使本币汇率进一步下跌。如果本币升值，则意味着以本币表示的各种资产价值增加，会鼓励本国资本输出，扩大对外投资，抑制国外资本输入，但短期资本为了投机获利或保值而流入国内，将促使本币汇率进一步上涨。大规模的短期资本流动，不管是流出国外，还是流入国内，对国内经济和国际收支都将产生不利的影响。

（3）对国际储备的影响。汇率变动主要是通过改变国际收支，影响外汇储备的数量及其实际价值，进而影响一国国际储备的实际价值，因为目前世界各国所持有国际储备的绝大部分是外汇储备。当本币汇率下浮时，出口增加，进口减少，从而外汇收入增加，支出减少，国际收支趋于顺差，外汇储备相应增加；汇率下跌又可能会引发资本外流，国际收支趋于逆差，外汇储备减少。当本币汇率上浮时，出口减少，进口增加，会减少本国外汇收入，增加外汇支出，国际收支趋于逆差，从而减少外汇储备；同时可能会使短期资本流入，国际收支趋于顺差，增加外汇储备。因此，汇率变动对外汇储备的增减变动取决于以进出口贸易为主的经常项目收支变化与资本项目收支变化的对比情况。

（4）对物价水平或通货膨胀的影响。汇率变动可以通过改变进出口商品的国际竞争力而影响国内物价水平。如果本币汇率下降，由于相对价格效应的作用，出口增加，进口减少，国内商品的供应减少，通货膨胀压力加大。一方面，出口扩大会产生国内市场抢购出口商品的问题，从而抬高出口商品的国内收购价并波及物价总水平，引起需求拉上型通货膨胀；另一方面，进口商品价格的上涨，会推动生活费用的提高，并使以进口商品为原材料的产品成本增加，这既有可能诱发货币投放的增加，又有可能形成成本推进型通货膨胀，从而使国内物价水平上升。反之，如果本币汇率上升，则进口商品的本币价格下降，进口供给增加，进口成本降低，使进口消费品和以进口原材料生产的商品价格下降，进而拉动国内物价总水平下降。

汇率变动也可通过影响国际收支差额和国际储备的变化，对通货膨胀产生影响。通常情况下，本币汇率下降会导致国际收支顺差和外汇储备增加，中央银行为了维护汇率稳定而在外汇市场上出售外汇的行为则会减少本币供给量，从而减轻通货膨胀的压力。相反，本币汇率上升会导致国际收支逆差和外汇储备减少，中央银行为了维护汇率稳定而在外汇市场上购买外汇的行为则会增加本币供给量，从而起到刺激通货膨胀的作用。

（5）对国内就业水平和收入水平（经济增长）的影响。一般经济理论认为，本币汇率下降对国内经济具有扩张效应，即会通过增加出口、增加进口替代品的生产及减少进口，鼓励资本输入（增加国内投资），扩大国内总需求，在乘数效应的作用下使国民收入得到多倍增长，并提高国内就业水平，从而有利于经济增长。本币汇率上升对国内经济具有紧缩效应，即会通过减少出口、增加进口，鼓励资本输出（缩小国内投资），减少国内总需求，抑制生产发展，从而导致国民收入水平和就业水平下降，不利于经济增长。

（6）对产业结构的影响。汇率的上升或下跌，可以说是一种税赋行为，汇率下降是对出口的一种补贴，对进口的一种征税，而汇率上升正好相反。当本币汇率下降时，通过税赋效应，一方面引起出口增加，使生产出口商品的企业和部门收益增加；另一方面使进口减少，国内需求转移到同类的本国商品上，使生产进口替代品的企业和部门收益增加，从而诱发资源由其他非贸易品部门向这两类贸易品部门转移，提高本国的对外开放程度，即更多的产品同外国产品相竞争，有助于本国资源配置效率的提高。当本币汇率上升时，税赋效应则会使经济资源从出口部门和生产进口替代品部门转移到其他部门上。因此，汇率的变动会使资源在各行业部门之间重新分配，从而导致一国产业结构发生变化。

第三节 汇率的决定

一、汇率的决定基础

汇率的决定基础关系到不同国家或地区货币的可比性问题,涉及货币与汇率的本质。汇率实质上是两种货币所具有或代表的价值量的交换比率，反映了不同国家或地区货币之间的价值量的对比关系。这是马克思所指出的一种更为复杂的经济关系，即生产的国际关系。货币本身所具有或代表的价值量就是汇率的决定基础，从而使不同的货币具有了可比性。

（一）金本位制下汇率的决定基础

在金本位制下，各国都规定了本国单位金铸币所包含的黄金重量和成色，即含金量。两国货币之间的汇率是由这两国本位币的含金量决定的。两国本位币的含金量之比即铸币平价，也就是两国货币之间的汇率。例如，1 英镑含纯金 113.0016 格令（约 7.3324 克），而 1 美元含纯金 23.00 格令（约 1.5046 克）；因此两国货币的金铸币平价为 1 英镑=4.9131 美元（即 113.0016 / 23.00），这就成为决定英镑对美元汇率水平的基础。

但是，铸币平价只是决定两国货币汇率的基础；外汇市场的实际汇率并不与铸币平价完全一致，而是受外汇供求的影响，围绕着铸币平价上下波动。在金本位制下，汇率的上下波动有一个限度，即以黄金输送点（包括黄金输出点和黄金输入点）为界限。铸币平价与运送单位货币黄金所需要的各项费用（如运费、包装费、保险费等）之和即为黄金输出点，这是汇率上涨的上限；铸币平价减去运送单位货币黄金所需要的各项费用之差即为黄金输入点，它是汇率下跌的下限。当外汇汇率超过黄金输送点时，国际结算和清算的支付手段将从铸币转变为黄金，从而引起黄金的国际流动，进而影响外汇市场的供求，最终会使外汇汇率回到黄金输送点以内。因此，金本位制下各国汇率的波动幅度很小（一般不超过 1%），从而成为自发的、天然的固定汇率。

（二）纸币流通下汇率的决定基础

从 20 世纪 30 年代起，各国先后实行纸币流通的货币制度，各国货币量摆脱了兑换黄金的物质制约，使货币的对内价值和对外价值发生变化。纸币作为价值符号所代表的金量或价值量的对比，成为汇率的决定基础。在布雷顿森林体系下，各国货币与美元挂钩，美元再与黄金挂钩，实行所谓的“双挂钩”制度；各国纸币虽规定了名义含金量（法定含金量），但不能兑换黄金，国际上也没有黄金流通，由此形成的黄金平价成为汇率的决定基础。在纸币发行过多、通货膨胀严重的情况下，纸币的名义含金量与实际代表的金量往往不一致，因此，汇率的决定基础只是它们各自实际代表的金量之比，汇率已失去稳定的基础，而处于频繁波动中，只不过在各国货币当局的强制干预下才保持相对稳定。

20 世纪 70 年代布雷顿森林体系崩溃后，各国货币与黄金完全脱钩，黄金日益非货币化；在浮动汇率制下，汇率受外汇供求关系的影响日益明显。表面上看，汇率是由外汇市场的供求状况决定的；实际上，决定汇率的深层次因素是影响外汇供求的各种因素，如通货膨胀率差异、利率差异、经济增长率差异、中央银行干预和市场预期等。对于汇率的决定基础，目前理论界主要有两种观点：一种观点认为，两国货币的对内价值是形成汇率的基本依据，而货币的对内价值也即其国内购买力，是通过物价水平表现出来的。因此，决定汇率的基础是两国货币的国内价值之比，即国内货币购买力的比较（国内购买力平价）。另一种观点则认为，汇率产生于国际商品流通中并为此服务，它所反映的只能是两国进出口商品所内含的国际价值之比，而不是国内价值之比；在世界市场上各国同种商品的国际价值量决定于世界劳动的平均单位，即在世界平均生产条件下制造该商品所必需的社会必要劳动时间；商品的世界价格可以说是其国际价值的货币表现。因此，货币的国际价值量的具体表现就是既定的世界市场价格水平上购买商品的能力，即国际购买力；两国货币的国际购买力的对比（国际购买力平价）就是汇率的决定基础。

二、汇率决定理论

（一）国际借贷说

这是在第一次世界大战前金本位制度盛行时期较为流行的最早的成体系的汇率理论；由于存在铸币平价，它专注于阐释外汇供求与汇率形成，由英国学者银行家葛逊于 1861 年提出。他认为：外汇汇率变动是由外汇供求对比关系变动引起的，而外汇供求又决定于国际商品进出口和资本流动而引起的债权债务关系，即国际借贷。国际借贷分为固定借贷和流动借贷，前者指借贷关系已形成，但未进入实际支付阶段的借贷，后者指已进入支付阶段的借贷；只有流动借贷的变化才会影响外汇的供求状况。当一国流动债权（外汇应收）等于流动债务（外汇应付）时，外汇供求相等，汇率不发生变动；当一国流动债权大于流动债务时，外汇供给大于需求，外汇汇率将下降；当一国流动债务大于流动债权时，外汇需求大于供给，外汇汇率将上升。这一学说中所谓的国际借贷，实际是指狭义的国际收支，因而该学说又称为国际收支说或外汇供需说。

国际借贷说以国际借贷所产生的外汇供求变动来说明金本位制下的汇率变动，从动态角度分析了影响汇率变动的深层次客观因素——国际收支。但该学说未触及汇率决定的基础，也没有分析影响汇率变动的其他一些重要因素，因此该理论实际上是一种汇率的供求决定论，只能用来解释短期汇率的形成，而不能用来解释长期汇率的决定。

（二）购买力平价说

这是一种有很长历史且影响深远的汇率理论，它由瑞典经济学家卡赛尔于 1922 年系统提出。其中心思想是：在不兑现纸币本位制下，人们之所以需要外国货币是因为外国货币具有在国外购买商品的能力；同时，提供本国货币也是提供一种购买力。因此，以本国货币交换外国货币，其实质就是以本国的购买力去交换外国的购买力，从而两国货币的汇率应由两国货币购买力之比决定，汇率的变动也取决于两国货币购买力的变动。货币购买力实际上是一般物价水平的倒数，所以汇率实际由两国物价水平之比决定，这个比被称为购买力平价（purchasing power parity，PPP）。

购买力平价有两种形式：绝对形式和相对形式。绝对形式说明的是某一时点上汇率的决定，相对形式说明的是某个期间汇率的变动。绝对购买力平价说认为，汇率是两国国内物价指数的比率，即 $R=P_A/P_B$，其中，R 为汇率，指 1 单位 B 国货币以 A 国货币表示的价格；P_A 为 A 国的一般物价水平或物价总指数；P_B 为 B 国的一般物价水平或物价总指数。绝对购买力平价说实际上就是国际的一价定律，即在自由贸易条件下，同一种商品在不同国家以不同货币所表示的价格，在经过调整后的均衡汇率折算后，必然相等，可用公式表示为 $P_A=R\times P_B$。

相对购买力平价说则认为，汇率变动的决定性因素是不同国家货币购买力或物价水平之间的相对变化。也就是说，汇率变动与同一时期的两国物价水平的相对变动或比例，用公式可表示为

$$\frac{R_1}{R_0}=\frac{P_{A1}/P_{A0}}{P_{B1}/P_{B0}}=\frac{P_{A1}/P_{B1}}{P_{A0}/P_{B0}}\text{或}R_1=R_0\times\frac{P_{A1}/P_{A0}}{P_{B1}/P_{B0}} \tag{6-1}$$

在式（6-1）中，R_0 与 R_1 分别代表基期和当期的汇率，P_{A0}、P_{B0} 和 P_{A1}、P_{B1} 分别代表 A、B 两国在基期和当期的物价指数。与绝对购买力平价说相比，相对购买力平价说从理论上避开了一价定律的严格假设，故更具有实用性。

购买力平价说在物价剧烈波动、通货膨胀严重的情况下，指出以国内外物价水平对比作为汇率决定的依据，能够相对合理地体现两国货币的对外价值，因此具有相当的意义；同时该理论比较令人满意地解释了汇率长期变动的原因，并在两国贸易关系新建或恢复时提供了一个均衡汇率的基础。因此，购买力平价说是西方最重要的传统汇率决定论，与铸币平价说同时存在，更是纸币本位制下的最主要的理论之一。

然而，这一汇率理论也存在着一些缺陷或不足之处：①它以货币数量论为基础，假定货币发行数量是影响物价的唯一因素，舍弃了许多影响物价的其他重要因素。②一价定律在国家政治制度、各国生产条件、国际运费和关税等因素不同的情况下并不成立。③该理论把汇率变动完全归因于购买力的变化，忽视了国民收入、资本流动、贸易条件等其他因素的影响。④这一学说成立的前提条件是两国的生产结构、消费结构及价格体系大体相仿，否则两国的货币购买力就失去了较为充分的可比性，从而使购买力平价说在技术上存在许多问题，如在编制物价指数的方法、范围及基期的选择等方面存在技术性困难，这是该理论的核心矛盾。

（三）汇兑心理说

这一学说是法国学者阿夫塔里昂于 1927 年根据奥地利学派的边际效用论提出的一

种汇率决定理论。他认为，人们之所以需要外国货币，是因为它能满足人们的某种欲望，如满足购买、支付、投资、外汇投机和资本逃避等欲望；正是这种欲望才使外国货币具有价值。因此，外币价值的高低取决于外汇供求双方对外币边际效用所做的主观评价，即决定汇率的最重要因素是人们的心理判断及预测。外汇供给增加，其单位外币的边际效用就递减，在其他条件不变的情况下，外币汇率就下降；反之，外币汇率就上升。尽管各人对外币的主观评价可能不同，但在自由外汇市场上，当外汇供求相等时，便形成了现实的汇率。这种主观评价也并非凭空形成的，而是以诸如国际贸易、国际收支、资本流动、外汇管制、世界政治形势等客观因素为基础的。

汇兑心理说突破了汇率由外汇收支和购买力平价决定的机械论述，并在汇率决定理论中引入了人们心理因素的作用，有其合理之处。实际上，在经济混乱、不正常的情况下，汇率变动与外汇收支、购买力平价的变动并不一致，而人们的心理预期因素对汇率变动，尤其是短期汇率的变动，确实有较重要的影响作用。但它过分强调主观心理因素，具有较强的主观片面性和唯心论色彩，有失偏颇。

（四）资产市场论

除了前几种古典的传统汇率理论之外，20 世纪 70 年代以来发展起来的现代汇率理论着重从资本流动和货币供应的角度进行分析。例如，资产市场论是 20 世纪 70 年代以来发展起来的货币学派的汇率理论，也称货币分析说，其代表人物是芝加哥大学教授弗兰克尔等。该学说将货币视为一种金融资产，强调货币市场均衡对汇率的决定作用。汇率是两种资产（货币）的相对价格，并由货币市场的货币存量决定，受两国货币供给量的制约，从而把汇率与货币政策联系起来。金融资产的供求决定了汇率，若对一国金融资产的需求超过供给，则通过该国物价水平的下降及一价定律所揭示的国际商品套购机制就会使该国货币汇率上升；反之，需求小于供给，则汇率下跌。金融资产的持有与出售而形成的国际资本流动比经常账户差额更能决定短期汇率。汇率变动是一种货币现象，其他因素，如国民收入、利率、通货膨胀、宏观经济政策、政治局势、信息与心理预期等则是通过影响货币需求而作用于汇率。

资产市场论以购买力平价说为基础，采用现代货币学派的货币供求理论来分析汇率的决定，强调货币供求对于决定货币购买力的作用，从而对于说明长期汇率的决定具有一定的意义。但它仍然未能回答货币供求均衡时，货币价值、汇率如何决定的问题。此外，它对货币的看法过于绝对化，忽视了国际收支的结构因素对汇率的影响。

（五）资产组合平衡论

资产组合平衡论出现于 20 世纪 70 年代中后期，其主要代表人物有布兰森、克鲁格曼等，也称金融资产说。这一时期国际资本流动加速，金融市场国际化加快，金融资产日趋多样化，同时浮动汇率制度实行后的各国货币的汇率经常变化不定，从而使投资者对外币金融资产的持有和调整经常引起货币资本在国际上的大量流动，并对汇率产生很大的影响。该理论把凯恩斯学派和货币学派的观点综合为一体，强调财富和资产结构平衡在汇率决定过程中的作用，实际上是货币学派汇率理论的进一步拓展。其主要内容是：短期内资产市场的失衡是通过资产市场内部国内外各种资产的迅速调整来加以消除的，而汇率正是使资产市场供求存量保持和恢复均衡的关键变量；商品市场和货币市场的均衡决定均衡汇率（即两国资产市场供求存量保持均衡时的两国货币之间的相对价格），两国均衡汇率的差异导致资产流动，而均衡汇率又随着货币供给或实际货币需求的改变而相应改变。

资产组合平衡论既强调了货币因素及资本项目交易的变动对汇率的影响，又强调了实体因素和经常项目收支对汇率的作用，因此更具全面性；认为各种资产之间具有高度可替代性而不是完全可替代性的假设更为合理也更为现实；它对汇率研究方法进行了重大改革，如运用一般均衡分析代替了局部均衡分析，用存量分析代替了流量分析，用动态分析代替了比较静态分析，并将长、短期分析结合起来，令人耳目一新，为今后的汇率研究创造了条件。但是，该理论也存在一些缺陷，如它以资本可自由流动为假设前提，即假定各国资产具有完全的流动性，既无外汇管制，也无资本流动的障碍，而现实中的国际资本不可能完全自由化；它假定人们的预期一致，并且做出同样的选择，这与实际也不尽相同；由于影响因素的复杂性，资产组合模型中的参数不易确定，该理论在实际研究中遇到较大的困难；仍然轻视贸易收支和商品市场对汇率变动长期趋势的重要影响作用。

本章小结

1. 外汇是国际汇兑或国外汇兑的简称，它有动态和静态之分，而静态的外汇概念又有广义和狭义之分，通常是指以外币表示的可用于对外结算的国际支付手段或支付工具。外汇具有外币性、可兑换性和普遍接受性的特征。外汇根据不同的标准可以分为许多种类，如自由外汇和记账外汇、贸易外汇和非贸易外汇、即期外汇和远期外汇等。外汇市场也有广义和狭义之分，其组织形式有两种：有形市场与无形市场。交易主体包括外汇银行、外汇经纪人、外汇交易商、一般客户和中央银行。外汇市场交易的基本形式主要有：即期外汇交易、远期外汇交易、掉期交易、套汇交易、套利交易。

2. 汇率又称汇价、外汇牌价或外汇行市，是外汇买卖的价格，它主要有两种标价法：直接标价法和间接标价法。汇率按照不同的标准，可以划分为不同的种类：基本汇率与套算汇率；买入汇率、卖出汇率和中间汇率；电汇汇率、信汇汇率、票汇汇率与现钞汇率；市场汇率与官方汇率；即期汇率与远期汇率；固定汇率与浮动汇率。汇率制度又称汇率安排，传统上可分为两大类型：固定汇率制和浮动汇率制。我国的人民币汇率制度经历了四个阶段的渐进式改革，目前已发展成为以市场供求为基础的、参考一篮子货币调节、有管理的浮动汇率制度。汇率作为宏观经济的重要变量，其变动对世界经济和国内经济都有一定的作用和影响。

3. 在金本位制下，两国货币汇率的决定基础是铸币平价；而在纸币流通的浮动汇率制下，汇率受外汇供求关系的影响日益明显，汇率的决定基础是两国货币的国内购买力或国际购买力之比。主要的汇率决定理论包括国际借贷说、购买力平价说、汇兑心理说、资产市场论和资产组合平衡论等。

本章参考文献

艾洪德，范立夫. 2017. 货币银行学[M]. 2 版. 大连：东北财经大学出版社.
曹龙骐. 2016. 金融学[M]. 5 版. 北京：高等教育出版社.
黄达. 2000. 货币银行学[M]. 北京：中国人民大学出版社.
黄达. 2012. 金融学[M]. 3 版. 北京：中国人民大学出版社.
蒋先玲. 2017. 货币金融学[M]. 2 版. 北京：机械工业出版社.
刘剑，乔桂明. 1998. 现代国际金融学[M]. 上海：复旦大学出版社.
米什金 F S. 2016. 货币金融学（美国商学院版，原书第 4 版）[M]. 蒋先玲，等，译. 北京：机械工业出版社.
钱荣堃. 1994. 国际金融[M]. 成都：四川人民出版社.
秦艳梅. 1999. 货币银行学[M]. 北京：经济科学出版社.
夏德仁，李念斋. 1997. 货币银行学[M]. 北京：中国金融出版社.
姚长辉. 1998. 货币银行学[M]. 北京：北京大学出版社.
朱为英，彭迪云. 2003. 货币银行学[M]. 南昌：江西科学技术出版社.

本章综合测试题

一、填空题

1. 动态意义上的外汇等同于__________，广义的静态的外汇等同于__________。

2. 外汇的三个典型特征是：__________、__________和__________。

3. 外汇按可兑换性不同可分为_______和______，按来源与用途不同可分为_______和________，按交易的交割期限不同可分为________和________。

4. 狭义的外汇市场又叫______________，广义的外汇市场除了包括狭义的之外，还包括_____________；现代外汇市场的主体组织形式是__________。

5. 外汇市场的交易主体包括_________、_________和_________、_________及_________。

6. 第二层次的外汇交易市场是________________。

7. 外汇交易的基本形式主要有_________、_________、_________、_________和_________。

8. 汇率是外汇买卖的______，也可称为货币的__________。

9. 汇率的标价法有两种：____________和____________。

10. 汇率按照制定方法不同可分为_______与_____，按照银行报价不同可分为_________、_________与_________，按交易中使用的支付工具不同可分为_________、_________、_________与_________，按形成机制不同可分为_________与_________，按外汇交割期限不同可分为_________与_________，按照波动程度不同可分为_________与_________。

11. 按照汇率变动的幅度大小，汇率制度可分为两大类型：______________和_____________。在金本位制度下，两国货币之间的中心汇率是按____________来自行确定的。

12. 浮动汇率制按照政府是否干预可分为_____________和__________，按照浮动的形式可分为_________、__________和___________。

13. 当本币汇率下降时，一般会使出口______，进口______，从而_______外汇储备，同时会引发资本外流，_____外汇储备。

14. 金本位制下，两国货币汇率的决定基础是___________，并以___________为波动限度。浮动汇率制下，汇率的变动主要取决于___________________。

15. 国际借贷说认为，外汇汇率变动是由____________变动引起的，而它又决定于_____________；只有___________的变化才会影响外汇供求状况。

16. 购买力平价说认为，两国货币的汇率应由两国货币____________决定；绝对购买力平价说认为，汇率是两国__________________的比率；相对购买力平价说则认为，汇率变动与同一时期两国____________________成比例。

17. 汇兑心理说认为，决定汇率的最重要因素是人们的_______________________。

18. 资产市场论将货币视为一种___________，强调__________________对汇率的决定作用。

19. 资产组合平衡论强调______________________在汇率决定过程中的作用。

二、单项选择题

1. 广义的静态的外汇概念等同于（　　）。

A. 国际结算　　B. 国际收支　　C. 外币资产　　D. 国际储备

2. 在国际交往中被广泛使用的可兑换性货币是指（　　）。

A. 自由外汇　　B. 记账外汇　　C. 贸易外汇　　D. 非贸易外汇

3. 现代外汇市场的主要组织形式是（　　）。

A. 有形市场　　B. 无形市场

C. 外汇批发市场　　D. 外汇零售市场

4. 具有市场创造者功能的外汇市场主体是（　　）。

A. 外汇经纪人　　B. 中央银行　　C. 一般客户　　D. 外汇银行

5. 在买进（　　）某种外汇的同时，卖出（　　）交割期不同、金额相同的该种货币的外汇交易是指（　　）。

A. 即期外汇交易　　B. 远期外汇交易　　C. 掉期交易　　D. 套汇交易

6. 英国采用的汇率标价法是（　　）。

A. 直接标价法　　B. 间接标价法　　C. 应付标价法　　D. 欧式标价法

7. 本国货币与关键货币之间的汇率是指（　　）。

A. 基本汇率　　B. 套算汇率　　C. 买入汇率　　D. 卖出汇率

8. 外汇市场的基准汇率是（　　）。

A. 中间汇率　　B. 票汇汇率　　C. 信汇汇率　　D. 电汇汇率

9. 目前大多数发展中国家都实行（　　）。

A. 固定汇率制　　B. 单独浮动汇率制

C. 钉住浮动汇率制　　D. 联合浮动汇率制

10. 本币汇率上升一般会（　　）。

A. 增加出口　　B. 增加进口

C. 引起通货膨胀　　D. 发生资本外流

11. 金本位制下汇率的决定基础是（　　）。

A. 国际购买力之比　　B. 绝对购买力平价　　C. 相对购买力平价　　D. 铸币平价

12. 国际的一价定律也就是（　　）。

A. 绝对购买力平价说　　B. 相对购买力平价说　　C. 国际借贷说　　D. 资产市场论

三、多项选择题

1. 我国《外汇管理条例》规定，外汇包括（　　）。

A. 外国货币　　B. 外币支付凭证　　C. 外币有价证券

D. 特别提款权　　E. 黄金

2. 外汇市场的交易主体主要包括（　　）。

A. 外汇银行　　B. 外汇经纪人　　C. 外汇交易商

D. 一般客户　　E. 中央银行

3. 外汇交易的基本形式主要有（　　）。

A. 即期外汇交易　　B. 远期外汇交易　　C. 掉期交易

D. 套汇交易　　E. 套利交易

4. 采用间接标价法的国家有（　　）。

A. 美国　　B. 英国　　C. 澳大利亚

D. 中国　　E. 日本

5. 按照制定汇率的方法不同，可将汇率分为（　　）。

A. 买入汇率　　B. 卖出汇率　　C. 基本汇率

D. 套算汇率　　E. 中间汇率

6. 按照浮动的形式不同，浮动汇率制又可分为（　　）。

A. 单独浮动　　B. 联合浮动　　C. 钉住浮动

D. 自由浮动　　E. 管理浮动

四、判断题

1. 狭义的外汇概念等同于外币资产。（　　）

2. 记账外汇只是在双边的基础上才具有外汇意义。（　　）

3. 旅游外汇属于非贸易外汇。（　　）

4. 狭义的外汇市场是指外汇零售市场。（　　）

5. 外汇市场一般以有形市场为主要形式。（　　）

6. 银行同业间市场是外汇市场的主体。（　　）

7. 期汇交易是指远期外汇交易。（　　）

8. 套汇是指将货币相同、金额相同，而方向相反、交割期限不同的两笔或两笔以上的外汇交易结合起来进行。（　　）

9. 抛补套利的结果会使高利率货币的现汇汇率上升，期汇汇率下跌。(　　)

10. 美国、英国等发达国家都采用直接标价法来表示汇率。(　　)

11. 在间接标价法下，外汇汇率的高低和涨跌与外币的数额成正比。(　　)

12. 基本汇率是指本国货币与关键货币之间的汇率。(　　)

13. 买入汇率是客户从银行买入外汇时所用的汇率。(　　)

14. 电汇汇率是外汇市场的基准汇率。(　　)

15. 外币现钞买入价一般高于电汇买入价。(　　)

16. 固定汇率制下的汇率只能围绕平价在很小的范围内上下波动。(　　)

17. 目前大多数发展中国家都实行单独浮动汇率制。(　　)

18. 目前我国人民币汇率实行以市场供求为基础的、参考一篮子货币调节、有管理的浮动汇率制度。(　　)

19. 本币贬值最重要的经济影响是可能改善进出口贸易收支状况。(　　)

20. 外汇汇率上升会使短期资本流入国内。(　　)

21. 金本位制下，汇率围绕着铸币平价上下波动，并以黄金输送点为界限。(　　)

22. 国际借贷说认为只有流动借贷的变化才会影响外汇的供求状况。(　　)

23. 购买力平价说只能用来解释短期汇率的形成，而不能用来解释长期汇率的决定。(　　)

24. 汇兑心理说认为决定汇率的最重要因素是人们的心理判断及预测。(　　)

25. 资产市场论认为金融资产的供求决定了汇率。(　　)

26. 资产组合平衡论以资产具有完全可替代性、资本可自由流动为假设前提，这不符合现实。(　　)

五、名词解释

1. 外汇	2. 自由外汇	3. 记账外汇	4. 贸易外汇
5. 非贸易外汇	6. 即期外汇	7. 远期外汇	8. 外汇市场
9. 外汇批发市场	10. 外汇零售市场	11. 有形外汇市场	12. 无形外汇市场
13. 外汇银行	14. 外汇经纪人	15. 外汇交易商	16. 即期外汇交易
17. 远期外汇交易	18. 掉期交易	19. 套汇交易	20. 套利交易
21. 汇率	22. 直接标价法	23. 间接标价法	24. 基本汇率
25. 套算汇率	26. 买入汇率	27. 卖出汇率	28. 中间汇率
29. 电汇汇率	30. 信汇汇率	31. 票汇汇率	32. 现钞汇率
33. 市场汇率	34. 官方汇率	35. 汇率制度	36. 固定汇率制
37. 浮动汇率制	38. 铸币平价	39. 购买力平价	

六、简答题

1. 简述外汇的定义与特征。
2. 简述外汇市场的三个层次。
3. 简述套汇与套利的区别。
4. 简述汇率的标价法。
5. 简述固定汇率制的主要内容。
6. 简述浮动汇率制的主要内容。

7. 简述汇率变动对世界经济的影响。
8. 简述汇率变动对国内经济的影响。
9. 简述金本位制下汇率的决定基础。
10. 简述纸币流通下汇率的决定基础。
11. 简述国际借贷说的主要内容。
12. 简述购买力平价说的主要内容。
13. 简述汇率心理说的主要内容。
14. 简述资产市场论的主要内容。
15. 简述资产组合平衡论的主要内容。

七、论述题

1. 试述固定汇率制与浮动汇率制。
2. 试述汇率的作用。
3. 试述汇率的决定基础。
4. 试述购买力平价说。
5. 试述资产市场论与资产组合平衡论。

第七章

金融市场风险与管理

金融市场的运行是其对经济作用效率的基础，但运行总是与风险相伴随。在国际金融一体化趋势下，金融市场风险呈现加剧态势。准确识别、度量风险，制定应对策略并适时调整，以有效管理金融市场风险，对于金融市场的稳健发展和国家宏观经济的平稳运行十分必要。

第一节　金融市场运行

一、金融市场运行机制

金融市场运行机制是指在资金供求双方的融资活动中，影响资金融通的各要素的结构、功能，以及各要素之间为实现资金融通目标而发生的相互联系、相互作用。金融市场的正常运行，就是这些机制共同作用的结果。

（一）供求机制

金融市场是资金融通的场所和连接资金供需双方的纽带，因此，供求机制是调节资金供给与需求矛盾，使之趋于均衡的机制。供求机制在金融市场的直接作用具体表现为以下几点。

（1）调节总量平衡。供不应求时，资金价格趋于上涨，吸引更多的资金进入金融市场；供过于求时，资金价格趋于下跌，迫使部分资金退出金融市场。

（2）调节结构平衡。供求机制通过“看不见的手”使资金在不同部门之间合理流动，促进经济结构逐步趋于平衡。

（3）调节区域之间的平衡。供求机制促使属于统一金融市场的各个区域资金相互调剂余缺，使总量平衡和结构平衡得以落实。

（4）调节时间上的平衡。供求机制促使各经济主体可以跨时期配置自己的资金，缓解金融市场的资金供求矛盾。

供求机制是金融市场最基础的运行机制。利率机制、汇率机制、竞争机制、风险-收益机制等都必须通过供求机制形成并发挥其具体功能。在现实的融资活动中，供求机制通过金融市场中资金供求关系的不断变化来发挥作用，引起利率的涨跌。利率的涨跌又反过来调节资金供求的数量，从而使供求机制成为一种制衡机制并调节整个金融市场的运行。

（二）利率机制

利率是一个重要的经济变量，指一定时期内利息额与本金之间的比率。金融学中的利率概念是各种利率的统称，它通常由各种信用工具的到期收益率来进行衡量。利率问题是金融市场最基础、最核心的问题之一，几乎所有的金融现象都与利率有着或多或少的关系。利率的变动会影响人们消费支出和投资决策的意愿，影响企业的融资成本、投资项目的机会成本，进而对企业的投融资决策产生重要影响。此外，利率水平的高低还是衡量经济形势好坏、信用状况松紧的一个重要经济指标，中央银行可以对利率进行调整，调节宏观经济运行。

利率机制是金融市场的主要运行机制之一。市场经济条件下，利率水平由资金的供求关系决定。资金供大于求，利率会下跌；资金供不应求，利率则会上涨；资金供求基本平衡，利率达到均衡。由此可见，利率水平是金融市场资金供求共同作用的结果。然而，利率并非单向地决定于供求关系，它也会反过来影响资金的供给与需求。利率上涨，资金需求会因为资金成本的增加而减少，资金供给则会增加；利率下跌，资金需求会因为资金成本的减少而增加，资金供给则会减少。即利率发挥调节资金供给和需求的作用，使资金供给量与需求量趋于平衡。在金融市场运行过程中，利率机制不仅可以调节资金的供求关系，还能引导资金在各部门之间的自由流动，从而实现资金的优化配置，促进国民经济均衡发展。

（三）汇率机制

汇率机制是指汇率运动及其与其他事物之间相互作用的原理和实现过程。它包括两部分：一是内部机制，即汇率的决定、形成和变动；二是外部机制，即汇率各组成要素作为一个整体与其所在环境之间的联系。

汇率机制是金融市场运行的主要机制之一。汇率是一个国家经济发展中非常重要的问题，也是一个国家实行经济调控的重要手段，体现着该国货币的对外价值和经济实力，同时直接影响着一国对外贸易、资本流动和国际收支的平衡。在浮动汇率制度下汇率机制调节国际收支的逻辑过程可简述为：一国出现国际收支顺差→本币趋于升值→外汇汇率趋于下降→外国商品价格下跌，本国进口增加；本国产品价格上涨，本国出口减少→国际收支顺差减少，直至国际收支恢复平衡。一国出现国际收支逆差→本币趋于贬值→

外汇汇率趋于上升→外国商品价格上涨，本国进口减少；本国产品价格下跌，本国出口增加→国际收支逆差减少，直至国际收支恢复平衡。同样，汇率的变动也会影响国际资金的成本，进而影响资本的跨国流动和国际投融资的规模。

（四）竞争机制

竞争机制是商品经济活动中优胜劣汰的手段和方法。其基本特点有两个：一是普遍性，它存在于市场供给者之间、需求者之间，以及供给者与需求者之间；二是刺激性，它能最大限度地刺激各利益主体的能动性。竞争机制对市场经济的运行和发展具有重要作用：①可以使商品的个别价值转化为社会价值，商品的价值表现为价格，从而使价值规律的要求和作用得以贯彻和实现；②可以促使生产者改进技术、改善经营管理，提高劳动生产率；③可以促使生产者根据市场需求组织和安排生产，使生产与需求相适应。

竞争机制是金融市场的主要运行机制之一。在金融市场运行过程中，存在着众多的资金供给者和需求者，他们各自的投、融资利益按照竞争原则来选择和实现，进行着资金价格、服务手段、融资方式等多方面的竞争。竞争机制是一个优胜劣汰、激励市场参与者最大限度地发挥各自的主动性和创造性，以确保自身生存和发展的机制。因此，竞争机制一方面可以保证社会资金的有效运用，并不断推动金融业自身的发展和创新；另一方面可以保证利率等机制功能的发挥。

（五）风险-收益机制

风险-收益机制是金融市场的主要运行机制之一。在金融市场中，投、融资活动的风险与收益并存，二者之间的相互作用在很大程度上决定着金融市场的稳定、繁荣与发展。

风险-收益机制是金融市场主体行为与盈利、亏损和破产之间的相互关系和作用。它以收益的诱力和损失的压力作用于金融市场主体，一方面吸引着金融市场的参与者从事投资、融资活动，以期通过对金融市场上各种金融工具的选择，取得一定的金融收益；另一方面迫使金融市场的参与者对机会和风险进行反复权衡，并对资金融通与企业经营做出谨慎性决策，从而大大减少资金流动的盲目性。

二、金融市场运行效率

金融市场运行效率是指在资金融通上所表现出来的有效性，具体表现在以下五个方面。

（一）金融市场上金融工具价格反映各类信息的灵敏程度

各国金融市场组织和设备的现代化程度、国际化程度和全球市场一体化使得市场整体效率呈现明显提升趋势。在西方发达国家成熟的金融市场中，任何一个经济信号都会在市场工具价格上得到迅速反映。虽然金融市场的每一次动荡都会对经济带来比较严重的影响，但从金融市场效率的角度来看，这种灵敏的反映程度却也正是市场高效率的体现。20 世纪 80 年代初，一些学者曾对全球金融中心的市场反映灵敏程度进行过排名，当时纽约、伦敦、东京和法兰克福排名前四。到了 20 世纪 90 年代，西方国家的金融市场基本实现了一体化，金融工具价格反映各类信息的灵敏程度均大幅提升，各自的差距也日益缩小。

（二）金融市场上各类工具价格具有稳定均衡的内在机制

效率高的金融市场，虽然金融工具价格因对各种信息具有灵敏的反应度，以致在动荡时期可能会出现大幅波动，但这种价格的剧烈波动终会因市场自身存在的稳定均衡内在机制而很快趋于新均衡。不成熟和效率低的金融市场，金融商品价格更容易被少数人操纵，价格可能会因此长期处于非均衡状态，市场各类工具价格的无理性因缺少市场自身的内在稳定机制而成为常态。金融市场工具价格内在稳定均衡机制的形成取决于多种因素，除了政府的管理能力之外，市场的开放程度、与银行存贷款市场和商品市场的联系程度、市场收益的合理性、投资者的理性程度等都是重要影响因素。

（三）金融市场各类工具的数量和创新能力

如果一国的金融市场，只有少数几种金融工具可供交易，投资者选择的余地就很小，市场的效率将会大打折扣。当然，如果脱离该国金融市场的现实条件，人为推出过多的金融工具，而金融监管能力又跟不上，也可能出现混乱而导致市场效率低下，特别是在金融市场发展的初始阶段。一般情况下，金融市场的效率很大程度上取决于投资者是否能够很容易地找到他自己投资的效率组合，配置其金融资产。如果各类投资者都可以在金融市场中找到自己满意的效率组合，市场的效率无疑是高的。在高效率的金融市场上，众多参与者的竞争又会不断创造出可供交易且具吸引力的新工具，为市场的发展提供新的动力。因此，金融市场上各类工具的创新能力也反映着该市场金融效率的高低。

（四）金融市场剔除风险的能力

金融市场效率的高低对金融工具收益和风险的影响很大。效率高的金融市场，投资者通过自己的效率组合可最大化降低其非系统性风险，整个市场的高效运作则有助于降低系统性风险，使收益趋于较高水平上的稳定；效率低的金融市场，整个市场运作水平低，剔除系统性风险的能力很弱，容易受到外来因素的冲击，投资者也可能因为找不到，或不能及时找到效率组合而缺乏抵御非系统性风险的能力，收益和风险的波动幅度加大。因此，金融市场剔除风险能力的高低也是市场效率的主要衡量标准之一。

（五）金融市场交易成本的高低

一国金融市场的平均交易成本取决于该市场的交易量、交易次数、清算时间、设备的现代化程度和市场的组织管理能力。效率高的金融市场，买方和卖方都有大量的参与者，成交比较容易，交易量大且稳定，又是现代化管理，所以平均交易成本低廉；效率低的金融市场，买方和卖方的参与者人数较少，交易商品及数量少，难以及时成交，投资者更难找到效率组合，加之管理能力较弱，因此平均交易成本一般来说都比较高。

第二节 金融市场风险

一、金融风险

生活中，人们一般认为风险是资产遭受损失的可能性。金融学中的风险定义与此有所不同，认为风险源于事物的不确定性，是一种损失或收益的机会。也就是说风险既有可能带来损失，也有可能带来收益。因此，金融风险可定义为：金融变量偏离其期望值而对经济主体现金流产生影响，导致经济主体金融资产或收益发生波动的可能性。

（一）金融风险的特征

（1）客观性。金融风险是客观存在的，市场参与者只能努力认识这些不确定性，却很难从根本上消除它。

（2）可测定性。金融风险尽管变化莫测，但仍有一定的规律性，可用一些技术进行测度。市场上某种金融工具产生损失的可能性是符合一定统计规律的，产生的平均损失或最大损失也是可以预先评估的。当然，由于风险具有多面性特征，应从多个方面、设计多种指标进行测定。

（3）高杠杆性。金融企业负债率高，财务杠杆大，加之金融工具创新快，因而常常伴随高度金融风险。

（4）传染性。金融机构承担融资中介的职能，割裂了原始借贷的对应关系，形成链式结构。处于这一链条的任何一方出现风险，都有可能对其他方面产生影响，甚至引发行业的、区域的金融风险，导致金融危机。

（二）金融风险的分类

1. 按风险来源划分

（1）市场风险。它是指由金融市场因素（如利率、汇率、股价和商品价格等）波动导致的金融参与者的资产价值波动的风险。这些市场因素可能对金融参与者造成直接的影响，也可能通过对其竞争者、供应商或者消费者造成影响，进而间接影响金融参与者。

（2）信用风险。它是指在交易完全履约期内，因为金融市场环境的变化等，借款人或市场交易对手违约（无法偿付或者无法按期偿付）而导致市场参与者遭受损失的可能性。主要包括两方面内容：一是违约可能性的大小；二是由违约造成损失的多少。前者取决于交易对手的资信，后者则取决于金融产品的价值。几乎所有的金融交易都涉及信用风险问题：除了传统的金融债务和支付风险外，近年来随着互联网金融的日益壮大，互联网金融信用风险问题也变得突出起来。

（3）流动性风险。它是指金融参与者因为资产流动性降低而遭受损失的可能性。当金融参与者无法通过变现资产，或者无法减轻资产作为现金等价物来偿付债务时，流动性风险就会发生。流动性风险包括两个方面内容：一是市场流动性风险，即金融产品的持有者无法在可接受的市场价格条件下轧平或冲销其头寸，造成无法平仓的风险；二是现金流动性风险，即因交易商流动资金不足，出现合约到期无法履行支付义务或者无法按合约要求追加保证金的风险。

（4）操作风险。它是指因为金融机构的交易系统不完善、管理失误或其他一些人为失误，交易过程中出现清算失败、没能达到监管要求和不能及时汇总等问题，进而使金融参与者遭受损失的可能性。操作风险直接与金融机构的管理系统相关，这种风险在无意识状态下可引发市场敞口风险和信用风险。目前对操作风险的研究与管理日益受到重视，金融机构为了降低操作风险，一方面努力完善内部控制方法来减少操作风险的可能性，另一方面将一些其他学科的成熟理论（如运筹学方法）引入到操作风险的管理中。

2. 按能否规避划分

（1）系统性风险。它是指由于多种金融体系外部或内部的未预计或不可控因素，整个金融市场金融资产收益波动加大的风险。通常表现为国家或地区性战争、全球性或区域性的石油恐慌、国民经济严重衰退或不景气、国家出台不利于公司的宏观经济调控的法律法规等因素变化，对金融市场所有参与者产生影响，并且无法通过分散投资来加以规避。

（2）非系统性风险。它是指发生于个别企业的特有事件造成的风险，纯粹由于某企业自身的因素引起其证券价格变化及这种变化导致的市场参与者收益率的不确定性，如公司的工人罢工、新产品开发失败、失去重要的销售合同、诉讼失败、宣告新技术开发成功、取得一个重要合同等。这类因素变化只会影响一个或少数企业，不会对整个市场产生太大影响，可以通过多样化投资来加以规避。

二、金融市场风险

金融市场风险是金融风险的一个子域，是利率、汇率、股票价格和商品价格等市场因素变化导致的，根据不同的影响因素可分为利率风险、汇率风险、股票价格风险和商品价格风险。其中，利率风险最为重要，因为利率波动会直接导致金融机构所持有的资产价值发生变化，使金融机构的持续经营能力受到威胁。

（一）金融市场风险的分类

（1）利率风险。它是指市场利率变动的不确定性给金融市场参与者造成损失的可能性。利率变化使市场参与者的实际收益与预期收益或实际成本与预期成本发生背离，使实际收益低于（或高于）预期收益、实际成本高于（或低于）预期成本，从而使参与者的收益产生波动。

（2）汇率风险。它是指在浮动汇率制度下，因汇率变化，金融市场参与者收益产生波动。从事对外经济、贸易、投资及金融的公司、企业组织、个人及国家外汇储备的管理机构等，通常在国际范围内收付大量外币，或持有外币债权债务，或以外币标示其资产、负债价值。各国使用的货币不同，加上各国间货币汇率经常变化，因此在国际经济往来中，在国际收付结算的时候，就会产生汇率风险。汇率风险有两种可能结果——获得收益或遭受损失，在汇率变幻莫测的外汇市场，获利或遭损取决于市场参与者对外汇行情的判断是否准确。

（3）股票价格风险。它是指持有的股票价格变动而导致金融市场参与者收益产生波动。各种社会政治、经济因素都可能对股票市场产生影响，投资者也会根据他们自己对这些因素变化的看法做出判断和反应，进而使得股票市场的全部或某些股票价格产生波动，最后影响投资的收益。

（4）商品价格风险。它是指持有的各类商品（包括可以在二级市场上交易的某些实物产品，如农产品、矿产品（如石油）和贵金属等）的价格发生变动而导致金融市场参与者收益产生波动。

（二）金融市场风险加剧的原因

1. 经济全球化与金融一体化程度加深

在经济全球化的今天，国际化分工使得资源在世界范围内进行配置，与商品市场全球化一样，各国金融市场的开放程度也不断加深。国际资本在全球范围内大量、快速地自由流动，大大增强了各国金融市场间的相互依存性。这一方面促进了国际金融体系的发展和世界经济的增长，另一方面也使得全球金融市场间的价格产生联动，任何地区金融市场的局部波动都可能会迅速波及、放大到其他市场。

2. 竞争加剧与金融管制放松

国际金融一体化的高度发展，使得金融业的激烈竞争更加残酷，金融机构除了要面对国内的竞争，还要应对国际的竞争。竞争的加剧迫使金融业必须加快创新，并由此倒逼政府对金融业放松管制，而这反过来又加剧了市场竞争，要求进一步的金融创新。这一螺旋式的过程导致了各国金融市场不确定性和波动性的加大。

3. 技术进步

科技进步极大地改变了金融市场的运行方式。信息技术、现代金融理论和金融工程技术的突破性进展，大大提高了国际金融市场中资金和信息的流通效率，提高了对复杂金融产品和交易的准确定价能力，从而导致金融市场的交易品种、交易量和交易速度呈现爆发性增长，与此同时，各国金融市场的复杂性和不确定性大为增加。

4. 衍生金融产品市场的快速发展

20 世纪 80 年代以来，为规避风险、应对竞争、逃避管制而开展的金融创新活动，在放松管制和技术进步的刺激下异常活跃，尤其是高风险的衍生金融市场的爆发性增长。事实上，衍生金融产品本身就是金融市场风险加剧的产物，原本是为了规避金融风险而创设的金融工具。但其具有的根据顾客风险和收益偏好“量身定做”及低成本、高杠杆性等优点，使得衍生金融产品一方面作为一种高效的金融风险管理工具为金融市场参与者大量使用，另一方面有大量的参与者利用它来进行高杠杆、高风险的投机活动，导致金融市场风险进一步加大。

第三节　金融市场风险管理

一、金融市场风险管理的必要性

（一）金融体系的脆弱性

金融脆弱性有狭义和广义之分。狭义的金融脆弱性是指金融业高负债经营的行业特点决定了其更易失败的本性，有时也称之为金融内在脆弱性。广义的金融脆弱性是指一种趋于高风险的金融状态，泛指一切融资领域中的风险积聚，包括信贷融资和金融市场融资。现在通用的是广义金融脆弱性概念。

金融脆弱性理论产生于 20 世纪 70 年代初，但可以追溯到马克思的金融脆弱性理论。马克思从货币角度分析金融脆弱性，认为货币出现后，商品和货币具有各自不同的独立运动价值，因此货币与商品的转化过程出现不确定性，货币的支付手段职能又可能导致债务支付危机，从而可能引发经济和金融危机。后来，美国经济学家费雪提出了债务-通货紧缩理论，把金融脆弱性和经济周期联系起来，认为金融市场产生动荡的根本原因是负债过度和通货紧缩。凯恩斯也在《就业、利息和货币通论》一书中指出，投资者在对未来市场前景模糊、不确定、缺乏可靠认识的心理预期基础下所做出的投资决策，必然会由于经济的不确定和预期的偏差而发生剧烈的市场波动。

（二）金融市场失灵

在市场经济条件下，作为社会微观经济主体的个人和企业，在金融方面的活动和行为受到金融市场机制的驱使。一般认为通过金融市场的作用就能够实现社会资金的有效配置，但市场经济发展的实践却表明：仅仅依靠金融市场的力量，不可能完全实现资金这一资源的有效配置。金融领域内存在着垄断、外部性、产品的公共性、信息的不对称、过度竞争等问题，它们所带来的不稳定性及分配的不公平，可能会导致金融工具和金融服务价格信息的扭曲，这种情况被称为金融市场失灵。经济、金融理论研究表明，垄断、外部性、信息不对称、过度竞争等容易引起市场机制失灵的现象，往往发生在资本密集型、信息密集型、高风险性和属于公共产品或准公共产品的行业，金融业正是属于这类行业。因为金融市场失灵会导致社会资金配置效率下降，所以社会必须通过一定的手段，消除或部分消除由金融市场机制本身所引起的金融工具和服务价格信息扭曲，以实现社会资金的有效配置。

（三）金融市场风险的客观性

金融市场风险是客观存在的，无法完全消除，任何市场参与者都不可避免地要面对金融市场风险。但金融市场风险虽然变化莫测，却仍有一定的规律性，可用一些技术进行测度。因此，金融市场参与者对待金融风险的态度应该是积极的、有所作为的，尝试用一些方法来管理它，而不是简单逃避或者被动接受。

二、金融市场风险管理的程序

随着经济全球化和金融一体化的发展，金融风险日趋复杂、多样，其影响的深度、广度前所未有，对金融市场风险进行管理的重要性也日益凸显。对金融市场风险进行管理，通常有两种思路：一是由参与者利用市场机制，在市场的框架内寻求方法解决。例如，国际上许多大型企业、金融机构和组织、各国政府及金融监管部门都在积极寻求金融市场风险管理的技术和方法，以对金融市场风险进行有效识别、精确度量和严格控制。二是找到一种与市场不同的机制，利用超市场的力量干预金融市场，这种力量可能来自政府，也可能是来自其他权威机构，如各国政府及金融监管部门均建立了一套完整的金融市场监管体系，以对本国金融市场运行实施监管。实践中，以上两种思路往往结合起来展开。一般来说，金融市场风险管理的程序可概括为：金融市场风险识别→金融市场风险度量→金融市场风险管理策略→金融市场风险管理策略的实施与效果评价。

（一）金融市场风险识别

金融市场风险识别是指金融市场的参与者对于所面临的金融市场风险进行的系统

的、连续的识别和归类，特别是要及时对金融市场风险的诱因进行分析，从而为确定金融市场风险管理的策略提供依据。金融市场风险复杂多样，造成风险的因素又各有不同的特征，因此在识别金融市场风险时，要充分考虑市场参与者的不同战略需求和他的自身条件。而且金融市场风险的识别是一个系统工程，不同的风险因素之间存在着相互联系、相互制约的关系，因此在对金融市场风险进行识别时，要求及时和准确地在金融市场风险爆发前就能够识别，以免对市场参与者造成重大的经济损失。

（二）金融市场风险度量

一般来说，风险识别是对金融市场风险进行定性分析，而风险度量则是对识别出来的风险进行进一步的量化。金融市场风险管理的核心内容是对风险的计量问题。只有对风险进行准确的度量，才能采取更加切实可行的措施。金融市场风险度量是对风险发生的可能性、风险损失的范围与程度进行定量分析，确切地说就是运用概率统计的数学方法对风险的发生概率及其后果等问题进行估计和衡量。

（三）金融市场风险管理策略

在金融市场风险识别和度量的基础上，金融市场参与者需要确定金融市场风险管理的策略，明确即将采取的具体方法和行动，主要包括预防策略、规避策略、分散策略等。

（四）金融市场风险管理策略的实施与效果评价

金融市场风险管理策略的实施是风险管理中非常关键的环节。如果没有严格有效地执行确定好的金融市场风险管理策略，采取积极有效的方法和行动，对风险进行管理将沦为空谈。最后，需要对金融市场风险管理策略的实施效果进行及时、客观的评价，让市场参与者得到及时的反馈，并根据风险管理的实际效果，进行适时调整。当然，金融市场风险管理策略的实施效果与市场参与者的执行力也紧密相关，评价时需要将其纳入考量范围。需要指出的是：金融市场风险管理是一个动态的过程，外部条件的变化或参与者自身的变化，都可能导致既定策略效果不佳，需要重新制定金融市场风险管理策略和方案，并在实施时做出相应调整。

三、金融市场风险管理的方法

对金融市场风险进行管理，需要考虑的主要问题是：什么样的风险我们可以接受，什么样的风险我们需要规避。对于我们可以承受的风险，可以采取在风险中寻求收益的处理方式，而有些风险则需要我们去处理。此时，根据风险类型的不同，我们可以选择不同的处理方法加以规避。

（一）衍生金融工具法

衍生金融工具是与基础金融工具相对应的一个概念，指建立在基础工具（如债券、股票、银行定期存款单等）或基础变量（利率、汇率、通货膨胀率、股票价格指数等）之上，其价格随基础金融工具（或变量）的价格（或数值）变动的派生金融产品。20世纪80年代以来，国际金融市场上衍生金融工具发展迅速，已经成为市场参与者常用的规避风险或投机的工具。目前，衍生金融工具主要分为远期、期货、期权和互换四大类。下面以利用衍生金融工具规避市场风险的实例，对其基本原理加以说明。

1. 以远期利率协议规避利率风险

例：5月1日，*A*公司的资金管理人得知三个月后公司将有一笔100万元的销售收入。经过分析，他认为三个月后银行存款利率将会下降，因此向甲银行卖出3×6的远期利率协议（合约期为从合约日期起的三个月后至合约日期起六个月后，即三个月后开始的期限为三个月的存款），协定利率为1.1965%。远期利率协议的内容如下。

卖方：*A*公司
买方：甲银行
合约金额：¥1 000 000
合约日期：5月4日
交割日：8月6日
到期日：11月6日
利率确定日：8月4日
远期利率协议的价格：1.1965%
合约期间：92天

若8月4日市场利率与其预期一致，下跌为1.0065%，则甲银行需要向*A*公司支付协定利率1.1965%与市场利率1.0065%之间的差价，具体金额计算如下

$$[1\,000\,000\times(1.1965\%-1.0065\%)\times 92/360]/(1+1.0065\%\times 92/360)=38\,625.52$$

即8月6日甲银行将支付*A*公司的利息差额为38 625.52元。也就是说，*A*公司由于运用远期利率协议进行避险，尽管未来存款利率下跌，在甲银行向其支付利息差额后，*A*公司资金运用的利息收入仍维持在原利率水平，规避了存款利率下跌的风险。

2. 以外汇期货规避汇率风险

例：某一日本出口商向美国出口价值100万美元的商品，商品的生产成本为12 000万日元，约定3个月后付款。双方签订买卖合同时美元兑换日元的汇率为1美元=130日元，按此汇率结算，出口该批商品出口商可获得13 000万日元，扣除生产成本，出口商可获得利润1000万日元。

但美元与日元之间的汇率是浮动的，如果3个月后，美元兑换日元的汇率下跌为1美元=128日元，则出口商只可获得12 800万日元，利润下降为800万日元，比按原汇

率计算少赚了 200 万日元；如果美元兑换日元的汇率下跌为 1 美元= 118 日元，则出口商只可获得 11 800 万日元，亏损 200 万日元。

可见汇率的波动对日本出口商形成了汇率风险，因此日本出口商在订立买卖合同时，可以与银行签订外汇期货合约，按照 1 美元=130 日元的汇率将 3 个月后的 100 万美元期汇卖出；3 个月期货合约到期时，出口商将 100 万美元外汇出售给银行，收取 13 000 万日元的货款。也就是说无论到期时美元汇率是上升还是下降，出口商都可以收到确定的 13 000 万日元，获得 1000 万日元的利润，规避了汇率变动的风险。

（二）灵敏度法

灵敏度法是对风险的线性度量，它利用金融资产价值对其市场因子（利率、汇率、股票价格和商品价格等）的敏感性来测量金融资产的市场风险。灵敏度方法具有简单、直观等优点，因而在实际中获得广泛应用，并且针对不同类型的金融资产，产生了不同形式的灵敏度，如针对债券利率风险的久期和凸性、针对股票系统风险的 β 系数等。确切地说，灵敏度表示当市场因子变化一个百分数单位时金融资产价值变化的百分数，它可以表征金融资产的市场风险：灵敏度越大的金融资产，受市场因子变化的影响越大，风险越大。需要指出的是，由于存在近似性、相对性及对产品类型高度依赖的缺点，灵敏度法只适合于简单金融工具在市场因子变化较小的情况，对于复杂的金融资产组合及市场因子大幅波动的情形，其准确性较差。下面以利用久期来计算债券的利率风险为例，对灵敏度法简单加以说明。

债券利率风险是指市场利率变动给债券价格变动带来的风险。如果市场利率下跌，将导致债券价格上升；如果市场利率上涨，将导致债券价格将下降。也就是说，随着市场利率的涨跌，债券持有人的资本也会相应地增加或减少，即使持有的债券是国债，本息的支付都有保证，市场利率的波动仍然使投资者面临风险。利率风险是债券面临的最主要风险，尤其是对于长期债券来说。衡量利率风险的基本思路是当市场利率出现波动时，测量债券价格的变化幅度，常用的方法之一就是久期法。

债券久期的概念最早由麦考莱（F. R. Macaulay）于 1938 年提出，所以又被称为麦考莱久期，它是使用加权平均数的形式计算债券的平均到期时间，即以未来时间发生的现金流，按照目前的市场利率折现成现值，再用每笔现值乘现在到该笔现金流发生时的时间年限，然后进行求和，以这个总和除以债券目前的价格得到的数值。具体公式如下

$$D=\sum_{t=1}^{T}\left[\frac{C_t/(1+r)^t}{P}\times t\right]=\sum_{t=1}^{T}\left[\frac{\mathrm{PV}(C_t)}{P}\times t\right] \tag{7-1}$$

其中，D 是麦考莱久期；P 是债券当前的价格；C_t 是债券未来第 t 次支付的现金流（利息或本金）；T 是债券在存续期内支付现金流的次数；t 是第 t 次现金流支付的时间；r 是市场利率；$\mathrm{PV}(C_t)$ 是债券第 t 期现金流以市场利率贴现的现值。

例：某债券当前的市场价格为 950.27 元，市场利率为 10%，债券票面利率为 8%，面值 1000 元。三年后到期，一次性偿还本金，求该债券的久期。

解：（1）求出每笔现金流的现值

$$\frac{80}{1+10\%}=72.73\text{元}$$

$$\frac{80}{(1+10\%)^2}=66.12\text{元}$$

$$\frac{80+1000}{(1+10\%)^3}=811.42\text{元}$$

（2）求出该债券的久期

$$D=\frac{72.73\times 1+66.12\times 2+811.42\times 3}{950.27}=\frac{2639.23}{950.27}=2.78\text{年}$$

麦考莱久期表面上所呈现出来的加权平均时间似乎并无实质意义，但它的真正实用价值在于：久期这个概念开创性地将市场利率的变动和债券的价格变动联系了起来，即

$$\frac{\Delta P}{P}=-\frac{D}{1+r}\Delta r \tag{7-2}$$

从式（7-2）可以看出，久期是对债券价格波动对市场利率变动的敏感性的衡量：久期越大，债券价格对利率变动的反应越大，意味着利率风险越大；久期越小，债券价格对利率变动的反应越小，意味着利率风险越小。

（三）资产组合法

资产组合理论是马科维茨（Markowitz）在20世纪50年代提出的，它讨论的是市场参与者如何根据金融风险资产（主要指股票）的收益和风险等因素的不同，进行多样化证券投资，以得到最优的风险资产组合，极大化规避风险和获得收益。马科维茨首次将统计学的期望值和方差概念引入风险资产组合研究，用期望值度量风险资产的收益率，用方差度量风险资产的风险。他认为风险资产未来的价格和股息收入是不确定性的，很难确定风险资产的最终总持有期收益率，因此应量化风险资产未来所有的可能情况，并得到其概率分布，并且求得其期望值和方差，同样地也可以求得资产组合的期望值和方差。假设市场投资者是风险厌恶的，他们都希望持有有效组合，即给定风险水平下的具有最高收益的组合或者给定收益水平下具有最小风险的组合。最后，结合市场投资者自身的风险厌恶特征和风险资产组合的有效边界，在两者的交点得到最优风险资产组合，并且给出了求解最优风险资产组合的数学方法。

资产组合理论首次对风险和收益进行数量化的精确描述，解决了对风险和收益的定量问题，使投资学从一个艺术迈向科学。它揭示了风险资产之间的相关性对组合风险的重要影响，使得金融投资分析从对单个证券进行分析，转向组合的视角。由于简便易行、适应性强等优点，资产组合理论在投资管理中得到了广泛的应用，以均值–方差分析为基础的证券投资组合理论成为现代金融市场理论的核心。当然，假设比较严格、计算量大、解不稳定等缺点，也使得资产组合理论有其自身的局限性，资本资产定价模型、套利定价理论等对它进行了发展和完善。

（四）在险价值法

灵敏度法是针对不同金融工具测量其对市场因子的灵敏度，主要适用于单一产品、单一风险的简单金融市场环境。随着金融市场规模增大、交易方式动态化和复杂化，灵敏度法的缺陷较为明显。利用方差及β系数来衡量风险又太过于抽象，不直观。为了更好地对金融市场风险进行度量和管理，20 世纪 90 年代初，度量金融风险的 VaR（value at risk，在险价值或风险价值）方法产生了。1994 年，Morgan 集团在互联网上部分地公布了其内部使用的度量金融市场风险的方法、数据和模型，其核心就是 VaR 法。而后，Morgan 集团通过公布每日更新的 480 种金融工具的 VaR，使得金融从业人员很容易计算各种风险资产组合的风险价值，VaR 迅速被人们接受。

VaR 字面意思是在险价值，其含义是：在市场正常波动下，某一金融风险资产或证券组合的最大可能损失。更为确切的是指，在一定概率水平（置信度）下，某一金融风险资产或证券组合价值在未来特定时期内的最大可能损失。因此，VaR 本身就是个数字，是指面临正常的市场波动时处在风险状态的价值。例如，某一市场参与者持有的风险资产组合在未来 24 小时内，置信度为 95%，金融市场正常波动的情况下，VaR 值为 500 万元。它的含义是：该公司的风险资产组合在 24 小时内，由于市场价格变化而带来的最大损失超过 500 万元的概率为 5%，或者说有 95%的概率该市场参与者在下一个交易日内的损失在 500 万元以内。

VaR 法的最大优点在于其测量的综合性，可以将不同市场因子、不同市场的风险集成为一个数，较准确测量由不同风险来源及其相互作用带来的潜在损失，较好适应了金融市场发展的动态化、复杂化趋势。因此，VaR 法在风险测量、管理、监管等领域得到了广泛应用，成为金融市场风险管理的主要方法。当然，在正常的市场情况下，VaR 法是非常有用的风险管理方法，但在市场振荡期，压力测试和情景分析是 VaR 法的必要补充。

四、金融市场的监管

金融市场作为资金融通的场所和机制，能否高效、安全、健康、稳定运行，对一国经济的发展有着十分重要的作用，但金融本身的脆弱性和金融市场严重的信息不对称，以及金融工具高度的专业性，使得金融市场集聚着巨大的风险，金融市场监管因而成为必需。金融市场监管和金融市场发展相辅相成，两者缺一不可。

（一）金融市场监管的概念、目标和原则

1. 概念

金融市场监管是一国经济体制监管的重要组成部分。根据监管主体的不同，金融市场监管有狭义和广义之分。狭义的金融市场监管是指金融市场监管机构依据国家法律法规的授权，对整个金融业（包括金融机构及其在金融市场上所有的业务活动）实施的监

督管理；广义的金融市场监管，除包括狭义监管的内容之外，还包括金融机构的内部控制和稽核，对同业自律性组织、社会中介组织和市场参与者的投融资活动等进行监管。一般来说，一个有效的金融监管体制必须具备三个最基本的要素：监管主体（监管机构）、监管客体（监管对象）、监管手段（监管工具和方法）。

在金融市场机制存在失灵、不同金融机构和不同金融业务之间的界限日益模糊、国际金融一体化趋势等背景下，各国金融市场竞争激烈，风险不断加剧。因此，加强金融市场的监管，以保持货币制度和金融秩序稳定，维护信用活动的良性运转，对于防止金融市场风险的传播，保护市场参与者的合法利益，维护国家宏观经济平稳运行，确实十分必要。

2. 目标

金融市场监管体制是各国历史和国情的产物，与各国的政治、社会经济制度、历史等方面有着密切的联系。因此，不同的国家、同一国家不同的时期，金融市场监管的目标都不一样。有的国家监管目标多样化，如美国等；有的国家则追求较少的目标，如英国、中国等。无论一个国家追求的监管目标是多还是少，维护金融业的合法、稳健运行是大多数国家金融市场监管的出发点和立足点。

在当今世界各国金融混业经营的趋势下，金融交易规模急剧扩张、金融交易方式日趋复杂，监管难度越来越大。加之金融机构和金融市场之间的相互依赖性、危机互相感染的可能性持续增加，导致了一国甚至整个国际金融体系的系统性风险上升，金融危机发生频率和破坏程度不断加大。因此，防止金融系统性危机发生或降低危机破坏力，成为当前各国金融市场监管的首要任务之一。

3. 原则

监管原则是金融市场监管过程中监管机构应遵循的价值追求和最低行为准则。主要包括以下四个方面。

（1）依法原则。金融市场监管必须依据国家现行的金融法律法规，有法必依、执法必严，公开、公平、公正地对所有监管对象实施监管。不论监管对象性质、规模、背景如何，监管都必须在统一标准下展开，监管机构要保持监管的严肃性、权威性、强制性和一贯性，不能随心所欲凭个人好恶办事，更不能知法犯法。

（2）外部监管与自我约束相结合原则。它是指外部监管与内部自律相结合，一方面，监管机构要实施有效的外部监管，但再缜密的监管如果得不到监管对象的配合，效果也会有所下降；另一方面，市场参与者也要加强内控机制，杜绝违法违规的经营行为。

（3）稳健与效率相结合原则。金融市场监管的目的是既要保障金融业稳健运行，努力防范金融风险，又要提高金融市场的整体效率，满足社会经济的需要，并最终促进社会经济平稳、协调发展。因此，监管机构依法对监管对象进行适度监管，但不能干涉金融机构的内部管理，也不能压制市场参与者的合理竞争和创新。

（4）综合性原则。监管机构既要综合运用各种金融监管手段，如经济手段、行政手段、法律手段等，也要综合运用各种现代化的金融监管方式、方法和工具，形成一套科学、系统、有效的金融监管机制和方案，确保金融市场监管的优质高效。

（二）金融市场监管的内容、方式和手段

1. 内容

（1）市场准入监管。它是指金融行政管理部门按照市场运行规则设立“进入壁垒”，对新设金融机构进行的限制性管理。

（2）经营业务监管。金融机构经批准成立和注册登记后，要按规定定期向监管机构提交经营报告，披露各项必要信息。监管机构依法依规对金融机构的各项经营行为进行监管。

（3）市场退出监管。它是指监管当局对陷入困境的金融机构进行救助，或者对破产倒闭金融机构的市场退出实施管理。

2. 方式

（1）公告监管。政府对金融机构的经营不作直接监督，只要求各金融机构按照政府金融监管规定的格式定期将其营业结果呈报政府主管部门。

（2）规范监管。这是政府对金融机构的经营制定一定的准则，对若干重大事项做出明确的规范，并要求其遵守的一种监管方式。

（3）实体监管。政府制定完善的金融监管规则，监管机构根据法律赋予的权力，对金融市场进行全方位、全过程、有效的监督和管理。

3. 手段

（1）法律手段。运用法律手段进行金融监管，具有强制性和约束性，各类金融机构必须依法经营，否则将受到法律制裁。法律手段发挥作用的前提是：金融法规的权威性、有效性，以及执法的严格性。

（2）行政手段。监管机构采用政策、制度、办法等对金融机构进行直接的行政干预和管理，具有见效快、针对性强的特点，但市场经济条件下，行政手段只能作为一种辅助手段。

（3）经济手段。监管机构采用间接调控方式影响金融机构的经营活动和市场参与者的行为，如在对银行进行监管时，最后贷款人和存款保险制度就是非常典型的经济手段。

（4）技术手段。监管机构实施金融监管，必须采用先进的技术手段，如应用电子、计算机和先进的通信设备，实现全系统联网，以提高信息收集和处理的能力，客观评价监管对象经济状况，及时发现问题并消除隐患。

（三）金融市场监管机构

政府对金融市场实施监管要通过一定的专门机构进行。这些机构一般有三类，主要是监管机构、辅助监管机构和自律性监管机构。

主要监管机构是对金融市场的监督、管理负有主要责任，并对金融市场进行全面监管的机构，一般由中央银行充当，如中国人民银行；辅助监管机构是指部分具有对金融市场进行监管的职责，或主要监管金融市场中某一个或几个子市场的机构或部门，如中国银保监会、中国证监会等；自律性监管机构是通过自愿方式，以行业协会形式组成的监管机构，如中国证券业协会、上海证券交易所等。

本章小结

本章研究金融市场运行及其风险管理的问题，重点是金融市场运行机制、金融市场风险的分类，以及金融市场风险管理的方法。

1. 金融市场运行包括运行机制与运行效率两部分内容。金融市场运行机制包括供求机制、利率机制、汇率机制、竞争机制、风险–收益机制，这些机制的共同作用使得在金融市场中资金供求双方的融资活动得以正常进行；金融市场运行效率是指在资金融通上所表现出来的有效性，表现在金融工具价格反映各类信息的灵敏程度、各类工具价格具有稳定均衡的内在机制、各类工具的数量和创新能力、剔除风险的能力、交易成本的高低五个方面。

2. 金融市场风险分为利率风险、汇率风险、股票价格风险和商品价格风险，由于经济全球化与金融一体化程度加深、竞争加剧与金融管制放松、技术进步、衍生金融产品市场的快速发展等，当前各国的金融市场风险呈现加剧态势。

3. 由于金融体系的脆弱性和金融市场失灵等，金融市场风险客观存在。对金融市场风险进行管理，通常有两种思路：一是由参与者利用市场机制，在市场的框架内寻求方法解决；二是利用超市场的力量干预金融市场，建立一套完整的金融市场监管体系。市场框架内，金融市场风险管理按程序进行：金融市场风险识别→金融市场风险度量→金融市场风险管理策略→金融市场风险管理策略的实施与效果评价。并根据风险类型的不同，可以选择衍生金融工具法、灵敏度法、资产组合法、在险价值法等不同的处理方法加以规避。当然，加强金融市场的监管，对于降低金融市场的整体风险，是必要且有益的。

本章参考文献

曹龙骐. 2016. 金融学[M]. 5 版. 北京：高等教育出版社.
陈善昂. 2016. 金融市场学[M]. 3 版. 大连：东北财经大学出版社.
黄达. 2009. 金融学[M]. 2 版. 北京：中国人民大学出版社.
蒋先玲. 2017. 货币金融学[M]. 2 版. 北京：机械工业出版社.
李刚，高西，吉敏. 2019. 金融市场学[M]. 2 版. 大连：东北财经大学出版社.
张亦春，郑振龙，林海. 2013. 金融市场学[M]. 4 版. 北京：高等教育出版社.
朱为英，彭迪云. 2003. 货币银行学[M]. 南昌：江西科学技术出版社.

本章综合测试题

一、填空题

1. 供求机制是金融市场________的运行机制。

2. 市场经济条件下，利率水平由___________决定。资金供大于求，利率会______；资金供不应求，利率则会______；资金供求基本平衡，利率达到________。

3. 风险-收益机制是市场主体行为与________、________和_______之间的相互关系和作用。

4. 市场风险是指金融市场因素如________、________、___________和___________的波动而导致的金融参与者的资产价值波动的风险。

5. 广义的金融脆弱性是指一种趋于高风险的金融状态，泛指一切融资领域中的__________。

6. 一个有效的金融监管体制必须具备三个最基本的要素：________、_________和_________。

7. 风险识别是对金融市场风险进行_________，而风险度量则是对识别出来的风险进行进一步的________。

8. VaR 字面意思是_______，其含义是：在市场正常波动下，某一金融风险资产或证券组合的_______可能损失。

二、单选题

1. 一种与特定公司或行业相关的风险是（　　）。

A. 市场风险　　B. 流动性风险　　C. 非系统性风险　　D. 系统性风险

2. 下列不属于金融监管机构的是（　　）。

A. 中国人民银行　　B. 中国银保监会

C. 中国证监会　　D. 国开行

3. 当一国出现国际收支顺差时（　　）。

A. 本币趋于升值→本国进口减少　　B. 本币趋于升值→本国进口增加

C. 本币趋于贬值→本国进口减少　　D. 本币趋于贬值→本国进口增加

4. 金融监管的主要手段不包括（　　）。

A. 法律手段　　B. 行政手段　　C. 审计手段　　D. 技术手段

5. 下列哪种说法正确（　　）。

A. 久期越大，债券价格对利率变动的反应越大，意味着利率风险越小。

B. 久期越小，债券价格对利率变动的反应越小，意味着利率风险越大。

C. 久期越大，债券价格对利率变动的反应越大，意味着利率风险越大。

D. 久期越小，债券价格对利率变动的反应越大，意味着利率风险越小。

三、多选题

1. 金融风险的特征是（　　）。

A. 客观性　　B. 可测定性　　C. 高杠杆性　　D. 传染性

2. 按风险来源划分，金融风险可分为（　　）。

A. 市场风险　　B. 信用风险　　C. 股票价格风险

D. 流动性风险　　E. 操作风险

3. 以下（　　）属于系统性风险。

A. 国家爆发战争　　B. 石油恐慌

C. 公司失去大客户　　D. 国民经济衰退

4. 金融市场风险的类型可分为（　　）。

A. 利率风险　　B. 汇率风险

C. 股票价格风险　　D. 商品价格风险

5. 目前，衍生金融工具主要分为（　　）。

A. 远期　　B. 期货　　C. 期权　　D. 互换

四、判断题

1. 利率是一个重要的经济变量，指一定时期内利息额与本金之间的比率。（　　）

2. 一国出现国际收支顺差→本币趋于升值→本国进口减少。（　　）

3. 流动性风险是指金融参与者资产流动性降低而导致其遭受损失的可能性。（　　）

4. 中央银行下调利率属于非系统性风险。（　　）

5. 久期越大，债券价格对利率变动的反应越大，意味着利率风险越大；久期越小，债券价格对利率变动的反应越小，意味着利率风险越小。（　　）

五、名词解释

1. 金融风险　　2. 系统性风险　　3. 久期　　4. 衍生金融工具　　5. 灵敏度法

六、简答题

1. 竞争机制对市场经济的运行和发展有何作用？

2. 金融市场运行效率具体表现在哪几个方面？

3. 金融市场监管的原则是什么？

4. 金融市场监管的手段有哪些？

七、论述题

1. 请阐述当前国际金融市场风险的发展趋势及其成因。

第三篇

金 融 机 构

第八章

商业银行

商业银行是在市场经济中孕育和发展起来的，经过几百年的演变，现已成为各国经济活动中最主要的金融机构，并成为在绝大多数国家和地区的金融体系中居于主导地位的最重要组成部分。

第一节　商业银行的产生与发展

商业银行（commercial bank）是以获取利润为经营目标，以多种金融资产和金融负债为经营对象，并向客户提供多功能、综合性服务的金融企业。在各类金融机构中，商业银行是发展历史最悠久、业务范围最广泛、对社会经济生活影响面最大的一种。

一、商业银行的起源与发展

（一）货币经营业

早期的银行业萌芽于货币经营业或银钱业，即专门从事金属货币的保管、兑换、汇兑等业务的行业。在前资本主义社会，随着商品货币关系的推进，各国铸币的单位和成色不同而不适应跨国和跨地区之间商品交换的发展，于是从商人中逐渐分离出一种专门从事鉴定和兑换铸币及货币金属块的货币兑换商。货币兑换商最初只是单纯从事铸币兑换而收取手续费。之后随着商品交换的扩大，为了避免长途携带大量货币进行交易和保管货币的风险与不便，货币兑换业就发展成为办理货币兑换、保管和汇兑等业务的货币经营业。但此时，货币经营业并不从事放款业务，因此，它仅是近代银行的雏形。

（二）商业银行的产生

从历史上看，早期银行起源于意大利。在中世纪文艺复兴时期，欧洲各国的商品贸易集中于地中海沿岸，意大利处于中心地位。在此期间，货币经营业得到了进一步的发展，货币经营商所聚集的货币资金也日益增多。当货币经营商发现这些长期大量积存的货币余额相当稳定，可以用来发放高利贷，获取高额利息收入时，货币经营商便从原来被动接受客户委托保管货币转而变为积极主动揽取货币保管业务，并开始降低保管费和不收保管费，到后来还给委托保管货币的客户一定的好处（提供服务和支付利息），从而保管货币业务便演变成存款业务了。同时，货币经营商根据经验，实行部分准备金制度，其余所吸收的存款则用于贷款取息（授信），从而逐渐以存款、贷款为主要业务。于是货币经营商就演变成集存款、贷款和汇兑、支付结算业务于一身的早期银行（信用中介）了，货币经营业也就演变为银行业。1171 年在意大利成立的威尼斯银行，是世界上最早出现的银行，此后相继出现巴尔迪银行（1272 年）、佩鲁齐银行（1310 年）、麦迪西银行（1397 年）、圣乔治银行（1407 年）等，这些银行都是一些富有家庭为经商方便而设立的私人银行。比较具有近代意义的银行则是 1580 年重新建立的威尼斯银行；16 世纪末开始，银行普及到欧洲其他国家，如米兰银行（1593 年）、阿姆斯特丹银行（1609 年）、汉堡银行（1619 年）、纽伦堡银行（1621 年）、鹿特丹银行（1635 年）等。

与此同时，在英国，早期的银行业是通过金匠业发展而来。17 世纪中叶，英国的金匠业极为发达，金匠们以自己信誉为担保而签发的可代替金属货币流通的保管凭条即金匠券，开了近代银行券的先河。这样，更具近代意义的英国早期银行便在金匠业的基础上产生了。这些早期银行虽已具备了银行的本质特征，但它们的贷款对象主要是政府、封建贵族和特权企业，并带有明显的高利贷性质，不利于资本主义商品经济的扩大再生产，故仅仅是现代银行的原始发展阶段。

现代商业银行的最初形式是资本主义商业银行，它是资本主义生产方式和商品经济发展到一定阶段的产物。一般认为，商业银行的名称来自它早期主要办理基于商业行为的短期自偿性贷款，从而人们将这种经营工商企业存、贷款业务的银行称为商业银行。尽管随着商品货币经济的发展，这种银行的业务范围不断扩大，但人们仍习惯称其为商业银行，并一直沿用至今。

资本主义商业银行主要是通过两条途径产生的：一是从旧式高利贷银行转变为资本主义商业银行（演变型）。随着资本主义生产关系的确立和资本主义工商业的发展，不少早期高利贷性质的银行为顺应资本主义经济发展的需要，在 18 世纪逐渐适应新的经济条件，降低贷款利率，缓慢地转变为商业银行。二是新兴资产阶级以股份公司形式组建的股份制银行（创建型）。大多数现代商业银行是按这一方式建立的。为满足新兴资产阶级发展工商业的需要，1694 年在英国政府支持下由私人创办的英格兰银行是历史上第一家股份制商业银行。它的股本高达 120 万英镑，实力雄厚，正式贴现率一开始就规定为 4.5%～6%，大大低于早期银行业的贷款利率，很快就动摇了高利贷银行在信用领域的垄断地位。英格兰银行的成立，标志着现代银行业的产生和现代银行制度的建立。之后，欧洲各资本主义国家都相继成立了规模较大的股份制商业银行；到 18 世纪末和 19 世纪初，现代商业银行在世界范围内开始得到普及。

此时的中国在信用领域占统治地位的依然是旧式的钱庄和票号，直到 1845 年才出现第一家新式银行——英国人在香港开设的丽如银行（后改称东方银行）；之后各帝国主义列强的银行相继到中国开设一批分支机构。中国人自办的第一家银行是 1897 年成立的中国通商银行，它的成立标志着中国现代银行业的创始；该银行虽是以商办面目出现的股份制银行，但实质上受控于官僚买办。之后官商合办的大清户部银行（后改名为大清银行、中国银行）和交通银行分别于 1905 年和 1908 年先后成立，同时一些股份集资或私人独资兴办的民族资本商业银行陆续建立；第一次世界大战后中国的私人银行业进入了较快发展的阶段。1927 年以后，在国民党当政期间，官僚资本开始了系统地垄断全国金融事业的进程，直接参股控制中国银行、交通银行和组建中国农民银行，并以多种形式渗入和控制不少稍具规模的民族资本商业银行。

二、商业银行的类型

根据业务经营模式（范围和特点）的不同，商业银行大致可分为职能分工型银行和全能型银行两类。

（一）职能分工型商业银行

所谓职能分工型，是针对一国金融体制而言的。其基本特点是：法律限定金融机构必须分门别类、各有专司，禁止交叉开展业务，即实行分业经营模式，有专营长期金融的，有专营短期金融的，有专营有价证券买卖的，有专营信托业务的，等等。这种体制下的商业银行垄断支票存款业务，主要经营短期工商信贷业务，不能从事公司证券投资等投资银行业务和保险业务。采用这种类型体制的国家以 20 世纪 90 年代以前的美国、日本、英国为代表。这种职能分工型的分业经营体制的形成是以 20 世纪 30 年代资本主义经济危机的爆发为契机的（世界性经济大萧条，大量银行倒闭或被兼并）。

银行分业经营的主要优点是：有利于提供专业化的业务和培养专业化管理人才；可以有效地防止金融业的垄断；有利于分业监管和银行业内部协调管理，防止金融投机和操纵，降低银行经营风险；有利于银行业安全稳健经营，防范信用危机。其主要缺点是：不利于金融业的充分竞争和资源共享，不能满足经济发展的客观需要和工商业及社会公众对融资多样化的要求；将业务限制在短期融资方面，大量业务被其他金融机构抢走，使商业银行在竞争中处于不利地位；短期存款的稳定余额可用于长期贷款或投资，而不影响资金的安全性，若只限于短期贷款，则降低了银行的营利性；在经济衰退或危机时期，即使是短期贷款也存在无法到期全部收回的风险，使资金的流动性受到影响。

（二）全能型商业银行

全能型商业银行又称综合性商业银行，它们在业务领域内没有什么限制，可以经营一切金融业务，为客户提供全方位的金融服务，即实行合业经营或混业经营模式。例如，吸收和发放各种期限、种类的存款和贷款，代理发行、销售和包销各类证券，直接投资于新兴企业，从事外汇、信托、保管、租赁、保险和咨询等业务，从而使全能型商业银行有“金融百货公司”之称。采用这种类型体制的国家以德国、奥地利和瑞士及北欧等国为代表。例如，德国的工商业不仅在短期资金上，而且在长期资金上都高度依赖银行，银行与工业之间一开始就建立了密切关系。

全能型商业银行的主要优点是：可以向客户提供全面、综合的多样化金融服务，从而最大限度地满足客户的实际需要，发挥规模经济优势；可以从不同领域、不同层次与客户进行合作，深入了解客户情况，从而增强与客户的联系，有利于做好存、贷款工作和吸引更多客户，增强银行竞争能力和提升银行竞争地位，充分发挥银行的经济核心作用；通过业务多元化，内部可以进行灵活调整，调剂银行各项业务盈亏，分散、减少乃至避免风险，有助于经营稳定，从而在一定程度上保证了银行体系的稳定。其主要缺点是：容易导致金融业的垄断，并且在管理、资本及流动性方面会产生一些问题（管理难度大、道德风险偏高），将增加银行经营的风险，且不容易避免因为连锁反应式的风险传递而可能导致的金融危机。

20 世纪 70 年代以来，伴随着迅速发展的金融自由化浪潮和金融创新，西方国家商业银行的上述两个传统特征和分工界限已被突破，并趋向全能化、综合化经营。其原因主要在于：在金融业竞争日益激烈的条件下，职能分工型商业银行面对其他金融机构的挑战，利润水平不断降低，迫使它们不得不利用金融创新绕开管制，通过建立银行持股公司或金融控股公司，从事各种更广泛的业务活动；吸收长期性资金来源的途径拓宽，从而为长期信贷和投资活动创造了条件；在这样的形势下，国家金融管理当局也逐步放宽了对商业银行业务分工的限制；等等。原来实施分业经营模式最为突出的美国和日本就已解除禁令，走上了混业经营的道路。例如，日本于 1998 年颁布了《金融体系改革一揽子法》，即被称为金融大爆炸（Big Bang）的计划，允许各金融机构跨行业经营各种金融服务；美国于 1999 年 11 月通过了《金融服务现代化法》，正式废除了作为分业经营架构立法基础的《1933 年格拉斯–斯蒂格尔法案》，允许商业银行、保险公司和投资银行相互渗透和竞争，也宣告分业经营体制在西方主要国家的终结。我国 1995 年颁布的《商业银行法》中虽确立了严格的分业经营原则，至今未变，但在深化金融改革的实践中，面临各种挑战的商业银行不断加强与证券业和保险业的合作，也正在以金融控股公司的模式逐渐突破分业经营的限制。

三、商业银行的组织制度

商业银行的组织结构通常受到各国社会经济制度和经济发展程度的影响，从历史上看，商业银行的组织制度主要有以下四种类型。

（一）单一银行制

单一银行制又称单元银行制、独家银行制，是指由于法律上禁止或严格限制商业银行设立分支机构，银行业务完全由各自独立的商业银行本部营业机构来经营而不设立分支机构的银行组织制度。目前只有在美国较为普遍，不少州还存在这种银行组织形式，通过一个网点提供所有的金融服务。美国由于其特殊的历史背景和政治制度，各州经济发展很不平衡，为适应中小企业的发展需要，反对金融权力集中和各州相互渗透，避免资金流失和银行垄断，曾长时期普遍实行完全的单一银行制。根据 1927 年《麦克法登法案》，各州均通过银行立法禁止或限制商业银行跨州经营和分设机构，甚至在州内也不准设立分支机构，直到 1994 年《瑞格尔–尼尔跨州银行和分行效率法案》出台才结束了银行经营的地域限制，为全国范围内银行分支机构的扩张提供了法律基础。据统计，1934 年美国共有 14 146 家银行，只有 1/5 的银行拥有 2985 家全业务分支行，而到 2009 年银行数量减少到 6808 家，其中大约 5200 家拥有 81 276 家分支行，但仍有约 1600 家银行没有全业务分支机构。

单一银行制的优点是：①可以防止或限制因金融权力过分集中而形成银行垄断，有利于自由竞争，也缓和了竞争的剧烈程度；②有利于银行与地方政府协调，能适合本地区经济发展的需要，保护本地区资源，集中全力为本地区服务，支持地方经济发展；③各银行独立性和自主性很大，业务经营较灵活；④银行管理层次少，有利于中央银行管理控制和货币政策的贯彻执行，有利于提高货币政策效果。

单一银行制也存在明显的缺陷：①在电子计算机等高新技术普遍推广应用的条件下，单一银行组织机构采用高新技术的应用成本会较高，不利于银行采用最新的管理手段和工具，使其业务发展和金融创新活动受到限制；②银行业务多集中于某一地区或特定行业，资金来源单一，筹资不易，容易受该地区经济发展状况波动的影响，风险集中而不易分散；③银行规模较小，资金实力较弱，经营成本较高，不易取得规模经济效益，难以有效抵抗风险；④商业银行不设立分支机构，与现代经济的外向或横向开放式发展、商品交换范围不断扩大存在着矛盾，无法适应经济发展的需要，会人为地造成资金的迂回流动，使资源无法实现更大范围的有效配置，削弱银行的竞争力。

（二）总分行制

总分行制又称分支行制，是指法律允许在总行以外，在国内外各地普遍设立分支机构，各分支行没有法人资格，统一由总行领导指挥的银行制度。这种银行制度源于英国的股份银行，通常形成以总行（一般设在大中城市）为中心、分支行遍布各地的庞大的银行网络体系，是当代商业银行的主要组织形式。目前世界上大多数国家通常都采用这种银行制度，其中尤以英国、德国、日本等为典型代表，我国也是如此。

按总行职能或管理方式不同，总分行制又可以进一步划分为总行制和总管理处制。

总行制是指总行除了管理控制各分支行以外，本身也对外营业，办理业务，即总行既要管理又要经营。总管理处制是指总行只管理控制各分支行，本身不对外营业，即总行只进行管理不从事经营，属总管理处性质，在总管理处所在地另设分支行或营业部对外营业。

总分行制的优点在于：①银行分支机构众多，分布广泛，有利于扩大业务范围，从而易于吸收存款、调剂资金和充分有效地利用资金，提高资金使用效率，同时由于放款分散，可以分散和降低经营风险，提高银行的安全性；②银行经营规模大，资金实力雄厚，容易采用现代化设备和管理手段，为客户提供更多便利的金融服务，降低交易成本，取得规模经济效益，能较好地适应现代经济发展的需要；③银行内部可以根据各地特点实行专业分工，提高工作效率，降低经营成本，有利于提高银行的竞争实力；④由于银行法人机构总数较少，便于金融管理当局的宏观管理；⑤银行业务经营受地方政府干预小，可以避免过多的行政干预。

总分行制也存在一些缺点：①容易造成大银行对小银行的吞并，加速金融垄断的形成，使小银行处于不平等的竞争地位，不利于充分自由竞争；②由于银行规模比较大，内部层次、机构较多，会增加银行管理的难度，而如果管理制度上缺乏较强的控制力，会导致规模不经济，使银行的经营效益下降；③在人员的安排调动方面也容易出现弊端，如果调动频繁，会使银行与其客户的联系不稳，而长期固守一地，又会形成本位主义，削弱总行对分支行的控制能力；④分支机构管理人员不如单一银行制那样关心当地经济的发展，其经营决策要依据总行的方针来定，自主性、灵活性不大。

（三）银行控股公司制

银行控股公司制又称银行持股公司制、集团银行制，是指由一个集团成立股权公司，再由该公司收购、控制一家或多家银行所形成的一种银行组织形式。在法律形式上，这些银行是独立的，但其业务经营决策被同一股权公司所控制（持股 25% 及以上）。银行控股公司一般有两种类型：一种是由大企业组织的非银行性控股公司，另一种是由大银行组织的银行性控股公司，如花旗集团公司就是银行性控股公司，它已控制着 300 多家银行。另外还可分为单一银行控股公司（仅拥有一家银行的股份）和多银行控股公司（拥有两家及以上银行的股份）。

银行控股公司制在美国最为流行，从 20 世纪初开始产生，70 年代后获得迅速发展。它是为了弥补单一银行制的缺点，是商业银行规避银行法规管制的产物。目前美国大约 5800 家银行控股公司拥有全美 3/4 左右的银行、99%的银行业总资产和 90%左右的存款，其中不到 900 家的多银行控股公司控制着全美银行业总资产的 70%左右，并且可以从事投资、信托、租赁、保险、咨询、设立金融公司、信用卡公司和贴现公司等多种非银行金融业务。因此，很多银行实际上是银行控股公司的“附属机构”，成为不少大银行变相的分支行。近年来，我国银行控股公司（或金融控股公司）发展迅速，如中信集团、中国光大集团、中国平安集团、招商局集团、中国工商银行、中国银行、中国建设银行、交通银行等，成为银行业规避分业经营限制的桥梁。

银行控股公司制的主要优点是：①可以规避设立分支机构的法律限制，去扩展银行业务，并借此进入非银行业务领域，为银行提供了稳定的资金来源和客户关系；②能以其他方式筹集资金（如更便捷地从资本市场融资），有效扩大资金总量，并通过关联交易获得税收上的好处，且提供多种金融服务，有效增强银行实力，从多种渠道增加收益；③资金力量雄厚，有利于提高抵御风险和参与竞争的能力，弥补单一银行制的不足。其缺点主要是：容易形成银行业的集中和垄断及内部关联交易，不利于银行之间开展充分自由的竞争，降低银行经营效率，风险控制难度较大，并在一定程度上限制了银行经营的自主性，不利于银行的创新活动。

（四）连锁银行制

连锁银行制又称联合银行制，是指两家以上商业银行受控于同一个人或同一集团但又不以股权公司的形式出现的银行组织制度。这些连锁银行在法律上保持独立，但实际上其业务经营权则掌握在某一自然人或某一集团手中，形成连锁银行。连锁银行制与银行控股公司制类似，都是为了弥补单一银行制的不足、规避对设立分支行的限制而实行的。因此，这两种组织制度既有单一银行制的外在形式，又具有总分行制在经营管理决策方面的实质内容，都属于单一银行制向总分行制转化的一种中间过渡形式。

连锁银行制也产生于美国，在美国的中西部较为流行。它通常是围绕着一个地区的大银行组成，有利于以大银行为中心，确定银行业务模式，形成集团内部的各种联合；大银行成为连锁银行的“总行”，在业务上它虽然对各小银行没有直接的管理权，但可以间接地影响其他银行的行为，从而有利于统一指挥，对大型行业或项目进行投资以获得高额利润。然而，由于连锁银行制存在着受某一自然人或法人控制、不易获得银行所需的大量资本、不利于银行的长久发展等缺陷，20 世纪 90 年代以后，许多连锁银行相继转为银行分支机构或组成银行控股公司。目前连锁制银行主要存在于国际银行业务中，由不同国家的大商业银行合资建立，因而也可以称之为跨国联合制。

第二节　商业银行的主要业务

商业银行在金融机构中业务量最大，经营范围很广泛，在不同国家的经营内容也有差异，但其主要业务一般可以划分为负债业务、资产业务和中间业务三大类。

一、商业银行的负债业务

商业银行的负债业务是指形成其资金来源的业务，也是其资产业务和中间业务的基础与前提条件。其目的主要是保持银行资产的增长和银行的流动性。银行的全部资金来源（广义的负债业务）包括自有资金和吸收的外来资金两部分。自有资金（自有资本）

是商业银行开展各项业务活动的初始资金，包括其成立时所筹集的股份资本、公积金（资本公积和盈余公积）及未分配利润，属于银行的核心资本。通常，在商业银行的资金来源中，自有资金所占的比重很小，但绝对数额很大，是银行吸收外来资金、进一步扩展业务的前提基础和保持稳健经营的先决条件，其关键作用是吸收意外损失和消除银行的不稳定因素（降低风险）。外来资金的形成渠道主要有吸收存款、向中央银行借款、向其他银行拆借及从国际金融市场借款等。

（一）存款业务

存款是商业银行最主要的资金来源，存款业务也是银行的传统业务。吸收存款的业务是指商业银行接受客户存入的货币款项，存款人可随时或按约定时间支取款项的一种信用业务。从一定意义上说，吸收存款是商业银行的被动型负债业务。商业银行的存款种类繁多，但传统上一般按存款支取方式将其分为活期存款、定期存款和储蓄存款三大类，也有的将其分为交易账户（即支票账户，包括活期存款、可转让支付命令账户、货币市场存款账户、自动转账服务账户等）和非交易账户（即储蓄账户，包括定期存款和储蓄存款）两类。

（1）活期存款。活期存款是商业银行传统的存款业务，是指那些存户无须预先通知即可随时存取和支付的存款。这种存款主要是法人客户用于交易和支付用途，支用时主要使用银行规定的支票（也可用本票、汇票、转账等方式）而不须事先通知银行，因而又有支票存款、交易账户之称。活期存款能够满足存款客户存取方便、运用灵活的需要，也是客户从银行获得贷款和服务的重要条件。

活期存款具有以下几个特点：①流动性很大，存取频繁，手续复杂，存款成本较高，风险较大。活期存款需要银行为客户提供许多相应的服务，如存取、转账和透支等，经营成本较高，所以商业银行一般对活期存款不支付或较少支付利息，实际上银行所提供的清算服务相当于隐利息。②活期存款中相对稳定的部分可以用于发放贷款。虽然活期存款的平均期限很短，但在此存彼取的交替过程中，银行总能获得一个相对稳定、数量可观的存款余额用于中长期贷款和投资等高盈利资产业务。③具有很强的存款派生能力。商业银行还可利用活期存款账户信用扩张和派生存款的特点，通过超额准备金发放贷款，创造存款货币，并增强与客户的联系，进而扩大银行的经营规模。

（2）定期存款。定期存款主要是法人存款客户与银行事先约定好存款期限，到期才能支取的存款。定期存款的期限一般为 3 个月、6 个月、1 年、3 年、5 年甚至更长。利率随存款期限的长短而高低不等，但总是高于活期存款利率。定期存款一般要到期才能提取，如果客户要求提前支取，银行一般会对此进行罚息或按活期存款利率计息。传统的定期存款一般采用记名且不可转让的存单方式存取，也有采用存折方式的。定期存款存单可以作为取得银行贷款的抵押品。

定期存款具有以下特点：①定期存款带有投资性。定期存款大都是客户近期暂不支用和作为价值储存的款项，稳定性较高，故银行给予较高的利息。定期存款存期固定、期限较长，流动性低于活期存款，从而为商业银行提供了稳定的资金来源，对商业银行长期放款与投资具有重要意义。②定期存款稳定性较高，故所要求的存款准备金率低于活期存款。③办理手续简单，其他营业费用较低，风险性较小，也有利于提高银行的盈利水平。

（3）储蓄存款。储蓄存款主要是针对居民个人积蓄货币和取得利息收入而开办的一种存款业务。储蓄存款通常由银行发给存户存折、存单或银行卡，作为存款和提款的凭证，一般不能据此签发支票，支用时只能提取现金或先转入存户的活期存款账户，流动性低于支票存款。储蓄存款也分为活期和定期两种，但以定期储蓄存款居多，且银行必须对储蓄存款支付利息，只是活期储蓄存款利率较低。活期储蓄存款不规定期限，只凭存折或银行卡便可提现，但存折和银行卡一般不能转让流通，存户也不能透支款项。定期储蓄存款类似于定期存款，须先约定期限，利率较高，如提前支取则将按活期储蓄存款利率计息。

储蓄存款具有以下两个特点：①储蓄存款多是个人为积蓄购买力而进行的存款。储蓄存款的存户通常限于个人和非营利组织，近些年来也逐渐放宽到允许某些企业开立储蓄账户。我国的储蓄存款则专指居民个人的存款，并且成为我国商业银行最重要的资金来源。②金融监管当局对经营储蓄业务的商业银行有严格的监管规定，要求商业银行对储蓄存款负无限清偿责任，以保障储蓄存款的安全。

（二）借款及其他负债业务

当存款无法满足商业银行贷款和投资增长的需求时，银行就需要寻求存款以外的借款及其他负债等非存款性资金来源。

（1）向中央银行借款。商业银行资金不足时，可以向中央银行借款，以解决其短期资金周转的需要。这也是中央银行重要的货币政策工具。商业银行向中央银行借款主要有两种形式：①再贴现，即把自己办理贴现业务所买进的未到期票据，如商业票据、短期国库券等，再转卖给中央银行，也称贴现借款、间接借款；②再贷款，即用自己持有的合格票据、银行承兑汇票、政府公债券等有价证券作为抵押品向中央银行取得抵押贷款或直接取得信用贷款，也称直接借款。

（2）同业借款。商业银行向同业借款主要有以下几种形式：①银行同业拆借。它是指银行及其他金融机构相互之间的短期借贷行为，是商业银行为解决临时性资金余缺，调剂法定准备金头寸而短期融通资金的重要渠道。同业拆借一般期限较短（隔夜拆借和定期拆借），多为一日或几日，也有几周的；拆借的利率水平一般较低，略低于中央银行的再贴现率和短期贷款利率，受资金供求影响而变化。同业拆借一般是通过商业银行在中央银行的存款账户进行的，即通过中央银行把款项从拆出行账户划转到拆入行账户，实际上是超额准备金的调剂，因而又称之为中央银行基金，在美国则称之为联邦基金；也有采取同业存款、回购协议等形式进行的。②抵押借款。同业拆借一般都是隔夜拆借，不需要抵押担保品。当商业银行资金周转发生困难，需要稍长时间的资金时，还可以通过抵押方式，向其他银行借入资金。作为抵押的资产，大部分是客户的抵押资产（包括动产和不动产）；另外，银行也可以将其所持有的票据、债券、股票等金融资产作为抵押品，向其他银行借入资金。③转贴现。当银行资金紧张时，可将已经贴现但仍未到期的票据卖给其他商业银行或贴现机构，以获得资金的融通。这种在银行及贴现机构之间的票据买卖就是转贴现或转贴现借款。转贴现利率可由双方议定，也可以贴现率为基础参照再贴现率来确定。

（3）回购协议。回购协议是指资金需求者在通过出售证券取得资金时，同时安排在将来某个约定的日期按事先约定的价格购回此项证券的协议。在这种融资方式下，证券实际上起到了担保作用。出售和回购的对象一般是国库券等政府债券。

商业银行采用回购协议借入资金的好处主要有：①回购协议的期限很灵活，短则一天，长可至几个月，通常是商业银行调整短期资金头寸的工具；②回购协议的利率较低，并且有些国家不要求对政府债券担保的回购协议资金缴纳存款准备金，从而可以降低银行的融资成本；③回购协议可充分利用证券资产和金融市场，使银行调节准备金的手段更为灵活。

（4）发行可转让大额定期存单。可转让大额定期存单的面额大（10 万～100 万美元），存期以短期（1～6 个月）为主，从 7 天到一两年都有；存单以无记名方式发行，不能提前支取，稳定性强，但可以在二级市场上转让流通，流动性强；利率较高，主要为固定利率，发行银行也不需要缴纳存款准备金。

（5）发行中长期债券。商业银行的中长期借款一般采用发行金融债券的形式，即商业银行以债券发行人身份，通过承担债券利息的支付，直接向资金所有者举借债务的融资方式。商业银行通过发行资本性或一般性金融债券，可以筹集长期资金，充当银行附属资本，从而增强了银行资金的稳定性，拓宽了银行的负债渠道，有利于提高银行资金的利用率；但其利率较高，并且还要承担相应的发行费用，筹资成本较高。

（6）国际金融市场借款。近二三十年来，各国商业银行尤其是大的商业银行，在国际金融市场上广泛地通过办理定期存款、发行大额定期存单、出售商业票据、银行承兑票据及发行债券等方式筹集资金，以解决自身资金不足的问题。目前影响最大的国际金融市场是以欧洲美元为主的欧洲货币市场（也称离岸金融市场），其主要特点是：交易量大、流动性强、资金来源充裕、借款条件灵活及手续简便，但借款利率较高，利率风险较高，并以 LIBOR 为参考依据。

（7）结算过程中的短期资金占用。商业银行在为客户办理转账结算等业务的过程中可以占用客户的资金。以汇兑业务为例，从客户把款项交给汇出银行起，到汇入银行把该款项付给指定的收款人止，中间总会有一定的间隔时间；在这段时间内，汇款人和收款人均不能支配该款项，而为银行所占用。因而，从任一时点上看，总会有那么一些处于结算过程之中的资金，构成商业银行可以运用的资金来源。

二、商业银行的资产业务

商业银行的资产业务是指商业银行将其聚集的货币资金加以运用的业务，也是商业银行取得收益的主要途径。根据资金投放的对象，它主要包括现金资产、贴现、贷款、证券投资和租赁等业务。

（一）现金资产业务

现金资产是指银行持有的库存现金及与现金等同的可随时用于支付的银行资产（准现金）。它是银行资产中最富有流动性的部分，基本上不给银行带来直接的收益，但法律对其最低持有量有严格规定，是银行正常经营所必需的。商业银行的现金资产主要包括以下四类资产。

（1）库存现金。这是指商业银行为了应付客户提现和银行本身日常零星支出而保存在现金库房中的现钞和硬币。库存现金属于非营利性资产，且其所需防护和保险费用较高，因此，银行一般只需保持必要的最低额度或适度规模。

（2）存款准备金。即在中央银行的存款，是指商业银行存放在中央银行的资金。它由两个部分构成：一是法定存款准备金，指商业银行根据法律规定，按其所吸收存款的一定比例向中央银行缴存的存款准备金。规定缴存准备金的最初目的是保证银行备有足够的资金，以应付存款人的提取，避免发生挤兑进而引起银行破产，保护存款人的利益和维护银行业的稳定，因而一般不得动用；现在已转变为中央银行调节信用的一种货币政策工具。二是超额准备金，指在中央银行存款准备金账户中超过了法定存款准备金的那部分可用资金。它是商业银行在中央银行存款账户上保有的可用于日常支付和债权债务清算及信贷活动的资金，其多寡直接影响着商业银行的信贷扩张能力。

（3）存放同业存款。它是指商业银行存放在其他银行机构的存款。在其他银行保持存款的目的主要是便于银行之间的票据清算和代理收付等往来业务。同业存款属于活期存款性质，可以随时支用，因而通常被视为银行的现金资产。

（4）在途资金。即托收未达款、托收中的现金，是指银行应收的在确认和转账过程中的票据清算款项。这部分款项在收妥之前虽不能抵用，但是一笔占有的资金，又因为通常在途时间较短（1～4 天左右），收妥后即成为存放同业存款或在中央银行准备金账户上的存款，所以将其视同现金资产，又叫“浮存”。

（二）贴现业务

贴现是银行买进未到期票据的业务，是一种以票据所有权的有偿转让为前提的约期性资金融通。具体而言，贴现是银行按未到期票据的终值即票面金额，预先扣除自贴现日起至到期日的贴现利息或折扣，余额部分支付给票据出售者的行为。贴现业务形式上是票据的买卖，但实际上是银行的一种信用业务，是商业信用和银行信用的结合。因为票据的付款人对持票人是一种负债关系，在票据贴现后，票据付款人则对购入票据的银行负债；票据到期时，银行持票据向票据载明的付款人索取票面金额的款项，且保留了对票据出售人的追索权，风险较低。所以，票据贴现实际上是债权债务关系的转移，即银行通过贴现间接地把款项贷放给票据金额的支付人，只是将贷款金额预先扣除了利息（即贴现利息或折扣），是一种特殊的贷款方式，又称贴现贷款。商业银行的贴现对象过去以商业票据为主，如银行承兑汇票、商业承兑汇票、商业期票，现在其范围已扩展到银行本票和汇票及国库券、公债券等政府债券。

（三）贷款业务

贷款又称放款，是指商业银行将其所吸收的资金，按一定的利率贷放给客户并约期归还的业务。它是商业银行的传统核心业务和最重要的资金运用业务，在资产业务中的比重一般占首位（60%以上），也是银行获取利润的主要途径，但其风险又比较大，因而也是商业银行经营成败的关键和经营管理的重点。

1. 贷款的种类

商业银行的贷款业务按不同的分类标准可以划分为不同的种类。

（1）按贷款对象（行业）或贷款用途的不同，可以分为工商业贷款、农业贷款、不动产贷款、证券投资贷款和消费者贷款。工商业贷款是商业银行的主要贷款业务，它主要用于满足工商企业的短期流动资金需要和固定资产投资的长期资金需要。农业贷款是主要用于购买种子、肥料、农药、土地，改良土壤、建设水利设施及造林等农业方面的贷款。不动产贷款是对土地开发、住宅公寓、厂房建筑、大型设施购置等项目所提供的中长期贷款。证券投资贷款是商业银行对投资银行、证券公司、财务公司等机构投资者及个人投资者发放的短期贷款，主要用于股票、债券等有价证券的承销和交易。消费者贷款又称消费贷款，是指银行向居民个人提供的，用来满足他们购买消费品或支付劳务费用的贷款，主要是用于购买汽车、房屋等高档耐用消费品，多采用分期偿还的方式。按贷款具体用途不同还可分为流动资金贷款、固定资金贷款、商品贷款、资本货物贷款等。

（2）按贷款保障程度或保证条件的不同，可以分为信用贷款与担保贷款。信用贷款是指商业银行完全凭借借款人的信誉发放的而无抵押品或第三人作担保的贷款，即无担保贷款，一般贷给那些有良好资信者。担保贷款是指用一定的财产或他人信用作还款保证的贷款，按还款保证的不同，又可分为抵押贷款、质押贷款和保证贷款。抵押贷款是以借款人或第三人的财产作为抵押而发放的贷款；质押贷款是指以借款人或第三人的动产或权利作为质物而发放的贷款；保证贷款是指以第三人承诺在借款人不能偿还贷款时，按约定承担一般保证责任或连带责任而发放的贷款。担保贷款因为有财产或第三人承诺作为还款的保证，所以贷款风险相对较小。

（3）按贷款期限的不同，可以分为活期贷款、定期贷款和透支。活期贷款又称通知贷款，是指在贷款时不确定偿还期限，银行可以根据自己资金调配情况随时发出通知（至少三五日前）收回的贷款。定期贷款是指具有固定偿还期限的贷款，按偿还期限的长短，又可分为短期贷款、中期贷款和长期贷款。短期贷款的期限不超过 1 年；中期贷款的期限一般为 1～5 年；长期贷款的期限一般为 5～30 年。中长期贷款的流动性差、风险大，但利率较高，银行可获取较多的利息收入。透支是指活期存款客户依照合同规定支取超过其存款余额的资金，它实际上是商业银行向存款人提供的一种信用贷款。

（4）按贷款偿还方式的不同，可以分为一次偿还贷款和分期偿还贷款。一次偿还贷款是指借款人在贷款到期时一次性还清贷款本金的贷款，但其利息可以分期支付或在还本时一次性付清。分期偿还贷款是指借款人按规定的期限（如按月、季、年）分次偿还贷款本金和支付利息的贷款，一般适用于借款金额大、借款期限长的贷款项目。

（5）按贷款风险度的不同（贷款风险五级分类），可以分为正常贷款、关注贷款、次级贷款、可疑贷款和损失贷款。正常贷款是指借款人能够履行合同，有充分把握按时足额偿还本息。关注贷款是指尽管借款人目前有能力偿还贷款本息，但是存在一些可能对偿还产生不利影响的因素。次级贷款是指借款人的还款能力出现了明显的问题，依靠其正常经营收入已无法保证足额偿还本息。可疑贷款是指借款人无法足额偿还本息，即使执行抵押或担保，也肯定要造成一部分损失。损失贷款是指在采取所有可能的措施和一切必要的法律程序之后，本息仍然无法收回，或只能收回极少部分。

2. 贷款的原则

为确保贷款的安全与盈利，西方商业银行非常重视对借款人信用情况的审查，并逐渐形成一整套的衡量标准，即国际上通行的贷款审查、信用分析的“6C”原则。

（1）品德（character）。品德是指借款人的偿债意愿和承担义务的责任感。对借款人品德的判断可以通过了解借款人以前的偿债记录、其他贷款人与其往来的经验及借款人的信用评级。

（2）能力（capacity）。能力是指借款人广泛利用其才能和对其新借资金合理使用获取利润的能力。判断借款人的能力主要是根据其年龄、文化程度、思想意识、商业经验、经营才能、预测能力及应变能力等。

（3）资本（capital）。资本是指借款人的财富状况，包括借款人资财的价值、性质和数量。这是衡量借款人经济实力及其偿债能力的一个重要方面。

（4）担保品（collateral）。担保品是指借款人能否提供用作还款保证的变现能力强、价值稳定的抵押品，以减少或避免银行贷款遭受损失的风险。

（5）经营环境（condition）。经营环境是指借款人的行业在整个经济中的经营环境及其发展趋势，包括经济状况、政局变化、同业竞争、劳资关系等。

（6）事业的连续性（continuity）。事业的连续性是指借款人能否在市场竞争日益加剧的环境中继续生存和发展下去，即对借款人事业持续发展前景的趋势预见和审查。

（四）证券投资业务

证券投资业务是指商业银行以其资金在金融市场上购买各种有价证券的业务活动。商业银行从事证券投资的目的主要是分散风险、获取收益、增强资产流动性或合理避税。

商业银行证券投资的对象包括债券（国库券、公债券、市政债券、公司债券、金融债券等）和股票，其中主要为信用可靠、风险较小、流动性较强的政府债券。

（五）租赁业务

租赁业务是指由银行垫付资金购买资本设备，然后出租给客户使用并以租金的形式收回资金的业务，它是在财产所有权不改变的情况下，租用使用权的经济行为，实际上也是以融物代替融资的信用活动。

租赁业务的形式大致可分为两类：一类是融资性租赁又称金融租赁，是以融通资金为目的的租赁，即银行作为出租人，根据承租人的要求出资购进其指定的设备，然后租给承租人长期使用并按时定期收取租金，不得中途解除租赁合同，承租人对租用设备负有维修、保养的义务。这是商业银行主要从事的租赁业务。另一类是操作性租赁又称服务性、作业性或经营性租赁，是银行作为出租人向承租人短期出租那些技术更新较快或使用频率不高的通用设备（如库房、车船、计算机、通信设施等），在租期内由出租人负责设备的保养、维修和管理工作，即向承租人提供短期使用服务，租赁合同可中途解除，租金要高于融资性租赁。

三、商业银行的中间业务和表外业务

（一）中间业务与表外业务的含义

所谓中间业务是指银行不须运用自己的资金而以中间人的身份代理客户承办支付和其他委托事项，并据此收取手续费等非利息收入的服务性业务，也称中介业务。它是银行在办理资产业务和负债业务的过程中衍生出来的，具有成本低、风险低、收益高的特点，常见的有传统的汇兑、托收、信用证、代理收付、代客买卖、咨询顾问、承兑等业务。

表外业务则是指商业银行从事的，按通行会计准则不列入银行资产负债表内且不影响其资产负债总额，但能影响银行当期损益的业务。它有狭义和广义之分，狭义的（即通常所说的）表外业务是指那些未列入资产负债表，但同表内资产业务和负债业务关系密切，并在一定条件下会转为表内资产业务和负债业务的经营活动，也称或有资产和或有负债。它们是在金融创新中产生的一些有风险的业务，如期货、期权、互换、远期利率协议、票据发行便利、贷款承诺、备用信用证、银行保函等业务。广义的表外业务除了包括狭义的表外业务，还包括结算、代理、咨询等无风险或低风险的中间业务（金融服务类表外业务）。

表外业务是 20 世纪 80 年代金融自由化以来西方国家银行业发展的重点，尤其是对有风险业务的拓展，给银行业带来了更多发展的机会；但它所具有的高风险也是银行所必须重视的。表外业务或中间业务现已成为西方商业银行最主要的盈利来源。狭义的表外业务在其他章节有所涉及，这里仅就传统的中间业务做些介绍。

（二）结算业务

结算业务是商业银行通过提供结算工具如本票、汇票、支票等，为收付双方完成货币款项收付、清偿债权债务的业务。它是在银行存款业务基础上派生出来的传统中间业务，主要有以下几种。

（1）支票结算业务。它是银行客户根据其在银行的活期存款和透支限额开出支票，命令银行从其账户中支付一定款项给收款人，从而实现资金划转、支付，以及了解债权债务关系的一种支付结算业务。若支票收付双方在同一银行开户，银行只需将支票所载金额从付款人账户划转到收款人账户上即可。若收付双方不在同一银行开户，则需要通过票据交换所进行支票清算。各银行通过票据交换所抵消彼此间债权债务后，仅就应收应付净差额用现金支付或由中央银行转账来结清，从而提高了票据清算效率。

（2）汇款业务。其又称汇兑业务，是指由汇款人委托银行将款项支付给异地收款人的一种结算业务。承汇银行（汇出行）接到汇款请求后即收下款项，然后通知收款人所在地的本行分支机构或代理行（即汇入行），让其向收款人支付所汇款项。使用的汇兑凭证有银行汇票、邮信或电报的付款委托书；依汇出银行将付款命令通知汇入行方式的不同，可分为电汇、信汇和票汇三种形式。随着电子计算机技术在银行业的广泛应用，出现了电子资金转账系统，系统内银行之间的任何资金转划都可以在瞬间完成。因此，除小额款项仍使用传统的汇兑工具外，大笔资金现已基本上都是通过电子资金转账系统处理。

（3）托收业务。它是指债权人或销售者为向外地债务人或购货人收取款项而开出汇票，并委托银行代为收取的一种结算业务。债权人办理托收时，要开出一份以外地债务人为付款人的汇票，然后将汇票及其他单据交给当地托收银行，委托该银行将汇票及单据寄交债务人所在地的代收银行，由代收银行向债务人收取款项并寄给托收银行转交委托人（债权人）。托收结算业务在异地和国际贸易中得到广泛开展。

（4）信用证业务。它是由银行保证付款的业务，通常用于异地采购，是当今国际贸易领域使用最广泛的结算方式。信用证是指银行应客户（购货单位）的要求，按其所指定的条件向受益人（销货单位）开立的具有一定金额、在一定期限内凭规定的单据在指定地点付款的书面保证文件。信用证结算的业务过程是开证申请人（付款人、购货商）根据贸易合同请求开证银行开立以收款人（销货商）为受益人的信用证，银行经审核同意并收取一定保证金后即开具信用证；销售单位收到信用证后履行合同，按信用证所列条件发货后，可凭规定的有关单据向议付行（开证行的分支机构或代理行）要求付款；付款人再向开证行付清余款以取得提货单。在国际贸易中普遍使用的是不可撤销的跟单信用证，它要求出口商提供货运单据后才由开证银行付款。银行经办信用证业务，除可从中收取手续费外，还可占用一部分客户资金。

（三）代理业务

代理业务是商业银行接受单位或个人的委托，以代理人的身份代表委托人办理一些经双方议定的经济事务的业务。它也是典型的中间业务，在代理过程中客户的财产所有权不变，银行则充分运用自身的信誉、技能、信息等资源优势，代客户行使监督管理权，提供各种金融服务，而且银行一般不为客户垫款，不参与收益分配，只收取代理手续费，因而风险较低。代理业务一般可分为代理收付款、代理融通和其他代理业务。

（1）代理收付款业务。这是商业银行利用自身结算便捷的优势，接受客户的委托，代为办理指定款项的收付业务。主要包括：①代理发放工资，这是商业银行利用自身的机构、网络及先进的电子设备，通过各联行及基层行处，代为企事业单位发放职工工资的业务。②代理收付款项，这是商业银行接受单位或个人的委托，代为办理委托人指定款项的收付业务。代理收付款项的适用范围十分广泛，如代收货款、劳务费、有线电视费、电话费、水电费、社保基金等。③代理保险业务，这是商业银行受保险公司委托，代其办理财产保险和人身保险等的业务。

（2）代理融通业务。这是一种应收账款的综合管理业务，又叫代收账款或收买应收账款，是指由商业银行或专业代理融通公司接受客户委托，代其收取应收账款并向客户提供资金融通的一种业务。一方面由商业银行代理赊销企业收款，有利于赊销账款按时收回；另一方面可以通过银行购买赊销账款，向赊销企业提供了资金融通。商业银行从事代理融通业务，能获得较高的利息收入和手续费收入，并能加强同客户的联系。

（3）其他代理业务。商业银行可以根据客户的要求和本行自身具备的条件，举办各种各样的代理业务，如代理政策性银行业务、代理承销和兑付债券业务、代理清欠业务、代理保管业务、代客买卖业务、代客理财业务、代理监督业务等。

（四）承兑业务

承兑业务是商业银行为客户开出的汇票或其他票据签章承诺，保证到期一定付款的业务，是银行一项传统的担保业务。当票据到期前或到期时，客户应将款项送交银行或由其自己办理兑付，因而该业务一般不占用银行的资金，但它形成银行的或有负债，如果票据到期时客户（申请人）无力支付票据款项，则该承兑银行必须承担付款责任。所以银行经办承兑业务，实际上是以其自身的信用来加固客户的信用，即为客户提供信用保证，同时承担了违约风险，为此银行要向客户收取一定的手续费。经过银行承兑的票据在付款方面更有保障，因而承兑业务的开展促进了票据流通范围的扩大。

（五）信托业务

信托即信用委托或信任委托，是指信托机构接受他人委托，代为管理、经营和处理经济事务的行为，也是一种以信用为基础、以财务为中心、以委托为方式的财产管理制度。商业银行所从事的信托业务主要是金融信托业务，即经营金融性质的委托代理业务，银行作为受托人按委托人（客户）的委托，代为管理、经营、处理有关钱财方面的事项，为受益人谋取利益。商业银行经营信托业务，一般只收取有关的手续费，营运中获得的收入则归委托人或其指定的受益人所有；而且银行还能占用一部分信托资金，有利于扩大其资产业务规模，增加银行收益，而且扩大了银行的业务范围，有利于分散银行的经营风险，并能从整体上提高社会财产的运用效益。

信托业务种类很多，如按其服务对象（委托人）的不同，可分为个人信托和法人信托；按成立信托关系方式的不同，可分为任意信托和特约信托；按受益对象的不同，可分为公益信托和私益信托；按信托资产的不同，可分为资金信托、动产信托和不动产信托；等等。各国经营信托业务的银行，大都须经政府批准并在有关管理规定范围内活动，而且一般要求银行必须将其信托部门与其他部门从营业场所、人事配备到会计账务等完全分开。

（六）银行卡业务

银行卡是由银行发行、供客户办理存取款和转账支付的新型服务工具的总称。它包括信用卡、支票卡、记账卡、智能卡等，又有“塑料货币”之称。银行卡的出现，是银行业务与飞速发展的科学技术相结合的产物，减少了现金和支票的流通使用。

（1）信用卡。其又称贷记卡，它是银行或公司发行的能代替现金和支票使用的支付工具。银行信用卡持有人可以在指定的商店或场所进行记账消费，如购买商品、支付劳务，也可以在指定银行机构和自动柜员机（automatic teller machine，ATM）取现或透支小额现金。信用卡具有“先消费，后付款”的特点，发卡银行与特约商户约定，由特约商户接受持卡人凭卡购物，银行则于月底汇总向持卡消费者收款。同时，发卡银行通常还为持卡人规定一个透支限额，向其提供延期支付的便利，使信用卡具有授信功能。发卡银行管理信用卡的费用支出，主要依靠向特约商户收取回扣及从消费信贷中收取利息来补偿。信用卡是银行卡中数量最多的一种，目前国际上广泛使用的信用卡主要有维萨卡、万事达卡、运通卡等。

（2）支票卡。其又称支票保证卡，是供客户签发支票时证明其身份的卡片。卡片载有客户的账号、签名和有效期限。这种卡流行于欧洲，针对“欧洲支票”作证明之用，无授信功能。支票卡的出现，使 8000 多家欧洲银行得以结成“欧洲支票”系统，为相互兑现支票提供了保证。

（3）记账卡。其又称借记卡，是一种可以在自动柜员机和商店的售货终端机（point of sale，POS）等电子设备上使用的塑料卡。卡上的磁带中储存有持卡人的个人密码、开户银行编码、账户等。记账卡在使用（取现或购物）时，立即借记往来或储蓄账户，但不具有先消费后付款的授信功能。

（4）智能卡。其又称智慧卡（芯片卡、IC[①]卡），其中主要的一种叫灵光卡，也叫记忆卡。卡上带有微型集成电路处理器，具有自动计算、数据处理和存储功能，卡中可以记忆客户每笔收支和存款余额。使用时，将卡插入自动记录器即可办理各种支付，并且可以不必与终端机相连（脱机）而单独使用。另一种是激光卡，即一种运用激光技术的全息摄像卡。它把全息像与磁性记录结合起来，在其磁性记录中存储着持卡人的安全照片，从而还可作其他多种用途，在用作支付方面与灵光卡类似。智能卡的最大优点是保密性强，使用安全，但造价较高。

第三节　商业银行经营原则与管理

一、商业银行的经营原则

商业银行作为一种特殊的金融企业，在经营管理中通常认为应该遵循盈利性、安全

① IC 即 integrated circuit，意为集成电路。

性、流动性的“三性”原则；我国《商业银行法》中也明确规定了商业银行以安全性、流动性、效益性为经营原则。

（一）盈利性

盈利性是商业银行经营活动的最终目标，这一目标要求商业银行的经营管理者在可能的情况下，尽量追求利润最大化。追求盈利既是商业银行充实资本、加强实力、巩固信用、提高竞争能力的基础，也是银行积极开展业务、提高服务质量、改善经营管理的内在动力。这是由商业银行的企业性质所决定的。盈利性是商业银行经营水平的核心指标和最终效益的体现。

影响商业银行盈利性的主要因素有存贷款规模、资产结构、自有资金比例和资金自给率水平、资金管理体制和经营效率等。衡量银行盈利性的指标主要包括利差收益率、银行利润率、资产收益率等。

（二）安全性

安全性是指商业银行应努力避免各种不确定因素对它的影响，保证商业银行的稳健经营和持续发展。这一原则要求银行在经营活动中，必须保持足够的清偿能力，经得起重大风险和损失，使银行的资产、收益、信誉及所有生存发展的条件尽可能免遭损失，能随时应付客户提存，使客户对银行保持坚定的信任。因为商业银行高负债经营、多风险管理和稳定经营导向的特点决定了它保持经营安全的必要性和重要性，所以要求尽可能地避免和减少风险。

影响商业银行安全性的主要因素有客户平均贷款规模、贷款平均期限、贷款方式、贷款对象的行业和地区分布及贷款管理体制等。衡量银行安全性的指标主要包括贷款对存款的比率、资产对资本的比率（股本乘数）、负债对流动资产的比率、不良贷款比率等。

（三）流动性

流动性是指商业银行能够随时满足客户提取存款和必要的贷款等方面要求的支付能力，它是一种能够承担各种支付责任的资金可用能力。商业银行的流动性包括资产的流动性和负债的流动性两个方面，前者是指资产在不发生价值损失的情况下具有的迅速变现能力，后者则是指银行以较低的成本随时获取所需资金的能力。银行资金来源的流动性和资金运用的不确定性决定了银行资产必须保持相应较高的流动性，同时力求负债业务结构合理，并保持较强的融资能力。

影响商业银行流动性的主要因素有客户的平均贷款规模、贷款经营方针、银行资产质量、资金自给率水平、清算资金的变化规律及资金管理体制等。衡量银行流动性的指标主要包括现金资产率、资产结构比率、贷款对存款的比率、流动性资产对全部负债的比率、超额准备金、流动性资产减易变性负债、存款增长率减贷款增长率等。

商业银行经营的盈利性、安全性和流动性三个原则之间既有相互统一的一面，又有相互矛盾的一面。一般而言，安全性与流动性是正相关的，能做到较好的统一：流动性较强的资产，风险较小，安全性较高；流动性较弱的资产，风险较大，安全性低。但它们与盈利性往往有矛盾，容易产生冲突：流动性强，安全性高，盈利性一般较低；盈利性较高的资产，一般流动性较弱，风险较大。总体上看，流动性是商业银行安全性的前提条件和重要保证，安全性是商业银行盈利性的支撑和根本，盈利性是商业银行流动性和安全性的重要基础。因此，商业银行只能从现实出发，统筹兼顾，协调三个原则之间的关系，寻求三者的最佳平衡点（组合）：在对资金来源和资产规模及各种资产的风险、收益、流动性进行了全面预测和权衡的基础上，围绕流动性加强经营管理，增强资金实力，提高服务质量，在保证安全的前提下，争取最大的盈利，通过多种金融资产的组合，实现“三性”的最优化。这也正是商业银行经营管理的难点所在。

二、商业银行资产管理理论

如何实现盈利性、安全性和流动性三个原则的要求，是商业银行经营管理理论的研究内容。随着历史条件的变化，西方商业银行的经营管理理论大体先后经历了资产管理、负债管理、资产负债综合管理、资产负债外管理的演变过程。

从商业银行产生到 20 世纪 60 年代的以短期融资为主的早期发展阶段，商业银行经营管理的重点放在资产方面（且侧重流动性管理），而不注重负债管理，从而产生了资产管理理论（也称流动性管理理论）。该理论的基本思想是：银行负债取决于客户存款与否、存多少及存期长短，主动权都在客户手中，银行处于被动地位，银行管理起不了决定性作用；而银行的收入主要来自对资产的运用，银行能够对资产加以主动的管理，因而商业银行应该着重于资产管理，通过对资产规模和结构的合理安排，以谋求盈利性、安全性和流动性的协调统一，实现银行经营管理的目标。商业银行的资产管理是指恰当安排商业银行资产负债表上资产方的各个项目，即对现金、证券和贷款等进行最佳组合。商业银行资产管理的重点是对贷款的管理。商业银行应加强对贷款的管理，及早发现问题贷款，充分认识贷款风险，采取有效的防控措施，从而可以最大限度地保证银行贷款的安全。其关键问题是确保充足的流动性，围绕着如何提供资产流动性，该理论经历了如下三个不同的发展阶段（三种相互补充的资产管理理论），在保证银行资产流动性方面各有侧重，反映了商业银行当时经营管理的不同特点和银行资产业务不断发展完善的演进过程。

（一）商业贷款理论

商业贷款理论又称自偿性贷款理论或真实票据理论，它认为，银行资金主要来自存款，为应付存款人难以预料的提存，就必须保持资产的高度流动性，因此银行贷款应该是短期的、商业性的（以商品交易为基础，以真实的商业票据为抵押），是用于商品的生产和流通过程中的自偿性贷款（即到期自动能够得到清偿）。

这种理论是在18世纪英国商业银行管理经验的基础上产生发展起来的（最早见于斯密的《国富论》），它强调通过发放短期、自偿性贷款来保证流动性，为银行从事票据贴现业务提供了理论依据，有利于防止因银行盲目贷款而造成的流动性风险，适用于商品经济、金融体系都不很发达的条件；但它也有一定的历史局限性和缺陷，如银行业务范围过于狭窄（没有考虑客户贷款需求的多样性），往往以牺牲盈利为代价（忽视了银行存款的相对稳定性和长期贷款的可能性），经济危机时也不能保证短期自偿性贷款的归还（没有考虑到贷款清偿的外部条件），等等。

（二）可转换性理论

可转换性理论又称资产转移理论、资产转换理论，它是在20世纪早期提出来的（1918年美国学者莫尔顿在《商业银行及资本形成》一文中提出）。该理论认为，银行资产流动性的高低，是由资产的可转让程度决定的；为了应付提存所需保持的流动性，商业银行不一定非要局限于短期自偿性的贷款，而是可以将其资金的一部分投资于具备转让条件的证券上，如那些可随时出售变现的短期政府债券。

可转换性理论中关于通过金融资产的转换来保证流动性的观点，突破了商业贷款理论对商业银行资金运用的狭窄局限，使银行在注重流动性的同时扩大了资产业务的范围，提高了银行的流动性和盈利性，业务经营更加灵活多样，不仅满足了政府发行债券的需要，也有利于改善银行流动性管理，为商业银行从事证券投资业务提供了理论依据。但是如果出现经济萧条，证券行市大跌，人们竞相抛售证券的时候，银行也很难不受损失地将所持证券顺利转让以达到保持流动性的预期目的，即可转换是有前提的，要求证券资产质量较高、市场环境稳定及中央银行货币政策较为宽松等，这也是该理论的缺陷。

（三）预期收入理论

预期收入理论产生于20世纪40年代末（1949年英国学者普罗克诺在《定期放款与银行流动性理论》一书中提出），它认为，商业银行的流动性取决于贷款的按期还本付息，这与借款人未来的预期收入和银行对贷款的合理安排密切相关；一笔好的贷款，应当以根据借款人未来收入或现金流量而制订的还款计划为基础，这样无论放款期限长短，只要借款人具有可靠的预期收入，就不至于影响银行的流动性。它强调的不是贷款能否自偿，也不是担保品能否迅速变现，而是借款人的确有用于还款的任何预期收入。

这一理论为商业银行在更宽的领域内选择资产组合提供了理论基础，它满足了第二次世界大战后经济重建和社会发展对增加中长期贷款的需求，推动了银行业务向经营中长期设备贷款、消费贷款和住房抵押贷款等方面扩展，促进了贷款种类多样化和盈利能力的提高，提高了商业银行在国民经济中的地位。但它显然也存在缺陷：银行将资产经营建立在对借款人未来收入的预测上，而这种预测又不可能保证完全准确，尤其是在长期放款和投资中，借款人的经营情况可能发生变化，因而届时并不一定具备偿还能力，这无疑会降低银行的流动性。

三、商业银行负债管理理论

商业银行的负债管理理论是在 20 世纪 60 年代初期开始的因利率管制导致的金融创新中发展起来的理论。负债管理的核心思想是主张以借入资金的方法来保持银行的流动性，从而增加资产业务，进而提高银行的收益。负债管理理论将流动性管理的重点放在负债业务上，它认为，银行的流动性不仅可以通过加强资产管理来获得，而且可以由负债管理来扩大，即向外借款也可提供流动性；只要银行的借款领域广大，它的流动性就有一定保证，而且只要负债业务管理有效，就没有必要经常保持大量高流动性资产，而应将它们投入到高盈利的贷款或投资上，银行收益则将提高。

负债管理开创了保持银行流动性的新途径，由单纯依靠吸收存款的被动型负债方式，发展成向外借款的主动型负债方式，在流动性管理上变单一的资产调整为资产和负债两个方面结合，提高了银行管理的灵活性。而且，只要对负债进行主动管理，银行就可根据资产的需要来调整或组织负债，让负债去适应或支持资产，这就为银行扩大业务规模和范围创造了条件。

从广义上看，负债管理理论包括传统的、侧重于银行安全性和流动性的银行券理论（存在于中央银行制度产生之前，强调负债的适度性）和存款理论（中央银行垄断货币发行权后产生，建议银行注重稳健经营）两种消极的负债管理理论，以及现代的侧重于银行盈利性和流动性的购买理论（将资金视为产品，通过主动从外界购买资金以增加流动性）和销售理论（将自己发行的负债凭证视为产品，通过出售这类产品以获取资金）两种积极的负债管理理论。

积极的负债管理理论也存在一些明显的缺陷：第一，提高了银行的融资成本，因为一般通过借款融进资金比较被动，必须支付高于一般存款的利息。第二，增加了银行的经营风险，因为借款主要借助于金融市场，而市场则是变幻莫测的，并不能保证银行能够及时获得资金，同时银行更有可能投资于高风险资产以弥补较高的融资成本。第三，不利于银行稳健经营，因为负债管理往往使银行忽视自有资本的补充，使自有资本占银行资金来源总额的比重日益下降。

四、商业银行资产负债综合管理理论

商业银行的资产负债综合管理理论产生于 20 世纪 70 年代后期。这一理论的基本思想是商业银行在融资计划和决策中，策略性地利用对利率变化敏感的资金，协调资产负债表的各个项目，为股东获取更大利润。该理论认为，单靠资产管理或负债管理都难以形成商业银行盈利性、安全性和流动性的均衡，必须兼顾资产和负债两个方面的管理，只有根据经济金融形势的变化，通过资产结构和负债结构的共同调整，才能实现银行经营管理目标的要求。

资产负债综合管理有广义和狭义之分。广义的资产负债综合管理是指银行管理者对其持有的资产负债的类型、数量、期限及其组合同时做出决策的一种综合性资金管理方法。其实质就是对银行资产负债表中各项目的总量及结构进行计划、指挥和控制，从而使利润达到最大化。狭义的资产负债综合管理是指对净利差的管理，即控制利息收入和利息支出之差额，使其大小及变化与银行总的风险和收益目标相一致。

资产负债综合管理的目标就是在股东、金融管制等条件的约束下，使银行利差最大化（从而收益最大化）、波动幅度（风险）最小化，即保持利差高水平的稳定。为实现这一目标，银行可以采取两种资产负债管理的手段：一是运用利率敏感性缺口管理法和久期缺口管理法，根据预测利率的变化积极调整银行的资产负债结构；二是运用金融市场上转移利率风险的工具，如期限管理法、金融期货、期权、利率互换等保值工具，作为缺口（差额）管理法的补充。

商业银行资产负债综合管理的影响是多方面的，其作用也是利弊兼有。从微观上看，资产负债综合管理缓和了银行资产与负债的矛盾，增强了单个银行抵御风险的能力，从而使银行管理更加现代化和科学化。从宏观上看，资产负债综合管理能在一定程度上缓和通货膨胀的压力，但也促使银行之间竞争更加激烈，导致倒闭事件增多，加大了金融管理机构的监管难度。

五、商业银行资产负债外管理理论

20 世纪 80 年代末，在各国放松金融管制的金融自由化背景下，银行业的竞争更加激烈，来自传统存贷业务的利差收益越来越少，银行必须谋求新的业务增长点。此时的金融创新浪潮则为银行业务范围的拓展提供了新的可能性。立足于资产负债表内业务管理的资产负债综合管理显示出了局限性，资产负债外管理理论悄然兴起。

资产负债外管理理论主张银行应从正统的负债和资产业务以外去开拓新的业务领域，开辟新的盈利源泉。在知识经济时代，银行应发挥其强大的金融信息服务功能，利用计算机网络技术大力开展以信息处理为核心的服务业务。该理论认为，银行在存贷款业务之外，可以开拓多样化的金融服务领域，如期货、期权等多种衍生金融工具的交易；同时提倡将原本资产负债表内的业务转化为表外业务。例如，将贷款转让给第三者，将存款转售给急需资金的单位等。

资产负债外管理理论的兴起不是对资产负债综合管理的否定，而是补充。前者用以管理银行表外业务，后者用以管理银行表内业务，目前两者都被用于发达国家商业银行的业务经营与管理之中。

第四节 金 融 创 新

基于熊彼特对创新的定义，所谓金融创新，就是指金融领域内各种金融要素的重新组合；具体而言，即金融机构和金融管理当局出于对微观利益和宏观效益的考虑而对机构设置、业务品种、交易方式、金融工具、金融市场及制度安排等方面所进行的金融业创造性变革和开发活动。金融创新的主体就是商业银行等金融机构，而金融创新的目的则是盈利和效率。从内容上看，金融创新主要包括金融业务的创新、金融市场的创新、金融工具的创新和金融机构的创新。金融创新具有“双刃剑”效应，既包括促进市场机制和金融机构的发展、满足多样化投资需求和避险需求、促进金融制度改革等积极影响，也包括削弱货币政策效果、增加金融体系风险、挑战金融监管有效性等消极影响。

一、金融创新的原因

20 世纪 60 年代以来，西方国家经济形势的不断变化，导致了西方金融业在金融工具、金融业务、交易策略、金融机构、金融市场及金融监管等方面普遍进行了明显的结构性变革，突破了金融业多年的传统经营局面，金融创新应运而生，在 20 世纪 70 年代全面展开，到 80 年代已形成全球性的金融创新浪潮。金融创新的迅猛发展，给金融体制、金融监管、货币政策乃至整个经济都带来了深远的影响，并成为当前国际金融领域的显著特征和重要发展趋势。金融创新实际上是金融体系不断革新和成长的过程，它反映了经济发展的客观要求。金融创新形成的直接原因主要有以下几个方面。

（一）技术进步的推动

自 20 世纪 70 年代以来，以电子计算机为核心的信息技术的广泛应用和高度发展给金融业带来巨大的影响。技术进步作为金融创新的物质基础，为金融创新提供了技术保障的供给条件，主要是通过三个方面起作用的：①技术进步降低了信息传递和金融交易的成本，也扩大了金融交易的范围，促进全球性金融市场的形成。②电脑信息处理技术的发展，使金融机构有可能设计出新的、复杂的金融工具，并进行有效的风险管理。③现代化通信技术设备的应用，也有助于银行等金融机构降低经营成本，增强竞争能力，为客户提供质优价廉、方便快捷的金融服务。

（二）规避金融管制

金融业历来是政府管制最严厉的部门之一。20 世纪 30 年代经济大危机之后，西方各国纷纷立法，对银行、证券、保险等金融业经营实施极为严格的管理和限制，以寻求稳定的金融制度，其中以美国为最。各种形式的政府金融管制（类似隐含的税收）阻碍了金融机构获得盈利的机会。因此，追求利润最大化的金融机构必然会想方设法来摆脱这种不利局面，通过金融创新来规避金融监管和相关行政管理法规的管制，从而出现了很多新的业务形式和金融工具。因此，规避金融管制就成为金融创新的需求条件和直接导因。

（三）金融竞争加剧的压力

日益加剧的金融竞争促成了金融机构进行金融创新、增强竞争力的愿望。20 世纪 80 年代西方国家普遍放松了金融管制，金融体系和金融市场出现充分经营、自由竞争的趋势，即金融自由化，这使得国内外金融机构之间的竞争日趋激烈，同时为金融创新的进一步发展提供了外部宽松环境的客观条件，推动银行等金融机构努力加强和改善金融服务，不断创新，开拓新的业务品种和领域。

（四）满足客户需求

市场需求是任何创新活动的不竭动力和必要条件，只有能更好地满足客户的需求，金融创新才能够取得成功。随着世界经济的发展及科学技术的进步，社会各界对金融服务、金融产品的需求越来越多且越来越复杂，从而推动着金融创新的发展，如利率和汇率的波动使投资者要求银行等金融机构能够为他们提供具有保值、防范和转嫁风险功能的新的金融投资工具。满足客户规避金融风险和财富增长的需要是金融创新产生发展的主观条件。

二、避免风险的创新

避免风险的创新是指金融机构为了防范或降低利率（汇率、通货膨胀等）风险所进行的金融创新活动。20 世纪 70 年代以来，西方国家的金融市场利率（汇率）波动频繁，使银行的资金来源发生了部分分流，同时长期证券投资收益变得很不稳定，降低了长期证券对投资者的吸引力，而且使持有这类资产的金融机构陷于窘境，大大降低了银行的利润。为了避免或降低利率（汇率）风险，银行等金融机构积极开发风险较低，而且更具吸引力的金融工具；为降低流动性风险、信用风险，美国金融机构还开发了资产证券化（如贷款支持证券①、担保债务凭证②）和信用违约互换（credit default swap，CDS）等衍生金融产品。

（一）可变利率存款单与可变利率抵押贷款

可变利率存款单是指银行等金融机构发行的利率可随市场利率变动的存款单。为了增加大额定期存单对投资者的吸引力，摩根保证信托银行于 1977 年开办了可变利率存单，其利率钉住国库券的利率，当市场利率上升时，投资者可在可变利率存单上获得较高的利息收入。

可变利率抵押贷款是指利率可以随市场利率变动的一种贷款。浮动利率的贷款不仅

---

① 贷款支持证券即 mortgage-backed security，MBS。

② 担保债务凭证即 collateralized debt obligation，CDO。

能减少贷款者的利率风险，而且对借款人有较大的吸引力。为降低利率变动的风险，美国加利福尼亚储蓄贷款协会于 1975 年创办了可变利率抵押贷款。

（二）金融远期交易

金融远期交易是指交易双方通过签订金融远期交易合同，约定在未来某一日期按约定的价格买卖约定数量的某种金融资产的市场交易活动，其目的在于为交易人提供一种避免或降低一段时期内价格波动风险的工具。20 世纪 70 年代金融市场的动荡和风险催生出金融期货，如外汇期货、利率期货和股票价格指数期货，这是在交易所内进行交易的标准化远期合约，为投资者提供了套期保值、规避风险的新手段。20 世纪 80 年代初一些大银行又推出了远期利率协议（forward rate agreement，FRA），它也是一种远期合约，在合约中买卖双方商定将来一定时期的协议利率，并指定一种参考利率，在将来的清算日按规定的期限和本金数额，由一方向另一方支付协议利率和当时参照利率之间差额利息的金额。远期利率协议可以使银行通过预先固定远期利率来防范未来利率波动风险，达到稳定负债成本或资产保值的目的。

（三）金融期权交易

金融期权交易是指按协定价格在一定期限内购买或出售某种金融资产的权利的交易活动，即期权合约的买卖。期权合约的买方必须向卖方支付一定数额的期权费，以取得在合同期限内按协定价格买卖某种金融资产的权利，也可以放弃执行该项期权；而卖方则有接受执行合约的义务，即当买方行使买进或卖出的权利时，卖方必须按协定价格卖出或买进该种金融资产。期权交易为期权买方提供了一种防范利率（汇率）风险的保险功能。

（四）金融互换交易

金融互换交易是指交易双方约定在合约有效期内，以约定的名义本金额为依据，按约定的支付率相互交换一系列款项支付的市场交易活动。常见的互换交易有利率互换和货币互换。利率互换是指两笔币种相同的债务以利率方式相互交换利息支付，其目的在于降低资金成本和利率风险；货币互换是指交易双方按协议安排将不同货币、相同期限、等值资金的债务或资产进行互利的交换，它使双方都可避免筹资中的汇率风险，并能以较低的利率获得所需货币资金。

三、技术创新

技术创新是指银行等金融机构利用现代科学技术，向社会公众提供成本低的、有利可图的、新颖而全面的金融服务。20 世纪 80 年代以来，西方国家不少银行竞相装备电子计算机、自动柜员机、电脑终端机等高新技术设备，银行业务电子化、网络化日益明显，使其在激烈的竞争中能不断降低成本和提高效率，改进服务质量，并使业务服务日益多样化。21 世纪初以来第三方支付、网络理财、众筹、P2P[①]网络借贷等互联网金融的发展更是迅猛，促使金融交易突破了时间和空间的限制。

（一）银行信用卡的多功能化

银行通过信用卡可以为消费者提供购物和存取款项等诸多方便，进一步增强了银行对顾客的吸引力，银行信用卡已成为国际流行的先进支付工具。而且银行信用卡的种类不断增加，功能不断丰富，出现了零售信用卡、记账卡、智能卡等新品种，使得现代信用卡具有携带方便、使用安全、可替代支票的优点，并推动货币制度的电子化演变。

（二）现金管理账户

由于电子技术的进步，西方国家的一些银行把存款账户与其他账户合并，为客户的一系列交易支付自动提供多种服务。在美国将这种账户称为现金管理账户，它于 1977 年由当时美国最大的投资银行美林证券（即梅里尔·林奇公司）首创。现金管理账户综合了证券信用交易账户、货币市场共同基金和信用卡等各项功能，是一种集多种金融功能于一身的金融新产品。客户开设了该账户并存入一定数额资金后，这笔资金立即成为货币市场共同基金账户的资金，用于投资高收益货币市场工具，获取利息收入。如果该账户所有者需要对第三者进行大额支付，他可以就此账户进行签发支票；如果客户要买卖证券，购买证券和出售证券的款项自动从货币市场共同基金账户中扣除或存入。当客户需要进行日常生活的小额支付时，则又可以用信用卡支付，每月结算时再从该账户中扣除。

（三）票据发行便利

票据发行便利（note issuance facilities，NIFs）是 20 世纪 80 年代初商业银行适应国际金融市场上证券化趋势而进行的一项金融创新，是一种具有法律约束力的中期周转性票据发行融资的承诺。根据事先与商业银行等金融机构签订的一系列协议，借款人可以在一个期限内（一般为 5～7 年）以自己的名义周转性发行短期票据，即循环发行 3 个月或 6 个月的短期票据以赎回到期旧票据，从而以较低的成本取得中长期的资金融通效果；承诺包销的商业银行依照协议负责承购借款人未能按期发行售出的全部票据，或承担提供备用信贷的责任，同时获得承诺费收入。

四、规避金融管制的创新

20 世纪 60 年代以来，通货膨胀不断加剧，市场利率大幅度上升并超过了金融管理

---

① P2P 即 peer to peer，意为个人对个人。

当局利率管制的最高限，致使商业银行受金融管制的机会成本上升，利润下降。为了谋求自身的生存和发展，商业银行等金融机构有内在动力去发掘现存金融管理法规和政策的漏洞，开发出一系列突破利率限制等金融管制的新的金融工具和业务形式。

（一）CDs

CDs 是指资金按某一固定期限和一定利率存入银行并可在市场上买卖的存款凭证，是 1961 年由美国花旗银行率先推出（面额为 10 万美元）的一种定期存款创新，它可以绕过存款利率的管制，在金融市场上筹集资金。相对于传统的定期存款而言，CDs 不记名，面额较大（10 万～100 万美元），期限较短（一般为 3～12 个月），利率较高（不受存款利率上限即“Q 条例”的约束），不能提前支取但可以在货币市场上转让流通，从而既满足了存款人对流动性和收益性的需求，又满足了银行稳定资金来源的需求，银行还可取得降低存款准备金的好处，有利于提高银行的盈利能力。

（二）可转让支付命令账户

可转让支付命令（negotiable order of withdrawal，NOW）账户是 1972 年由美国马萨诸塞州的一家互助储蓄银行为了规避美国不准储蓄账户使用支票的限制而开创的，后来商业银行和其他金融机构也获准开办此项业务。可转让支付命令账户实质上是储蓄账户，可以付息，但存户又可以开出有支票作用但无支票名称的“可转让支付命令”用于对第三者支付，实际上又成为不使用支票的支票账户，满足了储蓄存款客户对支付便利的要求，有利于扩大存款规模，打破了商业银行长期经营活期存款（支票账户）的垄断地位，也是对活期存款不付利息规定的规避。

（三）自动转账服务账户

自动转账服务（automatic transfer service，ATS）账户于 1978 年 11 月由美国的商业银行首创，也是由 1975 年始创的电话转账服务账户发展而来的。它是为了规避美国不准对活期存款支付利息的限制而产生的创新。在自动转账服务账户下，客户同时在银行开立两个账户：一个是无息的活期存款支票账户，另一个是有息的储蓄存款账户。活期存款账户的余额始终保持在 1 美元，其余存款则放在储蓄存款账户计收利息。当客户开出超过 1 美元的支票后，银行即自动把必要的金额从储蓄账户上转到活期账户上以满足支票结算的需要，并仍然保持最低的活期存款余额。这样，储蓄账户实际成为支票账户的一部分。因此，与可转让支付命令账户相似，自动转账服务账户在本质上讲也是可生息的活期存款账户。

（四）货币市场互助基金

货币市场互助基金又称货币市场共同基金（money market mutual fund，MMMF），是 20 世纪 70 年代初为了规避美国对定期存款利率有最高限制的规定而创立的银行存款的替代物。这种基金吸收小额资金，然后用来在货币市场上投资，如投资于大额定期存单、银行承兑票据、国库券等高流动性货币市场工具。向基金的投资，每单位在 500～1000 美元。因为是向基金投资而不是存款，所以从基金得到的是利润，而不是利息，自然不受存款利率的限制；同时允许基金账户所有者签发金额不低于 500 美元的支票。货币市场互助基金所发行的“股份”（基金份额），实际上也是一种生息存款，其收益率随着市场行情而变。

（五）货币市场存款账户

货币市场存款账户（money market deposit account，MMDA）是一种储蓄与投资相结合的、可以生息的交易存款账户，它于 1982 年由美国的商业银行首创，从而使银行可以与货币市场互助基金相竞争。货币市场存款账户实际上是处于银行内的货币市场互助基金，也适合小额投资者；它也可签发支票但次数受到限制（每月对外支付不超过 6 次，其中使用支票不能超过 3 次），支付利息且不受利率上限的管制，按货币市场利率随时调整。货币市场存款账户能得到美国联邦存款保险公司最高保额为 10 万美元的保险，并且可以支付较高的利息，因而扩大了商业银行存款对公众的吸引力。

（六）协定账户

协定账户（negotiable account，NA）是自动转账服务账户的进一步创新，它是一种可在活期存款账户、可转让支付命令账户和货币市场互助基金账户之间自动转账的账户。协定账户要求银行与客户达成一种协议，存户授权银行将款项存在活期存款账户、可转让支付命令账户和货币市场互助基金账户中的任何一个账户上。对活期存款账户或可转让支付命令账户，一般规定一个最低余额，超过最低余额的款项由银行自动转入同一存户的货币市场互助基金账户上，以便取得较高的投资收益；如果不足最低余额，则由银行自动将货币市场互助基金账户上的部分款项转入活期存款账户或可转让支付命令账户，以补足最低余额，满足支付需要。

此外，商业银行在规避法定准备金方面也有途径，如借入欧洲美元可以不交存款准备金（因为这是从国外借入）；通过回购协议吸收资金也可不交存款准备金（因为它不是存款）；等等。当然，金融管制和金融创新也是一个交替进行、循环往复的博弈过程。

本章小结

1. 早期银行业萌芽于货币经营业或银钱业；而现代商业银行主要通过两条途径产生：一是从旧式高利贷银行转变而来（演变型），二是按资本主义股份制原则组建而成（创建型）。1694 年成立的英格兰银行是历史上第一家股份制商业银行。根据业务经营范围和特点的不同，商业银行可分为职能分工型和全能型两类；实行分业经营的职能分工型商业银行目前基本上趋向于全能化、综合化经营。商业银行的组织制度主要有单一银行制、总分行制、银行控股公司制和连锁银行制。

2. 商业银行的主要业务包括负债业务、资产业务和中间业务三大类。商业银行的负债业务主要有吸收存款、向中央银行借款、银行同业借款、回购协议、发行可转让大额定期存单、发行中长期债券及从国际金融市场借款等。商业银行的资产业务主要有现金资产、贴现、贷款、证券投资、租赁等。商业银行的中间业务和表外业务主要包括结算、代理、承兑、信托、银行卡、期货、期权等。

3. 商业银行通常必须以盈利性、安全性、流动性为经营原则。西方商业银行经营管理理论经历了资产管理、负债管理、资产负债综合管理、资产负债外管理的演变过程。资产管理理论强调商业银行应着重于资产管理，它包括商业贷款理论、可转换性理论和预期收入理论。负债管理理论将流动性管理的重点放在负债业务上，开创了保持银行流动性的新途径。资产负债综合管理理论认为，商业银行要实现盈利性、安全性和流动性的均衡，就应对资产和负债进行并重管理、综合性管理。资产负债外管理理论则主张银行应从正统的负债和资产业务以外去开拓新的业务领域，开辟新的盈利源泉。

4. 20 世纪 60 年代后期以来，西方金融业普遍出现了创造性变革，金融创新应运而生且发展迅猛，其形成的直接原因主要有：技术进步的推动、规避金融管制、金融竞争加剧的压力、满足客户需求。金融创新的主要内容包括避免风险的创新、技术创新和规避管制的创新。

本章参考文献

艾洪德，范立夫. 2017. 货币银行学[M]. 2 版. 大连：东北财经大学出版社.
曹龙骐. 2016. 金融学[M]. 5 版. 北京：高等教育出版社.
戴国强. 1999. 商业银行经营学[M]. 北京：高等教育出版社.
黄达. 2000. 货币银行学[M]. 北京：中国人民大学出版社.
黄达. 2012. 金融学[M]. 3 版. 北京：中国人民大学出版社.
黄达，张杰. 2017. 金融学[M]. 4 版. 北京：中国人民大学出版社.
蒋先玲. 2017. 货币金融学[M]. 2 版. 北京：机械工业出版社.
罗斯 P S，赫金斯 S C. 2013. 商业银行管理（原书第 9 版）[M]. 刘园，译. 北京：机械工业出版社.
米什金 F S. 2016. 货币金融学（美国商学院版，原书第 4 版）[M]. 蒋先玲，等，译. 北京：机械工业出版社.
秦艳梅. 1999. 货币银行学[M]. 北京：经济科学出版社.
托马斯 L B. 1999. 货币、银行与金融市场[M]. 马晓萍，等，译. 北京：机械工业出版社.
夏德仁，李念斋. 1997. 货币银行学[M]. 北京：中国金融出版社.
姚长辉. 1998. 货币银行学[M]. 北京：北京大学出版社.
庄毓敏. 2014. 商业银行业务与经营[M]. 4 版. 北京：中国人民大学出版社.

本章综合测试题

一、填空题

1. 早期银行业萌芽于________；世界上最早出现的银行是________，1694年成立的________则是历史上第一家股份制商业银行。

2. 根据业务经营范围和特点的不同，商业银行大致可分为________和________两种类型。

3. 职能分工型商业银行主要经营________业务；商业银行采用全能型的国家以________为典型代表。

4. 商业银行的组织制度主要有四类：________、________、________和________；长期实行单一银行制的国家是________；目前世界各国商业银行大都采用的组织制度是________。

5. 商业银行的主要业务可以划分为________、________和________三大类。

6. 商业银行最主要的负债业务一般是________；存款按支取方式可分为________、________和________三大类。

7. 商业银行向中央银行借款的形式主要有________和________，银行同业借款主要包括________、________和________。

8. 商业银行的资产业务主要有：________、________、________、________和________。

9. 商业银行的现金资产主要包括________、________、________和________。

10. 贴现业务形式上是________，但实际上是银行的一种________业务。

11. 商业银行最重要的资产业务一般是________。

12. 按贷款对象或贷款用途不同，贷款可以分为________、________、________、________和________；按贷款保障程度或保证条件不同，贷款可以分为________与________，担保贷款又可分为________、________和________；按贷款期限不同，贷款可以分为________、________和________；按贷款偿还方式不同，贷款可以分为________和________；按贷款风险度不同，贷款可以分为________、________、________、________和________。

13. 贷款的“6C”原则包括________、________、________、________、________和________。

14. 商业银行证券投资的主要对象一般是________。

15. 租赁业务可分为两类：________与________。

16. 广义的表外业务包括狭义的表外业务（有风险业务）和无风险的________业务。

17. 结算业务主要有________、________、________和________。

18. 代理业务一般包括________、________和________。

19. 信托业务按服务对象（委托人）不同，可分为________和________，按成立信托关系的方式不同，可分为________和________；按受益对象不同，可分为________和________；按信托资产不同，可分为________、________和________。

20. 银行卡主要包括________、________、________和________等。

21. 商业银行的经营原则是：________、________、________。

22. 商业银行经营管理理论主要包括________、________、________和________；

商业银行资产管理理论包括___________、___________和___________。

23. 金融创新形成的直接原因主要有_____________、______________、______________及________________。

24. 避免风险的金融创新主要有：____________________________、____________________、__________________________、__________________________。

25. 金融机构的技术创新主要有：_________________________、_________________________和__________________。

26. 规避金融管制的创新主要有：________________、_______________、_______________、___________________、____________________、__________________等。

二、单项选择题

1. 世界上最早出现的早期银行是（　　）。

A. 威尼斯银行　B. 巴尔迪银行　C. 佩鲁齐银行　D. 英格兰银行

2. 历史上第一家股份制商业银行是（　　）。

A. 威尼斯银行　B. 米兰银行　C. 英格兰银行　D. 法兰西银行

3. 商业银行实行全能型的代表国家是（　　）。

A. 美国　B. 英国　C. 日本　D. 德国

4. 目前世界各国大都采用的银行组织制度是（　　）。

A. 单一银行制　B. 总分行制　C. 银行控股公司制　D. 连锁银行制

5. 商业银行最主要的负债业务是（　　）。

A. 存款　B. 贷款

C. 再贴现　D. 发行金融债券

6. 商业银行最主要的资产业务是（　　）。

A. 存款　B. 贷款　C. 贴现　D. 证券投资

7. 商业银行的主要贷款业务一般是（　　）。

A. 不动产贷款　B. 证券投资贷款　C. 农业贷款　D. 工商业贷款

8. 商业银行证券投资的主要对象是（　　）。

A. 股票　B. 公司债券　C. 政府债券　D. 金融债券

9. 属于狭义的表外业务是（　　）。

A. 汇兑　B. 托收　C. 代理收付　D. 互换

10. 国际贸易中使用最广泛的结算方式是（　　）。

A. 汇兑　B. 信用证结算　C. 托收　D. 支票结算

11. 对应收账款的综合管理业务是（　　）。

A. 代理融通　B. 代客理财　C. 代理收付款　D. 承兑

12. 属于避免风险的金融创新是（　　）。

A. 现金管理账户　B. 票据发行便利　C. 互换合约　D. 协定账户

13. 属于技术创新的是（　　）。

A. 可变利率存款单　B. 信用卡

C. 可转让大额定期存单　　D. 货币市场互助基金

14. 属于规避金融管制的创新是（　　）。

A. 金融期货　　B. 金融期权

C. 票据发行便利　　D. 可转让支付命令账户

15. 可转换性理论属于（　　）。

A. 资产管理理论　　B. 负债管理理论

C. 资产负债综合管理理论　　D. 商业贷款理论

16. 主张以借入资金来保持银行流动性的理论是（　　）。

A. 资产管理理论　　B. 负债管理理论

C. 资产负债综合管理理论　　D. 预期收入理论

三、多项选择题

1. 商业银行过去采用职能分工型的代表国家有（　　）。

A. 美国　　B. 英国　　C. 德国

D. 日本　　E. 瑞士

2. 长期采用全能型商业银行制度的代表国家有（　　）。

A. 美国　　B. 英国　　C. 德国

D. 瑞士　　E. 奥地利

3. 商业银行的组织制度主要有（　　）。

A. 单一银行制　　B. 总分行制　　C. 连锁银行制

D. 银行控股公司制　　E. 股份制

4. 商业银行的存款一般按支取方式可分为（　　）。

A. 活期存款　　B. 定期存款　　C. 储蓄存款

D. 同业存款　　E. 准备金存款

5. 商业银行向中央银行借款的主要形式有（　　）。

A. 同业拆借　　B. 再贴现　　C. 再贷款

D. 转贴现　　E. 透支

6. 商业银行同业借款的主要形式有（　　）。

A. 再贴现　　B. 同业拆借　　C. 抵押借款

D. 转贴现　　E. 再贷款

7. 商业银行的现金资产主要包括（　　）。

A. 库存现金　　B. 法定存款准备金　　C. 超额准备金

D. 存放同业存款　　E. 在途资金

8. 按贷款对象或贷款用途不同，贷款可分为（　　）。

A. 工商业贷款　　B. 农业贷款　　C. 不动产贷款

D. 证券投资贷款　　E. 消费者贷款

9. 担保贷款包括（　　）。

A. 信用贷款　　B. 抵押贷款　　C. 质押贷款

D. 保证贷款　　E. 透支

10. 无风险的中间业务包括（　　）。

A. 支票结算　　B. 汇兑　　C. 托收

D. 代理收付款　　E. 咨询

11. 有风险的表外业务包括（　　）。

A. 互换　　B. 期货　　C. 期权

D. 远期利率协议　　E. 担保

12. 结算业务主要有（　　）。

A. 汇兑　　B. 承兑　　C. 托收

D. 支票业务　　E. 信用证业务

13. 商业银行的代理业务主要有（　　）。

A. 代理发放工资　　B. 代理收付款项　　C. 代理保险

D. 代客理财　　E. 代理融通

14. 避免风险的金融创新主要有（　　）。

A. 可变利率存款单　　B. 可变利率抵押贷款　　C. 金融工具远期市场

D. 金融期权　　E. 互换合约

15. 金融机构的技术创新主要有（　　）。

A. 银行信用卡的多功能化　　B. 现金管理账户　　C. 金融期货

D. 票据发行便利　　E. 货币市场存款账户

16. 规避金融管制的创新主要有（　　）。

A. 可转让大额定期存单　　B. 可转让支付命令账户　　C. 自动转账服务账户

D. 货币市场互助基金　　E. 协定账户

17. 商业银行的经营原则包括（　　）。

A. 盈利性　　B. 安全性　　C. 流动性

D. 竞争性　　E. 创新性

18. 商业银行资产管理理论包括（　　）。

A. 商业贷款理论　　B. 金融市场理论　　C. 可转换性理论

D. 预期收入理论　　E. 资产结构理论

19. 商业银行资产负债综合管理的手段主要有（　　）。

A. 缺口管理法　　B. 期限管理法　　C. 金融期货

D. 金融期权　　E. 利率互换

四、判断题

1. 商业银行是以营利为目的的金融企业。（　　）

2. 早期的银行业萌芽于货币经营业或银钱业。（　　）

3. 世界上第一家股份制商业银行是威尼斯银行。（　　）

4. 资本主义商业银行大多是从旧式高利贷银行转变而来。（　　）

5. 职能分工型商业银行主要经营短期工商信贷业务。（　　）

6. 全能型商业银行的主要缺点是容易导致金融业的垄断。(　　)
7. 目前世界各国大都采用单一银行制。(　　)
8. 银行控股公司制与连锁银行制都属于单一银行制向总分行制转化的一种中间形式。(　　)
9. 商业银行最主要的负债业务是存款业务。(　　)
10. 商业银行一般可以向中央银行借款，以解决其长期资金的不足。(　　)
11. 回购协议通常是商业银行调整短期资金头寸的工具。(　　)
12. 超额准备金属于商业银行的现金资产。(　　)
13. 票据贴现实际上是债权债务关系的转移。(　　)
14. 贷款是商业银行最重要的资产业务。(　　)
15. 消费者贷款大多是一次性偿还的信用贷款。(　　)
16. 商业银行证券投资的主要对象一般为投资基金。(　　)
17. 金融租赁是以融通资金为目的的租赁，且期限较长。(　　)
18. 狭义的表外业务包括互换、期货、期权、远期利率协议、担保等有风险的业务。(　　)
19. 结算、代理、咨询等无风险的中间业务属于广义的表外业务。(　　)
20. 当今国际贸易领域使用最广的结算方式是汇兑结算方式。(　　)
21. 商业银行从事的信托业务主要是金融信托业务。(　　)
22. 记账卡和信用卡都具有先消费后付款的授信功能。(　　)
23. 金融期货属于商业银行的技术创新。(　　)
24. 可转让支付命令账户属于规避金融管制的创新。(　　)
25. 现金管理账户属于避免利率风险的创新。(　　)
26. 商业银行一般以盈利性、安全性、流动性为经营原则。(　　)
27. 商业银行资产管理理论强调，银行应着重于资金来源的管理。(　　)
28. 预期收入理论推动了银行业务向经营中长期贷款扩展。(　　)
29. 商业银行负债管理理论认为，向外借款也可以保持银行的流动性。(　　)
30. 广义的资产负债综合管理是指对净利差的管理。(　　)

五、名词解释

1. 商业银行	2. 职能分工型商业银行	3. 全能型商业银行	4. 单一银行制
5. 总分行制	6. 银行控股公司制	7. 连锁银行制	8. 存款
9. 再贴现	10. 同业拆借	11. 转贴现	12. 回购协议
13. 法定存款准备金	14. 超额准备金	15. 贴现	16. 贷款
17. 信用贷款	18. 担保贷款	19. 抵押贷款	20. 质押贷款
21. 保证贷款	22. 证券投资	23. 租赁	24. 融资性租赁
25. 操作性租赁	26. 中间业务	27. 表外业务	28. 结算业务
29. 支票结算	30. 汇兑	31. 托收	32. 信用证
33. 代理业务	34. 代理收款	35. 代理融通	36. 承兑
37. 信托	38. 银行卡	39. 信用卡	40. 金融创新
41. 远期利率协议	42. 互换合约	43. 可转让大额定期存单	

44. 票据发行便利　45. 流动性　46. 资产管理
47. 负债管理　48. 资产负债综合管理　49. 资产负债外管理

六、简答题

1. 简述商业银行的产生途径。
2. 简述职能分工型商业银行的优缺点。
3. 简述全能型商业银行的优缺点。
4. 简述单一银行制的优缺点。
5. 简述总分行制的优缺点。
6. 简述银行控股公司制的优缺点。
7. 简述商业银行的负债业务。
8. 简述商业银行的非存款性负债业务。
9. 简述商业银行的资产业务。
10. 简述商业银行现金资产的构成。
11. 简述贷款的种类。
12. 简述贷款的原则。
13. 简述中间业务与表外业务的含义。
14. 简述结算业务。
15. 简述代理业务。
16. 简述金融创新的原因。
17. 简述避免利率风险的创新。
18. 简述金融机构的技术创新。
19. 简述规避金融管制的创新。
20. 简述商业银行的经营原则。
21. 简述商业银行的资产管理理论。
22. 简述商业银行的负债管理理论。
23. 简述商业银行的资产负债综合管理理论。
24. 简述商业银行的资产负债外管理理论。

七、论述题

1. 试述职能分工型与全能型商业银行的区别。
2. 试述单一银行制与总分行制的区别。
3. 试述商业银行的负债业务。
4. 试述商业银行的资产业务。
5. 试述商业银行的中间业务。
6. 试述金融创新的主要内容。
7. 试述商业银行的经营原则。
8. 试述商业银行经营管理理论的主要内容。

第九章

中央银行

西方学者维尔·罗杰斯写道，自从开天辟地以来，曾经有三件伟大的发明：火、轮子及中央银行。虽然中央银行也被称作“银行”，但它并非商业银行那种意义上的“银行”，而是一个不以营利为目的的政府管理机构。各国的中央银行或类似中央银行的金融管理机构，均处于一国金融体系的核心地位，担负着制定和实施货币政策、对金融机构和金融市场体系进行监督管理、维护金融体系稳定等重要职责，在整个经济金融领域发挥着重要的宏观调控作用。本章将通过对中央银行的介绍来结束前面章节对整个金融体系的一般描述，并为后面关于货币供给、货币政策等方面的讨论奠定基础。

通过本章的学习，主要要求读者了解中央银行的产生与发展及其组织结构，并重点关注中央银行的职能、业务及金融监管。

第一节　中央银行的产生与发展

中央银行的历史起源大致可以追溯到17世纪后半叶，它是商品经济、货币信用制度及银行体系发展到一定阶段的必然结果。纵观世界各国中央银行的产生与发展历史，中央银行的产生主要通过两条途径：一条途径是由信誉良好、实力强大的商业银行逐步演变而来的，如英国的中央银行英格兰银行；另一条途径则是由政府出面直接组建而成，如美国的联邦储备体系。几百年来中央银行在世界各国的经济与社会发展中发挥着重要作用。

一、中央银行产生的客观要求

中央银行的产生有其必要性，它适应了以下几个方面的需要。

（一）统一银行券发行的需要

银行券是在商业票据流通基础上产生的，用以替代商业票据、弥补金属货币量不足而由银行所发行的票据。十九世纪中期之前，众多的商业银行都有权发行自己的银行券，将其作为金属货币的符号，但分散的银行券发行逐步暴露出其严重的缺陷：①兑现的不确定性。因为为数众多的小银行信用能力较弱，如果银行券发行银行不能够足额兑换所发行的银行券，其信誉将会严重受损，由此可能出现挤兑，从而容易使货币流通陷于混乱状态。②流通的受限性。一般银行限于资力、信用、分支机构等条件，其所发行的银行券只能在当地和较近的地区流通，这种状况与货币“一般等价物”的本质特征也是相矛盾的。③真伪的不易识别性。由于发行银行券的机构数量众多，每家发券机构有自己独特的银行券，在流通过程中人们很难有足够的能力来辨别银行券的真伪。基于以上存在的问题，客观上需要由一家信誉卓著、资本雄厚、信用活动具有全国意义的大银行集中发行能在全国范围内流通的银行券，以利于全国统一市场的形成和信用关系的稳定。

（二）统一全国票据清算的需要

随着商品经济的发展和银行业务量的不断扩大，银行每天收受票据的数量也日益增多，各银行间的债权债务关系也日趋复杂。银行自行轧差当日清算愈加困难，异地结算时间延长、速度减缓而矛盾日趋突出，即使同城结算也难以在当日完成。然而票据交换及清算若不能得到及时、合理处置，会阻碍经济的顺畅运行。因此，客观上需要建立一个全国统一的、公正的、权威性结算中心——中央银行，以解决银行间的票据交换与结算问题，使结算资金顺畅流通，从而满足商品经济快速发展的需要。

（三）最后贷款人的需要

商业银行在其经营活动中，由于经济周期波动的影响或经营能力低下，往往会不可避免地陷入资金周转不灵的困境。这时，它固然可以通过发行银行券、进行同业拆借或同大企业签订证券回购协议等方式予以弥补，但有时仅有这些方式仍是不够的。况且一家银行的经营状况越是不良，就越难以用这些方式来筹集资金。因而客观上需要一个统一的、实力强大的金融机构作为其他众多银行的后盾，即充当商业银行的最后贷款人，作为银行最后的依靠，以免银行破产引发金融危机，这对于维护银行体系的稳定是十分重要的。

（四）金融监管及金融稳定的需要

金融稳定已成为一国经济快速而稳定发展的首要前提。为了确保金融业公平有序竞争和稳健发展，减轻金融运行的风险，客观上政府需要对金融业实施必要而适度的监管。然而政府对金融业直接施予行政干预既不经济，也不具备相应的技术手段和操作工具，因此客观上需要有一个能代表政府意志、与商业银行有业务联系、能够运用经济手段制约银行业务的金融机构专司金融业管理、监督和协调等工作，能够承担这一重任的机构就是中央银行。

二、中央银行的发展进程

（一）中央银行的初创阶段

关于中央银行的历史，最早可以追溯到1656年成立的瑞典里克斯银行。它原是私人创办的银行，最先发行银行券，但未独占发行权，1668年改组为国家银行，对国会负责，直到1897年才独占货币发行权，成为真正的中央银行，可以说它是中央银行的萌芽。瑞典里克斯银行独占货币发行权的时间晚于另一家银行——1694年设立的英格兰银行，因而目前公认的最早全面发挥中央银行作用的是英格兰银行。英格兰银行是最早的私人股份制银行，其成立的初衷是为政府筹集和提供资金，作为交换条件，政府授权该银行发行同等数额的银行券。这个特权仅限于伦敦65英里（1英里≈1609.34米）范围之内，伦敦65英里以外其他的股份银行享有发行权。1833年，英国议会通过新的银行法案，准许股份制银行在伦敦经营存款业务，但规定只有英格兰银行发行的货币才具有无限法偿的资格。1844年英国议会通过《英格兰银行特许条例》（也称《比尔条例》），为英格兰银行独占货币发行权、行使中央银行职能奠定了法律基础，标志着中央银行制度的建立，英格兰银行也被称为现代中央银行的鼻祖。以后各国纷纷效仿英格兰银行。这一阶段成立的中央银行主要有：法兰西银行（1800年）、芬兰银行（1812年）、荷兰中央银行（1814年）、挪威银行（1816年）、奥地利国家银行（1816年）、丹麦国家银行（1818年）等。

（二）中央银行的普遍推广阶段

从1844年至20世纪中叶第二次世界大战结束，是中央银行制度的普遍推行时期。如前所述，1844年，英国议会通过《英格兰银行特许条例》，规定英格兰银行作为唯一的货币发行银行；将英格兰银行分成发行部和银行部两个部分，发行纸币与银行业务分开，银行业务不干预货币发行，从而正式确立了英格兰银行中央银行的地位，由此奠定了现代中央银行组织的模式。其他国家纷纷效仿，如比利时国家银行（1850年）、俄罗斯银行（1860年）、德意志帝国银行（1876年）、日本银行（1882年）等。

当然，这一时期大量新设或改组的中央银行主要集中于20世20年代以后，这归因于当时客观环境的改变。第一次世界大战爆发后，各主要资本主义国家普遍发生了恶性通货膨胀，先后放弃了金本位，由此导致世界范围的币制的混乱。在这一背景下，各国政府都意识到只有利用中央银行来加强对货币信用的控制才可补救。于是，1920年在比利时首都布鲁塞尔召开国际金融会议，会议明确提出：凡未设立中央银行的国家应尽快建立中央银行，中央银行应脱离各国政府政治上的控制，实施稳健的金融政策活动，以改变第一次世界大战后期汇率和金融混乱的局面。因此，在这一时期，中央银行制度在世界各国得到了迅速发展。这一时期成立的中央银行有澳大利亚联邦银行（1924 年）、中国中央银行（1928 年）、希腊银行（1928 年）、墨西哥中央银行（1932 年）、土耳其中央银行（1931 年）、加拿大银行（1934 年）、印度储备银行（1935 年）、阿根廷中央银行（1935 年）等。

在推广阶段，有代表性的中央银行当属美联储。事实上，美国可以说很早就开始了建立中央银行的尝试，曾两度建立过中央银行。1791 年，美国联邦政府及国会批准成立美国第一银行，由其代理国库，授权营业年限为 20 年。美国第一银行的部分股权属于联邦政府，其规模大大超过了各州特许银行，所以各州的特许银行都试图扼杀它。到 1811 年银行特许期满后没能获得国会的重新批准。在美国第一银行停业后，各州银行滥发纸币，大多数银行都停止兑换它们发行的纸币，币值大跌。当时美国工商界因此一致要求重新建立国家银行，于是 1816 年国会特许成立美国第二银行，但是它遭到了与第一银行同样的命运，1836 年注册期满后停业。至此，美国早期两次中央银行的萌芽尝试都未能持久。之后，由于不存在能够向银行体系提供准备金并使之避免银行业恐慌的最后贷款人，美国金融市场遭遇了麻烦。19 世纪和 20 世纪早期，全国性的银行恐慌已成为有规律的事情。1837 年、1857 年、1873 年、1884 年、1893 年和 1907 年，都曾爆发过银行恐慌。每隔数年就爆发的金融恐慌，使美国的政府官员和经济界人士感到有必要像其他资本主义国家一样建立中央银行制度。1913 年，美国国会通过了《联邦储备法案》，从而创立了拥有 12 家地区联邦储备银行的美联储，宣告美国中央银行制度的确立。

（三）中央银行的强化阶段

在世界各国日益普及中央银行制度的同时，中央银行的管理职能日益加强。政府利用中央银行来推行财政金融政策，干预国民经济，稳定货币。与此同时，产生于 20 世纪 30 年代大危机之后的凯恩斯经济理论受到重视，这种理论认为经济不能自动实现充分就业的均衡，强调政府对经济干预的必要性，货币政策和财政政策是政府干预经济的武器。中央银行逐渐成为调控宏观经济的重要工具之一，制定与执行货币政策成为中央银行的突出职能。与此同时，政府对中央银行的控制不断加强，许多原有的中央银行开始了国有化进程，而新建的中央银行则更多地直接由政府出资设立。因此，中央银行越来越成为政府机构的一部分，而不再是一般意义上的银行。

三、中央银行的形成途径

纵观世界各国中央银行的形成，大致有两种主要途径：一是由普通商业银行通过逐步集中货币发行和对一般银行提供清算服务及资金支持而演变为中央银行，通常称之为演进型中央银行，如英格兰银行、法兰西银行等一些欧洲老牌资本主义国家的中央银行，其中 1694 年成立的英格兰银行于 1844 年成为世界上最早真正执行中央银行职能的金融机构；二是由国家专门创立中央银行，通常称之为创设型中央银行，如美联储（根据 1913 年《联邦储备法案》创建）及第一次世界大战后新建立的中央银行。

在 20 世纪 30 年代经济大危机后，各国中央银行均开始建立准备金制度，中央银行的三大职能也逐渐得到完善。第二次世界大战以后，各国为了稳定货币与信用体系，调节经济与金融活动，普遍实行了国有化政策，加强了对中央银行的控制，中央银行开始朝更集中、更政策化方向发展。

四、中央银行的组织形式

虽然目前世界各国基本上都实行中央银行制度，但是并不存在一个统一的模式，中央银行的选择与设置受到各国政治、经济、历史及法律等诸多因素的影响。归纳起来，大致有单一型中央银行制度、复合型中央银行制度、跨国中央银行制度和准中央银行制度 4 种类型。

（一）单一型中央银行制度

单一型或单一式中央银行制度是最主要的和最典型的中央银行制度形式。它是指由国家单独建立中央银行机构，使之全面、专门行使中央银行职能的制度。这种类型又可以分为以下两种具体形式。

1. 一元式中央银行制

一元式中央银行制是在一个国家内只设立一家统一的中央银行，其机构设置一般采取总分行制，逐级垂直隶属。总行一般设在首都或经济金融中心城市，根据客观经济和宏观调控的需要在全国范围内设立若干分支机构。例如，英格兰银行采用该种模式，货币政策的决策权和金融机构的监管权集中于中央银行总行，分支行作为总行的派出机构不能独立制定自己的货币政策，而只是负责执行总行制定的政策，并监管当地的金融机构和金融市场。这种制度具备业务政策贯彻实施较快、呈报手续简便、决策迅速等优点，因而为大多数国家所采用，中国人民银行便是如此。

2. 二元式中央银行制

二元式中央银行制是在一国内建立中央和地方两级相对独立的中央银行机构，中央级机构是最高权力机构或管理机构，地方级机构也有其独立的职权。它是一种带有联邦式特点的中央银行制度。中央级机构享有制定货币政策和指导地方级机构的最高权力；地方级机构在上一级机构领导下相对独立地行使中央银行职能，它不属于中央机构的派出机构，享有较大的自主权，可以根据本地区的特殊情况制定和执行金融政策，并行使监管权。属于这种类型的有美国、德国、澳大利亚等联邦制国家。如美联储就由中央级的联邦储备委员会和地方级的联邦储备银行组成。其中，联邦储备委员会作为最高决策机构，有权制定货币政策，并对联邦储备银行实行领导和管理，直接向国会负责，是实际上的美国中央银行总行。另外，在中央级还设有制定和执行公开市场业务政策的联邦公开市场委员会及负责向联邦储备委员会提供建议和咨询的联邦顾问委员会。在地方级，美国将全国划分为 12 个联邦储备区，每个区设立一家联邦储备银行作为地区性中央银行，下设若干分行和办事处。它们不受州政府和地方政府的管辖，也不受联邦储备委员会的直接领导，都有自己的最高权力机构理事会，有权发行联邦储备券和根据本地区实际情况执行中央银行的特殊信用业务。

（二）复合型中央银行制度

复合型、复合式或复合制中央银行，即复合的中央银行制度，又称一体式中央银行制度，是指在一个国家内没有专门设立一家单独行使中央银行职能的银行，而是设立一家集中央银行和商业银行职能于一身的国家银行的制度。这类国家银行不仅发行货币，制定金融政策，而且承办贷款、结算、储蓄等业务；虽然名义上是中央银行，但其职能并不健全，独立性较差，往往不能独立地制定货币政策，而只是作为财政部的一个附属机构来执行职能。这种体制是集中计划经济的产物，表现出国家对信用的高度垄断，主要存在于过去的苏联和东欧各国，我国在 1983 年以前也一直实行这种银行制度。目前世界上已极少有国家采用这种类型的中央银行制度。

（三）跨国中央银行制度

跨国型中央银行，即跨国的区域性中央银行制度，是指由参加某一货币联盟的所有成员国联合组建一个跨国界的中央银行，在成员国内部统一行使中央银行职能的制度。第二次世界大战以后，许多地域相邻、文化与民俗相近的欠发达国家为谋求共同发展，在原来的殖民主义货币区基础上建立了新的货币联盟，并在联盟内组建了由成员国共同拥有的统一的中央银行。这种跨国的中央银行在货币联盟成员国内发行共同的货币，制定统一的金融政策，为成员国提供金融服务，其成立的宗旨是推进联盟各国经济的发展及避免通货膨胀和汇率风险。各成员国只设有作为执行机构的二级中央银行机构，并没有制定货币政策的权力。目前跨国中央银行主要有西非货币联盟所设的西非国家中央银行、中非货币联盟所设的中非国家银行、东加勒比海货币管理局及欧洲经济货币联盟设立的欧洲中央银行等。

（四）准中央银行制度

准中央银行，即类似中央银行制度，是指一国或地区并没有设立完全意义上的专业化中央银行，而是由若干类似中央银行的政府机构或经政府授权、受政府委托的商业银行，分别行使部分中央银行职能的制度。实行这种体制的有新加坡、中国香港、斐济、利比里亚、莱索托、斯威士兰、伯利兹、马尔代夫等国家或地区。例如，新加坡设有金融管理局和货币委员会（常设机构为货币局）两个机构来行使中央银行的职能，前者负责制定货币政策和金融业的发展政策，执行除货币发行以外的其他一切职能；后者主要负责发行货币、保管发行准备金和维护新加坡货币的完整和稳定。中国香港由于其特殊的地位和历史，也没有单独设立中央银行。香港金融管理局主要负责制定和执行货币政策、金融监管及支付体系管理等职能；而货币发行职能则由汇丰银行、渣打银行和中国银行香港分行三家商业银行履行（以百分之百的外汇储备作为发行保证）。又如，莱索托、斯威士兰两国与南非签订了货币协议，共同组成兰特货币区；这两国的中央银行在发行货币时均要以全额兰特货币、在南非储备银行的存款或以南非政府的可销售证券作为发行准备，因而它们的货币发行权在很大程度上受制于南非。

五、中央银行的所有制形式

按所有制形式，各国的中央银行可划分为以下五个大类。

（一）国家所有制

国家所有制中央银行是指全部资本属于国家所有的中央银行，是目前世界上大多数国家的中央银行所采用的所有制形式。这既包括中央银行直接由国家拨款设立，也包括国有化后的中央银行。一般来说，历史比较久远的中央银行大多由私人银行或股份银行演变而来，最初的资本金大多为私人投资或股份合作。随着中央银行地位的上升和作用的增强，为了更好地行使中央银行的职能，许多国家认为排除私人股本更为适宜，所以国家通过购买私人股份的办法逐渐实行了中央银行的国有化。例如，加拿大银行于 1938 年、法兰西银行于 1945 年、英格兰银行于 1946 年、荷兰中央银行于 1948 年、挪威银行于 1949 年、印度储备银行于 1949 年、西班牙银行于 1962 年分别被本国政府将其全部股本收归国有。1920 年布鲁塞尔国际金融会议要求各国普遍建立中央银行制度，尤其是第二次世界大战结束之后，掀起了中央银行国有化的高潮。然而在这个时期新成立的中央银行大多是由国家出资建立的。中国人民银行的资本组成也属于国家所有的类型。

（二）混合所有制

混合所有制中央银行是由国家和私人共同投资组建的中央银行，其中国家一般持控制性股份，占资本总额的 50%以上；另一部分的股份由民间普通投资者持有，可以是企业法人或自然人。实施这种制度安排的国家主要有日本、奥地利、比利时、墨西哥、土耳其、巴基斯坦、委内瑞拉、卡塔尔等。在这种国家不拥有全部股份的中央银行制度中，法律一般都会对非国家股份持有者的权利做出限定。以日本银行为例，日本银行成立于 1882 年 10 月，资本金为 1 亿日元，其中政府出资 55%，民间出资 45%。其银行法就规定，日本银行不成立股东大会，股东不能参加日本银行的经营活动，负责日本银行日常运营的理事不由股东推荐产生。股东的权限仅仅是按照法律规定，每年领取最高不超过 5% 的红利。日本银行的盈余在扣除红利和公积金以后全部上缴国库，私人持有股份的转让需要获得日本银行的同意。

（三）非国有制

非国有制或私有制中央银行是国家不持有股份或资本属于私人股份的中央银行，其资本全部由私人股东投入或部分由地方公共机构持有，经政府授权执行中央银行的职能，主要有美国、意大利和瑞士等少数国家是这种情况。例如，美国联邦储备银行其资本属于参加联邦储备体系的各私人会员银行，会员银行按自己实收资本和公积金的 6%认购所参加的联邦储备银行的股份，先缴付所认购股份的一半，另一半可由联邦储备银行董事会根据需要来通知会员银行随时缴付。会员银行不能将所持联邦储备银行的股份转卖和用于抵押，可以依照所持股份，获得最高不超过 6%的红利。又如，瑞士国家银行 1905 年创建时为联合股份银行，资本额为 5000 万瑞士法郎，实收资本为 2500 万瑞士法郎，其中多数股份（约 55%）由州政府和州银行等地方公共机构持有，少数股份由私人持有，但必须是本国公民、本国公司企业或在瑞士建立总代表处的法人；瑞士联邦政府不持有该银行的股份，但掌握其人事权，国家银行的董事大部分由联邦政府指派。

（四）无资本制

这种无资本要求的中央银行在建立之初就根本没有资本，而由国家授权执行中央银行的职能。中央银行所运用的资金主要是各金融机构的存款和流通中的货币。韩国的中央银行（韩国银行）是目前唯一没有资本金的中央银行。1950 年韩国银行成立时，注册资本为 15 亿韩元，全部为政府出资，但在 1962 年《韩国银行法》修订后，韩国银行成为“无资本的特殊法人”。该银行每年的净利润按规定留存准备金之后，全部汇入政府的“总收入账户”，会计年度中如发生亏损，首先用提存的准备金弥补，不足部分由政府的支出账户划拨。

（五）多国所有制

多国所有制中央银行即跨国中央银行，其资本不为某一国家所独有，而是由共同组建中央银行的各成员国按照一定比例认缴中央银行资本，各国以认缴比例拥有对中央银行的所有权。属于这类的有：由贝宁、象牙海岸、尼日尔、塞内加尔、多哥和上沃尔特等国组成的西非货币联盟所设的西非国家中央银行；由喀麦隆、乍得、刚果、加蓬和中非共和国组成的中非货币联盟所设立的中非国家银行及由欧洲经济货币联盟设立的欧洲中央银行（欧元区国家持有主要资本）等。

第二节 中央银行的性质与职能

一、中央银行的性质与特点

（一）中央银行的性质

虽然各国的社会历史状况不同，经济和政治制度不同，商品经济和货币信用制度的发展水平及金融环境各有差异，但就中央银行在国民经济活动中的特殊地位和作用分析，各国中央银行的一般性质都具有某种共性。

中央银行作为一国金融体系的核心，处于一国金融业的领导地位，因此，它在性质上是一个代表国家管理金融，制定和执行货币金融政策的特殊金融机构。具体地说，中央银行一方面是一个从事金融业务活动的金融机构，与普通银行一样，也办理存、贷、汇等业务，但中央银行的业务对象只是银行等金融机构和政府部门，不对普通消费者办理业务；另一方面又是一个国家的金融行政管理机构，有着与普通金融机构不同的经营目标，因而有其自身的特点。

（二）中央银行的特点

（1）中央银行的活动不以营利为目的。中央银行在其业务经营过程中会取得收入，如向政府和银行提供资金融通与划拨清算等方面的业务时，会收取一定的利息和费用，但中央银行收取的利息不是为了营利，而是以调控金融、稳定货币、促进经济发展为宗旨。

（2）中央银行具有特殊的业务对象与业务内容。中央银行在金融机构体系中处于特殊地位，享有许多经营特权，并且承担着控制全国货币信用和对商业银行等金融机构实施监管的职责，因此，中央银行原则上不对社会上的企业、单位和个人办理存贷、结算业务，只与政府或商业银行等金融机构发生资金往来关系。而且中央银行的业务活动涉及的是货币政策、利率政策、汇率政策等宏观金融活动，即以宏观金融领域作为活动范围。

（3）中央银行应处于超然地位，具有相对独立性。这是指中央银行在制定和执行货币政策时，应具有自主性，不受其他部门或机构的行政干预和牵制。因为中央银行处于货币供应和信用创造的控制地位，所以它只有处于超然地位，独立地开展工作，才可能使货币政策不受政府财政收支状况的干扰，才可能避免周期性通货膨胀，从而最大限度地促进经济的稳定发展。

二、中央银行的职能

中央银行的职能是中央银行性质的具体表现，它可以从不同角度进行归纳和表述，有归纳为政策功能、银行功能、监督功能、开发功能和研究功能五类的，也有归纳为服务职能、调节职能和管理职能三类的，等等。但一般传统的归纳是从中央银行的业务活动特征来表述为发行的银行、银行的银行和国家的银行三大职能。

（一）发行的银行

所谓发行的银行，是指中央银行垄断银行券的发行权，成为全国唯一的现钞发行机构。这是中央银行首要的基本职能，而且垄断货币发行权也是中央银行的一个重要标志。目前世界上大多数国家的货币都由中央银行发行，只有少数国家（如美国、日本等）的硬辅币由财政部发行。

中央银行成为发行的银行是在银行业的发展过程中逐渐形成的，是历史的必然选择，这一点在演进型中央银行的发展过程中尤为明显。由中央银行垄断发行货币有利于货币流通的集中统一，节约货币成本，符合商品货币经济发展的要求，也有利于为经济发展创造良好的货币环境，促进经济和社会的稳定发展。在金本位制下，中央银行多以一定比例的黄金储备作为发行银行券的保证；而在现代不兑现的信用货币制度下，中央银行的货币发行量不再以黄金作为唯一的发行准备，而是以经济发展的客观要求为依据，保持良好的货币供给弹性。此外，银行券的发行也是中央银行重要的资金来源，为中央银行调节金融活动提供了资金力量。

（二）银行的银行

所谓银行的银行，是指中央银行的地位处于商业银行和其他金融机构之上，并为它们提供金融服务，履行维持金融稳定、促进金融发展的职责。也就是说，中央银行只与商业银行等金融机构发生业务关系，而不与一般企业及个人发生直接关系。作为银行的银行，这是最能体现中央银行这一特殊金融机构性质的职能之一，它主要体现在以下三个方面。

（1）集中存款准备金。按照法律规定，商业银行及有关金融机构必须将其吸收的存款按法定比例向中央银行交存准备金，即中央银行负责集中保管商业银行等存款机构的法定存款准备金和一部分超额存款准备金。这种存款准备制度的作用在于：一方面保证存款机构的清偿能力，以备客户提现，从而保障存款人的资金安全及银行等金融机构自身的安全；另一方面有利于中央银行通过调整存款准备金的比率来调节信用规模和控制货币供应量，也可以增强中央银行的资金实力。

（2）充当最后贷款人。中央银行作为最后贷款人（或最终贷款者），是指对商业银行及其他金融机构融通资金。为避免金融危机的发生，中央银行能够而且愿意通过再贴现和再贷款等手段，向资金周转困难的商业银行及其他金融机构提供资金支持，补充其流动性的不足。这一职能也确立了中央银行在整个金融体系中的主导地位。因此，中央银行充当最后贷款人，可以增强整个信用机构的清偿力和银行体系的安全性，并且可以运用再贴现率或再贷款利率这些工具来调控信贷规模。

（3）组织全国的票据清算。这一职能也始于英国。中央银行通过建立全国范围的电子资金划拨系统，对商业银行等金融机构的应收、应付款项进行清算，同时提供资金划拨转账服务。中央银行作为全国资金划拨与票据清算中心，一方面提高了清算效率，加速了资金周转，另一方面有利于中央银行及时全面地了解全国金融情况及各金融机构的资金情况，从而有助于中央银行加强金融监管和调控。

（三）国家的银行

所谓国家的银行，是指中央银行代表国家贯彻执行金融政策，实施金融监管，代理国家财政收支并为政府提供各种金融服务，从而成为政府的银行和宏观调控的银行。该职能主要通过以下几个方面得到体现。

（1）代理国库（我国习惯称为“经理”国库）。国家财政收支一般不另设机构，而交由中央银行代理。政府的收入与支出均通过财政部在中央银行内开立的账户进行，如国库资金的收缴、支出、拨付、转账结算等均由中央银行无偿办理。因此，中央银行是国库支付结算中心，执行国库出纳职能。

（2）代理国家债券的发行。当今世界各国政府均广泛利用发行国家债券的有偿形式以弥补财政赤字。中央银行通常代理政府发行国库券、公债券及其还本付息事宜。

（3）对政府给予信贷支持。中央银行作为国家的银行，在国家财政出现收不抵支的情况时，一般负有向政府提供融资的义务。这种信贷支持主要有两种方式：①直接向政府提供贷款。中央银行一般以国库券贴现或国家债券抵押的形式向政府提供短期贷款，以解决财政先支后收等暂时性收支不平衡的矛盾，而一般不承担向财政提供长期贷款和透支的责任，以保证货币流通的正常与金融稳定。②购买国家公债券。中央银行可以在一级市场（即证券发行市场）上购买政府债券，直接向政府提供信用支持，也可以在二级市场（即证券流通市场）上购买政府债券，间接向政府提供融资。

（4）保管国家黄金外汇储备。一国黄金外汇储备数量的多少是一国维持对外经济活动稳定的物质条件。中央银行负有保管和管理国家黄金外汇储备的责任；它根据国内国际情况，适时适量地进行外汇或黄金的买卖，可以起到稳定币值和汇率、调节国际收支、保证国际收支平衡的作用。

（5）制定和执行货币政策及金融管理法规，监督管理金融业。中央银行有权制定和执行货币政策，调节货币供应量和利率，以达到稳定物价、促进经济增长的宏观经济目标。而且中央银行代表国家制定和执行相关金融管理法规、政策和基本制度及金融业务规章，并配合其他管理部门对商业银行等金融机构及金融市场进行监管，来保证金融机构的合法稳健经营，维护金融业的高效有序运行。

（6）代表政府参与国际金融活动。中央银行还代表政府加入国际金融组织，出席各种国际性会议，从事国际金融活动及代表政府签订国际金融协定，积极促进国际金融领域里的合作与发展。

（7）充当政府的顾问。在国内外经济金融活动中，中央银行利用其在国民经济中的特殊地位，掌握各种资料数据，可以充当政府的顾问和参谋，为政府提供经济金融情报和决策建议。

第三节　中央银行的业务

中央银行的各项职能需要通过具体业务活动来实现，而资产负债表是其业务的最好概括。中央银行的资产负债表是用以反映中央银行资金来源业务与资金运用业务的，但它与商业银行的资产负债业务迥然不同，中央银行的资金运用创造了资金来源，即先有资产业务，然后才能发生负债业务，而商业银行的资金来源决定了其资金运用，即先有资金来源（负债或资本），然后才能发生相应的资产业务。为了让大家对中央银行的业务有一个直观的认识，我们先从中央银行的资产负债表的结构着手分析。

一、中央银行的资产负债表

由于各国的金融制度和信用方式等存在着差异，各国中央银行的资产负债表的项目和内容也不尽相同，但其基本结构和主要内容是相似的。表 9-1 是中央银行资产负债表的一般格式。

表 9-1　中央银行资产负债表

资产	负债及资本
国外净资产：	储备货币（基础货币）
外汇（储备）	货币发行
货币黄金	流通中现钞
其他国外资产	库存现金
对政府债权：中央政府	其他存款性公司存款
对其他存款性公司债权	法定准备金
对其他金融性公司债权	超额准备金
对非金融性公司债权	金融性公司存款（不计入储备货币）
其他资产	发行债券
	国外负债
	政府存款
	其他负债
	自有资金
资产合计	负债及资本合计

二、中央银行的负债业务

中央银行的负债业务主要包括货币发行业务、存款业务、其他负债业务及资本业务。

（一）货币发行业务

货币发行业务是指中央银行向流通领域投放现金的业务。从图 9-1 所示的人民币的发行程序中可以看出，流通中的现金都是通过货币发行业务流出中央银行的。中央银行所发行的货币都是信用货币，是中央银行对社会公众的负债，是其重要的资金来源。

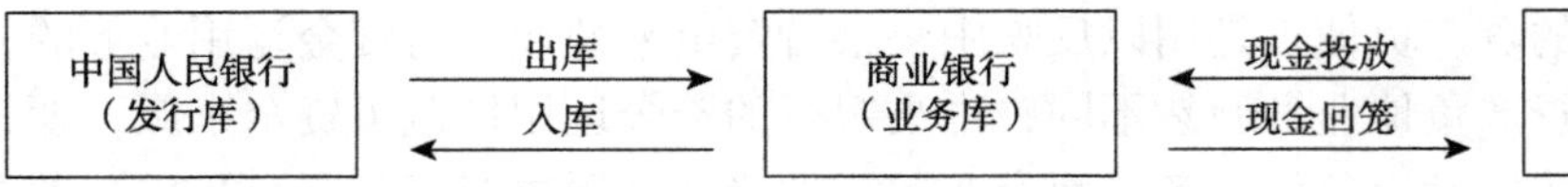

图 9-1　人民币的发行程序

我国人民币的发行与回笼是通过中国人民银行的发行基金保管库（简称发行库）和各商业银行业务库进行的。所谓发行基金，是中国人民银行保管的已印好而尚未进入流通的人民币票券。发行库在中国人民银行总行设总库，下设分库、支库；在不设中国人民银行机构的县级地区，发行库委托商业银行代理。

各商业银行在对外营业的基层行处设立业务库。业务库保存的人民币，是作为商业银行办理日常收付业务的备用金。当人民币从发行库转移到商业银行基层行处的业务库时，意味着这部分人民币进入流通领域。当商业银行基层行处收入的现金超过其业务库的库存限额时，超过的部分应自动送交中国人民银行，该部分人民币进入发行库，意味着退出了流通领域。

中央银行虽然垄断了货币的发行权，但货币发行并不是随意的。货币发行必须符合国民经济发展的客观要求。如果货币发行过多，会引起货币贬值、物价上涨，发生通货膨胀，这必然导致一系列的社会经济问题。反之，如果货币发行过少，也会妨碍国民经济的正常运行，使国民经济缺少货币而达不到应有的增长速度。为了使货币发行能适应国民经济发展的客观要求，各国都制定实施了货币发行制度。

（二）存款业务

中央银行的存款业务完全不同于商业银行和其他金融机构的存款业务，中央银行的存款主要来自两个方面：一是政府和公共部门；二是金融机构。

政府和公共部门在中央银行的存款包括财政金库存款和政府、公共部门的经费存款。由于中央银行代理国家金库和财政收支，国库的资金及财政资金在收支过程中形成的存款属于中央银行的财政性存款。

来自金融机构的存款又包括法定准备金存款和超额准备金存款。在现代存款准备制度下，中央银行依法集中商业银行和其他金融机构的存款准备金，以保证银行业的清偿能力和金融业的稳定，同时中央银行可以通过调整法定存款准备金比率来调节商业银行的放款能力，从而使之发展成为中央银行调节货币供应量的一个重要货币政策工具。商业银行等金融机构在中央银行的超额准备金存款可用于它们之间的票据清算或同业资金往来。

此外，中央银行吸收的存款还包括外国中央银行或外国政府的存款及其他存款，但一般不接受工商企业和个人的存款。

（三）其他负债业务

1. 发行中央银行债券

发行中央银行债券（或票据）是中央银行的一种主动负债业务。中央银行债券发行的对象主要是国内金融机构，通常是在商业银行或其他非银行金融机构的超额储备过多时，发行债券以减少金融机构的超额准备，是为了有效调节货币供应量，通常是短期的。

2. 对外负债

它主要包括从国外银行借款、对外国中央银行的负债、国际金融机构贷款、在国外发行的中央银行债券。对外负债的主要目的是平衡国际收支，维持本币汇率水平，应对货币危机或金融危机。

（四）资本业务

中央银行的资本业务实际上就是筹集、维持和补充自有资本的业务。中央银行与其他银行一样，为了保证正常的业务活动必须拥有一定数量的自有资本，一般包括股本、盈余结存及财政拨款。中央银行资本形成的主要方式是中央政府出资，也有主要由地方政府、国有机构或私营机构出资形成的（如瑞士、美国、意大利等国）。

需要明确的是，中央银行拥有特殊的地位和法律特权，其资本金的作用比一般金融机构要小得多，因此中央银行资本业务的重要性远不如一般金融机构那样举足轻重。

三、中央银行的资产业务

中央银行的资产业务是指中央银行在一定时点上所拥有的各种债权。中央银行通过资产业务实现其发行货币及最后贷款人等重要职能，并对调节货币供应量、实现货币政策目标具有重要作用。中央银行的资产业务主要包括贷款业务、再贴现业务、证券买卖业务和黄金外汇储备业务。

（一）贷款业务

中央银行贷款的业务对象主要是商业银行和经过特殊批准的其他金融机构及政府。

对商业银行的贷款是中央银行履行“银行的银行”这一职能最主要、最直接的手段，也是最能体现中央银行“最后贷款人”职责的业务行为。我国的《中国人民银行法》规定，中国人民银行根据执行货币政策的需要，可以决定对商业银行贷款的数额、期限、利率和方式，但贷款的期限不得超过一年。

在特殊情况下，中央银行也对财政进行贷款或透支以解决财政收支困难。但这类贷款一般会受到一定的限制，以防止因贷款数量过多、时间过长引起信用扩张、通货膨胀。美国联邦储备银行对政府需要的专项贷款规定了最高限额，而且要以财政部的特别库券作为担保。我国《中国人民银行法》规定，中国人民银行不得对政府财政透支，不得直接认购、包销国债和其他政府债券，不得向地方政府、各级政府部门提供贷款。

（二）再贴现业务

再贴现是指中央银行买进商业银行所持有的未到期商业票据，从而向商业银行融通资金的行为。这项业务之所以称为“再贴现”，是为了区别于企业或公司向商业银行申请的“贴现”和商业银行与商业银行之间的“转贴现”。再贴现从形式上看是一种票据买卖，但实质上也是一种特殊的贷款，即贴现放款。再贴现是解决商业银行短期资金不足的重要手段，同时是中央银行实施货币政策的重要工具之一。再贴现率对市场利率影响很大。

（三）证券买卖业务

证券买卖业务是指中央银行在公开市场上买卖有价证券的活动，以实现调节货币和信用的目的。中央银行在公开市场上买进有价证券，向市场投放了货币，可以增加商业银行的存款，用以创造存款货币，扩大货币供应量；反之，中央银行卖出有价证券，则可减少货币供应量。

中央银行在公开市场上买卖的对象主要有国债（包括国库券、公债券）及一些信誉很高的商业票据和公司债券等，其中最主要的是国债。各国中央银行买卖证券业务的做法基本上是一致的。在德国，法律规定德意志联邦银行为了调节货币，可以进入公开市场买卖汇票。我国中央银行从 1996 年 4 月 1 日开始进行公开市场操作，目前主要是买卖政府债券和政策性金融债券等。

（四）黄金和外汇储备业务

目前各国政府都赋予中央银行掌管全国国际储备的职责。所谓国际储备，是指具有国际性购买能力的货币，主要有：黄金，包括金币和金块；白银，包括银币和银块；外汇，包括外国货币、存放外国的存款余额和以外币计算的票据及其他流动资产。此外，还有特别提款权和在国际货币基金组织的头寸等。中央银行执行这一职责既有利于对内稳定物价，也有利于对外稳定汇价水平，还有利于保证国际收支的平衡。因此，黄金和外汇储备业务是中央银行的一项重要资产业务。

四、中央银行的中间业务

中央银行的中间业务主要是指中央银行为商业银行和其他金融机构办理票据交换、异地资金转移等资金清算业务及代理国库业务。

（一）资金清算业务

中央银行作为银行的银行，主持全国的资金清算，主要有以下三类：①集中办理票据交换。一般是由中央银行组织票据交换所，各商业银行将本行的应收、应付票据参与交换，以抵消部分债权债务，并据以结清差额。②集中清算交换的差额。商业银行等金融机构都在中央银行依法开立有存款准备金的账户，因而银行间的票据交换收付差额，可以通过在中央银行的存款账户间的转账结算完成。③办理异地资金转移。中央银行通过电子资金划拨系统，统一办理全国各地不同的商业银行之间的资金转移，为各银行提供服务，有利于加速资金周转、提高银行经营效率、掌握资金运动趋势和方便金融监管。

（二）代理国库业务

目前世界上绝大多数国家均委托中央银行代理国库业务。中央银行的国库业务主要是经营和办理国家预算收支的保管和出纳工作，如预算收入的入库、预算支出的拨付等。由中央银行代理国库业务有利于中央银行吸收大量无息的财政存款、降低筹资成本，有利于对政府融通资金，也有利于国库资金的安全保管和及时调拨。

第四节　金 融 监 管

由于政治、法律、民族传统的差异，以及经济金融体制和发展水平的不同，世界各国在金融监管的主体、对象、方式方法、内容等方面存在着较大的区别。但是，对于大多数国家而言，中央银行在金融监管中处于特殊地位，发挥着特殊的作用。有些国家的中央银行独立享有金融监管特权，也有些国家的中央银行与其他政府部门分工配合共同实施金融监管。中央银行的金融监管，就是指中央银行代表国家依法对商业银行和其他金融机构的经营管理活动进行监督和管理。

一、金融监管的目标与原则

（一）金融监管的目标

（1）维护金融体系的安全与稳定。随着世界经济金融一体化和自由化的发展，资本流动的范围越来越广，速度越来越快，一国金融市场遭受内外冲击而出现危机的可能性也越来越大。同时，银行等金融机构之间的竞争越来越激烈，加之经营管理风险的不断提高，金融机构发生重大亏损而破产倒闭的事件也不断发生，并且金融风险存在着连锁反应，极大地影响着金融业的安全稳定和国民经济的稳定发展。因此，中央银行金融监管的首要目标就是要维护本国金融体系的安全与稳定。

（2）保护存款人和公众的利益。商业银行等金融机构作为信用中介，其资金主要来自社会上广大的公众，它们集中了社会各阶层、各部门暂时闲置的货币和资本，与社会各方面联系十分广泛和密切。如果银行等金融机构在经营中出现问题，会直接涉及千千万万存款人和社会各方面的利益。因此，保护存款人和公众的利益也是中央银行金融监管的一个重要目标。

（3）维护金融业的公平有效竞争。竞争是市场经济的基本特征之一，它可以形成一种优胜劣汰的有效机制。但是盲目的过度竞争、不公平的竞争或者非法的竞争都会导致银行的破产倒闭，并形成金融业的垄断，危害金融业的效率与安全，阻碍社会经济的平稳发展。因此，中央银行应通过金融监管为金融机构创造一个合法、公平、高效、适度、有序的竞争环境。

（4）保证中央银行货币政策的顺利实施。中央银行货币政策的有效实施，除了依靠货币政策工具和中介目标等有效选择之外，还必须借助金融监管。中央银行有必要通过一定的监管措施，限制商业银行等金融机构与中央银行政策目标不一致的经营活动，促使它们配合中央银行贯彻实施货币政策，即中央银行的金融监管要有利于银行业对中央银行调节手段的及时准确传导和执行，有利于保证货币政策的顺利实施。

（二）金融监管的原则

金融监管的原则是由金融监管的目标决定的。尽管由于各国的具体情况及法规不同，金融监管主体、对象及监管的内容和方式存在一定的差异，但其基本原则是相似的。

（1）监管主体的独立性原则。国际清算银行巴塞尔银行监管委员会于 1997 年 9 月公布的《有效银行监管的核心原则》（以下简称《核心原则》）提出：“在一个有效的银行监管体系下，参与银行监管的每个机构要有明确的责任和目标，并应享有操作上的自主权和充分的资源。同时，促进有效银行监管需创造先决条件，这些条件主要有：稳健且可持续的宏观经济政策；完善的公共金融基础设施；有效的市场约束；高效率解决银行问题的程序；提供适当的系统性保护（或公共安全网）的机制。”

（2）依法管理原则。这主要体现在两个方面：一方面，金融机构必须接受国家金融管理当局（中央银行）的监督管理，不能有例外，要有法律来保证；另一方面，中央银行实施金融监管必须依法而行。只有保持金融监管的权威性、严肃性、强制性和一贯性，才能保证它的有效性。然而要达到这一点，金融法规的完善和依法管理是不可缺少的。

（3）合理、适度竞争原则。虽然竞争和优胜劣汰是一种有效的机制，但是金融监管的重心应放在创造适度竞争上，既要避免金融高度垄断、排斥竞争从而丧失效率和活力，又要防止过度竞争、恶性竞争从而波及金融业的安全和稳定，甚至引起银行业破产倒闭及社会经济生活的剧烈动荡。

（4）自我约束与外部强制相结合的原则。外部强制管理无论多么缜密、严格也是相对有限的，如果管理对象不配合、不协作、不愿自我约束而是千方百计设法逃避、应付、对抗，那么外部监管也难以收到预期效果；反之，如果将全部希望寄托于金融机构自觉自愿的“内控”上，则一系列不负责任的冒险经营行为与道德风险实难有效避免。因此，要保证监管的及时和有效，客观上需要坚持自我约束与外部强制相结合的原则。

（5）公开监管原则。这是指金融监管必须公开进行，应该有较高的透明度。中央银行在实施金融监管时必须明确适用的金融法规、政策方法及具体的监管要求，并公布于众，使银行等金融机构在明确监管内容、目的和要求的前提下接受金融监管，同时便于社会公众的监督。

（6）安全稳健与经济效益相结合原则。要求金融机构安全稳健地经营业务历来都是金融监管的中心目的。一方面，监管当局必须采取种种预防和补救措施，督促金融机构依法经营，降低风险；另一方面，金融监管不应消极地、单纯地防范风险，而应与提高经济效益相协调。从某种意义上说，金融业存在和发展的终极目标是满足社会经济的需要，促进社会经济的稳定发展，所以金融监管必须以保证社会经济效益作为终极目标，并将防范风险和提高金融机构经济效益结合起来。

二、金融监管的方法

目前通行的中央银行金融监管的方法主要包括以下几个方面。

（一）加强金融法规建设，规范监管行为

各国金融监管当局均重视通过建立健全金融法规，使本国的金融监管向规范化、法制化方向发展，也为中央银行有效行使金融监管职能提供了法律保证。具体措施，如金融法规对金融机构市场准入条件规定得更加全面、详细、具体、严格；面对不断变化的金融环境，金融监管机构对法规条文的解释和应用更加充分和富有灵活，可以根据金融环境和监管对象的不同更及时地调整监管标准；等等。

（二）充分发挥行业监督与内部控制的作用

近年来，自我约束机制作为增强金融业务安全稳定性的重要手段之一，受到各国的

普遍重视。在行政性监管的同时，由各种金融行业自律性组织（如银行家协会等）对所辖范围的金融机构进行监管，充当中央银行与一般金融机构的沟通桥梁，也能取得不同程度甚至相当有效的监管作用。各金融机构的内部控制和内部管理对其自身业务乃至整个金融体系的影响也越来越大。中央银行通过向金融机构施加压力，促使其改进和加强内部管理与内部控制，特别是强调金融机构要对那些风险较大的业务领域加强管理与监控。

（三）日常监控与检查

传统上，英国、澳大利亚、新西兰等国的金融监管当局主要采取定期报告分析方法，即对金融机构定期报送的有关财务状况的统计资料进行监控和分析；而美国、日本、意大利等国及不少发展中国家则主要采取现场检查法，即由中央银行派出检查小组到各金融机构实地检查。目前，各国一般都把利用现代电子计算机技术对金融机构的业务资料进行监控分析作为日常监管的基础，通常采用趋势分析和对比分析两种具体方法；同时加强了对金融机构的现场检查，如扩大现场检查的范围和频率、经常开展有针对性的专项检查、定期进行全面稽核等，以全面评价金融机构的经营状况。

（四）利用外部审计加强金融监管

审计是一种监督审查的系统方法，很多国家的公司法要求企业定期由国家注册审计师审查账目报表。中央银行也可以利用外部审计制度来加强金融监管，如在监管过程中更广泛地利用独立审计师；加强监管部门与外部审计部门的联系；以法律形式明确监管部门与独立审计机构的关系；监管当局对审计的范围、程度和质量要求做出更具体的规定；要求金融机构报送给中央银行的财务报表必须经外部审计师审核；等等。有效的外部审计对金融机构不稳健的业务活动和不健全的内控机制能起到提醒、遏制和督促作用。因此，它被许多国家作为对金融机构直接现场稽核的重要补充手段。

（五）补救与处罚

这是金融监管当局最后采取的事后处理法。当中央银行发现某些金融机构的经营管理状况出现妨碍稳健经营的倾向或有不符合金融法规规定的危害公众利益的行为时，就应按不同情况采取相应的补偿办法或对违规机构予以相应的处罚。这方面的措施主要包括：提供再融资等财务援助，建立存款保险制度，指派专人对有问题的金融机构进行停业整顿、接管清理、兼并重组，对违反法律法规及制度的金融机构予以经济制裁和诉诸法律等。

三、金融监管的主要内容

中央银行或金融管理当局对金融业的监管包括对商业银行及非银行金融机构和金融

市场的监管。一般认为，金融监管的内容可以归纳为：事前监管、事中监管和事后监管。他们分别侧重于市场准入、市场运作过程、风险处置和市场退出这三个方面的监管。

（一）市场准入监管

市场准入监管是中央银行对新设金融机构进行的限制性管理，主要为登记注册管理，其目的在于通过金融机构审批环节对整个金融体系实施有效的控制，保证银行、保险、证券、信托及其他金融机构的数量、结构、规模和分布符合国家经济金融发展的需要，并与金融监管当局的监管能力相适应。

通常，一家新的商业银行能否被审批同意开业，会从以下四个方面来考虑：①最低注册资本限额。例如，我国相关金融法律规定，设立商业银行注册资本最低限额为 10 亿元人民币，城市商业银行的注册资本最低限额为 1 亿元人民币。②完善的公司治理结构和内控制度。③高级管理人员的素质。④银行业竞争状况和经济发展状况。此外，中央银行还对金融机构设立分支机构与实施合并，规定了相应的标准或采用适当的原则。其中考虑的主要因素仍是经济发展的需要及这种机构设立或合并是否有利于保护适度竞争、提高经营效率。

（二）市场运作过程监管

1. 资本充足性监管

资本作为金融机构应付意外损失的缓冲器，对于保护存款人和其他债权人的利益、维持市场信心等有着重要意义。世界各国的金融监管当局都通过立法或其他形式规定了银行等金融机构资本的构成和充足率标准，要求银行必须满足保持银行正常经营和健康发展所必需的资本充足条件，以增强银行的风险抵御能力。资本充足率有不同的口径，主要比率有资本对存款的比率、资本对负债的比率、资本对总资产的比率、资本对风险资产的比率等。1988 年 7 月通过的《巴塞尔协议Ⅰ》规定了银行资本与风险加权资产的比率即资本充足率最低为 8%（其中核心资本充足率至少 4%）。2010 年 9 月 12 日，由 27 个国家的银行业监管部门和中央银行高级代表组成的巴塞尔银行监管委员会宣布，世界主要经济体银行监管部门代表当日就《巴塞尔协议Ⅲ》达成一致。根据该协议，截至 2015 年 1 月，全球各商业银行的一级资本充足率下限将从《巴塞尔协议Ⅰ》的 4%上调至 6%，其中由普通股构成的核心一级资本占银行风险资产的下限从原来的 2% 提高至 4.5%；此外，为了确保有充足的资金用于吸收金融危机和经济危机时期的损失，要求商业银行建立总额不得低于银行风险资产 2.5%的资本留存缓冲。

2. 业务范围监管

中央银行根据各种金融机构性质的不同，分别核定其业务范围或限制其进入某些活动领域，而从一国金融制度结构模式角度看，则是一个业务分工的问题。这大体上涉及长期金融业务与短期金融业务、直接金融业务与间接金融业务、银行业务与非银行金融业务、商业性金融业务与政策性金融业务的选择限制等。大多数国家的商业银行在相当长的时间内，业务活动受到较严格的限制，如一般不得从事不动产投资、保险、股票买卖等业务。

当然，自 20 世纪 90 年代以来，随着金融自由化的发展，商业银行已经通过多种途径渗透到证券、保险等各个行业，金融业之间的界限日益模糊（混业经营趋势），金融机构业务范围的监管有放松化的趋势。

3. 流动性监管

流动性是金融机构以适当价格获取可用资金的能力，也是金融机构稳健经营的基本原则之一。各国金融监管当局对银行的流动性同资本充足率一样重视，强调银行要保持一定数量的流动性较强的资产，作为预期现金流入量无法实现时的应付措施；同时通过规定一些比例来量化对银行的流动性要求。例如，法国金融监管当局要求银行的流动资产与流动负债的比率原则上不得低于 60%；《中华人民共和国商业银行法》2015 年修正版规定，流动性资产余额与流动性负债余额的比例不得低于 25%。

4. 资产分散化管理

银行资产分散化管理可使银行保持较好的清偿力。作为企业性质的商业银行，追求最大限度的利润是其经营的直接目的，商业银行把吸收的资金尽可能地用于贷款和投资，尽可能地集中投向盈利高的业务。但是收益与风险是孪生的，高收益就意味着可能要承担高风险。因而，有必要对银行的贷款风险进行控制，尤其是贷款集中风险，一般包括对大额贷款的严格控制和对行业或部门贷款集中的控制。例如，意大利规定对单个客户的贷款不得超过银行自有资本；美国、英国规定不得超过自有资本的 10%；日本规定不得超过自有资本的 20%。我国也规定商业银行对同一借款人的贷款余额与银行资本余额的比例不得超过 10%。此外，由于金融结构的变化、金融工具的不断创新、表外业务领域的逐步扩大，新的风险形式不断产生，仅对各种风险进行逐项控制是远远不够的，更重要的是应当将注意力放到各类风险之间的相互联系和相互影响上，既要考虑表内业务风险，也要考虑表外业务风险；既要注意资产风险，也要注意负债风险。中央银行应密切注意新风险对金融机构安全稳定性的影响，形成一套科学的考核参数和分析方法，研究风险控制措施，以化解和防范金融风险。

5. 外汇风险管理

外汇风险管理的目的是保持国际收支平衡，保证本国货币币值的稳定，从而维护本国经济发展的正常金融环境。外汇管理是一国为使其国际收支和汇率在符合本国利益的水平上保持平衡与稳定，指定和授权中央银行运用各种手段，对其境内和管辖范围之内的外汇收支存贷等进行管理。各个国家会制定适当的国内外汇管理制度，但国情不同，管理制度的宽严度也不一样。美国、法国、加拿大等国对外汇的管理比较宽松；而英国、日本、荷兰、瑞士等国对外汇的管理就比较严格。例如，英格兰银行对所有在英国营业的银行的外汇头寸进行监控，要求任何币种的交易头寸净缺口数均不得超过资本金的

10%，各币种的净空头头寸数之和不得超过资本金的 15%。

6. 准备金管理

银行的资本充足性与其准备金政策之间有着内在的联系，因此，中央银行对资本充足性的监管必须考虑准备金因素。除了法定存款准备金以外，中央银行一般还要求商业银行提留风险损失准备金，以防范不断增长的坏账风险。风险损失准备一般分为专项准备金（特殊准备金）与普通准备金（一般准备金），前者主要用于弥补已经确定的呆账损失，通常不作为资本构成；后者则是为了弥补那些潜在的且事先无法归于具体资产的风险损失，可纳入资本基础。

7. 存款保险管理

银行破产会极大地损害存款人的利益，并造成社会经济的震荡。为了维护存款者利益和金融业的稳健经营与安全。自 1933 年美国率先通过立法建立存款保险制度以来，不少国家陆续建立了相关制度。所谓存款保险制度，是指一种为存款者利益提供保护和稳定金融体系的制度安排，在这一制度安排下，吸收存款的金融机构根据其存款的数额按规定的保费率，向存款保险机构投保，当存款机构破产而无法满足存款人的提款要求时，由存款保险机构承担支付法定保险金的责任。

1934 年美国根据《格拉斯–斯蒂格尔法》建立联邦存款保险公司，专为在商业银行和互助储蓄银行的存款提供保险，开创了现代存款保险制度的先河。20 世纪 70 年代以来，不少西方发达国家为了维护存款者利益和金融业的稳定，纷纷以不同形式建立了存款保护或保险制度，如英国设有存款保护委员会，向商业银行征集存款保护基金；挪威设有商业银行保险基金，商业银行作为会员参加基金，取得存款保险。

我国国务院于 2015 年 2 月 17 日发布《存款保险条例》，规定自 2015 年 5 月 1 日起施行。该条例规定在中华人民共和国境内设立的商业银行、农村合作银行、农村信用合作社等吸收存款的银行业金融机构（以下统称投保机构），应当依照本条例的规定投保存款保险。投保机构向存款保险基金管理机构交纳保费，形成存款保险基金，存款保险基金管理机构依照本条例的规定向存款人偿付被保险存款，并采取必要措施维护存款及存款保险基金的安全。存款保险实行限额偿付，最高偿付限额为人民币 50 万元。

存款保险制度的具体组织形式大体上有三类：①由官方建立存款保险机构，如美国、英国、加拿大等国；②由官方与银行界共同建立存款保险机构，如日本、比利时等国；③在官方支持下，由银行同业公会建立非官方的存款保险机构，如德国、法国、荷兰等国。参加存款保险的原则也各不相同，有的国家规定银行必须加入存款保护体系，而有的国家则规定银行可以自愿加入。但由于存款保险对于吸收存款更有吸引力，并构成银行同业竞争的一项条件，几乎所有银行都愿意参加，况且负担并不重，如美国 98%以上的商业银行和其他存款机构都参加了存款保险，并接受联邦存款保险公司的监管。因此，可以认为存款保险制度在大多数国家具有强制性，它为整个金融体系设立了一道安全防线，提高了金融体系的稳定性，具有事先检查和事后监督双重稳定的特性，从而成为中央银行金融监管的辅助性稳定器。

（三）风险处置和市场退出监管

通过现场检查、非现场监管和综合风险评级，监管当局要针对金融机构所存在的不同风险及风险的严重程度，及时采取相应措施，即风险处置。在此过程中需要特别重视对陷入危机的金融机构的挽救，避免因单个金融机构经营不善而引起大的社会震荡。对问题金融机构的处理一般有以下几种做法：①重新注资，由中央银行直接贷款挽救或在中央银行授意下组织大银行集体救援。②接管，中央银行或其指定银行依照法定的条件和程序，全面控制被接管银行金融机构的业务活动。它是一种以保护金融机构债权人利益，恢复金融机构正常经营能力为目的的行政性挽救措施。③并购，中央银行组织健全银行兼并或收购问题银行，避免金融机构的破产，用较低的成本稳定金融秩序，并可以保留金融机构多年经营产生的商誉、人力资本等无形资产的价值。④金融机构的退出机制，在市场经济条件下，少数金融机构的倒闭不仅符合优胜劣汰的市场经济原则，也对提高社会资源配置效率具有重要意义。一般而言，金融机构退出市场的方式主要有金融机构的解散、破产清算等。

本章小结

1. 中央银行产生的必要性：统一银行券发行的需要；统一全国票据清算的需要；最后贷款人的需要；金融监管及金融稳定的需要。中央银行的形成途径有演进型和创设型两类。中央银行根据组织形式不同可以分为四种类型：单一型、复合型、跨国型、准中央银行型；根据所有制形式不同可分为五种类型：国家所有制、混合所有制、非国有制、无资本制、多国所有制。

2. 中央银行具有国家金融行政管理机构和金融业务经营机构的双重性质；它不以营利为目的，不经营普通商业银行业务，具有相对独立性。中央银行具有发行的银行、银行的银行和国家的银行三大职能。中央银行的负债业务主要包括资本业务、货币发行业务和存款业务；中央银行的资产业务主要包括贷款、再贴现、证券买卖及黄金和外汇储备业务；中央银行的中间业务主要包括资金清算业务和代理国库业务。

3. 中央银行金融监管的目标有：维护金融体系的安全与稳定；保护存款人和公众的利益；维护金融业的公平有效竞争；保证中央银行货币政策的顺利实施。金融监管的原则主要有：监管主体的独立性、依法管理、合理适度竞争、自我约束与外部强制相结合、公开监管、安全稳健与经济效益相结合等。金融监管的方法主要包括：加强金融法规建设，规范监管行为；充分发挥行业监督与内部控制的作用；日常监控与检查；利用外部审计加强金融监管；补救与处罚。金融监管的主要内容包括市场准入监管、市场运作过程监管、风险处置与市场退出监管等方面。

本章参考文献

艾洪德，范立夫. 2017. 货币银行学[M]. 2 版. 大连：东北财经大学出版社.
曹龙骐. 2016. 金融学[M]. 5 版. 北京：高等教育出版社.
郭红玉. 2008. 货币银行学[M]. 北京：清华大学出版社.
胡庆康. 2001. 现代货币银行学教程[M]. 2 版. 上海：复旦大学出版社.
黄达. 2000. 货币银行学[M]. 北京：中国人民大学出版社.
蒋先玲. 2017. 货币金融学[M]. 2 版. 北京：机械工业出版社.
李敏. 2004. 货币银行学[M]. 上海：复旦大学出版社.
秦艳梅. 1999. 货币银行学[M]. 北京：经济科学出版社.
万解秋，贝政新. 1999. 中央银行概论[M]. 上海：复旦大学出版社.
王晓光. 2015. 金融学[M]. 北京：清华大学出版社.
夏德仁，李念斋. 1997. 货币银行学[M]. 北京：中国金融出版社.
姚长辉. 1998. 货币银行学[M]. 北京：北京大学出版社.
易纲，吴有昌. 1999. 货币银行学[M]. 上海：格致出版社，上海人民出版社.
张庆君. 2017. 货币银行学[M]. 3 版. 大连：东北财经大学出版社.
邹迅. 1999. 金融业监管通论[M]. 南昌：江西人民出版社.

本章综合测试题

一、填空题

1. 中央银行的必要性在于：________________的需要、________________的需要、________________的需要、________________的需要。

2. 由普通商业银行逐步演变为中央银行的，通常称为________中央银行；由国家专门创立中央银行的，通常称为________中央银行。

3. 中央银行在其组织形式（制度）上大致可以分为四种类型：________、________、________和________。

4. 单一型中央银行包括________和________两种形式；英国、法国等大多数国家采用________式中央银行制，美国、德国等国则采用________式中央银行制。

5. 苏联和东欧各国采用________中央银行制度；欧洲中央银行属于________中央银行；新加坡金融管理局属于________。

6. 中央银行一方面是国家的________，另一方面又是从事金融业务活动的________。

7. 中央银行一般具有________、________和________三大职能。

8. 中央银行首要的基本职能是________。

9. 中央银行作为银行的银行，主要体现在：________________、________________和________________。

10. 中央银行负债业务主要包括________、________和________。

11. 中央银行资本形成的主要方式是__________________。

12. 中央银行最主要的负债业务是__________________。

13. 中央银行吸收的存款主要来自____________________及____________________两个方面。

14. 中央银行的资产业务主要包括________________、________________、________________和__________________，其中最主要的一般是________________。

15. 中央银行买卖的证券最主要的是________________。

16. 中央银行的中间业务主要包括________________和________________。

17. 中央银行金融监管的首要目标是维护___________的安全与稳定。

18. 中央银行金融监管的原则主要有：___________、_____________、____________ 、___________、___________和______________ 。

19. 我国规定，商业银行对同一借款人的贷款余额与银行资本余额的比例不得超过______，流动性资产余额与流动性负债余额的比例不得低于______。

20. 风险损失准备一般分为__________________与________________。

21. _________________的建立，开创了现代存款保险制度的历史。

22. 对问题金融机构的处理方法有________________、________________、________________和______________。

23. 《巴塞尔协议》规定银行资本与风险加权资产的比率即资本充足率最低应为_______。

24. 按照《巴塞尔协议Ⅲ》对银行业的要求，普通股构成的核心一级资本占银行风险资产的下限将从原来的2%提高至______________。

二、单项选择题

1. 由国家专门创立而成的中央银行是（　　）。

A. 英格兰银行　　B. 法兰西银行　　C. 德意志联邦银行　　D. 美联储

2. 大多数国家采用（　　）。

A. 一元式中央银行制　　B. 二元式中央银行制

C. 复合型中央银行制　　D. 准中央银行制

3. 美联储属于（　　）。

A. 一元式中央银行　　B. 二元式中央银行　　C. 复合型中央银行　　D. 准中央银行

4. 实行准中央银行制度的国家是（　　）。

A. 英国　　B. 美国　　C. 新加坡　　D. 中国

5. 中央银行首要的基本职能一般是（　　）。

A. 发行的银行　　B. 银行的银行　　C. 国家的银行　　D. 管理的银行

6. 集中存款准备金属于中央银行的（　　）职能。

A. 发行的银行　　B. 银行的银行　　C. 国家的银行　　D. 管理的银行

7. 属于中央银行银行的银行职能的是（　　）。

A. 代理国库　　B. 垄断货币发行

C. 保管黄金外汇储备　　D. 组织全国票据清算

8. 中央银行最主要的负债业务是（　　）。

A. 货币发行业务　　B. 资本业务

C. 吸收金融机构存款　　D. 吸收财政性存款

9. 大多数中央银行最主要的资产业务是（　　）。

A. 再贴现　　B. 证券业务

C. 贷款业务　　D. 买卖黄金外汇储备

10. 中央银行金融监管的首要目标是（　　）。

A. 保护存款人和公众的利益　　B. 维护金融体系的安全与稳定

C. 维护金融业的公平有效竞争　　D. 保证中央银行货币政策的顺利实施

11. 我国规定，商业银行对同一借款人的贷款余额与银行资本余额的比例不得超过（　　）。

A. 50%　　B. 30%　　C. 20%　　D. 10%

12. 我国规定，商业银行流动性资产余额与流动性负债余额的比例不得低于（　　）。

A. 10%　　B. 25%　　C. 50%　　D. 80%

13. 《巴塞尔协议》规定，商业银行的资本充足率最低为（　　）。

A. 8%　　B. 10%　　C. 5%　　D. 4%

14. 中央银行的主要业务对象是（　　）。

A. 工商企业　　B. 政府　　C. 金融机构　　D. 城市居民

三、多项选择题

1. 中央银行产生的必要性主要在于（　　）。

A. 统一银行券发行的需要　　B. 统一全国票据清算的需要

C. 最后贷款人的需要　　D. 金融监管及金融稳定的需要

E. 政府融资的需要

2. 属于演进型中央银行的有（　　）。

A. 英格兰银行　　B. 法兰西银行　　C. 德意志联邦银行

D. 中国人民银行　　E. 美国联邦储备银行

3. 实行一元式中央银行制度的代表国家有（　　）。

A. 美国　　B. 英国　　C. 法国

D. 德国　　E. 日本

4. 实行二元式中央银行制度的代表国家有（　　）。

A. 美国　　B. 英国　　C. 德国

D. 法国　　E. 澳大利亚

5. 属于跨国型中央银行的有（　　）。

A. 西非国家中央银行　　B. 中非国家银行　　C. 欧洲中央银行

D. 东加勒比海货币管理局　　E. 世界银行

6. 实行准中央银行制度的国家或地区有（　　）。

A. 香港　　B. 新加坡　　C. 莱索托

D. 斯威士兰　　E. 利比里亚

7. 中央银行的特点主要有（　　）。
A. 不以营利为目的
B. 不经营普通银行业务
C. 面向社会各阶层办理存贷、结算业务
D. 具有相对独立性
E. 弥补财政赤字
8. 中央银行的银行的银行职能主要体现在（　　）。
A. 代理国库
B. 保管国家黄金外汇储备
C. 集中存款准备金
D. 充当最后贷款人
E. 组织全国的票据清算
9. 中央银行的国家的银行职能主要体现在（　　）。
A. 代理国库
B. 对政府给予信贷支持
C. 保管国家黄金外汇储备
D. 制定和执行货币政策
E. 代表政府参与国际金融活动
10. 中央银行的最主要负债业务通常包括（　　）。
A. 资本业务
B. 货币发行业务
C. 存款业务
D. 借款业务
E. 发行债券业务
11. 中央银行的资产业务主要包括（　　）。
A. 贷款
B. 再贴现
C. 证券业务
D. 黄金外汇储备业务
E. 资金清算业务
12. 中央银行的中间业务主要包括（　　）。
A. 办理票据交换与清算
B. 办理异地资金转移
C. 代理国库
D. 再贴现
E. 证券买卖
13. 中央银行金融监管的目标主要有（　　）。
A. 实现经济增长
B. 维护金融体系的安全与稳定
C. 保护存款人和公众的利益
D. 维护金融业的公平有效竞争
E. 保证中央银行货币政策的顺利实施
14. 下列属于中央银行所有制形式的主要有（　　）。
A. 全部资本归国家所有
B. 国家资本与民间资本共同组建
C. 全部股份由私人或非国有部门持有
D. 资本为多国所有
E. 无资本制
15. 中央银行金融监管的方法主要有（　　）。
A. 加强金融法规建设，规范监管行为
B. 充分发挥行业监督与内部控制的作用
C. 日常监控与检查
D. 利用外部审计加强金融监管
E. 补救与处罚
16. 属于中央银行金融监管的内容有（　　）。
A. 市场准入与机构合并的管理
B. 银行等金融机构业务范围的限制
C. 外汇风险管理
D. 流动性与资本充足率的要求
E. 存款保护

四、判断题

1. 英格兰银行和法兰西银行都是由普通商业银行逐步演变成为中央银行的。(　　)
2. 第一次世界大战后新建立的中央银行基本上属于演进型中央银行。(　　)
3. 英格兰银行模式是指一元式中央银行制。(　　)
4. 美国采用的是复合型中央银行制度。(　　)
5. 跨国型中央银行一般在货币联盟成员国内制定和执行统一的货币政策。(　　)
6. 新加坡实行二元式中央银行制度。(　　)
7. 港币是由香港金融管理局负责发行的。(　　)
8. 中央银行在性质上是一个代表国家管理金融的特殊金融机构。(　　)
9. 中央银行原则上不经营一般商业银行业务。(　　)
10. 垄断货币发行是中央银行首要的基本职能。(　　)
11. 充当最后贷款人是中央银行国家的银行职能的体现。(　　)
12. 保管国家黄金外汇储备是中央银行银行的银行职能的体现。(　　)
13. 中央银行最主要的负债业务一般是货币发行业务。(　　)
14. 存款业务一般是中央银行最主要的负债业务。(　　)
15. 中央银行对商业银行等金融机构一般只发放短期贷款。(　　)
16. 中央银行通过公开市场业务买卖证券是为了资产的保值和增值。(　　)
17. 中央银行的中间业务主要有资金清算业务和代理国库业务。(　　)
18. 维护金融业的公平有效竞争是中央银行金融监管的首要目标。(　　)
19. 我国规定，商业银行对同一借款人的贷款余额与银行资本余额的比例不得超过 10%。(　　)
20. 《巴塞尔协议》规定，商业银行的资本充足率不得低于 8%。(　　)

五、名词解释

1. 中央银行	2. 最后贷款人	3. 演进型中央银行	4. 创设型中央银行
5. 单一型中央银行	6. 复合型中央银行	7. 跨国型中央银行	8. 准中央银行
9. 发行的银行	10. 银行的银行	11. 国家的银行	12. 一元式中央银行
13. 二元式中央银行	14. 再贷款	15. 再贴现	16. 中央银行的金融监管

六、简答题

1. 简述中央银行产生的必要性。
2. 简述中央银行的形成途径。
3. 简述中央银行的类型。
4. 简述中央银行的性质。
5. 简述中央银行的主要特点。
6. 简述中央银行的主要职能。
7. 简述中央银行的主要业务。
8. 简述中央银行金融监管的目标。
9. 简述中央银行金融监管的原则。

10. 简述中央银行金融监管的主要方法。

11. 简述中央银行金融监管的主要内容。

七、论述题

1. 试述中央银行的产生。
2. 试述中央银行的性质与特点。
3. 试述中央银行的职能。
4. 试述中央银行的业务。
5. 试述中央银行金融监管的目标与原则。
6. 试述中央银行金融监管的主要方法与主要内容。

第四篇

金融宏观调控

第十章

货币需求

货币理论的核心内容是货币供求规律，即反映货币需求（MD）与货币供给（MS）之间的相互关系和相互影响。货币理论同其他经济理论一样，也是分别从供给和需求两个方面展开研究的，其理论基础仍是供求规律。货币理论分为货币需求理论和货币供给理论。货币需求理论和货币供给理论是货币经济学的基石，货币需求和货币供给的相互作用决定了均衡的价格水平，进而通过价格水平影响通货膨胀率、名义利率、产出、资本积累、消费及劳动投入。从理论上来看，只有在分析货币供求关系的基础上，才能进一步研究货币对就业、国民收入和物价等实际经济变量的影响，从而建立起完整的货币经济理论体系。从实践来看，中央银行制定货币政策是为了实现货币供求的均衡，从而实现宏观经济总供求的均衡。因此，对货币供求进行研究，有利于指导货币政策的制定。在中央银行制定和执行货币政策时，需要对货币需求理论和货币供给理论进行系统深入的学习和研究。在国内外经济学界，人们对货币需求理论和货币供给理论已进行了长期的研究，并取得了丰硕成果。尽管现实经济运行中货币需求和供给总是同步的，但理论研究中人们对两者的认识却不是同步的，相比之下，人们对货币需求理论的研究要悠久得多。本章先就货币需求问题即货币需求及其理论、我国货币需求理论及其实践等问题加以阐述，为下面章节研究货币供给、货币供求均衡与失衡（通货膨胀与通货紧缩）及货币政策调控等提供铺垫。

第一节　货币需求概述

一、货币需求相关概念

（一）货币需求

货币需求（money demand）从不同角度有不同的含义。从经济学的角度来看，货币需求是一种由货币需求欲望和货币需求能力相互决定的特殊需求，即人们有希望得到或持有货币的欲望，同时人们有得到或持有货币的能力。从投资学的角度来看，货币需求是指在一定时期内，社会各主体（个人、企业单位、政府）愿以货币形式持有财产或资产形式的需要，或社会各主体对执行流通手段、支付手段和价值贮藏手段的货币需求。因此，货币需求是指公众在综合权衡各种资产的收益和成本之后所愿意持有的货币数量。货币是一种财富，群众主观上总是希望持有货币越多越好；但总财富量是给定的，公众多持有货币资产就必须减少其他资产的持有量，所以公众必须考虑各种资产的流动性和回报率，选择最优的货币持有量。

这一概念有以下四层意思。

（1）货币需求表现为一种经济学意义上的需求——有支付能力的需求，是人们对自己财富形式的一种理性选择，是一种能力与愿望的统一。

（2）货币需求不仅包括人们对执行流通手段及支付手段货币的需求，还包括对执行价值贮藏手段的货币的需求。

（3）货币需求是金融体系以外的各经济主体对货币的需求，不包括金融体系本身对货币的需求。

（4）货币需求与货币供给大体上应对应，研究货币供给，不能超越货币需求这一范畴。

（二）货币需求量

经济学意义上的货币需求量包含以下三点内容：①需求能力与需求欲望的结合；②需求能力可理解为占有货币对应的收入、借款或其他形式的资金来源；③需求欲望可以理解为由需求主体经济利益决定的各种动机与行为。对于货币的需求，即是需要货币所能够执行的种种职能，如流通手段、支付手段和价值贮藏手段等。因此，可以对货币需求量界定如下：在一定的时间内，在一定的经济条件下，整个社会需要用于执行交易媒介、支付手段和价值贮藏手段的货币数量。为了更好地把握货币需求量的含义，需要区别宏观的货币需求量与微观的货币需求量、主观的货币需求量与客观的货币需求量、名义货币需求量与真实货币需求量。

（三）货币需求函数

在现代经济学中，经济学家们往往用函数式或方程式来表达一定的经济理论。货币需求函数是为了分析货币需求量的因素及其变动规律而建立起来的一种函数。它是将决定和影响货币需求的各种因素作为自变量，将货币需求量本身作为因变量而建立起来的数量变化关系。建立货币需求函数主要满足以下三个用途：①用于分析各种因素对货币需求的不同影响，包括影响的方向和影响的程度；②用于验证货币需求理论分析的结果；③预测一定时期内全社会货币需求量及其变化的方向，作为制定货币政策、调节货币供给的依据。影响和决定货币需求的变量有多种，大致可分为三类，即规模变量、机会成本变量和其他变量。规模变量是指决定货币需求规模的变量，它包括财富和收入。机会成本变量是指为达到持有货币的经济效益最大而使持币比率改变的因素，包括市场利率、有价证券收益率、预期通货膨胀率、货币自身收益率和其他资产收益率等。其他变量是指除规模变量和机会成本变量之外的其他影响货币需求的经济因素，如人口、金融机构数量的变动及现金与货币总存量比率、非银行金融资产与全部金融资产比率的变化等。

二、货币需求的内容和分类

（一）货币需求的内容

对货币需求的研究必须以货币需求理论为依据。货币需求理论是一种研究货币需求的动机影响因素和数量决定的理论，是货币政策选择的理论出发点。可见货币需求的研究内容是要解决一国经济发展在客观上需要多少货币量，货币需要量由哪些因素组成，这些因素相互之间有何关系，以及一个经济单位（企业、家庭或个人）在现实的收入水平、利率和商品供求等经济背景下，手中保持多少货币的机会成本最小、收益最大等问题。

（二）货币需求的分类

1. 名义货币需求和实际余额需求

考虑到经济运行中物价水平（即以商品衡量的货币价值）是不断变动的，因此，在分析货币需求时，我们必须区分名义货币需求和实际余额需求两个概念。

名义货币需求（nominal money demand）是指公众货币需求的名义值，以货币单位来衡量，与物价水平呈正相关，随物价的上升而上升。

实际余额需求（real balance demand）是指公众货币需求的实际值，是以实物衡量的货币需求量。实际余额需求等于名义货币需求除以物价水平。

2. 微观货币需求和宏观货币需求

根据动机，货币需求可以分为主观货币需求和客观货币需求。前者是指个人、家庭或单位在主观上希望拥有货币的欲望。后者是指个人、单位或国家在一定时期内能满足其经济发展客观需要的货币需求。依据货币作为一般等价物具有质上无限、量上有限的特征，主观货币需求在量上是无限制的，是一种无约束性的无效货币需求，这显然不是我们研究的对象。

就客观货币需求而言，又可分为微观货币需求和宏观货币需求。前者是指个人、家庭或企业单位在既定的收入水平、利率水平和其他经济条件下所保持的最合适货币需求。后者是指一个国家在一定时期内经济发展和商品流通所必需的货币量。二者的差异性表现在：①研究的动机不同。宏观货币需求是从国民经济总体出发，去探讨一国经济发展客观上所需的货币量；而微观货币需求则是从一个经济单位着眼，研究每一个经济单位持有多少货币最为合算，即机会成本最低和所得效用最大。②包含的内容不同。宏观货币需求一般指货币执行流通手段职能和支付手段职能所需要的货币量，它不包括货币发挥价值贮藏手段职能所需要的货币量；而微观货币需求是指个人手持现金或企业单位库存现金及各自在银行保留存款的必要量，即一般指货币执行价值贮藏手段职能所需要的货币量。③研究的方法不同。宏观货币需求注重动态的、客观的研究，而微观货币需求则注重静态的、主观的研究。

第二节　西方货币需求理论

一、传统货币需求理论

传统货币需求理论主要是指货币数量论（the quantity theory of money）。货币数量论是发展历史最长、影响最深远的货币需求理论。在古典学派的经济学家看来，商品生产者生产商品，并不是为了获得货币，而是将所获得的货币用于购买自己所需要的商品，商品买卖从本质上看是商品和商品之间的交换，货币只是一个交易媒介。人们之所以需要货币，其主要原因在于取得收入和支出在时间上无法统一，收入的获得和支出行为之间存在着一个时间差，在这个时间差期间，就必须保有一定的货币量。也就是说，传统货币需求理论的基本观点是：主要以货币为交易媒介或认为保存货币仅为便利交易。

货币数量论是说明货币数量的变化决定物价水平变化的理论。货币数量论最早可追溯到古罗马的法学家鲍鲁斯（Paulus），但一般认为是法国重商主义者吉恩·鲍丁（Jean Bodin）第一次明确地将价格波动同货币数量的变化联系了起来，正式创立了货币数量论。18 世纪和 19 世纪的一些学者和经济学家，如约翰·洛克（John Locke）、大卫·休谟（David Hume）、大卫·李嘉图（David Ricardo）、穆勒（J. S. Mill）等都接受并发展了货币数量论。到了 20 世纪初，经美国经济学家欧文·费雪（Irving Fisher）和英国经济学家马歇尔（A. Marshall）及庇古（A. C. Pigou）的进一步研究，分别提出了现金交易说和现金余额说，才使货币数量论系统化，并初步建立了货币需求理论的基本模型。

（一）现金交易说——费雪现金交易方程式

20 世纪初，美国耶鲁大学教授欧文·费雪（1867～1947 年）在纽科姆的研究基础上，提出了现金交易数量学说（即现金交易说），为货币数量论构筑了一个清晰的理论框架。1911 年费雪在其所著的《货币的购买力》一书中首先提出了费雪现金交易学说的核心内容，即费雪现金交易方程式。

欧文·费雪十分注重货币的交易媒介功能，认为人们需要货币并不是需要货币本身，而是因为货币可以用来交换商品和劳务，以满足人们的欲望。人们手中的货币，最终都将用于购买。因此，在一定时期内，社会的货币支出量与商品、劳务的交易量的货币总值一定相等。欧文·费雪在研究了经济中总货币需求、商品和劳务的总交易量之间的关系后，得到了如下方程式

$$M \times V = P \times T \tag{10-1}$$

其中，M 是流通中的货币总量；V 是货币流通速度；P 是价格水平；T 是商品和劳务的交易总量；$P \times T$ 是经济中出售商品和劳务所得到的货币总额。该方程式表明，出售商品和劳务所需要的货币总额等于货币存量和流通速度的乘积。

该方程式本质上是一个交易恒等式，并不带来任何信息。欧文·费雪认为，货币制度和交易技术影响人们所采用的交易方式，后者决定了货币流通速度 V 。例如，人们更多地采用记账方式和信用卡方式进行交易会导致货币流通速度的提高。欧文·费雪进一步认为，交易技术和制度性因素对流通速度的影响是相当缓慢的，因此，短期内货币流通速度可以被看作是一个常数。

在短期内货币流通速度是常数的前提下，上述恒等式就变成了传统货币数量方程（即费雪现金交易方程式）。古典经济学家们（包括欧文·费雪）相信名义工资和价格是完全弹性的，因此，劳动力市场完全出清，总产出等于充分就业时的产出量，商品和劳务的交易总量在短期内可以被看作常数。由等式（10-1）得

$$P = M \times \frac{V}{T} \tag{10-2}$$

因此，价格水平由货币存量唯一决定。

可以将等式（10-1）改写为

$$M = \frac{1}{V} \times PT \tag{10-3}$$

当货币市场出清时，经济中的总货币供给等于总货币需求，考虑到 V 是一个常数，令 $k = \frac{1}{V}$ ，则有

$$M^d = k \times PT \tag{10-4}$$

式（10-4）表明，名义交易总量决定了人们的货币需求，由于 k 和 T 都是常数，利率对货币需求没有任何影响。

考虑到现代商品经济中几乎所有产出都要进入流通领域进行商品交换，因此，有 $T = Y$ ，代入式（10-4），整理得

$$M^d = k \times PY \tag{10-5}$$

因此，名义收入完全由经济中的货币数量决定。

从上面的分析可以看到，货币需求的费雪现金交易学说仅考虑了货币的交易动机。在该理论中，货币流通速度存在短期刚性，不受利率的影响，价格水平完全由经济中的货币存量决定；名义货币需求和实际余额需求都不受利率的影响。也就是说，人们之所以需要货币，仅仅是因为货币是种交易媒介，因此人们需要货币也就仅是为了便利商品或劳务的交易。该方程式强调货币的交易职能，因此也被称为现金交易学说。

（二）现金余额说——剑桥方程式

在欧文·费雪发展货币需求现金交易学说的同时，英国剑桥的一批古典经济学家，包括马歇尔、庇古和罗伯森（Robertson）等，也在同一领域进行着类似的研究。现金余额说是由以马歇尔和庇古为首的英国剑桥大学经济学家创立的。庇古根据马歇尔的观点，于 1917 年写了《货币的价值》一文，马歇尔则于 1923 年写了《货币、信用与商业》一书，在书中正式提出了现金余额数量学说（即现金余额说）。

剑桥学派从微观主体的行为研究着手，认为在一个经济体系中的个人对货币的需要，实质上是对个人资产持有方式的一种选择。个人财富的水平、利率变动及持有货币可能拥有的便利等诸多要素都会影响个人对货币的需求数量。他们将个人收入的去向分为三类：为了便利和安全储存货币；因生理和心理的需要而购买消费品；为了未来的收益而做的投资。在个人收入一定的情况下，收入的这三种用途是相互排斥的。微观经济主体在决定拥有多少货币余额时，除了受到个人所计划的交易量、持有货币的机会成本等因素的影响外，还受到物价水平的影响。就个人的财富水平来说，交易量和收入彼此是按稳定的比例变动的，假若其他条件不变，则名义货币需求和名义收入水平成正比。

剑桥学派认为个体持有货币的动机有两点：交易动机和投机动机。作为一种交易媒介，货币被用来进行交易。在这一点上，剑桥的这些经济学家赞成欧文·费雪的货币需求量与交易水平有关，认为货币需求中用于交易的那部分正比于名义总收入。不同于欧文·费雪的是，货币需求中还有一部分是用于价值贮藏的，受人们财富水平的影响。因为名义财富量正比于名义收入，所以货币需求中用于价值贮藏的那部分也正比于名义总收入。将这两部分合在一起，可以得到货币需求正比于名义收入的结论。剑桥经济学家们将该结论表达为如下方程式（即剑桥方程式）：

$$M^d = K \cdot PY \tag{10-6}$$

其中，M^d 表示货币需求量；P 表示物价水平；Y 表示总收入；PY 表示名义总收入；K 表示 PY 与 M^d 的比，也就是一年中人们愿意以现金余额方式持有的货币量占商品交易量的比率。

因此，剑桥方程式也称为现金余额方程式。

根据剑桥学派的分析，在短期内，K 和 Y 是相对稳定的；同时，货币数量的变动不会对这两个变量产生影响。因此，与欧文·费雪的基本结论一样，剑桥学派也认为，货币数量的任何变动必将使一般物价水平发生同方向、等比例的变动。

尽管剑桥经济学家们也经常将 K 看作常数且同意费雪的名义收入由货币存量决定的观点，但在利率能否影响货币需求上却意见不一。剑桥学派认为，个体选择多少货币进行价值贮藏，除了受名义收入的影响外，还受其他资产的收益率和期望回报率的影响。个体将在所有可用于价值贮藏的资产中选择最优组合。如果其他资产的收益和期望回报率发生变化，用于价值贮藏的这部分货币量也将发生变化，短期内 K 并不能保证一定稳定。

（三）现金交易说与现金余额说的比较及两者的共同缺陷

1. 现金交易说与现金余额说的共同点

现金交易说与现金余额说的相同之处是两者都将货币数量作为物价变动的原因，并且所得结论是相同的。

2. 现金交易说与现金余额说的区别

剑桥方程式是费雪现金交易方程式的变形与发展，它们之间的区别是：①现金交易说重视货币作为媒介的功能，认为人们需要货币是为了便于交换；而现金余额说强调货币的价值贮藏手段功能，认为货币是具有充分流动性的价值贮藏工具，不仅交换需要货币，持有货币也是持有资产的一种形态。②与现金交易说不同，现金余额说以收入Y代替了交易量T，以个人持有货币需求对收入的比率K代替了货币流通速度V。因为现金余额说以个人货币需求作为考虑的出发点，其自变量当然是收入而不是社会的交易量，相应地也就必然有一个新的系数K来代替。③现金余额说重视人们持有货币的动机，现金交易说则注重货币流通速度及经济社会等制度因素。④现金交易说没有明确地区分名义货币需求与实际货币需求，所以交易次数、交易量及价格水平都影响到货币的需求；而现金余额说的货币需求是实际的货币需求，它不受物价水平的影响，因为物价变动只能影响名义货币需求。⑤现金交易说所指的货币数量是某一时期的货币流通量，而现金余额说所指的货币数量是某一时点人们手中所持有的货币存量。

3. 现金交易说和现金余额说的共同缺陷

现金交易说和现金余额说都属于传统的货币数量论，其共同缺陷是：第一，传统货币数量论是以充分就业的假定为前提的，但充分就业并非社会的常态，在更为常态的非充分就业条件下，物价水平并不一定与货币数量相关。第二，货币数量论是一种长期的均衡理论和静态的理论，它以萨伊定律即供给会自行创造它本身的需求为理论基础，认为商品总供给恒等于商品总需求，短期内经济波动会通过市场机制而自动调节，经济在长期内总会自动趋向充分就业均衡。货币只是商品交易的媒介，因此，货币的供给和需求也同样会趋于均衡。基于此，传统货币数量论认为，短期的不均衡现象，经过自动调节，在长期内必然趋于均衡，因此，经济学对短期问题没有深入研究的必要，而应主要分析在长期内货币数量及其他经济因素的变动情况。所以，这是一种长期的均衡理论。实际上，短期变动却是现实中的经常现象，是经济发生问题的主要原因。第三，传统货币数量论常假定某些因素固定不变，是一种静态的理论。例如，假定产量、货币流通速度及货币持有比例不变，但实际上，方程式中的每一因素都处于动态的不断变化之中。第四，传统货币数量论将利率排除在货币分析之外，忽略了利率的作用。第五，除了认为货币量变动会直接引起物价同比例变动外，传统货币数量论对方程式中的其他各项因素之间的相互关系没有深入探讨。事实上，方程式中的各项因素都是相互作用的。例如，货币数量的增加，会因生产的增加，或货币流通速度的降低而抵消，结果物价不因货币数量增加而上涨，或不与货币数量同比例上涨。此外，物价也不是被动的，物价的变动也影响其他因素。例如，物价的上升会使人们产生物价继续上升的预期，人们将调整消费行为，结果必将影响货币流通速度。

综上所述，这两种古典处理方法都相信货币需求正比于收入，但欧文·费雪更强调交易的技术因素，排除了短期利率的影响；而剑桥学派则更强调个体的资产选择，因此无法排除利率对货币需求的短期影响。

二、现代货币需求理论

（一）凯恩斯的流动性偏好理论

1. 货币流通速度的稳定性

古典经济学家相信价格水平完全由货币供给决定，货币流通速度是个常数。但真实经济中，货币流通速度并非常数。图 10-1 刻画了美国 1959～2018 年货币流通速度的变化情形，从中可以看出，即使在短期，货币流通速度也存在着较大波动，很难把它看作一个常数。从图 10-1 中可以发现，每当经济衰退产生时，货币流通速度也随之下降。

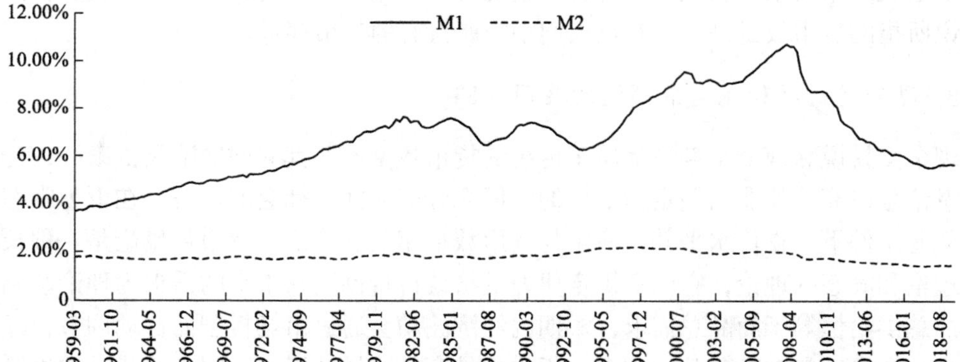

图 10-1　1959～2018 年美国货币流通速度变化

因此，凯恩斯为建立自己的货币需求理论，首先批判了传统货币数量论关于产量 T 或实际收入 Y，以及货币流通速度 V 和货币持有比例 K 都为不变常数的假设。凯恩斯认为收入或产量并不是常数，V 或 K 也是变动不定的。为了具体解释 V 或 K 的不稳定性，凯恩斯将剑桥方程式加以修改，提出了自己的货币需求理论，以解释人们为什么总是保持一部分不生息的货币在手中。

2. 凯恩斯流动性偏好理论

1936 年，凯恩斯在他的《就业、利息和货币通论》一书中放弃了古典货币经济学家对常数货币流通速度的假定，发展了一种新的货币需求理论——流动性偏好理论。该理论继承了剑桥学派的处理方法，从人们持有货币的需求出发构建货币需求函数，同时将利率引入该函数。所谓流动性偏好（liquidity preference），是指人们在心理上偏好流动性，即愿意持有名义收益为零且流动性最强的货币而不愿意持有其他名义收益为正但缺乏流动性的资产的欲望。流动性偏好实质上就是人们对货币的需求。凯恩斯认为货币需求是指特定时期公众能够而且愿意持有的货币量。人们之所以需要持有货币，是因为人们对流动性的偏好。凯恩斯货币需求理论的显著特点在于分析了人们对货币需求的三种动机，即交易性动机、预防性动机和投机性动机。

（1）交易性动机。货币需求的交易性动机是指个人或企业为了应付日常交易需要而产生的持有货币需要。个人因交易动机保存的货币量规模取决于个人收入的多少和收入间隔时间的长短；企业因交易动机保存的货币量规模取决于企业当期生产规模的大小及生产周期的长短。可见，交易动机是建立在确认货币流通媒介职能基础上的货币需求论。在这一点上，它与过去的货币需求理论是一脉相承的。

影响交易需求的因素包括收入规模、收入与支出的时距及其规律性、支出习惯、金融制度、预期因素等。在这些影响因素中，除了收入因素外，其他因素均可视为在短期内不变的常量，因此，凯恩斯将交易需求看作是收入的函数。

（2）预防性动机。货币需求的预防性动机又称谨慎性动机，是指个人或企业为应付可能遇到的意外支出等而持有货币的动机。它产生主要是因为未来收入和支出的不确定性，为了防止未来收入减少或支出增加这种意外变化而保留一部分货币以备不测。凯恩斯认为这种预防性货币需求量依赖于个体对未来交易水平的预期，而后者正比于个体的现期收入，因此，预防性货币需求也正比于收入。

可见，货币需求的交易性动机和预防性动机都与收入（Y）有关，货币需求的交易性动机的产生主要是因为在收入和支出之间有一定时差，而货币需求的预防性动机的产生则主要是因为收入和支出的不确定性。所以，就实质来说，预防性动机和交易性动机可以归入一个范围之内，两者所引起的货币需求都是收入（Y）的函数，与利率没有直接的关系。在实践中，由这两种动机形成的货币余额是难以截然分开的。

（3）投机性动机。货币需求的投机性动机是指个人或企业根据未来利率的不确定性导致的利率变动的预期，为了在有利的时机购买证券进行投机而持有货币的动机。它产生的主要原因是个人或企业相信自己对未来的看法较市场上一般人高明，想由此从中取利，所以愿意持有货币以供投机之用。这是凯恩斯做出的同古典学派不同的并运用规范化的分析方法建立起来的函数方程式，是他对货币理论发展做出的重大贡献。

投机性动机的货币需求取决于三个因素，即当前市场利率、投机者正常利率水平的目标值及投机者对利率变化趋势的预期。其中第三个因素依赖于前两个因素，所以投机动机的货币需求实际上取决于当前市场利率水平与投机者对正常利率目标的取值之差。从总体分析，如果当前市场利率水平较低，那么预期利率上升的投机者就会较多，从而以货币形式持有其财富的投机者就越多，货币的投机性需求也就越大；反之亦然。所以，货币的投机性需求是当前利率水平的递减函数。

3. 凯恩斯的货币需求函数

凯恩斯把用于财富储存的资产分为两类：货币和债券。持有货币的名义回报率为零，持有债券的回报由两个部分构成，即利息收益和由债券价格变化所带来的预期资本收益。利率上升，则债券价格下降。如果预期未来利率会上升，则未来债券价格将下降，由此会导致负的资本收益；反之则反是。

凯恩斯认为，市场利率往往呈现一种周期性变动的规律，从长期来看它将稳定在某个合理的或正常的水平上。如果现期利率低于该正常值，个体将预期未来债券利率上升，债券价格会下降，由债券价格变化所带来的预期资本收益为负值，因此，个体将出售债券改为持有货币，从而货币需求上升。如果现期利率高于该正常值，则个体将预期未来债券利率会下降，债券价格会上升，由债券价格变化所带来的预期资本收益为正值，持有货币的收益低于持有债券的收益，货币变得不受欢迎，从而货币需求下降。因此，基于投机性动机的货币需求与利率水平负相关。

名义货币和价格水平的同比上升并不能给个体带来任何好处，个体在持有货币时所关心的是它的实际购买力。因此凯恩斯认为，在考虑货币需求时应该考虑实际余额需求而不是名义货币需求。

如果以 L_1 表示交易性动机和预防性动机的货币需求，Y 表示收入，则交易性动机和预防性动机的货币需求函数公式为

$$\frac{M_1}{P} = L_1 = L_1(Y)\frac{\mathrm{d}L_1}{\mathrm{d}Y} > 0 \tag{10-7}$$

其中，M_1 表示名义交易性货币需求量；P 表示价格水平；$\frac{\mathrm{d}L_1}{\mathrm{d}Y}$ 为一阶导数。

如果以 L_2 表示投机性动机的货币需求，r 表示利率，则投机性动机的货币需求函数公式为

$$\frac{M_2}{P} = L_2 = L_2(r)\frac{\mathrm{d}L_2}{\mathrm{d}r} < 0 \tag{10-8}$$

其中，M_2 表示名义投机性货币需求量；P 表示价格水平；$\frac{\mathrm{d}L_2}{\mathrm{d}r}$ 反映 L_2 与 r 之间的变动方向。

因此，基于这三种动机的货币总需求为

$$\frac{M_\mathrm{d}}{P} = L(r,Y) = L_1(Y) + L_2(r) \tag{10-9}$$

其中，实际货币需求 L 也用 $\frac{M_\mathrm{d}}{P}$ 表示。

考虑到货币市场均衡时货币需求 M_d 等于货币供给 M_s，由流动性偏好函数公式（10-9）和现金交易公式可以求出货币流通速度公式：

$$V = \frac{PY}{M_\mathrm{d}} = \frac{PY}{M_\mathrm{s}} = \frac{Y}{L(r,Y)} \tag{10-10}$$

在式（10-10）中，货币流通速度（V）不再是常数，是随着利率的变化而变化。利率的上升导致实际余额的下降，货币流通速度随之上升。通常，利率是顺周期变化的，经济繁荣时利率上升，经济衰退时利率下降，因此，货币流通速度也是顺周期的，这可以解释图 10-1 中美国货币流通速度的顺周期性。

4. 凯恩斯货币需求理论的政策含义

凯恩斯货币需求理论的建立为其提出解决失业问题的政策措施提供了理论基础。因为凯恩斯的整个经济理论体系是将货币通过利息率，同投资、就业和国民收入等实际经济因素联系起来的。利息率是由货币的供应与需求共同决定的，其中，货币供应取决于中央银行，货币需求则取决于人们心理上的流动性偏好。在流动性偏好一定的条件下，中央银行增加货币供应会使利息率下降。这是因为货币供应量增加以后，人们就会感到他们所持有的货币超过了他们所愿意贮藏的数量，于是人们就将多余的货币用于购买债券，使对债券的需求增加，导致债券价格上升，利息率下降；反之，中央银行减少货币供应会使利息率上升。

在以上分析的基础上，凯恩斯得出结论：如果中央银行通过增加货币供应量、降低利息率，使利息率低于资本边际效率，就会刺激投资的增加，并通过投资乘数的作用，提高有效需求，使就业量与国民收入成倍增长。这也就是凯恩斯所提出的解决失业问题的政策措施。

但是，凯恩斯又指出，当货币供应量大量增加，使利率降到某一低点（接近于零）以后，货币需求会变得无限大。这是因为在某一低利率情况下，人们一致认为未来利率会上升，债券价格会降低，这时，无人再愿意持有债券，而只愿意持有货币，这就是著名的流动性陷阱（liquidity trap）。

（二）弗里德曼的现代货币需求理论

1. 弗里德曼现代货币需求理论的产生背景

传统货币需求理论因为 20 世纪 30 年代的经济大萧条和凯恩斯《就业、利息和货币通论》的出版而没落，随后大多数经济学家成为凯恩斯主义者。在理论上，凯恩斯“革”了自 18 世纪以来占绝对支配地位的古典经济理论的“命”，在政策上，凯恩斯提出了一整套“医治”失业和经济危机的“处方”。自此，凯恩斯的理论占据了西方经济学的统治地位，并一度使西方的经济得到了一定程度的恢复和发展。但是，长期实行凯恩斯所主张的经济政策，带来了另一类严重的经济问题——通货膨胀。从 20 世纪 50 年代末期开始，大规模的经济萧条已不再是西方经济的主要问题，代之而起的则是通货膨胀问题。进入 20 世纪 70 年代后，单纯的通货膨胀又为更复杂的“滞胀”问题所替代，即高通货膨胀率与经济停滞、高失业率并存。以失业为研究中心的凯恩斯理论既无法解释“滞胀”出现的原因，也提不出解决“滞胀”问题的方法。正是在这样的历史背景下，以米尔顿·弗里德曼（Milton Friedman）为首的西方经济学家及时抓住通货膨胀这个主题趁机而起，以“反对凯恩斯革命”自居，在传统货币数量论的基础上，提出了现代货币数量论，试图对西方新的经济问题做出理论解释，提出新的政策主张，从而成为与凯恩斯相抗衡的主要流派。

2. 弗里德曼的现代货币需求函数

1956年，弗里德曼发表了题为《货币数量论——一种新的表述》的论文，标志着货币数量论的复活。弗里德曼认为，现代货币数量论不能像传统的货币数量论那样，假定充分就业条件下的产量不变，并把货币流通速度也作为固定的常数，然后研究货币数量同物价的关系。他认为，物价水平或名义收入（货币收入）是货币需求与货币供给共同作用的结果，决定货币供应的是货币制度，即法律和货币当局的政策，而货币需求的决定则是货币数量论需要研究的问题。

1）货币需求的影响因素

弗里德曼认为货币数量论并不是关于产量、货币收入或物价水平的理论，而是货币需求的理论，即货币需求由何种因素决定的理论。因此，弗里德曼对货币数量论的重新表述就是从货币需求入手的。弗里德曼将货币看成是资产（财富）的一种形式，也就是说，货币同债券、股票、耐用消费品、房屋及机器等一样都是资产。因此，人们在考虑如何保有自己的财富时，就要选择持有的资产是货币形式，还是其他形式。这样，就能够用消费者的需求和选择理论来分析人们对货币的需求了。消费选择理论认为，消费者在选择消费品时，须考虑三类因素：第一，预算约束；第二，商品价格及其他各种资产的预期收益率；第三，财富持有者的偏好。

（1）预算约束。预算约束是影响人们货币需求的第一类因素。个人所能够持有的货币以其总财富量为限。总财富是各种资产形式的总和。在实证研究中，很难获得总财富的估计数，因此弗里德曼使用收入作为财富的代表。但是，可以表示财富状况的当期收入又常常增减变动，无一定的规律，不适于代表总财富。为此，弗里德曼又引入了“恒久收入”这一概念，以“恒久收入”作为总财富的代表。所谓“恒久收入”，是指过去、现在和将来的收入的平均数，即长期收入的平均数。

同时，弗里德曼注意到在总财富中有人力财富和非人力财富之分。人力财富是指个人获得收入的能力，非人力财富即物质财富。人力财富不能像非人力财富那样可以随时在市场上买卖以转换成收入或其他资产，因此，当人力财富在总财富中所占比例较高时，人们的货币需求也会相应增加；反之，货币需求将会下降。基于这样的考虑，弗里德曼便将非人力财富占总财富的比率作为影响人们货币需求的一个重要变量。

（2）货币及其他各种资产的预期收益率。货币及其他各种资产的预期收益率是影响货币需求的第二类因素。它有些类似于消费理论中的商品与其替代品和互补品之间的价格关系。货币能否产生收益，决定于货币类型。货币的名义收益率可以为零（现金），也可以为正（定期存款的利息），或者为负（活期存款的各项费用）。债券和股票的名义收益率则由两个部分构成：一是现期支付的收益，如利息、股息；二是这些资产的名义价格变动所导致的资本利得或资本损失。实物资产的名义收益率是物价水平的变动率，因为物价水平变动，会使得实物资产的名义收益率发生变动。这些资产（除货币外）的名义收益率就是人们持有货币的机会成本，因此，它们自然也就成为影响人们货币需求的主要因素。

（3）财富持有者的偏好。财富持有者的偏好是影响货币需求的第三类因素。此类因素是指人们对于持有货币的心理偏好。

2）货币需求函数

货币主义同样以微观主体行为作为起始点对货币需求进行分析，并吸收了包括凯恩斯在内的经济学家货币需求理论的成果，在对货币需求量的各种因素进行深入分析的基础上，建立了独具特色的货币需求函数。由于各种资产的实际收益取决于物价水平，货币需求函数又可分为名义和实际货币需求函数两种。实际货币需求函数为

$$\frac{M}{P}=\mathrm{f}\left(Y,W;r_m,r_b,r_e,\frac{1}{P}\cdot\frac{\mathrm{d}P}{\mathrm{d}t};U\right) \tag{10-11}$$

式中，M 为个人财富持有者持有的货币量，即名义货币需求量；P 为一般物价水平；M/P 为个人财富持有者持有的货币所能支配的实物量，即实际的货币需求量；Y 为按不变价格计算的实际收入；W 为物质财富占个人总财富的比率；r_m 为预期的货币名义收益率；r_b 为固定收益的债券收益率；r_e 为非固定收益债券（股票）的收益率；$(1/p)\cdot(\mathrm{d}P/\mathrm{d}t)$ 为预期的物价变动率，即实物资产的名义报酬率；U 为货币的效用及影响此效用的因素。

下面具体分析弗里德曼货币需求函数中的各个变量，以及它们对货币需求的意义。

（1）Y 作为收入，在这里不是指当期收入，而是按不变价格计算的实际收入，也可理解为预期的平均长期收入，是相对稳定的恒久性收入。弗里德曼从自己的实证研究中得出的结论是：恒久性收入对货币需求具有重要作用。由此进一步得出，因为恒久性收入较之当期收入波动幅度小得多，所以货币存量与恒久性收入的比值（也可称为货币流通速度）是相对稳定的，所以货币需求也是稳定的。弗里德曼将恒久性收入看作一个重要的决定因素，其意义在于货币需求不会随着产业周期的波动有较大的变动。

（2）W 代表物质财富占个人总财富的比率，它与货币需求负相关。这是货币主义所列出的独特变量，但并未得到进一步论证。

（3）r_m 表示货币名义收益率。这一概念在凯恩斯那里是没有的，因为凯恩斯那里的货币指的是 M1，即现钞和业务经营上的活期支票存款，而当时在英国，业务经营上的活期支票存款是无息的，所以 M1 的收益率可视为零。但弗里德曼所讲的货币已扩展到 M2，M2 中很多形态的存款货币是有息的。将 r_m 变量纳入其函数式，说明货币主义考察货币的口径已大于过去各学派对货币考察的口径。

（4）r_b 和 r_e 分别为固定收益的债券收益率和非固定收益的债券（股票）的收益率。弗里德曼认为，一个人可以持有几种形式的财富，不仅是货币，还有债券、股票和实物等。持有货币的机会成本就由分别相对于货币的债券和股票等各种资产的预期报酬率来表示。当它们增大时，持有货币的机会成本增大，对货币的需求就会减少。

（5）$(1/p)\cdot(\mathrm{d}P/\mathrm{d}t)$ 是预期的物价变动率。它属于机会成本变量，与货币需求负相关。将它明确列入函数式，强调与通货膨胀的发生有关。

（6）U 为收入以外的影响货币效用的其他因素。

在上述个人财富持有者的货币需求函数中，只需排除 W 即成为企业的货币需求函

数。弗里德曼还认为，如果忽略Y和U在分配上的影响，则上式就能应用于全社会，即M代表社会货币需求总量；Y代表按不变价格计算的国民收入；W则为以财产形式表示的那一部分总财富。若将上式中括号内的其他决定因素用符号K表示，则有$M/P=KY$或$M=KPY$或$MV=PY$。其中$V=1/K$，意味着货币需求函数是货币流通函数的倒数。

3. 弗里德曼理论与凯恩斯货币需求理论的区别

弗里德曼的货币需求理论和凯恩斯的流动性偏好理论在形式上非常接近，但两者在货币需求和货币政策理论上有着很大的差别。这种差别构成了凯恩斯学派和货币主义学派这两大学派长期争论的主要内容。它们之间存在着以下几个重要区别。

（1）货币需求的主要决定因素不同。按照凯恩斯主义的货币需求理论，人们持有货币的动机可以分为交易性动机、预防性动机和投机性动机；决定交易性动机与预防性动机的是货币收入水平，而决定投机性动机的是利率的高低。在短期内，货币收入是相当稳定的，因此决定货币需求量的主要因素是利率的变化，即人们对货币的需求随利率的升降呈反方向变化。利率的变动是经常的，所以对货币的需求量不稳定。与凯恩斯的货币需求理论不同，弗里德曼的货币需求理论则认为通货膨胀率、债券利率、股票回报率和货币回报率（活期存款利率、定期存款利率等）都对货币需求产生影响。各种利率之间存在正相关性，短期内通货膨胀率与利率是负相关的，因此，利率变化对货币需求的影响很小，决定货币需求量的主要因素是恒久性收入。弗里德曼根据美国1870～1954年及1867～1960年的统计资料得出结论：利率每增加（或减少）1%，人们的货币需求量只减少（或增加）0.15%；而收入每增加（或减少）1%，人们对货币的需求量将增加（或减少）1.8%。由此可见，利率对货币需求量的影响很小，而恒久性收入对货币需求量的影响较大。因为恒久性收入是指人们在长期中的正常收入，这种收入的稳定性，决定了货币需求的稳定性。

（2）货币供给量变化对经济的影响机制不同。货币供给量变动对经济的影响机制是指货币供给量变动影响哪些经济变量及通过什么变量产生这种影响。首先，凯恩斯主义认为货币供给量的变动影响国民收入，因为决定国民收入的主要因素是投资，投资的变动通过乘数的作用决定国民收入的变动，决定投资的因素主要是预期的利润率与利率的差距，两者的差距越大，资本家越愿意投资；反之，资本家就越不愿意投资。此外，未来的竞争形势、技术变革、需求大小、政治情况，甚至资本家的情绪和信心都对投资有影响。货币供给量的变化是通过利率的作用来影响投资的，相对于其他众多变量，货币供给量对国民收入的影响只能是间接的、次要的。其次，货币主义则认为，在长期中，货币供给量的变化不影响国民收入而只影响价格；但在短期中，货币供给量的变化既引起价格的变化，也引起国民收入的变化。因为弗里德曼认为货币供给量的增加会导致财富相对价格的变化，在工人存在着“货币幻觉”的情况下，生产要素价格的上升将落后于产成品的价格，企业家将扩大生产规模，进而失业减少，国民收入增加。但是工人会从“货币幻觉”中醒过来，于是工资的上升使得生产要素的价格和产成品的价格回到原来的水平上，企业家将减少投资，进而失业回升，货币供给增加在短期中的产出效应最后都转化成价格效应。在这个过程中，货币供应量是决定国民收入变动的主要因素，所以弗里德曼强调“只有货币最重要”。

凯恩斯主义认为，货币供给量的变动影响国民收入的传导变量是利率。因为在利率不变的情况下，货币供给量的增加，使得人们实际持有的货币超过他们愿意持有的数量，他们就会用此超额的货币购买政府债券，导致债券价格上升和利率下降。利率下降刺激投资增加，通过乘数的作用引起国民收入增加。在货币供给量减少时，人们将卖出国债，持有货币，利率上升，投资和国民收入减少。货币主义则认为，利率变动对货币相对于其他资产的预期回报率影响甚微，所以货币供给量本身就是影响国民收入的重要环节。他们认为，公众并不像凯恩斯所说的那样，只是在货币和国债两者之间进行选择，而是有更大的财富选择范围。也就是说，在货币供给量增加时，债券价格上升，利率下降；人们还可以选择其他形式的资产，因为利率下降，其他有价证券和实物资产（耐用消费品、房屋等）的价格也会变得相对便宜，这就吸引着人们对这些资产进行购买，于是刺激消费和投资，国民收入增加。当货币供应量减少时，同样传导机制的逆向运作，将使国民收入减少。

（3）经济政策选择不同。凯恩斯主义比较重视财政政策，而相对轻视货币政策。货币主义者从货币的至关重要中，引申出货币政策的重要性。凯恩斯主义主张“逆经济风向”行事的货币政策；而货币主义则强调“规则”的货币政策。

凯恩斯从有效需求不足出发，认为资本主义经济的运行是不稳定的，所以主张实行国家干预，即通过财政政策与货币政策来调节经济。所谓财政政策，就是通过增加（或减少）政府开支和税收来刺激（或抑制）总需求。所谓货币政策，则是通过调整法定准备金率、调整贴现率或公开市场操作来影响利率，从而刺激或抑制总需求。在这两种政策中，凯恩斯主义更加重视财政政策的作用，这不仅是因为财政政策是政府当局的主动性行为，而货币政策则要通过影响人们的投资消费欲望再影响他们的支出，方式迂回，效果较差，更因为在危机时期，人们的货币需求趋于无穷大，货币供给的增加都可能进入“流动性陷阱”，从而无法对国民收入产生积极的影响。

货币主义者则坚持剑桥的经济学传统，认为自发的市场力量可以促使资本主义经济趋向均衡。尽管货币主义者并不完全否认国家的作用，但他们主张依靠自由市场的调节作用，取消国家对经济活动的人为干预，这就实际上淡化了财政政策的作用，而突出了货币政策的效果。但是，他们反对凯恩斯主义“逆经济风向”行事的货币政策，因为他们认为这种政策充其量只能在短期中增加产出，而在长期中只会造成物价水平的上涨，20 世纪 60～70 年代资本主义社会普遍的“滞胀”正是实行这种政策的恶果。不止于此，还因为经济运行有其固有的周期性倾向，而管理层对经济形势的认识、判断和决策及政策生效都有一段时滞。这就是说，管理层在经济过热时采取的紧缩政策，很可能在萧条时期才发生作用；而在萧条时期采取的扩张性政策，则可能在繁荣时期才发生作用，从而不是“熨平”，而是扩大了经济波动的幅度。所以货币主义者主张采取“规则”的货币政策，即不管经济运行处于什么状态，货币供给都按预期的经济增长率和物价上涨率之和增长。这就能给经济提供一个稳定的金融背景，避免凯恩斯主义财政政策和货币政策的扰动，从而抵消经济体制中由其他原因引起的动荡。

4. 弗里德曼的货币需求理论与传统货币数量学说的区别

从弗里德曼的货币需求函数中可以看出，现代货币数量学说与传统货币数量学说极其相似。传统货币数量学说认为 $MV = PT$ 或者 $M = KPY$，如果将 K 或 V 看成由 W、r_m、r_b、r_e、$(1/p) \cdot (dP/dt)$、U 等因素共同作用的结果，则弗里德曼的货币需求函数与传统货币数量学说的货币需求函数在形式上十分相似。但是，这并不是说，弗里德曼的货币需求理论与传统货币数量学说之间不存在理论上的区别。美国经济学家詹姆斯·赫曼认为，"弗里德曼和货币主义的工作成果是剑桥学派货币数量论的一种延伸"。

（1）传统货币数量学说的货币需求函数中的收入为即期收入，而弗里德曼的货币需求函数中的收入为恒久收入，并赋予货币需求函数以稳定性。

（2）传统货币数量学说将 K 或 V 当成制度因素所决定的一个固定的常数，并认为货币供给量的变动必然引致物价的同比例变动。现代货币数量论则将流通速度视为稳定的函数，认为货币供给量的变动将直接导致国民收入水平的变动；货币供给量的变动，在短期内可以表现在产量上，而在长期内必然全部表现在物价水平上，即引起物价同比例的变动。因此，现代货币数量论是传统货币数量学说的"重新表述"。

5. 弗里德曼货币需求理论的政策含义

在以上货币理论的基础上，弗里德曼认为，一定时期的国民收入（产量乘物价）等于一定时期的货币供应量乘货币流通速度，因此，在货币需求及货币流通速度稳定的情况下，一定时期的国民收入的变化就是一定时期货币供应量变动的结果，而不是货币流通速度变动的结果；而国民收入的变化意味着产量和物价的变化，因此，产量的变动都直接取决于货币供应量的变动。弗里德曼认为，既然不能将限制利息率和失业率作为货币政策的目标，而产生通货膨胀的根本原因又是货币供应量的过度增长，因此，货币政策的目标应放在控制货币供应量上。

弗里德曼指出，要医治通货膨胀，并实现经济的稳定增长，唯一有效的措施就是控制货币供应量的增长率，使它与经济增长率相适应。弗里德曼还根据对美国经济长期运行状况的研究提出，要使货币供应量的增长率与经济增长率相适应，货币供应量就应按每年 4%～5%的固定增长率有计划地增长（这是根据 1867～1960 年美国年产量平均增长 3%，劳动力增长率年平均为 1%～2%计算得出的），这样就能保证物价稳定。这种单一地控制货币供应量，使货币供应量始终不变地以一种固定的比率增加，并大致与经济增长率相适应的政策，就是称为简单规则或单一规则（simple rule）的货币政策。弗里德曼声称，只要实行他所主张的简单规则货币政策，就能够保证经济稳定，这样，价格机制就能充分发挥其合理配置资源的作用，以实现经济增长，同时不引起通货膨胀，资本主义经济就能稳定而协调地发展。

（三）一般均衡模型中的货币需求理论

自 20 世纪 70 年代以来，货币经济学得到了飞速发展，利用具有微观基础的一般均衡模型来分析经济问题成为货币经济学的主流。在一般均衡模型中，通过考察个体效用最大化问题、厂商利润最大化问题和政府行为问题，可以揭示货币供给与产出、资本存量、消费和通货膨胀之间的关系。个体的货币需求由个体的效用最大化问题决定，通常反映在欧拉方程（即个体最大化条件）中，货币需求函数的具体形式已显得不再重要。另外，近 20 年来主要工业化国家的中央银行大多数在执行货币政策时是通过对货币市场进行干预以达到意愿的短期利率目标。例如，美联储设置联邦基金利率目标，随之通过影响银行准备金供给使得联邦基金利率维持在目标水平上。当中央银行直接控制短期名义利率时，货币需求的可预测性就变得不再重要，代之以中央银行所能控制的期限较短的货币市场利率与影响投资、消费的各种市场利率之间的关系，市场利率与汇率之间的关系变得非常重要。因此，人们对货币需求函数的理论研究兴趣日减。

在一般均衡模型中，为引入货币，通常假定个体持有货币可以带来交易便利、节省交易的时间成本或物质成本；或者商品的购买必须使用货币，即货币提供流动性；或者简单地假定持有货币可以直接增加个体效用。因此，均衡时持有货币的机会成本应该等于持有货币所产生的边际效用，或持有货币所节省下来的时间成本、物质成本为个体所带来的边际收益，或因货币所提供的流动性便利而造成的效用增加。因为持有货币的机会成本是名义利率的函数，名义利率越高，持有货币的机会成本越高，个体的实际余额需求越少。通过均衡求解所得到的货币需求函数仍然是名义利率的减函数，是总消费的增函数。与凯恩斯流动性偏好理论和弗里德曼货币需求理论不同的是，在一般均衡模型中，货币需求函数是通过个体效用最大化问题求解出来的，具有微观基础。

三、现代货币需求理论的新发展

现代货币需求理论新发展主要是对凯恩斯货币需求理论的拓展。第二次世界大战后，经济学家们开始采用凯恩斯的处理方法，进一步研究货币需求理论。考虑到凯恩斯理论中利率作用的重要性，这些研究主要集中在利率对货币需求的影响上。凯恩斯的后继者们利用具有微观基础的经济模型，发现与交易动机和预防性动机相对应的货币需求也受利率的影响，其中，最具影响性的模型包括鲍莫尔–托宾的存货理论模型、惠伦模型和托宾的资产选择理论。

（一）货币交易需求理论的发展——鲍莫尔–托宾平方根定律

凯恩斯的流动性偏好理论中，出于交易性动机的货币需求只依赖于个体收入，不受名义利率的影响。早在 20 世纪 40 年代末，美国经济学家汉森（A. H. Hansen）在《货币理论与财政政策》一书中就对凯恩斯的这一观点提出了质疑，他指出，当利率上升到相当的高度时，货币的交易余额也会具有利率弹性，美国经济学家鲍莫尔（W. J. Baumol）在 1952 年、托宾（J. Tobin）在 1956 年分别独立地提出了交易性动机的货币需求也依赖于名义利率的结论，该模型就是通常被称为货币需求的鲍莫尔–托宾存货理论模型，也被称为平方根定律。

鲍莫尔将管理科学中最优存货控制理论，运用于对货币需求的研究。根据货币理论，企业持有存货是为了满足各种生产和交易活动的需要，但存货是要耗费成本的（如仓租、利息、管理费用等），因此，企业必然在不妨碍生产和交易的前提下降低存货量，同理，经济主体（企业或个人）为满足交易需求而持有的货币（现金）余额也可视为一种存货。货币并无利息收益，故持有货币也意味着承担一定的机会成本，即将货币投向有价证券或其他资产所能获得的利息收入。因此，具有理性动机的经济主体也必然会使作为交易用途的货币余额尽量减少。

鲍莫尔认为，有理性的经济主体为了获得最大收益，必然会将暂时不用的货币转化为生息资产，以获得利息收益，然后在需用货币时再将生息资产变现为货币。但是，要将生息资产变现为货币，需要一定的手续费，鲍莫尔将之称为佣金，这就构成交易成本。因此，有理性的经济主体就要在利息收益和交易成本两者之间权衡得失而做决策。利率越高，利息超过手续费的机会就越多，从而可以更多次地把货币变为生息资产，即降低货币持有额。因此，即使是基于交易动机的货币需求，也同样是利率的减函数。具体公式如下

$$M = KY^{1/2}r^{-1/2} \tag{10-12}$$

该方程说明交易的货币需求 M 是证券交易成本参数 K 和收入 Y 的函数，这是正相关的。但因为有可能不必自始至终全部以无收益的货币形态保存，所以有规模节约的特点，因而指数为 1/2。有多少货币以有收益的资产形态保存取决于对利率变动的预期，这是负相关的。同时必须考虑到保存有收益资产的交易成本，其变动幅度将小于利率 r 的变动，因而指数为−1/2。

（二）货币预防需求理论的发展——惠伦的立方根定律

在凯恩斯的流动性偏好理论中，由预防动机产生的货币需求仅是收入的函数，独立于名义利率。20 世纪 60 年代，美国经济学家帕廷金、惠伦（Whalen）、奥尔等先后发现，与基于交易性动机的货币需求一样，基于预防性动机的货币需求同样受利率变化的影响。其中，比较著名的是惠伦模型。惠伦模型是指由美国经济学家惠伦于 1966 年提出的关于预防性动机的货币需求为利率的递减函数的模型，也称为立方根定律。预防性货币需求来自人们对未来事物的不确定性考虑，实际保持的货币量总要比正常的预期需要量多一些，多出来的部分就是预防性需求。惠伦认为预防性需求的最佳持有量与三个因素相关：非流动性成本（变现的手续费）、持有货币的机会成本、支出的不确定性。惠伦通过推导，得出以下的货币预防需求理论公式

$$M = \sqrt[3]{\frac{2\sigma^2 C}{r}} \tag{10-13}$$

其中，C 为每次变现所需支付的手续费；σ 为净支出分布的标准差；r 为利率。

惠伦模型表明，源于预防性动机的货币需求同样受利率的影响。利率越高，货币需求量越小，两者呈负相关，预防性货币需求对利率的弹性为−1/3。

（三）货币投机需求理论的发展——托宾的资产选择理论

托宾资产选择理论是托宾对货币投机需求理论的一种发展。对货币的投机需求，凯恩斯建立了货币供求与利率的函数关系。但是，将可供选择的金融资产仅限于货币和长期债券，假定人们根据预期利率变动进行非此即彼的假设，与现实中投资者在不确定状态下资产分散持有形式的决策行为严重背离。为弥补凯恩斯货币投机需求理论的不足，美国经济学家托宾于 1958 年发表了《作为应付风险之行为的流动性偏好》的著名论文，在马科维茨投资组合理论的基础上，通过引入非货币资产的风险，用投资者避免风险的行为动机重新解释流动性偏好理论，从而构建了新的资产组合理论，对凯恩斯提出的货币投机需求进行了新的解释，从新的角度说明了货币需求和利率的反向变动关系。托宾认为，由于绝大多数个体是风险回避的，他们在持有各种资产时将考虑到资产的期望回报率和风险，期望回报率越高越好，风险越低越好。个体将各种资产按一定份额组合起来，构成一个投资组合，个体选择最优的投资组合以最大化期望效用。在每一个体都是理性的、风险回避的假定下，谁都希望得到低风险、高回报的资产，市场均衡时，资产的期望收益率通常与资产的风险正相关，即收益高的资产风险也较高。货币作为一种名义收益为零的资产，其风险为零。

在风险回避的个体的投资组合中，给定某种资产的风险，当该资产的收益率上升时，持有该资产给个体带来的好处（即效用）增加，个体将增加该资产的持有量，相应地减少其他资产的持有量，直到持有该资产的边际效用等于持有其他资产的边际效用，进一步持有该资产到不会增加个体效用为止。当市场利率上升时，债券收益率和其他风险资产的收益率通常随之上升，而各种资产的风险并没有相应上升，因此，个体将增加风险资产的持有量，减少货币的持有量；反之，个体将减少风险资产的持有量而增加货币在投资组合中的份额。因此，托宾的资产选择理论成功地解释了投机性动机下货币需求与利率的负相关性。

第三节　货币需求的决定因素

货币需求取决于持有货币的动机和财务约束，因此凡是影响和决定人们持有货币的动机和财务约束条件的因素，就是决定和影响货币需求的因素，包括收入水平、市场利率、金融业的发达程度、消费倾向等。其中，有些因素只影响一种货币需求动机，有些则影响几种货币需求动机。

一、收入水平

在货币需求的诸多决定因素中，个体的收入状况和已积累的财富量是最重要的。货币需求不仅依赖于个体收入水平的高低，而且依赖于个体收入的支付方式和收入的不确定性。

（一）货币需求对收入水平的依赖性

1. 货币交易性动机需求对收入水平的依赖性

一般来说，出于交易性动机的货币需求通常与收入水平正相关，个体总收入越高，开支越大，需要进行的交易量及为该交易量提供流动性的货币需求量也越大。特别地，如果货币流通速度不变，那么，这部分货币需求与收入成正比。

2. 货币投机性动机需求对收入水平的依赖性

一般来说，出于投机性动机的货币需求量与收入水平呈正相关。人们以货币形式持有的财富只是其总财富的一部分，而收入水平的高低决定着总财富的规模及其增长。收入水平越高，总财富越多，在个体投资组合中各种资产份额不变的前提下，出于投机性动机的货币需求量也越大。

3. 货币预防性动机需求对收入水平的依赖性

一般来说，出于预防性动机的货币需求量依赖于个体当前的收入水平和对未来交易水平的预期，后者与个体的现期收入呈正相关。当前收入水平越高可用于预防未来收入和支出波动的资金越多，货币需求量也越大。

综上所述，在一般情况下，基于三种动机的货币需求都与收入水平正相关，较高的收入水平蕴含较高的货币需求。

（二）货币需求依赖于收入支付的具体方式

一般情况下，收入是定期支付的，而支出则是经常地、陆续地发生的。人们收入的取得与支出的发生一般不在同一时间，在这一次取得收入到下一次取得收入之间往往存在着一定的时间间隔。在此时间间隔中，支出陆续发生。因此，在该时间间隔中人们必须持有一定数量的货币以随时用于支出。在收入水平一定的条件下，人们取得收入的时间间隔与货币需求呈正相关。也就是说，人们取得收入的时间间隔越长，货币需求量就越大；反之，则越小。在总收入和获得收入的时间间隔不变的假定下，个体每次获得收入的具体数量也影响着个体的货币需求。如果进一步考虑到个体还可以进行短期投资，如存银行或购买短期国债，上述情形将会更加复杂，但货币需求依赖于收入支付的具体方式的结论不变。

（三）货币需求依赖于收入水平的不确定性

货币需求中出于预防性动机的货币需求量依赖于个体收入和支出的不确定性。在同等收入水平下，当个体支出或收入存在较大不确定性时，其货币需求量也较大。例如，净收入水平相同的私营企业中的雇员与行政事业单位和国有企业中的相比，前者收入波动较大，面临着随时被解雇的风险，缺乏医疗、失业等保障，预期外支出的可能性较大，因而通常会持有更多货币。

二、市场利率

在市场经济中，市场利率是人们在一定时期内使用资金的价格。资金的表现形式是货币，因此，资金的供求关系通常表现为货币的供求关系。在正常情况下，市场利率与货币需求呈负相关，即市场利率上升，货币需求减少；反之则相反。市场利率对货币需求的影响主要表现在两个方面：一是市场利率决定人们持有货币的机会成本；二是市场利率影响人们对未来利率变动的预期，从而影响人们对资产持有形式的选择。

（一）市场利率决定持有货币的机会成本

在现代市场经济中，可供人们选择的资金持有形式很多，货币只是其中的一种。货币具有较高的流动性和安全性，持有货币可以便利交易和投机，但其名义收益为零（现金）或只有很少的收益（存款），持有其他非货币资产的收益率一般要高于货币。市场利率在一定程度上决定或影响着这些非货币金融资产的收益率，从而决定或影响着人们持有货币的机会成本。市场利率上升，意味着人们持有货币的机会成本（即因持有货币而放弃的收益）增加；市场利率下降，则意味着人们持有货币的机会成本减少。因此，市场利率上升，货币需求减少；市场利率下降，货币需求增加。

（二）市场利率影响对资产持有形式的选择

在一般情况下，市场利率与有价证券的价格成反比。市场利率上升，有价证券的价格下跌；市场利率下降，有价证券的价格上升。市场利率的变动往往呈现周期性的规律。从长期来看，它将稳定在某一合理的或正常的水平上，即具有均值回归的特性。在市场经济中，利率上升到一定高度时将回落；反之亦然。当利率上升时，特别是上升到一定高度时，人们往往预期利率将下降，有价证券的价格将上升，人们将减少货币持有量，相应地增加有价证券的持有量，以期日后取得资本溢价收入；反之，当利率下降时，特别是在下降到一定程度后，人们通常会预期利率回升和有价证券价格的下跌，为了避免资本损失，人们将减少有价证券持有量，增加货币持有量，并准备在有价证券价格下跌后以较低的价格再买入。

由此可见，市场利率变动不仅改变了人们持有货币的机会成本，而且通过影响人们对未来利率变动方向的预期改变他们的投资组合，从而与货币需求呈负相关。

三、金融业的发达程度

一般来说，一个经济体中金融业的发达程度与其货币需求呈负相关。个体之所以愿意持有收益率为零的货币资产，是因为交易时得要货币，持有货币可以起到预防作用，作为一种较安全的资产，货币在投资组合中可以降低风险。

（一）互联网金融发达程度

互联网金融的发展给传统金融业的发展带来了很大的影响。在货币需求方面，互联网金融的发展一方面对传统货币理论的发展有一定的挑战，使货币需求不稳定，另一方面在现实中对流通中的现金有明显的替代效应，货币流通速度变得越来越快。

1. 互联网金融对支付方式的影响

在上面已经讲述了凯恩斯主义的货币需求理论，知道了货币需求应用不同的交易动机，已经在中间转换了不同需求之间的关系，其中的成本不能被大家忽略，因此它是一个必须要加入考虑的因素。第三方支付方式的兴起和发展，很多的支付观念和方法已经发生巨大的改变，更多的资金投融资渠道被打开，使人们的货币需求结构在一定程度上发生了很明显的变化。

2. 互联网金融对货币流通速率的影响

互联网金融的快速发展，创造了一些新的支付方式，如支付宝、微信支付等，也产出了新的互联网金融产品，如余额宝等，这些支付方式和金融产品不仅能满足市场的流动性需求和投机性需求，也能提高金融市场的货币流通速度。汇率变化在逐渐加快，我们不能忽视这种变化的影响力。由于互联网金融的快速发展，提高了金融资产的流动性和改变了人们的投资习惯，开放了市场的投资渠道，吸收了大量的闲置资金，加强了货币的流通速度。

（二）信用的发达程度

如果一个社会信用发达，信用制度健全，人们在需要货币的时候能容易地获得现金或贷款，那么人们所需要持有的货币就会少些，人们可以将暂时不用的货币先投资于其他金融资产，待需要使用货币时，再将其他金融资产出售以换回现金。另外，在信用制度发达的经济中，有相当一部分交易可通过债权债务的相互抵消来结算，这也减少了货币的需求量。然而在信用制度不发达、融资不方便的经济中，人们要取得现金或贷款不太容易，于是人们宁愿在手头多持有些货币。一般说来，货币需求量与信用的发达程度呈负相关。

四、消费倾向

消费倾向是指消费在收入中所占的比例，可以分为平均消费倾向和边际消费倾向。平均消费倾向是指消费总额在收入总额中所占的比例，边际消费倾向是指消费增量在收入增量中所占的比例。与消费倾向相对应的是储蓄倾向（可分为平均储蓄倾向与边际储蓄倾向）。给定收入水平，储蓄倾向和收入倾向互为消长，消费倾向大则储蓄倾向小；消费倾向小则储蓄倾向大。

通常，消费倾向与货币需求的关系可以从如下两个方面来考虑：一方面，消费倾向越大，个体将现期收入用于消费的部分越多，相应地用于交易的货币需求也越大，因此，消费倾向与出于交易动机的货币需求呈正相关；另一方面，消费倾向的提高使得收入中的储蓄部分减少，相应地减少了以货币形式持有的财富量，因此，出于投机动机的货币需求量与消费倾向呈负相关。在讨论消费倾向与货币需求之间的关系时，需要考虑这两种效应哪一种占优势，如果前者占优势，则货币需求与消费倾向呈正相关；反之则反是。

在金融业比较发达的经济中，通常货币需求与消费倾向是呈正相关的，即消费倾向越大，货币需求也越大。但在金融业比较落后的经济中，个体储蓄主要以货币形式持有，即通过现金窖藏或活期存款的形式来储蓄，从而消费倾向越大，货币需求越小；消费倾向越小，货币需求越大。

五、货币流通速度

货币流通速度是指一定量的货币在一定时期内的平均周转次数。通常，整个经济中的货币需求量与货币流通速度呈负相关，即在其他条件不变的假定下，货币流通速度越快，货币需求量越少；反之则反是。

六、可供流通的社会商品总量

可供流通的社会商品总量就是待实现的商品总量。在自给自足的自然经济和物物交换的简单商品经济中，这部分产出在总产出中所占的比例极小。在现代货币经济中，就整个经济而言，所有产出几乎都进入了流通领域，以货币作为媒介进行商品交换。因此，可供流通的社会商品总量越大，则流通中的交易量越大，所需要的货币量也越多；反之则反是。

七、物价水平和通货膨胀率

货币需求的交易性动机是向经济中的商品交易提供交易媒介，在给定货币流通速度的情况下，交易总量的大小决定了实际余额需求。在足值货币流通的条件下，所有商品都是带着价值进入流通的，因此，物价水平的高低决定了流通中的货币需求量。物价水平越高，流通中所需要的货币量越多；反之则反是。当流通中的货币是内在无价值的信用货币时，给定物价水平，每一个体的货币需求与物价水平呈正相关；但整个经济中的物价水平由货币供给量和货币需求量共同决定，是一个被系统决定的内生变量，货币供给量通过影响物价水平来影响货币需求量。

名义货币需求依赖于通货膨胀率：一方面，通货膨胀率的上升提高了物价水平，相应地提高了公众收入和支出的名义值，从而提高了公众的名义货币需求；另一方面，货币的名义回报率为零，持有商品的名义回报率等于通货膨胀率，持有其他生息资产的名义回报率等于名义利率（通货膨胀率及实际利率之和），因此，通货膨胀率的上升提高了持有货币的机会成本，个体将减少货币资产的持有。上述两种效应是反向的，名义货币需求与通货膨胀率之间的相关性要看这两种效应哪一种占优势。在恶性通货膨胀时期，通货膨胀率非常高，货币的快速贬值使得人们在得到货币后会迅速购买不贬值的商品，甚至回到物物交换的情形。

八、人们的预期和偏好

货币需求在相当程度上受人们的主观意志和心理活动的影响，特别是受人们对未来经济情况的预期及对各种金融资产的偏好的影响。人们对未来经济状况的预期主要包括对市场利率的预期、对物价水平的预期和对其他资产收益率的预期。人们对各种金融资产的偏好则主要是指对货币和其他非货币金融资产的爱好程度，这种偏好取决于人们对高期望回报率和低风险的相对重视程度。

（一）人们心理活动对货币需求的影响

人们心理活动的复杂性导致了对货币需求影响的复杂性。一般来说，影响人们货币需求的心理预期主要有以下三种。

（1）对市场利率变动的预期。预期市场利率上升，则货币需求增加；预期市场利率下降，则货币需求减少。

（2）对物价水平的预期。预期物价水平上升，则货币需求减少；预期物价水平下降，则货币需求增加。

（3）对投资收益率的预期。预期投资收益率上升，则货币需求减少；预期投资收益率下降，则货币需求增加。

（二）人们的资产偏好对货币需求的影响

人们进行资产选择的原因有三个：一是保值，二是生利，三是心理偏好。当人们偏好货币或持有货币的收益率高时，就会增加对货币的需求；当人们偏好其他金融资产时，则货币需求减少。

除了上述八个比较重要的因素外，现实生活中决定或影响货币需求的因素还有很多，因篇幅所限，此处不一一论述。

第四节　马克思的货币需求理论

在马克思之前，许多经济学家就注意到了货币流通数量的问题，并做出了许多方面的理论分析。马克思对这个问题的分析在理论上和表述上达到了当时的完美境地。

一、马克思货币需求理论

马克思的货币需求理论集中体现在其货币流通规律之中。货币流通规律是马克思在总结前人研究货币需求理论的基础上，尤其是在批判货币数量论的过程中，透过货币流通量与物价之间的表面联系，而发现的决定商品流通过程中货币必要量的规律，就一定时间的流通过程来说，它可以表示为

$$\text{执行流通手段的货币必要量} = \frac{\text{商品价格总额}}{\text{同名货币的流通次数}} \tag{10-14}$$

如果用字母表示就是

$$M = \frac{PQ}{V} \tag{10-15}$$

其中，M 表示货币必要量；P 表示商品物价水平；Q 表示商品供给量；V 表示货币流通速度（次数）。

该公式表明，货币必要量取决于价格水平、进入流通的商品数量和货币的流通速度这三个因素，并且存在以下关系。

（1）当商品价格不变时，进入流通市场的商品数量与货币必要量成正比，而货币流通速度与货币必要量成反比。当流通商品量增加或货币流通速度减缓时，货币必要量就会增加；反之会减少。

（2）当商品价格普遍提高时，如果商品数量的减少同商品价格的上涨保持相同的比例，则货币必要量保持不变。如果货币流通速度的提高比例与商品价格的上涨比例相同，则货币必要量仍保持不变。

（3）当商品价格普遍下降时，如果商品数量的增加同商品价格的下降保持相同的比例，则货币必要量保持不变。如果货币流通速度的降低比例与商品价格的下降比例相同，则货币必要量仍保持不变。

要正确理解马克思的货币流通规律的公式内涵，就需要把握公式得以建立的理论基础和前提条件。

第一，公式建立的理论基础是科学的劳动价值论。根据劳动价值论，一种商品能与另一种商品相交换，是由于它们存在质的统一性，即都凝结了无差别的人类劳动。而且，交换必须按价值量相等的原则进行，这种商品之间按质上相同、量上相等的原则进行交

换，就是等价交换。

第二，公式反映的内容是商品流通决定货币流通。货币作为流通手段，其职能是充当商品的媒介，实现商品的价值，而不是决定商品的价格变化。因此，货币流通的前提是商品的流通，商品的流通是第一性的，货币的流通是第二性的。也就是说，是商品流通引起并决定货币流通，货币流通必须适应商品流通的要求。

第三，研究的对象是金本位制下的金币流通。马克思在分析问题时，假设经济体系中存在一个数量足够大的黄金贮藏：流通中需要较多的黄金，黄金从贮藏中流出；流通中出现了多余的黄金，则黄金退出流通，转化为贮藏。也正是由于存在这个假设的调节器，流通中需要多少货币，就有多少货币存在于流通中。

第四，公式假定金的价值不变，而从金币中衍生出来的纸币实际上是没有价值的，只有在国家的强力支持下，才能作为金币的代表在交易市场上流通，并且不能退出流通。因此无论在交易市场上流通的纸币有多少，都只能代表流通市场所需的金币数量。假设流通中需要 10 万盎司黄金，如果国家发行 10 万张一元钱的纸币，那么 1 张一元钱的纸币就可以代表 1 盎司的黄金。如果发行的是 20 万张一元钱的纸币，那么 1 张一元钱的纸币就只能代表 0.5 盎司的黄金。此时就要用两张面额为一元的纸币才能交换价格为 1 盎司黄金的商品，因此物价也上涨 1 倍。

马克思的货币需求量公式有重要的理论指导意义，它揭示了决定货币需求量的本质，反映了货币需求的基本原理，但是应该看到在研究现代经济，具体运用这一公式时必须考虑一些新的因素。比如，在信用经济非常发达的今天，信用货币成为流通中的主体。在这种情况下，货币的供应量不会自发地去适应客观经济对货币的需求，实际流通的货币量经常与货币需求量发生差异，大量地表现为货币供应量大于对货币的需求量，这样必然引起商品价格上涨。反之，过多的货币供应量，也会因商品价格的上升，而使多出部分的货币被吸收，又成为增加货币需求的因素。这种货币供给对货币需求的反作用，在金属货币流通条件下是不会出现的，而在纸币流通条件下却不容忽视。并且，马克思的货币需求量计算公式，只是理论的概括，表明了事物的本质特征，但是不应该用这个公式计算的结果简单地去确定实际的货币需求量，那样会将复杂问题简单化，影响对事物本质的把握。

二、马克思货币需求理论与西方货币需求理论的比较

1. 马克思货币需求理论与古典货币数量论的比较

从理论基础来看，马克思的货币需求理论与古典货币数量论有着本质区别。马克思的货币需求理论是以劳动价值论为理论基础，认为货币是充当一般等价物的特殊商品，具有价值和使用价值，其价值是在进入流通之前就已经决定了的。古典货币数量论是以货币名目论为理论基础，认为在进入流通之前，货币没有价值，商品没有价格，商品的价格由进入流通的货币数量与商品数量的对比来决定。因此作为商品流通因素的价格无论发生了什么变化，无论是流通原因还是生产原因，都被归结为一点，即货币数量的变

动。这显然与马克思的货币需求理论有本质的区别。

但是我们可以看到马克思的货币必要量公式 $M = PQ / V$ 与费雪的现金交易数量学说中的现金交易方程式 $MV = PT$ 在形式上相似，并且在揭示货币需求的决定因素方面是基本一致的，都指出了货币需求量大小受交易金额的制约。交易规模越大，货币需求量越大；反之，则越小。货币需求量的决定因素（价格水平、商品量和货币流通速度）的基本含义与费雪现金交易方程式相比较也是基本一致的。

2. 马克思货币需求理论与凯恩斯学派和货币学派货币需求理论的比较

首先，从研究的角度来看，马克思将货币作为媒介商品交易的手段，是从商品流通对货币的需求角度研究货币需求问题。因此，马克思认为货币的需求实际上只限于商品交易中的货币需求。凯恩斯学派和货币学派把货币不仅视为商品交易的手段，也视为一种资产和财富的持有形式，是从货币需求的主体即社会公众持币动机、行为、偏好的角度来研究货币需求问题，因此货币的需求不仅包括交易需求，同时包括资产需求。

其次，比较马克思的货币必要量公式 $M = PQ / V$ 与凯恩斯和货币学派的货币需求公式，可以看出，马克思认为货币需求量的影响因素为商品的平均价格、商品总量和货币流通速度这三个因素。凯恩斯的货币需求理论不仅认为收入水平是决定货币需求的因素，而且将利率视为影响货币需求量的主要因素。弗里德曼甚至在影响货币需求的因素中考虑了个人偏好、兴趣等的效用因素。

最后，在马克思的货币必要量公式中，货币流通速度与商品数量及价格水平是三个决定货币必要量的因素；凯恩斯虽然没有把货币流通速度直接引入货币需求函数中，但他认为利率作用的结果，最后还是反映在货币流通速度上；同凯恩斯一样，弗里德曼也没有把货币流通速度直接引入他的货币需求函数中，但他在证明其货币需求函数的稳定性时，曾将货币需求函数变形为货币数量说的形式，并指出货币流通速度是一个多变量的函数，它对货币需求的影响是稳定的。从对货币流通速度的研究这一点来看，马克思的货币需求理论与凯恩斯学派和货币学派的货币需求理论还是有相同之处的。

第五节 中国货币需求理论及其实践

一、中国货币需求函数

20 世纪 50 年代以来，我国许多经济学家都对货币需求进行了研究。根据马克思货币流通规律所揭示的商品货币关系的实质，即商品具有第一性，货币具有第二性，商品决定货币的原理，推断出在商品货币经济条件下，国民经济的运行规模和运行速度就相应地决定着流通中货币的规模及其速度，经济变量因素就决定着货币数量及其变化。

流通中的货币数量直接是由流通中的商品价格总额决定的，同时因为流通中的商品价格总额是由全社会的生产总量来决定的，所以在一个比较成熟的商品经济中，可以假设生产量能够全部转化为流通中的商品，从而可以用全社会的生产总量来代替流通中的商品量。商品流通对货币流通的决定作用还表现在正常经济运行条件下，商品量与货币量之间保持一定比例关系，相应地，全社会的生产总量也与货币量之间存在稳定的比例关系。以上的分析就成为我国在实践中确定货币需要量的理论依据。如果假设我国经济运行结构和经济技术条件不发生较大变化，或者这些变化较为缓慢，从而在短期内可以忽略不计，那么就可以根据国民经济运行与发展推导出对货币的需要量。如果用 M 表示一定时期的货币需要量，用 K 表示货币量与国民生产总值的比率，用 Y 表示国民生产总值，则

$$M = K \cdot Y \tag{10-16}$$

我国的银行工作者就是根据这个理论公式，结合多年来我国商品流通与货币流通之间关系的实证分析，在 20 世纪 60 年代初提出了著名的"1∶8"公式或经验数据。该公式的具体含义是：每 8 元零售商品供应需要 1 元人民币实现其流通。其计算公式为

$$\frac{\text{社会商品零售总额}}{\text{流通中货币量（现金）}} \tag{10-17}$$

这个著名的"1∶8"公式在当时成了马克思货币必要量原理在中国的具体化运用，并且在 20 世纪 80 年代以前，该公式的确具有其实用价值。比如，在第一个五年计划期间货币流通速度比较正常，社会商品零售总额与流通中的货币量的比值在这几年间均稍高于 8；20 世纪 60 年代初市场极度紧张，该比值一度下降到 5 以下，1963 年以后经济迅速恢复，这个比值又恢复到 8；1966～1976 年市场供应一直非常紧张，使那些年的这个比值明显低于 8，1976 年 10 月后，我国经济得到迅速好转，这个比值又很快接近 8。

但是到 20 世纪 80 年代初，在市场供求状况大为好转的 1982 年、1983 年，这个比值竟下降到 6 之下，而后继续下降，因此"1∶8"公式就不再作为一个衡量的尺度。

"1∶8"公式之所以能够成为一个不变的标准尺度，是因为有一定的条件限制。其实我们在分析和确定货币需求量时还需要考虑支付制度、结构调整和价格改革等因素对货币需求量的影响。在 20 世纪 80 年代以前，我国处于完全的计划经济体制下，生产、分配等各种重要比例关系稳定，整个经济货币化的水平稳定，计划价格体制保证了价格水平的稳定，现金管理制度保证了现金使用范围的稳定等。这一系列稳定因素导致了社会经济体系中社会商品零售总额与流通中的货币量之间存在着"1∶8"这样一个稳定的比例关系。但是随着 20 世纪 80 年代以来的一系列经济体制改革，对价格体系的改革力度不断加大，如农村实行家庭联产承包责任制等。价格改革的不断深入和自由市场经济的发展，不仅增加了交易性现金使用的数量，同时增加了货币流通的环节，就使货币流通速度、货币需求总量的测算变得更加复杂。并且，我国的价格改革不但改变了原有的价格关系，而且不同程度地提高了原有价格总体水平，因此在预测全社会的货币需要量时，就必须将价格改革对货币需要量的影响考虑进去。

为了能够在经济环境业已发生变化的情况下，测算出全社会的货币需要量，近几年，我国学者从马克思揭示的货币流通规律出发，结合改革以来出现的新情况，吸收了西方

货币需求理论的合理成分，提出了许多测算货币需求量的计量模型。其中，具有代表性的有基本公式法和微分法。

（1）基本公式法。考虑到经济活动中货币流通的连续性和继承性，根据经济增长率、物价变动率和货币流通速度变化率三个因素，计算计划期的货币需求量增长率。其公式如下

$$\hat{M}=\left[\frac{\left(1+\hat{Y}\right)\left(1+\hat{P}\right)}{1+V^{*}}\right]-1 \quad (10\text{-}18)$$

其中，$\hat{M}$ 代表货币需求量增长率；$\hat{Y}$ 代表经济增长率；$\hat{P}$ 代表计划调价幅度；V^{*} 代表货币流通速度变化率。当货币流通速度延缓时取 $-V^{*}$，加快时取 V^{*}。

（2）微分法。如果把马克思的货币流通规律变形为

$$MV=PT \quad (10\text{-}19)$$

然后微分得

$$\frac{\mathrm{d}M}{M}=\frac{\mathrm{d}P}{P}+\frac{\mathrm{d}T}{T}-\frac{\mathrm{d}V}{V} \quad (10\text{-}20)$$

式（10-20）的经济含义是货币需求量变动率（$\mathrm{d}M/M$）等于商品价格变动率（$\mathrm{d}P/P$），加上商品数量变动率（$\mathrm{d}T/T$），减去货币流通速度变动率（$\mathrm{d}V/V$）。其中，商品数量变动率可用社会总产值或工农业总产值变动率代替，商品价格变动率可用物价指数变动率代替。如果我们用 $\hat{M}$ 表示 $\mathrm{d}M/M$，用 $\hat{Y}$ 代替 $\mathrm{d}T/T$，用 $\hat{P}$ 代替 $\mathrm{d}P/P$，用 V^{*} 代替 $\mathrm{d}V/V$，则上面微分公式可表示为

$$\hat{M}=\hat{Y}+\hat{P}-V^{*} \quad (10\text{-}21)$$

以上两种计算模型有两点需要注意：一是两种模式计量的都是计划期货币需求增长率，是一个计划相对数，因而，必然要求基期货币流通状况基本正常，否则要相应加以调整；二是两种模式计量的都是流通手段需要量，是狭义的货币需求量，从而把贮藏货币需求量排斥在外，这同现实经济生活不符。以上两个公式计算结果不太一致，具体应用时可互相印证或根据经验数据调整。

二、中国货币需求的特征

根据我国现有的实际情况，我们不能再简单地将货币的需求量看成是由社会商品零售总额或总收入这一因素决定的数值。根据西方货币需求理论结合我国经济改革的实际情况，决定我国货币交易与贮藏需求的因素有如下几个，并且这几个因素也构成了我国货币需求变化的特征。

1. 收入水平

收入水平是决定持币者交易与贮藏需求的一个经济变量。我们在这里使用收入水平作为货币需求的变量，而不是采用西方学者通常采用的“财富”数量来代替，是因为在我国，“财富”这个范畴比较复杂，在社会经济生活中各个经济主体的财产关系不易明确

划分。但随着我国经济体制改革的不断深化发展，产权关系的不断明确，到时我们就可以用“财富”或“财产”这个变量来代替收入变量。在我国的经济生活中，随着市场经济的发展，企业相对独立性增强，企业的收入必然随着积极性的发挥而迅速增加，使之对货币的需求产生影响。随着收入水平的提高，交易需求会相应增加，但是对货币的贮藏需求增长更快。

2. 收入的分配结构

在收入量一定的时候，由于收入分配结构的不同，对货币需求的影响不同。例如，在计划经济年代，人们的收入水平低下，其收入主要来源于工资收入，因此交易需求较大，而贮藏需求较低。然而在市场经济条件下，人们对职业的选择和收入来源也日趋多样化，个人收入水平得到了大幅度的提高，在这种情况下，人们开始提高对货币的贮藏需求，使人们在货币的需求结构上发生了变化。同理在企业方面，随着企业的制度改革，企业内部的收入分配于工资、税金与自留利润的比例不同，就会改变企业的货币需求。

3. 市场供求状态

市场供求状态会影响人们对物价水平变动的预期。当预期物价水平上升时，人们会持有更多的货币，以便随时购买物品，从而增加了对货币的需求；当预期物价水平下跌时，人们就会增加储蓄，从而增加了货币的贮藏需求。

4. 利率因素

利率对个人的货币需求来说一直具有弹性，但是利率对机关、企业来说，在经济改革前，企业不是一个自负盈亏的经济实体，因此对利率的变化导致的企业财富的增减并不敏感。但是随着社会主义市场经济的建立，利率对企业的弹性在日趋增强。因此利率也成为影响货币需求数量的一个重要因素。

我们可以从以上的分析中归纳得出，我国现在的货币需求的特征是：货币需求量随着收入水平的上升而增加，随收入分配结构的调整而变化，随物价水平的提高而增加，并且受利率的影响日趋明显。

本章小结

1. 货币需求是指公众在综合权衡各种资产的收益和成本之后所愿意持有的货币数量。货币需求可分为名义货币需求和实际余额需求、微观货币需求和宏观货币需求。

2. 费雪方程式 $MV = PT$ 与剑桥方程式 $M = K \cdot PY$ 相比较，其共同点在于都认为货币数量变化的影响全部反映在物价水平上，但其差异明显。

3. 凯恩斯将人们持有货币的动机分为交易性动机、预防性动机、投机性动机三种。其中投机性动机是他的独创。凯恩斯认为，在纸币流通的情况下，货币需求一方面会由于收入增加引起交易性、预防性需求的增加；另一方面由于利率下降，投机性需求增加。

4. 鲍莫尔–托宾存货理论模型将存货控制技术运用于货币需求的分析，提出交易性货币需求也与利率反相关的数学模型，又称平方根定律。惠伦等经济学家论证了预防性货币需求同样也为利率的减函数，又称惠伦的立方根定律。托宾将凯恩斯的流动性偏好理论修正为资产组合理论。投资者根据预期收益与风险之间的权衡，决定现金在总资产中的比例。但如果在该模型中引入无风险收益资产，则会产生现金需求为零的矛盾。只有交易需求才是货币需求的必要条件。

5. 以弗里德曼为代表的新货币数量说放弃了传统货币数量说中将货币需求看成是常数的做法，认为它是由许多变量决定的函数，但又认为货币需求函数是相对稳定的。因此，要保证货币需求与供给的平衡就必须保证货币供给的稳定性，应当把重点放在货币供给上。货币政策应该是一切经济政策中唯一重要的法宝，其他经济政策如果不通过货币政策或没有货币政策的配合，不可能取得预期的效果。弗里德曼进而认为控制货币供应量的最佳选择是实行单一规则。

6. 货币需求的决定因素，包括收入状况、市场利率、金融业的发达程度、消费倾向、货币流通速度、可供流通的社会商品总量、物价水平和通货膨胀率、人们的预期和偏好等。

7. 马克思在劳动价值论的基础上提出了货币流通规律。马克思的货币需求理论与其他西方货币需求理论的区别可反映在相应的公式上。

8. 马克思的货币需求理论在我国20世纪60年代就得到了应用。20世纪60年代初我国的银行工作者提出了著名的“1：8”公式。在20世纪80年代以前，该公式的确具有其实用价值。为了能够在经济环境业已发生变化的情况下，测算出全社会的货币需要量，近几年来，我国学者从马克思揭示的货币流通规律出发，结合改革以来出现的新情况，吸收了西方货币需求理论的合理成分，提出了许多测算货币需求量的计量模型。其中，具有代表性的有基本公式法和微分法。

本章参考文献

曹龙骐. 2016. 金融学[M]. 5版. 北京：高等教育出版社.
戴国强. 2017. 货币金融学[M]. 4版. 上海：上海财经大学出版社.
黄达，张杰. 2017. 金融学[M]. 4版. 北京：中国人民大学出版社.
蒋先玲. 2013. 货币金融学[M]. 北京：机械工业出版社.
李健. 2010. 金融学[M]. 北京：高等教育出版社.
饶庆余. 1983. 现代货币银行学[M]. 北京：中国社会科学出版社.
夏德仁，李念斋. 2007. 货币银行学[M]. 2版. 北京：中国金融出版社.
姚长辉，吕随启. 2018. 货币银行学[M]. 5版. 北京：北京大学出版社.
殷孟波. 2017. 货币金融学[M]. 3版. 成都：西南财经大学出版社.

本章综合测试题

一、填空题

1. 货币需求理论主要围绕两个方面的问题进行讨论：一是________；二是________。

2. 货币需求表现为是一种经济学意义上的需求——有支付能力的需求，是人们对自己财富形式的一种理性选择，是一种______与______的统一。

3. 费雪方程式的表达式为______，剑桥方程式的表达式为______，其共同点在于______。

4. 凯恩斯将人们持有货币的动机分为______、______、______三种。其中，______动机与利率成反比，______动机和______动机与收入成正比。

5. 在弗里德曼货币需求函数中，W表示______，W与货币需求为______相关关系。

6. r_m，r_b，r_e，$(1/p)\cdot(dP/dt)$在弗里德曼货币需求分析中被统称作______，在其他条件不变时，货币以外其他资产如债券、证券收益率越高，货币需求量越______。

7. 鲍莫尔-托宾存货理论模型将存货控制技术运用于货币需求的分析，提出_____，是也与_____呈反相关的数学模型。

8. 马克思的货币流通规律，用公式可表述为执行流通手段的货币必要量与商品价格总额成_____比，与同名货币的流通次数成_____比。

9. 近几年来，我国学者提出了许多测算货币需求量的计量模型。其中，具有代表性的有______和______。

二、单项选择题

1. 马克思货币必要量规律的理论基础是（　　）。

A. 劳动价值论　　B. 剩余价值论　　C. 货币金属论　　D. 货币数量论

2. 凯恩斯提出的人们对货币需求的第三个动机是（　　）。

A. 交易性动机　　B. 预防性动机　　C. 投资性动机　　D. 投机性动机

3. 凯恩斯的货币需求函数非常重视（　　）。

A. 恒常收入的作用　　B. 货币供应量的作用

C. 利率的主导作用　　D. 汇率的主导作用

4. 弗里德曼的货币需求函数强调的是（　　）。

A. 恒常收入的影响　　B. 人力资本的影响

C. 利率的主导作用　　D. 汇率的主导作用

5. 弗里德曼认为，人们的货币需求稳定，货币政策应是（　　）。

A. 单一规则　　B. 当机立断　　C. 相机行事　　D. 适度从紧

6. 凯恩斯把人们持有的金融资产划分为（　　）。

A. 货币与债券　　B. 股票与债券　　C. 现金与存款　　D. 储蓄与投资

7. 凯恩斯认为，债券的市场价格与市场利率（　　）。

A. 成正比　　B. 成反比　　C. 无关　　D. 相关

8. 如果人们预期利率上升，则（　　）。
A. 多买债券、少存货币　　B. 少存货币、多买债券
C. 卖出债券、多存货币　　D. 少买债券、少存货币
9. 如果人们预期利率下降，则（　　）。
A. 多买债券、多存货币　　B. 少存货币、多买债券
C. 卖出债券、多存货币　　D. 少买债券、少存货币
10. 凯恩斯认为，投机性货币需求受未来（　　）。
A. 利率不确定性影响　　B. 收入不稳定性影响
C. 证券行市不稳定影响　　D. 国家政策的影响
11. 在正常情况下，市场利率与货币需求之间（　　）。
A. 呈正相关　　B. 呈负相关　　C. 呈正负相关都可能　　D. 不相关

三、多项选择题

1. 从研究货币需求量必须解决的基本问题有（　　）。
A. 人们为何需要货币　　B. 需要多少货币　　C. 货币需求受哪些因素影响
D. 货币的购买力　　E. 货币需求的结构
2. 马克思的货币必要量规律的前提条件是（　　）。
A. 金是货币商品　　B. 信用货币流通　　C. 商品价格总额既定
D. 包括信用交易与转账结算　　E. 只是流通手段量
3. 凯恩斯主义认为，人们持有货币的动机有（　　）。
A. 投资性动机　　B. 消费性动机　　C. 交易性动机
D. 预防性动机　　E. 投机性动机
4. 凯恩斯把人们持有货币的三个动机划分为两类需求，即（　　）。
A. 对消费品的需求　　B. 对投资品的需求　　C. 对奢侈品的需求
D. 对保险品的需求　　E. 对资本品的需求
5. 弗里德曼把影响货币需求量的诸因素划分为以下几组（　　）。
A. 各种金融资产　　B. 恒常收入与财富结构
C. 各种资产预期收益和机会成本　　D. 各种随机变量
E. 各种有价证券
6. 马克思认为，货币需求量取决于（　　）。
A. 商品价格　　B. 货币价值　　C. 商品交易量
D. 货币储藏量　　E. 货币流通速度
7. 货币需求的影响因素包括（　　）。
A. 收入状况　　B. 市场利率　　C. 金融业的发达程度
D. 消费倾向　　E. 货币流通速度

四、判断题

1. 剑桥方程式重视货币作为一种资产的功能。（　　）
2. 投机性货币需求同利率呈正相关。（　　）

3. 凯恩斯强调了利率对预防性货币需求的影响。(　　)

4. 惠伦模型表明，利率越高，源于预防动机的货币需求量越小，两者呈负相关。(　　)

5. 弗里德曼认为利率变动对货币需求影响极小，而凯恩斯则认为利率是影响货币需求的重要因素。(　　)

6. 弗里德曼认为货币需求函数不稳定。(　　)

7. 凯恩斯主义主张“逆经济风向”行事的货币政策，而货币主义则强调规则的货币政策。(　　)

五、名词解释

1. 货币需求　　2. 现金交易数量说　　3. 单一规则

六、简答题

1. 试比较现金交易数量说与现金余额数量说的区别。
2. 试比较马克思货币需求理论与凯恩斯学派和货币学派的不同。
3. 弗里德曼认为，货币需求主要由哪些因素决定?

七、论述题

1. 试论述凯恩斯货币需求理论及凯恩斯学派对其货币需求理论的发展。

第十一章

货币供给

货币供给（money supply）是相对于货币需求而言的，它包括货币供给行为和货币供给量两大内容。货币供给行为是指银行体系通过自己的业务活动向再生产领域提供货币的全过程，主要研究的是货币供给的原理和机制。货币供给量是指银行系统在货币乘数增减作用下所供应的货币量，主要研究的是银行系统向流通中供应了多少货币、货币流通与商品流通是否相适应。货币供给量指的是货币存量，而非货币流量。

在现实经济生活中，货币供给与货币需求是相伴而生的；但在理论研究中，与货币需求理论相比，货币供给理论却是相对后起，也是相对薄弱的。这种理论发展的不平衡性主要源于人们对货币供给与货币需求的不同认识。在 20 世纪 60 年代之前，几乎所有的经济学家都只把货币需求看作内生变量，从而加以深入研究，而将货币供给看作外生变量。他们认为，货币供给并不是内在地决定于经济运行的客观规律，而是外在地决定于货币当局或中央银行的主观意志。因此，它是一个货币当局或中央银行能够绝对控制的变量。这种对货币供给认识的偏见导致了货币供给理论与货币需求理论研究的不协调。经济学家往往全神贯注于货币需求问题的分析而忽略了对货币供给问题的研究，甚至索性将货币供给假定为一个可任意决定的变量。直到 20 世纪 60 年代初，一些经济学家通过实证分析才意识到货币供给在很大程度上也是一个内生变量，从而才开始将货币供给作为一种受制于客观经济规律的范畴进行理论研究，也正是从那时起，才逐渐产生了现代意义上的货币供给理论。

完整的货币供给理论应该包括货币供给的决定理论、货币供给影响经济的理论及货币供给控制理论。但是，一般所谓的货币供给理论主要是指货币供给的决定理论。所以，本章主要对货币供给的决定和变动，以及与此问题有关的其他一些基本问题进行简要的分析，并对西方货币供给理论中较有代表性的几种理论做一个简单的述评。

第一节 货币供给概述

一、货币供给的统计口径

随着货币与经济的关系日益密切，客观上要求政府对现金的发行及信用的扩张加以控制，使货币的供给适应经济发展的需要，避免经济产生波动和危机。因而，货币供应量的概念及对货币供应量层次的划分就应运而生。关于货币供应量的构成和层次划分主要是按货币资产流动性进行的。

（一）货币及货币供给的定义

货币的定义是货币理论尤其是货币供给理论的基础。不同的货币定义会产生不同的货币供给理论。即使在研究货币供给理论中的同一问题时，也会因对货币的定义有着不同的认识和规定而得出大不相同甚至截然相反的结论。因此，在分析货币供给问题之前，有必要先对几种比较重要的关于货币定义的理论做一个简介，作为理解各种货币供给理论的出发点。

1. 马克思对货币的定义

根据马克思的货币理论，货币是固定地充当一般等价物的特殊商品，必须是价值尺度和流通手段的统一。马克思的这一货币理论为货币规定了明确的定义，也为货币划定了明确的范围。根据这一定义，凡是同时具备这两个职能的东西就是货币，而不同时具备这两个职能的东西就不是货币。

2. 西方经济学对货币的定义

在西方经济学界，货币的定义是一个争议颇多的问题，争议产生的根本原因在于人们对货币的本质和职能有着不同的认识。总的来说，货币的定义可分为狭义和广义两种。所谓狭义与广义也只是一种相对的划分，因为即使是同为狭义或同为广义的货币定义，各人的具体说法或规定、区分货币与非货币的标准也是大不相同的。在这里，我们只是根据以后各节中论述货币供给理论的需要，从形形色色关于货币定义的理论中选取几种比较重要的理论进行简要介绍。

3. 货币供给的含义

货币供给是指一国在某一时点上为社会经济运行服务的货币量。它由包括中央银行在内的金融机构供给的存款货币和现金两个部分构成。

关于货币供给的定义，需要说明以下几点。

（1）货币供给是一个存量概念，它是一国在某一时点上的货币量。它是指被财政部门、各生产经营单位、家庭和个人所持有的，由银行体系所供给的存款量和现金发行量。因此，影响和决定货币存量大小的是银行的信贷收支。银行是供给和改变货币供给存量大小的重要机构。

（2）货币供给是实实在在地反映在银行资产负债表一定时点上的银行负债总额。具体地说，存款量是商业银行的负债，而现金发行量则是中央银行的负债。

（3）研究货币供给的目的，是使社会实际提供的货币量能够与商品流通和经济发展对货币的需求（即预测的货币需要量）相适应。所以，对货币供给有重要研究价值的不是实际的货币供给量，而是合理的货币供给量，即指由银行通过各项资产业务实际投放的货币量与社会对货币的正常需求量相一致。

（4）货币供给量的多少既在很大程度上为政策所左右，又取决于经济社会中其他经济主体的货币收付行为。因此，中央银行对货币供给量的调控就变得十分困难。

（二）货币供给统计口径的划分原则

划分货币供给统计口径的目的是考察各种具有不同流动性的资产对经济的影响，并选定一组与经济的变动关系最密切的货币资产作为中央银行控制的重点。因此，各国中央银行在确定货币供给统计口径时，一般遵循以下三条原则。

（1）流动性的强弱。流动性是指转化为现金的难易程度，也就是变为现实流通手段和支付手段的能力。

（2）与经济的相关性。划分货币供给口径的目的在于观察和预测有关经济情况的变化，所以，在确定货币供给口径时，应力求能与有关经济变化具有较高的相关性。

（3）不同时期的不同具体情况。在现实情况下，各种货币统计口径不是一成不变的。随着经济的发展，金融创新不断出现，货币供给口径也会随之变化。

（三）狭义货币供给统计口径

所谓狭义的货币供给，通常是由流通于银行体系之外的、为社会公众所持有的现金（即流通中的现金，一般被简称为“通货”）及商业银行的活期存款所构成，如以 M1 表示狭义的货币供应量，以 C 表示流通中的现金，以 D 表示商业银行的活期存款，则

$$\mathrm{M1} = C + D \tag{11-1}$$

持这种货币供给定义的经济学家一般强调货币的交易媒介职能。他们认为，货币区别于一切其他东西的最本质的特性就在于货币能充当商品交易的媒介，而任何其他东西则不能。所以，凡能充当交易媒介的东西就是货币，而不能充当交易媒介的东西就不是货币。显然，在现代经济中，能作为交易媒介的只有通货和商业银行的活期存款。但是，在现实生活中，如何具体地辨别一种东西是不是交易媒介从而确定它是不是货币呢？对此，经济学家们又提出了不同的解释和不同的辨别标准。其中，比较重要的有以下三种。

1. 以普遍接受性作为标准

这是大多数经济学家所同意的辨别货币与非货币的标准。持这一标准的人认为，作为一种交易媒介，它必须在交易中具有明显的为人们所普遍接受的特性。如果某种东西能在交易中为人们所普遍接受，则该种东西就能作为交易媒介，从而它就是货币；而如果这种东西只是有限地、部分地或有条件地为人们所接受，则它就不能作为交易媒介，从而就不是货币。

2. 以是否支付利息作为标准

这一标准由英国经济学家佩塞克和萨文提出。在佩塞克和萨文看来，货币是一种社会净财富，也就是说，货币是其持有人的财富，不是任何其他人的负债。既然货币不是负债，那么它的发行者自然就不会对其持有人支付利息。因此，是否支付利息可作为鉴定一种金融资产是不是货币的标准。根据这一标准，只有通货与商业银行的活期存款才是货币，而商业银行的定期存款、储蓄存款乃至其他各种金融资产都不是货币。

在金融创新前，这种理论似乎有着一定的合理性。然而，随着金融创新的进行，有些新的存款账户同样具有交易媒介的功能，但其持有者又可以收取利息，于是，这种以是否支付利息作为区分货币与非货币的标准的理论失去了现实意义。例如，在美国的货币层次划分中，现在已将可转让支付命令账户与自动转账服务账户列入了 M1。这两个账户的存款都是付息的。但是，可转让支付命令账户中所签发的可转让提款通知书与活期存款账户中所签发的支票在本质上是一致的。在自动转账服务账户中，存款人在支付前的存款是付息的储蓄存款，而在支付时，通过银行的自动转账服务将储蓄存款转为活期存款，即可签发支票以用于支付。这就说明，这两个付息账户的存款实际上也具有交易媒介的功能。

3. 以交易行为的特征作为标准

这一标准是由英国经济学家纽伦和布特尔提出的。根据他们的分析，货币是一般的交易媒介，在交易过程中具有如下特征：一是货币在交易过程中不对经济产生任何影响，尤其是不对借贷市场产生影响；二是货币在交易过程中只改变其持有者而不改变其总量。纽伦和布特尔认为，通货与活期存款能同时具备上述两个特征，而其他金融资产却不能同时具备这两个特征。例如，债券在支付前必须通过借贷市场将它转换为现金，就会影响借贷市场；又如，定期存款在支付中虽不影响借贷市场，但不能直接用于支付，必须转化为活期存款后才能签发支票以用于支付，而定期存款与活期存款往往有着不同的法定准备金要求，故定期存款转为活期存款将影响商业银行的准备金，从而影响存款货币的总量。

上述三种标准从不同的角度对狭义货币供给下了定义，并明确地划定了这种货币供给的范围。在具体实践中，各国对狭义货币供给所规定的范围不尽相同。

（四）广义货币供给统计口径

1. 第一种广义货币供应定义（M2）

这是由米尔顿·弗里德曼、安娜·施瓦茨（Anna Schwartz）和菲力普·卡甘（Phillip Cagan）等提出的。这种货币定义强调货币的价值贮藏职能，如弗里德曼称货币为“购买力的暂栖所”。他们认为，除了 M1 外，商业银行的定期存款和储蓄存款也应包括在货币的范围内。他们的这一货币定义通常用 M2 表示。若以 T 表示商业银行的定期存款和储蓄存款则

$$M2 = M1 + T \tag{11-2}$$

2. 第二种广义货币供给定义（M3）

它是由格利（G. Gurley）、肖（E. S. Shaw）等经济学家提出的。他们强调货币作为一种资产而具有高度流动性，认为除了 M2 所包括的通货及商业银行的各种存款外，货币还应包括一些同样具有高度流动性的其他金融资产。所以，这种货币供给定义比第一种定义 M2 更广。

格利和肖认为在多种金融中介机构并存的现代经济中，不但存在着商业银行的负债（即商业银行的活期存款和定期存款），而且存在着各种非银行金融中介机构所发行的负债。这些负债与商业银行的负债一样，也具有高度的流动性，而且这两种负债之间还有着很强的替代性。所以，既然我们把商业银行的负债作为货币，那么，我们就没有理由不把那些非银行金融中介机构的负债作为货币。格利和肖的这种货币定义可用 M3 表示。若以 D_n 代表非银行金融中介机构的负债，则

$$M3 = M2 + D_n \tag{11-3}$$

3. 第三种广义货币供给定义（L）

它是由《拉德克利夫报告》提出的。《拉德克利夫报告》中的货币定义比格利和肖的定义更广。该报告认为，除了 M3 之外，货币还应包括那些非金融机构发行的、流动性较高的短期负债，如政府发行的国库券、企业发行的短期债券及银行承兑汇票等。这种更广义的货币定义一般用 L 表示。若以 A 表示除了 M3 以外的其他各种流动性较强的、由非金融机构所发行的负债，则

$$L = M3 + A \tag{11-4}$$

（五）广义货币供给统计口径的发展

随着金融创新的发展，具有良好流动性的新型金融工具不断涌现，突破了传统的货币概念，货币层次的内涵和外延都发生了很大的改变，使按流动性来划分货币层次的方法越来越复杂。各国对货币层次的划分不断进行修改。英国已经有 M0、M1、M2、M3、DCE、PSL1 和 PSL2 等多个货币供给指标，1970～1984 年修改货币定义达九次之

多。美国在1971～1984年共修改货币定义七次，货币供给指标发展到目前的M1、M2、M3、L、Debt等五个。尽管做了频繁修改，但金融创新带来的难题并未完全解决，如电子货币、信用卡等对应的货币层次。因此，可以预见，随着信用制度的不断发展，以及现代科学技术在银行的广泛应用，金融创新会创造出许多新的货币资产，货币的范围还将进一步扩大，对货币层次的划分必将继续深化并不断进行调整。

总之，各种广义货币定义的提出有助于人们正确地认识货币与其他流动资产之间的关系，尤其是货币与各种非货币金融资产之间一定的替代关系。但是，这些定义未能充分地认识货币所独有的交易媒介职能，因而把货币和非货币的流动资产混为一谈。因此，目前大多数经济学家接受狭义的货币定义M1，而把其他流动资产称为准货币或近似货币。

二、货币供给的内生性和外生性

（一）货币供给的内生性和外生性的含义

在货币供给理论中，不仅有狭义货币与广义货币的争论，而且有货币供给的外生性与内生性的争论。所谓货币供给的外生性与内生性，是指货币供给能不能完全地被货币当局所决定。

1. 货币供给内生性的含义

从不同的角度来看，货币供给内生性有不同的含义。从中央银行的角度来看，货币供给内生性是指货币供给量是由中央银行以外的因素所决定的量；从金融体系的角度来看，货币供给内生性是指由金融体系之外的因素所决定的量；从实体经济的角度来看，货币供给内生性是指货币供给量是由政府政策以外的因素所决定的量。总之，货币供给内生论者认为在现实的经济条件下，经济运行中的各种因素，如收入、储蓄、投资、消费、利率等，都将决定或影响人们的经济行为和决策，从而决定或影响货币供给，而这些因素都不是货币当局所能完全控制的。所以，货币供给将内在地决定于客观的经济运行过程本身，而不是外在地决定于货币当局的主观行为。

2. 货币供给外生性的含义

从不同的角度来看，货币供给外生性有不同的含义。从中央银行的角度来看，货币供给外生性是指货币供给量是由中央银行所决定的量；从金融体系的角度来看，货币供给外生性是指货币供给量是由金融体系所决定的量；从实体经济的角度来看，货币供给外生性是指货币供给量是由经济因素所决定的量。总之，货币供给外生论者认为货币供给完全由货币当局的行为，特别是货币政策所决定，而与经济运行过程及经济内部的各种因素无关，也与货币当局之外的其他经济主体的决策行为无关。

（二）货币供给的内生性和外生性的对立统一

1. 货币供给的内生性和外生性的对立

货币供给的内生性与外生性之争实际上是人们由于对货币供给与货币当局之间的关系有着不同的认识。这种不同的认识将在一定程度上决定他们对货币政策有效性的不同认识。如果认为货币供给为外生变量，就说明货币当局能够有效地控制货币供给从而实现对宏观经济运行的控制和调节。如果认为货币供给为内生变量，就说明货币供给将被动地决定于客观的经济运行过程及其规律，货币供给的变动将受制于各种经济因素的变动及微观经济主体的决策行为，货币当局无法通过货币政策来决定货币供给，从而难以对宏观经济运行实施有效的控制和调节。

2. 货币供给的内生性和外生性的统一

货币供给量既是内生变量，也是外生变量。这是因为，无论从哪个角度理解内生与外生的含义，都无法否定货币供给量兼具内生和外生的特性，即决定货币供给量的因素既有经济因素，也有政策因素；其部门既有金融体系，也有非金融体系；既有中央银行、商业银行，也有政府、企业和个人，甚至还有对外交易；其动因既有主观因素，也有客观因素。

（三）货币供给的内生性和外生性之争的历史演变

货币供给的内生性与外生性之争可以追溯到19世纪中叶发生于英国的通货论争。在那次论争中，通货主义者认为，英格兰银行具有任意增加或减少货币量的能力。银行主义者则认为，流通中的货币量完全决定于社会对货币的需要量。1939年，瑞典经济学家米尔达尔出版《货币均衡论》一书，支持银行主义者的观点，批评货币数量说，明确地提出货币需求决定货币供给的结论。可见，在经济学界，货币供给内生性的观点实际上早已存在。但在20世纪60年代以前，包括凯恩斯在内的绝大多数经济学家都认为货币供给是一个完全决定于货币当局主观行为的外生变量。因此，人们在研究货币及货币与经济之间的关系时就可以只研究货币的需求而假设货币的供给不变，或假设货币的供给可由货币当局任意决定。20世纪50年代末，特别是进入60年代以后，随着货币金融环境的重大变化、金融创新的蓬勃发展、货币理论研究的不断深入，尤其是各种货币供给理论的相继提出，越来越多的经济学家认识到货币供给的内生性。但是，在否定货币供给外生性而强调货币供给内生性的过程中，有些经济学家矫枉过正。于是，在经济学家之间围绕货币供给的内生性与外生性问题展开了激烈的争论。在这种争论中，无论是理论分析还是实证研究都未能达成一致意见，甚至得出了大相径庭的结论。实际上，各国的经济金融环境大不一样，货币当局对货币供给的控制能力也大不相同，不能一概而论。在当代西方经济学界，以弗里德曼和施瓦茨为代表的经济学家倡导货币供给的外生性，以温特劳布（S. Weintraub）、卡尔多（Kaldor）和莫尔（B. Moore）为代表的经济学家则强调货币供给的内生性。

三、货币供应量构成

货币供应量有存量和流量两个不同的概念。所谓货币存量，是指一个国家在某一时点上实际存在于整个经济中的货币总量。所谓货币流量，是指一个国家在一定时期内货币流通的总量，实际上是货币存量与货币流通速度之积。在现代货币供给理论中，货币供应量通常是一个存量的概念。各国货币当局或中央银行都定期地公布这种货币的供应量，并根据具体的经济形势和经济政策的需要对它进行必要的调节和控制。

各国在统计并公布货币供应量时所设计的指标及其统计口径和计算方法不尽相同，即使在一个国家，随着时间的推移、金融理论的发展及金融创新中各种新金融工具的出现，货币供应量及其指标也将不断地更新或调整，统计口径和测算方法也将不断改进。从各国的具体实践来看，货币供应量一般以流动性的高低作为标准进行分层次统计和发布。在这里，所谓的流动性，是指某种资产在不使其持有者产生损失的条件下迅速地转化为现金的能力，即一般所谓的变现能力。资产流动性的高低主要取决于资产的可转让性、期限和面额。一般来说，资产的可转让性越强、期限越短、面额越小，其流动性越高；反之则反是。所以，各种支票存款通常被归入狭义货币 M1，期限较短、面额较小的定期存款被归入广义货币 M2，而期限较长、面额较大的定期存款则一般不作为货币，或至多只是作为准货币。当然，由于各国的国情不同，划分货币层次的具体方法也不同。即使各国都根据流动性的高低将货币层次划分为 M0、M1 和 M2 等，各层次所包含的资产范围也可能大不相同。下面，我们分别说明国际货币基金组织、美国、欧盟、英国、日本和我国的货币供应量及其构成。

（一）国际货币基金组织的货币供应量构成

M0 = 流通于银行体系之外的现金。

M1 = M0+活期存款。

M2 = M1+储蓄存款+定期存款+政府存款（包括国库券）。

（二）美国的货币供应量构成

美联储从 1960 年开始测算并公布货币供应量。其后五十多年来，美联储又对货币供应量的统计口径做过 16 次修订。目前，美联储公布的货币层次及其构成如下。

M1 = 国库、联邦储备系统和存款机构之外的通货+非银行发行的旅行支票+商业银行的活期存款（不包括存款机构、美国政府、外国银行和官方机构在商业银行的存款）+其他各种与商业银行活期存款性质相近的存款（如可转让支付命令账户、自动转账服务账户等）。

M2 = M1+存款机构发行的隔夜回购协议和美国银行在世界上的分支机构向美国居民发行的隔夜欧洲美元+货币市场存款账户+储蓄和小额定期存款+货币市场互助基金余额等。

M3 = M2+大额定期存款+长于隔夜的限期回购协议和欧洲美元等。

L = M3+非银行公众持有的储蓄券+短期国库券+商业票据和银行承兑票据等。

（三）欧盟的货币供应量构成

欧洲中央银行的货币统计是在各成员国已有货币层次划分的基础上，从众多货币统计口径中选用的一套能被各成员国普遍接受的统一的货币统计标准。目前，欧洲中央银行发布的各货币层次及其构成如下。

M1 = 流通中的现金+隔夜存款。

M2 = M1+2 年内到期的定期存款+3 个月的通知存款。

M3 = M2+货币市场基金份额+回购协议+2 年内到期的债务证券。

（四）英国的货币供应量构成

M0 = 英格兰银行发出的钞票和硬辅币+银行在英格兰银行的储备存款余额。

无 M1 项。

M2 = 私人部门（指非金融业的工商企业和居民）中流通的钞票和硬辅币+私人部门在银行的无息即期存款+私人部门在银行和建房互助协会中的小额英镑存款等。

M4 = M2 中前两项+私人部门在银行有息即期存款+私人部门在银行定期存款+私人部门持有的建房互助协会股份及存款等。

M4c = M4+私人部门在银行和建房互助协会的外币存款等。

M5 = M4+私人部门持有的金融债券+国库券+地方当局存单+纳税存单等。

（五）日本的货币供应量构成

M1 = 现金+活期存款（现金指银行券发行额和辅币之和减去金融机构库存现金后的余额；活期存款包括企业活期存款、活期储蓄存款、通知即付存款、特别存款和纳税准备金存款）。

M2+CD = M1+准货币+可转让存单，其中，准货币指活期存款以外的一切公私存款。

M3+CD = M2+CD+邮政、农协、渔协、信用组合和劳动金库的存款及货币信托和贷放信托存款。

此外，还有广义流动性=M3+CD+回购协议债券、金融债券、国家债券、投资信托和外国债券。

（六）中国的货币供应量构成

从 1994 年第三季度起，中国人民银行正式推出货币供给量统计监测指标，并按季向社会公布。进入 21 世纪以来，我国中央银行对货币供应量的统计口径曾做过以下四次修订：①2001 年 6 月，中国人民银行做出第一次修订，将证券公司客户保证金计入

M2；②2002 年年初，中国人民银行做出第二次修订，将外资、合资金融机构的人民币存款分别计入不同层次的货币供应量；③2010 年 10 月，中国人民银行做出第三次修订，在货币供应量中加上住房公积金中心存款和非存款类金融机构在存款类金融机构的存款；④2018 年 1 月，中国人民银行做出第四次修订，完善了货币供应量中货币市场基金部分的统计方法，用非存款机构部门持有的货币市场基金取代货币市场基金存款（含存单）。目前，我国货币供给划分为以下三个层次。

M0 = 流通中现金。

M1 = M0+企业单位活期存款+农村存款+机关、团体、部队存款+个人持有的信用卡类存款。

M2 = M1+城乡居民储蓄存款+企业存款中具有定期存款性质的存款（单位定期存款和自筹基建存款）+外币存款+信托类存款+证券公司股民保证金存款。

其中，M1 被称为狭义货币，是现实购买力；M2 被称为广义货币；M2 与 M1 之差被称为准货币，是潜在购买力。

从上述美国和欧盟等西方发达国家和组织的货币层次划分中可以看到，由于这些地区的金融体系比较完善、支付技术比较先进、现金流通占比更小，他们并不将 M0 作为一个独立的货币层次加以发布，而是直接发布 M1、M2 和 M3。中国与这些国家和组织的一个重要区别就是我国把现金单列为一个层次。这是因为我国信用制度还不是很发达，仍实行现金管理制度，现金在狭义货币供给量 M1 中所占比重超过 30%，远远高于西方国家，对消费品市场和零售物价的影响很大。

把货币划分为若干不同层次，是为了便于中央银行在对货币流通的调控中选择重点。比如，货币当局在讨论控制货币供应指标时，既要明确到底控制哪一层次的货币及这个层次的货币与其他层次的界限何在，同时要回答实际可能控制到何等程度。否则，就谈不上货币政策的制定，即使制定了也难以贯彻。在西方国家，一般选择 M2 作为控制的重点。

第二节　货币供给的创造机制

在现代货币信用经济中，商业银行的活期存款是最主要的货币形式。它是狭义货币 M1 的主要部分，一般被称为存款货币。在实行部分准备金制度的条件下，当商业银行通过吸收存款发放贷款时，它每吸收一单位的存款就会引起多倍的银行存款的增加，实现货币的创造。因此，要理解货币供给机制，必须首先了解商业银行是如何创造存款货币的，商业银行的信贷活动是货币供给机制运作的基础。存款货币的创造过程在很大程度上反映了现代经济中货币供给量的决定过程。

一、商业银行创造存款货币的前提条件

商业银行是通过吸收存款来发放贷款的，在它的存贷过程中会产生一个存款货币创

造的过程。但这种创造是有条件的，并受若干因素的制约。一般而言，只有同时具备了部分准备金制度和转账结算（非现金结算）这两个基本条件，银行才能创造派生存款。

（一）部分准备金制度

部分准备金制度是相对于全额准备金制度而言的。在全额准备金制度下，银行必须为增加的存款保持 100%的现金准备，每增加 1 元存款就相应增加 1 元现金。比如，某人存入银行 1 万元，银行存款负债增加 1 万元，同时其资产方的现金准备必须等量增加，银行不能把这笔资金贷放出去，也就没有多倍的存款创造。但在部分准备金制度下，银行吸收到存款后，并不需要为此保留等额的现金，而只是按存款的一定比例保留准备金，包括库存现金和在中央银行的存款，其余部分就可以发放贷款或投资，并由此形成多倍的存款创造。

（二）转账结算

转账结算是相对于现金结算而言的。转账结算是在银行活期存款的基础上，通过签发支票使活期存款转移从而完成货币的收付。这种结算方式下的货币运动，并不表现为现金形式，而只是将活期存款从一个存款账户转到另一个存款账户上，而用于支付的现金仍停留在银行里，只是银行的债权人发生了变化。这一过程对商业银行来讲具有实质性的意义和影响：存款转移意味着现金不流出银行，资金来源不减少，是银行以增记客户存款方式发放贷款的基础。如果转账结算的双方不在同一银行开户，那么，转出方银行存款的减少，必是转入方银行存款的等额增加。

一般而言，商业银行存款货币创造必须同时具备部分准备金制度和转账结算这两个条件。如果仅具备部分准备金制度，而实行现金结算，这时存款不会有多倍创造。因为部分准备金制度只为吸收存款后，能够运用部分存款提供了可能。如果仅具备转账结算，而实行全额准备金制度，也不能创造存款货币。因为这时存款在商业银行体系的转移必然是等额现金在银行体系内的转移，存款总量不会超过银行吸收到的现金量。

二、货币供给创造机制相关概念

（一）原始存款与派生存款

1. 原始存款

原始存款是指银行吸收的现金存款或中央银行对商业银行贷款所形成的存款。这是商业银行吸收的，能增加其准备金的存款。就单家商业银行而言，原始存款的增加并不仅是现金的流入造成的，也可能是接收其他银行支票存款所致。然而后者就商业银行体系来讲只是结构性变化，并不会使整个商业银行体系的存款准备金总额有任何增加。原始存款是商业银行进行信用扩张和创造派生存款的基础。

2. 派生存款

派生存款是相对于原始存款而言的，是指由商业银行以原始存款为基础进行贷款、贴现和投资等行为转化而来的超过最初部分存款的存款。这是商业银行用转账结算方式发放贷款或进行其他资产业务时转化而来的存款。具体可从以下三个方面来理解。

（1）派生存款必须以一定量的原始存款为基础。派生存款作为商品经济条件下银行信用活动必然产生的普遍现象，作为银行经济活动提供的信用流通工具的一种机能，并非可以凭空创造，必须具有派生的基础，即有一定量的原始存款给予保证。在一定时期内，如果存款派生的系数相对稳定，银行可作为派生基础的原始存款数量越大，创造派生存款的能力就越大；反之，银行可作为派生基础的原始存款数量越小，创造派生存款的能力也就越小。

（2）派生存款是在商业银行（或称存款货币银行）内直接形成的。在现实的银行信用活动中，在实行转账结算的条件下，凡是在银行具有创造信用流通工具能力的货币，都具有创造派生存款的能力。

（3）以原始存款为基础，通过商业银行内的存贷活动形成的派生存款量，应是由贷款引申出的超过最初部分的存款。例如，1 亿元的贷款，转为 1 亿元的存款，通过存款的派生，形成 5 亿元的存款，这里，派生存款数应是 4 亿元（即 5 亿元减去 1 亿元）。

3. 原始存款和派生存款之间的关系

1）原始存款和派生存款之间存在严格的数量关系

原始存款和派生存款之间的数量关系可表示为

$$\text{经过派生过程可能形成的最大存款总额} = \text{原始存款} \div \text{最低存款准备金比率} \tag{11-5}$$

$$\text{派生存款总额} = \text{可能形成的最大存款总额} - \text{原始存款} \tag{11-6}$$

2）原始存款和派生存款之间可以相互转化

原始存款和派生存款是可以相互转化的。原始存款转化为派生存款的过程是：当中央银行用再贷款形式向商业银行发放贷款时，贷款转入借款人存款账户，成为可供借款者使用的存款。但因为存款的所有权属于银行，所以表现在银行账面上，在原有存款的基础上，又引申出一笔存款来。以此类推，这些引申出来的存款，就是派生存款。

派生存款转化为原始存款的过程是：如果一笔由银行创造的货币，由 A 银行贷款转入 B 银行，从整个银行系统看，只是派生存款的转移，即 A 银行由贷款派生的存款转移到 B 银行，但从 B 银行来看，有相当部分会作为存款准备金；如果由一家银行通过“多存多贷”促使存款不断派生，在每笔派生的存款中也须有相当部分作为存款准备金。由此看出，商业银行在不同层次的存款派生过程中，总有数量不等的存款准备金交存中央银行，与此同时，形成了一定量的原始存款，作为存款派生的基础。

3）原始存款和派生存款对货币供给作用不同

在现代信用货币制度下，现金和存款（尤其是商业银行的活期存款）是货币的两种不同的表现形式。原始存款的发生只是改变了货币的存在形式而并不改变货币的总量。

但是，派生存款则不同，它的发生意味着货币总量的增加。所谓存款货币的多倍扩张或多倍紧缩，实际上就是指派生存款的多倍创造或多倍消失。

将存款划分为原始存款和派生存款，只是从理论上说明两种存款在银行经营中的地位和作用不同，事实上，在银行的存款总额中，是无法区分谁是原始存款、谁是派生存款的。商业银行的存款准备金以两种具体形式存在：一是商业银行持有的应付日常业务所需的库存现金；二是商业银行在中央银行的存款，是商业银行的资产。

（二）存款准备金与存款准备金比率

（1）存款准备金、法定存款准备金和超额存款准备金。存款准备金是商业银行在吸收存款后以库存现金或在中央银行的存款的形式保留的、用于应付存款人随时提现的那部分流动资产储备，是银行所吸收的存款总量的一部分。法定存款准备金是由国家规定的，商业银行在中央银行的准备金存款占该银行吸收存款总额的比率，叫法定存款准备金率。在存款总额一定的条件下，法定存款准备金率越高，商业银行可用于放款的份额就越少；反之，则越多。超额存款准备金是存款准备金减去法定存款准备金的余额。

存款准备金、法定存款准备金、超额存款准备金之间的数量关系分别是：①存款准备金=法定存款准备金+超额存款准备金=库存现金+商业银行在中央银行的存款；②法定存款准备金=法定存款准备金率×存款总额；③超额存款准备金=存款准备金-法定存款准备金。

（2）存款准备金比率。存款准备金比率就是存款准备金占银行吸收存款总量的比例。在现代市场经济中，存款准备金比率是中央银行调控货币供给量的一个重要手段。对于商业银行来说，根据中央银行规定的存款准备金比率保留的那部分存款准备金是必须保留的法定存款准备金。但是，当商业银行根据中央银行规定的比率缴足了法定存款准备金后，是否保留超额存款准备金或保留多少超额存款准备金则完全由商业银行自主决定。

三、存款货币多倍创造过程

存款货币是由存款货币银行（deposit money bank）创造的。存款货币银行是国际货币基金组织采用的有关金融机构分类中的一个口径，通常指接收活期存款并可以创造存款货币的金融机构，商业银行是其中的主要部分。为简化起见，说及存款货币银行时，往往就用商业银行这一概念来代替。

（一）存款货币多倍扩张的基本假设

存款货币的多倍扩张和多倍紧缩受多种因素的影响。在具体分析货币供给的决定与变动时，必须对这些复杂的因素加以周密的考虑。但在本节中，我们只对存款货币的多倍扩张和多倍紧缩的基本原理与基本过程作出分析，为后面的分析奠定必要的基础。为了简化分析，我们做出如下假设。

第一，假设整个银行体系由一家中央银行和至少两家商业银行构成。之所以要作出这一假设，是因为我们通常所谓的存款货币的多倍扩张或多倍紧缩，一般是就整个银行体系而言的，而不是就个别银行而言的。就个别银行而言，它必须先有存款，后有贷款，且贷款的数量必须少于存款的数量。但是，就整个银行体系而言，一家银行的贷款将引起另一家银行的存款，而在另一家银行获得存款的同时，发放贷款的那家银行的存款依然存在。于是，从整个银行体系来看，存款货币将通过各银行的贷款而创造出数倍于原始存款的派生存款。

第二，假设中央银行规定的法定存款准备金比率为10%，这样假设的目的主要是便于通过假设的数据进行举例说明。

第三，假设商业银行只有活期存款而没有定期存款。这样假设有两个目的：一是所谓的存款货币，实际上是指可以通过签发支票而直接用于支付的活期存款，而不是不能签发支票的定期存款；二是中央银行通常对活期存款和定期存款规定不同的法定存款准备金比率。一般来说，定期存款的法定存款准备金比率低于活期存款的法定存款准备金比率。美国等西方发达国家目前已取消了对定期存款的法定存款准备金要求，通过这一假设可避开活期存款与定期存款相互转化这一比较复杂的问题。

第四，假设商业银行并不保留超额存款准备金。因此当商业银行吸收存款并根据中央银行规定的存款准备金比率保留足够的法定存款准备金后，将把全部剩余准备金用于贷款或投资。

第五，假设银行的客户并不持有现金，从而在他们取得银行的贷款，或从其他客户那里收到任何款项后，他们将把全部货币收入存入银行。

（二）存款货币多倍扩张的基本过程

存款货币多倍扩张的过程实际上就是商业银行通过贷款、贴现和投资等行为引起成倍的派生存款的过程。就整个银行体系而言，一家银行发放贷款将使另一家银行在获得存款的同时可以发放贷款，从而使第三家银行获得存款。这些因其他银行发放贷款而引起的存款就是派生存款，通过整个银行体系的连锁反应，一笔原始存款或因其他途径获得的剩余准备金将创造出成倍的派生存款。

假设 *A* 银行收到甲客户现金存款（原始存款）10 000 元，在 *A* 银行原来持有的准备金正好满足中央银行规定的法定存款准备金比率的条件下，根据以上假设，该银行应再提取准备金 1000 元，并将剩余准备金 9000 元全部用于发放贷款。这样，*A* 银行的资产负债表就发生了如表 11-1 所示的变化。

表 11-1 *A* 银行的资产负债表 单位：元

资产		负债	
准备金	1000	存款	10 000
贷款	9000		
总额	10 000	总额	10 000

当 A 银行贷出 9000 元后，取得贷款的客户必将把这笔款项用于支付，而收款人又将把这笔款项全部存入其开户的另一家银行 B 银行。B 银行既已取得存款，且在不留超额准备金的假设下，它必将根据中央银行规定的法定存款准备金比率提取准备金 900 元，然后将剩下的 8100 元用于贷放。于是，B 银行的资产负债表就发生了如表 11-2 所示的变化。

表 11-2　*B* 银行的资产负债表　　单位：元

资产		负债	
准备金	900	存款	9000
贷款	8100		
总额	9000	总额	9000

同样，B 银行提供的 8100 元贷款也将被借款人用于支付给其他银行（如 C 银行）的客户，从而使 C 银行取得存款 8100 元。C 银行也同样按照中央银行规定的法定存款准备金比率提取准备金 810 元，并将余下的 7290 元用于贷放。这样，C 银行的资产负债表就发生了如表 11-3 所示的变化。

表 11-3　*C* 银行的资产负债表　　单位：元

资产		负债	
准备金	810	存款	8100
贷款	7290		
总额	8100	总额	8100

至此，银行存款已由 10 000 元增加到 27 100 元。其中，A 银行的 10 000 元存款是原始存款，B 银行的 9000 元存款和 C 银行的 8100 存款都是派生存款。因为 B 银行的 9000 元存款是由 A 银行的贷款所引起，而 C 银行的 8100 元存款又是由 B 银行的贷款所引起，所以，存款货币的多倍扩张正是通过一家银行的贷款引起另一家银行获得存款所实现的。以此类推，D 银行、E 银行……将会依次吸收存款并相应增加在中央银行的准备金，从而也就有可能按照法定存款准备金比率（10%）的约束条件扩大贷款并相应创造出新的存款货币。这一过程一直继续下去，直到最初存入 A 银行的 10 000 元原始存款全部转化为法定存款准备金为止，即银行体系的法定存款准备金总额等于原始存款（这是从增量的角度来说的），这时整个银行体系没有了超额准备金，银行体系也就没有了存款货币创造能力。

新增贷款，从而新增的存款货币呈如下递减级数：

$$1000 \times (1-10\%) = 9000 \text{ 元}$$
$$9000 \times (1-10\%) = 8100 \text{ 元}$$
$$8100 \times (1-10\%) = 7290 \text{ 元}$$
$$\vdots$$

新增贷款，从而新增存款的总和为

$$9000+8100+7290+\cdots+0=90\ 000\ \text{元}$$

连同最初的 10 000 元存款，存款总额为

$$10\ 000+90\ 000=100\ 000\ \text{元或}\ 10\ 000/10\%=100\ 000\ \text{元}$$

若以 D 表示存款总额，R 表示商业银行的存款准备金（在本例中，这一准备金来源于原始存款），r 表示中央银行所规定的法定存款准备金比率，则存款货币的多倍扩张可用式（11-7）表示：

$$D=\frac{R}{r}=R\cdot\frac{1}{r} \tag{11-7}$$

在上述例子中，R=10 000，r=10%，所以

$$D=\frac{R}{r}=\frac{10\ 000}{10\%}=100\ 000 \tag{11-8}$$

可见，存款总额由 10 000 元扩张到 100 000 元，其中 10 000 元是原始存款，90 000 元是派生存款。这 90 000 元派生存款来自银行体系所投放的 90 000 元贷款。

存款货币多倍扩张机制所决定的存款总额，其最大扩张倍数称为派生倍数或存款乘数。一般来说，它是法定存款准备金比率的倒数。存款扩张的这一原理，也称为存款乘数原理。若以 K 表示存款总额变动对原始存款的倍数，则可得

$$K=\frac{D}{R}=\frac{1}{r} \tag{11-9}$$

这就说明，在法定存款准备金比率为 10%的条件下，这种多倍扩张将使存款总额增加到原始存款的 10 倍。若 r 降为 5%，则存款可扩至 20 倍；若升 r 至 20%，则存款只可扩张 5 倍。这说明法定存款准备金比率越高，存款扩张倍数越小；法定存款准备金比率越低，存款扩张倍数越大。

（三）存款货币多倍收缩的基本过程

存款货币多倍收缩或紧缩的过程与多倍扩张的过程正好相反。如果说存款货币的多倍扩张是由商业银行的存款准备金增加所引起的，那么，存款货币的多倍收缩则是由商业银行的存款准备金减少所引起的。商业银行存款准备金的减少大致有两个原因：一是存款人从银行提走他们的存款，二是中央银行向商业银行出售有价证券。下面，我们仍以上述假设条件为基础，对存款货币多倍收缩的基本过程做一简述。

假设某存款人从甲银行以现金形式提取存款 10 000 元，这就使甲银行的库存现金（即存款准备金）减少了 10 000 元。这就说明，在甲银行减少存款 10 000 元的同时，其存款准备金也减少了 10 000 元。但是，根据中央银行规定的法定存款准备金比率，甲银行因减少存款 10 000 元只能减少存款准备金 1000 元（即其存款总额的 10%）；同时，已假定商业银行并不持有任何超额准备金，因此，在这种情况下，甲银行发生了存款准备金的短缺，其短缺的金额为 9000 元。为此，它必须通过收回贷款或出售其持有的债券的方式加以弥补现金。假设甲银行通过收回贷款来弥补其短缺的存款准备金，则其资产负债表的变化如表 11-4 所示。

表 11-4　甲银行的资产负债表　　单位：元

资产		负债	
准备金	−1000	存款	−10 000
贷款	−9000		
总额	−10 000	总额	−10 000

甲银行收回贷款必然使其他银行因此而减少存款从而引起其他银行的存款准备金也发生短缺，并且同样通过收回贷款或出售债券的方式加以弥补。现假设因甲银行收回贷款而使乙银行减少了 9000 元存款，并相应地减少了 9000 元存款准备金。根据中央银行规定的法定存款准备金比率，乙银行因减少 9000 元存款只能减少 900 元存款准备金。于是，乙银行还短缺存款准备金 8100 元，必须加以补足。如果乙银行也通过收回贷款来补足其所缺的存款准备金，则其资产负债表的变化如表 11-5 所示。

表 11-5　乙银行的资产负债表　　单位：元

资产		负债	
准备金	−900	存款	−9000
贷款	−8100		
总额	−9000	总额	−9000

显然，乙银行收回 8100 元贷款的结果，也是以减少其他银行同等数额的活期存款从而减少其准备金为条件的。这一过程将直进行下去，直到银行系统的活期存款变化到如下水平：

$$(-10\,000) + (-9000) + (-8100) + (-7290) + \cdots + 0 = -100\,000\text{ 元}$$

总之，在部分准备金制度下，这种存款的减少又必然引起存款准备金的不足，从而也必须收回贷款或出售证券。经过整个银行体系的连锁反应，存款货币总额将成倍缩减，缩减的倍数与存款货币扩张的倍数是一致的。所以，存款货币的多倍紧缩实际上是多倍扩张的反向过程。

第三节　货币供给的决定机制

现代经济生活中的货币都是由银行体系创造出来的。上节分析了商业银行创造存款货币的过程，而存款货币是货币供给量的组成部分，所以这一节需从中央银行角度考察整个经济生活中的货币供给量是怎样创造出来的。根据现代货币供给理论，货币存量是基础货币与货币乘数之积。

一、基础货币

（一）基础货币的概念及特征

1. 基础货币的概念

基础货币（monetary base）又称高能货币、强力货币（high-powered money），是指中央银行能直接控制的，并可作为商业银行存款创造的基础的那部分货币。它是商业银行创造存款货币的源头和基础。具体而言，基础货币由商业银行的存款准备金和通货两个部分构成。假设 B 表示基础货币，C 表示流通中的现金，R 表示银行存款准备金，则基础货币的计算公式是

$$B = C + R \tag{11-10}$$

基础货币直接表现为中央银行的负债。其中，现金是中央银行对社会公众的负债；存款准备金是中央银行对商业银行的负债。基础货币的数额占中央银行负债总额极大比重。我们可以分别从基础货币的来源和运用两个方面来理解。从基础货币的来源看，它是指货币当局的负债，即由货币当局投放并为货币当局所直接控制的那部分货币，是整个货币供给量的一部分。从基础货币的运用看，它由两个部分构成：一是商业银行的存款准备金（包括商业银行的库存现金和商业银行在中央银行的准备金存款）；二是流通于银行体系外而为社会大众所持有的现金，即通常所谓的通货。这两个方面分别说明了基础货币的决定因素及基础货币对整个货币供给量的影响。

基础货币具有一定的稳定性，不论是存款转化为现金，还是现金转化为存款，基础货币都不变。这是因为当存款转化为现金时，银行要用现有存款准备金来支付这笔提款，因此存款准备金减少了，其减少量等于现金的增加量，从而基础货币保持不变。相反，当流通中的一部分现金转化为存款时，如果银行不把增加的存款贷放出去，那么银行存款准备金就增加了，其增加量等于流通中现金的减少量，从而基础货币不变；如果银行把增加的存款贷放出去，银行存款准备金增加量还是等于现金减少量。总之，当现金转化为存款时，不论银行是否将存款贷放出去，银行存款准备金的增加量都等于流通中现金的减少量，从而基础货币不变。流通中的现金与银行体系的存款准备金都与公众的个人意愿有关，具有较大的随意变化性，不易于控制。但二者之和，即基础货币，却具有稳定性。正是由于这种稳定性，中央银行在控制货币供给方面把重点放在了基础货币的控制上。

基础货币是决定货币供给的一个重要因素，但不是唯一因素。在基础货币一定时，货币乘数的变动将引起货币供给的变动。一般来说，基础货币是中央银行能够直接控制的，而货币乘数则是中央银行不能完全控制的。所以，现代货币供给理论往往较多地致力于对货币乘数及其决定因素的研究。然而在这些研究中所形成的各种货币供给模型，实际上主要是货币乘数模型。

2. 基础货币的特征

基础货币有如下五个显著特点：①它是中央银行的负债；②流通性很强，即持有者能够自主运用，是所有货币中最活跃的部分；③派生性，即它运动的结果能够产生出数倍于它本身的货币量，具有多倍的伸缩功能；④与货币供给的各相关层次有较高的相关度，它的变化对于货币供给变化起着主要的决定性作用；⑤可控性，即中央银行能够控制它，并且通过对它的控制来控制整个货币供给量。基础货币最本质的特征是第二点和第三点。

（二）基础货币的决定因素

在现代经济中，每个国家的基础货币都来源于货币当局的投放。所谓货币当局，一般是指一国的中央银行，但有的国家或地区的货币当局除了中央银行外，还包括财政部。也就是说，财政部也参与基础货币的投放。货币当局投放基础货币的渠道主要有三条：一是直接发行通货；二是变动黄金、外汇储备；三是实行货币政策（其中最主要的是公开市场业务）。

由基础货币的投放渠道可以看出，基础货币的决定因素主要有以下几个：①中央银行在公开市场上买进有价证券；②中央银行收购黄金、外汇；③中央银行对商业银行再贴现或再贷款；④财政部发行通货；⑤中央银行的应收款项；⑥中央银行的其他资产；⑦中央银行在公开市场上卖出有价证券；⑧中央银行的应付款项；⑨政府持有的通货；⑩政府存款；⑪外国存款；⑫中央银行的其他负债。在以上 12 个因素中，前 6 个为增加基础货币的因素，后 6 个为减少基础货币的因素，这些因素均集中地反映在中央银行的资产负债表上。在以上这些因素中，有些是中央银行能直接控制的，其中最主要的是公开市场买卖；而有些则是中央银行不能直接控制的。对于不能直接控制的因素，中央银行可通过运用其公开市场业务来抵消这些因素对基础货币的影响。因此，一般认为，基础货币在相当程度上能被中央银行直接控制。

（三）基础货币对货币供给的影响

基础货币包括商业银行的准备金和社会大众所持有的通货。当今世界各国几乎无一例外地实行部分准备金制度。在这种制度下，商业银行的准备金是创造存款、供给货币的基础，它的增加或减少必然引起货币供给量的成倍扩张或成倍收缩。正因为商业银行的准备金在货币供给的决定与变动中具有如此特殊而重要的作用，它才被人们称为基础货币或高能货币。流通于银行体系外的为社会大众所持有的通货则是一种潜在的准备金，也就是说，一旦这些通货被其持有人存入银行，就可作为银行的准备金而成为创造存款货币的基础。所以，这些通货也被作为基础货币。

根据货币供给理论，基础货币对货币供给的影响是显而易见的。在货币乘数一定时，基础货币的规模决定了整个货币供给量的规模。基础货币的变动不仅引起整个货币供给量的同方向变动，而且将引起整个货币供给量的成倍变动。具体而言，若基础货币增加，货币供给量将成倍扩张；若基础货币减少，则货币供给量将成倍缩减。基础货币能为货币当局所直接控制，因此，在货币乘数不变的条件下，货币当局可通过控制基础货币来控制货币供给量。

二、货币乘数

（一）货币乘数的概念

货币乘数（money multiplier）即基础货币扩张或收缩的倍数，是货币供给量与基础货币之比，它表明每 1 元基础货币变动所能引起的货币供给量的变动。作为货币供给之源的基础货币，可以引出数倍于自身的货币供给量。货币供给量之所以数倍于基础货币，是因为商业银行信用扩张或派生存款。例如，在某一时点上，若基础货币为 1 亿单位，货币供给总量为 5 亿单位，或者在某一时期，基础货币增加 1 亿单位能导致货币供给总量增加 5 亿单位，我们就可以说货币乘数为 5。

在基础货币一定的条件下，货币乘数决定了货币供给量。货币乘数越大，货币供给量越多；反之，货币乘数越小，则货币供给量就越少。所以，货币乘数是决定货币供给量的又一个重要的甚至是更为关键的因素。但是，与基础货币不同，货币乘数并不是一个外生变量，因为决定货币乘数的大部分因素不是决定于货币当局的行为，而是决定于商业银行或社会大众的行为。可以说，货币供给的内生性主要表现在货币乘数的内生性。也就是说，货币供给之所以是一个内生变量，主要是因为货币当局不能对货币乘数实施直接或完全的控制。现代货币供给理论的显著特点就在于特别注重对货币乘数及其决定因素的分析。

（二）货币乘数模型

1. 简单货币乘数模型

在式（11-9）中，我们给出了最简单的存款货币乘数模型，即 $K=D/R=1/r$，显然这个模型没有考虑现金的情况，因此通过加入现金 C，我们可以得到简单货币乘数模型，用 m 表示货币乘数，M_s 表示货币供给，M_b 表示基础货币，其公式是

$$m=\frac{C+D}{C+R}=M_s/M_b \tag{11-11}$$

上述表达式是非常有意义的，它将人们对货币供给的分析过程分解为对基础货币和货币乘数的分析。基础货币由现金 C 和存款准备金 R 两者构成。货币供给量由现金 C 和存款货币 D 两者构成。因此，基础货币与货币供给量的关系可用下图 11-1 表示。

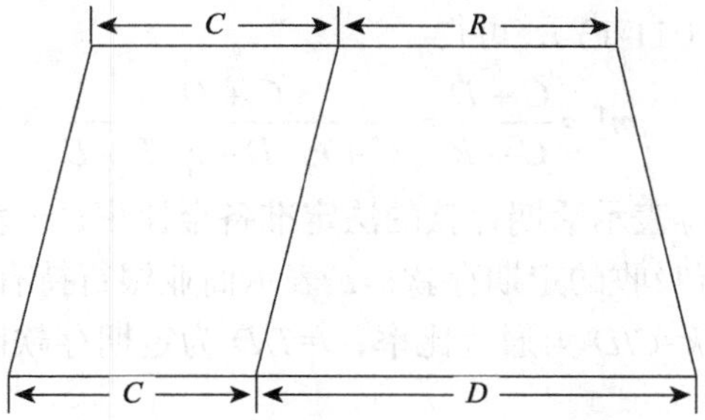

图 11-1　货币供应量的构成

从简单的货币乘数模型可知，货币乘数是由中央银行所规定的法定存款准备金比率这个唯一的因素所决定的。根据这个货币乘数模型可知，中央银行能够对货币供给实施完全的控制，因为在该模型中，决定存款总额的两个因素——基础货币和法定存款准备金比率，中央银行都能直接而有效地控制。但是，在现实的经济运行中，除了法定存款准备金比率这一因素外，还有其他许多复杂的因素同样影响着存款的货币乘数，这些比较复杂的因素往往是中央银行不能完全控制的。

简单的货币乘数模型是建立在以下三个假设条件基础之上：①商业银行将充分运用其所能得到的准备金而并不持有任何超额准备金；②商业银行的存款只有活期存款而没有定期存款，因而也不存在活期存款与定期存款相互转化的问题；③商业银行的客户并不持有现金，从而把全部货币收入都存入银行（从事非现金交易）。但这些假设条件在现实经济生活中并不存在。

2. 乔顿货币乘数模型

对简单货币乘数模型进行修正、补充和发展而形成的复杂货币乘数模型抛弃了以上这些过于简化的假设而着重分析现实经济生活中影响货币供给，尤其是影响货币乘数的各种实际因素。在西方经济学界，这样的复杂货币乘数模型较多，如弗里德曼-施瓦茨模型、卡甘模型，但目前为止影响最大、最著名的货币乘数模型还是乔顿货币乘数模型。美国经济学家乔顿于 1969 年对弗里德曼-施瓦茨模型、卡甘模型等进行了改进和补充，导出了一个比较简洁明了的货币乘数模型。自提出以后，乔顿货币乘数模型得到大多数经济学家的认可，并被大多数货币金融学教科书所采用。因此，该模型被看作货币供给决定机制的一般模型。下面，我们就通过简单的推导来介绍这一模型。

乔顿货币乘数模型采用狭义的货币定义 M1，其计算公式如下

$$\mathrm{M1} = C + D \tag{11-12}$$

式中，M1 表示狭义货币；C 表示通货；D 表示商业银行活期存款。

根据现代货币供给理论，货币供给是基础货币与货币乘数之积。设 $m1$ 是货币定义为 M1 时的货币乘数，则

$$\mathrm{M1} = B \cdot m1 \text{或} m1 = \frac{\mathrm{M1}}{B} \tag{11-13}$$

由式（11-12）和式（11-13），可得

$$m1=\frac{C+D}{C+R}=\frac{C+D}{C+r_d\cdot D+r_t\cdot T+E} \tag{11-14}$$

在式（11-14）中，r_d 表示活期存款的法定准备金比率；r_t 表示定期存款的法定准备金比率；T 表示商业银行吸收的定期存款；E 表示商业银行持有的超额准备金。

为了简化分析，设 $k=C/D$ 为通货比率，$t=T/D$ 为定期存款比率，$e=E/D$ 为超额准备金比率，则有

$$m1=\frac{k\cdot D+D}{k\cdot D+r_d\cdot D+r_t\cdot t\cdot D+e\cdot D}=\frac{1+k}{r_d+r_t\cdot t+e+k} \tag{11-15}$$

把式（11-15）代入式（11-13），即可得到乔顿货币供给决定模型，如下

$$\mathrm{M1}=B\cdot m1=B\cdot\frac{1+k}{r_d+r_t\cdot t+e+k} \tag{11-16}$$

由此可知，货币供给是基础货币与货币乘数之积。一般认为，基础货币是货币当局或中央银行所能直接控制的。至于货币乘数，由乔顿货币乘数模型可知，是由多种复杂因素共同决定的，而这些因素又分别受货币当局（中央银行）、商业银行及社会公众等不同经济主体的行为的影响。其中 r_d、r_t 由货币当局或中央银行决定；e 由商业银行决定；而 k 和 t 则由社会公众的资产选择行为决定。由此可见，货币当局或中央银行实际上只能对决定货币乘数的部分因素而不是全部因素具有控制能力。也就是说，除了中央银行外，商业银行和社会公众等其他经济主体的行为也将对货币乘数，从而对货币供给产生一定甚至较重要的影响。这就说明，货币供给并不是一个完全决定于货币当局主观意志而不受经济运行内在规律影响的外生变量。

3. 乔顿货币乘数模型的扩展与修正

1）将货币定义扩展为 M2 的乔顿货币乘数模型

乔顿货币乘数模型将货币定义为 M1，即只有商业银行的活期存款和通货才是货币，商业银行的定期存款和储蓄存款（通常以 T 表示）则不是货币。现在将货币定义扩展为 M2（$\mathrm{M2}=C+D+T$），并以 $m2$ 表示相应的货币乘数，则有

$$m2=\frac{C+D+T}{C+R}=\frac{D(1+k+t)}{D(r_d+r_t\cdot t+e+k)}=\frac{1+k+t}{r_d+r_t\cdot t+e+k} \tag{11-17}$$

$$\mathrm{M2}=B\cdot m2=B\cdot\frac{1+k+t}{r_d+r_t\cdot t+e+k} \tag{11-18}$$

由此可见，与 $m1$ 相比，$m2$ 只是在分子上加了一个 t，其他各项都相同。但是，货币乘数公式的分子上有没有这个 t 可是大不相同的。例如，市场利率上升时，人们往往将一部分活期存款转化为定期存款，从而引起 t 上升。t 上升无疑将使 $m1$ 减少、$m2$ 增加。

2）取消定期存款的法定准备金要求的乔顿货币乘数模型

任何一种货币理论都必须真实地反映货币流通的具体实践。如果现实的货币流通环境发生了变化，则与之相关的货币理论也应在现实中随之修正，中央银行虽然不能完全

决定货币供给，但是其货币政策和金融制度都将对货币供给产生重大影响。以前，中央银行对活期存款和定期存款都有法定准备金比率的规定，因此，上述乔顿货币乘数模型将活期存款的法定准备金比率和定期存款的法定准备金比率都作为货币供给的决定因素，并将这两个比率分开加以研究是合理的。然而，一旦中央银行取消了对定期存款的法定存款准备金要求（很多国家早已如此），则上述乔顿货币乘数模型就必须进行必要的修正，以使理论与实际更好地结合。

定期存款取消法定准备金要求后，原来决定货币乘数的 r_t 就等于零。于是，M1 和 M2 分别改写为

$$M1 = B \cdot \frac{1+k}{r_d + e + k} \qquad (11\text{-}19)$$

$$M2 = B \cdot \frac{1+k+t}{r_d + e + k} \qquad (11\text{-}20)$$

由此可见，即使定期存款取消了法定存款准备金要求，定期存款本身，特别是定期存款比率也对货币供给有影响。从式（11-20）看，定期存款比率对 M2 有直接和正向的影响。至于定期存款对 M1 是否也有影响，虽然不能从式（11-19）中直观地看出，但这种影响是客观存在的。例如，如果人们将活期存款转化为定期存款（即定期存款比率上升），则由于活期存款是 M1 的一部分，而定期存款不是 M1 的一部分，这种转化无疑将使 M1 减少。

（三）货币乘数的决定因素

由乔顿的货币乘数模型可知，货币乘数的决定因素共有 5 个，分别是活期存款的法定存款准备金比率（r_d）、定期存款的法定存款准备金比率（r_t）、定期存款比率（t）、通货比率（k）及超额准备金比率（e）。这些决定因素本身又分别受多种因素的影响，它们对货币乘数，从而对货币供给量的影响则更是纷繁复杂。

1. 法定存款准备金比率

1）法定存款准备金比率的含义

法定存款准备金比率是指中央银行所规定的、商业银行（包括接受存款的其他金融机构）必须保有的存款准备金对其存款负债总额的比率。由于定期存款较活期存款稳定，一般来说，定期存款的法定准备金比率较低，而活期存款的法定准备金比率较高。法定存款准备金比率基本上是一个可由中央银行直接控制的外生变量，但由于其变动将带来较大的经济冲击，不宜频繁地变动，实际上中央银行也并不经常运用这一威力强大的工具。

2）法定存款准备金比率的主要影响因素

在经济运行中，法定存款准备金比率主要受三类因素的影响：①中央银行货币政策的意向（$\overline{P}$）。若 $\overline{P}$ 放松，则 r 低；若 $\overline{P}$ 紧缩，则 r 高；若 $\overline{P}$ 平衡，则 r 不变。②商业银行存款负债的结构（S）。若定期存款比例高，则 r 低；若活期存款比例高，则 r 高。③商业银行的经营规模和处所。中央银行根据不同商业银行在这些方面的差别，实行差别的

法定存款准备金比率政策。

3）货币乘数与法定存款准备金比率的数量关系

由上述乔顿货币乘数模型可知，无论货币的定义是 M2 还是 M1，r_d 和 r_t 这两个变量都只是出现于货币乘数公式的分母中，因此，它们的变动都必将对货币乘数，从而对整个货币供给量产生负的影响。也就是说，若 r_d 和 r_t 提高，则货币乘数缩小，货币供给量减少；反之，若 r_d 和 r_t 降低，则货币乘数增大，货币供给量增加。

2. 定期存款比率

1）定期存款比率的含义及影响因素

定期存款比率是指商业银行的定期存款对活期存款的比率。这一比率的变动主要决定于社会公众的资产选择行为。影响这种资产选择行为从而影响定期存款比率 t 的因素主要有三个：①定期存款利率，它与 t 呈正相关；②其他金融资产的收益率，它与 t 呈负相关；③收入或财富，它一般与 t 同方向变动。

2）定期存款比率对货币乘数和货币供给量的影响

t 的变动对货币乘数，从而对整个货币供给量的影响是相当复杂的，既有直接影响，又有间接影响。在直接影响中，又将因货币定义的不同而得出完全相反的结论。①直接影响。由乔顿货币乘数模型可知，当货币定义为 M1 时，t 只出现于货币乘数公式的分母中。因此，t 的变动必然引起货币乘数的反方向变动。当货币定义为 M2 时，则 t 既出现于分子中，又出现于分母中。但是，在分子中 t 的系数为 1，而在分母中 t 的系数为 r_t，r_t 必小于 1。因此，从公式中可以看出，在货币定义为 M2 的条件下的 t 变动将对货币乘数，从而对货币供给产生正的影响。②间接影响。这是指当 t 变动时，货币乘数的其他决定因素也将随之发生相应的变动。例如，当 t 上升时，商业银行的综合准备金率将下降，这将扩大货币乘数，从而扩大货币供给量。又如，在 t 上升时，定期存款相对稳定，提现频率相对较低，因此，商业银行的超额准备金比率可以降低，这同样会使货币乘数扩大，从而使货币供给量增多。

综上所述，在分析 t 的变动对货币乘数，从而对货币供给量的影响时，必须根据具体情况进行全面分析，这样才能得出比较准确的结论。

3. 通货比率

1）通货比率的含义及影响因素

通货比率 k 是指社会公众持有的现金对商业银行活期存款的比率。这一比率的变动主要决定于社会公众的资产选择行为。影响资产选择行为从而影响 k 的因素主要有如下 5 个：①社会公众的流动性偏好程度（它与 k 呈正相关）；②其他金融资产的收益率（它与 k 呈负相关）；③银行体系活期存款的增减变化（它与 k 呈负相关）；④收入或财富的变动（对 k 的影响比较复杂，会产生正、负不同的影响，但主要影响可能是负的）；⑤其他因素，如信用的发达程度、人们的心理预期、各种突发事件及季节性因素等。这些因素也将对 k 产生一定甚至重大的影响。

2）通货比率对货币乘数及货币供应量的影响

k 的变动对货币乘数，从而对货币供给量的影响比较复杂。根据乔顿的货币乘数模型，无论是在狭义的货币定义 M1 的情况下，还是在广义的货币定义 M2 的情况下，k 均同时出现于货币乘数公式的分子和分母中。因此，我们不能直观地根据这一公式来判断 k 的变动对货币乘数，从而对货币供给量的影响方向。但是，我们可以通过如下两种方法来对这种影响的方向做出比较准确的判断：一种是根据基本原理进行分析，另一种则是通过数学方法加以推导。

（1）基于基本原理的影响分析。从基本原理来看，人们持有的通货是一种潜在的准备金。如果将这种潜在的准备金转化为现实的准备金，即把持有的现金存入商业银行，从而使 k 下降，则在部分准备金制度下，这部分现金即可通过商业银行的贷款、贴现或投资行为而创造出成倍的派生存款，从而使货币乘数增大，并使货币供给量增加。如果人们持有更多通货从而使 k 上升，则这部分通货因流出商业银行体系而不再成为创造存款货币的基础。所以，人们持有现金一般被称为现金漏损。这种漏损使货币乘数缩小，从而使货币供给量减少。可见，从基本原理而言，k 的变动将对货币乘数，从而对货币供给量产生负的影响。

（2）基于数学方法的影响分析。我们也可由乔顿货币乘数模型分别求出货币乘数 $m1$ 和 $m2$ 对 k 的一阶导数，然后根据其符号来判断 k 的变动对货币乘数的影响方向。

4. 超额准备金比率

1）超额准备金比率的含义及影响因素

超额准备金比率 e 是指商业银行保有的超额准备金（即实际保有的准备金总额减去法定准备金所得的余额）对活期存款的比率。这一比率的变动主要取决于商业银行的经营决策行为。影响商业银行经营决策行为的因素主要有如下四个：①市场利率（与 e 负相关）；②借入资金的难易程度及资金成本的高低（如越容易借且成本越低，则 e 将下降）；③社会大众的资产偏好及资产组合的调整（k 上升将使 e 上升，t 上升将使 e 下降）；④社会对资金的需求程度（与 e 呈负相关）。可见，超额准备金比率虽然主要决定于商业银行的经营决策行为，但是它又在一定程度上受社会公众等其他经济主体行为及整个宏观经济环境的影响。

2）超额准备金比率对货币乘数及货币供应量的影响

由式（11-17）及式（11-18）可知，无论是在狭义货币定义下，还是在广义货币定义下，超额准备金比率都只是出现于货币乘数公式的分母中。根据货币乘数公式可以直接地看出，超额准备金比率总是与货币乘数呈反方向变动，进而对货币供应量的影响也是反向的。

（四）货币乘数对货币供给的影响

根据现代货币供给理论，货币乘数是影响货币供给的又一个重要因素，甚至是比基础货币更重要的一个因素。在基础货币一定的条件下，货币乘数与货币供给成正比，也就是说，货币乘数越大，则一定的基础货币所引起的货币供给量就越多；货币乘数越小，则同样的基础货币所引起的货币供给量就越少。由以上分析可知，决定货币乘数的因素很多，也很复杂，特别是其中有些因素显然不是中央银行所能决定和控制的。因此，货币乘数对货币供给的影响要比基础货币对货币供给的影响更重要，也更复杂。从现代货币供给理论研究中所提出的各种模型来看，大多数货币供给决定模型实际上主要是货币乘数模型。

综上所述，货币供给量由中央银行、商业银行及社会公众这三个经济主体的行为共同决定。如果抛开各因素之间的相互影响，则 B、r_d 及 r_t 这三个因素基本上代表了中央银行的行为对货币供给的影响，e 代表了商业银行的行为对货币供给的影响，t 和 k 则代表了社会公众的行为对货币供给的影响。这说明，在现代经济中，货币供给并不完全地由中央银行决定和控制，在一定程度上也受商业银行和社会公众行为的影响，而商业银行和社会公众的行为又要受经济运行的内在规律的影响。由此可以推论：在现代经济中，货币供给在一定程度上是一个内生变量。

第四节　货币供给理论

货币供给的内生性与外生性是货币金融理论发展史上争论已久的问题，它反映的是货币供给量受哪些因素的影响，中央银行能否自主地控制货币供给量。货币供给理论是关于货币供应量由什么决定的理论。一般来说，货币供给理论可以进一步分为货币供给外生理论和货币供给内生理论。货币供给外生理论认为，货币供给的变动主要取决于货币当局的政策行为，而不是取决于经济体系中的实际变量和微观主体，因而中央银行对货币供给量能够进行有效控制。货币供给内生理论认为，现实中的货币供应量是由经济内部的各种因素决定的，主要取决于经济体系中的实际变量，如物价水平、利率、收入、投资等因素及公众、商业银行等微观主体的经济行为，而不取决于货币当局的政策意愿，因而货币当局不能自主地控制货币供给。实际上，关于货币供给内生性和外生性问题的争论渗透着较强的政策含义：如果认定货币供给具有内生性，相当于说货币供给是被动地决定于客观经济过程，货币当局并不能有效地控制货币供给；如果认定货币供给具有外生性，就等于说货币供给可以由中央银行自主决定，货币政策的调节作用是决定性的。因此货币供给的内生性与外生性能在一定程度上反映货币政策的执行效果。

一、货币供给外生理论

自 20 世纪 60 年代以来，许多西方经济学家纷纷致力于货币供给外生理论的研究。在乔顿货币乘数模型提出之前，其他不少经济学家曾经提出过各自的货币供给外生模型。最有影响且最有代表性的有如下三个著名的模型：一是凯恩斯的货币供给理论；二是弗里德曼-施瓦茨货币供给模型；三是卡甘货币供给模型。

（一）凯恩斯货币供给理论

凯恩斯在 1936 年出版的《就业、利息和货币通论》中认为货币供给是由中央银行控制的外生变量，它的变化影响着经济运行，但自身却不受经济因素的制约。凯恩斯的这一观点与供给弹性几乎等于零密切相关。货币的生产即货币供给的来源，对私人企业来说是可望而不可即的。货币供给的控制权由政府通过中央银行牢牢掌握在手中，中央银行根据政府的决策和金融政策，考虑到经济形势变化的需要，可以人为地进行调控，增减货币供给量。凯恩斯认为，公开市场业务是增加或减少货币供给量的主要办法。货币当局能够通过公开市场上各种证券的买卖来调节货币供给量。货币当局在买进各种证券的同时就把货币投放出去，增加了货币供给量；反之，若货币当局要减少货币供给量，就卖出各种证券使货币回笼。凯恩斯认为，货币当局应该在公开市场业务中对各种期限的证券都进行买卖，以取得迅速的、良好的效果。同时，买卖证券的利率不应该是单一的，而应根据证券的种类、期限等情况分别采用不同的利率。凯恩斯的货币供给理论虽然没有进行货币供给的定量分析，但是开创了货币供给外生理论，为国家干预经济提供了另一种政策工具，具有里程碑式的重要意义。

（二）弗里德曼-施瓦茨货币供给模型

弗里德曼和施瓦茨在 1963 年出版了《1867～1960 年美国货币史》一书，通过对美国近百年货币史的实证研究，提出了一种货币供给决定模型，分析了各种主客观因素对货币供给的影响。

根据弗里德曼和施瓦茨的分析，现代社会经济中的货币存量大致可分为两个部分：一部分是货币当局的负债，即社会公众所持有的通货；另一部分则是银行的负债，即银行存款，包括活期存款、定期存款和储蓄存款。可见，弗里德曼和施瓦茨所谓的货币是一种比较广义的货币（M2）。若设 M 为货币存量，C 为社会公众所持有的通货，D 为商业银行的存款，则

$$M = C + D \tag{11-21}$$

在货币存量中，只有一部分货币可为中央银行所直接控制，弗里德曼和施瓦茨称之为高能货币，也称强力货币，由两个部分构成：一是社会公众所持有的通货，二是商业银行的准备金（包括库存现金和存在中央银行中的准备金存款）。弗里德曼和施瓦茨所谓的高能货币，实际上就是基础货币。若以 H 表示高能货币，以 R 表示商业银行的准备金，则

$$H = C + R \tag{11-22}$$

以式（11-21）除以式（11-22），得

$$\frac{M}{H} = \frac{C + D}{C + R} = \frac{\dfrac{D}{R}\left(1 + \dfrac{D}{C}\right)}{\dfrac{D}{R} + \dfrac{D}{C}} \tag{11-23}$$

从而货币供应量计算公式为

$$M = H \cdot m \tag{11-24}$$

其中，$m=\dfrac{\dfrac{D}{R}\left(1+\dfrac{D}{C}\right)}{\dfrac{D}{R}+\dfrac{D}{C}}$，$m$ 为货币乘数。由上述货币供给模型可知，货币存量由三个因素共同决定：一是高能货币（H），二是商业银行的存款与准备金的比率（D/H），三是商业银行的存款与社会公众持有的通货的比率（D/C）。在这三个因素中，第二个和第三个因素共同决定了货币乘数。在高能货币一定的条件下，这两个因素就决定了货币存量。

根据弗里德曼和施瓦茨的分析，决定货币供给的经济主体有三个：一是货币当局，它决定高能货币（H）；二是商业银行，它决定存款对准备金的比率（D/R）；三是社会公众，它决定存款对通货的比率（D/C）。显然，货币供给并不完全决定于货币当局的行为。但是，弗里德曼和施瓦茨在对其货币供给模型的解释中却得出了货币供给外生性的基本结论。根据弗里德曼和施瓦茨的解释，货币当局能直接而有效地控制 H，而 H 对于 D/R 和 D/C 具有决定性的影响。因此，货币当局在控制或变动 H 的同时，可以影响 D/R 和 D/C，从而决定或变动货币供给量。所以，弗里德曼和施瓦茨认为货币供给是一个外生变量。

（三）卡甘货币供给模型

为了弥补弗里德曼和施瓦茨的货币供给方程式的缺陷，美国经济学家菲利普·卡甘于 1965 年出版了《1875～1960 年美国货币存量变化的决定及其影响》一书，提出一种类似于弗里德曼-施瓦茨模型的货币供给模型。卡甘提出的货币供给方程如下

$$M=\frac{H}{\dfrac{C}{M}+\dfrac{R}{D}-\dfrac{C}{M}\cdot\dfrac{R}{D}} \tag{11-25}$$

在式（11-25）中，M 表示广义货币存量（M2）；H 表示高能货币；C/M 表示通货比率；R/D 表示准备金比率。

卡甘货币供给模型与弗里德曼-施瓦茨货币供给模型有着较多相似性。首先，卡甘货币供给模型也是对美国货币史进行实证分析的结果；其次，卡甘货币供给模型中的货币定义与弗里德曼-施瓦茨货币供给模型相同；最后，卡甘货币供给模型中影响或决定货币存量的因素与弗里德曼-施瓦茨货币供给模型中的因素相比，只有形式上的区别而没有本质上的不同，因为 R/D 只是 D/R 的倒数，而 C/M 也同 D/C 一样，反映着 C 和 D 的相对变动对货币乘数的影响。

但是，与弗里德曼-施瓦茨货币供给模型相比，卡甘货币供给模型似乎更为明显地反映了两项决定因素的变化对货币乘数的影响。根据卡甘货币供给模型的定义，C/M 与 R/D 这两项的值均小于 1，因而这两项之积的值也必小于其中任一项的值。所以，其中任一项的上升必使货币乘数缩小，从而引起货币供给量的减少；任一项的下降则又必使货币乘数增大，从而引起货币供给量的扩张。因此，假定通货比率与准备金比

率不变，高能货币（H）的增减变化会直接影响货币供给量的增减变化；反之，若高能货币不变，则通货比率和准备金比率的提高或降低必然造成货币紧缩或扩张。这样，卡甘的方程式明确表明：货币供给量的变动与高能货币成正比，与通货比率和准备金比率成反比。

（四）乔顿货币供给理论

乔顿货币供给模型是对简单乘数模型进行修正的结果。上节已进行了详细介绍，这里只进行简要介绍。它所采用的货币定义是狭义的货币定义 $M1=C+D$，根据货币乘数的定义，进而可得货币供给量 M1 的方程式如下

$$M1 = B \cdot m = B \cdot \frac{1+k}{r_d + r_t \cdot t + e + k} \tag{11-26}$$

其中，B 为基础货币；m 为货币乘数。

由此可知，货币乘数的决定因素共有五个：通货比率（k），活期存款法定准备金比率（r_d），定期存款法定准备金比率（r_t），定期存款比率（t），超额准备金比率（e）。

因此，货币供给量是由中央银行（B，r_d，r_t）、商业银行（e）、社会公众（k，t）这三个经济主体的行为共同决定的。由乔顿货币供给模型可知，货币供给量决定于基础货币与货币乘数这两个因素。一般认为基础货币在相当大程度上能为中央银行所直接控制，在货币乘数一定时基础货币的规模决定了整个货币供给量的规模，它的变动将引起整个货币供给量的同方向的成倍变动。在基础货币一定的条件下，货币乘数与货币供给成正比。

（五）理性预期学派货币供给理论

经济学中的理性预期，是指各经济主体在做出经济决策之前，根据掌握的各种经济信息对与当前决策有关的经济变量的未来值进行预测。以穆斯（J. Muth）、卢卡斯（R. Lucas）等为代表的理性预期学派的货币政策主张与货币学派的基本相同，但是在制定怎样的货币增长率上存在分歧。最优货币增长率不是与经济增长相适应的增长率，而是与公众预期相符的增长率；货币政策的关键不在于货币增长率是3%还是4%，而在于一经确定，永不更改，只有坚持长期性稳定不变的货币政策，才能恢复公众对政府的信任，不再事先采取预防措施。只要政府不再干预经济，一切听其自然，那么在市场机制的自动调节下，经济就能恢复均衡，并且正常发展。事实上，严格意义上的理性预期未必能够存在，因为人并不都是完全理性的经济人，其预期要受各种因素的影响。例如，心理、阶层、利益及逻辑分析、理性思考能力、知识水平的影响，加上信息失真和非充分性，决定了预期的结果难免相互矛盾，相互抵触，从而很难形成一致的效果，即便能够形成，其覆盖面未必大到足以抵消货币政策效果的地步。但是，理性预期学派的论断至少不完全错误，公众还是能在某种程度上预期并抵消货币政策的效果。

二、货币供给内生理论

货币供给内生理论认为，货币供给的数量由经济主体的需要内生决定，中央银行不能有效地控制货币供给量。货币供给的变动，不决定于货币当局的主观意愿，起决定作用的是经济体系中的实际变量，如收入、投资、消费等因素及微观经济主体的经济行为。如果认定货币供给决定于内生变量，那么货币供给总是要被动地决定于客观经济过程，而货币当局并不能有效地控制其变动。

（一）古典货币供给内生理论

在古典经济学中，我们可以看到许多货币供给内生方面的思想萌芽，这为以后货币供给内生理论的发展奠定了基础。货币数量论认为，在任何时候，流通中的货币量决定交易量。如果流通中的货币量不断地增加，迟早会导致物价的上升。休谟最早表述了货币数量论，他先说明了黄金从国外流入的情况，并且探讨了这种情况对现实经济活动及最终对物价的影响。在休谟的货币数量论中，货币是内生性的，并且不受政策的控制。

1. 斯图亚特的货币供给内生思想

斯图亚特被称为最后一个重商主义者，其主要著作是1767年出版的《政治经济学原理研究》。他认为货币供应量和经济体系的活动是相适应的。如果一部分人预见到股票会有较好的收益，他们将使自己的货币退出窖藏而购买股票，这意味着流通的一部分货币供应量是外生决定的，但是更重要的是货币的退出流通与否不是由政府所决定的。在对休谟的批判中，斯图亚特运用了符号货币的概念，这一概念实际上是指信用货币。斯图亚特对金属货币供给内生性的表述，为后来金属货币供给内生性的研究奠定了思想和理论基础，从而成为货币供给内生理论的先导。

2. 斯密的货币供给内生理论

与斯图亚特相似，斯密认为必要的货币量取决于商品的价值、货币的价值与货币的流通速度。斯密对必要的货币流通量有一个著名的比喻，即“流通渠道”。他认为一国流通货币是个有限量，并非任何数量的货币都可进入流通，多余的货币会自动退出流通。当一个国家变得较为富裕的时候，流通中的货币数量会增加；如果“流通渠道”中的金属货币多于必要量，货币就会泛滥，输往国外。这种国际货币流通的作用，实际上是调节货币流通的蓄水池，保持着货币的均衡。“无论哪一个国家，每年买卖的货物的价值要求有一定数量的货币来把货物流通和分配给真正的消费者，但不能使用超过必要的数量。流通的渠道必然吸引充足的货币额，但到一定饱和就不能再容纳。国内所流通的货物既已减少，为流通所必需的货币也必将减少。”他认为，如果按照真实票据预付银行券，银行券的过度发行现象就不会发生。因为当以真实票据贴现时，银行券仅仅是替代了本来大量会处于闲置的金银，因而能用于流通。所以，银行券数量相等于在既定的经济活动水平上不存在这些银行券时投入流通的金属货币的极大值。斯密的真实票据学说被银行学派更新为回流法则而进一步改进。

3. 银行主义货币供给内生理论

银行主义是作为英国1810年的金块报告反对派的继承人而出现的，主要代表人物有图克、富拉顿、穆勒和威尔逊。19世纪中期银行主义与通货主义的通货论争可以说是货币供给内生理论的起源。通货主义和银行主义争论的一个焦点就是物价与货币数量的关系。通货主义认为物价由货币的数量决定；以图克、威尔逊、富拉顿为代表的银行主义则认为通货数量由社会交易的商品价格总额决定，并进一步认为，银行券是由发行银行为满足流通的需要而发行的，银行既不能任意增加银行券发行的数量，也不能任意减少银行券发行的数量。虽然银行主义的观点有许多含混不清的地方，但他们认为通货数量由商品价格总额决定和银行不能任意决定银行券数量的观点，却构成货币供给内生理论最基本的要素。

4. 魏克塞尔货币供给内生思想

魏克塞尔继承了银行学派尤其是图克的内生论，从利率水平的角度提出了一些很有意义的看法：货币利率水平最终取决于正常利率，但货币利率最先是由银行根据货币信贷市场情况自行决定的一个单独变量。在银行家指定货币利率的这个前提下，货币供应被认为是由货币需求决定的内生变量。所以，自然利率的变化引起货币需求的变化，从而产生货币供需不相等的现象，而这种现象会通过整个银行体系进行扩散，但是最后经济会稳定在自然利率水平上。自然利率是被动地通过私人银行扩大货币供应量来控制的。同时，这种观点被魏克塞尔在纯信用经济中进行了更深刻的表述，即当商业银行控制了汇票、纸币和清算方法等时，就使得货币具有接近于完美的流动性，也就是说这在一定程度上融合了货币的供求，即货币需求创造了货币的供给。

5. 马克思货币供给内生理论

此后马克思论述的信用创造过程及银行资本运动的形式，对后凯恩斯主义经济学家从货币供给内生角度理解货币的创造有很强的启发性。故此，许多后凯恩斯主义经济学家将马克思视为货币供给内生理论的先驱。马克思利用劳动价值学说剖析了资本独立化为生息资本之后资本主义生产的特征，他将信用货币的创造放在资本再生产过程中来研究，深刻揭示出信用货币的本质及其在生产中的作用。马克思的研究表明，货币并不是中央银行创造的，货币的数量取决于生产和流通过程中对货币的需求。这种观点，客观上成为货币供给内生理论的基础。

总的来看，古典的货币理论虽然没有明确指出货币的内生性，但他们或者在生产、消费等实物经济运行中讨论货币数量的决定，或者在货币流通中讨论影响货币供给的内生经济因素，这实际上隐含着货币供给的内生性的理论。

（二）现代货币供给内生理论

在法币（纸币）和中央银行出现后，货币供给外生理论建立在中央银行对法币的完全控制上。但因为货币流通速度是货币当局无法控制的变量，所以货币对实际变量的影响也不会像货币数量论所预测的那样。也就是说如果货币的流通速度可以为一些不可外在控制的内生变量所影响，那么从一定程度上来说货币是具有内生性的。

1. 凯恩斯货币供给内生理论

凯恩斯在 1930 年出版的《货币论》中体现出货币供给内生的思想，他将货币与债务契约联系在一起，对于理解信用货币的创造具有重要价值。凯恩斯认为，对整个银行体系来说，主动权操控在存款人手中，银行家所放出的款项不能超过存款者事先托付给他们的款项，而中央银行的行为是被动地适应商业银行的贷款行为。他明确地表明，货币供给是内生的，它是由企业和个人等各方面从商业银行的贷款所决定的，它并不是中央银行所能控制的外生变量。同时，他论述了银行创造积极存款的观点，并指出银行存款的数量将与准备金保持一定的比例，但是银行存款与准备金的数量并不是完全由中央银行控制的。

2. 熊彼特货币供给内生理论

熊彼特提出的非正常信贷的概念，也对后凯恩斯主义经济学家从货币供给内生角度理解货币的创造有很强的启发性。所谓非正常信贷，是指产生于企业家的举债，是为创新而提供的信贷。“企业家只有先当债务人，才能成为企业家。”熊彼特在其经济理论中给予非正常信贷以极其重要的地位，从而将信贷与资本紧密联系在一起。这对于正确理解信用货币创造及其作用具有重要价值，如果创新（或扩大再生产）是资本主义生产的本质特征，那么与之相关的非正常信贷的创造也应成为资本主义货币经济的本质内容之一。

3. 拉德克利夫委员会货币供给内生理论

1957 年，在英国财政部的领导下成立了以拉德克利夫（Radcliffe）勋爵为首的货币系统运行研究委员会，以调查英国货币与信用系统的运行情况，并据以提出改进建议。经过两年的调研，该委员会于 1959 年提交了一份长达 350 万字的《拉德克利夫报告》。这个报告是对以外生货币供给为前提的传统货币政策的完全摒弃，认为金融结构的变化改变了管理当局利用货币方法影响经济体系的能力，应当用流动性的概念代替货币供给的概念，因为同支出决定有关的是整个社会的流动性状况，而不仅仅是货币供给。该报告涉及的有关货币供给的要点如下：第一，对经济真正具有重大影响的不仅是传统意义上的货币供给（即狭义货币供给），而且包括这一货币供给在内的整个社会的流动性；第二，决定货币供给的不仅是中央银行，而且包括商业银行和非银行金融机构在内的整个金融系统；第三，货币当局所应控制的不仅是传统意义上的货币供给，而且是整个社会的流动性。虽然拉德克利夫委员会没有明确说出，但其实际主张的是货币供给是内生的，因而它是不受货币当局控制的。

4. 格利和肖货币供给内生理论

1960 年，格利和肖出版了合著《金融理论中的货币》一书，从金融中介机构的类同性出发，分析了银行和其他非银行金融中介机构在信用创造过程中的作用，提出了现代金融中介机构理论，银行和非银行金融中介机构在充当信用中介的过程中并没有本质的区别，它们都创造某种形式的债权，都发挥着信用创造的作用。格利和肖认为货币系统和非货币金融中介系统的竞争取决于它们所创造的金融资产间的替代程度。货币、非货币金融资产之间具有很强的替代性，这就使得货币供给不再仅仅取决于银行体系的货币创造，货币与各种非货币的金融资产之间具有一定程度的类同性与替代性；同样，银行与各种非银行金融中介机构之间也具有一定程度的类同性与替代性。在格利与肖看来，货币的基本特性是具有高度流动性。然而在金融市场较为发达的经济中，各种非货币的金融资产也具有较高的流动性。所以，就流动性而言，货币与各种非货币金融资产之间实际上只有程度的不同，进而银行与其他各种金融机构之间也只有程度的不同，而没有本质的区别。因此，从货币供给的角度而言，货币的定义应该是广义的而不是狭义的。这种广义的货币不仅包括通货与商业银行的活期存款，而且包括商业银行的定期存款及各种非银行金融中介机构所发行的负债。从金融控制的角度看，中央银行不仅应该控制商业银行，而且应该控制各种非银行金融中介机构。据此，他们证明货币供给具有内生性，而不是一个外生变量。

5. 托宾货币供给内生理论

托宾在批判简单的基础货币模型的基础上，对货币供给进行了一般均衡分析，建立了资产选择模型，突出了货币供给的内生性和货币传导过程中的资产替代性。该理论说明货币供给是受公众的资产偏好制约的，而公众的资产偏好是由包括整个金融体系在内的社会经济部门的共同活动决定的，因而并非由货币当局直接控制。所以托宾批判了主流的货币乘数理论，认为真正的存款创造过程应该是一个反映银行与其他私人单位的经济行为的内生过程。托宾考察了准备金比率和通货比率的变动情况，指出这两个比率是由经济过程内生决定的，从而货币乘数具有内生性。

（三）后凯恩斯主义货币供给内生理论

产生于 20 世纪 70 年代的后凯恩斯主义，认为居主流地位的凯恩斯主义对凯恩斯经济学的解释偏离了凯恩斯的原意。因此，它试图对凯恩斯经济学做出新的解释和发展，其代表人物有戴维森（P. Davidson）、温特劳布、明斯基（H. Minsky）、莫尔、罗西斯（S. Rousseas）等，近期的主要代表人物包括 A. C. 道（A. C. Dow）、S. C. 道（S. C. Dow）、威尔斯（P. Wells）、奇克（V. Chick）、克里格（J. A. Kregel）等。这些后凯恩斯主义经济学家从不同的角度提出了各自的货币供给内生理论。传统的外生货币供给理论没有考虑到银行贷款在货币供给中的作用，而后凯恩斯主义经济学家则强调银行贷款对货币供给有因果作用。在其货币供给内生理论中，传统的存款创造贷款的观点被逆转过来，成为银行贷款创造存款，这是后凯恩斯主义经济学家们一致认同的观点。早期的后凯恩斯主义经济学家将中央银行的行为纳入货币供给内生的研究范围之中，但逐渐地又将重点放在了考察商业银行和其他金融机构的行为方面，并出现了分歧。一种观点认为当银行和其他金融中介机构的储备不够充足时，中央银行必须适应性地供给，否则金融结构将不稳定，甚至危及整个经济。这种方式称为适应性内生供给（水平主义或供给主义学派观点），持这种观点的有卡尔多、温特劳布、莫尔等。另一种观点所强调的是，当中央银行限制非借入储备的增长时，额外的储备通常是在金融机构本身中产生的，通过创新的负债管理在联邦市场、欧洲美元市场和 CDs 市场上借入资金。这种观点称为结构性内生供给（结构主义学派观点），主要代表人物有明斯基、罗西斯、厄利（J. Earley）等。20 世纪 70、80 年代后凯恩斯主义货币供给内生理论的发展主要是围绕着这两种观点的争论展开的。另外，一些后凯恩斯主义学者对于双方的理论进行了比较，并且形成了一些较为综合性的观点（包括奇克、佩雷和冯塔纳等），如奇克从银行体系进化的观点来看待内生货币理论；佩雷认为货币的供给曲线不是水平的，而是向上倾斜的，并指出了需要对货币的作用进行明确的分析；冯塔纳采用了一个单期的连续的分析框架来对水平主义和垂直主义的争论问题进行了分析。

第五节　中国货币供给分析

一、中国货币供给理论研究概况

在我国经济学界，货币需求理论与货币供给理论都是很薄弱的。就 20 世纪 80 年代中期以前我国的金融理论体系来看，我们既看不到货币需求理论，也看不到货币供给理论。长期以来，我们并没有将货币需求理论与货币供给理论作为货币金融理论体系中的两个相对独立而又非常重要的内容加以专门的研究。

在货币供给理论的研究中，人们所依据的基本理论是马克思的货币流通规律，研究的基本内容是我国货币流通的一些具体问题，而对西方的货币供给理论和实践却很少论及。所以，在我国的金融理论界，真正将货币供给作为一个重要的理论问题加以深入研究开始于 1984 年。1984 年之前，我国基本上无货币供给理论这一专门的理论研究领域，主要有如下两个原因：①当时我国并不存在货币供给理论产生并付诸实践的条件。货币供给理论产生的前提条件是中央银行和商业银行分设的银行体制，而在 1984 年之前，我国实行的是“大一统”的银行体制。在那种银行体制下中国人民银行是全国唯一的银行，它是全国的信贷中心、结算中心和现金出纳中心，所以当时我国的货币供给实际上是一个完全由国家计划决定的外生变量。②我国当时没有研究货币供给理论的客观要求。在经济体制改革之前，我国长期实行的是高度集中的计划经济管理体制。在那种体制下，物资上搞统购统销，资金上搞统收统支，货币发行的多少、信贷规模的大小完全由国家计划确定。因而，人们既无须从理论上研究货币供给的决定与变动，也无须研究货币供给的控制问题。

自 20 世纪 80 年代中期开始，随着经济金融体制的一系列改革，特别是中国人民银行专门行使中央银行职能、四大国有银行的相继恢复和设立，我国货币供给的形成机制、运行机制和调控机制完全不同于以前，货币供给理论的研究显得越来越重要。西方货币供给理论与实践经验被陆续介绍到我国，我国学者也逐渐运用新的理论和方法对我国的货币供给问题进行研究，形成了具有中国特色的货币供给理论。

在货币供给理论的研究中，人们讨论得较多或研究得较深的主要有如下几个方面的内容：一是货币供给的决定与变动，二是货币供给与经济增长的关系，三是货币供给的内生性与外生性，四是货币供给的调节与控制。

二、中国货币供给的决定因素

如上所述，货币供给由基础货币和货币乘数两大因素共同决定。

（一）我国基础货币对货币供给的影响

我国基础货币的投放与回笼有着较明显的特征。在中国人民银行的资产负债表上，基础货币被列在“储备货币”一栏中，由两项构成：一是发行货币，二是中国人民银行对存款性公司的负债。中国人民银行投放并控制基础货币的主要手段是通过运用各种货币政策工具调整中国人民银行对政府的债权、对商业银行的再贷款和再贴现，以及外汇占款。

中国人民银行增加对政府的债权是投放基础货币的一个较重要的渠道。在 1995 年之前，这种债权主要以财政透支的形式形成；而在 1995 年之后，由于公开市场业务的开展，中国人民银行对政府的债权主要以持有政府债券的形式形成。这种改变对中国人民银行运用公开市场操作来调控基础货币提供了较多便利。

我国的融资结构是以商业银行的间接融资为主，因此，中央银行对金融机构的债权主要是对商业银行的债权。1993 年之前，中国人民银行投放基础货币的主要渠道是对商业银行再贷款。通过这一渠道投放的基础货币达到基础货币投放总量的 80%左右。随着金融体制改革的逐步深化，中国人民银行调控基础货币的方式也发生了较大变化。一方面，随着票据专营机构的设立和发展，再贴现业务的操作方式不断改进，通过再贴现投放的基础货币的比重逐渐增大；另一方面，随着我国经济对外开放程度的不断提高，外汇储备大量增加，中国人民银行为收购外汇储备而投放的基础货币在基础货币投放总量中占了相当大的比重。于是，中国人民银行通过再贷款投放的基础货币的比重逐渐缩小。

（二）我国货币乘数对货币供给的影响

货币乘数是决定货币供给的又一个重要因素。决定货币乘数的因素主要有法定存款准备金比率、超额存款准备金比率和通货比率。在商业银行持有较多超额存款准备金的条件下，法定存款准备金比率与超额存款准备金比率有着此增彼减的替代关系，因此，中国人民银行对法定存款准备金比率的调整往往难以影响货币乘数；同时，商业银行对超额存款准备金的调整行为及社会公众对通货与存款的选择行为都会影响货币乘数。所以，从我国的实际情况来看，货币乘数的变动比较复杂，中国人民银行难以把握，于是，中国人民银行对货币供给的控制主要通过控制基础货币从而在一定程度上达到其预期的目标。

（三）我国其他影响货币供给的因素

（1）政策调控。由于我国货币乘数的不稳定性，加之商业银行近年来大力发展表外业务削弱了利率和准备金率的调控效果，基础货币和准备金率是否能影响广义货币仍需实证检验确定。另外，我国仍未实行完全市场化的汇率形成机制，因此，汇率和财政政策也可能影响到货币供给。最后，我国财政支出的变动也会影响到货币供给。因此，政府调控因素包括了基础货币、存款准备金率、汇率、财政支出等指标。

（2）大国货币。根据克鲁格曼的三元悖论，即本国货币政策的独立性、汇率的稳定性和资本的完全流动性最多只能同时满足两个目标。长期以来我国都致力保持汇率的稳定和国际资本的相对自由流动，因此不可避免地会丧失一定的货币政策独立性。美国和日本的量化宽松政策确实导致了我国货币供应量的增加，加大了我国的通货膨胀压力。我国对外贸易中使用美元和人民币结算金额达70%以上，按照国际清算银行的统计口径，在人民币有效汇率的一篮子货币中，美元和日元合计也占35%。因此，作为货币供应大国的美国和日本的货币对我国货币供给具有溢出效应。

三、中国货币供给的内生性

货币供给的内生性与外生性问题也是货币供给理论研究中的一个既有理论意义、又有实践意义的重要问题。中央银行能否有效地控制货币供给既受一国金融体制、金融发展程度的影响，又受经济体制和经济运行方式的影响。

我国货币政策框架最早是建立在货币供给外生理论的基础之上的，货币供给内生理论是在借鉴发达国家经验的基础上逐步自我完善形成的，因此，国内相关研究的起步较晚。早期学者的观点是中国人民银行能够通过调节货币乘数进而间接地控制货币发行总量。但也有学者认为随着金融结构的调整，我国的货币供给外生性逐渐减弱，中国人民银行对货币供给量实行逆向数量控制将会越来越难。现阶段，学者从不同角度，运用不同计量模型检验货币供给量与实体经济因素之间的相关关系，证实我国货币供给的内生性。从我国的实际情况来看，货币供给具有明显的内生性特征，具体表现在如下几个方面。

（一）中国人民银行的独立性程度不高，导致货币供给的内生性

1993 年之前，中国人民银行投放基础货币的主要渠道是对商业银行提供再贷款。这种再贷款的提供一般不是决定于中国人民银行的决策，而是决定于中央政府的宏观经济政策。1993 年之后，虽然中国人民银行开始运用存款准备金政策、再贴现政策及公开市场操作等多种方式对货币供给实施调控，但这些方式的运用也在相当程度上受政府相关政策的影响。在这种情况下，我国的货币供给实际上是决定于政府的政策，而不是决定于中国人民银行的调控。因此，在我国货币供给的决定与变动中，中国人民银行实际上处于被动地位。

（二）商业银行和社会公众的行为影响货币乘数

1995 年 5 月，我国颁布了《商业银行法》，在法律上明确了商业银行是自主经营、自担风险、自负盈亏、自我约束的经济实体。因此，中国人民银行实施的宏观调控政策能否取得预期成效将在一定程度上决定于商业银行对这种调控政策的反应程度。例如，商业银行是否留超额准备金、留多少超额准备金都由商业银行自主决定。当商业银行持有较充裕的超额准备金时，中国人民银行通过上调法定准备金率而实行的紧缩性货币政策很可能收效甚微。此外，社会公众的资产选择行为将影响货币乘数，而对社会公众的这些行为，中国人民银行是无法控制的。

（三）外汇占款形成基础货币投放的内生性

自 1994 年起，我国对外汇管理体制和汇率体制进行了重大改革，尤其是实行了强制结售汇制，使中国人民银行通过收购外汇储备而被动地投放基础货币。随着我国对外开放程度的不断加深和经济的高速增长，经常项目和资本项目持续双顺差使得我国的外汇储备大幅度增加。于是，中国人民银行通过这一渠道而投放的基础货币占基础货币投放总量的极大比例。尽管目前我国已将强制结售汇制改为意愿结售汇制，外汇在中国人民银行总资产中所占的比例有所降低，但比例依然很大。从中国人民银行 2015 年 4 月的资产负债表来看，外汇占其总资产的比例达到 78.53%，而在强制结售汇制下更是高达 80%以上。2016 年、2017 年、2018 年末外汇占比分别为 63.84%、59.18%、57.06%，2019 年 10 月则为 59.04%。中央银行为收购外汇，必须相应地投放本币。为了防止由此而引发的通货膨胀，中央银行又不得不实行相应的冲销政策，但这种冲销政策不仅作用有限，而且有较大的副作用。

货币供给的内生性在一定程度上削弱了货币政策的有效性，尤其是影响了中央银行控制货币供给的能力。因此，在具体分析我国货币政策的作用时，必须充分考虑货币供

给的内生性问题。

本章小结

1. 货币供给是指一国在某一时点上为社会经济运行服务的货币量。它由包括中央银行在内的金融机构供给的存款货币和现金两个部分构成。货币供给概念的具体内容（质和量的规定性）包括货币供给定义和统计口径、货币供给的内生性和外生性及世界上主要国家和国际机构的货币供应量构成。

2. 商业银行的信贷活动是货币供给机制运作的基础。存款货币的创造过程在很大程度上反映了现代经济中货币供给量的决定过程。货币供给的创造机制包括货币供给的多倍扩张机制和多倍收缩机制。

3. 货币供给的决定机制需从中央银行角度考察整个经济生活中的货币供给量是怎样创造出来的。根据现代货币供给理论，货币存量是基础货币与货币乘数之积，即要从全社会角度把握影响决定货币供给的两个基本因素——基础货币和货币乘数。

4. 货币供给理论主要包括货币供给外生理论和货币供给内生理论两个分类。货币供给外生理论主要包括凯恩斯、弗里德曼-施瓦茨和卡甘的货币供给模型；货币供给内生理论主要包括古典货币供给内生理论、现代货币供给内生理论和后凯恩斯主义货币供给内生理论。

5. 中国货币供给的分析内容主要包括中国货币供给理论研究概况、中国货币供给的决定因素及中国货币供给的内生性等。

本章参考文献

曹龙骐. 2016. 金融学[M]. 5 版. 北京：高等教育出版社.
陈昭. 2005. 内生货币供给理论述评[J]. 经济评论，（4）：68-81.
戴国强. 2017. 货币金融学[M]. 4 版. 上海：上海财经大学出版社.
胡宗伟. 2005. 外生与内生货币供给理论研究述评[J]. 上海行政学院学报，（6）：98-104.
黄达，张杰. 2017. 金融学[M]. 4 版. 北京：中国人民大学出版社.
蒋先玲. 2013. 货币金融学[M]. 北京：机械工业出版社.
李健. 2010. 金融学[M]. 北京：高等教育出版社.
饶庆余. 1983. 现代货币银行学[M]. 北京：中国社会科学出版社.
王楚明. 2008. 内生货币供给理论的演进与展望[J]. 上海经济研究，（5）：3-11.
夏德仁，李念斋. 2007. 货币银行学[M]. 2 版. 北京：中国金融出版社.
姚长辉，吕随启. 2018. 货币银行学[M]. 5 版. 北京：北京大学出版社.
殷孟波. 2017. 货币金融学[M]. 3 版. 成都：西南财经大学出版社.

本章综合测试题

一、填空题

1. 基础货币直接表现为中央银行的________。其中，现金是中央银行对________的负债，存款准备金是中央银行对________的负债。

2. 货币供给是一个________概念，它是一国在某一时点上的货币量。它是指被财政部门、各生产经营单位、家庭和个人所持有的，由银行体系所供给的存款量和现金发行量。

3. 在基础货币一定的条件下，货币乘数决定了货币供给总量。货币乘数越大，则货币供给量越________；反之，货币乘数越小，则货币供给量就越________。

4. 在存款总额一定的条件下，法定存款准备金率越________，商业银行可用于放款的份额就越少。

5. 一般而言，只有同时具备了________和________这两个基本条件，银行才能创造派生存款。

6. 法定存款准备金比率越高，存款扩张倍数越________；法定存款准备金比率越低，存款扩张倍数越________。

7. 资产流动性的高低主要取决于资产的可转让性、期限和面额。一般来说，资产的可转让性越强、期限越短、面额越小，其流动性越________；反之则反是。

8. ________是指货币供给难以由中央银行绝对控制，而主要是由经济体系中的投资、收入、储蓄、消费等各因素内在地决定；________是指货币供给可以由中央银行进行有效的控制。

9. 在中国人民银行的资产负债表上，基础货币被列在“________”一栏中，由两项构成：一是________，二是中央银行对存款公司的负债。

二、单项选择题

1. 各国中央银行确定货币供给口径的依据是（ ）。

A. 流动性 B. 安全性 C. 效益性 D. 周期性

2. 现阶段中国货币供应量中 M2 减 M1 是（ ）。

A. 狭义货币供应量 B. 广义货币供应量

C. 准货币 D. 流通中现金

3. 下列（ ）不属于我国 M1。

A. 活期存款 B. 农村存款 C. 流通中现金 D. 外币存款

4. 超额准备金与实际准备金的数量关系是（ ）。

A. 前者 = 后者 B. 前者>后者 C. 前者<后者 D. 不确定

5. 商业银行的准备金与流通中的现金之和称为（ ）。

A. 货币供应量 B. 派生存款 C. 原始存款 D. 基础货币

6. 商业银行的超额准备金率越高，则货币乘数（ ）。

A. 越大 B. 越小 C. 不变 D. 不确定

7. 商业银行的超额准备金率越低，则货币供应量（ ）。

A. 越多 B. 越少 C. 不变 D. 不确定

8. 实际货币供应量是指剔除了（　　）影响之后的一定时点的货币存量。

A. 利率　　B. 汇率　　C. 物价　　D. 收入

9. 假定基础货币增加 6%，货币乘数下降 6%，那么货币供给量会（　　）。

A. 增加 6%　　B. 下降 6%　　C. 同增同减　　D. 不变

10. 商业银行派生存款的能力（　　）。

A. 与原始存款成正比，与法定存款准备金率成正比

B. 与原始存款成正比，与法定存款准备金率成反比

C. 与原始存款成反比，与法定存款准备金率成正比

D. 与原始存款成反比，与法定存款准备金率成反比

三、多项选择题

1. 货币供给的决定因素有（　　）。

A. 货币需求　　B. 企业行为　　C. 居民行为　　D. 政府行为

2. 基础货币包括（　　）。

A. 通货　　B. 存款货币　　C. 存款准备金

D.原始存款　　E.派生存款

3. 我国 M1 由（　　）构成。

A. M0　　B. 企业单位定期存款　　C. 城乡储蓄存款

D. 企业单位活期存款　　E. 机关、团体、部队存款

4. "准货币"相当于以下哪几项之和（　　）。

A. 定期存款　　B. 现金　　C. 储蓄存款

D. 农村存款　　E. 外币存款

5. 在决定货币供应量及其增减变化的因素中，可由中央银行操纵的因素有（　　）。

A. 公众持有现金对活期存款的比例　　B. 基础货币

C. 法定活期存款准备率　　D. 超额准备率

E. 法定定期存款准备率

6. 根据乔顿货币供给模型，货币乘数的决定因素包括（　　）。

A. 通货比率　　B. 活期存款法定准备金比率

C. 定期存款法定准备金比率　　D. 定期存款比率

E. 超额准备金比率

四、判断题

1. 基础货币量等于原始存款量。（　　）

2. 货币乘数即基础货币扩张或收缩的倍数，是货币供给量与基础货币之比，它表明每 1 元基础货币变动所能引起的货币供给量的变动。（　　）

3. 一定时期货币供给量的大小由中央银行决定。（　　）

4. 一般而言，商业银行存款货币创造必须同时具备部分准备金制度和转账结算这两个条件。（　　）

5. 货币供给量从银行系统来说是负债，从非银行经济主体来看则为资产。（　　）

6. 货币供给是与货币需求相对应的经济变量，它通常是指一定时点上经济活动中货币的流量。
( )

7. 从各国的具体实践来看，货币供应量一般以流动性的高低作为标准进行分层次统计和发布。
( )

五、名词解释

1. 基础货币　　　2. 派生存款　　　3. 货币供给外生性

六、简答题

1. 什么是基础货币？它对货币供给有何重要影响？
2. 基础货币的特征有哪些？
3. 我国具体的货币层次是怎么划分的？
4. 商业银行创造存款货币的前提条件有哪些？
5. 原始存款与派生存款有何不同？它们对货币总量有何不同的影响？
6. 试根据乔顿模型分析货币乘数的决定因素。
7. 何谓通货比率？它主要决定于哪些因素？它对货币供给有何影响？
8. 我国货币供给的内生性主要表现在哪些方面？

七、论述题

1. 结合我国的实际情况，试分析我国货币供给的决定因素。

第十二章

通货膨胀与通货紧缩

前两章我们分别讨论了货币需求与货币供给，本章我们把这两个问题放在一起来讨论。货币供给与货币需求相适应，实现货币供求均衡是宏观经济调控的目标，但要实现却非常难，货币供求可能多数时候处于失衡状态。当货币供给大于货币需求，一般物价水平持续上涨时，出现通货膨胀；当货币供给小于货币需求，一般物价水平持续下跌时，出现通货紧缩。

第一节　货币供求均衡与失衡

一、货币供求均衡与失衡的含义

（一）货币供求均衡

货币供求均衡（equilibrium of money demand and supply）是指货币供给、需求之间的对比关系，即名义的货币供给量（M_s）与国民经济对货币的需求量（M_d）基本一致，既不存在超量供给，也不存在超额需求。用公式表示为 $M_s= M_d$ 或 $M_s - M_d =0$。在货币供求均衡的状态下，物价水平和货币价值处于相对稳定的状态。

货币供求均衡是一种经济意义上的均衡，不同于数学的概念，并不要求货币供给与需求精确相等。因为经济学研究的变量和复杂的现实生活紧密相关，它既要受到自身条件变化的影响，又要根据外生变量的变化而调整，不能孤立地进行分析。所以，我们认为货币供求均衡是一种动态的、长期的、相对的均衡，只要经济变量之间相互协调，货币的供与求大体一致或基本相等就可以认为达到了均衡。

（二）货币供求失衡

相对而言，货币供求失衡（disequilibrium of money demand and supply）是指名义的货币供给量（M_s）与国民经济对货币的需求量（M_d）不一致，出现超量的供给或超额需求。用公式表示为 $M_s > M_d$ 或 $M_s < M_d$。货币供求之所以出现失衡是因为货币供给量与需求量是两个非常难以把握的经济变量。货币供给量虽然也是受经济系统各因素影响的内生变量，但在货币供给过程中，中央银行的货币政策在其中发挥着主导作用，兼具外生变量的特质；而货币需求量是由收入、利率、技术、习惯等客观经济因素所决定的内生变量，处于动态变化中。这样，一个是体现中央银行意志的内、外生兼具的变量，一个是由客观因素决定的内生变量，两者就很有可能不一致。

（三）货币容纳量弹性

货币供求均衡不是 M_s 与 M_d 绝对相等，货币供给对于货币需求具有一定的弹性或适应性，称之为货币容纳量弹性。由于货币资产、金融资产、实物资产间的相互替代效应和货币流通速度的自动调节，货币供给可以在一定幅度内偏离货币需求，却不会引起货币贬值、物价上涨。比如，当 $M_s > M_d$ 时，社会成员的持币量可能因此增加，消费倾向上升。但商品供给量有限，不可能使大家的消费愿望都得到满足，就会造成部分持币待购或购买股票、债券、存款等金融资产。前者会引起货币流通速度减慢，后者会使购买力分流，从而使名义货币供给量同实际货币需求量基本相适应。

货币容纳量弹性公式如下

$$\text{货币容纳量弹性} = \frac{\text{商品供应总额增长比率}}{\text{货币购买力总额增长比率}} \tag{12-1}$$

货币容纳量弹性等于 1，表示货币的供给与需求基本适应；弹性大于 1，表示有支付能力的货币需求小于商品供应，或者说货币的供应量小于货币的需求量；弹性小于 1，表示有支付能力的货币需求大于商品供应，或者说货币的供应量大于货币的需求量。一般说来，货币供求脱节只要不超过货币容纳量弹性限度的临界点，货币供给多一点、少一点都会被经济过程所吸收，不会有发生通货膨胀或通货紧缩的危险。

二、货币供求均衡与社会总供求平衡

（一）社会总供求的含义

社会总供求（aggregate demand and supply）是社会总供给和社会总需求两者的合称。社会总供给是指一个国家或地区的生产部门在一定时期内（通常为 1 年）可以提供给市场最终使用的产品和劳务总量；社会总需求是指一个国家或地区一定时期内（通常为 1 年）购买的最终使用的产品和劳务总量。社会总供求平衡（equilibrium of aggregate demand

and supply）是社会总供给与社会总需求在总量及结构上基本平衡，国民经济处于正常运行的一种经济状态。

社会总供求平衡可以从以下几方面来理解：①社会总供求平衡是货币均衡，而不是实物均衡。社会总供求平衡反映着价值的供求平衡、使用价值的供求平衡和它们之间的相互平衡，而价格是价值的货币表现，社会的总供求最终仍需要通过货币这一载体来实现。②社会总供求平衡是市场的总体均衡。社会总供求平衡是货币市场和商品市场的统一平衡。③社会总供求平衡是动态的平衡。社会总供求平衡是现实的社会总需求与短期内可能形成的总供给之间的平衡，不是现实的社会总需求与现实的总供给的平衡。

（二）货币供求与社会总供求之间的关系

在现代商品经济中，任何需求都是指有货币支付能力的需求，任何需求的实现都必须进行货币支付，以实现社会基本消费需求和投资需求的购买。因此，一定时期内社会的货币收支流量构成当期的社会总需求。货币供给与社会总需求之间有着密切联系，货币供给规模直接影响到社会总需求的扩张水平。当然，影响程度的大小，取决于货币持有者的资产偏好和资产选择行为。货币供给和货币需求之间也是相互影响、互相制约的。货币供给在一定条件下可以改变货币需求，货币需求的变动也可以在一定程度上影响货币供给。从货币需求来看，经济体系中需要多少货币取决于有多少实际资源需要货币实现其流转并完成生产、交换、分配和消费相互联系的再生产过程，也就是说，社会总供给决定了一定时期的货币需求。

总的来说，货币供求与社会总供求存在如下联系：①社会总供给决定货币需求，但同等的总供给可以有偏大或偏小的货币需求。②货币需求引出货币供给，但绝非等量的。③货币供给成为社会总需求的载体。当然，同等的货币供给也可以有偏大或偏小的总需求；社会总需求的偏大、偏小，对社会总供给产生巨大的影响，偏小时使总供给不能充分实现，偏大时在一定条件下有可能推动社会总供给的增加，但不能消除差额。④社会总需求的偏大、偏小也可以通过紧缩或扩张的政策予以调节，但单纯控制需求难以保证实现均衡的目标。

我们可以用图 12-1 来解释它们之间的关系，其中 M_s、M_d、S、D 分别代表货币供给、货币需求、社会总供给和社会总需求。它们之间的关系都是相互的，箭头只是表示主导方面。虽然说货币供求与社会总供求之间的影响是相互的，但货币供求均衡是社会总供求平衡的关键。如果货币供求不均衡，整个社会总供求的平衡也无法实现。要保持货币供求均衡，就需要中央银行使货币的供给与客观的货币需求保持相互适应，以使经济发展有一个良好的货币环境，从而促进宏观经济健康、平稳发展。

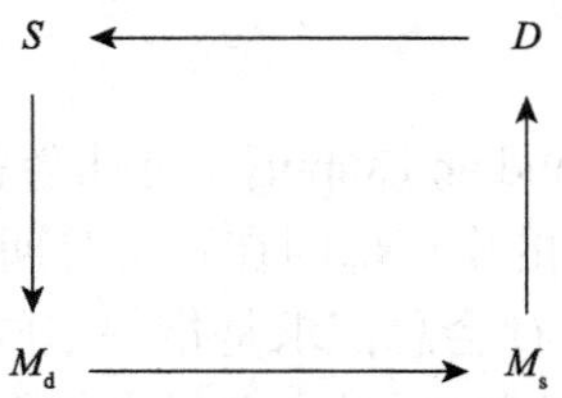

图 12-1 货币供求与社会总供求的关系

三、货币供求均衡的条件

因为货币的流通与商品的流通是相互依存、相互作用的关系，所以在分析货币供求均衡的条件时，我们可以从以下两个方面着手。

（一）经济均衡

经济均衡是影响货币供求均衡的一个方面。经济均衡主要是指国民经济的结构、比例关系的均衡，包括商品、劳务的供需在总量上和结构上的均衡，第一产业、第二产业与第三产业之间发展的协调性，以及农业、轻工业、重工业的比例关系等。国民经济发展均衡有利于生产、分配、交换和消费的协调进行，有利于实现货币的供求平衡。如果经济比例失调，将形成一部分商品供大于求，一部分商品供小于求。供大于求的商品将积压在仓库里，不能相应地回笼货币；供小于求的商品则形成脱销，使部分的社会货币购买力不能实现，从而使货币供应量大于货币需求量。

（二）货币自身的均衡

货币供求均衡相对于经济均衡具有一定的独立性。在商品经济条件下，国民经济的运动总是使用价值和价值，或者说是商品的运动和货币运动相结合的，而货币自身的运动又受到银行信贷收支、财政收支、外汇收支等因素的影响。因此，在保持经济均衡的同时，强调货币在总量和结构上的均衡十分重要。

四、货币供求均衡的标志

衡量货币供求均衡的标志有许多，它们的适用性根据不同的经济条件而定。

（一）物价指数

根据纸币流通规律，一定时期内，在社会商品流通量一定的条件下，纸币流通量越多，单位币值越低，物价越高；纸币流通量越少，单位币值越高，物价越低。物价指数是衡量货币供求均衡最常用的标志，在物价可以自由浮动的市场经济条件下很有说服力。所谓物价指数，是指本期物价水平对基期物价水平的比率，它可以反映物价的涨跌幅度。人们一般将基期的物价指数设定为 100（%），如果本期物价指数大于 100（%），表示本期物价水平相对于基期上涨了；如果本期物价指数小于 100（%），则表示本期物价水平相对于基期下降了。使用最广泛的一些物价指数是：消费者价格指数、生产者价格指数，以及国内生产总值平减指数。

（二）货币流通速度

在实行价格管制的计划经济条件下，价格固定不变，即使流通中的货币量过多或过少，都不会引起价格发生变化，这时可用货币流通速度及其变动的程度作为衡量货币供求是否均衡的标志。当流通中的货币量超过客观需要量而又无法影响物价时，它就只能反作用于货币流通速度，从而导致货币流通速度减慢；同理，当流通中的货币量少于客观需要量时，就会导致货币流通速度加快。使用货币流通速度作为标志时要利用现实的商品价格总额与货币流通量的比值，与历史上货币流通正常年份的商品价格总额与货币流通量（即认定的货币必需量）的比值进行比较。

（三）货币流通量增长速度与商品生产、流通增长速度的适应程度

在一般情况下，正常的货币流通表现为货币流通量增长速度与商品生产、流通增长速度基本一致。如果货币流通量增长过快，就意味着流通中的货币过多而商品服务供给不足，会出现社会购买力大于按原价格计算的商品服务总供给；反之，如果货币流通量增长过慢，流通中的货币量太少，就会出现商品滞销、市场萧条，生产和商品流通困难的现象。而且，这一指标可以适用于各种经济条件下，无论是计划经济还是市场经济。

（四）银行信贷增长速度与商品生产、流通增长速度的适应程度

流通中的货币，无论从广义上还是从狭义上讲，都是由银行信贷提供的。银行贷款和其他各项资金运用的结果，构成了流通中的全部现金货币与存款货币量。因此，银行信贷增长速度与货币流通量增长速度具有同样的意义。同样，银行信贷增长速度与商品生产、流通增长速度的适应程度这一指标可用于各种经济条件。

五、货币供求失衡的原因

货币供求均衡是中央银行实施货币政策所追求的一个理想目标，而货币供求失衡却是现实生活中常见的现象。分析货币供求失衡的原因，应分别从货币失衡的两种类型入手。

（一）货币供给小于货币需求的原因

（1）经济发展过程中，商品、劳务生产和交换的数量规模扩大，引起货币的需求量扩大，但货币的供应量没有及时增加。这种情况在金属货币流通的条件下经常发生，因为金属货币的供给受到金属币材储量、开采、运输等客观条件的限制，短期内难以大量增加；但在纸币流通条件下，中央银行发行纸币成本低、速度快，一般很少发生货币供应不及时的情况。

（2）在经济运行中的货币供给量基本与货币需求量相一致的情况下，如果中央银行实施紧缩性货币政策，减少货币供给，将导致流通中的货币量减少，出现货币紧缺，货币的供给量小于货币的需求量，影响国民经济的正常运行。

（3）发生经济危机时，社会信用链条断裂，正常的信用关系被破坏，社会经济主体对货币的需求量急剧增加，而中央银行对于货币的供给相对滞后，导致货币的供给量小于货币的需求量，出现货币供求失衡。

（二）货币供给大于货币需求的原因

（1）政府财政赤字向中央银行进行透支，中央银行在没有准备的条件下被迫增发大量的货币，从而导致流通中的货币量增加，大于实际的需求量，造成了货币供给失衡。

（2）在某一个时期，流通中的货币量过少，导致货币短缺、生产停滞、经济萧条，中央银行采取扩张性的货币政策，扩大货币的发行以促进经济的正常运行，但由于政策作用的滞后性，银根过于放松，致使货币发行过量，在此后的一段时间就有可能出现货币供给大于需求的通货膨胀现象。

（3）在开放经济中，对于经济落后、结构不合理的发展中国家，当货币条件恶化、国际收支不平衡时，想利用出口来弥补收支逆差变得很困难，而汇率的高估与本国货币的贬值造成货币供应量增加，出现货币供求失衡。

六、货币供求失衡的调整方式

货币供求失衡会导致物价高涨的通货膨胀或经济低迷的通货紧缩，这两种后果都会给社会经济生活带来严重的负面影响，所以在出现货币供求失衡时就要对其进行调整。在通常情况下，调整方式有两种：自动调整和政策调整。

（一）自动调整

自动调整是指在政府不干预的情况下，市场自身进行的调整。这有以下两种情形。

（1）当流通中的货币供给量小于货币需求量时，经济主体缩减开支，会出现部分商品过剩、企业缩小成本的现象，引起商品的价格下跌、企业裁员，导致社会商品销售总额减小和收入水平下降，从而实际的货币需求量随之减少，直至达到供需平衡。

（2）当流通中的货币供给量大于需求量时，商品供给发生短缺，必然导致商品的价格上涨，促使社会商品销售总额增加，对货币的需求量也随之增加，最终将在一个较高的价格水平达到货币供给与需求的平衡。

但我们应该看到，通过市场利率机制的自动调整使货币供求达到均衡可能要付出很大的代价。货币由供小于求调整到均衡，可能引起生产要素的大量闲置与普遍失业，生产萎缩与经济萧条；而货币由供大于求调整到均衡，则可能以引起物价普遍上涨，经济生活发生紊乱为代价。

（二）政策调整

政策调整是指各国政府针对造成货币供求失衡的不同原因，采取相应政策干预市场，从而使货币供求重新达到均衡的过程。政策调整包括货币政策与财政政策：货币政策是中央银行在一定时期内，利用其掌握的利率、汇率、信贷、货币发行、外汇管理及金融法规等工具作用于某个经济变量，从而实现某种特定经济目标的各种制度规定和措施的总和；财政政策是国家利用增减财政收支、税收税率，调节货币量，影响经济运行的方针、策略和措施。货币政策和财政政策在国家宏观经济调控中居于主导地位。从理论上讲，政策调整可以防止通货膨胀与通货紧缩这类经济波动，各国基本上都会采用一定的政策调整手段。当货币供给不足时，政府会采取扩张性的财政或货币政策，刺激社会有效需求；当货币供给过量时，政府会采取紧缩性的财政或货币政策，一方面控制名义货币需求，另一方面增加实际产出。

第二节　通 货 膨 胀

一、通货膨胀的含义

从世界各国经济运行的情况来看，通货膨胀（inflation）是一种很常见的经济现象。理论界对通货膨胀目前并没有完全一致的看法，一般把通货膨胀定义为物价总水平的持续上涨。本书将通货膨胀定义为在纸币流通条件下，纸币发行过多，超过实际货币需要量而引起的货币贬值和一般物价水平持续上涨的经济现象。

理解通货膨胀的定义需要了解以下三个方面的内容。

（一）通货膨胀是一般物价水平的上涨

一般物价水平是指全社会各种商品和劳务价格加总在一起的平均数。通货膨胀是指一般物价水平的上涨，局部或个别商品和劳务的价格上涨不能认为是通货膨胀。

（二）通货膨胀反映了商品和劳务的货币价格变化

货币价格是指每单位商品、劳务用货币数量标出的价格。通货膨胀考察的是商品和劳务的价格，应将其与股票、债券和其他金融资产的价格区别开来。

（三）通货膨胀是物价总水平的持续上涨

通货膨胀指的是物价总水平的持续上涨，而不是指某个月或某一两个月的物价水平的上涨。季节性、暂时性或偶然性的物价上涨并不能被视为通货膨胀。一般以年为时间单位来考察通货膨胀，用年通货膨胀率来表示通货膨胀的程度。

虽然在金属铸币时期，成色低、重量轻的劣质铸币也会造成通货膨胀，但那时通货膨胀并不是世界各国的长期普遍现象。需要特别说明的是，在中国通货膨胀却是一个相对古老的话题。10 世纪末，中国北宋时期出现了世界上最早的纸币，后来发行过度，造成了纸币的贬值。元朝政府为了弥补财政赤字，发行了过量的纸币，也造成了长期的通货膨胀。近半个世纪以来，各国纸币的过度发行，使得通货膨胀已成为世界性的问题，甚至有经济学者认为世界在未来很长一段时期内都将处于通货膨胀经济状态。

二、通货膨胀的分类

（一）按通货膨胀的程度（价格上升速度）划分

（1）温和的通货膨胀。其又叫爬行式通货膨胀，即物价水平每年按照低于 10%的个位数（如 3%～5%左右）比率缓慢而持续上升，这种通货膨胀在很多国家都存在。也有部分经济学家认为这种缓慢而逐步上升的价格对经济和收入的增长有一定的刺激作用，因而从某种意义上讲温和的通货膨胀还是有益的。

（2）奔腾的通货膨胀。其又叫跑马式通货膨胀，通常指通货膨胀率在两位数以上（通常为 10%～50%）的通货膨胀。在这种通货膨胀下，货币流通速度的提高和货币购买力的下降均具有较快的速度。在奔腾的通货膨胀下，物价水平飞涨，公众往往预期价格还会进一步上涨，因而采取种种保护措施，如大量地采购日用消费品，以免受通货膨胀之害，这使得通货膨胀更为加剧。

（3）恶性的通货膨胀。其又叫极度通货膨胀，一般指通货膨胀率在 50%以上（尤其是超过 100%）的严重通货膨胀。发生这种通货膨胀时，价格持续猛涨，人们都尽快地使货币脱手，从而大大加剧货币的流通速度。极端情况下，人们对货币完全失去信任，购买力猛降，各种正常的经济联系遭到破坏，以至于货币体系和价格体系最后完全崩溃，甚至引起社会动乱，如第一次世界大战后的德国和 1949 年前时的中国，都出现过恶性的通货膨胀。

（二）按通货膨胀的成因划分

（1）需求拉动型通货膨胀。这是凯恩斯先提出来的，认为通货膨胀的根源在于总需求过大增长，超过了总供给，导致过多货币追求过少商品，因而造成物价总水平持续上涨。

（2）成本推动型通货膨胀。其认为通货膨胀的根源在于总供给方面的变化，在没有超额需求的情况下，供给方面成本的提高引起物价总水平持续上涨。按引起成本上升原因的不同，又可以分为三种类型：工资推动型、利润推动型、进出口推动型。

（3）财政赤字型通货膨胀。这是指由中央政府的财政性行为诱发的物价总水平持续上涨。当一国在一定时期内存在巨额财政赤字时，全部或大部分赤字由中央银行透支予以弥补，会使货币供应量超过经济增长，诱发财政赤字型通货膨胀。

（4）信用扩张型通货膨胀。其认为信用过度扩张，即贷款没有相应的经济保证，形成信用过度创造，导致货币供应过多，从而引起信用扩张型通货膨胀。

（5）结构型通货膨胀。其是指在社会总供给和社会总需求处于均衡状态时，对某些部门的产品需求过多造成部分产品价格上涨的现象，如猪肉、钢铁、食用油等。如果结构性通货膨胀没能有效抑制就会变成成本推动型通货膨胀，造成物价总水平持续上涨。

（6）输入型通货膨胀。其是指国外商品或生产要素（如石油等原材料）价格的上涨，引起这些商品进口国的国内物价总水平持续上涨的现象。输入型通货膨胀与经济开放程度关系密切，经济开放程度越大，发生的可能性越大。

（三）按市场机制的作用大小划分

（1）公开型通货膨胀。公开型通货膨胀指通货膨胀以物价总水平的持续上涨显示出来。

（2）隐蔽型通货膨胀。隐蔽型通货膨胀即隐性通货膨胀，指货币工资水平没有下降，物价总水平也未提高，但居民实际消费水平却下降的一种情况。隐蔽型通胀在苏联、中国等过去实行计划经济的国家都出现过。其形成的条件有：①经济体系中积累了难以消除的过度需求压力；②存在严格的计划价格管制，这种管制包括对生产企业的定价管理和对流通企业的售价管理两个方面；③实行排斥市场机制的单一行政管理体制。

三、通货膨胀的度量

世界各国衡量通货膨胀的指标主要有以下三个：消费者价格指数、生产者价格指数和国内生产总值平减指数。

（1）消费者价格指数（consumer price index，CPI）。消费者价格指数（或消费物价指数）是反映与居民生活有关的商品及劳务价格统计出来的物价变动指标，和公众的日常生活联系紧密，通常作为观察通货膨胀水平的重要指标。计算公式：

CPI=（一组固定商品按当期价格计算的价值/一组固定商品按基期价格计算的价值）× 100%

消费者价格指数指的是普通家庭购买具有代表性的一组商品，在今天要比过去某一时间多花费多少。如果消费者价格指数超过 3%，说明出现了通货膨胀，超过 5%则是比较严重的通货膨胀。消费者价格指数一般按月公布，能及时反映消费品供给与需求的对比关系，以及能迅速直接地反映居民生活的价格趋势；其缺点在于消费品只是社会产品的一部分，统计范围较窄，因而不能很好说明物价总水平的变动情况。

（2）生产者价格指数（producer price index，PPI）。生产者价格指数（或批发物价指数）是反映全国生产资料和消费资料批发价格变动程度和趋势的价格指数。生产者价格指数与消费者价格指数不同，它的主要目的是衡量企业购买的一篮子物品和劳务的总费用。因为企业最终要把它们的成本转嫁给消费者，所以通常认为生产者价格指数的变动可以用来预测消费者价格指数的走势。

生产者价格指数的优点在于：能在最终产品价格变动之前收集到工业投入品和非零

售消费品价格变动的信号，有助于判断其价格变动对最终进入流通的零售商品价格变动的影响。生产者价格指数的缺点在于：原材料也只是社会最终产品的一部分，原材料价格变动也不能反映整个社会物价总水平的变动情况。而且批发价格的变动幅度一般都小于零售商品的价格波动幅度，用生产者价格指数来判断总供给与总需求的对比关系时，可能会出现错误的信号。

（3）国内生产总值平减指数（GDP deflator）。国内生产总值平减指数是按当年价格计算的国内生产总值（名义 GDP）与按不变价格计算的国内生产总值（实际 GDP）的比率，计算公式：

$$国内生产总值平减指数=名义\ GDP \div 实际\ GDP \times 100\%$$

国内生产总值平减指数的优点是能全面反映包括全部生产资料、消费品和劳务费用的物价总水平变动，缺点是涉及面太广，资料难以收集，多数国家每年只统计、公布一次，不像消费者价格指数按月公布，因而不能及时地反映物价总水平的变动，以及通货膨胀的程度和发展趋势。

四、通货膨胀的效应

价格变动对于社会资源的配置有着重要作用，因此通货膨胀对于社会经济的影响是全面的，具体可概括为经济增长效应、财富转移效应、收入分配效应和社会经济秩序紊乱效应。

（一）经济增长效应

关于通货膨胀对经济的影响，经济学界在 20 世纪 60 年代曾有过激烈的争论，主要有三种观点：一是有益论，认为通货膨胀可以促进经济增长；二是有害论，认为通货膨胀会损害经济增长；三是中性论，认为通货膨胀对经济增长既没有正效应，也没有负效应。

（1）有益论。有益论的观点在 20 世纪 60 年代凯恩斯主义盛行的时代比较流行，在许多国家都有一定的市场，其基本观点为通货膨胀具有正的产出效应。有益论的基本理论依据是凯恩斯的有效需求不足理论，认为资本主义经济长期处于有效需求不足的状态，国家实施通货膨胀政策，扩大财政支出、增加货币供给量，可以弥补投资资金不足并刺激投资，就能达到增加有效需求、促进经济增长的目的。

（2）有害论。20 世纪 70 年代以来，随着凯恩斯主义货币政策在西方国家破产，人们普遍认识到通货膨胀对经济的危害，有害论开始流行。其基本观点为持续的通货膨胀会破坏正常的生产和流通秩序，增加生产性投资风险，提高生产成本，从而引起资金由生产部门流向商业部门和投机领域；同时，货币不断贬值，存贷款等借贷活动风险增大，甚至导致正常融资活动瘫痪。这些都不利于生产性投资和阻碍经济增长，最严重的后果是可能会破坏整个市场机制。

（3）中性论。其基本观点为通货膨胀对产出、经济增长既无正效应也无负效应。其理由是公众会根据对通货膨胀发展的预期，按照物价上涨水平做出合理的行为调整，因此，通货膨胀的正、负效应会互相抵消。

（二）财富转移效应

财富转移效应是指通货膨胀对各阶层所拥有的财富造成的再分配影响。一个家庭的财富由两个部分组成：实物资产和金融资产。许多家庭同时还有负债，如住房贷款、汽车贷款等。因此一个家庭的净资产为它的总资产减去它的总负债。

假设一个家庭在通货膨胀前有：①存款 10 000 元；②负债 100 000 元；③货币值可随物价变动而相应变动的资产 50 000 元。那么这时它的净资产为：10 000+50 000−100 000 = −40 000 元。

在发生 100%的通货膨胀时，存款还为原来的 10 000 元，负债还为 100 000 元，而货币值可随物价变动而相应变动的资产则变为 50 000 ×（1+100%）= 100 000 元。这时这个家庭的名义资产净值为 100 000+10 000−100 000 = 10 000 元。

然而实际值则为：①存款 10 000 ÷（1+100%）= 5000 元；②负债 100 000 ÷（1+100%）= 50 000 元；③货币值可随物价变动而相应变动的资产仍为 50 000 元。则实际资产净值为 5000+ 50 000−50 000 = 5000 元。

一般来说，通货膨胀有利于债务人，而债权人则往往会受到损害。小额存款持有人和债券持有人最容易受通货膨胀的打击。

（三）收入分配效应

收入分配效应是指通货膨胀会造成社会各阶层收入的重新分配。在通货膨胀时期，人们的名义货币收入和实际货币收入之间会产生差距，只有剔除物价的影响，才能看出人们实际收入的变化。一般来说，通货膨胀期间，当物价上涨时，只有同时提高相同比例的工资才能保持人们的收入水平。但固定收入者的主要收入来源是变动不大的工资，其名义收入调整滞后于通货膨胀，因此固定收入者的实际收入往往是下降的。此外，从利息和租金中取得收入的人也会受到损害。

当然，在通货膨胀中，其他阶层是否会受到通货膨胀的影响，主要取决于其名义收入是否能及时调整，调整幅度与物价上涨速度是否一致。如果非固定收入者可以及时调整其名义收入所得，当名义收入的上涨快于物价上涨的时候，其实际收入不但没有下降，反而得到提高，即从通货膨胀中获益。

（四）社会经济秩序紊乱效应

当出现比较严重的通货膨胀时，不仅会加大经济发展的成本、加剧经济发展的不平衡，甚至会破坏社会和经济秩序，引发社会和经济危机。通货膨胀的社会经济秩序紊乱效应主要表现在增加社会经济环境的不确定性、引起商品流通秩序混乱、激化社会各阶层之间的矛盾、助长国家公职人员的贪污腐败等方面。

五、通货膨胀的成因与治理

（一）通货膨胀的成因

通货膨胀成因的理论有多种，其中有代表性的主要有三种：需求拉动说、成本推动说、结构失调说。

1. 需求拉动型通货膨胀

需求拉动型通货膨胀是指在社会生产过程中，社会总需求过度增加，超过了既定价格水平下商品和劳务的供给，即所谓的过多的货币追逐过少的商品而引起的货币贬值、物价总水平上涨。根据凯恩斯的观点，在经济未达到充分就业、资源未被充分利用时，货币供给量增加会使社会总需求增加，从而促进社会生产的发展和资源更有效的利用，促进商品供给增加。因此，如果社会总供给能以社会总需求的同等规模增长，物价水平虽有所上升，生产仍能继续增长。但当经济已达到充分就业时，货币供给的增加所引起的社会总需求的增长就不会促使商品供给的增加，而只会导致物价总水平的上涨。其具体分析如图 12-2 所示。

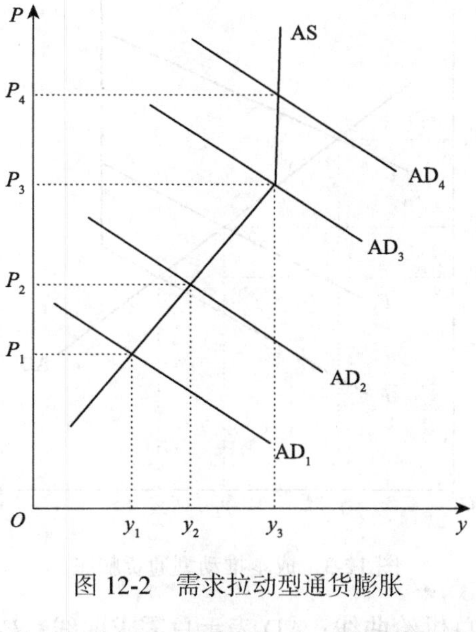

图 12-2　需求拉动型通货膨胀

图 12-2 中，P 表示价格；y 表示生产总量；AS 表示总供给曲线；AD 表示总需求曲线；AD_1、AD_2、AD_3、AD_4 表示不断增高的总需求曲线。当总需求从 AD_1 提高到 AD_2、AD_3 时，生产量从 y_1 提高到 y_2、y_3，而物价水平也相应由 P_1 上涨到 P_2、P_3。但当生产达到 y_3 后，已达到充分就业和资源充分利用，总需求再上升（由 AD_3 上升到 AD_4），只会引起物价上涨（由 P_3 上升 P_4），而不能刺激生产总量增长。

因此，依据凯恩斯理论，在经济萧条时期扩张信用、增加货币供给量、扩大总需求不会造成通货膨胀，只会刺激经济、扩大产出；当经济已达到充分就业时，扩张信用、增加货币供给量则只会引起物价上涨。也就是说，所谓的通货膨胀，就是在充分就业的条件下，货币供给量增加或货币流通速度过快形成过度需求，拉动物价总水平持续上涨的现象。

2. 成本推动型通货膨胀

凯恩斯理论认为需求拉动型通货膨胀发生在实现充分就业之后，但在现实中许多国家在失业率居高不下的同时出现了很高的通货膨胀。如 20 世纪 70 年代，西方发达国家普遍出现了高失业率和高通货膨胀率并存的“滞胀”现象，需求拉动说无法对此进行解释。因此，许多经济学家转向供给方面去寻找通货膨胀的根源，提出了成本推动说。

成本推动说认为在社会对商品和劳务需求一定的情况下，生产成本的提高也会导致物价的上涨。其中造成物价水平上涨的因素主要有两个方面：一是工会为了保证工人收入增长或不降低，要求增加工资。工资水平的提高进而导致生产成本的上升，最终导致物价上涨。二是一些垄断企业为了获得垄断利润，大幅度提高产品价格，从而使得以此产品为原料的商品成本上升，进而导致物价上涨，具体如图 12-3 所示。

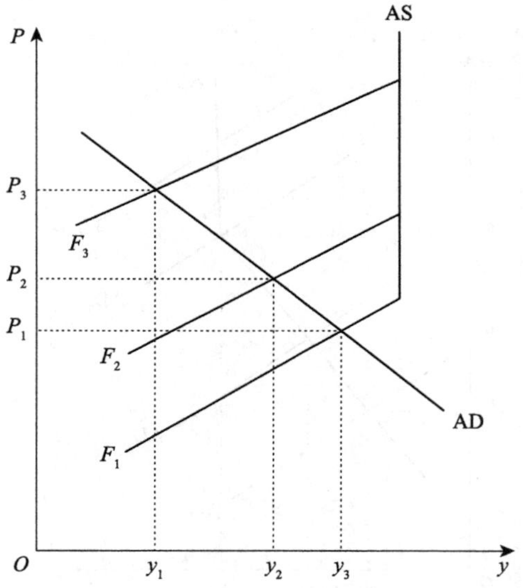

图 12-3 成本推动型通货膨胀

图 12-3 中，AS 表示总供给曲线；AD 表示总需求曲线；F_1、F_2、F_3 表示产品成本上升。在社会总需求不变，劳动力充分就业的情况下，产品成本由 F_1 上升到 F_2、F_3，相应引起物价水平由 P_1 上涨到 P_2、P_3。总需求没有增加，有可能引起生产下降，由 y_3 降到 y_2、y_1。

3. 结构型通货膨胀

结构型通货膨胀是指在社会产品总供给不变的情况下，需求的组成发生结构性变化，导致物价总水平上涨的现象。

当经济发展中的产业结构发生变化，一些部门迅速发展，另一些则走向衰落，就会出现一部分社会需求由一个部门转到另一个部门的现象。需求增加的部门，产品价格和工资将上涨；而需求减少的部门由于工资和价格的刚性，其工资和价格并不能随之下跌，或跌幅很小，从而最终导致物价总水平上涨。

假定 A、B 分别为生产率提高快慢不同的两个部门，二者的产量相等。部门 A 的生产增长率 $(\Delta y/y)_A$ 为 3.5%，工资增长率 $(\Delta W/W)_A$ 也为 3.5%。这时全社会的一般价格水平不会因部门 A 工资的提高而上涨。但是，当部门 B 的生产增长率 $(\Delta y/y)_B$ 是 0.5%，而工资增长率 $(\Delta W/W)_B$ 因向部门 A 看齐也达到 3.5%时，就使全社会的工资增长率超过生产增长率。

全社会的工资增长率为

$$(\Delta W/W)=[(\Delta W/W)_A+(\Delta W/W)_B]\div 2=3.5\%$$

全社会的生产增长率为

$$(\Delta y/y)=[(\Delta y/y)_A+(\Delta y/y)_B]\div 2=2\%$$

这样全社会工资增长率超过生产增长率 1.5%，在其他条件不变的情况下，工资增长率的百分比就是价格上涨率或通货膨胀率。

（二）通货膨胀的治理

通货膨胀对一国国民经济乃至社会、政治生活各个方面都会产生严重影响，因此各国政府和经济学者都将控制和治理通货膨胀作为宏观经济管理的重大课题，并在理论与实践中提出了各种应对通货膨胀的对策措施。

1. 宏观紧缩政策

通货膨胀通常总是和货币供应增长过快、总需求膨胀有关，因此，一般都要实行紧缩的货币政策或紧缩的财政政策。紧缩的货币政策主要是通过中央银行提高法定存款准备率、提高再贴现率和在公开市场大量出售国债等手段收缩贷款规模和货币供应量，从而影响投资，压缩总需求；财政方面采取的紧缩措施主要是削减财政支出，包括减少军费开支和政府在市场的采购等、限制公共事业投资、增加赋税，以抑制私人企业投资和个人消费支出。

在通货膨胀不是太猛烈时，可以使用紧缩的财政政策和稳健的货币政策，或将紧缩的货币政策和稳健的财政政策相搭配进行治理；在恶性通货膨胀爆发时，则往往采取“双紧”措施，即紧缩的货币政策和紧缩的财政政策双管齐下。

2. 收入紧缩政策

收入紧缩政策主要是根据成本推动说制定的，其理由是依靠紧缩性的财政、货币政策虽然能够抑制通货膨胀，但也往往引起大量失业和经济增长率下降。然而当成本推进引起菲利普斯曲线（Phillips curve）向右上方移动，工会或者垄断力量导致市场出现无效状态时，传统的需求管理政策对通货膨胀将失去效果。此时，需要采取收入紧缩政策加以应对。

对工资和物价进行管制，通常是为抑制物价上涨较猛的势头而采取的权宜之计。管制工资和物价主要有两种措施：①冻结工资和物价，即把工资和物价冻结在某一特定时间的水平上，在一定时期内不允许作任何变动；②管制工资和物价，即将工资和物价上涨的幅度限制在一定范围内，在一定时期内不允许突破。在管制的做法上也有两种：①强制性的，政府通过立法程序，规定工资和物价上涨的限度；②自愿性的，政府通过劝告使劳动双方自愿约束价格和工资的变动。

这种管制措施过去主要用于战争时期和非常时期及非常局势下，但在平常时期和紧急情况下也曾经有国家采用过。例如，1971 年 8 月 15 日美国政府宣布实行的新经济政策，其中措施之一就是冻结工资、房租、物价 90 天。

3. 实行币制改革

国家实行币制改革一般是经历了严重的通货膨胀，进而不得已采取的措施。其做法是废除旧币，发行新币，并制定一些保证新币稳定的措施。其目的是消除原来的货币流通混乱的局面，在新币基础上实现稳定。也可能是通过新旧币兑换，附带调节个人之间的收入分配。必须指出的是，币制改革本身不能保证消除通货膨胀，关键在于能否实施币制改革中规定的各项稳定措施。

此外，针对 20 世纪 70 年代出现的“滞胀”现象，西方国家供给学派提出相应的处方，其目的是在紧缩需求的同时，采用刺激生产的方法增加商品供应。具体措施实施包括：①削减政府开支，以压低总需求；②降低所得税，提高折旧率，以促进生产，增加商品供应；③控制货币供应增长率，压缩总需求。

六、通货膨胀治理实践：1993～1996 年我国适度从紧的货币政策

1992 年邓小平同志南行之后，中国改革开放的进程明显加快。1993～1996 年，中国进行了一系列重要的金融改革。1993 年明确提出货币政策以稳定货币为首要目标，调节货币供应量，并保持国际收支平衡，并且首次向社会公布货币供应量指标；1994 年 1 月 1 日，结束汇率双轨制，建立了以市场供求为基础的、单一的、有管理的浮动汇率制度；1994 年还先后成立了国家开发银行、中国进出口银行和中国农业发展银行三家政策性银行，将政策性金融业务从国有专业银行分离，以促使其成为真正的商业银行；1995 年颁布《中华人民共和国中国人民银行法》，确定中央银行货币政策的最终目标为保持货币币值的稳定，并以此促进经济增长；1996 年确定以 M1 作为货币政策的中介目标，以 M0 和 M2 作为监测指标；1996 年成为国际货币基金组织第八条款国，

实现人民币经常项目下可自由兑换。

这个时期，随着经济、金融改革的不断深入，我国经济的市场化程度逐步加深，开放度日益提高，并初步形成了包括货币市场和资本市场在内的较完整的金融体系。中央银行的货币政策调控机制也发生了根本性变化，从以信贷规模与行政干预为主的直接调控，转向以经济手段调节为主的间接调控。

（一）适度从紧的货币政策

从图 12-4 中可以看出，1992～1996 年出现了我国改革开放以来最严重的一次通货膨胀。1991 年，我国的经济、金融形势还相对比较平稳。1992 年，中国人民银行继续执行控制总量、调整结构、强化管理、盘活存量、提高效益的货币政策，一方面关注经济增长，另一方面维护物价稳定。总的来说，货币政策的效果还是不错的，1992 年我国的经济增长率达到 14.2%，通货膨胀率比 1991 年略有上升，达到 6.4%。但信贷规模还是没能得到很好的控制，导致 M1、M2，分别增长 35.9%和 31.3%，给 1993 年造成了较大的通货膨胀压力。

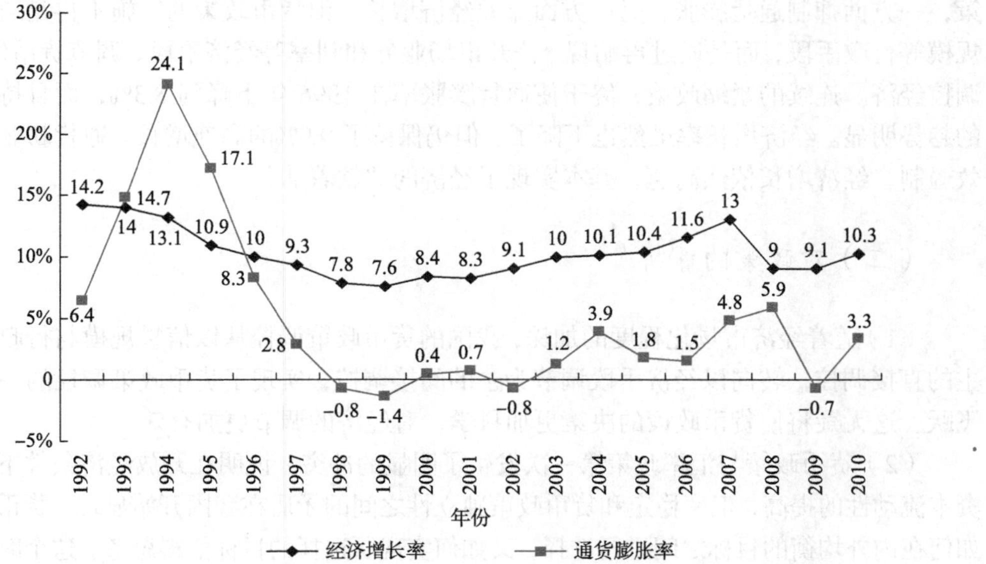

图 12-4　1992～2010 年我国经济增长率与通货膨胀率

资料来源：《中国统计年鉴 2018》

1993 年，全国出现了一股房地产和开发区热，固定资产投资迅速膨胀，引起了金融秩序混乱和货币过快增长，恶性通货膨胀再次来临。下半年，国家开始实行紧缩性的财政和货币政策。一方面控制财政支出，另一方面整顿金融秩序，提高利率。紧缩的政策有效地遏制了通货膨胀的势头，但也引起了经济的滑坡，以至于年末，中国人民银行又不得不放松了银根。全年通货膨胀率达到 14.7%，并把物价持续上涨的压力带到了 1994 年。

1994 年，我国实行外汇体制改革，确立了有管理的浮动汇率制度和强制结售汇制度，并使人民币汇率由1993年12月31日的1美元兑5.72元一次性贬值调整至1994年1月1日的1美元兑8.70元。这次改革结束了制约经济贸易发展的汇率双轨制，但也引发了我国宏观经济运行中，第一次明显的内外均衡矛盾。当时国内经济面临严重的通货膨胀压力，需要中国人民银行执行紧缩性的货币政策。但由于人民币贬值和实施出口退税等优惠政策，我国国际收支实现经常项目顺差76.58亿美元；优惠的招商引资条件也使外商直接投资达到337.67亿美元，从而实现资本项目顺差326.44亿美元。为了稳定人民币汇率，中国人民银行购入外汇储备304.21亿美元，按照当年的平均汇率水平1美元=8.619元，中国人民银行由于外汇占款共投放基础货币2621.99亿元人民币。大量基础货币的投放大大增加了国内物价上涨的压力，1994年我国通货膨胀率高达24.1%，为改革开放以来最高。

1995年，根据当时经济运行中巨大的通货膨胀压力，中国人民银行继续执行稳定币值优先的适度从紧的货币政策。年底，政策取得了一定的效果，经济增长速度和通货膨胀率都得到了适当的控制。但由于新增外汇储备219.77亿美元，按照当年的平均汇率水平1美元=8.351元，中国人民银行因外汇占款又投放了基础货币1835.30亿元人民币。1995年的通货膨胀率仍然高达17.1%。

1996年，我国的宏观经济形势已经好转。中国人民银行继续执行适度从紧的货币政策，一方面抑制通货膨胀，另一方面兼顾经济增长。但货币政策的实施不再是通过信贷规模等行政手段，而是通过再贴现、公开市场业务和利率等经济手段，调节货币供应量，调控经济。连续的紧缩政策，终于使通货膨胀率在1996年下降到8.3%，而且持续下降的趋势明显。经济增长率虽然也下降了，但仍保持了9.9%的高速增长。通货膨胀得到有效遏制，经济增长依然高速，基本实现了经济的“软着陆”。

（二）对政策的评析

（1）随着经济市场化程度的加深，我国的货币政策调控从以信贷规模与行政干预为主的直接调控，转向以经济手段调节为主的间接调控，实现了货币政策调控的一次质的飞跃。这无疑将使货币政策的决策更加科学，对经济的调节更加有效。

（2）货币政策与汇率政策第一次发生了明显的冲突。说明在开放经济条件下，随着资本流动性的提高，汇率稳定和货币政策独立性之间的矛盾在我国开始显现。货币政策要如何在内外均衡的目标之间进行选择，又如何实现所选择的目标值得思考。这个时期中央银行的入市干预，以及事后的中和措施，虽然不太成功，但是可作为一次有益的尝试。

（3）连续执行适度紧缩的货币政策，取得了较好的效果，既遏制了通货膨胀，又维持了经济的高速增长，实现了经济的“软着陆”。此次调控经验可为我国以后的货币政策实践提供一定的参考借鉴。

第三节 通货紧缩

通货膨胀比通货紧缩出现得更为频繁，因此相对于通货膨胀而言，通货紧缩在西方资本主义发展史中，对其经济的影响较小。特别是自 20 世纪 30 年代以来，随着国际金本位制的彻底崩溃和中央银行制度的普遍建立，人们一致认为，在有管理的信用货币本位制下，通货紧缩将不太可能成为困扰一国经济发展的主要障碍。但 20 世纪 90 年代以来，世界各主要国家的通货膨胀率持续下降，有些国家还出现了通货紧缩的现象。我国自 20 世纪 80 年代中期开始就把抑制通货膨胀作为经济工作中的头等大事，1997 年爆发的亚洲金融危机使我国出口受到一定冲击，加上 1998 年开始的三年国有企业深化改革，大量职工下岗，居民消费不旺，经济陷入了一段较长时期的通货紧缩。如果说改革开放前 20 年，我国主要是和通货膨胀作斗争的话，那么，1997～2002 年的通货紧缩，无疑给我国的宏观调控提出了一个新课题。面对严峻的国内外经济形势，中国政府为此实施了一系列积极的财政政策和稳健的货币政策，以拉动内需，促进经济发展，取得了良好效果，也为以后的宏观调控通货紧缩，积累了宝贵的实践经验。

一、通货紧缩的含义

关于通货紧缩（deflation），目前还有许多争论，如通货紧缩是一种货币现象还是实体经济现象、通货紧缩是否与物价持续下跌之间有必然联系、通货紧缩如何判断等，因此，通货紧缩尚未有完整系统的理论定义。一般认为通货紧缩是指物价总水平普遍和持续的下降，货币不断升值的过程。萨缪尔森在研究价格与货币问题时给通货紧缩以明确的含义，他认为通货紧缩的意思是："大多数的价格和成本下降的时期"，或者"实际产量和就业量的下降，而不管价格的情况如何"。斯蒂格利茨在他编著的《宏观经济学：增长与分配》中，将通货紧缩定义为价格水平的稳定下降。

国内学者对于通货紧缩的定义，同样存在争议。有的学者对通货紧缩的定义坚持单一标准，即认为通货紧缩就是指各类物价指数都出现趋势性的持续下降；有的学者对通货紧缩的定义则坚持多重标准，认为判断是否出现通货紧缩，不能只以物价水平是否跌落为依据，还要综合考虑其他经济指标（如失业率、货币供应量、国民生产总值等的增减变化）而定。例如，易纲一直强调通货紧缩的"两个特征、一个伴随"，即物价水平的持续下降和货币供应量的持续下降、通货紧缩通常伴随着经济衰退。

本书赞同易纲的观点，认为通货紧缩是指由于货币供给量相对于经济增长和劳动生产率增长而减少，引起有效需求严重不足，进而物价总水平持续下跌、货币供应量持续下降和经济衰退的现象。

二、通货紧缩的分类

（一）按通货紧缩的严重程度划分

（1）轻度通货紧缩：通货膨胀率持续下降并转为物价指数负增长（降幅为个位数）的时间没超过两年，出现了转机。

（2）中度通货紧缩：通货紧缩超过两年仍未见好转，但物价指数降幅在两位数以内。

（3）重度通货紧缩：通货紧缩超过两年并继续发展，且物价指数降幅超过两位数，或者伴随着比较严重的经济衰退。例如，美国在第一次世界大战后经济衰退时期的物价下降幅度达15%，在20世纪30年代的大萧条时期物价降幅更是达30%。

（二）按通货紧缩的成因划分

按照成因，通货紧缩可分为需求不足型、供给过剩型、政策紧缩型、产业周期型、体制转轨型、外部冲击型和混合型。需求不足型通货紧缩是指消费、投资等方面造成的总需求不足，引发物价水平持续下跌。供给过剩型通货紧缩是指产能过剩、技术创新或劳动生产率的提高等方面导致的供给过剩，由此出现物价水平持续下跌。政策紧缩型、产业周期型、体制转轨型、外部冲击型和混合型的通货紧缩，分别是指政策紧缩、产业周期、体制转轨、外部冲击等方面的原因导致了总需求不足或总供给过剩，由此引发物价持续下跌的通货紧缩。

三、通货紧缩的度量

通货紧缩有不同的定义，因此判断通货紧缩的标志也存在差别。依据单一标准定义，可借用通货膨胀的衡量指标：消费者价格指数、生产者价格指数和国内生产总值平减指数，来衡量是否出现通货紧缩；依据多重标准定义，除了以上的指标，还需要引入经济增长率、工业总产值增长率、城镇失业率、货币供应增长率等作为衡量通货紧缩水平的指标。

四、通货紧缩的危害

通货紧缩是经济发展中的一种非良性现象，会给经济生活带来如下几个负面影响。

（1）通货紧缩将引发经济衰退，消费和投资持续下降使得经济发展失去动力，甚至出现经济危机。

（2）通货紧缩将导致企业产出和经济效益大幅下降，亏损面和亏损额都大幅增加，投资下降。

（3）通货紧缩必将出现失业率激增，引起消费者对收入与支出增加的种种消极预期，从而严重影响消费需求的合理增长。

（4）通货紧缩会导致企业间资金拖欠的不断增加，市场信用和信誉严重下降，并伴随银行“惜贷”现象。

五、通货紧缩的成因和治理

（一）通货紧缩的成因

（1）欧文·费雪的债务—通货紧缩理论认为，经济繁荣阶段，企业往往倾向过度负债。当经济处于繁荣末期时，利率和债务成本往往趋于上升，而且资产价格处于泡沫状态。如果出现利率上升和泡沫破裂，债务人可能被迫清偿债务，由此导致资产价格下跌、商品价格下跌，企业的净值和利润率下降，进而引起金融机构贷款规模的收缩，出现通货紧缩。

（2）凯恩斯的有效需求不足理论认为，20 世纪 30 年代经济大萧条和通货紧缩，其根源在于世界生产过剩和有效需求不足。该理论针对经济大萧条中大量的非自愿性失业和严重的通货紧缩提出有效需求不足的论断，确实抓住了当时资本主义国家经济严重失衡和发生通货紧缩的主要症结。

（3）货币主义的货币供给收缩理论认为，过低的货币供给增长率，更不用说货币供给的绝对减少，将不可避免地意味着通货紧缩；反之，若没有货币供给如此之低的负增长率，大规模的持续的通货紧缩绝不会发生。因此，大萧条的原因在于货币量的外生性变动，即货币的急剧减少。

（二）通货紧缩的治理

治理通货紧缩、遏制物价和产出下降就意味着要求恢复和重建商业信用，扩大自发的经济交易。从宏观的视角看，对策只有两个：要么扩大国内名义需求，要么开拓国外市场。前者可以从财政政策、货币政策和启动民间消费与投资着手；而后者则需要一套综合措施，鼓励扩大出口和吸引外商投资。

1. 财政政策

从财政政策来看，为了治理通货紧缩，世界各国普遍采用的是适度扩张的财政政策，其原理在于通过增加财政支出来追加政府需求，刺激投资的增长和消费的增长。其措施主要包括两个方面：一是扩大政府采购支出，如赤字政策和公共工程；二是减免税收，即降低有关税目的征税税率，通过财政手段减少企业生产成本。

2. 货币政策

从金融政策方面看，不同的学者有一定的分歧。有的学者认为要采取积极的或者说是扩张性的货币政策，而有的认为实施适中的货币政策即可。但总体来说，加大基础设施投资力度，降低存贷款利率，降低各商业银行的法定存款准备金率，扩大中央银行基础货币投放，整顿以至关闭违规违法操作的各类金融机构等都是经常采用的措施。

3. 启动民间消费与投资

政府在通货紧缩期间采取积极的宏观政策最终目的还是扩大内需，但政府的投资与消费的数量是有限的，只有启动社会投资和居民消费才能真正达到扩大内需、刺激经济增长的目的。所以，要充分利用财政资金的贴息、参股、合资、补贴、担保等形式，带动更多的社会投资。

4. 鼓励扩大出口和吸引外商投资

扩大出口和吸引外商投资有利于扩大总需求、弥补紧缩缺口，当国内经济不景气时，通常会采取各种措施加大国外需求，如加快出口退税进度、提供出口信贷与保险等，以达到提高国内企业在国际市场的竞争力的目的。同时，继续改善国内投资环境，吸引国外资金的流入，加快经济的复苏。

需要指出的是，解除通货紧缩的压力，不但要采取正确的宏观、微观政策，同时要注意政策的实施力度，如财政、货币政策都存在滞后效应，力度把握不准可能会产生通货膨胀的压力，对经济的发展造成另外一种冲击。

六、通货紧缩治理实践：1997～2002 年我国积极的财政政策和稳健的货币政策

1997 年以后，我国的货币政策调控已经转变为以间接调控为主，政策的调控能力也有了很大提高。然而正在中国经济实现“软着陆”的欢欣时刻，1997 年 7 月，从泰国开始蔓延整个东南亚的亚洲金融危机爆发了。金融危机不但对东南亚新兴市场国家的经济产生了巨大冲击，也严重影响了我国经济的发展，整个东南亚经济一片萧条。发生危机的国家和地区之前都进行了激进的金融自由化改革，因此，人们普遍认为金融危机的发生是由金融过度开放引起的。这给中国、印度等当时正在进行金融自由化改革的国家提出了一个警示，之后，中国金融开放的步伐是适度放慢了。因此，1997～2002 年，中国的金融改革除了进行一系列利率市场化改革之外，1998 年 1 月，取消了对国有商业银行信贷规模的控制；2002 年 12 月经济好转时，实施了《合格境外机构投资者境内证券投资管理暂行办法》，准备有限度地开放资本市场；其他则没有大的改变。

这个时期，由于亚洲金融危机，我国的出口受到明显的冲击，加上 1998 年开始的三年国有企业深化改革，大量职工下岗或失业，居民消费不旺，经济陷入了一段较长时期的通货紧缩。如果说改革开放前 20 年，中国一直在和通货膨胀作斗争的话，那么，1997～2002 年的通货紧缩，无疑给中国的宏观调控提出了一个新课题。面对严峻的国内外经济形势，中国政府为此实施了一系列积极的财政政策和稳健的货币政策，以拉动内需，促进经济发展。

（一）积极的财政政策和稳健的货币政策

1997 年上半年，我国延续了前几年适度从紧的货币政策，经济形势更趋平稳。在良好的经济背景下，我国开始着手准备进行国有企业改革。7 月，亚洲金融危机爆发。发生危机的国家和地区纷纷出现资本外逃、本币大幅贬值、金融机构破产等现象，经济陷入衰退。虽然没有立刻对我国经济造成大的影响，但经济运行的外部环境已经恶化。因此，中国人民银行在 10 月 23 日下调了人民币存贷款基准利率，一年期人民币存款利率从 7.47%下调为 5.67%。1.8 个百分点的下调幅度是比较大的，也标志着我国的货币政策

由过去几年的适度从紧，开始转向适度宽松。

针对 1997 年出现的经济增长率下降和固定资产投资增速明显的回落，以及 1998 年 2 月出现的物价负增长现象。1998 年 3 月 21 日，中国人民银行果断地将商业银行法定存款准备金率由 13%下调为 8%，并于 3 月 25 日下调人民币存贷款利率。但国外经济形势的持续恶化，对我国的出口造成了较大冲击。5 月，出口同比下降 1.5%，为 22 个月来首次负增长。在 5 月 26 日重启国债回购和 7 月 1 日再次下调人民币存贷款利率之后，1998 年 8 月我国正式启动了积极的财政政策和稳健的（实际上被认为是宽松的）货币政策。一方面，以增发国债为突破口，增加财政支出，扩大投资；另一方面通过多种货币政策工具，放松银根，以刺激投资和消费，拉动内需。

一系列扩张性的财政政策和稳健的货币政策措施，对于稳定我国宏观经济的运行起到了重要作用。但由于我国坚持人民币不贬值的汇率政策，不能通过货币贬值来增加出口，货币政策对经济的刺激作用被削弱了。在稳定亚洲经济的同时，出口低迷和资本外流使得我国外汇储备增量明显下降，1998 年新增外汇储备仅 50.7 亿美元，由外汇占款所投放的基础货币也急剧下降。1998 年基础货币增加 3323 亿元，同比少增加 482 亿元；货币供应量增速也明显下降，M1 仅增长 11.9%，同比下降 4.6%。1998 年我国经济增长率降为 7.8%，物价上涨率为−0.8%，经济正式步入通货紧缩。

1999 年，我国继续执行稳健的货币政策，以配合积极的财政政策的实施。但因为 1998 年货币政策操作已经很频繁，力度也很大，所以 1999 年货币政策的操作空间受到了一定的限制。6 月 10 日，中国人民银行再次下调了人民币存贷款利率，一年期存款利率由 3.78%下调为 2.25%；并于 11 月 21 日将商业银行的法定存款准备金率下调了 2 个百分点。由于继续坚持人民币不贬值，1999 年我国经常项目贸易顺差仅为 2423.4 亿元，经济增长率下降为 7.6%，物价继续下跌 1.4 个百分点。

2000～2001 年，亚洲金融危机的影响还在，我国出口没有大的起色，经常项目贸易顺差继续下降，分别为 1995.6 亿元和 1865.2 亿元，但资本外流基本停止。因而，外汇储备开始逐步增加，2000 年外汇储备增加 108.9 亿美元，2001 年的外汇储备则大增 466 亿美元。这两年中国人民银行基本没有对利率、法定存款准备金率等货币政策工具进行调整，主要通过公开市场业务承担货币政策日常操作职能。总的来说，通过连续实施积极的财政政策和稳健的货币政策，我国宏观经济基本开始稳定。2000 年和 2001 年分别实现经济增长 8.4%和 8.3%；物价也止跌回升，分别上涨 0.4%和 0.7%。

2002 年，连续几年扩大内需的宏观调控初见成效，内需稳定增长，固定资产投资增速逐步加快。中国人民银行 2 月 21 日对人民币存贷款利率进行了微调，一年期存款利率再次下调 0.27%，降为 1.98%，为改革开放以来新低。国外经济形势开始好转，出口略有上升，经常项目顺差达到 2517.6 亿元；实际利用外资达 550.11 亿美元，居当时世界首位。外汇储备迅速增加 742.4 亿美元，因外汇占款投放基础货币 6144.8 亿元，引起货币供应量增速加快，M1 和 M2 同比均增长 16.8%。当年经济增长率为 9.1%，物价略微下降 0.8%。从 1997 年开始的通货紧缩过程，在 2002 年基本结束。其基本过程可通过表 12-1 中的数据得到一定的反映。

表 12-1 1997～2002 年中国部分宏观经济指标

指标	1997 年	1998 年	1999 年	2000 年	2001 年	2002 年
经济增长率 / %	9.3	7.8	7.6	8.4	8.3	9.1
通货膨胀率 / %	2.8	−0.8	−1.4	0.4	0.7	−0.8
净出口 / 亿元	2423.4	3629	2423.4	1995.6	1865.2	2517.6
实际利用外资 / 亿美元	644.08	585.57	526.59	593.56	496.72	550.11
外商直接投资 / 亿美元	452.57	454.63	403.19	407.15	468.78	527.43
外汇储备 / 亿美元	1398.9	1449.6	1546.8	1655.7	2121.7	2864.1
M2 增长率 / %	17.3	14.8	14.7	12.3	14.4	16.8
M1 增长率 / %	16.5	11.9	17.7	16.0	12.7	16.8
全社会固定资产投资增长率 / %	8.85	13.89	5.10	10.31	13.09	16.90

资料来源：全社会固定资产投资增长率来源于国家统计局官方网站，其他数据来源于《中国统计年鉴 2018》

（二）对政策的评析

（1）这个时期，货币政策的调控方式已经发展为以间接调控为主。中国人民银行先以利率和法定存款准备金率为主要调控工具，后面则主要以公开市场业务为货币政策日常操作工具。连续 6 次下调人民币存贷款基准利率，2 次下调法定存款准备金率和频繁地公开市场操作，说明我国在 1998 年取消对商业银行信贷规模的直接控制以后，正积极尝试运用更市场化、更经济化的手段来调节宏观经济运行。

（2）宏观调控以财政政策为主，货币政策为辅。这既符合了西方经济学以货币政策对付通货膨胀、以财政政策对付通货紧缩的基本原理，也符合了我国经济市场化程度不高的基本国情。两项政策的协调运作，使得我国经济最终走出了通货紧缩，也为 2008 年国际金融危机来临时，我国的宏观调控积累了宝贵的经验。

（3）货币政策与汇率政策再次发生明显的冲突。这说明克鲁格曼的三元悖论，即资本完全流动、汇率稳定和货币政策独立性三者不可兼得，在我国也是成立的。随着经济开放度不断提高，资本流动性日益增强，宏观经济内外均衡之间的矛盾也将越来越频繁，如何通过制度安排或者政策工具的创新来保持我国货币政策的独立性，这一时期的政策操作有许多可供借鉴之处。

本章小结

1. 货币供求均衡与失衡。货币供求均衡是指名义的货币供给量（M_s）与国民经济对货币的需求量（M_d）基本一致，既不存在超量供给，也不存在超额需求。用公式表示为 $M_s=M_d$，即 $M_s-M_d=0$。货币供求失衡是指名义的货币供给量（M_s）与国民经济对货币的需求量（M_d）不一致，出现超量供给或超额需求。用公式表示为 $M_s>M_d$ 或 $M_s<M_d$。货币均衡是一个动态的、相对的均衡，按照公式计算出来的货币容纳量弹性表明货币流通

的稳定程度或通货膨胀的严重程度。货币均衡实质上是社会总供求平衡。其中，货币需求由社会总供给决定，而货币供给则成为社会总需求的载体。要达到货币均衡必须实现经济均衡和货币自身的均衡。衡量货币流通正常化的标志有许多，而且它们的适用性根据不同的经济条件而定，主要包括物价指数、货币流通速度、货币流通量增长速度与生产和商品流通增长速度的适应程度、银行信贷增长速度与生产和商品流通增长速度的适应程度。

2. 通货膨胀。通货膨胀即货币供应过多，超过流通中对货币的客观要求量而引起货币贬值、物价上涨的现象。通货膨胀主要的度量尺度即消费者价格指数、生产者价格指数和国内生产总值平减指数。形成通货膨胀的三种主要原因即需求拉动、成本推动与结构失调。通货膨胀对经济增长、收入分配与财富配置都有着重要的影响。治理通货膨胀有各种政策，主要是财政与货币（金融）政策。

3. 通货紧缩。通货紧缩的一般定义，即社会价格总水平普遍和持续的下降，货币不断升值的过程。我国学者对通货紧缩定义及衡量通货紧缩的标志有各种争议。我国现阶段出现通货紧缩的原因和有关通货紧缩的治理对策也值得探讨。

本章参考文献

安体富，周升业. 1992. 财政与金融[M]. 武汉：武汉大学出版社.
曹龙骐. 2016. 金融学[M]. 5 版. 北京：高等教育出版社.
陈雨露. 2010. 货币银行学[M]. 北京：中国财政经济出版社.
何问陶，劳建光. 2003. 货币银行学[M]. 广州：暨南大学出版社.
黄达.2017. 金融学[M]. 4 版. 北京：中国人民大学出版社.
柳永明. 2002. 通货紧缩理论[M]. 上海：上海财经大学出版社.
萧松华，朱芳. 2013. 货币金融学[M]. 成都：西南财经大学出版社.
朱为英，彭迪云. 2003. 货币银行学[M]. 南昌：江西科学技术出版社.
朱新蓉. 2015. 货币金融学[M]. 4 版. 北京：中国金融出版社.

本章综合测试题

一、填空题

1. 治理需求拉动型通货膨胀，__________是个关键。

2. 货币均衡是指______与______基本相适应的货币流通状态。

3. 在货币政策与财政政策的搭配中，______主要是解决结构问题。

4. 根据通货膨胀的成因可以将其分为______、______和结构型通货膨胀等几种类型。

5. 结构型通货膨胀是指在社会总产品不变的情况下，需求的组成发生______变化，相应导致物价水平的上涨。

6. 世界上衡量通货膨胀的尺度主要有以下三个：______、______、______。

7. 币制改革本身不能保证消除通货膨胀，关键在于能否实施币制改革中规定的______。

8. 依据单一标准定义，可用________、________、________等作为衡量是否出现通货紧缩的标志。

9. 通货膨胀对经济的影响，经济学界在 20 世纪 60 年代曾有过激烈的争论，主要有三种观点：__________、__________、__________。

10. 货币均衡从实质上说是__________的反映。

二、单项选择题

1. 物价水平年平均上涨率在 3%以内的通货膨胀属于（　　）。

A. 跑马的通货膨胀　　B. 温和的通货膨胀
C. 奔腾的通货膨胀　　D. 恶性的通货膨胀

2. 通货膨胀出现的直接原因是（　　）。

A. 货币供应过多　　B. 货币贬值　　C. 纸币流通　　D. 物价上涨

3. 下列哪种情况下最可能出现通货紧缩（　　）。

A. 货币需求<货币供给　　B. 货币需求>货币供给
C. 货币需求=货币供给　　D. 社会总需求<社会总供给

4. 在最终产品价格变动之前获得工业投入品及非零售消费品的价格变动信号，进而能够判断其价格变动对最终进入流通的零售商品价格变动的影响的通货膨胀测定指标是（　　）。

A. 消费者价格指数　　B. 生产者价格指数
C. 国内生产总值平减指数　　D. 居民生活费用指数

5. 货币供求均衡的自发实现主要依靠（　　）的调节。

A. 利率机制　　B. 价格机制
C. 国内生产总值平减指数　　D. 居民生活费用指数

6. 通货膨胀是（　　）条件下的特有经济现象。

A. 商品经济　　B. 货币流通　　C. 资本主义　　D. 纸币流通

三、多项选择题

1. 因金融总量失控出现通货膨胀、信用危机和金融危机，会对（　　）带来诸多不利影响。

A. 生产　　B. 流通　　C. 分配
D. 消费　　E. 易货贸易

2. 货币供求失衡的调整方式主要有（　　）。

A. 自动调整　　B. 政策调整　　C. 价格管制
D. 降低利率　　E. 提高利率

3. 衡量货币流通正常化的标志有（　　）。

A. 物价指数　　B. 货币流通速度　　C. 外汇储备量
D. 货币流通量增长速度与商品生产、商品流通增长速度的适应程度
E. 银行信贷增长速度与商品生产、商品流通增长速度的适应程度

4. 财政方面采取的紧缩措施有（　　）。

A. 削减财政支出　　B. 限制公共事业投资　　C. 增加赋税
D. 减少赋税　　E. 增加贴息贷款

5. 紧缩的货币政策主要通过中央银行（　　）等手段收缩贷款规模和货币供应量，从而影响投资，

压缩总需求。

A. 提高法定存款准备率　B. 在公开市场大量出售国债
C. 提高再贴现率　D. 降低再贴现率　E. 降低法定存款准备率

6. 管制工资和物价的主要措施有（　　）。

A. 冻结工资　B. 管制工资　C. 冻结物价
D. 管制物价　E. 收入指数化

7. 通货膨胀按照价格上升速度不同可以分为（　　）。

A. 平衡的通货膨胀　B. 非平衡的通货膨胀　C. 温和的通货膨胀
D. 奔腾的通货膨胀　E. 恶性的通货膨胀

8. 通货膨胀是在纸币流通条件下，货币流通量过多超过货币必要量所引起的（　　）经济现象。

A. 生产过剩　B. 需求不足　C. 货币贬值
D. 物价上涨　E. 物价下跌

四、判断题

1. 信用危机期间，金融市场上货币资本过剩，利率极低。（　　）
2. 改革开放前，我国的通货膨胀主要是隐蔽型的，改革开放后，则主要是公开型的。（　　）
3. 物价稳定与充分就业通常是一致的。（　　）
4. 物价上涨就是通货膨胀。（　　）
5. 币制改革本身能保证消除通货膨胀。（　　）
6. 通货紧缩就是指各类物价指数都出现下降。（　　）
7. 从货币需求来看，经济体系中需要多少货币取决于有多少实际资源需要货币实现其流转并完成生产、交换、分配和消费相互联系的再生产过程。（　　）
8. 经济均衡是货币均衡的前提。（　　）
9. 当国内经济不景气时，通常会采取各种措施禁止商品和劳务出口。（　　）
10. 从财政政策来看，为了治理通货紧缩，世界各国普遍采用的是适度扩张的财政政策。（　　）

五、名词解释

1. 货币容纳量弹性　2. 货币供求失衡　3. 通货膨胀　4. 通货紧缩

六、简答题

1. 什么是隐性通货膨胀？
2. 怎样理解通货膨胀的定义？
3. 简述货币供求与社会总供求的联系。
4. 简述货币供给量小于货币需求量的原因。

七、论述题

1. 试述通货膨胀的治理措施。
2. 结合我国国情，试述通货紧缩的应对措施。

第十三章

货币政策

货币政策是货币金融理论的核心。各国货币当局通过制定和实施货币政策，对宏观经济进行间接调控，以保持经济的平稳运行，货币政策追求的目标应是单一目标还是多重目标，政策工具如何搭配使用，中介指标使用货币供应量还是利率，货币政策的传导机制是通过利率还是货币供应量，抑或是信贷、财富或股市，如何评价货币政策的效应，货币政策与财政政策谁更有效等问题，构成了货币政策理论的重大课题和争论焦点。本章主要就货币政策的各个构成要素及我国的货币政策实践进行分析。

第一节　货币政策目标

一、货币政策与货币政策目标的内涵

中央银行对经济的调节和对金融的宏观调控，体现在制定与实施货币政策方面。货币政策（monetary policy）是指中央银行为实现其特定的经济目标，所采用的各种控制和调节货币供应量或信用量的方针和措施的总称。它是包含着政策目标、达到目标的措施、运行机制、效果衡量等一系列内容在内的一个广泛的概念。

货币政策有三大构成要素：①货币政策工具；②货币政策中介目标；③货币政策最终目标。它们三者之间的关系是：货币政策工具作用于货币政策中介目标，通过货币政策中介指标去实现货币政策最终目标，如图 13-1 所示。

图 13-1　货币政策三大构成要素之间的关系

货币政策目标是一国货币当局采取调节货币和信用的措施所要达到的目的。按照中央银行对货币政策的影响力和影响速度，货币政策划分为两个不同的目标层次，即最终

目标和中介目标，它们共同构成中央银行货币政策的目标体系。

二、货币政策最终目标

（一）货币政策最终目标的内容

货币政策最终目标通常简称货币政策目标，是指货币政策在较长的一段时期内所要达到的目标，目标相对固定，基本上与一个国家的宏观经济目标相一致，因此货币政策最终目标也称作货币政策的战略目标或长期目标。货币政策最终目标的具体内容因国家不同而有所区别，但基本上不外乎下列四种类型：①单一目标型，如联邦德国的货币政策最终目标是保卫马克。②双重目标型，如我国长期奉行的货币政策最终目标是稳定币值、发展经济。③三重目标型，如日本的货币政策最终目标是国内物价的稳定、国际收支的平衡、与资本供给相适应的总需求水平。④四重目标型，如美国的货币政策最终目标是强调国民经济的稳定和增长、就业水平的提高、美元购买力的稳定、对外贸易收支合理平衡。此即人们通常所说的经济增长、充分就业、稳定货币和国际收支平衡。

一般认为，货币政策最终目标包括物价稳定、充分就业、经济增长和国际收支平衡。

1. 物价稳定

稳定物价就是设法使一般物价水平在短期内不发生显著的波动，稳定物价的实质是稳定币值。在信用经济时代，物价的变动是纸币变动的指示器，是衡量货币流通正常与否的主要标志。这里的物价水平是指一般物价水平，而不是指某种商品的价格。价格体系作为国民收入再分配的工具，它的变动虽然会影响一部分人的利益，但对社会并无不利的影响。因为现实生活中各种因素的影响，价格机制的自动调节功能往往会被扭曲，这种相对价格体系的变动，在一定时期也会引起一般物价水平的变动。

从各国的情况来看，衡量一般物价水平变动的指标通常有三个：①国内生产总值平减指数。它以构成国内生产总值的最终产品和劳务为对象，反映最终产品和劳务的价格变化情况。②消费者价格指数。它以消费者的日常生活支出为对象，能较准确地反映消费物价水平的变化情况。③生产者价格指数。它以批发交易为对象，能较准确地反映大宗批发交易的物价变动情况。当然，三种指标包含的商品范围不同，反映的物价变化也都有一定的局限性，但它们在变动趋势上基本上是一致的。

在现代经济社会里，一般物价水平呈上升的趋势。因此，中央银行货币政策的主要目标就是稳定物价，将一般物价水平的上涨幅度控制在一定的范围之内，防止出现通货膨胀。对于把一般物价水平上升的幅度控制在何种范围之内，不同的经济学家有不同的看法，不同的国家也有不同的标准。保守的经济学家认为物价水平最好不增不减，或者只能允许在1%的幅度内上下波动，有的认为3%是可取的。然而较激进的经济学家，因相信轻微的通货膨胀对经济的活跃有一定的刺激作用，有利于经济发展，主张一般物价水平可作较高幅度的增加，如上涨幅度可允许在 5%以内。尽管如此，在实践中，各国中央银行通常采取折中的办法，根据各国经济发展情况和背景的不同，制定不同的标准。

从各国实际情况来看，在制定货币政策时，中央银行都显得十分保守，一般将年物价上涨率控制在 2%～3%。

2. 充分就业

充分就业作为货币政策最终目标的提出，最早是在 20 世纪 30 年代。在 1929～1933 年资本主义世界的经济大危机中，由于市场不能自发地保证充分就业，为了摆脱危机，西方国家普遍实行了国家干预经济的政策，并把充分就业摆在货币政策目标的首位。因为高就业意味着资源的充分利用，意味着高产出和高投入，也意味着经济的良性循环和稳定增长。从这一点出发，充分就业目标是经济政策总目标的一个组成部分，也是现代发达国家货币政策的四大目标之一。

充分就业通常是指凡有能力并自愿参加的工作者，都能在较合理的条件下找到适当的工作。但充分就业并不等于社会劳动力百分之百地就业，因为还存在自愿性失业（劳动力不愿意接受现行的工资水平而造成的失业）。只要消除了非自愿性失业（劳动者愿意接受现行的工资条件和工作条件却仍然找不到工作），社会就实现了充分就业。所谓充分就业目标，就是要保持一个较高的、较稳定的社会就业水平。

严格意义上的充分就业是针对所有能够被利用的资源所被利用的程度而言的，但要测定各种经济资源的利用程度是非常困难的，所以一般以劳动力的就业程度为标准，即以失业率指标来衡量劳动力的就业程度。失业率是指社会的失业人数与愿意就业的劳动力之比。失业率的高低与社会就业程度成反比。至于失业率为多少时才可称之为充分就业，目前尚无统一标准。有的经济学家认为，当失业率为 3% 时可视为充分就业，但是大多数经济学家认为失业率为 5% 时就可以被认为实现了充分就业。在计算失业率指标时，最大的困难在于如何确定失业人口和社会愿意就业人口这两个指标的内涵。因为各国的计算方法不同，所以对失业率的评价并不一致。各国应该根据各自不同的经济条件、发展状况来确定充分就业目标。

3. 经济增长

经济增长是指一国或一个地区内商品和劳务及生产能力的增长，也就是国内生产总值的增长必须保持合理的、较高的速度。目前，各国衡量经济增长的指标主要有国内生产总值增长率、国民收入增长率、人均国内生产总值和人均国民收入增长率等。前两个指标主要反映的是经济增长的总规模和经济实力的状况；后两个指标则反映的是经济增长带给一个国家或地区的富裕程度。

影响经济增长的直接因素是人力、物力和财力。中央银行作为经济运行中的货币供给部门，能够影响到其中的财力部分，即对资本的供给与配置产生一些效果。中央银行的货币政策以经济增长为最终目标，指的是中央银行在接受既定目标的前提下，通过货币政策操作，对这一目标的实现施加影响。将经济增长作为货币政策的目标，有两个问题必须注意：①要增加国内生产总值必然会增加各种经济资源，如劳动、土地及资本等的利用程度。然而，货币政策在这些资源运用中所能产生的效果非常有限，只能对资源的配置产生一些效果，对劳动及土地的运用却缺乏直接影响力。②以国内生产总值表示的经济增长仅仅只是一个数量指标，在产值增长的背后，可能隐藏着资源的浪费和环境污染等质量问题，这些是货币政策无力控制的。因此，中央银行的货币政策只能以其所能控制的货币政策工具创造一个适宜于经济增长的货币金融环境，以促进经济增长。

4. 国际收支平衡

国际收支平衡作为货币政策最终目标的提出是在 20 世纪 70 年代。当时，由于日本、联邦德国等国的经济迅速增长，国际竞争力不断加强，美国的对外贸易不断出现逆差、国际收支状况恶化，大量美元外流等情况，降低了世界各国对美元的信心。美国为了维护以美元为中心的国际货币制度，提出了平衡国际收支的货币政策目标。此后，虽然美元与黄金脱钩，各国相继由固定汇率制改为浮动汇率制，但平衡国际收支仍然是货币政策的目标之一。

在一个开放型的社会经济中，国际收支状况与国内市场的货币供应量有着密切的关系。一般来说，国际收支顺差意味着该国的外汇收入大于支出，外汇净收入增加，而收购这些外汇必然要增加国内市场的货币供应量。换言之，顺差意味着商品的输出大于商品的输入，从而相对减少了国内市场的商品量，增加了国内市场的货币供应量。顺差带给国内市场的影响有两种：一是当国内市场上货币偏多、物价不稳、商品供给不足时，顺差会加剧通货膨胀，加剧国内市场上商品供求的矛盾；二是当国内市场货币供给不足、外资缺乏、失业严重、商品供过于求时，顺差则有利于实现国内市场的均衡。国际收支逆差的影响则正好相反。

国际收支平衡是指在一定的时期内（通常指一年内），一国对其他国家或地区的全部货币收支持平。目前，经济学家普遍认为，国际收支平衡应当是一种动态的平衡，即在若干年的时间内（如在 3～5 年内），如果一个国家的国际收支平衡表中的主要项目的变动接近于平衡，便可大致上认为达到了国际收支平衡，因为其中某一年的不平衡可以由其他年份的加以弥补。

（二）货币政策最终目标间的关系

尽管货币政策所追求的目标有四个，但就任何一个国家的中央银行而论，对上述各种目标往往不能兼顾。因此，在承认若干目标间互补性的同时，如充分就业与经济增长之间相互促进，也不忽略货币政策目标之间冲突性的存在。主要冲突有：稳定物价与充分就业之间的冲突；稳定物价与国际收支平衡之间的冲突；经济增长与国际收支平衡之间的冲突；稳定物价与经济增长之间的冲突。

1. 稳定物价与充分就业之间的冲突

就统一性看，币值稳定了，就可以为劳动者的充分就业与其他生产要素的充分利用提供一个良好的货币环境，在充分就业的同时可能为币值的稳定提供物质基础。但是，稳定币值与充分就业之间更多地表现为矛盾性，根据著名的菲利普斯曲线，如图 13-2 所示，失业率与物价上涨率之间，存在着此消彼长的关系：要实现充分就业，就要牺牲若干程度的物价稳定；为了维持物价稳定，就必须以提高失业率为代价。就是当币值比较稳定，物价上涨率比较低时，失业率往往很高；而要降低失业率，就得以牺牲一定程度的币值稳定为代价。菲利普斯曲线告诉人们两者难以兼顾。

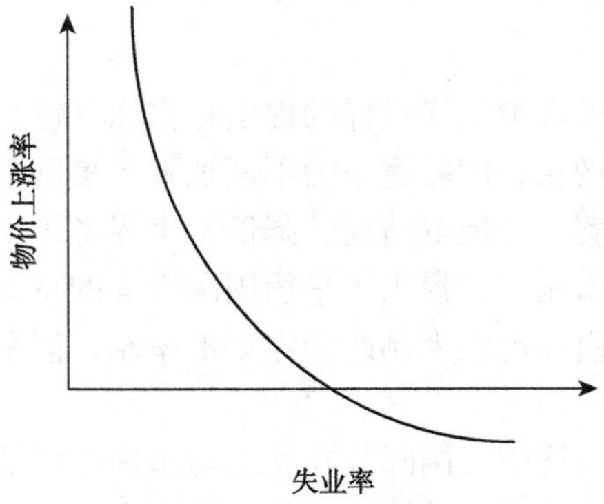

图 13-2 菲利普斯曲线

2. 稳定物价与国际收支平衡之间的冲突

在任何一个开放型经济的国家中，其经济状况通常都带有国际化的特征。一个国家的中央银行，要想同时实现稳定国内物价和平衡国际收支两大目标，存在着目标矛盾。一般来说，若国内物价上涨，会使外国商品的价格相对降低，将导致本国输出减少，输入增加，国际收支恶化；若本国维持物价稳定，而外国发生通货膨胀，则本国输出增加，输入减少，就会发生贸易顺差。因此，只有全球都维持大致相同的物价水平，物价稳定才能与国际收支平衡并存。在国际经济关系日益复杂、世界经济发展极不平衡的现实经济社会里，这两个条件并存是不可能的。稳定物价与国际收支平衡的目标也可能相互冲突。

3. 经济增长与国际收支平衡之间的冲突

在正常情况下，随着国内经济的增长，国民收入增加及支付能力的增强，通常会增加对进口品的需要。此时，如果出口贸易不能随进口贸易的增加而增加，就会使贸易收支情况恶化，发生大量的贸易逆差。尽管有时由于经济繁荣而吸收若干外国资本，这种外国资本的注入可以在一定程度上弥补贸易逆差造成的国际收支失衡，但并不一定就能确保经济增长与国际收支平衡的齐头并进。尤其是在国际收支出现失衡、国内经济出现衰退时，货币政策很难在两者之间做出合理的选择。在国际收支逆差的情况下，通常必须压抑国内有效需求，其结果可能消除逆差失衡，但同时会带来经济衰退。面对经济衰退，通常采取扩张性货币政策，其结果可能刺激经济增长，但也有可能因输入增加导致国际收支逆差。

4. 稳定物价与经济增长之间的冲突

如何处理好稳定物价与经济增长之间的关系是另一个核心问题。失业率的高低、外汇收入的多少，取决于经济增长的状况。从根本上说，经济增长同稳定物价是辩证统一的，只有经济增长了，商品增多了，稳定货币才有物质基础。然而，在信用货币条件下，经济增长往往伴随着物价的上涨，二者表现出一定的矛盾性。其原因在于以下两点：一是货币作为经济增长的先导和第一推动力，在货币流通速度基本稳定的情况下，货币供给量若偏多，势必刺激物价上涨。因此，有可能出现这样一种情况，即经济增长需要有货币的超前供给，超前的货币供给可能带来物价的上涨与币值的下跌，进而造成经济增长与稳定币值两者之间的冲突。二是经济的快速增长通常会带来投资过旺，特别是在政府刻意追求经济增长速度，有意无意地以通货膨胀为手段来促进经济增长时，扩张信用的手段在增加投资的同时必然造成货币发行量的增加和物价的上涨，而为抑制通货膨胀所采取的提高利率等紧缩性货币政策又可能因抑制投资而影响经济的增长。

如何在这些相互冲突的矛盾中做出最适当的抉择，是当代各国货币当局所面临的最大难题。值得注意的是，第二次世界大战以后，西方各国的中央银行根据本国的具体情况，在不同的时期对货币政策四个最终目标的选择有着不同的侧重点，而在进入 20 世纪 90 年代后则发生了很大的变化，主要发达国家均以稳定货币、反通货膨胀为唯一的货币政策目标。这说明，在货币政策目标体系中，稳定货币、稳定物价始终是中央银行货币政策目标的基础。中央银行的货币政策目标与国家的经济政策目标是有区别的，它更主要的任务是为经济持续、稳定的增长创造一个良好的金融环境。

三、货币政策中介目标

货币政策中介目标（或中间目标）一词，最先由美国经济学家在 20 世纪 60 年代提出。直到 20 世纪 70 年代中期，货币政策中介目标的思想才得到发展，货币政策的中介目标才逐渐成为各国中央银行的货币政策传导机制的重要内容之一。

之所以要在货币政策的最终目标与货币政策的工具之间设立货币政策的中介目标，西方经济学家认为有以下三个方面的原因：①收集与掌握有关货币政策最终目标的资料信息需要较长时间，因而难以据此进行相机抉择、变动与操作货币政策工具、实现货币政策的最终目标。②货币政策的最终目标是通过对货币政策工具的操作来实现的。为此，必须建立相应的货币政策工具的效果指标，用于比较各货币政策工具对货币政策最终目标的影响程度，以利于相机抉择，实现货币政策的最终目标。③货币政策最终目标的实现，除受货币政策工具影响之外，还受到其他外部因素的影响。因此，必须利用货币政策中介目标，以显示货币政策工具和货币政策工具以外的因素的影响程度，将两者的影响效果区分开来，以便更好地实现货币政策的最终目标。

（一）货币政策中介目标的选择

正确地选择货币政策中介目标，是实现货币政策最终目标的前提条件。中央银行并不能直接控制和实现货币政策的最终目标，而只能借助于货币政策工具，通过对货币政策中介目标的调节与控制来实现货币政策的最终目标。因此，货币政策中介目标的选择就显得十分重要。一般认为，作为货币政策中介目标必须具备三个条件，即可测性、可控性及与最终目标的相关性。

1. 可测性

可测性是指中央银行所选择的金融控制变量必须具有明确而合理的内涵和外延。具体地说体现在：①中央银行能够迅速获得货币政策中介目标变量的明确数据资料；②中央银行能够对这些数据资料进行有效的分析并做出相应的判断。

2. 可控性

可控性是指中央银行通过各种货币政策工具的运用，能对货币政策中介目标变量进行有效的控制与调节，并能准确地控制货币政策中介目标变量的变动状况及其变动趋势。

3. 与最终目标的相关性

与最终目标的相关性是指中央银行所选择的货币政策中介目标变量必须与货币政策最终目标紧密关联，当中央银行通过对货币政策中介目标的控制与调节，使之达到预期水平时，也能使货币政策的最终目标达到或接近预期水平。

（二）货币政策中介目标的具体变量

中央银行货币政策发生作用的过程相当复杂，在这个过程中，要求充当货币政策中介目标的某一金融变量同时具备上述条件是很困难的。因此，货币政策的中介目标往往不止一个，而是由几个金融变量组成中介目标体系。在该体系中，货币政策中介目标可分为两类：一类是操作目标（或操作指标），其可控性较强，在货币政策实施过程中，为中央银行提供直接的和连续的反馈信息，借以衡量货币政策的初步影响，也称近期目标；另一类是效果目标（或中介指标），其相关性较好，在货币政策实施的后期为中央银行提供进一步的反馈信息，衡量货币政策达到最终目标的效果，也称远期目标（通常作为中间目标）。

1. 操作目标

（1）超额准备金。超额准备金可以反映银行体系扩大放款和投资的能力，也是预测未来货币供应量和利率运行效果的良好“预测器”。中央银行的货币政策工具一般通过调节银行系统的超额准备金而实现对货币信贷的调控。但是，对超额准备金的调控往往受制于商业银行体系的放贷意愿和财务状况。

（2）基础货币。基础货币是流通中的现金和银行的存款准备金的总和，是中央银行可直接控制的金融变量，也是银行体系的存款扩张和货币创造的基础，与货币政策目标有密切关系，其数额的变化会影响货币供应量的增减。所以，中央银行可以通过操纵基础货币影响货币供应量，进而影响整个社会的经济活动。因此，将基础货币作为货币政策操作目标，具有重要意义。

2. 效果目标

（1）利率。利率是影响货币供应量和银行信贷规模，实现货币政策的重要指标。利率随中央银行直接控制再贴现率的升降而升降。在任何时候，中央银行都可以观察和掌握到市场利率水平及其结构方面的资料，并根据货币政策的需要，通过调整再贴现率或公开市场操作，调节市场利率，影响消费和投资，进而调节总供求，达到宏观调控的目的。其优点在于：第一，可控性强。中央银行可直接控制再贴现率，而通过公开市场业务或再贴现政策，能调节市场利率的走向。第二，可测性强。中央银行在任何时候都能观察到市场利率的水平及结构，可随时收集这些利率的资料并进行分析。第三，相关性强。市场利率作为经济的一个内在因素，总是随社会经济的发展状况而运转，即当经济处于萧条阶段时，利率呈下降趋势；当经济转向复苏以至高涨时，利率则趋向上升。

然而，利率作为货币政策中介目标也存在一定的问题，因为利率同时是经济内生变量。当经济繁荣时，利率会因为资金需求增加而上升；如果货币当局为了抑制过热的需求，采用紧缩政策，则利率也的确会上升，但这种上升究竟是经济过程本身推动的还是外部政策造成的，难以区分。此时中央银行就不易判断政策操作是否达到了预期的目的。

（2）货币供应量。这是以弗里德曼为代表的现代货币主义者所推崇的货币政策中介目标。20 世纪 70 年代中期以来，各国中央银行纷纷将货币政策中介目标由利率改为货币供应量。把货币供应量作为货币政策中介目标的理由是：首先，就可测性而言，该指标随时都会被反映在中央银行和商业银行及其他金融机构的资产负债表内，分别表现为中央银行的负债和商业银行及其他金融机构的负债，可以进行量的测算和分析。其次，就可控性而言，按照界定，货币供应量一般由通货和各种存款货币构成。通货直接由中央银行发行并进入流通，其可控性最强，而各种存款货币则是商业银行和其他金融机构的负债，中央银行通过控制基础货币可以间接地进行控制。最后，就其相关性而言，一定时期的货币供应量代表了当时社会的有效需求量和整个社会的购买力，直接影响着货币政策最终目标的实现。因此，货币供应量与货币政策最终目标之间存在着密切的联系。

但是也有一些学者认为，货币供应量不是理想的货币政策中介目标，因为货币供应量也要受一些非政策因素的影响，如公众持有现金的比例的变化、不同层次间货币量的变化、非银行金融机构的信用活动、财政政策的变化等都会对货币供应量产生影响，从而使中央银行难以准确地控制货币供应量。

第二节 货币政策工具

货币政策工具（monetary policy tool）是中央银行为实现货币政策目标而使用的各种策略手段。在长期的发展过程中，西方各国中央银行产生了一套系统的货币政策工具，主要可分为一般性货币政策工具、选择性货币政策工具和其他货币政策工具三类。

一、一般性货币政策工具

一般性货币政策工具是指对货币供给总量或信用总量进行调节，并且经常使用，具有传统性质的货币政策工具。一般性货币政策工具主要包括法定存款准备金政策、再贴现政策和公开市场业务，俗称“三大法宝”。

（一）法定存款准备金政策

法定存款准备金比率是金融机构按规定向中央银行缴纳的存款准备金占其存款总额的比率。当中央银行提高法定存款准备金比率时，商业银行提供放款及创造信用的能力就下降了。因为法定存款准备金比率提高，货币乘数就变小，从而降低了整个商业银行体系创造信用、扩大信用规模的能力，其结果是银根偏紧，货币供应量减少，利率提高，投资及社会支出都相应缩减；反之则相反。

由于货币乘数的作用，法定存款准备金政策冲击力太大，在商业银行一般只保留少量超额准备金的情况下，容易导致银行资金周转严重不灵，经营陷入困境。人们通常认为这一政策工具效果过于猛烈，它的调整会在很大程度上影响整个经济和社会的心理预期。正因为它力度大、反应快，所以也存在明显的局限性：①对经济的震动太大，不宜轻易使用作为中央银行日常调控的工具；②法定存款准备金对各类银行和不同种类存款的影响不一致，如提高法定存款准备金，可能使超额准备金率低的银行立即陷入流动性困境，从而往往迫使中央银行通过公开市场业务或贴现窗口向其提供流动性支持。

（二）再贴现政策

再贴现政策是指中央银行通过正确制定和调整再贴现率来影响市场利率和投资成本，从而调节货币供给量的一种货币政策工具。

再贴现政策在一些国家之所以广泛得以运用，主要是因为通过它能发挥五个作用：①融资。这一作用与中央银行的再贷款具有形式上的相通性和本质上的区别性。再贷款只是中央银行的一种金融直接调控的手段，而再贴现则是一种重要的货币政策工具。②货币政策告示。因为再贴现政策的核心是调整再贴现率。中央银行一旦调整再贴现率，实际上是向商业银行和社会公众公布其货币政策的取向，从而改变商业银行的信用量，使货币供应量发生变化，进而影响市场利率的升降。③宏观间接调控。一方面，中央银行可以控制再贴现总量，同时可适时调节再贴现率，产生控制货币供应总量和调节利率水平的双重效应。另一方面，中央银行通过调整再贴现率，促使金融机构紧缩或扩张信贷，最终影响市场利率水平发生变化。④激励商业信用票据化。中央银行通过开办再贴现业务，提供最终信用，使金融机构能够通过再贴现随时取得资金而提高办理票据贴现的积极性；票据贴现市场的发展，又会激励企业经营活动的票据化。⑤加速资金周转。按我国规定，贴现期一般为 4 个月，同银行其他贷款相比，再贴现期限明显较短，这样就可减少信贷资金占用，提高信贷资产使用效率。

再贴现政策的最大优点是中央银行可利用它来履行最后贷款人的职责，通过再贴现率的变动影响货币供给量、短期利率及商业银行的资金成本和超额准备金，达到中央银行既调节货币总量又调节信贷结构的政策意向。

再贴现政策的缺点在于：①中央银行固然能够调整再贴现率，但借款与否和借款多少的决定权在商业银行，所以这一政策难以真正反映中央银行的货币政策意向。②当中央银行把再贴现率定在一个特定水平上时，市场利率与再贴现率中间的利差将随市场利率的变化而发生较大的波动，它可能导致再贴现贷款规模甚至货币供给量发生非政策意图的波动。③相对于法定存款准备金政策来说，再贴现率虽然比较易于调整，但调整频繁会引起市场利率的经常波动，从而影响商业银行的经营预期。

（三）公开市场业务

1. 公开市场业务的含义及特点

所谓公开市场，是指各类有价证券（包括政府债券、中央银行证券或私人票据等）自由议价，其交易量和交易价格都必须公开显示的市场。公开市场业务（或公开市场操作）则是指中央银行利用在公开市场上买卖有价证券的方法，向金融系统投入或撤走准备金，用来调节信用规模、货币供给量和利率以实现其金融控制和调节的活动。其传递机制是：当货币管理当局从任何有价证券持有者手中购进有价证券的时候，货币管理当局签发支票支付价款，证券出卖人将支票拿到自己的开户银行，开户银行收到这张支票后将它送交货币管理当局请求支付，货币管理当局承兑这张支票，并在证券出卖人开户银行在货币管理当局的准备金账户上增记支票金额。这时，证券出卖人开户银行的准备金增加了，而其他账户的准备金并不减少，结果是准备金总额增加（表现为超额储备增加即基础货币增加），从而货币供给量增加了。当货币管理当局抛售有价证券的时候，情况则恰恰相反。

公开市场业务有以下特点：一是公开性。中央银行在公开市场上买卖各类有价证券，是根据市场原则，通过与众多交易对手竞价交易进行的。这既为商业银行平等竞争创造了条件，也有利于消除幕后交易。二是灵活性。中央银行在公开市场上可灵活地选择买卖的时间和数量，这有利于中央银行根据经济发展形势、货币市场利率走向、资金稀缺程度的观测及货币政策的需要随时操作。三是主动性。中央银行在公开市场上始终处于主动地位，即它可根据一定时期货币政策的要求和该时期银根的松紧情况，主动招标和买卖政府债券，所以它日益受到货币当局的青睐，成为最常用的调控手段。四是直接性。即公开市场操作直接性强，中央银行的有价证券买卖可直接影响商业银行的准备金状况，从而直接影响市场货币供给量。

2. 公开市场业务的优缺点

同前两种货币政策工具相比，公开市场业务具有明显的优越性：运用公开市场业务操作的主动权在中央银行，可以经常性、连续性地操作，并且具有较强的弹性；公开市场业务的操作可灵活安排，可以用较小规模进行微调，不至于对经济产生过于猛烈的冲击；通过公开市场业务，促使货币政策和财政政策有效结合和配合使用。当然，公开市场业务也有其局限性：一是需要以发达的金融市场作为背景，如果市场发育程度不够，交易工具太少，则会制约公开市场业务操作的效果；二是必须有其他政策工具的配合，可以设想，如果没有法定存款准备金制度，这一工具是无法发挥作用的。

二、选择性货币政策工具

三大货币政策工具主要是对信用总量的调节，以控制全社会的货币供应量为目的，属于一般性的总量调节。选择性货币政策工具和其他货币政策工具是中央银行针对个别部门、企业、领域或特殊用途的信用而采用的政策工具。它们主要包括证券市场信用控制、消费信用控制、不动产信用控制及直接信用控制和间接信用控制等。

（一）证券市场信用控制

证券市场信用控制是指中央银行对涉及证券交易的信贷活动加以控制。通过规定贷款额所占证券交易额的百分比，来调节或限制对证券市场的活跃程度。在操作中，这种控制是对以信用方式购买股票和有价证券的贷款比率实施限制，也称为证券交易的法定保证金比率控制。

（二）消费信用控制

消费信用控制是指中央银行对不动产以外的各种耐用消费品的销售融资予以控制。这种控制措施的主要内容包括：规定用消费信贷购买各种耐用消费品时的首期付款额、分期付款的最长期限及适合于消费信贷的耐用消费品的种类等。当中央银行提高首期付款额时，就等于降低了最大限度放款额，势必减少社会对此种商品的需求；而缩短偿还期就增大了每期支付额，也会减少对此类商品和贷款的需求。若要刺激消费信用，则降低首期付款额或延长偿还期。

（三）不动产信用控制

不动产信用控制是指中央银行对商业银行或其他金融机构发放不动产贷款的额度和分期付款的期限等规定的各种限制性措施。主要包括：规定商业银行不动产贷款的最高限额、最长期限、第一次付款的最低金额、逐次分期还款的最低金额等。其目的在于阻止因房地产及其他不动产交易的投机性导致的信用膨胀。

此外，还有预交进口保证金、优惠利率等措施。预交进口保证金是类似于证券保证金的做法，即中央银行要求进口商预交相当于进口商品总值一定比例的存款，以抑制进口的过快增长。预交进口保证金多为国际收支经常出现赤字的国家采用。优惠利率则是中央银行对国家重点发展的经济部门或产业，如出口工业、农业等，所采取的鼓励措施。优惠利率不仅在发展中国家多有采用，发达国家也普遍采用。

三、其他货币政策工具

（一）直接信用控制

所谓直接信用控制，是指中央银行根据有关法令，对银行系统创造信用的活动施以各种直接的干预。主要的干预措施有信用分配、利率最高限制、流动性比率等。

1. 信用分配

信用分配是指中央银行根据金融市场的状况和客观经济形势，权衡经济需要的轻重缓急，对银行业的信用加以分配，限制其最高数量。信用分配一般发生在发展中国家或发达国家的某些特别时期，如战争时期。由于这些时期投资需求多，资金来源有限，不得不对信用采取直接分配的办法。例如，制定一国的产业政策，规定优先提供资金的顺序；或者按资金需求的缓急，将有限的资金分配到最需要的部门；有的国家和地区还采取设立专项信贷基金的办法，保证某种建设项目的需要。

2. 利率最高限制

利率最高限制是指中央银行规定商业银行和储蓄机构对定期及储蓄存款所能支付的最高利率，目的在于防止银行用抬高利率的办法吸收存款。利率最高限制的典型代表是美联储从 1934 年到 1980 年实施的“Q 项条例”，该条例规定了银行各类存款的最高利率。利率最高限制的规定有利于防止金融机构之间为争夺存款过度竞争，避免因资金成本过高而使银行风险增大。但是，它本质上属于价格管制，存在着不利于公平竞争、保护落后的弊端，而且在通货膨胀的情况下，它容易导致存款流出银行体系。因此，市场经济成熟的国家已经放弃了利率最高限制的手段。

3. 流动性比率

流动性比率是中央银行为了保障商业银行的支付能力，规定流动资产对存款或总资产的比率。提高流动性比率会降低贷款比重，从而抑制银行信用扩张的能力。

（二）间接信用控制

间接信用控制是指中央银行采用的非直接控制方法，主要有窗口指导、道义劝告、金融检查等。

1. 窗口指导

窗口指导的主要内容是：中央银行根据市场行情、物价走势、金融市场的动向、货币政策要求及前一年度同期贷款的情况等，规定商业银行每季度贷款的增减额，以指导的方式要求其执行。有时，窗口指导也指导贷款的使用方向，保证经济优先发展部门的资金需要。如果商业银行不按规定的增减额对产业部门贷款，中央银行可削减向该行贷款的额度，甚至采取停止提供信用等制裁措施。窗口指导自身虽然不具有法律约束力，但因为中央银行对不接受指导者可以采取相应的制裁措施，所以对于金融机构还是具有较大的约束力。

2. 道义劝告

道义劝告是指中央银行运用自己在金融体系中的特殊地位和威望，通过对商业银行及其他金融机构的劝告，以影响其放款的数量和投资的方向，达到控制信用的目的。例如，在房地产与证券市场投机盛行时，要求商业银行减少对这两个市场的信贷等。道义劝告的政策效果表现在：可以避免强制性信用控制所带来的逆反心理，有利于加强中央银行与商业银行及各金融机构间的长期密切合作关系。但它不具有法律效力，因而不是强有力的控制手段。

道义劝告和窗口指导的优点是较为灵活。但要发挥政策工具的作用，中央银行必须在金融体系中具有较强的地位、较高的威望和拥有最终控制信用的足够的权力和手段。

3. 金融检查

金融检查是指中央银行利用自己“银行的银行”的身份不定期地对商业银行和其他金融机构的业务经营情况进行检查，看其是否符合法律规定，并将检查结果予以公开，以监督商业银行的金融活动。

总之，中央银行的货币政策运行机制是从货币政策中介目标发挥作用，最后达到既定的货币政策目标，如图 13-3 所示。

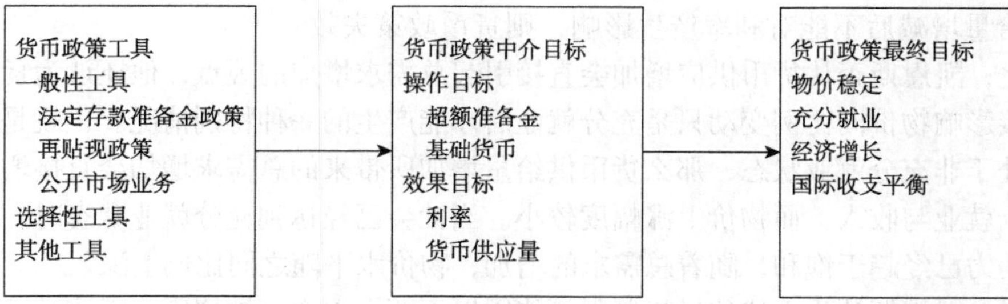

图 13-3 中央银行的货币政策运行机制

第三节 货币政策传导机制

货币政策目标确定之后，中央银行操作适当的政策工具调控货币供给，通过经济体制内的各种经济变量，影响到整个社会的经济活动，进而实现既定的货币政策目标。这个由货币政策工具启动到货币政策目标实现的传导运行过程，就是货币政策的传导机制。这一过程并不是简单的传导，而是一个复杂的系统工程。关于货币政策的传导机制，西方经济学界存在着一定的分歧。下面介绍三种主要的传导机制理论。

一、凯恩斯货币政策传导机制

现代经济学家对货币政策传导机制的研究是从凯恩斯开始的。凯恩斯在 1936 年出版的《就业、利息与货币通论》一书中，提出了货币政策经由利率及有效需求影响社会经济活动的货币政策传导机制理论。

凯恩斯把货币政策传导过程分为两个领域，即金融（货币）领域和实物（商品）领域。在金融领域只有两种资产，即货币和债券。前者有十足的流动性而无收益，后者的流动性不如前者但有利息收益。在实物领域，社会的总收入与社会的总支出达到均衡。货币政策工具的启动先打破和重建金融领域的均衡，通过利率的变化进而打破和重建实物领域的均衡，最终达到货币政策的最终目标。他的具体思路是当中央银行采取扩张性的货币政策时，一方面，新增加的货币弥补了财政支出过大所造成的赤字，直接扩大了社会总需求；另一方面，货币供应量（M）的增加，会在一定程度上引起利率（r）的下降和投资（I）的增加，再通过乘数效应，直接增加社会实际产出和名义收入（Y），扩大社会就业量。用符号概括表示，则为

$$M \to r \to I \to E \to Y$$

上述表达式中，M 表示货币供给量；r 表示利率；I 表示投资；E 表示社会实际产出；Y 表示国民收入。

凯恩斯认为货币政策作用的大小主要取决于三个因素：①货币需求的利率弹性；②投资支出的利率弹性，即利率降低一定量时，投资将增加若干；③投资乘数，即投资增加一个特定量时总的有效需求将增加若干量。在传导机制中，利率是核心，如果

货币供给量增减后不能对利率产生影响，则货币政策失效。

总之，凯恩斯否认货币供应增加会直接引起总需求增加的观点，他还认为货币数量变动直接影响物价同比例变动只是充分就业后才能产生的一种特别情况。也就是说，如果社会处于非充分就业状态，那么货币供给量增加所带来的总需求增加会直接增加社会的产量、就业与收入，而物价上涨幅度较小。当社会已经达到充分就业状态时，生产资源与劳动力已经趋于饱和，随着总需求的增加，物价水平随之同比例上涨。

不过，凯恩斯认为上述传导机制很可能因以下两个因素而被堵塞：①流动性陷阱的出现，即当利率降低到不可再降低的地步时，任何货币量的增加，都会被经济单位所吸收，因而对总体需求所得及物价均不产生任何影响。②当投资的利率弹性非常低时，利率的下降就不会对投资量有显著的刺激作用。如果投资量增加不大，则投资乘数也不会大，从而使货币政策的传导机制中断。

上述分析，只显示了货币领域对实物领域的初始作用，而没有注意到这两个领域之间循环往复的反馈作用，因此，人们称之为局部均衡分析。凯恩斯以后的凯恩斯主义者对局部均衡分析进行了补充和发展，人们称之为一般均衡分析。其基本观点是：当中央银行采取放松的货币政策而致使货币供给量增加时，在总需求不变的情况下，利率会相应地下降，下降的利率会刺激投资，引起总支出与总收入相应增加。但利率下降后，降低了存款人的存款意愿，可使借贷资金减少或不变，与此同时，实物领域中由于收入的增加又提出了更多的货币需求，货币需求量超过了货币供给量，造成下降的利率又重新回升，这是实物领域对金融领域的作用。接着，上升的利率又促使货币需求下降，利率再次回落，循环往复，最终达到一个均衡点。这个点同时满足了金融领域与实物领域两个方面的均衡要求。

二、后凯恩斯学派货币政策传导机制

（一）托宾的 q 理论

詹姆斯·托宾根据经济学家关于货币政策通过对普通股票价格的影响也能影响投资的思想，发展了一种有关股票价格和投资支出相互关联的 q 理论。按照托宾的定义：

$$q=\frac{\text{企业真实资本的市场价值}}{\text{资本的重置成本}}$$

当 $q>1$ 时，即股票的市场价值超过了重置成本，有利于上市公司通过发行股票筹措资金。换言之，当货币供给增加时，人们将发现他们所持有的货币比他们所需要持有的多，于是会增加支出，而增加支出的一种方式是购买股票。股票购买需求增大，会抬升股票价格，从而 q 值增大，上市公司投资增加。总之，托宾的 q 理论可以归纳如下

$$M\uparrow\Rightarrow P_{\text{股票}}\uparrow\Rightarrow q\uparrow\Rightarrow I\uparrow\Rightarrow Y\uparrow$$

托宾的 q 理论还可以用于分析一国股票市场价格是否合理，即是否有很大的泡沫。如果 q 值过高，那么 q 值复归的可能性很大，这也就意味着股票价格回落的机会很大。

（二）米什金的货币政策传导机制

米什金（Mishkin）认为，货币增加导致个人财富增加时，不一定会增加支出，特别是增加耐用消费品的支出，因为当他需要流动性资金的时候，就只有卖掉耐用消费品，那他就很容易遭受损失。相反，如果他拥有金融资产，由于金融资产流动性强，当他需要货币的时候，他可以卖掉手中的金融资产。因此，当个人财富增加时，金融资产持有增加，个人发生财务危机的可能性下降。在这样的前提下，消费者会增加耐用消费品和住房的支出，从而导致全社会总收入的增加。用符号来表示：

$$M\uparrow \Rightarrow V\uparrow \Rightarrow D\downarrow \Rightarrow C\uparrow \Rightarrow Y\uparrow$$

这里，V 代表金融资产价值；D 代表财务危机的可能性；C 代表耐用消费品和住房的消费支出。

三、货币学派货币政策传导机制

为了说明货币供给、物价、收入、利率等经济变量之间的关系，弗里德曼提出了一个高度简化的模型，在此基础上，弗里德曼探讨了货币政策的传导机制。

弗里德曼在货币分析的理论模型中省略了外贸部门，也省略了政府的财政收支，把分析的重点放在国民收入在消费与投资间的分配，以及货币供给与货币需求的调整上。弗里德曼的理论模型为

$$\frac{C}{P}=f\left(\frac{Y}{P},r\right) \tag{13-1}$$

$$\frac{I}{P}=g(r) \tag{13-2}$$

$$\frac{Y}{P}=\frac{C}{P}+\frac{I}{P} \tag{13-3}$$

$$M_{\mathrm{d}}=P\cdot l\left(\frac{Y}{P},r\right) \tag{13-4}$$

$$M_{\mathrm{s}}=h(r) \tag{13-5}$$

$$M_{\mathrm{d}}=M_{\mathrm{s}} \tag{13-6}$$

这里，Y 为名义国民收入；P 为物价指数；r 为利息率；C 为消费；I 为投资；M_{d} 为货币需求；M_{s} 为货币供给。

其中，式（13-1）为消费函数，是表明实际消费为真实收入与利率的函数；式（13-2）为投资函数，是表明实际投资是利率的函数；式（13-3）为收入恒等式，即收入等于投资加上消费，同时表示商品市场均衡，即储蓄等于投资；式（13-4）为名义货币需求函数，表明实际货币持有额是真实收入和利率的函数；式（13-5）为名义货币供给函数，它表示货币供给是利率的函数；式（13-6）是货币市场均衡条件。

式（13-1）、式（13-2）、式（13-3）描述了储蓄与投资的调节——流量调节，即储蓄

量和投资量将随国民收入和利率的变化而变化，当储蓄等于投资时，产品市场均衡情况下的国民收入将被决定。式（13-4）、式（13-5）、式（13-6）描述了货币供求的调节——存量调节，即通过国民收入和利率而使货币市场均衡，并决定货币市场均衡情况下的国民收入。

上述六个方程中共有七个未知数：C、I、Y、r、P、M_d和M_s，因此，这七个变量中的某一个必须由此方程组以外的因素来决定。弗里德曼认为，由此方程组以外的因素来决定的变量为实际收入y，即

$$\frac{Y}{P}=y \tag{13-7}$$

将式（13-1）、式（13-2）及式（13-7）代入式（13-3），得

$$P\cdot l\left(\frac{Y}{P},r\right)=M \tag{13-8}$$

y为外生决定，因此式（13-8）可以决定r值。当r值决定后，M_s可以决定，即因M_d=M_s，则

$$P\cdot l(y,r)=M_s \tag{13-9}$$

式（13-10）中M_s、y和r都是已经决定了的，因此P也可以通过式（13-10）求出。这样，由式（13-1）、式（13-2）、式（13-3）、式（13-4）、式（13-5）、式（13-6）组成的方程组加上式（13-7），就得到了关于七个变量的七个方程所组成的联立方程，这七个变量可以同时决定。将方程两边同时除以y，则

$$P\frac{l(y,r)}{y}=\frac{M_s}{y} \tag{13-10}$$

从而得货币流通速度（V）的倒数，即

$$\frac{l(y,r)}{y}=\frac{1}{V} \tag{13-11}$$

因此式（13-10）与式（13-11）的内容与含义是相同的。如果式（13-10）的函数是稳定的，P就是M_s的正函数。式（13-11）中，如果V和y是既定的，P与M就成正比例变动。因此，要保持P长期稳定，只需M_s的变化率与y的变化率一致，而后控制V就行了。如果V是长期稳定的，为了保证P的长期稳定，就必须控制货币供给M_s的变化率并使其与y的变化率相一致。

弗里德曼虽然没有假定货币流通速度是不变的，却认为货币流通速度在短期内随经济的繁荣和萧条而波动，但长期内还是十分稳定的，特别当用永恒收入替代年度收入之后，货币流通速度更为稳定。

弗里德曼认为，货币需求函数是稳定的。他认为，物价或者由实际货币需求变动引起，或者由现实持有的货币余额即名义货币供给变动引起。货币供给常常偏离货币需求，因此，物价变动是货币供给变动的结果。

名义货币供给即货币量影响经济的传导机制是什么呢？弗里德曼认为，当货币数量增加时，因为货币需求函数中的变量都没有发生变化，所以，实际货币需求量不变。因此，人们所持有的名义货币余额较其所希望持有的货币余额多。这时，人们就会将其所

持有的多余的货币与其他资产交换，即人们将通过购买债券、股票和实物资产，而将多余的货币支付给别人。若人人采取同一行动，就将提高资产的价格，利率下降，于是刺激投资，增加产量和收入，因而人人增大其支出，致使物价上涨。直到货币供给量的实际价值降低，与人们的实际货币需求相一致时，均衡才恢复。

简言之，货币学派的货币作用机制是货币供给增加→人们的支出增加→收入增加→物价上升，即 $M \rightarrow E \rightarrow Y \rightarrow P$。

第四节　货币政策效应

货币政策效应（monetary policy effect）是指中央银行操作货币政策工具，通过货币政策的传导机制作用于总支出，最后实现货币政策最终目标所取得的效果。西方国家对货币政策效应的理论探讨主要是看货币政策能否影响产出，也就是货币是否中性的问题。衡量货币政策效应，一是看效应发挥的快慢；二是看发挥效力的大小。因为影响货币政策效应的因素很多，所以，孤立地判断某一货币政策的效应几乎不可能，必须通过分析较长时期的时间序列数据，才能得出货币政策是否有效的总体判断。

一、影响货币政策效应的主要因素

（一）货币政策时滞

货币政策时滞是指货币政策工具操作经过操作目标和远期中介目标的传导，作用于社会总支出，达到货币政策最终目标的这段时间。货币政策时滞分为内部时滞和外部时滞。

1. 内部时滞

内部时滞是指从政策制定到货币当局采取行动的这段时间。它包括两个阶段：①认识时滞，即从经济形势发生变化需要货币当局采取行动到货币当局认识到这种需要的时间距离；②行动时滞，即从货币当局认识到需要采取行动到实际采取行动的这段时间。显然，内部时滞的长短取决于货币当局对经济形势发展的预见能力、制定对策的效率和行动的决心等诸方面。

2. 外部时滞

外部时滞是指从货币当局采取行动开始直到对政策目标产生影响为止的这段时间，又称为影响时滞。不论是货币供应量还是利率，它们的变动都不会立即影响到政策目标。比如，企业是扩大还是缩减投资，要决策，要制订计划，然后付诸实施。因此，外部时滞主要由客观的经济和金融条件决定。

货币政策时滞是影响货币政策效应的重要因素。货币政策时滞越长，货币政策的效果越难预料。假定政策的大部分效应需要较长的时间，在这段时间内，经济形势可能已经发生了很多变化，此时很难证明货币政策的预期效应是否已实现。

（二）货币流通速度

对货币政策有效性的另一主要限制因素是货币流通速度。假设按照货币当局的预期，国内生产总值将增长 15%；根据以前年份有关数据的实证分析，只要包括货币流通速度在内的其他条件不变，货币供给的等比增加即可满足国内生产总值增长对货币的追加需求。但如果货币流通速度在预测的期间加快了 10%，不考虑其他条件的变化，货币供给则只需增加较少的比例就足够了。如果货币当局没能预见到货币流通速度的这种变化，而是按原来的流通速度进行决策，增加货币供给 15%，那么新增的货币供给量则必将成为助长经济过热的因素。所以，对于货币流通速度一个相当小的变动，如果政策制定者未能预料到或预计出现小的偏差，都可能使货币政策效果受到严重影响，甚至有可能使本来正确的政策走向反面。

然而，在实践中，对货币流通速度变动的估算，很难做到不发生误差，因为影响它发生变动的因素太多。这当然也就限制了货币政策的有效性。

（三）微观主体预期的对消作用

对货币政策有效性产生影响的另一个重要因素是微观主体的预期。一项货币政策的提出，往往会使各种微观经济主体根据预测货币政策的后果很快地做出对策，其中极少有时滞。卢卡斯提出的理性预期理论说明，如果货币当局的政策被微观经济主体完全预期到，货币政策可能归于无效。例如，货币当局拟采取长期的扩张政策，人们通过各种信息预期到社会总需求会增加，物价会上涨。在这种情况下，工人会通过工会与雇主谈判，要求提高工资；企业因预期工资成本增大而不愿扩展经营，最后的结果是只有物价的上涨而没有产出的增长。根据理性预期理论，只有在货币政策的取向和力度没有或没有完全被公众知道的情况下，才能生效或达到预期效果。但是，这种可能性不大。货币当局不可能长期不让社会知道它将要采取的政策；即使采取非常规的货币政策，不久之后也会暴露在人们的预期之内。假如货币当局长期采取非常规的货币政策，就将导致微观经济主体做出错误判断，并会使经济陷入混乱之中。但实际的情况是，公众的预测即使是非常准确的，实施对策即使很快，其效应的发挥也要有个过程。也就是说，货币政策仍可奏效，但公众的预期行为会使其效应打很大的折扣。

（四）经济结构差异与政治因素

一方面，经济结构差异会影响货币政策的效果。经济结构差异包含宏观层面上产业结构在利率敏感度上的差异，也包含微观层面上企业规模的差异。由于宏观结构与微观结构的差异化，真实经济部门对于货币政策吸收存在不充分性，从宏观结构上看，不同的实体部门构成对货币政策的敏感程度不同，货币政策敏感部门在不同区域所占的份额不同，这会引起对于同一货币政策的不同区域反应。比如，制造业、建筑业等对利率较敏感的行业占比更高的区域受到紧缩作用的可能更大。从微观结构上看，一个紧缩性货币政策降低了资本金和实物资产的价格，通过收入效应增加了负债者的收入，减少了那些债权人的收入，从而影响居民的消费行为。

另一方面，政治因素对货币政策效果的影响也是巨大的。由于任何一项货币政策方案的贯彻都可能给不同阶层、集团、部门或地方的利益带来一定的影响，这些主体如果在自己利益受损时做出较强烈的反应，就会形成一定的政治压力。当这些政治压力足够有力时，就会迫使货币政策进行调整。在西方国家，突出的表现是政治性经济周期对货币政策的影响。为了获得选票，执政党在大选之前力图刺激经济，以促进经济高增长和低失业，新政府则一般在大选后采取收缩政策，使国民经济平稳下来，因为政府与中央银行的目标存在矛盾，所以，货币政策的效应必然受政治性经济周期的影响。在发展中国家，突出表现为政府追求高增长目标对货币政策的影响。发展中国家财政收入状况不好，资金短缺，在高增长目标的推动下，政府往往通过各种方式，公开或隐蔽地从中央银行融资，给中央银行控制通货膨胀带来极大的压力，有时候还可能导致通货膨胀失去控制。

二、货币政策效应的衡量

衡量货币政策效应，一是看效应发挥的快慢，前面关于货币政策时滞的分析已经涉及；二是看发挥效力的大小，这是更主要的方面。

对货币政策数量效应大小的判断，一般着眼于实施的货币政策所取得的效果与预期所要达到的目标之间的差距。以评估紧缩政策为例，如果通货膨胀是由社会总需求大于社会总供给造成的，而货币政策正是以纠正供求失衡为目标的，那么这项紧缩性货币政策效应的大小甚至是否有效，就可以从这样几个方面考察。

（1）如果通过货币政策的实施，紧缩了货币供给，并平抑了价格水平的上涨，或者促使价格水平回落，同时又不影响产出或供给的增长率，那么可以说这项紧缩性货币政策的有效性最大。

（2）如果通过货币供应量的紧缩，在平抑价格水平上涨或促使价格水平回落的同时，抑制了产出数量的增长，那么货币紧缩政策有效性的大小则要视价格水平变动率与产出变动率的对比而定。若产出数量虽有减少，但减少规模还不算大，而抑制价格水平的目标接近实现，可视为货币紧缩政策的有效性较大；若产出数量的减少非常明显，而抑制价格水平目标的实现并不理想，则货币紧缩的有效性就较小。

（3）如果货币紧缩政策无力平抑价格上涨或促使价格回落，却抑制了产出数量的增长甚至使产出数量的增长为负，则可以说货币紧缩政策是无效的。

当然，衡量其他类型的货币政策效应，也可采用类似的思路。货币政策存在时滞，而且在现实生活中，宏观经济目标的实现往往有赖于多种政策，如收入政策、价格政策等的配套进行，因此，要准确地评估某一项货币政策操作的效应极其困难。

第五节 中国货币政策的实践

改革开放之前我国并不存在商业银行、金融市场，也就不存在真正意义上的货币政策，即中国人民银行这一阶段所执行的货币政策只是计划经济“机器”中的一个组成“部件”——信贷资金计划，政策目标是财政、信贷、外汇、物资四大平衡。20 世纪 80 年代中国经济处于计划经济时代，随着 90 年代中国从计划经济向市场经济过渡、金融宏观调控方式发生转变，才开始慢慢建立起以间接调控为主的现代金融宏观调控体系，即货币政策框架的演变发展依赖于经济发展不同阶段的需求，要与实体经济相适应。以下是我国货币政策实践的具体方面。

一、货币政策的宏观经济目标

中国现行的货币政策可以概括为保持货币币值的稳定，并以此促进经济增长。通货稳定，是经济发展的前提条件，如果货币投放过多，出现严重通货膨胀，市场物价就难以控制，人民生活难以安定，国民经济就难以稳定增长，同时，经济发展为稳定通货提供了物质基础，稳定货币不是消极的方针，而是积极的方针，只有通过积极支持生产建设的合理资金需要，增加市场适销对路商品的供给，货币稳定才有可靠的物质基础。

二、货币政策的中介目标和操作目标

在 1984 年中国人民银行正式专门行使中央银行职能之前，如果说货币政策有中介目标与操作目标的话，那么就是信贷规模（也称贷款限额）和现金发行量，其间（1979～1984 年）还用过存贷差额。1984 年以后，中国人民银行对金融机构的贷款（即再贷款）实际上被纳入操作目标，并且地位逐渐上升。我国在 1998 年正式将货币供给量确定为货币政策中介目标，然而近年的调控实践表明，在初期阶段其可控性、可测性与最终目标相关性等方面的表现较好，而后随着时间推移逐渐表现越来越差，甚至完全不符合作为货币政策中介目标的资格。在可测性上，近年来金融创新产品，如各种银行理财产品、余额宝等不断涌现，而这种属于准货币形态的资产没有包括在我国货币供给量统计口径中。为扩大货币供给统计口径，2011 年，中国人民银行提出社会融资规模概念。在可控性方面，社会融资规模与中国证监会、银监会、保监会、国家发展和改革委员会及市场上的银行间协会等许多部门有关，这样就导致中国人民银行货币政策实施的独立性受到制约；在可测性方面，民间借贷作为我国社会融资规模结构特有的一种形式且规模不容忽视，没有纳入社会融资规模中，另外，即将纳入其中的互联网金融本身就不具备可测性；在相关性方面，社会融资规模的不同组成部分与实体经济之间的关联程度不同，如银行信贷对金融机构、企业的资产负债表的影响较大，但是对债券、股票等的影响明显较小。

三、货币政策工具

长期以来，信贷计划、现金计划一直是我国货币政策的基本工具，但自改革开放尤其是 1984 年以来，法定存贷款利率、基准利率、法定存款准备金率、存款备付金率、再贷款、再贴现、特种存款、公开市场操作也先后成为货币政策工具，并且发挥着越来越重要的作用。1995 年《中华人民共和国中国人民银行法》中规定中国人民银行为执行货币政策，可以运用下列货币政策工具：①要求金融机构按照规定的比例交存存款准备金；②确定中央银行基准利率；③为在中国人民银行开立账户的金融机构办理再贴现；④向商业银行提供贷款；⑤在公开市场上买卖国债和其他政府债券及外汇；⑥国务院确定的其他货币政策工具。1998 年，中国人民银行的货币调控方式向市场化又迈出了关键的一步。从这一年开始，中国人民银行取消对商业银行的信贷规模控制，商业银行实行资产负债管理。

近年来，我国根据经济社会发展需要，中国人民银行陆续推出了短期流动性调节（short-term liquidity operations，SLO）、常备借贷便利（standing lending facility，SLF）、中期借贷便利（medium-term lending facility，MLF）、抵押补充贷款（pledged supplementary lending，PSL）等创新型货币政策工具，这几种工具的详细情况见表 13-1。

表 13-1　中国人民银行创新型货币政策工具

创新型货币政策工具	开始时间	操作期限	特点	不足
短期流动性调节	2013 年	7 天内超短期的逆回购	时间安排灵活，中国人民银行可以根据市场变化灵活地进行选择，进一步解决市场流动性难题	操作公告公布的时间存在滞后，对市场的长期利率调节没有很好的作用
常备借贷便利	2013 年	1～3 个月	主要是由金融机构发起的，金融机构与中国人民银行之间的针对性较强，交易者的覆盖面较广	中国人民银行处于被动地位，同时，操作信息不能及时公布出来
中期借贷便利	2014 年	3 个月	主要在“三农”及小微企业中发挥中期利率的作用，支持特定的经济实体	只针对中期利率，对短期和长期利率没有效果
补充抵押贷款	2014 年	3 年以上	成本较低，期限较长，具有政策支持意图，为特定的基础项目提供资金支持	所支持的金融机构有限，可抵押资产种类受限，信息不透明

另外，从发展历程来看，20 世纪 80 年代后我国货币政策框架大体上经历了两个阶段。

第一阶段：信贷规模管理阶段。这一阶段中国经济总体处于有计划的商品经济体制框架中。中国的经济体制与改革战略开始发生变化，货币政策框架随之调整，一是与政府放权让利的改革思路相符，金融机构自主性特别是在信贷管理方面的自主性开始逐渐扩大；二是资源配置机制也由计划向市场转变，如银行间同业拆借市场、债券市场、股票市场等陆续建立。这些改变为我国货币政策由直接调控向间接调控奠定了基础。

第二阶段：间接调控信贷总量阶段。1998 年正式确定基础货币数量作为货币政策中介目标后便开始了间接调控。一方面，市场经济体制基本建立、微观经济主体市场性地位的提升，货币政策工具使用更加多样性；另一方面，利率市场化改革与汇率市场化改革有序推进，金融市场加快建设、稳步推进，以间接调控方式为主的货币政策框架逐渐构建完善并发挥效力。

下表 13-2 总结概括了我国货币政策的目标及工具随着时间阶段变化而发展不同。

表 13-2 我国货币政策目标及工具的发展

	中国人民银行体制改革前（1948～1983 年）	中国人民银行体制改革后（1984～1997 年）	近 20 年（1998 年至今）
政策工具	信贷资金计划 信贷政策 利率 行政手段	信贷现金计划 信贷政策 利率 存款准备金 再贷款、再贴现 公开市场操作 窗口指导等	信贷政策 利率 存款准备金 再贷款、再贴现 公开市场操作 窗口指导等
操作目标		贷款规模→基础货币	基础货币（关注货币市场利率）
中介目标	财政、信贷、外汇、物资四大平衡	贷款规模、货币供应量	货币供应量（关注贷款总量）
最终目标	经济发展与物价稳定	经济发展、物价稳定 ↓ 保持币值稳定并以此促进经济增长	保持币值稳定并以此促进经济增长

资料来源：张晓慧版《中国货币政策》，中国金融出版社 2012 年出版，第 63 页

从上述两个阶段的变化中可以看出，货币政策框架的转变根本上是要迎合经济体制改革的需求，随着在改革过程中我国经济主体自主性的提高与市场化程度的增强，必然要求宏观经济政策进行调整，这也就形成了我国渐进推动性改革的内在逻辑，而具体反映在货币政策方面即价格调控重要性不断增高。从我国金融体系现状来看，一个重要缺陷在于引导市场资源有效配置的基准价格（利率、汇率、无风险债券收益率曲线）尚未完全市场化，即我国金融交易一直以来都在某种程度上被扭曲的定价基准所引导，必然导致资源配置效率不高。利率作为金融市场定价的核心基准，虽然当前我国利率市场化改革基本完成，但利率市场化也不意味着任其自由发展变化，反而需要中国人民银行对利率调控更加高效。

目前我国货币政策调控主体方式已逐渐由价格型调控转化为数量型调控。事实上，早在 2008 年，时任中国人民银行行长周小川就已提到过在未来货币政策调控中中国将利用利率走廊调控短期市场利率。特别是近年来陆续推出的创新型货币政策工具，如短期流动性调节工具、中期借贷便利等，在引导短期市场利率和中期市场利率方面取得了一定成效，目前我国已经初步形成从短期到长期的利率走廊系统雏形。

当货币政策调控处于利率走廊系统中，中国人民银行设定的存贷款便利机制就会在货币市场上形成一个利率操作区间，相应的中国人民银行存贷款便利利率作为波动上下限形成一条“走廊”，依靠走廊区间来稳定市场拆借利率和银行体系流动性，在这种调

控系统内，货币市场利率最终会被控制在走廊区间内，围绕中国人民银行目标利率上下波动而不会超出界限，如图 13-4 所示。

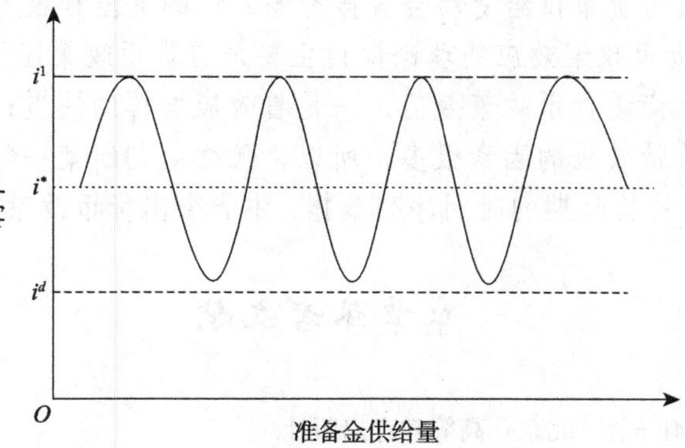

图 13-4　货币政策调控的利率走廊系统

2017 年党的十九大报告提出了健全货币政策和宏观审慎政策双支柱调控框架的要求[①]。宏观审慎政策主要是针对金融稳定和防范系统性风险，并且有逆周期调节的特点。货币政策可以进行数量调控和价格调控。价格调控听起来很好，但实际上有的时候效率也不是那么高，有时候用价格调控也达不到调控目的。所以各国在实践中，尤其是在 2008 年金融危机之后，大家越来越认识到宏观审慎政策的重要性。货币政策在数量调控和价格调控的过程中要与宏观审慎政策相互配合。如果只有货币政策工具和框架，有的时候还不足以保持稳定，因此就需要加上宏观审慎政策，来保持金融稳定和防范系统性金融风险。

本章小结

1. 货币政策是指中央银行为实现其特定的经济目标，所采用的各种控制和调节货币供应量或信用量的方针和措施的总称。它是包含政策目标、达到目标的措施、运行机制、效果衡量等一系列内容在内的一个广泛的概念。

2. 货币政策划分为两个不同的目标层次，即最终目标和中介目标。一般认为，货币政策的最终目标包括物价稳定、充分就业、经济增长和国际收支平衡。作为货币政策的中介目标必须具备三个条件，即可测性、可控性及与最终目标的相关性这“三性”原则。可以作为货币政策中介目标的金融变量可分为操作目标和效果目标。

3. 货币政策工具可分为一般性政策工具、选择性政策工具和其他补充性政策工具三类。一般性货币政策工具主要包括：法定存款准备金政策、再贴现政策和公开市场业务。选择性货币政策工具和其他货币政策工具是中央银行针对个别部门、企业、领域或特殊用途的信用而采用的政策工具。它们主要包括证券市场信用控制、消费信用控制、不动产信用控制、直接信用控制和间接信用控制等。

4. 关于货币政策的传导机制，西方经济学界存在凯恩斯学派和货币学派两种主要理

① http://money.people.com.cn/n1/2020/1021/c42877-31900946.html[2020-11-21]。

论。凯恩斯学派认为，货币政策的传导是在两个领域中进行的，即金融领域和实物领域；其传导过程共经历三个阶段；货币政策传导机制有利率、货币乘数和资产结构三种传递效应。货币学派则认为货币供给变动会直接影响人们的支出和收入水平。

5. 西方国家对货币政策效应的理论探讨主要是看货币政策能否影响产出，也就是货币是否中性的问题。衡量货币政策效应，一是看效应发挥的快慢；二是看效力发挥的大小。因为影响货币政策效应的因素很多，所以，孤立地判断某一货币政策的效应几乎不可能，必须通过分析较长时期的时间序列数据，才能得出货币政策是否有效的总体判断。

本章参考文献

曹龙骐. 2019. 金融学[M]. 6 版. 北京：高等教育出版社.
胡庆康. 2010. 现代货币银行学教程[M]. 4 版. 上海：复旦大学出版社.
米什金. 2005. 货币金融学[M]. 6 版. 刘毅，等，译. 北京：中国人民大学出版社.
沈中华. 2009. 货币银行学[M]. 武汉：武汉大学出版社.
姚长辉，吕随启. 2012. 货币银行学[M]. 4 版. 北京：北京大学出版社.
易纲，吴有昌. 1999. 货币银行学[M]. 上海：格致出版社，上海人民出版社.
殷孟波. 2012. 货币金融学[M]. 2 版. 成都：西南财经大学出版社.
朱新蓉. 2015. 货币金融学[M]. 4 版. 北京：中国金融出版社.

本章综合测试题

一、填空题

1. 货币政策的最终目标包括________、_________、经济增长和_________。

2. 我国长期奉行的货币政策目标是__________、__________。

3. 充分就业并不等于社会劳动力_______地就业，因为还存在________（劳动力不愿意接受现行的工资水平而造成的失业）。只要消除了________（劳动者愿意接受现行的工资条件和工作条件却仍然找不到工作），社会就实现了充分就业。

4. 计算失业率指标时，最大的困难就在于如何确定_______和__________这两个指标的内涵。

5. 顺差意味着该国的外汇收入_____支出，外汇收入____，而____这些外汇，必然要____国内市场的货币供应量。顺差意味着商品的输出____商品的输入，从而相对____了国内市场的商品量，____了国内市场的货币供应量。

6. 在货币政策目标体系中，______、_______始终是中央银行货币政策目标的基础。

7. 正确地选择货币政策的______，是实现货币政策最终目标的前提条件。

8. 作为货币政策的中介目标必须具备三个条件，即______、_____及与最终目标的____这“三性”原则。

9. 超额准备金可以反映银行体系扩大_______的能力，也是预测未来________和________的良好“预测器”。

10. 中央银行的货币政策工具一般通过调节银行系统的_____而实现对货币信贷的调控。

11. 基础货币是流通中的_____和银行的_____的总和，是中央银行可直接控制的金融变量，也是银行体系的_______和_______的基础，与货币政策目标有密切关系，其数额的变化会影响______的增减。

12. 利率随中央银行直接控制______的升降而升降。在任何时候，中央银行都可以观察和掌握到市场利率水平及其结构方面的资料，并根据货币政策的需要，通过调整_____或______，调节市场利率，影响消费和投资，进而调节总供求，达到宏观调控的目的。

13. 以弗里德曼为代表的现代货币主义者所推崇的中介目标是______，因为他们认为其在_____、______、______三个方面都具有良好的性质。

14. 一般性货币政策工具主要包括________、_______和________等，俗称“三大法宝”。

15. 再贴现政策的最大优点是中央银行可利用它来履行______的职责，通过再贴现率的变动影响_______、______及商业银行的资金成本和超额准备金，达到中央银行既调节_____又调节________的政策意向。

16. 凯恩斯认为货币政策作用的大小主要取决于___________、_________、_________三个因素。

17. 内部时滞是指从政策____到货币当局_____这段时间，主要有_____、______两种类型。

18. 从微观结构上看，一个紧缩性货币政策会_______资本金和实物资产的价格，通过收入效应会______负债者的收入，并______那些债权人的收入，从而影响居民的消费行为。

19. 中国现行的货币政策可以概括为保持______的稳定，并以此_________。

20. 党的十九大报告提出了健全________和_________双支柱调控框架的要求。货币政策包括________和________；宏观审慎政策主要是针对______和______，并且有逆周期调节的特点。

二、单项选择题

1. 通常属于货币政策远期中介目标的是（　　）。

A. 利率　　B. 超额准备金　　C. 基础货币　　D. 短期利率

2. 货币学派认为货币政策的传导机制是通过（　　）的变动直接影响收入和支出的。

A. 利率　　B. 基础货币　　C. 货币供应量　　D. 银行准备金

3. 货币政策的时滞由内部时滞和外部时滞构成，其中内部时滞分为两个阶段（　　）。

A. 第一阶段是行动时滞，第二阶段是决策时滞

B. 第一阶段是认知时滞，第二阶段是行动时滞

C. 第一阶段是行动时滞，第二阶段是影响时滞

D. 第一阶段是认知时滞，第二阶段是影响时滞

4. 凯恩斯学派认为，货币政策的传导机制是通过（　　）的变动直接影响收入和支出的。

A. 利率　　B. 基础货币　　C. 货币供应量　　D. 银行准备金

5. （　　）描述了稳定物价和充分就业之间存在着的矛盾关系。

A. 费雪效应　　B. 菲利普斯曲线　　C. 货币幻觉　　D. 财富效应

6. 作为货币政策工具，法定存款准备金率作用于经济的途径是（　　）。

A. 结构调节效果　　B. 流动性风险　　C. 对货币乘数的影响　　D. 价格风险

7. 使中央银行在货币政策操作中处于被动地位的政策工具是（　　）。

A. 法定准备金率　　B. 再贴现政策

C. 公开市场业务　　D. 选择性政策工具

8. 托宾发展了一种关于（　　）相关联的理论，人们称之为托宾的投资 q 理论。

A. 商品市场与投资支出　　B. 债券价格与投资支出

C. 收入增长与投资支出　　D. 股票价格与投资支出

三、多项选择题

1. 一般地，货币政策远期中介目标包括（　　）。

A. 货币供应量　　B. 超额准备金　　C. 基础货币　　D. 利率

2. 一般地，货币政策近期中介目标包括（　　）。

A. 货币供应量　　B. 超额准备金　　C. 基础货币　　D. 利率

3. 货币政策中介目标的选择标准包括（　　）。

A. 相关性　　B. 可测性　　C. 传染性　　D. 可控性

4. 下列属于结构调控的货币政策工具是（　　）。

A. 窗口指导　　B. 消费信用控制

C. 法定存款准备金率的调整　　D. 证券市场信用控制

5. 凯恩斯的货币政策传导机制特点是（　　）。

A. 强调利率的货币传导机制作用

B. 强调货币供应量的货币传导机制作用

C. 货币政策遇到“流动性陷阱”时将会失效

D. 货币政策遇到“流动性陷阱”时仍有效

6. 一般地，影响货币政策效果的因素有（　　）。

A. 货币政策时滞　　B. 货币流通速度　　C. 微观主体预期　　D. 流动性陷阱

四、判断题

1. 再贴现政策的作用主要在于影响银行融资成本，从而影响商业银行的法定存款准备金，以达到松紧银根的目的。（　　）

2. 因为再贴现率的作用过于强烈而不适用作为中央银行日常操作的政策工具。（　　）

3. 货币主义学派非常强调利率的货币政策传导机制作用。（　　）

4. 因为“信贷配给”的存在，信贷市场的利率并不是一个使信贷市场供求相等的均衡利率，而是一个比均衡利率更高的利率。（　　）

5. 货币政策的财富传导效应认为，货币政策可以通过影响消费者的实物财富从而影响其消费支出，进而影响国民收入。（　　）

6. 货币政策外部时滞的长短取决于货币当局对经济形势发展的预见能力和行动的决心。（　　）

7. 凯恩斯学派的政策主张是：中央银行应确定固定的货币供应增长率，以这种“单一规则”保持物价的稳定。（　　）

8. 货币主义学派认为，利率是影响货币政策最终目标的主要因素，中央银行就根据经济形势的变化，“相机抉择”选择货币政策工具，以实现货币政策目标。（　　）

五、名词解释

1. 货币政策中介目标　2. 货币政策最终目标　3. 一般性货币政策工具　4. 再贴现政策

5. 公开市场业务　6. 货币政策传导机制　7. 货币政策时滞　8. 常备借贷便利

六、简答题

1. 简述货币政策最终目标之间的冲突。
2. 简述货币政策工具体系。
3. 简述法定存款准备金政策的作用机制及特点。
4. 简述再贴现政策的作用机制及特点。
5. 简述公开市场业务的作用机制及特点。
6. 简述凯恩斯主义关于货币政策传导机制的理论。
7. 简述货币主义关于货币政策传导机制的理论。

七、论述题

1. 试述我国货币政策的一般性工具的运用特点及存在的问题。
2. 试述货币政策中介目标的选择标准，可供选择的货币政策中介目标有哪些?

第十四章

金融与经济发展

在现代市场经济中，金融的地位和作用日益突出，金融活动已经渗透到经济生活中的方方面面，金融的运行与经济的运行相互交融，金融与经济的联系越来越密切，金融发展与经济发展互相促进。本章结合中国国情，在前述各章知识的基础上，从发展经济与发展金融角度，进一步分析和阐述发展中国家的经济与金融关系及其金融改革问题。

第一节 金融与经济发展的一般关系

一、金融发展理论

金融发展理论即关于金融自身如何发展及关于金融发展如何作用于经济发展的理论。其研究的核心是有关金融发展和经济发展之间相互联系、相互促进的关系。金融发展（financial development）主要包括金融资产的发展、金融机构的发展及金融市场的发展。在金融发展与经济发展的关系分析上，美国的格利和肖及戈德史密斯的理论最为著名。

在格利和肖看来，所谓金融发展，主要指各类金融资产的增多及各类金融机构的设立。在各类金融资产中，货币只是其中一种；在各类金融机构中，银行也只是其中一种。经济发展，金融业随之发展。这种发展不仅表现为各类非货币金融资产的涌现和数量的增多，也表现为各种非银行金融中介机构的建立和发展。

在雷蒙德·W. 戈德史密斯（Raymond W. Goldsmith）看来，金融发展是指金融结构的变化，研究金融发展就是研究金融结构的变化过程和趋势。他把各种金融现象归纳为三个基本方面，即金融工具、金融机构和金融结构。其中金融结构就是一国现有金融工具和金融机构的形式、性质及其相对规模。不同类型的金融工具和金融机构组合在一起，构成不同特征的金融结构。一般来说，金融结构越复杂，即金融工具和金融机构及它们的组合数量种类越多、分布越广、规模越大，金融发展的程度就越高，经济也就越发达。

（一）金融发展的衡量指标

对于一国金融的发展程度，西方经济学家提出了衡量的指标，主要从两个角度进行衡量：一是根据金融发展的含义，通过对金融结构状态的数量指标来衡量；二是通过金融发展状态与经济增长的相互关系来衡量。

1. 金融内部结构指标

金融内部结构指标主要有以下几个。

（1）主要金融资产（如短期债券、长期债券、股票等）占全部金融资产的比重。

（2）金融机构发行的金融工具与非金融机构发行的金融工具的比率，该比率是衡量金融机构化程度的尺度。

（3）在非金融机构发行的主要金融工具中所有金融机构持有的比率，该比率用来进一步衡量金融机构化程度。

（4）主要金融机构，如中央银行、商业银行、储蓄机构及保险组织的相对规模大小。

（5)各类金融机构资产之和分别占全部金融机构总资产的比重,该比率为分层比率,用来衡量金融机构之间的相关程度。

（6）主要非金融部门的内部融资（如公司本身的资本积累）和外部融资（主要指通过金融渠道融入的资金）的相对比重。

（7）在外部融资中，国内部门（主要是国内金融机构）和外国贷款人在各类债券和股票等主要金融工具中的相对规模等。

2. 金融发展与经济增长的相互关系指标

（1）金融相关率（financial interrelation ratio）。所谓金融相关率，是指一定时期一国全部金融资产价值与该国经济活动总量的比值。金融资产包括：非金融部门发行的金融工具（股票、债券及各种信贷凭证）；金融部门，即中央银行、存款银行、清算机构、保险组织和二级金融交易中介发行的金融工具（通货与活期存款、居民储蓄、保险单等）；国外部门的金融工具。实际统计中，经济活动总量通常用国民生产总值或国内生产总值来表示。

（2）货币化率（monetization rate）。在一国所生产的所有产品和服务中，有的通过货币进行交易，有的不通过货币进行交易。通常我们称通过货币进行交易的经济活动为货币经济，而称不通过货币进行交易的经济活动为自然经济。货币化率就是指一国通过货币进行交易的商品与服务的值占整个国民生产总值的比重。这个比重越高，说明一国的货币化程度越高。随着商品经济的发展，使用货币进行商品和服务交易的范围越来越广，通常我们把这种现象叫作货币化程度的不断提高。

除了以上提到的指标外，还可以根据研究需要构造适宜的指标来对金融发展作实证研究。比如，流动性负债比率，即金融体系的负债（现金+银行与非银行金融机构的活期存款及有息负债）与国民生产总值的比值，可以用来衡量金融深度；商业银行-中央银行比率，即商业银行资产除以商业银行与中央银行资产之和，可以用来分析商业银行与中央银行在配置社会储蓄中的规模对比；私人信贷比率即分配给私人部门信贷与国内总信贷的比率，以及通过金融中介分配给私人部门的信贷与国民生产总值的比率，来衡量信贷在私有部门与公共部门之间的分配；股票市场成交量比率（即股票成交量/国民生产总值）及股票的换手率（即股票成交量/流通股股本），可以用来衡量股票市场发展程度等。

（二）金融发展理论沿革

1. 金融发展理论的初级阶段——关于金融发展与经济增长的关系研究

巴杰特（Bagehot）第一个全面考察了金融在经济中的作用，他发现金融体系可以为大型工业项目提供资本融通，进而在英国工业革命进程中发挥了关键作用，从而揭开了金融发展理论研究的序幕。此后许多经济学家都致力于金融发展与经济增长之间关系的研究。

（1）古典经济学派理论。古典经济学家遵循萨伊定律，强调货币中性，认为货币供给量的变化并不影响产出、就业等实际经济变量，货币在经济体系中只充当“面纱”角色。古典主义认为，经济增长完全由实物部门决定，任何货币政策都是多余的，甚至是有害的，货币政策的任务仅在于货币购买力。这种认识使得货币理论长期以来不为人们所重视。

（2）货币经济理论。瑞典经济学家维克塞尔最先与“货币‘面纱’论”决裂并创立了货币经济理论，他在《利息与价格》中首先提出了自然利率的概念，认为货币并非“面纱”，而是影响经济的重要因素。后来，凯恩斯真正使这一理论为经济学家所普遍接受，凯恩斯认为货币有着巨大作用，于是提出了管理通货的政策主张，并把货币分析渗透到其理论体系的各个环节中，从而创立了一种新的货币分析方法和货币经济理论。

2. 金融发展理论的形成

（1）非常信用理论。熊彼特提出非常信用理论，在经济理论史上第一次指出了货币因素对长期经济发展所具有的特殊意义。他把货币理论同经济发展理论结合起来，将货币和信用视为经济发展的重要因素。熊彼特的创新之处在于，他认为银行具有信用创造的能力，并且以此推动经济发展。该理论指出了这样一个事实，即在经济发展中，尤其是在经济发展初期，银行信用是金融活动的主要形式。

（2）货币增长理论。美国经济学家托宾首次将货币因素引入经济增长模型，从而为现代货币增长理论的研究开辟了一条新道路。这一理论旨在研究货币与经济增长的内在联系，弥补了实物增长模型忽略货币因素的缺陷。尽管托宾模型的政策结论存在着许多不足之处，但其关键价值在于充分强调了货币的价值贮藏功能，并将货币收入列为实际可支配收入的一部分，进而对人们的消费与储蓄行为产生影响。

（3）格利和肖的观点。1955 年和 1956 年格利和肖发表了《经济发展中的金融方面》和《金融中介机构与储蓄——投资过程》两篇论文，揭开了金融发展理论研究的序幕。

而后在 1960 年两人共同出版的《金融理论中的货币》一书中，他们试图建立一个以研究多种金融资产、多样化的金融机构和完整的金融政策为基本内容的广义货币金融理论。他们首次通过建立基本模型，分析了金融在经济中的作用，即把储蓄者的储蓄转化为投资者的投资，从而提高全社会的生产性投资水平。格利和肖的理论已初步涉及金融制度变革等金融发展深层次的制度性因素，为后续的研究指明了方向。

（4）戈德史密斯的金融发展理论。戈德史密斯于 1969 年出版了《金融结构与金融发展》一书，奠定了金融发展理论的基础，从而成为金融发展理论的鼻祖。他的理论主要包括：其一，首次提出并系统分析了金融结构概念，分析并提出金融结构衡量指标及金融结构类型。其二，研究并揭示金融深化的内在路径和规律。这些规律对当前发展中国家的金融发展仍然具有重要的借鉴价值。其三，提出金融发展与经济增长关系问题的重要性和研究方向。戈德史密斯认为金融发展与经济增长有着密切的联系，并且特别强调发达国家与欠发达国家在金融发展中的明显区别。

3. 金融发展理论的建立—金融深化论

麦金农（Mckinnon）和肖放弃了以发达国家金融体系为研究对象，转而研究发展中国家的金融问题，1973 年他们建立了一个分析金融深化和经济增长关系的框架，重点考察了发展中国家特有的金融抑制现象。他们认为，在发展中国家存在着严重的金融约束和金融压抑现象，这既削弱了金融体系聚集金融资源的能力，又使金融体系发展陷于停滞甚至倒退的局面。两人的不同之处在于：麦金农放弃了传统金融理论中货币与资本相互替代的假设，认为发展中国家落后的金融制度使投资不是依赖于外部融资，而是依靠内部融资，并且提出了衡量金融发展的一个比较著名的指标——M2/GDP（金融深化指标）。虽然这两人的研究对象是发展中国家的金融问题，没有从更一般意义上来讨论金融发展与经济增长之间的关系，但是他们认识到金融发展与经济增长之间的确存在着某种必然联系，因此人们依然把金融抑制和金融深化理论的提出看作是金融发展理论形成的标志。

4. 金融发展理论的发展——金融约束论

1997 年赫尔曼（Hellmann）、穆尔多克（Murdock）和斯蒂格利茨（Stiglitz）从有效需求观点和信息不对称角度对传统的金融深化理论提出挑战，认为金融深化理论所竭力倡导的金融自由化战略需要很严格的条件，其理论假定前提为瓦尔拉斯均衡的市场条件，这在现实中难以成立，发展中国家和转型国家通常不具备金融自由化所需的先决条件，必须另辟蹊径，金融约束是一种可行的选择。

二、金融发展与经济发展的辩证关系

在经济发展的进程中，金融发展经历了货币化和金融化两个发展阶段。在货币化阶段，金融先是作为信用支付中介从经济体系中内生出来的，通过信用中介的作用，市场资源配置空间和范围不断扩大，从而经济货币化水平也不断提高。而且金融从支付中介向信用中介的发展，进一步将资金供需部门联系起来，逐步形成金融中介机制。金融中介机制实质上也是储蓄—投资的转化机制。金融中介机制在国民经济运行过程中，促进了资本的社会化，降低了企业外源融资的成本。企业外源融资比重的提高使资源的优化配置和规模节约成为现实，有助于提高要素生产率，有效地实现经济资源的合理流动，促进市场竞争机制的提高，进而推进经济发展。随着资金供需部门对金融需求的日趋多样化，通过金融中介机制作用所提供的产品和服务也相应地多层次、多元化，提高了经济金融化的程度。因此，一方面经济发展推动金融的发展，另一方面金融发展又提升了市场机制的运作效率。就一般意义上讲，发展中国家的金融与经济发展和发达国家呈现出同样的关系。

（一）经济发展决定金融

从历史上看，金融是内生于经济的一种产业，是在商品经济的发展过程中产生并随着商品经济的发展而发展的。商品生产的扩大与交换行为的频繁带来了对一般等价物的需求，货币随之产生、发展。信用作为一种借贷关系，也随着商品生产和交换发展的需要，经历了由低级向高级的、不断的发展完善：由通过支付中介功能促进商品交换、生产者社会价值实现，到通过信用中介功能实现社会价值和企业资产相对独立运动、引导资源跨期配置。同样地，经营货币信用业务的金融中介机构的发展、金融市场的形成与发展、金融宏观调控，以及监管的需要等都是在经济发展中发展的。经济发展层次越高，基于技术进步的社会生产关系越复杂，对金融的需求层次越高。

经济的不同发展阶段为金融发展提供的社会经济环境条件也不相同，由此决定了金融发展的结构、技术、规模和阶段。从结构上看，宏观经济的部门结构决定了金融结构，如二元经济结构决定了金融部门的二元结构；企业的组织结构和商品结构决定了金融的业务结构；市场结构决定了金融体系的组织结构和金融总量的结构。从技术上看，社会技术水平构成了对金融效率的技术约束。从规模上看，一定时期的产出水平决定了当期货币供应量，而当期信用总量或金融总量的多少与经济发展的规模成正比。此外，一国金融机构的数量、分支机构设置、从业人员的数量一般也与该国的经济规模直接相关。从阶段上看，经济经历由低级阶段向高级阶段发展，金融也相应由低级阶段向高级阶段发展，其中包括金融机构、金融工具、金融市场等。

（二）金融促进经济发展

通过支付中介功能，金融极大地降低了经济发展所要求的社会流通成本，加快了资金周转速度，提高了产出的效率。在现代，经济已经被称为金融经济，金融不仅成为现代经济发展的必不可少的社会技术手段，而且作为生产要素的载体，已经成为推动社会经济发展必不可少的要件。

（1）通过金融信用中介功能，筹集资金和运用资金，合理配置资源，促进储蓄转化为投资，为规模化经济发展提供条件，并且为最大限度地实现资源跨越时间、空间流动提供可能。这些对社会经济技术发展、环境保护、资源节约极为重要，从而对经济的可持续发展也起着不可替代的作用。

（2）通过金融机制的定价功能和风险管理功能，有效减少经济发展中具有不确定性的负面影响，进一步提高社会经济发展的效率。

（3）通过金融产业产值的增长直接为经济发展做贡献。

当然，在货币信用高度发达的现代市场经济中，由于金融中介功能的高度发达，以及金融效率的极大提高，金融的正、负外部性系统影响范围日趋扩大，一旦金融市场失灵或金融中介机制运行受阻，金融也会为经济带来严重的负面影响，具体表现在以下几个方面。

一是因金融总量控制不当而出现通货膨胀（通货紧缩）、信用膨胀（信用紧缩），导致社会总供求失衡，危害经济发展。在当代不兑现的信用货币制度下，货币发行不受贵金属储备的硬约束，完全由人为因素确定，一旦出现认识偏差或操作失误，就可能造成货币供给大于货币需求的状态，导致通货膨胀。同样，当信用过度膨胀或经济已进入总需求大于总供给的状态时，信用扩张只会加剧供求矛盾。当信用膨胀导致经济过度扩张时，就会出现泡沫经济，引发通货膨胀、信用危机和金融危机，对生产、流通、分配和消费带来诸多不利影响。

二是从微观角度看，金融机构是经营风险、管理风险的高风险行业。由于金融自身的外部性作用，若金融中介机构经营不善，出现流动性危机、清偿力危机，一旦风险失控，引起社会信任危机，可能会引发多米诺骨牌效应，使整个国家陷于金融危机之中。这将破坏整体经济运作和社会经济秩序，进而破坏经济发展的稳定性和国家的社会安定，甚至会累及世界经济，1997 年的亚洲金融危机就是一个典型实例。

三是由于信用过度膨胀而产生的虚拟金融，金融经济与实体经济的内在联系日益背离。一方面，大量的金融衍生工具及其衍生交易市场，从规则设计到交易都与真实信用和现实社会再生产无直接关联，与市场流通或产业发展亦无直接关系。另一方面，金融衍生产品因在金融市场上反复易手而自我膨胀，成为最有刺激性的投机工具。在交易量以几何级数的放大过程中，拉大了有价证券和真实资本价值的差距，滋生金融泡沫。

第二节　金融抑制与金融深化

一、金融抑制

第二次世界大战后，一大批国家经过长期的艰苦抗争，获得了政治上的独立。对这些国家而言，当务之急是摆脱极端贫穷落后的社会面貌。然而，基础如此薄弱的经济体要迅速起飞并非易事。在当时特定的历史背景下，这些发展中国家积极实施经济赶超战略，强调政府对经济干预的作用，为此以“非经济”手段实施了一系列宏观经济政策来使资源配置满足经济赶超战略的需要，金融政策自然是其中的重要部分。

（一）金融抑制的定义

金融抑制（financial repression）是指发展中国家存在的市场机制作用没有得到充分发挥、金融资产单调、金融机构形式单一、过多的金融管制和金融效率低下等现象。金融抑制论认为，广泛存在于发展中国家的金融抑制是导致发展中国家资本稀缺、投资效率低下最终阻碍经济发展的重要成因，而解除金融抑制是广大发展中国家打破贫困恶性循环的重要途径。

（二）发展中国家金融体制的一般特征

在我们着手探讨金融与经济发展的关系之前，先来关注发展中国家金融体制的现实特征。只要稍加注意，我们就会发现它和发达国家的金融体制存在着天壤之别。

（1）金融资产形式单一，数量有限。和发达国家纷繁复杂的金融工具相比，发展中国家的金融资产形式非常单一，国内正式金融市场能提供的金融资产仅限于现金、活期存款、定期存款及初级市场上的政府债券等。金融资产同国民收入的比率也处在很低的水平。

（2）金融体系存在着明显的二元结构。发展中国家的金融体系被划分为截然不同的两大“阵营”：以现代大银行为代表的现代部门和以钱庄、当铺、合会为代表的传统部门。前者主要集中在大城市和经济发达地区，后者则普遍存在于落后的农村。

（3）金融机构单一，商业银行在金融活动中居于绝对主导地位，非银行金融机构则极不发达。金融机构的专业化程度极低。有些发展中国家直到近些年才实行中央银行和商业银行分离的银行体制。专业化程度低的结果是整个金融体系的效率也十分低下。

（4）直接融资市场极其落后。发展中国家的证券市场极不发达，一直以来主要是作为政府融资的工具而存在。企业的资金来源主要靠自我积累和银行贷款。

（5）金融资产的价格严重扭曲。发展中国家的政府对金融实施全面的干预，其中最重要的内容就是对金融资产的价格实行严格的管制，使其无法反映资源的相对稀缺性。一个突出表现就是，发展中国家为了降低工业化的成本，通常将实际利率压低到很低的水平，有时甚至是负数。另一个表现就是高估本国货币的币值，以降低进口机器设备的成本。

这种落后的金融体制显然无法对发展中国家的经济增长起到有效的促进作用。相反，由于不能有效地动员和分配储蓄，这种金融体制往往成为发展中国家发展的巨大障碍，使得经济增长十分缓慢。落后的经济增长反过来又制约着金融体系的发展。因此不少发展中国家陷于金融落后和经济落后的恶性循环而不能自拔。

（三）金融抑制的政策表现

这种抑制性的金融政策使得实际金融资产的规模非常有限，增长极其缓慢，有时甚至出现持续的下降。这种人为干预在很大程度上是出于财政上的动机：政府希望积极推动经济发展，但或是由于缺少政治意愿，或是由于行政管理上的限制而缺乏直接的财政手段，政府倾向有意或无意、干预或压抑金融体系，以为其发展进行融资。这种压抑性的金融政策主要体现在以下几个方面。

（1）通过规定存贷款利率和实施通货膨胀人为地压低实际利率。为了降低公共部门的融资成本，阻止私有部门同公共部门竞争资金，发展中国家通常以设定存贷款利率上限的方式来压低利率水平；同时因为发展中国家的政府常常不得不依靠通货膨胀的政策来弥补巨大的财政赤字，所以通货膨胀率往往居高不下。其结果是发展中国家的存贷款利率通常很低，有时甚至是负数。这一结果严重脱离了发展中国家资金稀缺的现实。过低的实际利率使得持有货币（这里指广义货币 M2）的实际收益十分低下，从而降低了人们对实际货币的需求，金融资产的实际规模也就无法得到发展。低实际利率还会带来其他的效率损失，关于这些内容我们将在后面详细探讨。

（2）作为压低利率的一个直接后果，发展中国家常常采取信贷配给的方式来分配稀缺的信贷资金。由于利率低下带来储蓄低下、投资膨胀，发展中国家通常面临着巨大的资金短缺，在这种情形下实行选择性或部门性的信贷政策，引导资金流向政府偏好的部门和产业，为此不惜分割金融市场、限制金融市场的发展。然而这些为政府所“偏好”的企业和项目，通常并不是投资收益率非常理想的，而大多是享有特权的国有企业和具有官方背景的私有企业。由此产生的一个直接后果是资金的分配效率十分低下。

（3）对金融机构实施严格的控制。这种控制包括：对金融机构实施很高的法定准备金率和流动性要求，以便政府有效地集中资金；严格限制金融机构的资金流向；严格限制某些种类的金融机构的发展；实施金融机构的国有化等。政府倾向鼓励那些能够从中获取巨大铸币收益的金融机构和金融工具的发展，抑制其他金融机构和金融工具的发展。货币和银行系统往往受到偏爱和保护，因为通过储备要求及强制性地持有政府债券，政府得以无息或低息为公共部门融资。私有债券及股权证券因为不便于从中收取铸币税，政府则借助于交易税、印花税及资本所得税等多种形式对其进行抑制。这些控制造成的直接后果是：金融机构成本高昂，效率低下，金融机构种类单一，专业化程度低。

（4）人为高估本币的汇率。发展中国家为了降低进口机器设备的成本，常常人为地高估本币的汇率，使其严重偏离均衡的汇率水平。但是这一政策的结果，却是使发展中国家陷入了更为严重的外汇短缺。过高的本币汇率不仅使发展中国家本来就较为低下的产品的国际竞争力更弱，而且使进口需求高涨。其结果是发展中国家不得不实行全面的外汇管制，对稀缺的外汇资源进行行政性分配。

（四）金融抑制的后果

由于金融与经济的密不可分性，金融抑制政策会对经济发展产生影响，主要表现为以下四个负效应。

1. 负收入效应

公众所持有的实际货币余额 M/P 越多，储蓄和投资就越多，而储蓄和投资的增加又会带来生产的增长和收入的提高。但是在许多发展中国家里，情况却恰恰相反。那里大多存在着较严重的通货膨胀，但名义利率却受到严格限制。人们为了逃避通货膨胀，自然就会减少以货币形式保有的储蓄，从而导致投资来源枯竭，收入水平长期停滞不前。

2. 负储蓄效应

许多发展中国家试图用规定名义利率上限的做法来控制货币数量。然而在通货膨胀率很高的情况下，较低的名义利率只能造就更低的实际利率，使储蓄者不得不减少其储蓄倾向，用购买物质财富、增加消费支出和向国外转移资金的办法来回避风险；即便是有储蓄意愿，也因金融资产单调、流通变现困难等而受挫，这就不能不影响全社会中储蓄占国民收入的比重。

3. 负投资效应

发展中国家急于实现“工业现代化”，常常利用国家集权将有限的资金投向那些大规模、高技术的新型产业，无形中就限制了向其传统部门的投资，特别是阻碍了农业的正常发展，使得本国不得不增加对粮食和原材料的进口，这种需求缺口有时还要靠外援来填补。对于农业和小规模生产行业的资金歧视，又严重地影响了出口的增长，使国民经济的对外依赖性进一步增强。在某些资本—劳动比率很高的行业中存在不熟练的生产技术和过剩的生产能力，又降低了投资的实际产出，造成资金的浪费。

4. 负就业效应

金融抑制政策对传统经济部门的限制迫使大量劳动力涌向城市，而城市工业的规划者常常忽略了本国人口众多的国情，热衷于建立资本密集型的工厂和企业。这些企业只能把很小部分的闲散劳动力吸纳进去，那些未被吸纳的劳动力则形成了一个规模庞大的城市贫民阶层，并且伴随着生产的发展和技术的改进，失业现象会更加普遍，社会成员间的贫富分化进一步加剧。

二、金融深化

（一）金融深化的含义

和金融抑制的意思相反，金融深化（financial deepening）是指在一个金融深化的经济中，金融部门得到自由和充分的发展，金融资产的价格真实地反映资源的相对稀缺性。根据前面的分析，麦金农和肖认为，金融抑制政策所带来的金融萎缩已经成为发展中国家经济增长的重要制约因素，使得发展中国家陷入金融萎缩和经济萎缩的恶性循环。他们认为，打破这一循环的关键，在于放弃这种抑制型的金融政策，转而采取促进金融深化的政策。这不仅有助于金融部门自身的发展，而且为经济增长所必需。因此他们主张，发展中国家必须解除对金融资产价格的不适当管制，实行以利率自由化为核心的金融自由化政策。

金融深化的实质就是金融自由化。金融自由化的主要内容有：①利率自由化，即政府放弃对利率的管制，让其在市场机制下，由资金供求关系直接决定；②机构自由化，即打破金融行业的垄断，尽可能地支持民营金融事业，促进金融机构的自由竞争；③汇率自由化，即让外汇自由交易，汇率自由浮动，最终达到外贸自由化。可以说，金融自由化或市场化是推动金融深化的动力，也是发展中国家金融发展的唯一途径。

（二）金融深化的政策体现

金融深化论的真正意义在于其政策含义。根据金融深化论，发展中国家应从本国实际出发，促进金融改革，解除金融压制，消除资本形成的桎梏，并且实行促进经济发展的货币金融政策。主要包括以下几点。

1. 放松利率管制

发展中国家的利率管制人为造成名义利率与实际利率之间的巨大差距，负利率阻碍了储蓄的增加，成为经济发展的重大阻滞因素。只有放松利率管制，使实际利率成为正数，才有助于吸收社会储蓄资金和促进资本形成。由于发展中国家资金缺乏，投资机会极多，投资的边际效益较高，即使提高名义利率，也不会压抑投资。较高的名义利率有利于资金从资本密集型投资转向劳动密集型投资，从而具有扩大劳动就业的效应。

2. 缩减信贷配额

许多发展中国家都以政府配给的方式供应信贷，这种对金融活动的人为干预，效果大多比较差。所以，发展中国家应缩减信贷配额，主要由市场调节借贷关系，提高资金的使用效率。

3. 减少金融机构审批限制

在发展中国家，一方面存在金融机构数量不足，另一方面存在本国和外国银行登记注册中的各种障碍。不允许自由进入金融行业，势必造成金融垄断，而金融垄断又造成金融运行的低效率。因此，发展中国家应当减少进入金融行业的障碍，尽量鼓励民间金融事业的发展，促进金融同业竞争，提高金融运行质量。

4. 发展直接融资

发展中国家在改革金融体制和放松金融管制的过程中，还应发展直接融资，增加金融工具的数量，培育证券一、二级市场，完善证券管理法规，适时对外开放证券市场。

5. 放松外汇管制

发展中国家还应放松外汇管制，在适度范围内使汇率浮动，使汇率能正确反映外汇的实际供求状况。汇率和外汇市场管制放松后，一方面能鼓励出口和吸引外资，另一方面能压缩不必要的进口，从而有利于国际收支的改善。

（三）金融深化的影响

1. 金融深化对经济发展的积极效应

1）收入效应

收入效应是指实际货币余额的增长，即社会货币化程度的提高对实际国民收入增长所带来的影响。金融深化取消对利率和汇率的限制，将有助于增加私人及政府储蓄和国外资本的流入，从而对国民经济起到促进作用。

2）储蓄效应

金融深化的储蓄效应体现在两个方面：一是金融深化提高了货币的实际收益率，从而鼓励人们的储蓄性行为，带来整个经济储蓄倾向的提高；二是由收入效应引起的，金融深化使得实际国民收入增加，在储蓄条件一定的情况下，社会储蓄总额也按比例相应增加。

3）投资效应

金融深化引起的投资效应也体现在两个方面：一是储蓄效应增加了投资的总额，使企业融资能力增强，促进投资；二是金融的发展提高了投资的效率，储蓄者和投资者之间的竞争优化了储蓄的分配和使用效率。

4）就业效应

一方面，货币实际收益率的上升使得投资者资金成本提高，因此投资者将更倾向以劳动密集型的生产代替资本密集型的生产以节约资本的使用，这样使得社会的就业水平提高；另一方面，由于储蓄发挥合理配置资金的作用，企业竞争加强，提高了产品的国际竞争力，出口增加将促进一国就业水平。

2. 金融深化的逆效应

1）冲击银行体系的稳定性

以金融自由化为特征的金融深化将把银行体系置于广泛的市场风险之中：①金融深化的短期金融市场利率和资本市场利率（公司债券与股票市场利率）、国际业务汇率为随市场供求而变动的自由利率所替代，提高了金融业务预期收益的不确定性和风险性。②金融深化为企业开辟了更多的直接融资渠道，银行间的金融业务竞争加剧，从而使银行利润下降。若银行储备金中的一部分来自利润，就会减少银行应付呆账、坏账贷款的储备金，削弱银行战胜金融危机的能力；若银行欲获取短期内的最大化利润，就会助长银行的非生产性和潜在不稳定性的投机行为，把银行置于破产倒闭的危险之中。③金融深化往往使实际利率高于市场出清的均衡利率。当利率上升时，所有投资项目的回报率下降，低风险项目可能不获利，激励效应会引致投资者转而追求更具风险的项目。因信息是不对称的，即借款者比贷款者知道更多有关拟建项目的信息，若银行把利率作为审查标尺，又无完善的对借贷人行为的监督机制，则可能使银行因可贷资金的过度供给而产生恶性风险。

2）债务危机

一些发展中国家在未能有效控制财政赤字、实现预算平衡的情况下急于推行金融深化战略，从而提高了实际利率。一方面，政府为避免财政赤字所导致的通货膨胀，往往以高于市场利率的利率在国内大量举债，这势必增加政府负债的融资成本；另一方面，政府为推动经济起飞而大量从国外融资，为国内经济运行注入资金，但因微观经济活力不足，投资收益率低下，而难以征收足够的税收来弥补政府赤字、偿还债务。债务高利率的累积效应将使债务与其国内生产总值的比例上升到无法控制的地步，从而引发债务危机。

3）经济滞胀

发展中国家金融深化的实践表明：金融深化可能导致投资和产出的增加，导致实际利率高于均衡利率，居民的边际储蓄倾向提高，银行可贷资金供给增加。但是也存在如下问题：①居民的边际消费倾向下降，减少了拉动投资的社会总需求；②高利率增加了企业流动资金的成本和融资成本，降低了投资收益率，甚至使企业无利可图或亏损，从而制约了企业的投资动力；③短期外国资本流入和追求高利润常导致更多的消费信用等。所有这些，加上政府为控制赤字而减少支出所产生的投资减少乘数效应会大规模收缩经济，使经济出现停滞和衰退。

三、金融约束

金融抑制与金融深化理论抨击了当时发展中国家所实施的金融抑制政策，大力主张金融自由化和金融开放，使利率真实反映市场上资金的供求变化，刺激社会储蓄水平的提高，从而便利资本的筹集和流动，优化资本的配置，促进经济发展。这一理论及政策建议得到世界银行与国际货币基金组织的积极支持和推广，同时得到了许多发展中国家的赞赏，对20世纪70年代以来广大发展中国家的金融体制改革产生了深远的影响。

值得注意的是，金融深化理论也存在完全竞争的金融市场、完全信息和理性市场主体的隐含假设。但这些假设并不具有现实性，而且，金融深化理论表面上是针对发展中国家提出来的，但其政策主张实际上只适用于发达国家。

进入20世纪90年代，随着信息经济学的发展，经济学家开始注意到信息不完全条件下金融领域的逆向选择和道德损害等问题。为此，赫尔曼等于1997年提出了金融约束理论。他们认为，政府对金融部门的有选择性的干预不仅不会带来金融抑制，反而有助于金融深化。金融发育程度较低的发展中国家应实行金融约束政策，即在宏观经济稳定、通货膨胀率低且可预测及实际利率大于零的前提下，通过控制存贷款利率、约束市场竞争和限制资产替代等措施，为金融部门创造租金。

金融约束（financial restraint）是一种选择性干预政策，政府金融政策制定的目的是在金融部门和生产部门创造租金机会，刺激金融部门和生产部门的发展，并以此促进金融深化。金融约束是与金融抑制截然不同的政策。金融约束的前提条件是稳定的宏观环境、较低的通货膨胀率、正的实际利率。最关键的是金融抑制是政府从金融部门攫取租金；金融约束的本质是政府通过一系列的金融政策，而非以直接提供补贴的方式为私人部门创造租金。在这里，租金的创造并非只能依靠利率管制来进行，政府也可通过金融市场准入政策、定向信贷乃至直接干预等手段创造租金。只要政府不与民争利、不参与租金的瓜分或分配，租金的产生会使银行和企业受益，从而产生正的激励作用，促进资本配置效率的提高。

在金融实践中，金融约束理论所提倡的政策措施包括以下三个方面。

（1）在存贷款利率的控制方面，将存款利率控制在一个较低的水平上（但要保证实际存款利率为正值），降低银行成本，增加其特许权价值（franchise value），减少银行的道德风险，激励其长期经营。只要存款利率控制适度，则金融约束是有好处的；如果控制力度过大，资源配置将受到扭曲，金融约束将会蜕变为金融抑制。只要干预程度较轻，金融约束就会与经济增长正相关。

（2）在市场竞争的约束方面，使金融市场的新进入者无法侵蚀先行进入者的租金。以商业银行为例，若不存在任何市场准入限制，其数量的增加将使竞争加剧、利润摊薄和租金耗散，也就是说，无序竞争会造成社会资源浪费，甚至导致银行倒闭和金融危机的爆发。为此需要实行市场准入限制，对现有商业银行实施特定保护。

（3）在资产替代性政策的限制方面，限制居民将存款转化成诸如证券、外汇和实物资产等其他资产。这是因为发展中国家的证券市场并不规范，非银行部门的制度不健全，在这种情况下，存款从商业银行流向非银行部门反而会影响资本的配置效率，还会造成商业银行的“脱媒”；资本通过外汇市场流向国外也会造成国内储蓄的流失。

总之，金融约束理论倡导局部性的金融自由化，而不提倡完全的金融自由化，它是介于金融抑制理论与金融深化理论之间的一个“中间地带”，解决了金融抑制理论与金融深化理论之间的对立问题，它对发展中国家的金融市场和金融体系具有明显的针对性和适用性。

第三节 金融改革与经济发展

一、发展中国家的金融改革

（一）世界各国金融改革的阶段历程

20 世纪 50 年代以来，从世界范围来看，各国金融改革的重点主要体现在金融开放，主要经历了三个不同发展阶段。

第一阶段（20 世纪 50 年代至 60 年代末）以发达国家放松对金融开放的管制为主要标志。在此期间，西方国家普遍实施严格的利率管制政策，并且汇率比较稳定。为了规避资本管制，各国离岸金融业务迅速形成和发展。1961 年，以经济合作与发展组织（Organization for Economic Co-operation and Development，OECD）内通过《资本流动自由化法案》为节点，英国、法国、加拿大等发达国家逐步放开贷款和利率限制，允许不同类型金融机构跨行业经营，放松国际信贷等资本账户管制。这段时间实行金融开放国家的经济、金融发展程度相对较高，发展阶段比较类似，相互之间地位相对平等。

第二阶段（20 世纪 70 年代初至 80 年代末）主要是发展中国家加入金融自由化的行列。面对布雷顿森林体系解体和石油危机的双重冲击，许多离岸金融中心和国际金融中心逐步形成，大型银行业务逐步国际化，银行和非银行金融业开始融合，各国纷纷出台法律放松国内管制并加大金融对外开放力度，《单一欧洲文件》的通过也极大地促进了发达国家资本账户开放进程。在金融发展、金融深化等金融自由化理论指导，以及国际货币基金组织和世界银行的政策援助下，发展中国家在金融领域开始着手市场化改革，20 世纪 70 年代末期，只有少数发展中国家进行了尝试，到 80 年代，拉丁美洲国家开始了大范围的自由化改革。当然，发展中国家开放金融一方面是对发达国家在金融自由化后经济迅速增长的成功案例的模仿，另一方面是被动接收发达国家输出国内过剩资本、落后产业转移等需求。

第三阶段（20 世纪 90 年代之后至今）以金融衍生工具盛行、国际游资大幅增长及国际金融交易急剧膨胀为国际金融的主要特征。金融自由化进一步深化，资本累积导致私人资本和机构投资者大幅增加及游资的膨胀，大量的金融衍生工具被开发以满足各类资本配置的需要，引发国际金融交易几何倍数式增长，离岸金融和在岸金融开始融合，1997 年《金融服务贸易协议》达成标志各国金融开放进入新阶段。20 世纪 90 年代以后，亚洲国家也加入了金融开放改革的洪流中。

（二）发展中国家金融改革内容

致力于经济增长的发展中国家，以金融深化理论为指导，进行了一系列以金融自由化为核心的金融改革，并取得了一定的成效。这些改革主要包括以下几个方面。

第一，放松利率管制。为了消除利率限制对储蓄的阻碍作用及伴随管制而出现的信贷配给、以权谋私现象，不少国家的政府解除了对利率上限的规定，允许金融机构有权决定存贷款利率，并且采取更为灵活的方式对社会平均利率水平进行调节。

第二，缩减指导性信贷计划。在金融改革之前，许多发展中国家都对信贷分配实施指导性计划管理，而一些政府影响力较强的国家，甚至用行政命令来分配信贷和消除资金需求缺口。这种人为的干预，往往效果很差。所以很多发展中国家在 20 世纪 70 年代中期缩减了政府指导性信贷计划，而代之以由金融机构发放的受市场利率调节的贷款。

第三，减少金融机构审批限制，促进金融同业竞争。在发展中国家，一方面是金融机构数量有限；另一方面存在着本国和外国银行登记注册中的各种障碍，不允许自由进入金融行业，势必造成金融垄断，而垄断派生的不合理信贷分配和僵化的利率必然造成金融运行的低效率。许多发展中国家的政府认识到了这一点，从而将减少进入金融行业的障碍作为金融改革的一个重要内容，促进金融机构间的竞争。

二、中国的金融改革历程

中国金融体制改革的推进是分阶段进行的。在改革的早期阶段，出于加速工业化和促进经济增长的需要，经济体制改革的重心是建立工业部门的现代企业制度，先从原国有企业的分配制度入手，放权让利，进而承包，最终建立以产权纽带为中心的股份制企业。与之相适应，在这一阶段，金融部门的改革旨在建立独立于原有财政体系的市场取向性的金融体系，目的在于创造与企业改革相适应的外部环境。在改革的后期阶段，当工业部门现代企业制度基本建立，改革的重心逐渐转移到建立并完善包括财税、社保、医疗、教育及政府行政体制方面，不仅对原金融机构的企业化改造提出了要求，同时为其缔造了外部环境，以国有商业银行为代表，以股份制改造为中心的金融机构企业化改造便不可逆转。以此为线索，从时间流程上看，中国金融体制改革大致可分为两个阶段，即 1978～2003 年，金融体制宏观层次改革阶段；2004 年之后，金融体制微观层次改革阶段。分述如下。

第一阶段（1978～2003 年）建立独立于财政的市场取向的金融体系。

1978 年以前，我国实行高度集中的计划经济体制，在这一体制下，金融活动从属于财政，中国人民银行附属于财政，金融活动与财政活动合为一体，金融业务与金融机构高度一元化，中国人民银行既承担国家职能也从事日常经营性金融业务，具有政府机关和企业双重性质，而随着市场取向性经济体制改革的展开和深化，原有的高度一体的财政金融体制开始出现革命性的变化。

（1）典型的中央银行和商业银行的双层银行体系开始形成并确立。1984 年 1 月 1 日，中国人民银行的营业性业务被分离出来移交给新组建的中国工商银行，中国工商银行与此前恢复建立的中国银行、中国建设银行和中国农业银行一同开始形成中国专业银行体系，更重要的是，从此中国人民银行开始具备中央银行的功能，成为银行的银行。与此相适应，财政对国有企业不再拨款，改为由银行向国有企业贷款（拨改贷），至此，金融的功能与财政的功能得到初步分离，独立于财政的金融体系初见端倪。

（2）分业经营、分业监管的金融体系开始形成并确立。在建立双层银行体系的基础上，20 世纪 80 年代中期，在发展和壮大四大国有专业银行的同时，借鉴其他部门“双轨”的改革经验，一方面允许国有法人股份制或地方性银行机构的发展；另一方面，采取试验的办法，鼓励诸如信托、保险、证券等非银行金融机构的发展。这不仅丰富了传统银行的层次，而且因非银行金融机构的出现和发展，初步形成了金融体系，并且由于这一体系的形成，中国人民银行开始具有了监管的职能。

中国人民银行正式颁布《证券公司管理暂行办法》，明确提出证券公司是专门经营证券业务的金融机构，金融业分业经营的雏形开始出现；之后上海、深圳证券交易所建立。随着非银行金融机构数量的增多、规模的扩大，监管的重要性日益凸显。为了控制多层次金融体各业态之间的风险传递。1993 年，分业监管作为原则明确写入国务院的有关文件，随后相继成立中国证监会和保监会。2003 年银监会成立，标志着作为中央银行的中国人民银行基本不再承担监管的职能，而专门负责金融宏观调控、实施货币政策和维护金融稳定。此时，中国分业经营、分业监管的金融体制最终确立。

（3）金融市场开始发育并丰富化。随着包括银行和非银行金融机构的出现和发展，金融市场也开始发育。但是观察表明，以 20 世纪 90 年代为分界线，中国金融市场发育出现了质的飞跃。20 世纪 90 年代前，金融市场基本处于自发状态，不仅市场分割严重，而且交易极不规范；20 世纪 90 年代以后，以上海、深圳证券交易所成立为标志，自发的区域性市场开始成为规范统一的全国性市场，并日益丰富化，包括证券、期货、外汇资金和贵金属等在内的专业市场不断发展。

第二阶段（2004 年至今）以国有商业银行股份制改造为代表的金融机构微观机制再造。

进入 21 世纪，随着中国金融体系的基本成型，标志着金融体制改革的第一项任务，即独立于财政的市场取向金融体系已基本完成。但是金融体系的微观基础总体上依然是非市场化或半市场化的，其明显的特点就是金融机构还不是经营货币的企业。在此前的改革中，以国有银行为代表的金融机构虽也进行过改革的努力，如多级法人制改为一级法人制，“一逾两呆”改为“五级分类”，成立了专门针对银行呆、坏账的不良资产管理公司，同时相应地进行了坏账剥离和资本金注入。但是相对于其他部门而言，其微观基础再造还是明显滞后，最突出的一点就是没有建立以产权为纽带的现代企业制度，其治理结构依然雷同于政府机构，其经营理念仍是传统计划的，而不是基于市场竞争的，由此决定了金融机构没有自担风险的机制，无法自负盈亏，这突出地反映在四大国有商业银行上，主要表现为：一是不良贷款率过高。2003 年底，四大国有商业银行的不良贷款率达 20.40%；二是资本金不足。例如，2003 年底，中国工商银行的资本充足率为 5.52%，而中国农业银行的资本充足率估计仅为 4%；三是经营效率低下。中国银行业的成本/收入比率远远高于国际平均水平，员工和分支机构的创利能力差；四是风险审核系统和风险管理系统技术落后。这制约了银行开拓高回报的业务渠道；五是信息科技落后。主要表现在数据处理中心互不兼容，不同银行间不能有效处理及共享信息资源。

形成金融体系微观基础再造滞后的原因，除金融机构内部因素外，更重要的是中国经济体制渐进式改革的特点。在改革的早期阶段，国有工业企业是改革的重心，为支持这一改革，金融机构承担了外部稳定器的作用，主要发挥融资渠道的功能，而现代金融机构风险管理功能则被漠视。依此，金融体系承担了整体改革的相当大的成本，支持和援助改革的进行。据 2002 年国有商业银行清产核资时的初步统计，80%不良贷款形成的原因在于国有企业或国家政策，只有 20%的不良贷款是银行本身的原因造成的。在金融体系发挥支持和援助整体经济体制改革的前提下，金融机构既无动力也无必要进行企业化改造。

然而，进入 21 世纪，金融体系非市场化或半市场化的微观基础已难以维持。一方面，高不良贷款率和低资本充足率，使银行陷入资不抵债的境地。从极端意义上讲，中国的四大商业银行已在技术上破产了，更遑论持续经营；另一方面，中国金融业也面临着加入世界贸易组织后竞争趋于激烈化的挑战。根据入世协议，中国将在 5 年内向外国商业银行全面开放中国市场。

面对国内金融机构的窘境和加入世界贸易组织后外资金融机构竞争的威胁，必须开始对金融机构进行企业化改造，力图使之尽快成为真正的市场主体。中国金融体制改革进入微观基础再造即金融机构企业化改造的新阶段。

2004 年 1 月 1 日，以中央汇金公司成立，并向中国银行和中国建设银行各注资 225 亿美元为标志，拉开了国有商业银行企业化改造的大幕。与过去的改革相比较，此次改革是从产权结构调整入手，重塑银行内部流程，再造机制，力图把银行真正办成经营货币的企业。在这一总目标的统领下，有三个相对独立又相互关联的分目标呈现出来。

（1）以清理银行资产负债表为契机，重塑国家资本与银行的关系。其核心环节是建立有限责任机制，以及国家通过中央汇金公司行使出资人权利，并且以出资额为限承担有限责任。以此，国家不再对银行的经营好坏承担无限责任，银行的经营业绩由银行负责，自担风险。鉴于当时国有商业银行资不抵债的状况，并考虑到形成这一局面的政策原因，这一有限责任关系的建立是通过国家向国有商业银行注资并承担剥离坏账进行的。

（2）以股份制改造为契机形成良好的公司治理结构。通过剥离国有银行坏账，向银行注资建立了符合商业银行经营要求的、健康的资产负债表。不仅一次厘清了国家与银行的关系，而且使银行有了可供商业化经营的基础。但是这并不能保证注资和剥离坏账就是“最后的晚餐”，因为尚未形成自担风险、自负盈亏的机制。为此就要从调整产权结构入手，进行股份制改造，以建立良好的公司治理结构。具体的措施是引进国内外战略投资者，建立董事会并由董事会聘任管理层。并且通过在海内外市场的公开上市，以加强市场纪律的约束，保证银行沿着商业化轨道谨慎运营。

（3）以银监会成立为契机，实现行政与监管的分离，建立独立于政府行政权的第三方专业监管，强化外部监管。长期以来，国有商业银行作为政府行政的附属机构，对其金融业务的监管自然由行政机构代为从事。监管质量不高一直是中国金融体系一大弊端。银监会的成立，强化了以资产负债为主要内容的专业监管，有助于银行风险管理水平的提高，相应地也提高了银行资产的安全程度。

以上金融体制改革的两项基本任务，即使独立的金融体系和金融机构企业化改造相对分离，分别进行，本身也呈现出了渐进的特点。这一独特的金融体制改革安排既满足了整体改革平稳推进的需要，同时创造了自身改革的条件。随着金融体制改革的持续推进，适合于中国经济运行和发展的完整的金融体制已开始显现，其目标如下。

在政府层面，表现为中国人民银行的目标。这个层面主要由中国人民银行发挥中央银行的职能，其目标是保卫人民币的币值稳定，使用包括货币供应量、利率、汇率等货币政策工具，促进经济健康持续发展。

在监管层面，表现为金融监管机构的目标。这个层面主要由银监会、中国证监会、保监会行使分业监管的职能，其目标是按照金融机构的类型进行功能监管，运用包括金融许可证、高级管理人员任职资格及其他专业监管措施的工具保证金融机构的合理合法运营。

在金融机构层面，表现为金融企业的目标。这个层面由银行、证券公司、保险公司、财务公司、信托公司、基金公司等金融机构组成，其目标是成为股东利益最大化的营利机构，使用的工具就是以风险控制为中心的商业化运营体系。

综上所述，截至目前，与典型市场经济的金融体系相比较，中国金融体系已基本健全，不仅有较完善的货币政策和监管体系，而且有类型各异、扮演不同角色的银行或非银行金融机构。更为重要的是，随着这些机构已初步走上市场化的运营轨道，市场机制已开始在生产要素配置方面发挥基础性的作用，中国金融由此揭开新的一页。

三、高质量发展下的中国金融改革任务

当前，中国经济已由高速增长阶段转向高质量发展阶段。发展阶段的转换对经济各行各业都提出新的、更高的要求。金融业是现代经济的核心，起着媒介交易、动员资金、优化配置、分散风险等重要作用。经济的高质量发展离不开金融业的高质量发展。改革开放以来特别是党的十八大以来，我国金融业持续高速增长取得一系列重大成就。目前我国拥有全球最大的银行业、第二大的股票市场、第三大的信用债市场、第一大的商品期货市场和第二大的保险市场，已成为全球举足轻重的金融大国。通过多年改革，我国金融调控和宏观审慎管理框架基本建立；金融机构效率和竞争力大幅提升；金融市场体系健全，产品丰富、服务普惠性显著增强；人民币国际化和金融双向开放取得新进展；金融监管体系和能力明显改进，防范化解金融风险能力增强。

与此同时，要看到人民群众日益增长的多样化金融服务需求与金融发展不平衡、不充分的现状存在矛盾。主要表现在：金融体系服务实体经济效率不高，金融资源配置能力还不能适应经济高质量发展的需要；金融服务可及性不足，对创新活动的支持力度不足，“三农”、小微企业和偏远地区金融服务仍存在明显短板；宏观杠杆率增速虽略有下降，但杠杆率水平仍处在高位，金融风险防控压力仍较大；金融“脱实向虚”倾向得到遏制，但还没有得到根本改观；以优化金融监管力量，健全金融监管体系为目标的新一轮监管机构改革顺利推进，但转变监管理念、聚焦监管主业、提升监管能力还有许多任务。

中国特色社会主义进入新时代，要积极贯彻落实习近平总书记治国理政新理念新思想新战略，切实树立高质量发展导向，继续深化金融改革开放，构建平稳高效、开放创新、安全稳健、法治完善的现代化金融体系。全面提高金融业市场化、国际化、法治化、信息化水平，全面实现金融业治理体系和能力现代化。深化金融改革开放目标远大、任务艰巨，需要统筹安排、协调推进。在转变发展方式、优化经济结构、转换增长动力的攻关期，在确保打赢防控化解重大风险攻坚战的背景下，近期可从以下几个方面入手。

（1）进一步健全货币政策和宏观审慎管理“双支柱”框架。货币政策要继续推动向价格调控转型，并优化货币政策工具。宏观审慎管理中强化逆周期管理，将更多金融活动和资产扩张行为纳入管理。要着力健全金融业激励约束机制。以完善国有金融资本管理为突破口，约束国有金融机构的规模扩张冲动。要加强金融机构股东管理，加快建立健全问题金融机构退出机制。对金融从业人员，要改革与短期业绩挂钩的薪酬机制并提高薪酬延迟支付比例。

（2）要加快推进多层次资本市场改革发展。一是积极推动股票发行的注册制改革，增加发行上市标准的多样性，降低企业发行门槛。二是培育资本市场投资者队伍，健全投资者适当性制度；加大资本市场犯罪的惩戒力度，确保市场监管有效。三是整顿规范融资融券、股票质押式回购等资本中介业务，减少资本市场的脆弱性。四是推动债券市场基础设施互联互通和债券市场的统一。要有序打破刚性兑付，有力执行资管新规，通过积极推进净值化管理、严格区分私募产品和公募产品、敦促不合规存量资管产品有序退出等方式，有序打破资管产品刚性兑付。要健全市场化、法治化违约处置机制，确保在打破刚性兑付的过程中，维护金融投资者的合法权益。

（3）要大力推进金融对外开放，通过开放倒逼改革。一是要大幅放宽外资金融机构准入。金融业是竞争性服务业，在内资金融业规模大且已广泛运用金融科技的背景下，应按照“宜早不宜迟”“宜快不宜慢”的原则，放宽外资准入标准，强化金融业的竞争。二是进一步提升汇率形成机制的透明化和市场化水平，发挥好汇率的风险减震器功能。三是有序推动人民币国际化。把握好资本项目可兑换、人民币自由使用程度和离岸人民币市场发展的协调性。

本章小结

1. 金融发展能够促进经济增长。衡量金融发展的指标有多种，大致可分为金融内部结构指标和金融发展与经济增长相互关系指标两类。在金融发展与经济发展的辩证关系当中，经济决定金融的发展，金融对经济具有反作用。

2. 金融抑制阻碍经济的增长。发展中国家和实行计划经济的国家普遍存在金融抑制现象。麦金农和肖分析了金融抑制对经济增长的阻碍作用及其原因。

3. 金融自由化对经济增长具有一定的促进作用，但是在某些条件下也有可能产生负面影响。根据麦金农和肖的理论分析，金融自由化政策具有一系列正面效应，如收入效应、储蓄效应、投资效应、就业效应等。另外可能会出现一些负面效应，如扰乱银行体系，引发债务危机及经济滞胀等。

4. 无论是发展中国家还是发达国家，金融自由化的主要内容都是放松金融管制，促进金融业的竞争。然而发展中国家的金融自由化过程又增加了其自身金融体系的脆弱性，甚至导致了金融危机的爆发。金融自由化的经验和教训是多方面的，它们对于我国的金融改革有着积极的借鉴意义。

5. 从20世纪70年代末开始，发展中国家陆续开始了以金融深化理论为指导的、以金融自由化为核心的金融改革，并且取得了一定的成效。我国也在改革开放后经历了两个阶段的金融改革，目前金融体系已基本健全。但随着经济进入新常态及我国进入新时代的中国特色社会主义，需要进一步的金融改革和创新，进一步健全货币政策和宏观审慎管理“双支柱”框架，要加快推进多层次资本市场改革发展及大力推进金融对外开放。

本章参考文献

蔡宇哲. 2019. 我国金融市场的变化及改革举措[J]. 学理论，(1)：96-98.
曹凤岐. 2018-12-13. 金融改革的主要成就与挑战[N]. 21世纪经济报道，(004).
吴振宇. 2018-12-18. 深化金融改革为高质量发展护航[N]. 中国经济时报，(T16).
易纲. 2018. 在全面深化改革开放中开创金融事业新局面——纪念改革开放 40 周年暨中国人民银行成立 70 周年[J]. 中国金融，(23)：15-21.
易纲，吴有昌. 1999. 货币银行学[M]. 上海：格致出版社，上海人民出版社.
朱新蓉. 2015. 货币金融学[M]. 4 版. 北京：中国金融出版社.

本章综合测试题

一、填空题

1. 金融发展理论研究的核心是有关______和_____之间相互联系、相互促进的关系。其中金融发展主要包括_____的发展、______的发展及______的发展。

2. 古典经济学家遵循______，强调货币_____，认为货币供给量的变化______产出、就业等实际经济变量。

3. 麦金农和肖认为，在发展中国家存在着严重的______和______现象，这既____了金融体系聚集金融资源的能力，又使金融体系发展处于_________的局面。

4. 人们把_____和______的提出看作是金融发展理论形成的标志，在经济发展的进程中，金融发展经历了_______和_______两个发展阶段。

5. 广泛存在于发展中国家的______是导致发展中国家资本稀缺、______低下最终阻碍经济发展的重要成因。

6. 金融抑制的政策表现在：通过规定存贷款利率和实施通货膨胀人为地____实际利率；采取______的方式来分配稀缺的信贷资金；对金融机构实施严格的控制；人为____本币的汇率。

7. 金融抑制会产生四大效应，分别是______、负储蓄效应、______、______。

8. 麦金农和肖主张，发展中国家必须_____对金融资产价格的不适当_____，实行以_____为核心的金融自由化政策。

9. 金融深化的实质就是_____，主要有机构自由化、_____、______。

10. 金融深化论的真正意义在于其_______。根据金融深化论，发展中国家应从本国实际出发，促进____，解除_____，消除资本形成的桎梏，并且实行促进经济发展的货币金融政策。

11. 金融深化主要包括：放松______；缩减______；减少______；发展______；放松______。

12. 金融深化的储蓄效应体现在两个方面：一是金融深化提高了货币的_____，二是金融深化使得_______增加，在储蓄条件一定的情况下，社会储蓄总额也按比例相应增加。

13. 金融深化会使_____上升，进而使得投资者资金成本提高，因此投资者将更倾向以____密集型的生产代替____密集型的生产以节约资本的使用，这样使得社会的就业水平____。

14. 金融抑制与金融深化理论抨击了当时发展中国家所实施的_____政策，金融深化理论大力主张_____和_____，使利率真实反映市场上资金的供求变化，刺激社会___水平的提高，从而便利____的筹集和流动，优化资本的配置，促进经济发展。

15. 金融约束理论认为，政府对金融部门的有选择性的____不仅不会带来金融____，反而有助于金融____。金融发育程度较低的发展中国家应实行____政策，即在宏观经济稳定、通货膨胀率____且可预测及实际利率大于零的前提下，通过控制____、约束____和限制____等措施，为金融部门创造租金。

16. 金融约束是与金融抑制_____的政策。金融约束的前提条件是稳定的_____、较低的_____、正的_____，最关键的是金融抑制是政府从金融部门____租金，而金融约束的本质是政府通过一系列的金融政策为私人部门____租金。

17. 金融约束理论所提倡的政策措施包括以下三个方面：第一，在存贷款利率的控制方面，将存款利率控制在一个____的水平上，____银行成本，____其"特许权价值"，___银行的道德风险，激励其长期经营；第二，在市场竞争的约束方面，使金融市场的新进入者____先行进入者的租金；第三，在资产替代性政策的限制方面，___居民将存款转化成诸如证券、外汇和实物资产等其他资产。

18. 致力于经济增长的发展中国家，以______理论为指导，进行了一系列以_______为核心的金融改革，并且取得了一定的成效。这些改革主要包括：第一，______利率管制；第二，______指导性信贷计划；第三，____金融机构审批限制，_____金融同业竞争。

19. 中国特色社会主义进入新时代，要积极贯彻落实习近平总书记治国理政新理念新思想新战略，切实树立________导向，继续深化______，构建_______、开放创新、安全稳健、_____的现代化金融体系。

20. 随着经济进入新常态及我国进入新时代的中国特色社会主义，需要进一步的金融改革和创新，进一步健全______________，要加快推进___________及大力推进_________。

二、单项选择题

1. 以下改革措施当中，不属于金融深化的范畴的是（　　）。

A. 取消利率上限，以减少通货膨胀

B. 放松汇率限制以减少高估货币对出口的打击

C. 统一并减少金融工具的种类

D. 允许金融机构之间开展竞争

2. 关于金融自由化论述不正确的是（　　）。

A. 宏观经济的稳定是金融自由化的先决条件

B. 金融自由化意味着减少金融监管

C. 金融自由化应该遵循一定的顺序

D. 金融自由化需要加强金融监管

3. 下列关于麦金农金融深化理论论述错误的是（　　）。

A. 批判了传统经济理论中关于货币与实物资本是相互竞争的替代品的假设

B. 在发展中国家货币和实物投资是互补品

C. 由于货币和实物资本的互补性，投资和实际利率成正向关系

D. 发展中国家经济主要依靠外源融资

4. 金融自由化的最佳顺序是（　　）。

A. 平衡中央政府的财政，开放国内的资本市场，经常项目自由化，资本项目自由化

B. 平衡中央政府的财政，经常项目自由化，资本项目自由化，开放国内的资本市场

C. 平衡中央政府的财政，经常项目自由化，开放国内的资本市场，资本项目自由化

D. 开放国内的资本市场，经常项目自由化，资本项目自由化，平衡中央政府的财政

三、多项选择题

1. 金融深化促进经济发展的效应包括（　　）。

A. 储蓄效应：金融深化增加储蓄，提高储蓄的质量和使用效益

B. 投资效应：增加投资，提高投资效益和社会平均利润率

C. 就业效应：通过扩大社会再生产和提升资本使用成本，扩大就业

D. 收入效应：促进收入水平的上升和收入分配的公平化

2. 在现代市场经济中，金融对经济发展有巨大的推动作用，其主要途径包括（　　）。

A. 通过金融运作为经济发展提供各种便利条件

B. 通过金融的基本功能促进储蓄并将其顺利转化为投资，为经济发展提供资金投入

C. 通过金融机构的经营运作节约交易成本，促进资金融通，便利经济活动，合理配置资源，提高经济发展的效率

D. 通过金融业自身的产值增长直接为经济发展做贡献

3. 在现代经济发展中，金融出现不良影响和副作用的可能性越来越大，主要表现为（　　）。

A. 金融总量失控出现通货膨胀，导致社会总供求失衡，危害经济发展

B. 金融业运作不善使金融风险加大，一旦风险失控将导致金融危机，引发经济危机

C. 信用过度膨胀产生金融泡沫，膨胀虚拟资本，刺激过度投机，剥离金融与实质经济的血肉联系，破坏经济发展

D. 资本流动国际化，会使金融危机在国际迅速蔓延

4. 发展中国家金融发展的现状与特征主要体现为（　　）。

A. 金融资产形式单一

B. 金融发展呈现二元结构即现代与传统金融机构并存

C. 金融市场落后尤其是资本市场发育不全

D. 政府对金融业实行监管

5. 政府对金融业实行干预和管制的政策包括（　　）。

A. 人为压低利率　　B. 人为压低汇率

C. 强行配给信贷　　D. 对金融机构进行严格的控制

6. 衡量一国金融深化程度的指标主要有（　　）。

A. 利率、汇率的弹性与水平　　B. 金融资产的存量和流量

C. 金融体系的规模和结构　　D. 金融市场的运作和功能

四、判断题

1. 麦金农认为，发展中国家的金融有其自身的运行特征，表现在：货币化程度低，现代金融机构与落后的传统金融机构并存，没有金融市场，政府对于金融机构的管制放松。（　　）

2. 麦金农的金融发展模型的核心思想是主张金融自由化，以使贷款利率普遍高于存款利率，从而保证经济发展以最优的速度进行。(　　)

3. 麦金农认为，对于实行经济市场化而言，客观上存在一个如何确定最优次序的问题，货币政策、产业政策和就业政策如何排序是极端重要的。(　　)

4. 在我国，比较适宜的金融约束政策是对存贷款利率逐步放开，并对银行业竞争加以限制。(　　)

五、名词解释

1. 金融深化　2. 金融抑制　3. 金融约束　4. 收入效应　5. 储蓄效应　6. 就业效应

六、简答题

1. 简述金融自由化的内容及其利弊。
2. 金融抑制对经济和金融的发展有哪些负面影响？
3. 简述金融深化与经济增长的关系。
4. 简述金融约束理论的主要内容。
5. 简述我国金融改革的历程。

七、论述题

1. 试用金融抑制理论分析我国金融发展中面临的问题及对策。
2. 试述中国改革开放以来，金融创新的主要内容及特点。